Rhythmik-
Grundlagen und Praxis

Rhythmik – Grundlagen und Praxis

herausgegeben von
Brita Glathe
Hannelore Krause-Wichert

Kallmeyer'sche Verlagsbuchhandlung

Schriftleitung	Annelise Seifert
Vorwort, Einleitung	Brita Glathe, Hannelore Krause-Wichert
Pädagogische Grundlagen	Prof. Dr. Antonius Sommer
Rhythmik	Brita Glathe Barbara Holzapfel Hannelore Krause-Wichert
Improvisation	Prof. Haim Alexander Brita Glathe Hannelore Krause-Wichert
Bewegungserziehung	Prof. Ruth Beier
Elementare Musiklehre	Annelise Seifert
Bewegungsspiel	Brita Glathe Barbara Holzapfel Hannelore Krause-Wichert

Druck: Kunze und Partner, Mainz

Kallmeyer'sche Verlagsbuchhandlung
Im Brande 15, 3016 Seelze-Velber

ISBN: 3-7800-6400-6

Inhalt

2.3 Entwickeln kommunikativer Fähigkeiten

2.4 Schwerpunkt Wechselbeziehung Musik – Sprache – Bewegung

3. Improvisation

3.1 Improvisation mit Schlaginstrumenten, Stabspielen und Klavier

4. Bewegungserziehung

4.1 Grundlagen der Körperbildung

4.2 Grundlagen der Bewegungsbildung

4.3 Geräte und Materialien als Medien der Bewegungsbildung

4.4 Wechselbeziehung Klang und Bewegung

5.2 Intervalle

5.3 Tonsysteme (Temperierte Stimmung – Chromatik – Pentatonik – Ganztonleiter – Diatonik)

5.4 Metrum, Tempo, Takt, Rhythmus

5.5 Musikalische Formenlehre

5.6 Mehrstimmigkeit

5.7 Anhang: Aufgabenblätter (Übersicht)

6. Bewegungsspiel

6.1 Singspiele

6.2 Sprechspiele

6.3 Spiele mit Geräten

Die Autoren

Haim Alexander
Musikstudium am Sternschen Konservatorium in Berlin. Seit 1936 Lehrer für Klavier und Cembalo sowie Kompositionen und Theorie in Jerusalem. Seit 1973 Professor an der „Rubin-Musik Akademie Jerusalem". Komponierte zahlreiche Werke für Klavier, Chor, Kammermusik und Orchester.

Ruth Beier
Studium der Erziehungswissenschaften, Sportstudium. 1962 - 1974 als Dozentin für Bewegungspädagogik in der Lehrerausbildung tätig. Seit 1974 Professor im Fachbereich Sozialpädagogik der Fachhochschule Darmstadt. Mitglied der Rahmenrichtlinienkommission „Primarstufe Musik" in Hessen. Dozentin für Bewegungserziehung der Berufsbegleitenden Lehrgänge.

Brita Glathe
Rhythmik- und Klavierstudium in Braunschweig und Berlin. Rhythmik- und Musikunterricht für Kinder, Jugendliche und Erwachsene im künstlerischen und heilpädagogischen Bereich. Seit 1972 Dozentin für Rhythmik, Improvisation und Bewegungserziehung. Wissenschaftliche Leitung der Berufsbegleitenden Fortbildung für Rhythmische Erziehung des Bundesverbandes Rhythmische Erziehung e. V., Gastlehrtätigkeit und Vorträge im In- und Ausland.
Seit 1985 Dozentin an der Hochschule für Musik, München.
Veröffentlichungen: Rhythmik für Kinder 1962 / Stundenbilder zur Rhythmischen Erziehung 1972 / Spielerische Gymnastik für Mutter und Kind 1977 / Die kleine Hexe Huckepack 1978 / Rhythmik, Grundlagen und Praxis 1981 / Rythmik Lernspiele 1984 / Spiel mit Musik und Material 1988 (Polman/Glathe) (Übersetzungen in französischer, holländischer, italienischer und griechischer Sprache). Beiträge in Fachzeitschriften.
Film: Rhythmische Erziehung mit Zehnjährigen, 1975. Fernsehaufzeichnungen.
Vorstand im Bundesverband Rhythmische Erziehung e. V.

Barbara Holzapfel
Studium an einer Fachschule für Sozialpädagogik. Mehrjährige praktische Tätigkeit in Kindergarten und Heim mit den Schwerpunkten Singen, Musizieren und Theaterspiel. Rhythmikstudium an der Staatlichen Fachschule für Sozialpädagogik in Darmstadt. Leitung bei den Lehrgängen der Berufsbegleitenden Fortbildung für Rhythmische Erziehung des Bundesverbandes Rhythmische Erziehung e. V. Seit 1976 Lehrgangs-. und Fortbildungstätigkeit für Pädagogen. Lehrtätigkeit im In- und Ausland.

Veröffentlichungen: Geräte und Instrumente für die rhythmisch-musikalische Arbeit, 1976 / Rhythmische Bewegungsspiele, Wolfenbüttel 1978. Veröffentlichungen in Fachzeitschriften.
Film: Hexe Minka, Spiele mit Fünfjährigen, 1975. Seit 1982 eigene Rhythmikschule.

Hannelore Krause-Wichert
Rhythmikstudium in Essen und Leipzig (Prof. E. Feudel). Professor für Rhythmik an der Fachhochschule für Sozialpädagogik Hildesheim. Wissenschaftliche Leitung der Berufsbegleitenden Fortbildung für Rhythmische Erziehung des Bildungswerks Rhythmik e. V.
Vorstand im Bildungswerk Rhythmik e. V., Lehrgangstätigkeit und Vorträge im In- und Ausland.
Veröffentlichungen: Berufskundeblatt Lehrer für rhythmisch-musikalische Erziehung 1980/1986. Kindertänze 1979 / Rhythmik Grundlagen und Praxis 1981.
Film: Soziales Lernen. Übungen und Spiele mit Achtjährigen, 1975.
Beiträge in Fachzeitschriften.

Annelise Seifert
Musikstudium in Berlin. Staatsexamen an der Berliner Musikhochschule. Weitere Studien in Klavier und Musiktheorie. Neben musikschriftstellerischen Arbeiten (Musikkritiken, musikalischen Märchenspielen, Klaviertechnik) schwerpunktmäßig auf pädagogischem Sektor tätig. Langjährige Arbeit als Musikerzieherin insbesondere für Kinder im Vorschulalter sowie für Schulkinder und Jugendliche folgte die Tätigkeit in der Erwachsenenbildung. Seit 1972 Dozentin für Musik bei den Lehrgängen der Berufsbegleitenden Fortbildung für Rhythmische Erziehung des Bundesverbandes Rhythmische Erziehung.
Veröffentlichungen: „Schneewittchen". Musikalisches Märchenspiel, Kassel: Bärenreiter.
Schriftleitung Rhythmik Grundlagen und Praxis: 1981.
Beiträge in Fachzeitschriften.

Dr. Antonius Sommer
Grund- und Hauptschullehrer. Studium der Pädagogik, Musikwissenschaft und Philosophie. Promotion zum Dr. phil. („Die Komplikationen des musikalischen Rhythmus in den Bühnenwerken Richard Wagners".) Fachhochschullehrer an der Fachhochschule Hildesheim (Vorschulische Erziehung). Seit 1976 Professor für Rhythmisch-misikalische Erziehung Behinderter im Fachbereich Sonderpädagogik der Pädagogischen Hochschule Heidelberg. Vorträge und Lehrgänge zu grundlegenden Fragen der Rhythmusforschung, Bewegungsforschung, Pädagogik des Elementar- und Primarbereichs. Veröffentlichungen in Fachzeitschriften.

Einführung in das Werk

Das vorliegende Werk stellt eine Unterrichtshilfe für alle diejenigen dar, die Rhythmische Erziehung praktizieren wollen.
Für die einzelnen Fachgebiete werden vielseitige Erfahrungen und Beispiele angeboten. Damit soll eine weitgehend freie und kreative Gestaltung der praktischen Arbeit möglich werden. Die einzelnen Arbeitsfelder sind in sechs Fächer aufgegliedert, die in der Praxis allerdings häufig ineinandergreifen. Die einzelnen Fächer sollen hier kurz erläutert werden:

1. Pädagogische Grundlagen
Rhythmik versteht sich als eine pädagogische Disziplin. Ein theoretischer Teil des Werkes hat die Aufgabe, das Anliegen der Rhythmischen Erziehung mit den Erkenntnissen der modernen Padagogik in Einklang zu bringen. Methodisch-didaktische Hinweise werden innerhalb aller Fächer und zu den verschiedenen Aufgabengruppen gegeben.

2. Rhythmische Erziehung
Die Rhythmische Erziehung stellt sich hier in schriftlich fixierten Modellen dar, die einerseits eine Fülle von Übergangsangeboten aufzeigen, andererseits aber ebenso viele Möglichkeiten nur anregen, bzw. offenlassen. Die Autoren der hier konzipierten didaktischen Einheiten wissen aus Erfahrung, daß Pädagogen, die Rhythmische Erziehung praktizieren, über ein nahezu unerschöpfliches Übungspotential verfügen müssen, um für die jeweiligen Bedarfsgruppen in der jeweiligen Situation die adäquaten Angebote auswählen zu können. Die Fähigkeit, Übungen selbständig zu variieren, stellt sich auch bei einem Rhythmiklehrer erst nach langer Erfahrung ein. Darum sind viele Varianten in diesem Werk angegeben, die wiederum neue Variationsmöglichkeiten eröffnen.

3. Improvisation
Die Improvisation ist ein Grundprinzip der Rhythmischen Erziehung. Dabei kann von der Musik, der Sprache, aber auch von der Bewegung ausgegangen werden. Merkwürdigerweise findet dieses Fach weder in der professionalen Instrumental- noch in der Bewegungserziehung die ihm gebührende Beachtung. Vielleicht liegt hierfür ein Grund darin, daß zumeist erst Hemmungen abgebaut werden müssen, um improvisatorische Fähigkeiten freizulegen; außerdem müssen Qualifikationen auf diesem Gebiet auch von Fachleuten erst in harter Arbeit erworben werden. Improvisatorische Versuche mit Laiengruppen bleiben sowohl im musikalischen als auch im Bewegungsbereich häufig im dilettantischen Vorfeld stecken. Das vorliegende Werk möchte für die Improvisation Übungshilfen und Aufgabenanregungen bieten.

4. Bewegungserziehung
Der Rhythmikpädagoge sollte Grundlegendes über Haltung und Bewegungsfunktionen wissen, und er sollte sich selbst möglichst gut und organisch richtig bewegen. Von dieser eigenen, bewußten Erfahrung hat er sich die Fähigkeit zu erarbeiten, bei seinen Schülern Defizite in Haltung und Bewegung zu erkennen, in ihnen Freude an der Bewegung zu wecken und ihnen Übungen anzubieten, die ihre Beweglichkeit und ihr Körperbewußtsein fördern.

5. Elementare Musiklehre
Der Pädagoge, der – in welchem Rahmen und für welche Zielgruppen auch immer – Rhythmische Erziehung unterrichten will, kommt nicht ohne Kenntnisse in der elementaren Musiklehre aus. Er braucht Musik zum Stimulieren und Begleiten, er muß stimmlich und mit Instrumenten improvisieren können. Auch holt er sich selbst Anregungen aus der Musik und erreicht die Konzentration der Schüler mit ihrer Hilfe. Darum enthält dieses Werk ein ausführliches Kapitel der elementaren Musiklehre, das auf Vorkenntnisse weitgehend verzichtet, jedoch intensives Selbststudium verlangt.

6. Das Bewegungsspiel
Das Fach „Bewegungsspiel" umfaßt die Gebiete, aus denen der Rhythmiklehrer in besonderem Maße die Motivationen für seine Arbeit mit Kindern schöpft. Es handelt sich dabei um folgende Bereiche:
- Singspiele in Entwicklung und Abwandlung,
- Kinder-, Jugend- und Erwachsenentänze (in übernommener, veränderter oder selbstgestalteter Form),
- Spiele mit Geräten.

Die verschiedenen Fachbereiche erfordern die Mitarbeit mehrerer Autoren. Im Fach Rhythmik wird – um die Vielfalt der Möglichkeiten zur Gestaltung eines Themas zu zeigen – oft das gleiche Thema von mehreren Autoren für verschiedene Altersgruppen ausgeführt.

Die verschiedenen Fächer ergänzen einander, so daß z. B. Informationen aus der Elementaren Musiklehre auch für die Rhythmische Erziehung und die Improvisation benötigt werden. In solchen Fällen wurden Querverweise aufgenommen.

Um den unterschiedlichen Lehrinhalten und Lernzielen der einzelnen Fachgebiete gerecht zu werden, wurden neben theoretischen Kapiteln Stundenbilder oder Lehrblätter ausgearbeitet und ihnen zugeordnete Beispiel- sowie Aufgabenblätter konzipiert.

Die Stundenbilder zeigen eine Fülle von Möglichkeiten auf, die im allgemeinen nicht alle in einer Unterrichtseinheit zu verwirklichen sind. Der umrissene Ablauf stellt somit keine feste Vorlage für eine Stundenplanung dar. Die unveränderte Übernahme ganzer Stundenbilder wäre auch nicht sinnvoll, da wesentliche Bedingungen einer realen Stundenplanung – vor allem die individuellen Fähigkeiten der Lehrenden und die unterschiedlichen Gegebenheiten in den Schülergruppen – unberücksichtigt bleiben würden.

Für die Erarbeitung des Stoffes in den Fächern Improvisation und Elementare Musiklehre erschien die Verwendung von Stundenbildern nicht sinnvoll, da hier eine Kontrolle und Vertiefung der eigenen Fähigkeiten durch Beispiele und Varianten gefordert wird, die über die Darstellung eines Stundenablaufs hinausgehen. Hier werden in vielfältiger Form Lehrblätter, Beispiel- und Aufgabenblätter eingesetzt. Im Unterschied zu den Stundenbildern des Rhythmikbereichs ist eine enge Anlehnung an den vorgegebenen Aufbau hier erforderlich.

Um die Fülle des Materials und die Vielfalt der Aufgaben zusamenzufassen, bot sich die Form der Loseblatt-Sammlung an. Sie ermöglicht die Zusammenstellung von Blättern nach Schwerpunkten, die Entnahme einzelner Blätter und die Zuordnung eigener Ausarbeitungen.

Hinweise für den Benutzer

Die für die einzelnen Fachgebiete verwendeten Abkürzungen:

Pädagogische Grundlagen (Methodik/Theorie)	= MT
Rhythmik	= R
Improvisation	= IM
Bewegungserziehung	= BE
Elementare Musiklehre	= EM
Bewegungsspiel	= B

Ordnungsprinzip des Werkes:

z. B.: 2. 2. / 1

1 – Seitenzahl fortlaufend
2. (zweite) – Kapitel (Sensorik)
2. (erste) – Fachgebiet (Rhythmik)

Zum Geleit

Das vorliegende Werk schließt eine Lücke in der Literatur über Rhythmik – es stellt für jeden, der auf diesem Gebiet als Lehrender oder Lernender tätig ist, eine Grundlage für die Praxis dar.
Der Wunsch nach einer an der Praxis orientierten Zusammenfassung der Grundlagen, die auch ohne umfangreiche Vorkenntnisse benutzt werden kann, bestand besonders bei Teilnehmern der „Berufsbegleitenden Fortbildung Rhythmische Erziehung".
Das Curriculum für diese Lehrgänge, das von Brita Glathe, Hannelore Krause-Wichert und Annelise Seifert erarbeitet wurde, bildete das Gerüst für dieses Werk.
Für die praktische Arbeit entstanden Stundenbilder, Lehrblätter, Beispielblätter und Aufgabenblätter. Durch die vorliegende Zusammenfassung werden diese Lernhilfen angeboten, wobei die Form der Lose-Blatt-Sammlung eine individuelle Auswertung durch den Pädagogen ermöglicht.
Auf diese Weise werden jedem an der Rhythmik Interessierten, vornehmlich dem als Pädagogen Tätigen, Anregungen und Material für seinen Rhythmikunterricht geboten, so daß das Werk über den ursprünglich angesprochenen Kreis hinaus seine Interessenten finden wird.
Mein Dank gilt allen, die an der Planung, Fertigstellung und Herausgabe dieser Schrift beteiligt waren und sie zu einem Zeitpunkt zur Verfügung stellen, in dem die Grenzen und Mängel einer vorwiegend auf Verstandestätigkeit ausgerichteten Erziehung offenbar werden. Möge diese Veröffentlichung dazu beitragen, daß zwischen Tun und Denken jenes harmonische Gleichgewicht unter Einbeziehung der Phantasie gefördert wird, ohne das Menschenbildung im Rahmen einer ganzheitlichen Erziehung fragwürdig bleibt.

im Januar 1989

Karl Lorenz
Ehrenvorsitzender des Bundesverbandes
Rhythmische Erziehung

Über Rhythmik. Einleitung

1. Definition

Die Rhythmische Erziehung (auch Rhythmisch-Musikalische Erziehung oder Rhythmik) ist ein pädagogisches Prinzip, das durch Bewegung in Verbindung mit Musik und Sprache Lern- und Entwicklungsprozesse in Gang setzt.

2. Besonderheiten der Rhythmischen Erziehung

Es geht in der Rhythmischen Erziehung um Hilfen zur Entwicklung des Menschen, die durch Bewegung und mit Musik vollzogen wird.
Musik ist hier im weitesten Sinne zu verstehen, also auch in einzelnen Elementen wie z. B. Rhythmus, der mit oder ohne Melodie erscheint. Hierzu gehört auch das rhythmisch gesprochene Wort, ein Reim oder ein Gedicht. Auch der Klang allein in allen seinen dynamischen Erscheinungsformen kann als musikalisches Medium für die Rhythmische Erziehung genutzt werden.
Die Ordnung der Musik hat einen tiefgreifenden Einfluß sowohl auf Bewegungsabläufe als auch auf die Empfindung.
Die aus der Musik entstandene Bewegung kann somit als Therapie bei unterschiedlichen Störungen im psychischen wie physischen Bereich helfen, einen natürlichen Tonus wieder herzustellen. Die der Musik innewohnende Ordnung wirkt ohne autoritäre, dogmatische Anweisung kraft ihrer stimulierenden Aussage.
Die Rhythmische Erziehung will den Menschen in seiner gesamten Persönlichkeit erfassen und seine kognitiven, affektiven und motorischen Fähigkeiten gleichermaßen ansprechen und fördern. In der Rhythmikstunde werden dem Schüler Aufgaben gestellt, die dieser nach eigenem Vermögen individuell durch Bewegung lösen kann.
Die Lösungen der Aufgaben werden nicht mit herkömmlichen Leistungskriterien gemessen. Dadurch erfährt der Schüler eine Stärkung seiner Persönlichkeit.
Die Musik im vorher beschriebenen, erweiterten Sinne ist dabei sowohl Stimulans als auch Ordnungsfaktor und Orientierungshilfe.
Hierdurch hebt sich die Rhythmische Erziehung sowohl von der Leibeserziehung ab, die primär eine Entwicklung der motorischen Fähigkeiten anstrebt,wie auch von der Musikerziehung, in der es speziell um die Fähigkeiten des Musizierens und Musikhörens geht.
Die Rhythmik betrachtet den Einzelnen als Teil seiner Umgebung und nicht herausgelöst als Objekt des pädagogischen Bemühens. Das bedeu-

tet, daß in der Rhythmischen Erziehung die Fähigkeiten der sinnlichen Wahrnehmung, über die der Mensch den Kontakt zu seiner Umwelt herstellt, besonders entwickelt und gefördert werden.
Der Mensch empfindet sich als Mittelpunkt seiner Umgebung und erfaßt sie über seine Sinne. Das ist im Grunde keine neue Feststellung. Neu ist die Art, in der Raum, Zeit und Kraft durch die Sinnesorgane miteinander in Beziehung gesetzt werden und bewußt zur Vermittlung von Erfahrungen in die pädagogische Arbeit integriert werden.

Wirken *Raum, Zeit* und *Kraft* nach bestimmten Gesetzmäßigkeiten zusammen, ergeben sich daraus die vielfältigen Möglichkeiten der *Form*gestaltung. Werden Formen entwickelt und kultiviert, führen sie hin zur Kunst.

Vergleichende Beobachtungen aus der Physiologie und Psychologie haben zu der Erkenntnis geführt, daß sich alle organische Entwicklung über *Bewegung* vollzieht. Dabei sind Wechselwirkungen zwischen Körper und Geist – vor allem beim Kind – außerordentlich intensiv. Bewegungsstörungen können sowohl Anzeichen für geistige Störungen sein, als auch geistige Störungen nach sich ziehen. Bewegung ist also unmittelbarer Ausdruck von Sinneseindrücken und nicht allein ein physischer Vorgang. Dieser Wechsel von sinnlichem Eindruck und das Umsetzen in körperlichen Ausdruck, der Wechsel von Erkennen und Gestalten entwickelt körperliche und geistige Aktivitäten und fördert die Kreativität.

Die *Musik* als fundamentales Erziehungsmittel der Rhythmik ist ein Element, das gleichzeitig Körper und Geist beeinflußt. Musik kann beruhigen, entspannen, ordnen, anregen, auffordern und alle Arten von Emotionen auslösen.
In der Rhythmischen Erziehung setzt sich der Schüler durch Bewegung und Bewegungsbegleitung *aktiv* mit ihr auseinander: in ständiger Korrespondenz von Musik und Bewegung werden ebenso musikalische Vorgänge in Bewegung wie Bewegungsabläufe in Musik umgesetzt. Musik und Bewegung stellen in der Rhythmik in besonderer Weise eine Beziehung zu Raum, Zeit, Kraft und Form her.

Die *Sprache* wird in der Rhythmisch-Musikalischen Erziehung nicht nur zur Übermittlung von kognitiv zu verarbeitenden Informationen benutzt. Sie wird mit ihren Möglichkeiten des Rhythmus, des Klanges, der Phrasierung und der Dynamik der Musik zugeordnet.

3. Lernziele

- Sensibilisierung der Wahrnehmungsfähigkeit (im auditiven, visuellen, taktilen und kinästhetischen Bereich),

- Schulung der Konzentration,
- Erfahrung der Grundelemente der Musik,
- Fördern der Reaktions- und Koordinationsfähigkeit,
- Lernen der Elementarbewegungen,
- Schulung der Bewegungsgeschicklichkeit (Grob- und Feinmotorik),
- Verbesserung von Sprache und Sprechen (durch Einbeziehen des Rhythmus' und Umgang mit Begriffen im Sinne eines konkret anschaulichen Lernens),
- Förderung der Eigenpersönlichkeit,
- Förderung des sozialen Verhaltens und der Kommunikation,
- Anregung zur Kreativität.

Eine einzige Aufgabenstellung – durch leichte Abwandlungen immer wieder verändert – soll verdeutlichen, wie aus einer Grundübung immer neue Lernziele entwickelt werden können.

Grundübung: „Eine Gruppe von Menschen bewegt sich in einem Raum."
Dieselbe Aufgabenstellung mit Schwerpunkt *Raum*erfahrung:
„Die Gruppe bewegt sich wechselnd an der Peripherie oder in der Mitte des Raumes."

Schwerpunkt *Zeit*abläufe:
„Alle sprechen einen bestimmten Vers. Die Länge des Verses bestimmt Anfang und Ende der Bewegung.

Schwerpunkt *Kraft:*
„Die Gruppe bewegt sich durch den Raum und hört auf einen Melodieverlauf, der mit besonderer Betonung von Taktschwerpunkten gespielt wird. Diese musikalischen Schwerpunkte sollen deutlich in der Bewegung sichtbar werden."

Schwerpunkt *Tasten:*
„Die Gruppe bewegt sich sehr langsam durch den Raum. Jeder einzelne kann zu einem selbstgewählten Zeitpunkt die Augen schließen und für kurze Zeit den Raum und die anderen der Gruppe nur über taktile Kontakte wahrnehmen."

Schwerpunkt *Sehen:*
„Die Gruppe bewegt sich im Raum. Durch Zuruf wird ein einzelner aufgefordert, eine bestimmte Bewegung auszuführen. Die Gruppe ahmt diese Bewegung nach."

„Die Gruppe bewegt sich in einer selbstgewählten Bewegungsart. Durch die Musik wird ein bestimmtes Tempo angegeben, das in Bewegung umgesetzt wird. Die Musik wird verändert: Ein neues Tempo wird hörbar und entsprechend in der Bewegung sichtbar."

Schwerpunkt *Kommunikation:*
„Die Gruppe bewegt sich im Raum. Es wird vereinbart, daß sich ohne verbale Verständigung zeitweise größere und kleinere Gruppen bilden und wieder auflösen. Die Musik bestimmt den zeitlichen Ablauf dieser Gruppenbildung."

Diese Zuordnungen können nur schwerpunktmäßig sein, da in der Rhythmischen Erziehung Lernziele niemals isoliert erarbeitet werden.

4. Geschichtliche Entwicklung

Der Begründer der Rhythmischen Erziehung ist der Schweizer *Emile Jaques-Dalcroze* (1865-1950). Im Jahre 1892 begann er seine Tätigkeit als Lehrer für Gehörbildung und Harmonielehre am Konservatorium in Genf.

In dem Bestreben, Bildungsinhalte zu finden, die eine Alternative zu der zunehmenden Mechanisierung des Lebens durch die Technik bieten sollten, erkannte er die natürlichen Zusammenhänge zwischen Bewegung und Musik und suchte sie für die Bildung des Menschen nutzbar zu machen. Zunächst führte er mit seinen Schülern – jungen Musikstudierenden – „rhythmisch-körperliche Übungen", wie er sie nannte, durch. Dabei entwickelte er zwei verschiedene Ansätze, die bis in die heutige Praxis der Rhythmischen Erziehung ihre Auswirkungen haben.

Zum einen ging er vom Rhythmisch-Metrischen aus, d. h. er ließ die Studierenden taktieren und Rhythmen dazu geben. Hierdurch erreichte er in hohem Maße Koordination und Konzentration sowie Bewegungsbeherrschung. Zum anderen improvisierte er am Klavier und forderte die Schüler auf, das Gehörte in Bewegung auszudrücken. Hier wurde besonders das verlangt, was wir heute mit „Kreativität" bezeichnen. Beide Übungsansätze fordern und fördern auf besondere Weise das musikalische Gehör.

Im Jahre 1905 trat Dalcroze mit seinen Schülern zum ersten Mal an die Öffentlichkeit. Er erregte große Aufmerksamkeit und wurde in den folgenden Jahren zu mehreren Vorführungsreisen eingeladen. 1910 kam er nach Berlin und fand dort, in den Brüdern Dohrn zwei Mäzene, die ihm in der Gartenstadt Hellerau bei Dresden eine eigene Bildungsanstalt zur Verfügung stellten.

Von 1911 bis 1914 kamen interessierte junge Menschen aus vielen Ländern nach Hellerau, um die neuen pädagogischen Ideen kennenzulernen und an ihrer Entwicklung mitzuwirken. Es handelte sich dabei nicht nur um Musiker, sondern um Pädagogen aller Art, um Künstler und Wissenschaftler. Dalcroze entwickelte mit ihnen Ausbildungsgänge, inszenierte Aufführungen und bezog auch Kinder in seine Arbeitsweise ein. Sein Ausspruch: „Die Methode, die ich gründete, bezweckt die Harmonisierung der intellektuellen und körperlichen Fähigkeiten des Individuums durch die Musik“ – ist heute ebenso aktuell wie damals.

Mit Ausbruch des Ersten Weltkrieges kehrten die 495 Studierenden aus 14 Nationen in ihre Heimatländer zurück. – Nach dem Kriege gründeten Schülerinnen und Schüler aus Hellerau Ausbildungsstätten verschiedener Art und trugen die Gedanken Dalcrozes in unterschiedliche Anwendungsbereiche.

5. Trend zur Gegenwart

Für die Pädagogik erlangten zwei Absolventinnen der Hellerauer Ausbildung besondere Bedeutung. Es waren die Deutsche *Elfriede Feudel* und die Schweizerin *Mimi Scheiblauer*.

Mimi Scheiblauer wandte sich zunächst Erziehungsschwierigen, später Gehörlosen und gegen Ende ihres Lebens Geistigbehinderten zu. Sie verschaffte der Rhythmischen Erziehung im sonderpädagogischen Raum Beachtung und Geltung.

Elfriede Feudel sah die Grundlagen der Rhythmischen Erziehung in den vier Elementen Raum, Zeit, Kraft und Form, die sowohl der Bewegung als auch der Musik zugrundeliegen. Sie setzte sich in ihren Büchern für einen „Durchbruch zum Rhythmischen in der Erziehung“ und eine „Dynamischen Pädagogik“ ein. Bisher haben sich ihre Ideen vorwiegend in der Vorschulpädagogik durchgesetzt.

Im Jahre 1925 wurde es durch einen ministeriellen Erlaß in Preußen möglich, in einerstaatlichen Ausbildung zum Privatmusiklehrer Rhythmische Erziehung zu studieren. Sie wurde als ein Hauptfach in diesen Studiengang aufgenommen. Seitdem gibt es Rhythmikseminare an Musikhochschulen.
Seit 1954 können in der Bundesrepublik Deutschland Pädagogen mit einer abgeschlossenen Ausbildung in einem verkürzten Studium innerhalb eines Rhythmikseminars das sogenannte „Kleine Rhythmikexamen“ ablegen.
Im Jahre 1972 wurde eine berufsbegleitende Fortbildung in Rhythmischer Erziehung ins Leben gerufen, in der ebenfalls Pädagogen nach absolvierter Ausbildung Rhythmik studieren können. Sie erwerben dadurch eine „Qualifikation für Rhythmische Erziehung“. Das Curriculum für diese berufserweiternde Fortbildung liegt dieser Veröffentlichung weitgehend zugrunde.

6. Voraussetzungen für das Erteilen von Rhythmikunterricht

Theoretische Kenntnisse und Selbststudium können nicht die eigenen praktischen Erfahrungen ersetzen, die zum Erteilen von Rhythmikunterricht unbedingt notwendig sind.

Brita Glathe
Hannelore Krause-Wichert

Schlußwort

Allen, die beratend, helfend und in Gesprächen zum Gelingen dieses Werkes beigetragen haben, möchte ich danken.
Es seien besonders genannt:

Herr Karl Lorenz,

die Autoren, deren Bereitschaft zu Kooperation und gegenseitiger Durcharbeitung der Manuskripte die gemeinsame Arbeit von Herausgeberinnen, Schriftleitung und Verlag ermöglichten,

vor allem der Verlag und seine Mitarbeiter, durch die die oftmals schwierigen Aufgaben des Satzes und der Drucklegung mit Verständnis und freundlichem Eingehen auf die Wünsche der Autoren gemeistert wurden.

Für die freundliche Durchsicht des Manuskriptes „Elementare Musiklehre" und die Ratschläge geht der Dank an:
Frau Brita Glathe, Herrn Karl Lorenz, Herrn Dr. Wilhelm Schmidt-Scherf, Herrn Prof. Dr. Antonius Sommer, Herrn Prof. Guido Waldmann.

Für die Entwicklung des Ordnungsprinzips dieser Veröffentlichung und die Ordnung des Stoffes nach der Dezimal-Klassifikation danke ich Herrn Hans-Peter Glathe.

Frau Brita Glathe danke ich für die intensive Hilfe bei der Schriftleitertätigkeit.

Braunschweig, im Januar 1989
Annelise Seifert
Schriftleitung

Alphabetisches Verzeichnis der Lieder und Instrumentalstücke

Sachwortverzeichnis

U

V

Pädagogische Grundlagen

Antonius Sommer

Zur anthropologischen und pädagogischen Grundlegung der Rhythmischen Erziehung

Vorbemerkung

Besonders Nicht-Rhythmiker interessiert immer wieder die Frage, worauf die überzeugenden praktischen Erziehungs- und Bildungserfolge der rhythmisch-musikalischen Bewegungserziehung der Methode Jaques-Dalcroze' — insbesondere in den Bereichen der Heil-und Frühpädagogik — beruhen. Diese Frage ist nicht leicht zu beantworten; einmal deswegen nicht, weil eine Reihe von Faktoren mitspielen, die sich schwer, wenn überhaupt rational auflösen lassen, aber auch deswegen nicht, weil die herkömmlichen Mittel der Rhythmik, die sich bisher weitgehend auf die praktische Arbeit beschränkten, hierzu nicht ausreichen. Die Rhythmik kann sich Menschen anderer "Fakultäten" gegenwärtig allenfalls erfahrbar, aber nicht auf theoretisch-wissenschaftlicher Ebene verständlich machen und begründen. Gerade dies aber wäre im Interesse der allgemeinen Pädagogik wie der Rhythmik höchst wünschenswert; die vorliegenden Ausführungen wollen hierzu einen Beitrag leisten.

1.1. Bewegung

Emile Jaques-Dalcroze hat die Bewegung zur Grundlage der rhythmisch-musikalischen Arbeit gemacht und jeder Rhythmiker weiß, welche Bedeutung die Bewegung gegenüber und in Verbindung mit dem abstrakten, rein intellektuellen Lernen hat. Der Bewegung kommt ohne Zweifel - in Verbindung mit dem Phänomen Rhythmus in Musik und Sprache - ein bedeutender Anteil am pädagogischen Erfolg der Rhythmik zu und dies läßt sich anthropologisch begründen.

Die Bewegung als psycho-physische Einheit

Die Anthropologie fragt nach dem Sinn und Zweck bestimmter Phänomene für das menschliche Leben. Bezüglich der Bewegung können wir beim Menschen – besonders aber beim Kind – einen starken Bewegungsdrang beobachten. Die Frage, ob dieses Bewegungsbedürfnis sinnvoll sei und welche Funktion es erfülle, ist für das ganze menschliche Leben, nicht zuletzt aber für die Pädagogik und insbesondere auch für die rhythmisch-musikalische Erziehung von großer Bedeutung.

In der Tat ist es mehreren Humanwissenschaften gelungen, jeweils etwas vom Sinn und Wert der Bewegung für das menschliche Leben aufzuzeigen. Wir müssen uns hier darauf beschränken, nur einige grundlegende Aspekte herauszuarbeiten.

In der Medizin wurde mehr und mehr eingesehen, daß die Körperbewegung für das Funktionieren des gesamten Organismus und aller einzelnen Organe unerläßlich ist. Die Psychosomatik und die Psychiatrie vor allen Dingen haben dies herausgestellt – man hat die Bewegung sogar als therapeutischen Faktor von grundlegender Bedeutung schätzen und einsetzen gelernt.

Der Göttinger Embryologe Erich Blechschmidt hat nachgewiesen, daß sich der Organismus in sogenannten Entwicklungsbewegungen, die normalen Bewegungsvollzügen vergleichbar sind, selbst gestaltet und seine spätere Form und Funktion findet.[1] Ähnliches scheint für die evolutionäre stammesgeschichtliche Entwicklung des Menschen zu gelten.[2] Daß die Bewegung nicht nur physiologisch, sondern für die gesamte Persönlichkeit von Bedeutung ist, haben Forscher (u. a. A. Gesell, J. Piaget und F.J.J. Buytendijk) immer wieder herausgestellt. Man spricht in diesem Zusammenhang von sensomotorischen und psychomotorischen Vorgängen. Die sogenannte psycho-physische Einheit des Bewegungsvollzuges wird auch von anderer Seite eindrucksvoll betont, so z. B. auf seiten der Kindermedizin von Alfred Nitschke[3], ebenso in der Psycho- und Gruppentherapie, die neuerdings offenbar immer stärkere Erfolge erzielt mit Methoden, die die gesamtkörperliche Bewegung sehr stark mit einbeziehen.[4]

Im Rahmen der allgemeinen Anthropologie hat sich Arnold Gehlen u.a. mit der Bewegung auseinandergesetzt und ihre grundlegende Bedeutung für *alle* menschlichen Fähigkeiten und Leistungen aufgezeigt. Er stellt die Bewegung in engstem Zusammenhang mit Wahrnehmung und Sprache ausführlich dar (diesen Zusammenhängen widmet er den ganzen II. Teil seines Buches "Der Mensch") und sieht sie sogar als Grundlage des Sprechens und Denkens an. Er weist nach, "daß alle Phänomene des Bewußtseins von der Handlung her und im Zusammenhang mit ihr zu verstehen sind."

"...Erkenntnis kann Phase der Handlung sein, sie kann vorgängig Motiv oder nachträglich Resultat der Handlung sein, sie kann sogar als eigene, funktionalisierte und selbstgenügsam gewordene Lebensform Ersatz der Handlung sein: bezogen auf diese bleibt sie immer. Dies gilt auch für die höchsten Synthesen des Bewußtseins, deren Träger nicht so sehr der Einzelne, als ganze Gesellschaften sind; auch religiöse oder philosophische Überzeugungen sind zuletzt Motive, die sich im konkreten Verhalten wirklicher Personen ausdrücken müssen oder, wenn sie dies nicht mehr tun, nicht gehalten werden können."[5]
Es ist nicht wenig, was hier behauptet wird, aber Gehlen stellt die Tatsache, daß "alle Phänomene des Bewußtseins von der Handlung her und im Zusammenhang mit ihr zu verstehen sind", im einzelnen überzeugend dar. Dazu gehören solch grundlegende menschliche Fähigkeiten und Leistungen wie Phantasie und Vorstellungsvermögen, kausal-finales Denken, Gedächtnis und Symbolverständnis, die alle ursprünglich aus der Bewegung heraus aufgebaut werden und eng mit ihr verbunden bleiben — in der Rhythmik zeigt es sich–, wobei sich jeweils die Bildphantasie aus der Bewegungsphantasie, das Bildgedächtnis aus dem Bewegungsgedächtnis, Bildsymbole aus Bewegungs- und Tastsymbolen heraus entwickeln und die optische Wahrnehmung mit Bewegungs- und Tasterfahrungen allmählich "aufgeladen" wird. Diese Übertragung ist wiederum nicht ohne eine Phantasieleistung, die dahinter steht, möglich (Bewegungs- und Empfindungsphantasie sind eng verbunden). Gehlen faßt hierzu zusammen: "Man sieht nun, wie nur in einem motorisch selbst entdeckten Raum sich die Ausbildung hochstufiger und selbstgeleisteter Wahrnehmungssymbole vollzieht, wobei also die Erarbeitung gekonnter und flüssiger Bewegungen aus dem Durcheinander sich kreuzender Impulse in den ersten Monaten des Kindes eine Leistung ist, die in enger Wechselwirkung mit der beschriebenen Durcharbeitung der Wahrnehmungswelt steht." [6]

Über den Zusammenhang von Bewegung und Sprache schreibt Gehlen:
"Eine gewisse Ausführlichkeit in der Darstellung elementarer Bewegungs- und Kommunikationsfiguren war indessen notwendig, um zu zeigen, wie im System des menschlichen Wahrnehmungs- und Bewegungslebens die Sprache darin liegt." [7] Er beschreibt im einzelnen "Sprachwurzeln", die aus den Bewegungs- und Wahrnehmungserfahrungen erwachsen und hält die Zusammenhänge für so eng, daß er feststellt: "Solche Bewegungsleistungen sind nicht früher und nicht später als die symbolische Entwicklung der Sprache und des Bewußtseins, sondern

beide entwickeln sich aneinander ..."[8] Hinter diesen Aussagen steht eine ebenso radikale wie detaillierte und überzeugende Auffassung von der oben schon angedeuteten psycho-physischen Einheit des Bewegungsvollzuges, wobei sich Gehlen auf Schopenhauer beruft, der meinte: "Jeder wahre Akt des Willens ist sofort und unausbleiblich auch eine Bewegung des Leibes ... der Willensakt und die Aktion des Leibes sind Eines und Dasselbe, nur auf zwei gänzlich verschiedene Weisen gegeben." Gehlen selbst fährt hier fort: "Es ist vollkommen richtig, daß in actu des realen Handlungsvollzuges der Handelnde selbst eine Unterscheidung des Seelischen und des Leiblichen zu treffen nicht imstande ist." [9]

P. Christian hat die innere Bewegungsintelligenz experimentell am Antreiben und Inganghalten schwingender Systeme untersucht. Er ist überzeugt, daß wir von der ungeheuren Kompliziertheit und Vollkommenheit gerade der höheren Bewegungsleistungen wesentlich keine Vorstellung haben. Er kommt zu folgendem Schluß: "Auf dieser Stufe ist die Motorik selbst Intelligenz, d. h. keiner Erklärung bedürftig oder fähig, sondern selbst Bedingung möglicher Erfahrung und objektiver Erklärung ... Die am Ergebnis jeweils aufzeigbare großartige Zweckmäßigkeit organischer Vollzüge läßt ahnen, daß mit der bloßen Existenz einer gekonnten Bewegung je schon ein "Problem" gelöst wird in einer Vollkommenheit, die jeder bewußtseinsmäßigen Erkenntnis vorauseilt oder sie gar übersteigt."[10]

Ähnliches läßt sich über die Verbindung von Bewegung und Kreativität sagen.[11] Auf der Grundlage von Begriffen wie der "gekonnten" Bewegung, der "symbolischen Struktur" der Bewegung und der "Bewegungsübersicht" betont Gehlen die hohe Variabilität der Bewegung, die sich aus dem "Wechsel des Angriffspunktes" im Rahmen der gekonnten Bewegung herleiten läßt.[12] Er spricht in anderem Zusammenhang von der "praktischen Bedeutung der Wahrnehmung", von ihrer "Funktion als Steuerung der Handlung" und von der Einsicht "in den kommunikativen, sich verselbständigenden Sinn der Handlungs- und Wahrnehmungsumgänge. Erst in ihnen entspringt das elementar schöpferische Verhalten des Menschen, ob es nun im Ausbau und in der Verwertung der Sacherfahrungen besteht, in der eigentlich praktischen Auswertung der Wirklichkeit, oder ob es mehr denkend in der Entwicklung neuer Fragen an die Dinge und in der Erprobung solcher Hypothesen besteht ..."[13]

Auch das, was man für den vorschulischen Bereich meist als Natur- und Sachbegegnung, für die Grundschule meist als Sachunterricht bezeichnet, wird von Gehlen grundsätzlich im Laufe seiner Untersuchungen in den Zusammenhang mit Bewegung (selbstverständlich auch Wahrnehmung und Sprache) gestellt: "Da nun Bewegungen nicht im leeren Raum erfolgen, sondern an den Sachen und im Umgang mit ihnen und in Gesamtsituationen, in denen irgendwelche Tätigkeiten sich ausbreiten oder ablaufen, so wird jeder Wechsel der Stellungnahmen" – man kann auch bewegungsmäßig Stellung nehmen! – "und jede Variation des Bewegungseinsatzes vom Verhalten der Dinge wiedergegeben ... Am Ende also 'enthält' jedes Erfahrungsding sowohl Andeutungen seiner Eigenschaften, als auch Andeutungen seiner Verwendbarkeit in einer Erfahrung."[14] Er spricht in diesem Zusammenhang an anderer Stelle sogar von "wirklicher Welterweiterung über das aktuell Gegebene hinaus. Indem nämlich die uns umgebenden Dinge hochkomplexe Symbole anschaulich enthalten, so scheinen sie das, was sie uns nicht offensichtlich zeigen, doch zu verraten: über ihre Gesamtgestalt jenseits der perspektivischen Andeutungen, die sie geben, sind wir selten im Zweifel; ebensowenig über die zu erwartenden Eindrücke, wenn wir uns um sie herum bewegen würden, über die Rückseiten usw.
So andeutungsreich wie sie dastehen, fordern sie uns zu bestimmten Handlungen auf ..."[15]
Heinrich Roth sieht im Rahmen seiner

1.

Pädagogischen Anthropologie die Bewegung ebenfalls als Ausgangspunkt und Grundlage für sämtliche menschlichen Leistungen bis hin zu den anspruchsvollsten menschlichen Leistungen und Werten wie Freiheit und Verantwortung. Er deutet im zweiten Band seiner "Pädagogischen Anthropologie" die menschliche Entwicklung "als zunehmende Freiheit aus den instinktiven Verhaltensregelungen und den durch die primären Sozialisationsprozesse in uns automatisierten sozialen und moralischen Verhaltensnormen" und beantwortet die Frage, wie der Mensch zu einer solchen Freiheit kommen kann, wie folgt:" Eine solche Freiheit ist eine Illusion, wenn sie dem Menschen nicht durch zunehmende Sacheinsicht in die erkennbaren Sachgesetzlichkeiten unserer inneren und der äußeren Natur in Form von Sachkompetenz zur Verfügung steht ... Freiheit ist deshalb nur auf Grund von Sozial- und Werteinsichten möglich, die es den Menschen schließlich ermöglichen werden, als freier Mensch in einer freien Gesellschaft zu leben und weder dem Terror der Herrschaft noch dem Terror der Anarchie ausgesetzt zu sein. Das erfordert – neben zunehmender Sachkompetenz – ständig zunehmende Sozialkompetenz ... und nicht zuletzt moralische Kompetenz auf Grund von Werteinsicht – eine Kompetenz, die wir auch als Selbst- und Ichkompetenz begrifflich zu fassen suchen werden."[16]

Als Ausgangspunkt für diese Lernprozesse sieht Roth die Bewegung:"Der erste Fortschritt zur freien menschlichen Handlungsfähigkeit in diesem Sinne ist die 'frei geführte Bewegung' ", die seinen Beispielen zufolge bei einfachen, ersten Greifversuchen des Säuglings in der Wiege einsetzt und hinführt zu sehr komplexen "frei geführten" Bewegungsformen. Später spricht er davon, "daß die Fähigkeit, sich Ziele setzen zu können, den Anfang der Selbstbestimmung ausmacht!", was ebenfalls in der einfachen Handlung grundsätzlich gelernt wird.[16]

Hierarchie der Leistungen

Es ist nun deutlich geworden, daß die körperliche Bewegung Grundlage und Voraussetzung rundweg aller körperlichen wie geistig-seelischen Leistungen des Menschen ist. Wollte man dies in einer stark vereinfachenden systematischen Übersicht deutlich machen und ergänzen, was A. Gehlen und H. Roth im einzelnen begründen – Gehlen spricht von einer "Hierarchie von Leistungen ..., in denen dasselbe Gesetz nachweisbar ist"[17] – , dann müßte man die Bewegung als Grundlage für die Entwicklung der Wahrnehmungsfähigkeiten sehen, bzw. dann ist "das Jetzt der Wahrnehmung (und Bewegung) nur der Ansatz der Prozesse, auf die es ankommt, in denen nämlich der Mensch sich herausarbeitet zur Übersicht und zur übergreifenden Verfügung über das, was die Situation gerade enthält."[18]

Im engsten Zusammenhang mit Wahrnehmung und Bewegung entwickeln sich solche Grundfähigkeiten wie Beobachten, Vergleichen, Unterscheiden, Wiedererkennen, Ordnen, Zuordnen, Phantasie und Vorstellungsvermögen (wobei die Bildphantasie von der Bewegungsphantasie "aufgeladen" wird), Symbolverständigung bzw. Symbolisation (wobei dem Bildsymbol wiederum das Bewegungssymbol vorausgeht), Abstraktion, Assoziation, Exploration, Erinnerung und Voraussicht, vor allem aber auch Neugier und Interesse. Alle diese Fähigkeiten entwickeln sich in engster Verbindung miteinander, und zwar aus der Bewegung heraus – in der Bewegung liegt dazu offenbar die erste und wichtigste Erfahrungsbedingung. Sie sind ihrerseits Grundlage für Intelligenz und Kreativität, die wiederum die schon erwähnte Übersicht bzw. übergreifende Verfügung (räumlich, zeitlich, situativ) ermöglichen, d. h. unter anderem auch die Befreiung vom Hier und Jetzt der Handlung, "von der Reaktion auf das zufällig Vorhandene"[19], denn "erinnernd und vorausschauend gilt es, in gespanntem Wachsein tätig zu sein", weil dem Menschen im Unterschied zu

Mündigkeit, Lebensfristung

Freiheit <—> Verantwortung

Sachkompetenz, Sozialkompetenz, moralische Kompetenz (Ich- oder Selbstkompetenz)

Reflektierendes Bewußtsein, präzise Erinnerung, sicher kombinierende Voraussicht, geplante und gerichtete Tätigkeit, Mitteilung, Verständigung

Denken

Sprache

Übersicht, übergreifende Verfügung Intelligenz, Kreativität

Sacherfahrung, Du-Erfahrung, Selbsterfahrung

Beobachten, Vergleichen, Unterscheiden, Wiedererkennen, Ordnen, Zuordnen, Vorstellungsvermögen, Symbolverständnis, Symbolisation, Abstraktion, Assoziation, Exploration, Erinnerung, Voraussicht, Neugier, Interesse, Wohlbefinden, Zufriedenheit, Glück, Vorsicht, Konzentration, Handlungs- und Selbstsicherheit

Bewegung <—> Wahrnehmung

Hierarchie der menschlichen Leistungen (schematische Übersicht)
Alle aufgeführten Leistungen und Leistungsebenen sind aufwärts wie abwärts in enger Wechselbeziehung zu sehen.

den meisten anderen Lebewesen die Lebensaufgabe so gestellt ist, daß "ohne (intelligente und kreative) Vorbereitung des "morgen" dieses morgen nichts enthalten wird, wovon er leben könnte".[20]

Alle bis dahin genannten Leistungen gehen derart in die Entwicklung der Sprache ein, daß sie als diese unvergleichliche, typisch menschliche Begriffssprache nicht denkbar wäre ohne diese Voraussetzungen. Gleichzeitig werden aber auch alle genannten Leistungen bis hin zur Bewegung und Wahrnehmung durch die Sprache überformt und gesteigert, so daß sich in Intension und Präzision, Bewußtheitsgrad, intelligentem und kreativem Einsatz und in ihrer Auswertung schließlich alle von ähnlichen Leistungen anderer Lebewesen unterscheiden.

Die Sprache ist ihrerseits wieder Grundlage des denkenden Bewußtseins, wodurch Erfahrungen zu Erkenntnissen werden; "an sie (die Sprache) wieder sind eine präzise Erinnerung und eine sicher kombinierende Voraussicht gebunden, und ohne diese gibt es keine geplante, gerichtete Tätigkeit, sowie natürlich auch keine Mitteilung und Verständigung." [21]

Bewegung und Wahrnehmung ermöglichen je nach dem Entwicklungsstand vor allem der aufgeführten Grundfähigkeiten eine immer differenziertere Selbsterfahrung, Sacherfahrung und Du-Erfahrung. Diese Erfahrungen werden bereichert, reflektiert, ausgewertet, geordnet, gespeichert und letztlich verfügbar und mitteilbar durch Sprache und Denken. Durch Sprache und Denken wird Selbsterfahrung zu Selbsterkenntnis, Selbstbewußtsein, Selbstvertrauen, Selbstbeherrschung u. ä., Sacherfahrung zu Sachkenntnis, Sachwissen, Sachverfügung u. ä. und wird Du-Erfahrung zu Verständnis, Aufgeschlossenheit, Kontaktbereitschaft, Hilfs- und Einsatzbereitschaft, Vertrauen und Zuneigung für den Mitmenschen, zur Grundlage für sozial orientiertes und reflektiertes Handeln.

Tendenziell führt diese Entwicklung auf Grund von Sach- und Werteinsichten

zu Sachkompetenz, Sozialkompetenz und moralischer Kompetenz (entspricht auch den Begriffen Ich- oder Selbstkompetenz),d.h. gradweise zu immer größerer Verantwortung und Freiheit des Handelns.[22]
Im Rahmen pädagogischer Überlegungen wäre hier parallel als Erziehungsziel zu setzen: Emanzipation zu immer größerer Mündigkeit. A. Gehlen setzt dafür den anthropologischen Begriff der "Lebensfristung"; gemeint ist, daß der Mensch seine Lebensaufgabe, d. h. das "Problem der Lebensfristung"[23], immer besser meistert, je mehr der ihm zur Verfügung stehenden Möglichkeiten (siehe die aufgeführten Leistungen) er ausbildet und je intelligenter und kreativer er diese Möglichkeiten einsetzt.
Phantasie, Gedächtnis, die Fähigkeit der Wahrnehmung, der Sprache, der Intelligenz und Kreativität bis hin zu den höchsten Werten des Einzelnen und der menschlichen Gemeinschaft wie Selbstbestimmung und Freiheit, sie alle haben ihre Wurzeln in der Bewegung. Sie ist offenbar die Bedingung für die gesamte Entwicklung des Menschen.
Unter diesen Aspekten erscheint der Bewegungsdrang des Kindes als etwas höchst Sinnvolles: Er ist die Bedingung für die Möglichkeit einer gesunden Entwicklung, oder anders ausgedrückt: Der Bewegungsdrang ist unmittelbar Antrieb zur gesamtmenschlichen Entwicklung. Gehlen betont: "Die Breite unserer Bewegungsphantasie ist also durchaus von dem schon Geleisteten abhängig, von dem Reichtum der Bewegungserinnerungen und den gemachten Erfahrungen, in denen sich die gekonnte Bewegung emporgeübt hat."[24] Und die "Breite der Bewegungsphantasie" ist wiederum entscheidend für die Entwicklung vieler anderer Fähigkeiten.

Pädagogische Konsequenzen

Für die gesamte Pädagogik ist es von entscheidender Bedeutung einzusehen, daß Bewegung und Lernen sich nicht ausschließen, sondern daß Lernen – mit gewissen Einschränkungen, die aber am Prinzip nichts ändern – im Grunde nur möglich ist aus der Bewegung heraus und in Verbindung mit ihr. Dies sollte um so mehr berücksichtigt werden, je mehr Entwicklung der zu Erziehende potentiell noch vor sich hat, da die Breite seiner Erfahrungsgrundlagen, wie wir gesehen haben, entscheidend ist. (Hat ein Kind z. B. bestimmte Sprachschwierigkeiten, so fehlt es ihm möglicherweise gerade an den entsprechenden Erfahrungsgrundlagen im Bereich von Bewegung und Wahrnehmung; in einem solchen Fall wäre es relativ unsinnig, diesem Kind einen Sprachunterricht zu bieten, der ihm keine Gelegenheit gibt, von den unerläßlichen Erfahrungsgrundlagen her über die Entwicklung der notwendigen Grundfähigkeiten allmählich aufzubauen; ein solcher Unterricht wäre bestenfalls Sprach*training*, um nicht zu sagen Sprach*dressur*, niemals aber Hilfe zum Sprach*erwerb*!)

Im Spiel des Kindes finden wir es bestätigt; wir wissen, daß das Kind im Spiel unablässig tätig ist, daß es handelt, sich bewegt, und daß es dabei grundlegende Fähigkeiten entwickelt, sich selbst gewissermaßen aufbaut, sich Erkenntnisse verschafft, Kenntnisse und Fertigkeiten aneignet, kurz, daß es lernt. Maria Montessori, die ebenfalls die psycho-physische Einheit des Bewegungsvollzuges betont, stellt fest: "Von gleich großer Bedeutung für die Entwicklung des Kindes ist seine eigene spontane Bewegung. Das Kind muß sich immer bewegen, kann nur aufpassen oder denken, wenn es sich bewegt. Es hat uns selbst dieses Bedürfnis offenbart, und zwar nur dadurch, daß wir ihm die Freiheit zur Äußerung ließen."[25]
Die Durchschnittsschule mutet den Kindern heute wie vor hundert Jahren Bewegungslosigkeit zu, gerade wenn man von ihnen im Lernen kontinuierlich innere Aktivität und Aufmerksamkeit verlangt. Daran ändert im Prinzip auch das Fach Leibeserziehung nichts, denn die Leibeserziehung hat ihre eigenen wichtigen, aber begrenzten Ziele

und Aufgaben vor allem in der Körperbildung, steht im übrigen unverbunden neben den Fächern des "Lernens", verhindert jedenfalls nicht, daß die Kinder sonst während des Unterrichts regungslos sitzen müssen, und nutzt ihrerseits kaum die weiterreichenden Chancen und Möglichkeiten, die die Bewegung im Rahmen von Erziehung und Bildung bietet, wie wir gesehen haben.

Die Rhythmik (rhythmische Bewegungserziehung) dagegen zeigt hervorragende Möglichkeiten auf, die Potenzen der Bewegung pädagogisch für die gesamte Entwicklung des Kindes im Sinne der beschriebenen Zusammenhänge zur Geltung zu bringen; einen Eindruck von der Fülle dieser Möglichkeiten mögen die praktischen Teile des vorliegenden Gemeinschaftswerkes geben. Darin liegt sicherlich zum guten Teil ihr Erfolg begründet, natürlich besonders augenfällig da, wo es um die Breite der bewegungsmäßigen Grunderfahrungen geht: in der Heil-/Sonder-, Früh- und Grundschulpädagogik.

Die Bewegung ist Grundlage der Rhythmik. Sie hat in der Rhythmik jedoch nicht Selbstzweck, sie dient nicht in erster Linie oder ausschließlich der Körperbildung, der Gesundheit, der Fitness.
Elfriede Feudel sieht die Bewegung als "die Mitte und Verbindung von Geist und Körper".[26] "Sie ist die Mitte, das einigende Band, das den Menschen mit sich selbst, seinem eigenen Organismus verbindet wie mit seiner Umwelt."[27] Hierin können wir eine grundsätzliche Entsprechung zu den vorstehenden Ausführungen sehen.

Die skizzenhafte Übersicht auf Seite 5 über die "Hierarchie der menschlichen Leistungen" zeigt einerseits Zusammenhänge, die auf keinen Fall in der Pädagogik – insbesondere in der Frühpädagogik und in der Primarstufe, wo es um die Ausbildung von Grundfähigkeiten und um die breiten Erfahrungsgrundlagen für weiteres Lernen gehen sollte – unberücksichtigt bleiben dürfen; sie ist gleichzeitig eine Übersicht über das pädagogisch Notwendige und das pädagogisch Mögliche – dem Pädagogen zur Gewissenserforschung. In diesem Katalog von menschlichen Leistungen erscheint nichts, was die Rhythmik durch ihre zudem noch sehr freudestiftenden Übungen nicht anspricht - viele Ansätze lassen sich unter spezifisch pädagogischen, u.a. auch fachdidaktischen Fragestellungen leicht abwandeln bzw. weiterentwickeln: Die Rhythmik kennt Übungen – immer der Bewegung verbunden – zur Entspannung, zur Konzentration, zur Gedächtnisschulung, zur Phantasiebildung, zur Variation und Erfindung, zur Begriffsbildung, zur Wahrnehmungsschulung, zur Erfahrung von Raum und Zeit, zur Erfahrung von Partnerschaft, Gruppe und Gemeinschaft, und es zeigt sich immer wieder, daß sich im Kind bei all diesen Übungen, d.h. im bewußten und kontrollierten Umgang mit sich selbst und der dinglichen wie personellen Umgebung, im Erleben eigener wie fremder Möglichkeiten, wesentliche Fähigkeiten, Werte und auch emotionale Qualitäten bilden wie Selbstvertrauen, Selbstsicherheit, Selbstbewußtsein, Rücksichtnahme, Vertrauen, Achtung, Anerkennung, Verantwortung, Neugier u.ä.m.[28]

Was liegt also näher, als die Bewegung im Interesse einer gesunden und optimalen Entwicklung des Kindes sehr viel stärker als bisher in die Pädagogik (in den verschiedensten Bereichen) einzubeziehen und sich dabei der Erfahrungen und Möglichkeiten der Rhythmik zu bedienen, bzw. sich von der Rhythmik inspirieren zu lassen?

Zur *Bewegung* kommt in der *Rhythmik* mit dem Rhythmus noch ein wesentlicher, d.h. konstitutiver Faktor hinzu, der sich in ähnlicher Weise wie die Bewegung als anthropologisch begründet ausweisen kann.

1.2. Rhythmus

Rhythmus als Bewegungsrhythmus, als musikalischer Rhythmus und als Sprachrhythmus verbindet Bewegung, Musik und Sprache. Er ist konstitutives und namengebendes Element in der rhythmischen Erziehung. Wie bei der Bewegung, so bringt auch beim Thema Rhythmus ein entsprechender anthropologischer Hintergrund seine Bedeutung im Rahmen der Rhythmischen Erziehung und darüber hinaus im Bereich von Pädagogik und Therapie allgemein erst voll zur Geltung.

Begriff und Erscheinungsform

Der Begriff Rhythmus wird in vielen Bereichen von Wissenschaft und Kunst gebraucht. Er hat viele unterschiedliche Bedeutungen.

a) Musikalischer Rhythmus
Am geläufigsten ist der Rhythmus-Begriff wohl im Bereich von Musik und Musikwissenschaft, keineswegs aber einheitlich oder eindeutig. Er steht in engem Zusammenhang mit Begriffen wie, Tempo, Takt, Metrum, Form u.a. Die Begriffsakzente im Verhältnis zu Nachbarbegriffen sind wechselnd, seine Grenzen oft undeutlich. Einzelheiten brauchen in diesem Zusammenhang nicht erörtert zu werden.

Grundlegend ist die Bestimmung des musikalischen Rhythmus als Zeitgestalt[29], besser: als gestaltete Zeit, von Menschen gestaltete Zeit. Diese Zeitgestalt ist hauptsächlich geprägt von (Ton-/Klang-) Dauer- und Betonungsrelationen[30] (Betonung durch Lautstärke, Tonhöhe, harmonische Vorgänge, klangliche Akzente, Instrumentierung u.a.).
Ebenso grundlegend für den musikalischen Rhythmus-Begriff ist der Begriff der Zählzeit. Die Zählzeit wird in der Musikwissenschaft auch "Schlagzeit" oder "rhythmische Grundzeit" genannt.[31] Sie ist immer bezogen auf das "normale Mittelmaß", die "Normalzeit" oder "Mittelzeit", die dem "normalen Puls des gesunden Menschen mittleren Alters" entspricht. Auf die Zählzeit selbst, den "rhythmischen Grundwert" oder das "Grundmaß", dem die "Empfindung folgt", beziehen sich alle rhythmischen Werte. Die großen Werte werden als "Zusammenziehung rhythmischer Grundzeiten", nämlich von Zählzeiten, aufgefaßt, die kleinen als "Spaltung" oder "Unterteilung".

Mit dem unmittelbaren Bezug auf die Zählzeit im Maß des Pulsschlages (gut 3/4 Sekunden oder zwischen 70 und 80 Schlägen pro Minute im Mittelmaß) ist im musikalischen Bereich der Rhythmus-Begriff gegen den Begriff der musikalischen Form, die ja auch Zeitgestalt ist, abgegrenzt:"Die neuere Psychologie hat beobachtet, daß das Maximum einer erfüllten Dauer zwölf Sekunden beträgt. Daher entziehen sich Perioden, deren Einzelglieder übergroß sind, der unmittelbaren sinnlichen Wahrnehmung (also etwa der Wechsel der Jahreszeiten) und fordern eine gedankliche Abstraktion."[32] Demnach liegt die Grenze zwischen "unmittelbarer sinnlicher Wahrnehmung" und "gedanklicher Abstraktion", d. h. musiktheoretisch zwischen Rhythmus und Form, bei maximal 12 Sekunden.

Helmar Frank bestätigt und ergänzt dies von seinen informations-theoretischen Forschungen her und faßt es unter dem Begriff der "Gegenwartsdauer" zusammen: "Von einer Folge von Zeichen, etwa von drei Tönen, ist uns der erste noch bewußt, wenn der letzte erklingt, falls dazwischen nicht eine zu lange Zeit verstrichen ist. Die maximale Zeit des Bewußtbleibens eines wahrgenommenen Reizes ohne Konzentration auf diesen wird als Gegenwartsdauer T bezeichnet. Diese Größe ist schlecht definiert, da sie vom Reiz selbst, von den nachfolgenden Wahrnehmungsinhalten und anderen Größen beeinflußt zu sein scheint. Verschiedenartige Versuche erlauben jedoch den Schluß, daß die Größenordnung von 8 Sek. $< T <$ 12 Sek. kaum überschritten wird."[33]

Obwohl schon hier mit Definitionsproblemen beladen (im musikalischen Bereich), würde man es sich zu leicht machen, wollte man den Rhythmus-Begriff auf den musikalischen Bereich einengen. Außerdem können in anderen Zusammenhängen, in denen der Begriff Rhythmus verwendet wird, andere Rhythmusmerkmale deutlicher hervortreten.
So ist u.a. im Vergleich zum Sprachrhythmus auch ein typisches Merkmal des musikalischen Rhythmus seine in der Regel rational erfaßbaren und gestaltbaren Relationen, eindeutig auf ein Grundmaß - die Zählzeit - bezogen, in Notenwerten relativ eindeutig fixierbar, im Zusammenspiel mehrerer oder gar vieler Stimmen gemeinsam mit Wechselbezug realisierbar, ohne Rest an Eindeutigkeit.

b) Sprachrhythmus[34]
Auch der Sprachrhythmus ist hauptsächlich durch Länge–Kürze– und Betonungsrelationen gestaltet. Hier muß nun allerdings unterschieden werden zwischen gebundener und freier Sprache.

Der Versrhythmus in gebundener Sprache ist ähnlich wie der musikalische Rhythmus auf ein metrisches Grundmaß (Puls!) bezogen (deshalb auch "gebunden"), seine Relationen sind rational erfaßbar und gestaltbar, d.h. in einfachen Zahlenverhältnissen (was Länge-Kürze-Relationen angeht, z.B. 1:2, 1:3) und entsprechenden Versfüßen und Notenwerten darstellbar.

In der Prosa dagegen handelt es sich in der Regel um irrationale Rhythmen. Diese sind, wenn überhaupt, nur in komplizierten Zahlen- oder Notenwertverhältnissen darstellbar, die auf Anhieb nicht durchschaubar sind. Je nach Person und sprachlicher Situation sind sie im allgemeinen so kompliziert und nuancenreich, daß sie überhaupt nicht darstellbar sind, ohne sie zu vereinfachen und zu verfälschen. Nur in unmittelbarer Übertragung durch Sprechen und Hören sind sie angemessen erfaßbar. Diese Tatsache macht es z.B. fast unmöglich, bei Gehörlosen eine natürliche Sprechweise aufzubauen. Außerdem ist von dieser Tatsache her gesehen eine Sprachbehandlung mit Metronom (bei Stotterern oder Polterern) vom Ansatz her schon unzulänglich, und die Erfahrungen bestätigen dies auch.
Sind Prosa-Sprachrhythmen irrational, so sind sie deswegen aber nicht amorph, d.h. struktur- und regellos. Meist erst bei Menschen mit Sprachrhythmusstörungen werden uns die Regelhaftigkeit eines normalen Sprachrhythmus und seine Bedeutung auch in der Prosa bewußt.

Über den musikalischen Rhythmus hinaus wird am Sprachrhythmus deutlich: Rhythmus muß nicht unbedingt rational erfaßbar und darstellbar sein; Rhythmus kann mit unterschiedlichen Mitteln sowohl rational als auch irrational gestaltet werden. Das widerspricht aber nicht etwa musikwissenschaftlichen Auffassungen vom Rhythmus; diese Tatsache ist dort sogar wohlbekannt, z.B. im Bereich der Musikethnologie (in vielen Arten außereuropäischer Musik).

c) Bewegungsrhythmus
Bewegungsrhythmus ist in erster Linie sichtbar und kinästhetisch erlebbar, nur unter bestimmten Bedingungen auch hörbar (z.B. beim Stampfen, Klatschen, Fingerschnippen u.ä.). Musik- und Sprachrhythmen dagegen sind in erster Linie hörbar, erst sekundär als motorische Vollzüge auch sichtbar und kinästhetisch erlebbar.

Die primäre Sichtbarkeit von Bewegungsrhythmen weist darauf hin, daß Bewegungsrhythmen nicht nur eine zeitliche, sondern ebenso auch eine räumliche Dimension haben. Bewegungsrhythmus ist demnach ein raumzeitlicher Prozeß. Die Prozeßhaftigkeit des Rhythmus wird hier besonders deutlich; auch diese Tatsache wiederum nicht im Gegensatz, sondern ergänzend zum Musik- und Sprachrhythmus.
Man spricht sogar im Bereich der bildenden Künste und Architektur von

Rhythmus (z.B. Rhythmus von Linienführungen oder Ornamenten u.ä.). Hierbei handelt es sich gewissermaßen um erstarrte, fixierte rhythmische Prozesse, die vom Betrachter wieder optisch in zeitliche Prozesse aufgelöst werden können bzw. sogar müssen. (Vgl. hier den Vorgang des sogenannten Musikmalens, wo hörbare Rhythmusprozesse in einer rhythmischen Bewegung sichtbar mitgestaltet werden und diese wiederum auf Malspuren hin angelegt ist, die den gesamten Vorgang optisch fixieren und rekonstruierbar werden lassen.)

Die Komponente der Prozeßhaftigkeit – wird in diesem Zusammenhang deutlich – scheint zur Bestimmung des Begriffes Rhythmus jedoch so grundlegend zu sein, daß man bei diesen "erstarrten Rhythmen" der bildenden Künste nicht mehr unmittelbar, sondern nur noch im übertragenen Sinn von Rhythmus sprechen kann.

Den bisher erörterten Erscheinungsformen des Rhythmus ist gemeinsam die Hervorbringung, d.i. Gestaltung durch den Menschen. Wenn hier von Gestaltung gesprochen wird, ist Gestaltgebung als Formgebung gemeint. Es muß sich also um einen gegliederten, und zwar in regelhafter Weise gegliederten, geformten Prozeß handeln. Zur genannten Regelhaftigkeit gehört, daß gleiche und ähnliche Elemente periodisch oder zyklisch, d.h. rhythmisch wiederkehren und in einem bestimmten Verhältnis zu anderen, relativ neuen Elementen des Prozesses, die sich möglicherweise nicht wiederholen, stehen.

Ganz allgemein können wir also einen raum-zeitlichen Prozeß Rhythmus nennen, der durch den Menschen hervorgebracht und in regelhafter Weise mit den polaren Prinzipien von Veränderung und Wiederholung, Entfernung und Wiederkehr, Abwandlung und Entsprechung, Fortdauer und Erneuerung, Kontinuität und Gliederung, Stetigkeit und Gruppierung gestaltet ist.
Solche Prozesse sind dem Menschen jedoch auch durch die Natur vorgegeben, werden da aber oft als Phase, Periode oder Zyklus bezeichnet. Es spräche einiges dafür, den Begriff Rhythmus der menschlichen Gestaltung rhythmischer Prozesse vorzubehalten. Die Verwendung des Begriffs hat sich inzwischen z.B. in der Biologie und Medizin eingeschliffen und muß als Tatsache genommen werden.

Periodisch-rhythmische Gegebenheiten der Natur [35]

Der Mensch ist ein Teil des Kosmos. Der Kosmos hat nicht nur eine räumliche, sondern auch eine zeitliche Ausdehnung, nicht nur eine räumliche, sondern auch eine zeitliche Struktur. Die Bewegungen der Himmelskörper sind periodisch angelegt, zumindest von der Erde aus gesehen. Die Erde selbst ist ein Himmelskörper, der sich in jeweils einem bestimmten Zyklus um die eigene Achse dreht (Tag), die Sonne auf einer elliptischen Bahn umläuft (Jahr), die Neigung der eigenen Drehachse verändert (Eiszeiten), in ihrer Kugelform gezeitenhaft pulsiert. Sie ist den komplexen periodischen Einflüssen (Strahlung, Anziehungsintensität u.ä.) anderer Himmelskörper (Mond, Planeten, Sonne, Sterne, Galaxien) ausgesetzt: Strahlungen, Wellen, Schwingungen, Vibrationen, Pulsationen, Perioden, Phasen, Zyklen – um vom Mikro-bis zum Makrobereich –, von den Vorgängen im Atom bis zu den Vorgängen im Universum die dafür üblichen Bezeichnungen zu nennen. Das Ganze ist ein Kosmos von rhythmischen Gegebenheiten der "unbelebten" Natur, in die der Mensch als Bewohner der Erde einbezogen ist.

Im periodischen Wechsel von Tag und Nacht, von Mondphasen, von Wettervorgängen, von Jahreszeiten, von Strahlungen (z.B. aus periodischen Schwankungen der Sonnenaktivität) und vielem anderen mehr ist der Mensch diesen Einflüssen unmittelbar ausgesetzt. Manche dieser Vorgänge sind uns in der Alltagserfahrung zugänglich; andere sind nur über empfindliche Instrumente und komplizierte Meßverfahren nachzuweisen; wieder andere können bisher nur vermutet werden, da uns die Instrumente und Verfahren fehlen, sie aufzuzeigen und zu belegen. Darüber hinaus lehrt uns die Erfahrung aus der Entwicklung von Forschung und Wissenschaft aber, daß wir mit weit mehr Tatsachen und Zusammenhängen dieser Art rechnen müssen, als wir gegenwärtig messen, sehen und ahnen können.

Ähnliches gilt für den Bereich der belebten Natur. Die biologische und medizinische Rhythmusforschung haben eine Fülle von Fakten gesammelt, die aufzeigen, daß das Periodisch-Rhythmische ein grundlegendes Strukturprinzip auch des Lebendigen ist. Hier gilt – für viele Arten von Lebewesen inzwischen aufgezeigt –, daß elementare Prozesse des Lebendigen wie ökologische Wechselverhältnisse der Arten untereinander, Fortpflanzung und Vermehrung, Wachstum und Zerfall, Stoffwechsel und Verdauung, Aufnahme und Ausscheidung, Herz- und Kreislauftätigkeiten bis hinein in mikroorganismische Vorgänge der Zellen in auffallender Weise zyklisch-periodisch verlaufen.

Auch der menschliche Organismus ist durch eine Vielzahl von zyklisch-periodischen Prozessen strukturiert. Auch hier gibt es Schwingungen und Vibrationen (z.B. in Zellen, besonders im Nerven- und Muskelsystem), Pulsationen (z.B. Herzschlag, Pulsschlag und Atmung), Zyklen und Perioden (z.B: Menstruation, Wachstum und Entwicklung), die z.T. minutiös aufeinander abgestimmt sind und sich wechselseitig beeinflussen, so daß man von einer "inneren Uhr" des Menschen spricht, die all diese Prozesse zu regeln scheint. Hierzu gehören beim Menschen aber nicht nur körperlich organische Prozesse. Auch seelisch-geistige Vorgänge sind periodisch-rhythmisch angelegt, wenn auch noch nicht so erforscht wie die körperlichen. So wissen wir, daß unsere intellektuelle Leistungsfähigkeit und -bereitschaft, unser Antriebs- (Verlangen nach Aktivität und Ruhe) und Gefühlsleben, unser Sozialleben (Verlangen nach Geselligkeit und Vereinzelung, Konflikthäufigkeit, Konflikthärte), unser Sexualleben u.ä.m. periodisch-rhythmischen Schwankungen unterworfen sind. Das gilt beispielsweise auch für das Spielverhalten von Kindern und das Arbeitsverhalten des Erwachsenen.

Diese dem Menschen körperlich, seelisch und geistig innewohnende (endogene) Periodik entspricht nun wiederum in auffallender Weise den periodischen Gegebenheiten von außen (exogene Periodik). So entsprechen viele endogene Rhythmen in einer 24-Stunden-Periodik dem Tag- und Nachtwechsel, dem Mondzyklus oder dem Jahreszyklus (vgl. besonders Rensing und Sollberger). Das heißt nicht, daß die endogene völlig von der exogenen Periodik abhängig wäre; es bedeutet aber, daß in dieser Entsprechung für die Lebewesen der Erde optimale Lebensbedingungen gegeben sind, denn die exogene Periodik gehört zu den Einflüssen und Bedingungen, unter denen das Leben auf der Erde sich entwickelt hat, auch das menschliche Leben. Anders gesagt: Diese Entwicklungen mißachten zu wollen hieße, sich selbst wichtige Lebensgrundlagen zu entziehen bzw. zu verändern, und dies wiederum bedeutet einen gravierenden Eingriff in die eigenen Lebensprozesse. Exogene periodische Gegebenheiten müssen vom Menschen respektiert werden. Gerade weil der Mensch nicht im strengen Sinne davon abhängig ist, muß er diese Gegebenheiten trotz aller technischen Möglichkeiten der Überlagerung und Verfremdung bzw. Verfälschung für das eigene Leben berücksichtigen, wenn er sich nicht Schaden zufügen will. Er muß deshalb für periodisch-rhythmische Vorgänge, endogene und exogene und deren Harmonie bzw. Disharmonie, sensibel sein.

Die periodisch-rhythmischen Gegebenheiten der unbelebten Natur haben also bestimmenden Einfluß auf der Periodik der belebten Natur, auch auf die Perio-

Periodisch-rhythmische Gegebenheiten der unbelebten Natur

↓

Periodisch-rhythmische Gegebenheiten
– der belebten Natur
– des menschlichen Organismus (körperlich, seelisch-geistig)

↓

Rhythmisches Gestalten des Menschen
(Bewegung, Musik, Sprache)

dik des menschlichen Organismus. Die periodisch-rhythmischen Gegebenheiten des menschlichen Organismus ihrerseits aber haben bestimmenden Einfluß auf das Werken, Handeln und Gestalten des Menschen und geben diesem rhythmische Gestalt, rhythmische Struktur (z.B. im Sprechen, im Arbeiten, im Gehen, im Tanzen, im Malen und Modellieren, im Mitteilen und Meditieren u.ä.).

Der Pulsschlag des Menschen z. B., eine physisch-rhythmische Gegebenheit, die nicht seinem Willen und seiner Entscheidung unterliegt, ist maßgebend für sein rhythmisches Empfinden, ist Grundmaß (Metrum), wie wir gesehen haben (s. oben), für sein rhythmisches Gestalten.[36]

Wie die Zählzeit auf den Pulsschlag, so bezieht sich die musikalische, bewegungsdynamische und sprachliche Phrasierung auf den Atem.[37] Atmung und Phrasierung sind gegenüber Pulsschlag und Zählzeit die nächst übergeordnete zeitlich-rhythmische Einheit. Diese beiden rhythmischen Einheiten stehen in einem bestimmten Verhältnis zueinander, aber auch zu anderen periodisch-rhythmischen Gegebenheiten des Organismus, darüber hinaus auch zu solchen der unbelebten Natur, – ein komplexes rhythmisches Beziehungsgeflecht, das den Rahmen für menschliches Handeln und Gestalten bildet. Auf eine kurze Formel gebracht: Der rhythmisch werkende und gestaltende Mensch ist Teil eines rhythmisch strukturierten Kosmos.

Damit ist die Frage nach der Freiheit des Menschen im rhythmischen Gestalten berührt: Die rhythmische Gestaltungsfreiheit des Menschen ist nicht absolut, sondern relativ und begrenzt. Im Rahmen der periodisch-rhythmischen Gegebenheiten der Natur (eventuell gegen sie, aber nie frei von ihnen) kann der Mensch rhythmisch – sich bewegend, musizierend und sprechend – gestalten. Letztlich kann es auch hier nur darum gehen, mit den von der Natur gegebenen Mitteln schöpferisch und sinnvoll umzugehen.

Pädagogische Konsequenzen

Karl Bücher, der umfangreiche Forschungen und Fakten der Ethnologie in einem Buch unter dem Titel "Arbeit und Rhythmus" schon Ende des 19. Jahrhunderts zusammengefaßt hat, be-

zeichnet Rhythmus als "die geordnete Gliederung der Bewegungen in ihrem zeitlichen Verlauf."[38] Er betont:"Der Rhythmus entspringt dem organischen Wesen des Menschen."[39]
Zur Bedeutung des Rhythmus für den Menschen faßt Bücher zusammen:"Das Band, welches diese, nach unserem Empfinden so verschiedenartigen Elemente (in diesem Zusammenhang ist die Rede von Arbeit, Spiel und Künsten, vor allem "Musik, Tanz, Dichtkunst") zusammenhält, ist der Rhythmus ... Alle natürliche Betätigung des tierischen Körpers scheint er als das regelnde Element sparsamsten Kräfteverbrauchs zu beherrschen. Das trabende Pferd und das beladene Kamel bewegen sich ebenso rhythmisch wie der rudernde Schiffer und der hämmernde Schmied. Der Rhythmus erweckt Lustgefühle; er ist darum nicht bloß eine Erleichterung der Arbeit, sondern auch eine der Quellen des ästhetischen Gefallens und dasjenige Element der Kunst, für das allen Menschen ohne Unterschied der Gesittung eine Empfindung innewohnt."[39] Zusätzlich hebt Bücher hervor, daß rhythmisches Tanzen, Singen, Arbeiten die Menschen miteinander verbindet.[40]

Nachdem im vorangegangenen Kapitel deutlich wurde, daß der Mensch nur im Einklang mit rhythmischen Gegebenheiten der Natur existieren kann, wird hier die Bedeutung des Rhythmus für den Menschen in mehreren grundlegenden Funktionen umrissen[41] :

a) Orientierungsfunktion:
Im Rhythmus werden für das Individuum Zeit und Raum faßbar und erlebbar. Er strukturiert, gliedert, ordnet, gruppiert Zeit und Raum in überschaubarer, hörbarer bzw. erlebbarer Weise und schafft damit die entscheidende Voraussetzung für eine raum-zeitliche Orientierung des Menschen.[42] Dies hat für den Menschen tiefgreifende Folgen, z.B. hängen sein Selbstverständnis, seine Selbstsicherheit und sein Wohlbefinden, aber auch seine Handlungskompetenz und der Aufbau kognitiver Strukturen unmittelbar auch von der raum-zeitlichen Orientierung ab.

b) Einheitsstiftende Funktion:
In dem Maße, wie Rhythmus strukturierendes Moment von Arbeitsabläufen, von Spielabläufen und von künstlerischen Prozessen ist, schafft er Verbindungen zwischen diesen heute für uns weitgehend getrennen Bereichen.[39]
Ebenso ist er einheitsstiftendes Strukturprinzip zwischen Bewegungskünsten, Musik und Sprache. (Auf diesen Zusammenhang wird später noch weiter eingegangen.)

c) Ökonomische Funktion:
Hier könnte man auch von entlastender Funktion sprechen. Rhythmus bewirkt mit seinem Moment der Wiederholung gleicher oder ähnlicher Elemente in regelmäßiger raum-zeitlicher Folge eine Automatisierung des Handlungsablaufes. Daraus ergibt sich eine Reduzierung des Krafteinsatzes und Energieverbrauchs (physische Entlastung) und ebenso eine geistige Entlastung, da die Bewegung nicht mehr in allen Phasen bewußt und mit Kraft geführt werden muß.[43]

Wir wissen, daß ähnliches für alle Lernprozesse gilt. Das pädagogische Problem der Wiederholung und Übung – gleich in welchem Zusammenhang – und das Problem des Rhythmisierens und damit Automatisierens innerhalb von Lernprozessen sind ihrem Wesen nach identisch. Hier ist ein augenfälliger Zusammenhang von Rhythmusproblemen und ebenso grundlegenden wie bedeutenden pädagogisch-methodischen Problemen gegeben. Gewohnheitsbildung im Verhalten z.B. (man denke an die Konditionierung) ist nur auf diesem Wege möglich – auch hier wieder ein Zugang zu Selbstsicherheit, Wohlbefinden und Handlungkompetenz.

d) Lustfunktion:
Rhythmische Vorgänge erzeugen in dem, der sie vollzieht oder mitvollzieht, Lustgefühle. Wir wissen dies aus vielen Zusammenhängen.[44] Diese Lust bietet nach K. Bücher "Erleichterung der

1.

Arbeit" (emotionale Entlastung) und ist "Quelle des ästhetischen Gefallens", ebenso aber auch Quelle des Wohlbefindens und der inneren Harmonie.

e) Sozial verbindende, kommunikative Funktion:
Rhythmus kann Menschen, besonders wenn sie sich in den gleichen Rhythmus einschwingen, miteinander verbinden, so daß ein Gefühl des gegenseitigen Verstehens, gemeinsamen Handelns, der gegenseitigen Unterstützung sich einstellt, sowohl zwischen Partnern wie in Gruppen oder in Menschenmassen. Mit dem Medium Rhythmus in Bewegung, Musik oder Sprache sind unvergleichlich subtile Formen der Kommunikation möglich.

Alles in allem läßt sich also feststellen, daß Rhythmus sowohl als Rhythmus-Erfahrung (Erfahrung rhythmischer Gegebenheiten, unmittelbar oder in größeren Zusammenhängen mittels Abstraktion (s. oben und Anmerkung 4) wie auch als rhythmisches Gestalten, Tun, Handeln ein wesentlicher Faktor des Menschseins und damit auch in besonderem Maße der menschlichen Entwicklung ist – vergleichbar der Bedeutung der Bewegung: Der Faktor Rhythmus ist unentbehrlich für Wesen und Werden des Menschen.
Wenn der Mensch aber seine Lebensaufgabe nur sinnvoll im Einklang mit den rhythmisch-periodischen Gegebenheiten der Natur bewältigen kann und sich selbst nur als rhythmisch Tätiger und Gestaltender befriedigend und Erfüllung findend verwirklichen kann, dann müssen rhythmische Erfahrung und rhythmisches Gestalten – und zwar möglichst unmittelbar, vor aller Abstraktion und verbunden mit ihr – Erziehung und Bildung als Beitrag zur Entwicklung des Menschen im Sinne einer Sensibilisierung für Rhythmus-Prozesse, Rhythmus-Funktionen und Rhythmus-Bedürfnisse bestimmen. Und dies heute mehr denn je, nachdem die industriell-technische Entwicklung viele Möglichkeiten zur Verfügung gestellt hat, die im Sinne einer Desensibilisierung für Rhythmusprozesse wirken können: z.B. können durch die moderne Licht- und Heizungstechnik die Grenzen im Wechsel von Tag und Nacht oder Sommer und Winter verwischt bzw. verfälscht werden – zwei Beispiele unter vielen anderen. Hier sind wie beim Bewegungsmangel grundlegende Lebensgesetze des Menschen berührt– ...Ursachen für die Eskalation von Zivilisationsschäden und -krankheiten?

Was unser Bildungssystem gegenwärtig zu einer Rhythmus-Erziehung beiträgt, ist dagegen kümmerlich.[45]

Was liegt also näher, als den Rhythmus im Interesse einer gesunden und optimalen Entwicklung des Kindes sehr viel stärker als bisher in die Pädagogik einzubeziehen.[46] Dabei kann man sich der Erfahrungen und Möglichkeiten der Rhythmik, oft direkt "Rhythmische Erziehung" genannt, bedienen, die mit ihrer Verbindung von Bewegung und Rhythmus hervorragende Möglichkeiten aufzeigt, mit den Potenzen der Bewegung auch die erzieherischen und bildenden Potenzen des Rhythmus pädagogisch für die gesamte Entwicklung des Kindes im Sinne der mit den Rhythmus-Funktionen beschriebenen Zusammenhänge zur Geltung zu bringen. Auch hier sei wieder auf die übungspraktischen Teile des vorliegenden Werkes verwiesen.

Rhythmus und Bewegung sind in dieser Rhythmischen Erziehung integriert und stehen über das bisher Beschriebene hinaus noch in einer engen Wechselwirkung mit Musik und Sprache.

"Musikalischer Rhythmus" siehe EM 5.4/Seite 469 und 5.7/Seite 539
"Notenwerte" siehe RH 2.4/Seite 122 und 2.4/125 EM 5.1/Seite 439
"Sprachrhythmus" siehe RH 2.2/Seite 73 und IM 3.1/Seite 202 und 3.2/Seite 285
"Bewegungsrhythmus" siehe BE 4.2/Seite 365

1.3 Musik - Sprache - Bewegung

Die rhythmisch-musikalische Erziehung stellt sich als eine Erziehungspraxis dar, die Musik, Sprache und Bewegung miteinander verbindet. Verbindendes Element ist vor allem - wie in Kapitel 1.2 schon gesagt - der Rhythmus. Da der Rhythmus in Musik, Sprache und Bewegung jeweils Strukturelement ist, erscheint deren Verbindung naheliegend und sinnvoll. Dies schlägt sich in der Tatsache nieder, daß sich eine ganze Reihe ähnlicher, verwandter oder sich überschneidender Künste und Übungspraktiken dieser Verbindungen bedienen: Gymnastik, Tanz, Musiktherapie, Rollenspiel, Eurythmie* u.a. Dabei werden je nach Übungspraxis und Situation schwerpunktmäßig unterschiedliche Kombinationen mit immer anderer Akzentuierung verwendet (hier sind die nicht kombinierten Künste aus jeweils allein Musik oder Sprache oder Bewegung wie Lyrik, Instrumentalmusik, Pantomime nicht berücksichtigt):

Musik – Sprache (Lied/Oratorium)

Sprache – Musik (Ballade, Sprechgesang, Psalm, Melodrama)

Musik – Bewegung (Tanz, Musiktherapie, Musikmalen)

Bewegung – Musik (Gymnastik, Musikeurythmie, Tanztheater)

Sprache – Bewegung (Sprechtheater, Rollenspiel)

Bewegung – Sprache (Worteurythmie)

Musik – Sprache – Bewegung (Musiktheater, Oper, Gesamtkunstwerk)

Sprache – Musik – Bewegung (Musical, Operette)

Bewegung – Musik – Sprache (Rhythmik – auch innerhalb der Rhythmik sind im Rahmen der angegebenen Kombinationen Akzentverschiebungen möglich und üblich.)

Wegen der vielfältig möglichen Varianten und Überschneidungen ist in dieser Skala weder Vollständigkeit noch Eindeutigkeit möglich. Darüber hinaus wären selbstverständlich weitergehende Differenzierungen und Klassifikationen möglich und notwendig. Es geht hier jedoch nur darum, die Variationsbreite von naheliegenden und tatsächlich gegebenen Kombinationen aufzuzeigen.[47]
(Vgl. hier die schematische Übersicht am Ende des Kapitels 1.3).

Für die rhythmisch-musikalische Erziehung wird im folgenden aufgezeigt, daß die Kombination Bewegung – Musik – Sprache nicht nur *sinnvoll* und *naheliegend*, sondern unter bestimmten Gesichtspunkten sogar *zwingend* ist.

Sensibilität der Bewegung

Die Bewegung ist Grundlage aller menschlichen Fähigkeiten und Leistungen (s. Kapitel 1.1). In diesem Zusammenhang handelt es sich allerdings nicht um Bewegung schlechthin, um gedankenlose, stereotype, unüberlegte, stumpfe, rohe, unter Umständen auch "blinde" Bewegung.

Es geht hier um die durch Wahrnehmung (optisch, akustisch, taktil, haptisch, kinästhetisch) ständig rückempfundene, geführte, gesteuerte, differenzierte, kontrollierte, intelligente, kreative, geschickte, gekonnte *Bewegung*.

Bewegung und Wahrnehmung stehen in einem so engen Wechselverhältnis, daß sie in der Praxis des Bewegungsvollzugs nicht zu trennen sind, ganz im Sinne des "Gestaltkreises".[48] Eigentlich ist es eine nicht zu trennende Einheit, der man sprachlich nur gerecht werden kann, wenn man von *Bewegungswahrnehmung* bzw. von *Wahrnehmungsbewegung* spricht. Die folgende schematische Darstellung soll diese Einheit verdeutlichen.

* *Schreibweise wie in anthroposophischen Schriften üblich.*

Abb. 1

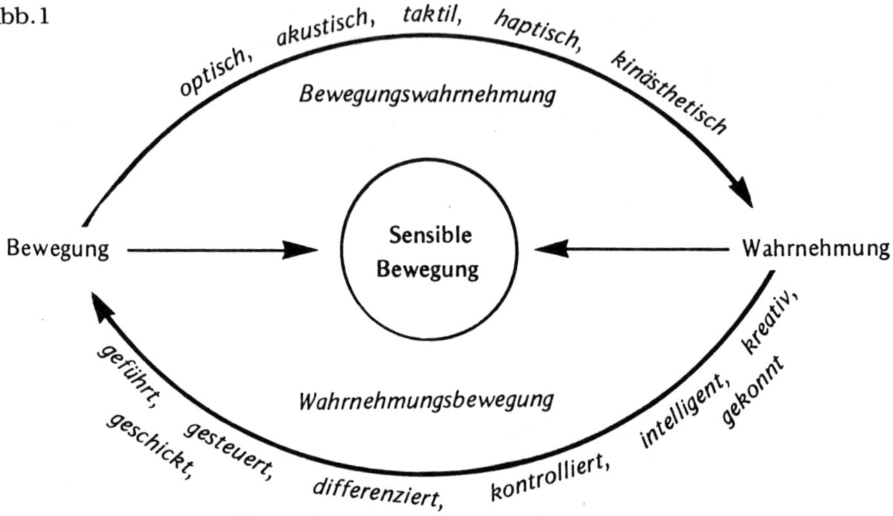

Um differenziert wahrzunehmen, braucht der Mensch die differenziert geführte "feinfühlige" Bewegung; um sich differenziert und feinfühlig bewegen zu können, braucht er die entsprechende Wahrnehmung: sensible Bewegung – motorische Sensibilität.

Es geht also nicht um Bewegung schlechthin, sondern um die *Sensibilität* der *Bewegung*. Die *sensible Bewegung* ist – genau genommen – die Bewegung, die für die menschliche Entwicklung und für menschliches Lernen die aufgezeigte grundlegende und entscheidende Bedeutung hat (siehe Kapitel 1.1), nicht die stumpfe, "blinde", "taube", gefühllose Bewegung. Nur die sensible Bewegung kann geführte, gesteuerte, differenzierte, kontrollierte, intelligente, kreative, geschickte und gekonnte Bewegung sein bzw. werden. Daraus ergibt sich, daß die Bewegung nur in dem Maße, wie sie sensibel (d.h. geführt, differenziert, intelligent und kreativ) ist, im qualifizierten Sinn *menschliche Bewegung* sein kann, d.h. für die menschliche Entwicklung, für menschliches Wohlbefinden und menschliche Gesundheit, Funktionstüchtigkeit, Kreativität und Intelligenz von Bedeutung.
Mit der Bewegung beginnt der Mensch, sich mit der Umwelt auseinanderzusetzen, und nur in der planvollen, intelligent und kreativ geführten, sensiblen Bewegung kommt er in der Auseinandersetzung mit der Umwelt zu verwertbaren und immer neuen Erfahrungen und Erkenntnissen. Gleiches gilt für Auseinandersetzung, Erfahrung und Erkenntnis mit sich selbst.

Die sensible Bewegung wird gleichzeitig Dreh- und Angelpunkt für Außenweltkontakte, -erfahrungen, -erkenntnisse und Selbstbewahrung, -erfahrung, -erkenntnis.
Nach all diesen Aspekten muß in Erziehungsprozessen größter Wert gelegt werden auf die Entwicklung der Bewegungssensibilität.

Abb. 2

Abb.3

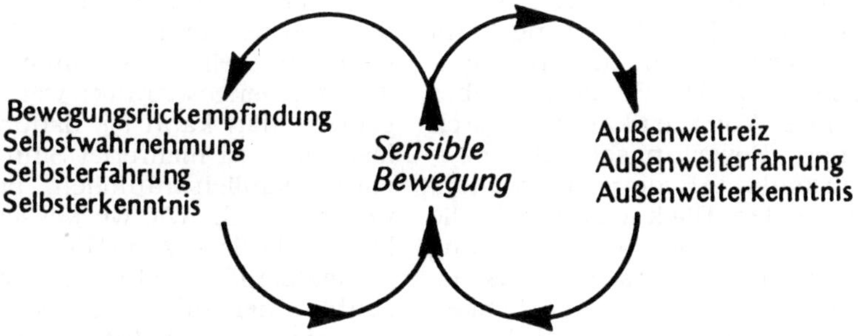

Musik–Sprache–Bewegung. Sensibilität der Bewegung in der Rhythmisch-musikalischen Erziehung

Die *sensible* Bewegung ist die Bewegung, die in der Rhythmisch-musikalischen Erziehung von der aufgezeigten konstruktiven Bedeutung ist (siehe Kapitel 1.1). Daraus wird deutlich, daß *sensible* und im qualifizierten Sinn *menschliche* und *rhythmisch-musikalische Bewegung* einander unmittelbar entsprechen.

Geht man von dem Ziel aus, die Bewegung zu sensibilisieren, so kann man dieses Ziel grundsätzlich mit verschiedenen Mitteln anstreben: Man kann die Bewegung über optische, akustische, taktile, haptische und kinästhetische Vorgänge sensibilisieren. All diese Mittel haben in der Rhythmik auch ihren Platz. Im Grunde ist jedes Übungsbeispiel der Rhythmik eine Variante dieser grundlegenden Möglichkeiten.

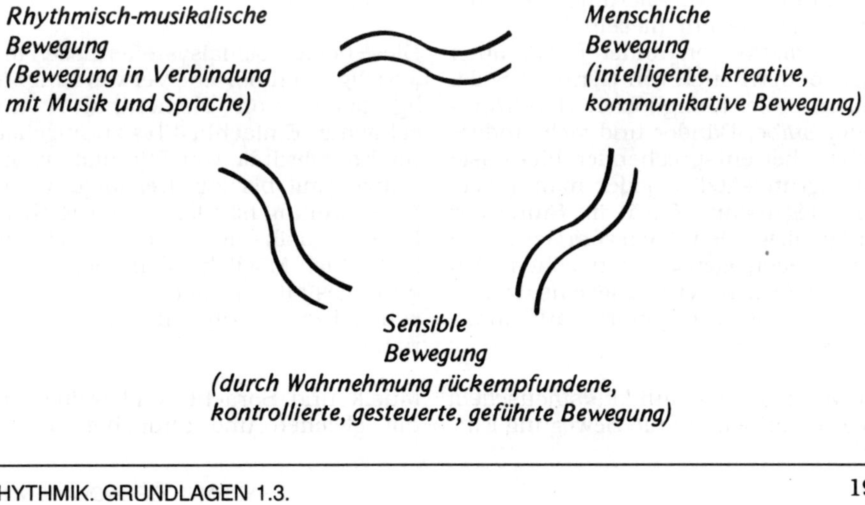

Wenn ein Reiz von außen, gleich ob er optischer, akustischer, taktil-haptischer oder kinästhetischer Natur ist, für den Bewegungseinsatz vorbereitendes, auslösendes, steuerndes, unterbrechendes oder beendendes Moment wird, wird er zum Signal, d.h. zum Bedeutungsträger. Die Bedeutung kann vereinbart sein und kann durch Vereinbarung wechseln. Das Signal kann aber auch ohne Vorvereinbarung durch spontanen Bewegungseinsatz bzw. Reaktion konkrete Bedeutung erhalten. Auf den ersten Blick erscheinen die genannten Wege der Sensibilisierung grundsätzlich gleich zu sein, höchstens quantitativ in den Einsatzmöglichkeiten verschieden. Es gibt jedoch zwischen den *akustischen* und den anderen Möglichkeiten einen entscheidenden qualitativen Unterschied: Die Einflußnahme auf die Bewegungsgestaltung auf *akustischem* Weg hat den entscheidenden Vorteil, daß die Bewegung (innerhalb eines bestimmten, akustisch qualifizierten Raumes) relativ frei und unabhängig von der Bezugsquelle bleibt.
Dies ist anders bei den anderen Möglichkeiten: Bei *optischer* Einflußnahme muß der Sichbewegende optisch möglichst ständig der Reizbezugsquelle zugewandt bleiben; das engt seine Bewegungsmöglichkeiten in charakteristischer Weise ein.

Ähnlich ist es bei *taktil-haptischer* Einflußnahme und da ebenfalls in charakteristischer Weise. Allerdings geht die Einflußnahme auf diesem Weg nicht immer direkt von anderen Personen aus, sondern auch von Geräten: Seile, Reifen, Bälle, Klanghölzer, Handtrommeln, Stäbe, Bänder und viele andere mehr - bei entsprechender Phantasie kann grundsätzlich jeder manipulierbare Gegenstand Gerät im Sinne der Rhythmik werden. Auch vom Gerät und seinen Sacheigenschaften gehen also Signale für den Bewegungseinsatz aus, auch und ganz besonders auf taktilhaptischem Weg.

Die Möglichkeiten, auf *kinästhetischem* Weg von außen auf die Bewegung Einfluß zu nehmen, sind sehr beschränkt und indirekt (verbunden mit visuellen oder verbalen Vorgängen).

Akustisch kann von außen auf die Bewegungsgestaltung *unvergleichlich differenziert* und *vielfältig* Einfluß genommen werden, ohne daß die Bewegung (im Rahmen eines bestimmten Raumes) dadurch eingeschränkt wäre, im Gegenteil: Man kann sie dadurch sogar lösen und in mehrerlei Sinn frei machen, nämlich räumlich, psychisch, und physisch. Wie wir wissen, ist die lokale Zuordnung von Hör- und Gleichgewichtsorgan, Schnecke und Labyrinth, in der Anlage des menschlichen Organismus kein Zufall; diese beiden Funktionen sind von Natur aus eng miteinander verbunden.

Innerhalb des akustischen Bereichs kann im Prinzip selbstverständlich jedes akustisch wahrnehmbare Geräusch Bedeutungsträger im Sinne eines Signals werden, das die Bewegung veranlaßt, fortführt, unterbricht, verändert oder beendet. Wenn man aber über Zufälligkeiten der Verwendung akustischer Signale hinwegkommen will und nach systematischen Ordnungs- und Kombinationsgesichtspunkten sucht, stößt man bald auf die *Tatsache, daß es innerhalb des akustischen Signalbereichs zwei "Geräuschsysteme" von unvergleichlicher Ordnung, Systematik und unbegrenzter Vielfalt und Differenzierung gibt: Musik und Sprache.*

Diese beiden Signalsysteme lassen ihre jeweilige methodische Verwendung völlig offen. Von elementhafter und schlichter Einfachheit bis zu ungeheurer Komplexität, von Stimulation und Aktivierung bis zur Beruhigung und Entspannung hat der geübte Methodiker mit Musik und Sprache nahezu unbegrenzte Möglichkeiten der Bewegungsgestaltung und der erzieherischen bzw. therapeutischen Einflußnahme.

Musik und Sprache sind weitgehend mit gleichen und ähnlichen akustischen Merkmalen gestaltet und differenziert:

Laut und Klang,
Tonlage und Tonhöhe,
Rhythmus und Metrum,
Akzent und Takt,
Phrase und Melodie,
Struktur und Form,
Artikulaion, Agogik und Dynamik.

All diese Merkmale können in der Rhythmik einfach oder kombiniert als Signal verwendet werden, um die Bewegung anzuregen, zu ordnen, zu gestalten, zu führen, zu unterbrechen, zu differenzieren, kurz: zu sensibilisieren. Dies ist ebenso dadurch möglich, daß Musik und Sprache auf die Bewegung einwirken, wie dadurch, daß die Bewegung musikalisiert und versprachlicht wird, d.h., daß Bewegung nach den gleichen Prinzipien in Musik und Sprache umgesetzt wird. Entsprechende musikalische und sprachliche Mittel sind Klatschen, Stampfen, Lautieren, Singen, Instrumentalspiel, Sprechvers, Lied, Geschichte, Märchen u.a. Selbstverständlich muß es sich bei dieser Art von Beziehung zwischen Musik, Sprache und Bewegung im wesentlichen um improvisierte Musik und Sprache handeln, entsprechend der ebenfalls spontanen und improvisierten Bewegung, aber nicht ausschließlich.

Zu den genannten Merkmalen, die mit mehr oder weniger charakteristischen Unterschieden (siehe z. B. Kapitel 1.2) für Musik und Sprache gleichermaßen gelten, kommen noch spezifische. In der Musik sind dies u.a. Tongeschlecht, Harmonie und Mehrstimmigkeit, die ebenfalls signalgebend eingesetzt werden können; in der Sprache sind es z.B. Reim und Semantik. Besonders mit ihrer semantischen Funktion bereichert die Sprache das Wechselverhältnis von Musik, Bewegung und Sprache. Die semantische Funktion ist in Musik und Bewegung zwar nicht ganz unbekannt (vgl. Programmusik und Pantomime z.B.), aber kein anderes Ausdrucks- und Kommunikationsmittel erreicht die semantische Vielfalt, Differenzierung und vor allem Prägnanz der Begriffssprache, die Vorstellungsinhalte, reale Gegebenheiten und Vorgänge relativ klar in Begriffe fassen und in Begriffen übermitteln kann. Dies ist für das Zusammenspiel von Musik und Bewegung sehr anregend und für die Verständigung oft auch notwendig und hilfreich.

Über den dargestellten Signalcharakter hinaus behalten Musik und Sprache auch in der Verbindung mit Bewegung ihren Eigenwert. Beide, Musik und Sprache, können Stimmungen erzeugen und vermitteln und können sehr verschiedene Persönlichkeitsbereiche ansprechen und einbeziehen. Sie bringen auf unterschiedliche Weise Gefühl und Verstand in die Prozesse des Erlebens und Handelns mit ein.

Zusammenfassend kann gesagt werden, daß zur Sensibilisierung der Bewegung Außenreize notwendig sind, denen der Handelnde agierend und reagierend zu entsprechen sucht. Von allen möglichen Außenreizen sind zu diesem Zweck die akustischen die geeignetsten, da sie die Bewegung am wenigsten binden und einengen, sondern sie im Gegenteil räumlich, physisch und psychisch begreifen. Im akustischen Bereich wiederum sind Musik und Sprache die differenziertesten und komplexesten Reiz- bzw. Signalsysteme, derer man sich zur Differenzierung und Sensibilisierung der Bewegung bedienen kann, dies um so mehr, als sie darüber hinaus einen Eigenwert behalten, der den gesamten Vorgang immer wieder über den Aspekt des bloß Zweckhaften hinaushebt und die beteiligten Persönlichkeiten in den verschiedensten Persönlichkeitsbereichen anspricht.

Die folgende schematische Übersicht soll verdeutlichen, daß die Verbindung von Musik, Sprache und Bewegung im Rahmen der Absichten der rhythmisch-musikalischen Erziehung und Therapie in dieser charakteristischen Weise tatsächlich mehr als nur sinnvoll und naheliegend, nämlich *zwingend* ist.

Das Schema besagt nicht, daß diese Verbindung in jedem Fall so sein müsse, auch nicht in jeder einzelnen Übung der Rhythmik, sondern nur insgesamt und grundsätzlich anzustreben ist. Andere Übungsweisen gestalten diese Verbindung z.T. aus anderen Anliegen heraus anders, wenn überhaupt. Viele dieser Übungsbereiche berühren oder überschneiden sich zu einem gewissen Teil mit der Rhythmik und untereinander. Hier wären eigentlich weitergehende Differenzierungen notwendig, um die es allerdings in diesem Zusammenhang nicht geht.

Mit dieser charakteristischen Art des Zusammenspiels von Musik, Sprache und Bewegung ist Rhythmik jedoch unverwechselbar und unersetzlich. (Vom Blickwinkel einer anderen Übungsweise aus würde sich selbstverständlich der Mittelpunkt dieses Schemas entsprechend verschieben.)

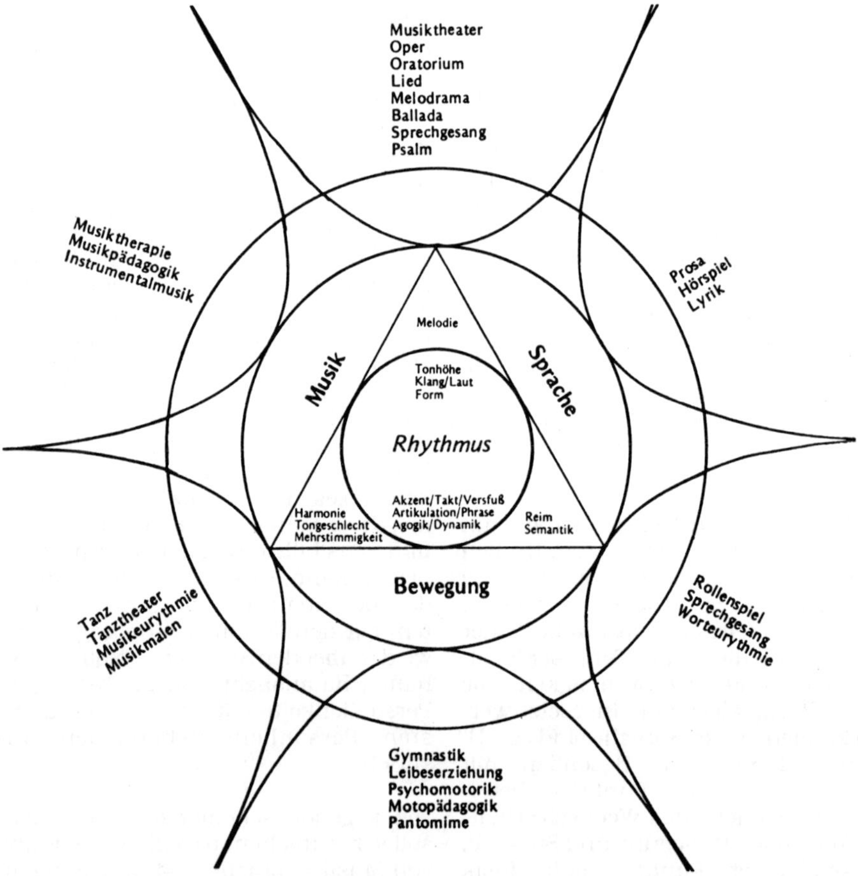

1.4 Didaktisch-methodische Gesichtspunkte

Grundlagendidaktik und fachdidaktische Bezüge

Die rhythmisch-musikalische Erziehung arbeitet nach dem bewährten pädagogischen Grundsatz:

Erfahren – Erkennen – Benennen

Zuerst also die Erfahrung, darauf aufbauend dann das Erkennen und Benennen.

Erfahrung heißt in der Rhythmik immer *leibliche Erfahrung* in konkreten Handlungsvollzügen. Medium für diese Handlungsvollzüge ist die Sensibilität der Bewegung (siehe Kapitel 1.3), die sich bemüht, den situativen Bedingungen des Raumes, der Zeit, der Gruppe/des Partners, des Gerätes und des eigenen Selbst (mit allen leiblichen, seelischen und geistigen Fähigkeiten, Fertigkeiten und Begrenzungen) so weit wie möglich zu entsprechen; dies ist sensible und immer auch lehrreiche Auseinandersetzung gleichzeitig mit der Umwelt und mit sich selbst in einem immer neue Anregungen und Perspektiven vermittelnden, nie abgeschlossenen Prozeß lebenslanger Entwicklung/lebenslangen Lernens. Die Bewegung ist also in dem Maße, wie sie sensibel ist, Grundlage und Mittel für den Aufbau der Wahrnehmungs- und Ausdrucksfähigkeiten, der Intelligenz, Kreativität und Sprache des Menschen. Damit entspricht die Rhythmik, soweit sie auf die Sensibilität der Bewegung hinarbeitet, einer grundlegenden Bildungsaufgabe und verfolgt ein (für jeden Menschen, gleich welcher Bildungs- und Entwicklungsstufe) anspruchsvolles Ziel.
So gibt es in der Rhythmik auf der Basis sensibler Bewegung in Verbindung mit Musik und Sprache Übungen zur

- Entspannung – Spannung
- Konzentration
- Gedächtnisschulung
- Phantasiebildung
- Erfindung und Gestaltung
- Begriffsbildung
- Sinnesschulung
- Erfahrung von Raum und Zeit
- Erfahrung von Kraft
- Erfahrung von Gestaltung von Form
- Erfahrung von Partnerschaft, Gruppe und Gemeinschaft.

Es zeigt sich immer wieder, daß sich im Kind bei all diesen Übungen, d.h. im bewußten und kontrollierten Umgang mit sich selbst und der dinglichen wie personellen Umwelt, im Erleben eigener wie fremder Möglichkeiten, Fähigkeiten und Werte, auch emotionale Qualitäten bilden wie Selbstvertrauen, Selbstsicherheit, Selbstbewußtsein, Rücksichtnahme, Vertrauen, Achtung, Anerkennung, Verantwortung u.ä.m.

Damit sind aus verschiedenen Persönlichkeitsbereichen Fähigkeiten genannt, die für jede Persönlichkeitsentwicklung und für alles menschliche Lernen von grundlegender und unverzichtbarer Bedeutung sind. Die Entwicklung im Bereich dieser Fähigkeiten beginnt sehr früh und ist nie abgeschlossen, wenn sie auch im Leben des gut entwickelten Erwachsenen nicht mehr so durchgehend im Vordergrund steht wie in der Kindheit und Jugend.

Im Bereich dieser Grundlagendidaktik liegt, was ihre pädagogischen und therapeutischen Ambitionen angeht, die eigentliche Domäne der Rhythmik. Der Bereich der Grundlagendidaktik läßt sich folgendermaßen umreißen und aufschlüsseln:

Organische Funktionen, Grundfähigkeiten, Grunderfahrungen

1. Organische Funktionen (Herztätigkeit, Kreislauf, Atmung, Stoffwechsel u.a.)
2. Bewegungsfähigkeiten (Koordination, Differenzierung, Kontinuität, Kraft u.a.)
3. Wahrnehmungsfähigkeiten (kinästhetisch, akustisch, op-

tisch, taktil-haptisch u.a.)

4. Emotionale Disposition (Gefühle ausdrücken, imitieren, entwickeln, differenzieren u.a.)
5. Ausdrucks- und Gestaltungsfähigkeiten (Bewegung, Musik, Tanz, Sprache, Mimik, Gestik, Zeichnen, Werken u.a.)
6. Kommunikative Fähigkeiten (führen, reagieren, Rücksichtnahme, Kooperation u.a.)
7. Kognitive Grundfähigkeiten (beobachten, vergleichen, unterscheiden, wiedererkennen, ordnen, zuordnen u.a.)
8. Grunderfahrungen (Raum, Zeit, Selbst, Du, Sachen) [49]

Alle diese Grundfunktionen, Grundfähigkeiten und Grunderfahrungen werden durch rhythmische Übungen beansprucht, angeregt, gefördert und entwickelt in einem *offenen Prozeß* ständiger Fortführung, Differenzierung und Erneuerung.

Wie aufgezeigt, gibt die rhythmisch-musikalische Erziehung wesentliche Anregungen und Befähigungen zur Auseinandersetzung mit der Umwelt und mit sich selbst, mit der natürlichen und kulturellen, mit der mitmenschlichen und sächlichen Umwelt. Es kann deshalb nicht wundern, daß es von der Rhythmik zu allen Fachdidaktiken mehr oder weniger offene und verdeckte fachdidaktische Bezüge gibt. Der kundige und aufmerksame Leser wird auch im Rahmen dieses Werkes viele entsprechende Übungsansätze finden, obwohl das Werk nicht gezielt darauf angelegt ist. Für die Fachdidaktik Musik sind aufgrund einer bestimmten Tradition in der Rhythmik viele Beispiele und Hilfen entwickelt. Diese Bezüge sind für andere Fachdidaktiken ebenso möglich, jedoch erst in Ansätzen entwickelt.[50] Dem phantasievollen Lehrer/Übungsleiter sind hier keine Grenzen gesetzt, da das "Rhythmische Prinzip" als Lernen durch Erfahrung am eigenen Leib hier ganz in den Rahmen des päd-agogisch Notwendigen paßt, d.h. den emotionalen und kognitiven Zugang zum Stoff und dessen assoziative und gedächtnismäßige Verankerung in vielen Fällen wesentlich erleichtert.

Die folgende Übersicht stellt eine didaktische Hierarchie dar: Die Rhythmik vermag mit ihrer Übungspraxis die organischen Grundfunktionen zu beeinflussen. Diese sind immer Voraussetzung für die Beeinflussung der Grund-

Leibeserziehung, Tanz, Werken/Zeichnen/Modellieren/Malen, Musik, Sozial-/ Gemeinschaftskunde, Verkehrserziehung, Geographie, Muttersprachunterricht, Mathematik, Sachunterricht, Anfangsunterricht, Lesen und Schreiben.

Fachdidaktische Bezüge, Therapie

↑

Ausdruck und Gestaltung, Kommunikation, Denken, Bewegung, Wahrnehmung, Gefühl, Raum, Zeit, Du, Selbst, Sachen

Grundfähigkeiten, Grunderfahrungen

↑

Herztätigkeit, Kreislauf, Atmung, Stoffwechsel, Wärmeregulation

Organische Grundfunktionen

↑

Rhythmik

(*Bewegung – Musik – Sprache*)

fähigkeiten und Grunderfahrungen und über diese wiederum kann in vielfältige, aber konkrete fachdidaktische Bezüge hineingewirkt werden – wenn die Rhythmik entsprechend angelegt und ausgebaut wird. (Die Übersicht ist von unten nach oben zu lesen.)

Methodische Gesichtspunkte

Mit den folgenden methodischen Gesichtspunkten soll versucht werden, methodische Charakteristika der Rhythmisch-muskalischen Erziehung aufzuzeigen. Das Charakteristische daran liegt weniger in den einzelnen Gesichtspunkten selbst – sie kommen so oder ähnlich auch in anderen Bereichen vor – als in ihrem Zusammenwirken, ihrer Gemeinsamkeit und Verflechtung.

Faktor Selbsttätigkeit / Bewegung
Die menschliche Bewegung und Selbsttätigkeit hat für Entwicklung, Gesundheit, Handlungsfähigkeit und Lernen grundlegende Bedeutung. Nur durch Selbsttätigkeit kommt man zu eigener Erfahrung, eigener Anschauung/Einsicht, zu eigenen Begriffen, und nur eigene Erfahrung ist die Grundlage von Lernen und Entwicklung.

Faktor Sinneserfahrung / Sensibilität / Selbstkontrolle
Erfahrung geht über die Sinne, auch Selbsterfahrung als Voraussetzung für Selbstbeherrschung/Selbstkontrolle und für Lernen durch Erfahrung. Lernen durch Erfahrung motiviert zu immer neuer Tätigkeit und führt zu Erfolgserlebnissen. Sensibilität ist die Grundlage für den befriedigenden Umgang mit sich selbst, mit anderen und mit der räumlich-gegenständlichen Umwelt.

Faktor Freiheit / Eigenständigkeit
Freiheit und Eigenständigkeit schließen Führung und Ordnung,auch Ein-/ Unterordnung, nicht aus. Sie sind hier als Produktivität und Originalität verstanden. Sie sind Grundlage für Selbstdisziplin und Kooperation. Hiervon hängt wesentlich die Handlungsfähigkeit des Menschen ab, besonders auch seine soziale (zwischenmenschliche) Handlungsfähigkeit.

Faktor Partner / Gruppe (gruppendynamischer Faktor)
In der Rhythmik wird in ständig wechselnden Gruppierungen (allein, mit Partner, Klein- und Großgruppe, Gesamtgruppe) geübt.

Von Partnerschaft und Gruppe geht eine starke Motivation aus, durch gegenseitige Unterstützung, Anregung, durch Gemeinsamkeit in Anstrengung, Gelöstheit und Freude.
Partnerschaft und Gruppe ermöglichen das soziales Handeln tragende Du- und Wir-Erlebnis und ermöglichen in gegenseitiger Kontrolle eine Ergänzung und Korrektur der Selbstkontrolle.

Faktor Führungswechsel und Rollenflexibilität
In fast allen Übungen der Rhythmik wird auf irgendeine Weise geführt und agiert/reagiert. Die Führung wird ausgeübt z.B. vom Übungsleiter, von einem Partner, von einer Gruppe und zwar über Musik, Sprache, Bewegung mit visueller, akustischer oder taktiler Übertragung. Es ist wichtig, daß gewissermaßen in Komplementärübungen die Führungsverhältnisse immer auch umgekehrt werden. Führt z.B. Musik, die Bewegung reagiert, dann soll in der Komplementärübung die Bewegung führen und die Musik reagieren. In den meisten Übungen lassen sich diese Verhältnisse ohne weiteres umkehren.

Entsprechend sollen die Personen ihre Rollen (Führen oder Reagieren) immer wieder wechseln. Dies betrifft besonders Partnerübungen und alle Übungen des "Führens und Folgens" mit Gruppen. Aber auch der Übungsleiter kann die Übungsleiterrolle, in der er ständig zu führen hat, immer wieder vorübergehend abgeben an einen Teilnehmer. Dieser Führungs- und Rollenwechsel hilft Rollenfixierungen (wie ständige Dominanz oder ständiges Unterordnen)

1.

überwinden und regt zu Rollenflexibilität an und bringt immer wieder neue, z.T. überraschende Aspekte des Lernens und der Motivation.

Faktor Musik und Sprache
Wie schon erläutert (siehe Kapitel 1.3), haben Musik und Sprache mitunter über ihren Signalcharakter für die Bewegung hinaus große Wirkung auf die Persönlichkeit. Sie können zum Anlaß und zum Gegenstand ästhetischen Erlebens werden und sollten in dieser Funktion auch möglichst oft eine Rolle spielen. Darüber hinaus können sie zur freien Bewegung stimulieren und emotinale und kommunikative Blockaden lösen oder je nach Art und Situation - beruhigen. Mit Musik und Sprache muß deshalb sehr behutsam und sorgfältig umgegangen werden.

Faktor Gerät
Geräte können faszinieren und über diese Faszination ebenfalls stimulieren, emotional und kommunikativ lösen, befreien und zu kreativem Handeln anregen. Sie können zur Selbsttätigkeit, Selbstkontrolle und Selbständigkeit im Üben einen wichtigen Beitrag leisten und die Grundlage für Sachkompetenz legen. Jeder manipulierbare Gegenstand kann Gerät im Sinne rhythmischer Übungen werden. In jedem Fall muß das Gerät aber sorgfältig nach Situation und Bezugsgruppe ausgewählt werden.

Faktor Vielfalt der Lernziele
In rhythmischen Übungen spielt – ähnlich dem Spiel – immer eine Vielzahl von Lernzielen eine Rolle, die durch dieselbe Übung angespielt werden. Das bedeutet Abwechslung, häufige Wiederholung des gleichen Lernziels (in anderem Gewand) in immer neuen Zusammenhängen und fördert die Flexibilität bei Lehrer und Kindern.
Gegenteil: Lineares Üben/Lernen, Sterilität und schnelle Ermüdung im Handeln, Lernen und Denken.

Faktor Variabilität der Übungen
Die Variabilität der Übungen bedeutet Vielfalt, Abwechslung, fast stufenlose Steigerungs- und Anpassungsmöglichkeit der Übungsschwierigkeit, fast übergangslose Veränderungsmöglichkeit und Kombinationsvielfalt der Übungen, und sie bedeutet pädagogisch gesehen eigentlich die Kunst der Wiederholung ohne Ermüdung: Wiederholung in Veränderung und Veränderung in Wiederholung.

Faktor Pädagogische Sensibilität des Erziehers
Hierunter ist zu verstehen: das feine Erfassen und Registrieren der Aktionen und Reaktionen des Kindes in ihrer Bedeutung für pädagogisches Handeln (kindliche Wünsche, Interessen, Schwierigkeiten, Fähigkeiten, Fertigkeiten, Hemmungen, Blockierungen, Stärken, Schwächen, Leistungsfähigkeiten und -bereitschaft u.a.m.); dies ist möglicherweise mit ein Grund für die Tatsache, daß das sensible Zusammenspiel von Lehrer und Kindern/Übungsleiter und Teilnehmern in der Rhythmik, besonders natürlich in einer geübten Gruppe, sehr leicht als Fixierung der Kinder/Teilnehmer auf eine Bezugsperson verkannt wird.

Faktor Flexibilität des Erziehers
Die Flexibilität des Erziehers ist das Korrelat zur Variabilität der Übungen und zur pädagogischen Sensibilität des Erziehers. Sie beinhaltet z.B. bei guter Vorbereitung volle Beweglichkeit und Einstellung auf Situation und Gruppe.

Faktor Freude / Glück / Erfüllung
Wenn es mit allen anderen Faktoren stimmt, ist auch Freude, Glück und Erfüllung im Spiel, bei Schülern wie Übungsleiter. Freude als Erfüllung und Beglückung wird erneut zum Ansporn und schließt damit einen pädagogischen Regelkreis höchst positiver Art. Die Rhythmisch-musikalische Erziehung – ebenso das vorliegende Werk – darf nicht verstanden werden als rezepthafter, programmartiger, curriculumartiger Katalog von Lernzielen, -inhalten, - schritten, -kontrollen, sondern als offenes System des gegenseitigen Gebens und Nehmens, des Anregens/ Führens und Reagierens zwischen

Gruppenmitgliedern untereinander und zwischen Gruppenmitgliedern und Übungsleiter.
Für diesen offenen Prozeß kann sich der Übungsleiter in Ausbildung, Fortbildung und Literatur Anregungen holen, muß sie aber flexibel und kreativ auf die jeweilige Übungssituation übertragen und weiterentwikkeln; vor allem muß er die Übungsprinzipien kennen, auf denen die Übungen beruhen.
Was als Übung im Sinne von Anregung und Lenkung vom Übungsleiter sorgfältig geplant und durchdacht sein muß – auch wenn sie sich mit den Teilnehmern zusammen ganz anders entwikkeln –, wird im Idealfall von den Teilnehmern der Rhythmik als faszinierendes gemeinsames *Spiel* erlebt.

1.

Anmerkungen

(Die Anmerkungen sollen hier vor allem Hilfe zum Weiterstudium sein.)

1 E. Blechschmidt, Vom Ei zum Embryo, Deutsche Verlags-Anstalt Stuttgart 1968.
2 K. Lorenz, Die Rückseite des Spiegels, Piper Verlag München 1973.
3 Vgl. vor allem: A. Nitschke, Über Eigenart und Ausdrucksgehalt frühkindlicher Motorik, in: Die Sammlung 1960, und Die Auswirkung fremder Motorik auf den jugendlichen Menschen, in: Tübinger Universitätsreden 1960.
4 Vgl. hierzu z.B.: W.C. Schutz, Joy, Grove Press, New York 1967; deutsche Ausgabe: Freude, rororo-Sachbuch Nr. 6811, Hamburg 1973.
5 A. Gehlen, Der Mensch, Seine Natur und seine Stellung in der Welt, 8.Auflage Frankfurt a.M. 1966, S. 186 f.
6 A. Gehlen, a.a.O.,S. 190.
7 A. Gehlen, a.a.O.,S. 227.
8 A. Gehlen, a.a.O.,S. 225.
9 A. Gehlen, a.a.O.,S. 187.
10 P. Christian, Die Willkürbewegung im Umgang mit beweglichen Mechanismen, Sitzungsbericht Heidelberger Akademie der Wissenschaften 1948, S. 20 und 22, zitiert nach A. Gehlen, a.a. O., S. 192 f.
11 H. Kükelhaus spricht von der "Phantasie des Leibes", unter gleichnamigem Titel in: Werkstattforum 8, Handwerksform, Hannover, Berliner Allee 17.
12 A. Gehlen, a.a.O.,S. 191 f.
13 A. Gehlen, a.a.O.,S 186.
14 A. Gehlen, a.a.O.,S. 226.
15 A. Gehlen, a.a.O.,S. 222 f.
16 H. Roth, Pädagogische Anthropologie, Bd. 11, Hannover 1971, S. 447 ff.
17 A. Gehlen, a.a.O.,S. 47.
18 A. Gehlen, a.a.O.,S. 51.
19 A. Gehlen, a.a.O.,S. 50
20 A. Gehlen, a.a.O.,S. 51.
21 A. Gehlen, a.a.O.,S. 51.
22 nach H. Roth, siehe Anmerkung 15.
23 A. Gehlen, a.a.O.,S. 51.
24 A. Gehlen, a.a.O.,S. 192.
25 M. Montessori, Grundlagen meiner Pädagogik, zitiert nach P. Oswald und C. Schulz-Benesch (Hrsg.), Grundgedanken der Montessori-Pädagogik, 2. Auflage Freiburg 1971, S. 31.
26 E. Feudel, Dynamische Pädagogik, Freiburg 1963, S. 9.
27 E. Feudel, a.a. O., S. 12.
28 Geeignete Lehrgänge, Literatur oder Referenten die Rhythmik betreffend können beim Bundesverband Rhythmische Erziehung e.V., 5630 Remscheid, Postfach 101003 in Erfahrung gebracht werden.
29 Fr. Neumann, Die Zeitgestalt, eine Lehre vom musikalischen Rhythmus, Wien 1959.
30 S. z.B. Peter Benary, Rhythmik und Metrik, Köln 1967, S. 9.
31 S. hierzu und zum folgenden : Hugo Riemann, System der musikalischen Rhythmik und Metrik, Leipzig 1903.
32 W. Dürr/W. Gerstenberg, Rhythmus, Metrum, Takt, in: Die Musik in Geschichte und Gegenwart (MGG), hrsg. v. Fr. Blume, Kassel 1949 ff, Bd. XI, Spalte 387.
33 Helmar Frank, Kybernetik und Ästhetik, in: Kybernetische Analysen subjektiver Sachverhalte, Quickborn b. Hamburg 1964, S. 23.

34 Vgl. hierzu u.a.: E. Sievers, Rhythmisch-melodische Studien, Heidelberg 1912.
Th. Georgiades, Der griechische Rhythmus, Hamburg 1949.
G. Becking, Der Rhythmus als Erkenntnisquelle, Augsburg 1928.
35 Vgl. hierzu u.a.: J. Schultz, Rhythmen der Sterne, Dornach 1963.
H.- J. Störig, Knaurs moderne Astronomie.
Ludger Rensing, Biologische Rhythmen und Regulation, Stuttgart 1973.
A. Sollberger, Biologische Rhythmusforschung, in: Gadamer/Vogler (Hg.), Neue Anthropologie Bd. 1 (dtv), Stuttgart 1972.
Peter Röthig, Rhythmus und Bewegung, Schorndorf b. Stuttgart 1967.
Br. Gilles, Untersuchungen zur Periodik im Spielverhalten 6 - 10jähriger Kinder, Universität Bonn 1965 (Dissertation).
H. Thomae, Die Periodik im kindlichen Verhalten, Göttingen 1957
J.S. Szymanski, Aktivität und Ruhe bei den Menschen, Z. f. Angew. Psychol., 1922, S. 20.
L. Klages, Vom Wesen des Rhythmus, Kampen 1934.
K. Bücher, Arbeit und Rhythmus, 6. Aufl., Leipzig 1924.
36 H. Riemann, a.a.O. (s. Anm.2).
37 F. Winckel, Phänomen des musikalischen Hörens, Berlin 1960, S. 77.
Vgl. auch: H. Riemann, Die Elemente der musikalischen Ästhetik, Berlin u. Stuttgart o. J.
38 K. Bücher, Arbeit und Rhythmus, 6. Aufl., Leipzig 1924, S. 435.
39 K. Bücher, a.a.O., S. 435.
40 K. Bücher, a.a.O., S. 436.
41 Auf diese Zusammenhänge kann hier jedoch nicht weiter eingegangen werden. Es wird empfohlen, sich an die schon angegebene Fachliteratur zu halten, die überdies noch weitere Literatur erschließt.
42 Vgl.: H. Roth, Kind und Geschichte, München 1962.
J. Piaget, Die Bildung des Zeitbegriffes beim Kind, Zürich 1955.
43 Vgl. hier z.B. den Begriff der "gekonnten Bewegung" bei A. Gehlen, Der Mensch, 8. Aufl., Frankfurt a.M. 1966, S. 191 f.
44 Vgl. hier: K. Bücher, a.a.O., P. Röthig, a.a.O. und E. Jaques-Dalcroze, Rhythmus, Musik und Erziehung, Neuauflage Göttingen/Wolfenbüttel 1977.
45 Zu diesem Punkt sind die Ausführungen von Jaques-Dalcroze (a.a.O.) hochaktuell.
46 Vgl. Gr. Struwe, Erziehung durch Rhythmus in Musik und Leben, Kassel 1930.
47 Vgl. hierzu: Bünner/Röthig: Grundlagen und Methoden rhythmischer Erziehung, Klett-Verlag Stuttgart 1971.
48 Viktor v. Weisäcker, Der Gestaltkreis, Theorie der Einheit von Wahrnehmen und Bewegen, stw 18.
49 Siehe hierzu nähere Erläuterungen in: Resonanzen 1975, 12. Rundbrief der LAG Musik Nordrhein-Westfalen e.V. , Akademie Remscheid, Küppelstein 34, 5630 Remscheid, S. 64 ff.
50 Siehe hierzu: Resonanzen 75 a.a.O. S. 70 ff.; M. Frostig, Bewegungserziehung, München 1973. Z. P. Dienes, Strukturen in Bewegung und Rhythmus, Freiburg i.Br. 1974.

Rhythmik

2.

Brita Glathe
Barbara Holzapfel
Hannelore Krause-Wichert

2.1 Erarbeiten von Grunderfahrungen und Begriffen

	Raumaufgaben Zeitaufgaben Dynamische Aufgaben

2.2 Entwickeln sensorischer Fähigkeiten

Über die Motorik:	Grobmotorik Feinmotorik Bewegungsgeschicklichkeit Bewegungssteuerung Spontaneität Kontinuität Koordination Konzentration Reaktion
Über das Hören:	aufnehmen differenzieren umsetzen wiedergeben variieren
Über das Sehen:	wahrnehmen unterscheiden beobachten erkennen wiedererkennen
Über das Taktile:	greifen fühlen tasten/ertasten formen

2.3 Entwickeln kommunikativer Fähigkeiten

für den Einzelnen (Selbsterfahrung, Raum- und Sacherfahrung) mit Partnern/in der Gruppe

2.4 Schwerpunkt Wechselbeziehung Musik – Sprache – Bewegung

Über die Musik:	Klang Tonraum Rhythmus Takt Phrasierung musikalische Formen
Über die Sprache:	Umgang mit Laut und Geräusch Erweiterung des Sprachraumes sprachliche Formen
Über die Bewegung:	darstellendes Spiel Bewegungsformen Tanz

2.1 Erarbeiten von Grunderfahrungen und Begriffen

Kreis und Reihe (Bogen und Gerade)

Brita Glathe

Zielsetzung: Kreis und Reihe sind Formen, die dem Erwachsenen bekannt sind. In dieser Stunde sollen einige der vielen Varianten dieser Formen erfahren werden. Die Kreise und Reihen werden als bewegte Raumformen miteinander in Beziehung gebracht.

Zielgruppe: Erwachsene.

Arbeitsmaterial: -

Übungsbeschreibung:

1. Kreise und Reihen als fixierte und bewegte Formen, als Einzel- und Gruppenaufgaben.

2. Die Schüler stehen im Raum verteilt.
Metrische Geräusche (Lehrer: schlagen auf Holz, Trommel, schnalzen, klatschen usw.) sollen von den Schülern in gerade, straffe Bewegungen umgesetzt werden. Das kann in allen Körperstellungen (Stand, Sitz, Bodenlage) und in der Fortbewegung geschehen. Die Raumwege sollen gerade sein, Richtungswechsel sind deutlich zu markieren!

Klänge anderer Art (Becken, Gong, Legato-Melodien, singen, summen) sollen zu runden, weichen Bewegungen anregen: jeder bewegt sich entsprechend, die Raumwege sollen als Bogen, Kreise, Kurven erscheinen.
Dabei ergeben sich viele Möglichkeiten der geraden und kurvigen Raumwege:

Grundformen geradliniger Raumwege:

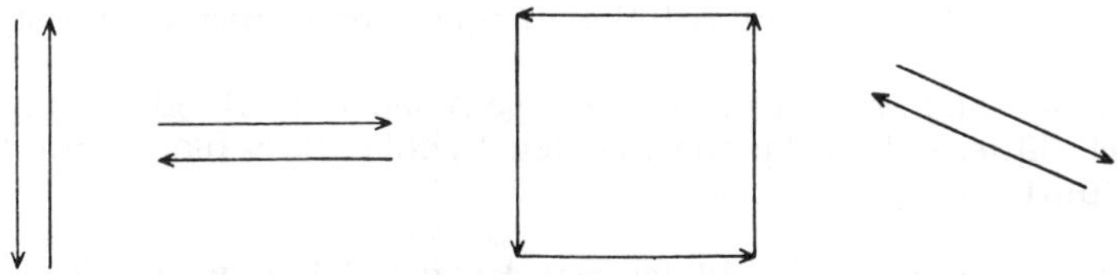

Grundformen kurviger Raumwege:

Die geraden und kurvigen Raumwege können in vielerlei Varianten erscheinen, zum Beispiel:

Varianten gerader Raumwege:

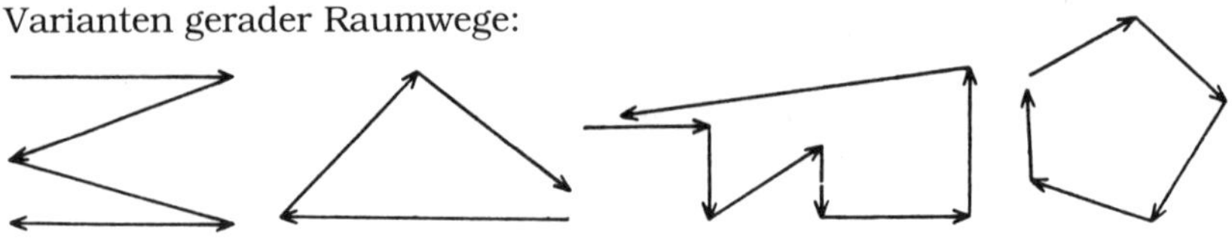

Varianten kurviger Raumwege:

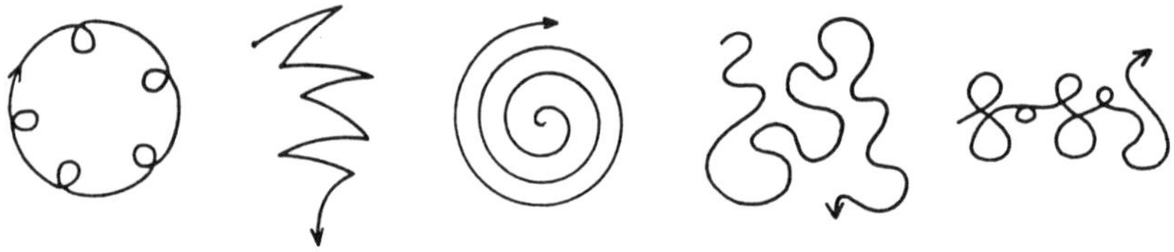

3. Bewegung zur Musik. Auf ein bestimmtes akustisches Signal finden sich alle zu einem Kreis zusammen. Der Kreis wird wieder aufgelöst und, motiviert durch die Musik, wieder neu gebildet.

3.1 Wie 3., auf Zuruf bilden sich aus dem Laufen heraus zwei, drei, vier und mehr Kreise, die sich wieder auflösen, in anderer Formation neu bilden usf.

3.2 Bewegung zur Musik, die zuerst metrisch ohne Betonung gespielt wird. Wird in der Musik eine bestimmte Taktart erkennbar, so formiert sich die Gruppe zu Kreisen, und zwar nach der Regel:

2/4 Takt = 2 Kreise
3/4 Takt = 3 Kreise
4/4 Takt = 4 Kreise usw.

Die Musik ist in der jeweiligen Taktart immer so lange zu spielen, bis sich alle Kreise richtig in der Taktart bewegen.

3.3 Variante: Spiel wie 3.2, die Regel heißt aber:

2/4 Takt = es finden sich immer zwei Schüler zu einem Kreis zusammen
3/4 Takt = es finden sich drei Schüler zu einem Kreis zusammen usf.

4. Aus dem Spiel von 3. haben sich drei Kreise gebildet, die Hände sind gefaßt. Jeder Kreis öffnet sich und wird von einem Schüler als Schlange durch den Raum geführt.

4.1 Auf musikalische Signale hin bilden sich aus den Schlangen wieder Kreise, diesmal sollen sie aber in immer anderen Stellungen im Raum erscheinen, zum Beispiel:

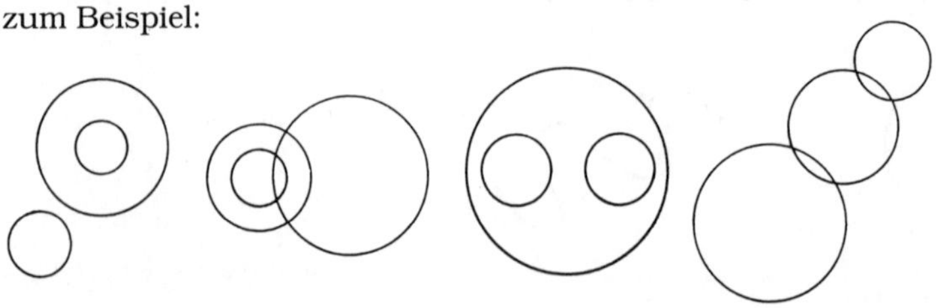

(Es ergeben sich hier so viele Möglichkeiten der Gestaltung, daß innerhalb einer Unterrichtsstunde nur wenige ausprobiert werden können).

5. Ausgangsstellung: vier Kreise (Hände gefaßt) in den vier Ecken des Raumes. Die Kreise öffnen sich und werden von jeweils einem Anführer in eine gerade Linie gezogen.

5.1 Spiel mit Reihen. (Stand nebeneinander, mit oder ohne Handfassung).Jede Gruppe versucht, sich im Raum zu bewegen, ohne die Form der Reihe zu verlieren (vor-seit-rückwärts). Es werden dabei vorerst nur gerade Raumwege gegangen, keine Reihe durchschneidet eine andere.

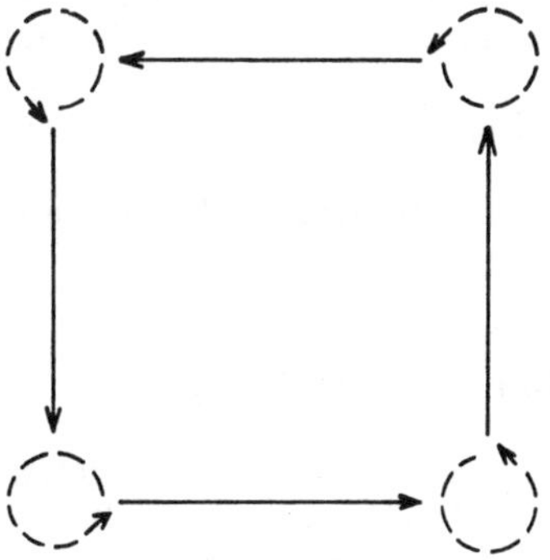

5.2 Gliederung durch einen phrasierten musikalischen Ablauf: ein bestimmter Rhythmus begleitet die Bewegungen der Reihen und zeigt an, wann jede-Gruppe wieder an ihren Ausgangspunkt zurückkommen soll.

5.3 Damit die Schüler die sich ergebenden – oft reizvollen – Raumbilder auch sehen können, sollten die rhythmischen Abläufe Pausen haben. So können die immer wieder wechselnden Verschiebungen der Reihen und die sich damit ergebenden Raumbilder beobachtet werden.

Zum Beispiel:

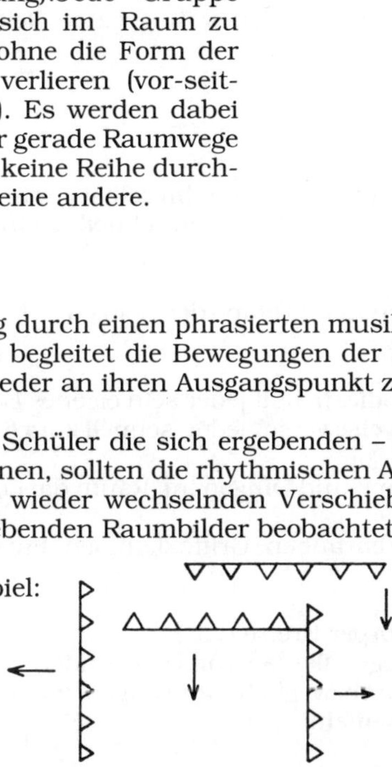

5.4 Die Reihen bewegen sich jetzt unter Einbeziehung gerader und kurviger-Raumwege und mit möglichen Überschneidungen im Raum. Durch diese Erweiterung der Aufgabe ergeben sich wieder sehr viele neue Möglichkeiten.

Ein Beispiel:

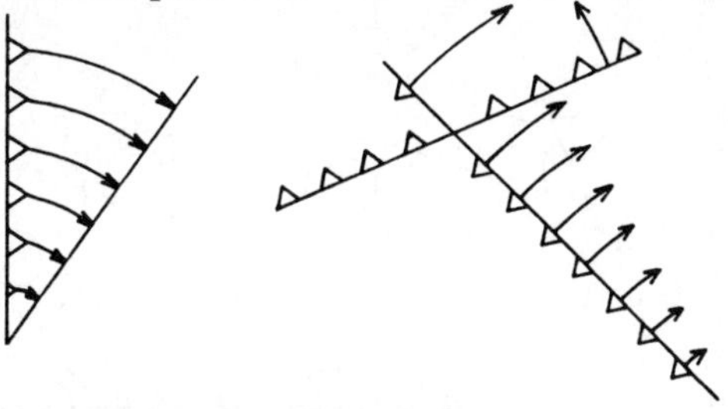

Die Bewegungsabläufe werden wieder rhythmisch gegliedert.

"Taktarten" siehe EM 5.4/Seite 473

Erarbeiten von Grunderfahrungen und -begriffen: Kreis und Reihe (Bogen und Gerade)

Brita Glathe

Zielsetzung: Die Schüler sollen in dieser Stunde Kreise und Reihen als statische und bewegte Formen erfahren.

Zielgruppe: Kinder.

Arbeitsmaterial: Papier und Stifte, für jedes Kind einen Reifen und einen langen Stab.

Übungsbeschreibung:

1. Die Kinder bewegen sich frei im Raum, jeder im selbst gewählten Tempo und Weg. Der Lehrer spielt eine Melodie: alle laufen schnell zu einem großen Kreis zusammen.

1.1 Wie 1., diesmal läuft jeder genau im Tempo der gespielten Melodie zum Kreis zusammen.

1.2 Wie 1., erklingt jetzt die Melodie, behält jeder sein eigenes Bewegungstempo bei, alle kommen auf diese Weise verschieden schnell zum Kreis zusammen.

2. Aufgabe: "Sucht an Personen und Dingen im Raum die Form des Kreises. Beschreibt, was ihr seht!"
(z.B. Lichtschalter, Uhren, Schrauben, Griffe, Lampen, Pupillen der Augen, Ringe usw.)

2.1 "Stellt mit eurem eigenen Körper Kreise dar!"
Es werden verschiedene Möglichkeiten von den Kindern ausprobiert. Wir besprechen: Kreise können unbeweglich – an Dingen, von uns selber dargestellt – oder beweglich erscheinen.

3. Jedes Kind bekommt einen Reifen. Die Reifen werden gut verteilt auf den Boden gelegt. Bewegung zur Musik. Aufgabe: alle Reifen werden beim Laufen um- rundet, keiner tritt in einen Reifen hinein.

3.1 Dasselbe: endet die Musik, stehen alle Kinder auf entsprechenden Zuruf um einen (zwei, drei, vier) Reifen und bilden selber einen Kreis (mehrere Kreise).

3.2 Jedes Kind hat Papier und einenStift. Die Reifen werden, ungefähr ihrer tatsächlichen Lage entsprechend, aufgezeichnet. Zur Musik malen die Kinder die Wege, die sie um die Reifen laufen. Es entstehen sichtbar Bögen und Kurven. Reifen und Papier werden zur Seite gelegt.

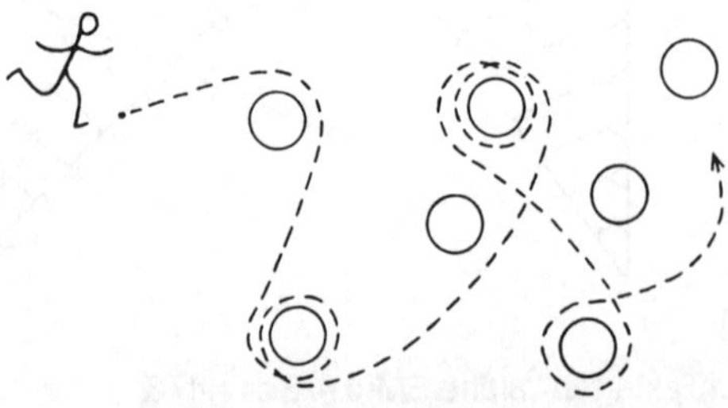

4. Alle Kinder stehen in einer Ecke des Raumes. Aufgabe: "Geht auf dem kürzesten Weg zu einer anderen Ecke des Raumes, zur Raummitte (markiert durch ein Gerät), zu einer anderen Person. Zeichnet diese Wege auf!"

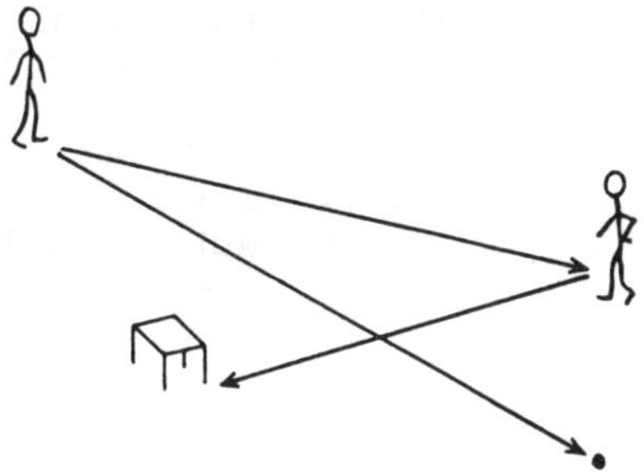

4.1 Es entstehen sichtbar Geraden.
"Zeigt Stellen im Raum, wo sich gerade Linien ergeben. Beschreibt sie! Stellt mit dem eigenen Körper Linien dar!"
Wir besprechen: auch Linien können bewegt und unbewegt erscheinen. Stellen wir uns nebeneinander, bilden wir eine Reihe.

2.

5. "Wir versuchen, geradlinige und kurvige Wege im Wechsel durch den Raum zu gehen."
Eine Hilfe sind dabei Geräte, die diese Wege "vorschreiben". Reifen und Stäbe, vermischt auf den Boden gelegt, motivieren die Kinder, Kurven und Geraden zu gehen.
Regel:" Weder in einen Reifen noch auf einen Stab treten, sondern an jedem Gerät möglichst dicht vorbeigehen!"

5.1 Daraus können sich differenzierte Bewegungsmöglichkeiten ergeben, zum Beispiel: die Bewegung um die Reifen (Kreis) und zwischen den Geräten (Bogen) geschieht im Laufen, die Bewegung neben dem Stab (Gerade) wird abgestoppt und im Gehen ausgeführt.

5.2 Die Gruppe einigt sich auf einen bestimmten Weg an den Geräten, der von allen nacheinander gegangen wird. Die Musik unterstützt diesen Bewegungsablauf durch deutlich differenzierte Melodieabläufe für die kurvigen und geradlinigen Raumwege.

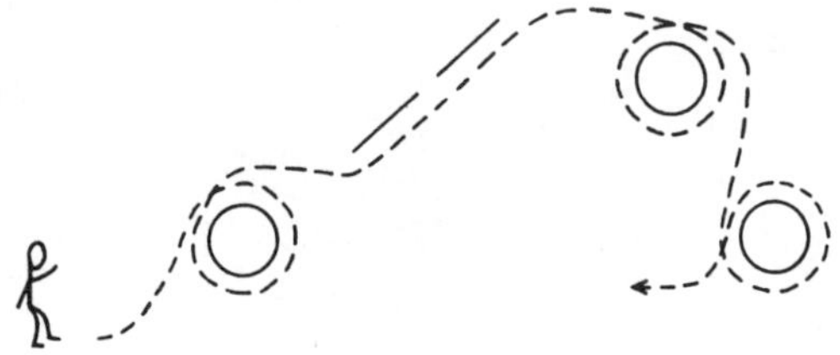

5.3 Ebenso kann umgekehrt von der Musik ein bestimmter Raumweg durch den Rhythmus der Melodie vorgegeben werden. Dieser Weg wird dann mit Reifen und Stäben entsprechend gelegt.

6. Wenn die Gruppe jetzt versucht, gemeinsam eine räumliche Form mit Kreisen

und Reihen zu gestalten, stehen ihr – vorgearbeitet in dieser Stunde – mehrere Möglichkeiten zur Verfügung:

6.1 Motivation durch Musik
Beispiel: Melodie = Kreise
Spiel auf der Handtrommel = Reihen

Dieses musikalische Beispiel

kann als Raumform so aussehen:

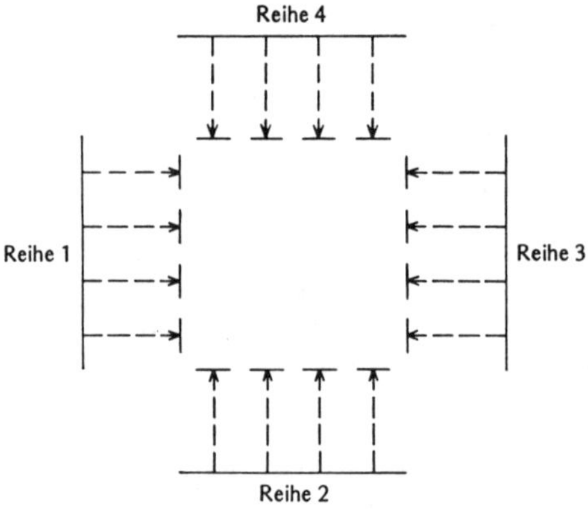

A- 4 Reihen, Gesichter zueinander. Jede Reihe geht einen Takt lang vorwärts und bleibt stehen, die Gruppen setzen taktweise nacheinander ein.

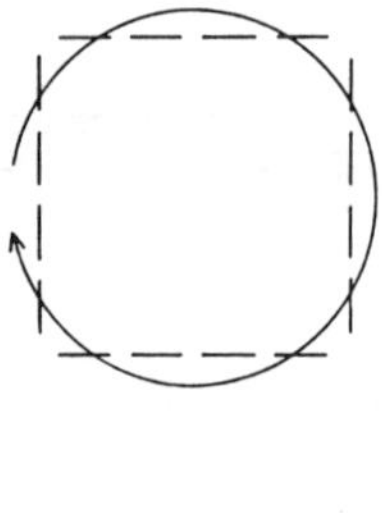

B- aus dem Quadrat aus Reihen wird ein Kreis, die Kinder fassen sich an und drehen sich zur Musik im Kreis herum.

Mit Geräten gelegt sieht diese Form so aus:

6.2 Motivation durch die Geräte:
Reifen und Stäbe, in dieser Anordnung gelegt, können folgenden Bewegungsablauf ergeben:

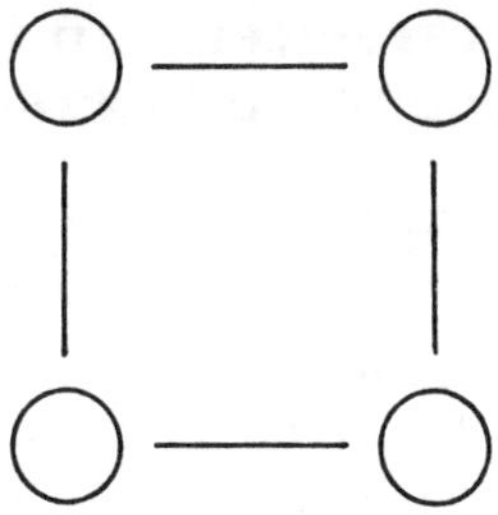

Dreiteilige Liedform:
A- vier Gruppen umkreisen die vier Reifen.
B- jede Gruppe geht hintereinander auf geradem Weg zum nächsten Reifen.
Wiederholung Teil A.

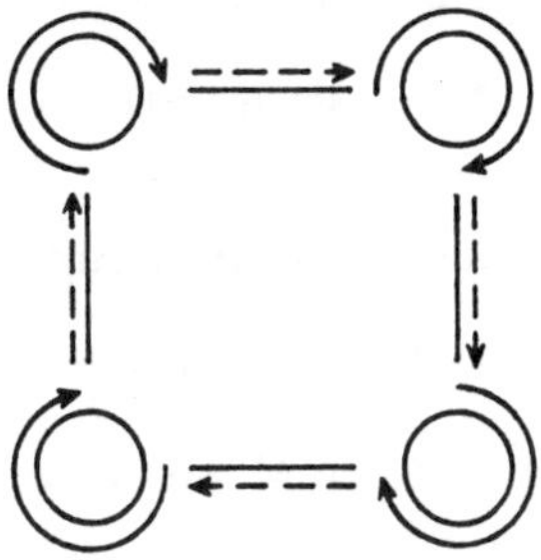

Diese Bewegungsform wird deutlich differenziert von der Musik begleitet.

6.3 Motivation durch optische Darstellung:
die Kinder zeichnen Raumformen mit Kreisen und Reihen, die dann von der Gruppe in Bewegung umgesetzt werden können.

6.4 Motivation durch die Bewegung:
Verbindungen von Kreisen und Reihen werden – dem Vermögen der Kinder entsprechend – von allen gemeinsam ausprobiert und dann als Form festgelegt. (Schon das Bilden eines Kreises aus einer Reihe heraus und das wieder zurückziehen zur Reihe kann als elementare Form angesehen werden. Auch die klangliche Begleitung der Bewegung können die Kinder mit Körperinstrumenten selber darstellen).

"Dreiteilige Liedform" siehe EM 5.5 Seite 487 und 5.5. Seite 484

Erarbeiten von Grunderfahrungen und -begriffen: Bogen und Gerade

Hannelore Krause-Wichert

Zielsetzung: Erkennen der Spannungsunterschiede von Bogen und Gerade in der Fortbewegung und in der Bewegung am Platz. Herstellen geometrischer Raumformen als Gruppenaufgabe. Darstellen von Buchstaben und Zahlen in Bewegung und Haltung.

Zielgruppe: Erwachsene.

Arbeitsmaterial: Musikinstrumente, Trommel.

Übungsbeschreibung:

1. Bogen und Gerade in der Fortbewegung.

1.1 Nach Musik Bögen laufen, später auch gehen.

1.2 Formen aus Bögen nach Belieben laufen bzw. auch gehen (Halbkreise, Kreise, Ellipsen, Achten).
Anmerkung: Bei Halbkreisen sind Wellenlinien oder Monde möglich. Beides kann im Wechsel gelaufen bzw. gegangen werden, sollte aber durch Haltung und Bewegung deutlich sichtbar gemacht werden:

Es ist darauf zu achten, daß niemand während des Gehens oder Laufens auf den Fußboden sieht.

1.3 Nach Musik Gerade gehen, später auch laufen.

1.4 Formen aus Geraden nach Belieben gehen bzw. laufen (Winkel, Dreiecke, Vierecke, Romben).

1.5 Nach Musik Bögen oder Gerade als Linien oder Formen laufen.

1.6 Nach Musik Bögen oder Gerade als Linien oder Formen gehen.
Anmerkung: Jeder kann feststellen, daß man Bögen deutlicher beim Laufen, Geraden dagegen besser beim Gehen darstellen kann, jedoch ist auch beides in beiden Bewegungsarten möglich.

1.7 Der Übungsleiter (oder ein geübtes Gruppenmitglied) bewegt sich abwechselnd in Bögen und Geraden um die gut im Raum verteilt stehenden Gruppenmitglieder. Wechselt er von Bogen nach Gerade bzw. umgekehrt, soll er das so deutlich in der Körperhaltung ausdrücken, daß die Gruppe den Wechsel sofort sieht und zur Kontrolle einmal klatscht.

1.8 Gespräch über gelöste Haltung bei Bögen und straffe Haltung bei Geraden.

1.9 Jeder bewegt sich abwechselnd nach eigener Wahl in Bögen bzw. Geraden. Er zeigt durch seine Haltung deutlich an, welches der beiden Phänomene er jeweils darstellt. Hierbei können auch Trommel oder Melodieinstrumente in verschiedenen Tempi begleiten.

1.10 Aus dem Trommelschlag wird erkannt, ob man sich in Bögen oder Geraden bewegen soll (weicher Anschlag mit Nachhall für Bögen, harter Anschlag mit gespannter Hand ohne Nachhall für Gerade).

1.11 Aus improvisierter Musik erkennen, ob man sich in Bögen oder Geraden bewegen soll (ungerader Takt für Bögen, gerader für Gerade).

1.12 Aus Liedern erkennen, ob man sich in Bögen oder Geraden bewegen soll. (Tanzlieder stehen in der Regel im Dreier-, Wanderlieder im Vierer-Takt).

2.

2. Bogen und Gerade am Platz.

2.1 Jeder schwingt Halbkreise nach freier Wahl mit einem Arm oder beiden Armen.

2.2 Jeder schwingt Kreise bzw. Achten.

2.3 Mit einem Spielbein Halbkreise, Kreise und Achten schwingen.

2.4 Jeder denkt sich eine beliebige Schwungfolge aus, die sich leicht merken läßt.

2.5 Verschiedene Bewegungstypen machen ihre Folge vor, und alle fallen ein, wobei sie den jeweils ersten möglichst genau kopieren. Anschließend zeigt jeder auf den, dessen Schwungfolge ihm am besten lag.
Anmerkung: Es wird in der Regel auf verschiedene Gruppenmitglieder gezeigt, denn es gibt durchaus einen persönlichen Rhythmus. Er richtet sich nach Temperament, Länge der Gliedmaßen, Bewegungserfahrung, Vorstellungsvermögen und Alter. Dieser persönliche Rhythmus kann bei den folgenden Übungen 2.6 und 2.7deutlich sichtbar werden.

2.6 Alle schwingen in der Form einer liegenden Acht, die sich in Größe und Intensität steigert und wieder vermindert (links und rechts im Wechsel, beidhändig, parallel oder in Gegenbewegung).

2.7 Die Gruppe einigt sich auf eine Art (beispielsweise beidhändig parallel). Die Hälfte der Gruppe schließt die Augen und bewegt sich, wobei der Übungsleiter zunächst rhythmisch begleitet, damit der Anfang gleichmäßig ist.
Dann läßt er die Gruppe allein, und während die eine Hälfte die Bewegung steigert und dann wieder vermindert bis zum beliebigen Ausklingen, beobachtet die andere, welche Bewegungstypen gleich oder ähnlich bleiben, oder ob alle verschieden sind. - Auch hier anschließend Aufgabenwechsel.

2.8 Zu vier Trommelschlägen sollen gerade Linien gezogen werden (senkrechte, waagerechte oder schräge; lange oder kurze, einhändig rechts oder links; beidhändig in Parallel- oder Gegenbewegung). Die Bewegung soll gleichmäßig fließen. Nach jeweils vier Schlägen beginnt eine neue Richtung.

2.9 Aus viermal vier Schlägen erfindet jeder eine Form, an deren Ende er wieder

in der Anfangshaltung angelangt ist.
Beispiel:

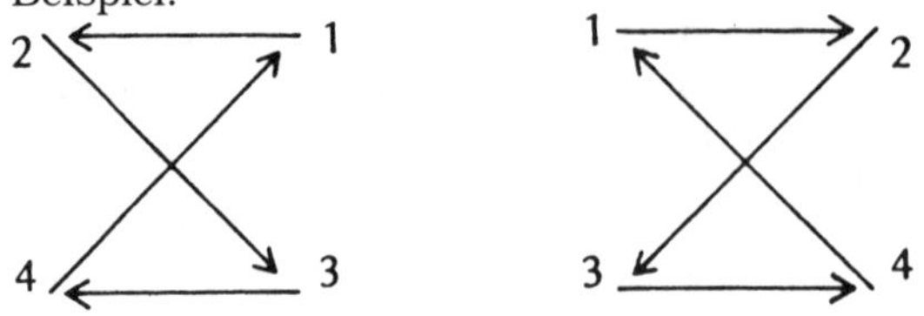

2.10 Die Gruppe einigt sich auf *eine Form*, die sich gut einprägt und übernimmt sie.

2.11 Alle stehen im Viereck. Jede Linie übt die Form einmal allein durch.

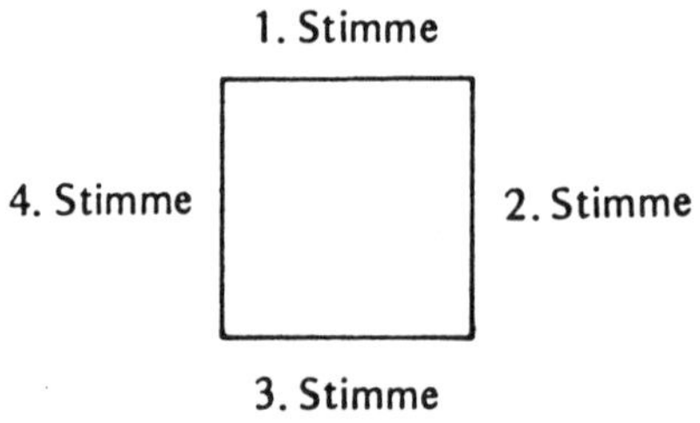

2.12 Das Ganze wird nun als Gestenkanon durchgeführt.

2.13 Wie 2.12, doch gibt die Trommel nur noch jeweils einen Schlag für eine Linie.

2.14 Wie 2.12, jedoch ohne Trommelbegleitung (Hilfe durch optische Konzentration).

2.15 Wie 2.14, jedoch mit geschlossenen Augen (Hilfe durch muskuläre Konzentration).

3. Bogen und Gerade als Gruppenformen.

3.1 Freies Laufen oder Gehen nach Musik. Hört die Musik auf, sollen sich zwei Kreise *nebeneinander* bilden, die sich in Gegenrichtung bewegen.
Anmerkung: Als Spielregel gilt, niemanden durch Worte oder Gesten rufen, niemanden berühren.

3.2 Das gleiche mit zwei konzentrischen Kreisen.

3.3 Das gleiche mit anderen Formen aus Bögen, die vorgeschlagen werden. Am Ende sollen die Formen jetzt aber stehen.

3.4 Das gleiche mit Formen aus Geraden.
Anmerkung: Hier können Begriffe wie Reihe und Linie klargestellt werden. Bei Dreiecken muß die Gruppe herausfinden, auf welche Arten man Ecken bilden kann (einzeln, zu Paaren, mit und ohne Armhaltung).

3.5 Eine vorgeschlagene Form aus Bögen oder Geraden soll in einem vorher festgelegten rhythmisch-metrischen Ablauf hergestellt werden.
Anmerkung: Hier eignen sich zur Bewegungsbegleitung am besten die soge-

nannten "Leiern", also achttaktige Abläufe in bestimmten Taktarten. (s. EM 5.5/Seite 486)

3.6 Die Gruppe teilt sich in zwei Schlangen ein. Die "Frage"-Schlange stellt eine halbfertige Form dar, die "Antwort"-Schlange vollendet sie.
Beispiele

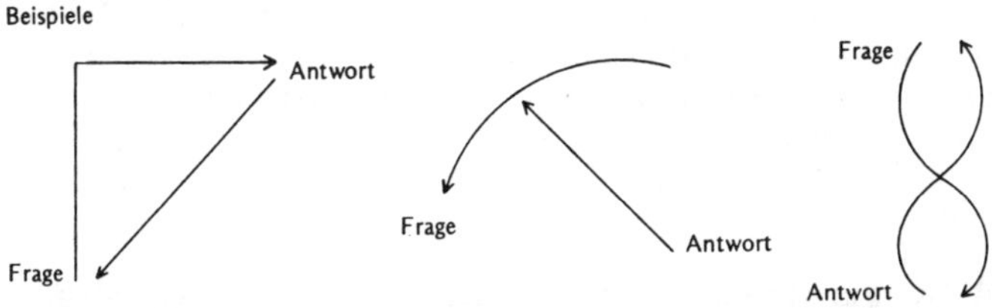

Anmerkung: Die Gruppe kann sich jeweils zu ihrer Form verabreden. Es kann aber auch nur der jeweilige Schlangenkopf die Form bestimmen. Dann sollte er allerdings durch seine Haltung deutlich anzeigen, ob er eine Form aus Bogen oder Geraden vorhat. Ist die Form so, wie er sie haben will, ruft er: "Halt!"

3.7 Die Aufgabe 3.6 kann auch wieder durch einen rhythmisch-metrischen Ablauf zeitlich gebunden werden. Dazu wird am besten eine musikalische Frage und Antwort improvisiert. Beispiel:

4. Bogen und Gerade in Buchstaben und Zahlen.

4.1 In einer Schlange dicht hintereinander gehen. Der jeweilige Schlangenkopf zeigt durch seine Körperhaltung und Bewegungsrichtung deutlich an, wo er Bogen, Spitze und Gerade "schreibt". Kann die Schlange den Buchstaben oder die Zahl erkennen, die sich im Raum bildet, soll sie dies benennen. Führungswechsel.
Anmerkung: Bei dieser Übung ist es wichtig, daß die Schlangenmitglieder immer an der gleichen Stelle die gleiche Körperhaltung einnehmen, die der Schlangenkopf dort hatte.

4.2 Paare bilden stehend, kniend, sitzend oder liegend Buchstaben oder Zahlen.

4.3 Das gleiche, doch denkt sich jedes Paar ein Wort aus, das die Gesamtgruppe aus den einzelnen, nacheinander dargestellten Buchstaben erraten soll.
Beispiel:

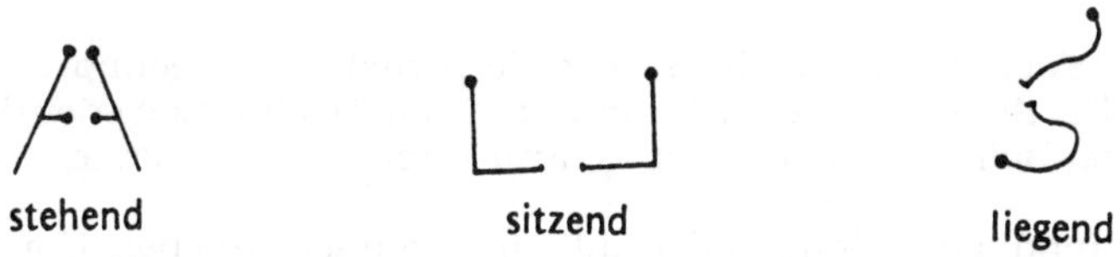

Erarbeiten von Grunderfahrungen und -begriffen: Schwer – leicht

Hannelore Krause-Wichert

Zielsetzung: Erarbeiten der Grundbewegungen des Dirigierens durch die Vorstellungshilfen des Ballprellens und Ballonhochschlagens. Materialerfahrungen. Geschicklichkeit. Kooperation mit Partnern und Gruppen. Umgang mit Taktarten und Taktwechseln.

Zielgruppe: Kinder.

Arbeitsmaterial: Gymnastikbälle, Luftballons, Reifen und Schlaginstumente.

Übungsbeschreibung:

1. Erfahren von "leicht" durch das Gerät Luftballon.

1.1 Reifen liegen in guter Raumaufteilung (d.h. jeder gleich weit vom anderen entfernt). In jedem Reifen steht ein Kind. Ein Luftballon wird beliebig von Partner zu Partner geschlagen, möglichst mit dem Handrücken nach oben.

1.2 Wie 1.1 mit mehreren Ballons.
Anmerkung: Die Anzahl der Ballons richtet sich nach der Gruppengröße und dem Alter (Geschicklichkeitsgrad) der Kinder sowie nach der Raumhöhe. Die Gruppe sollte darauf achten, daß die Ballons jederzeit gut verteilt sind, so daß jeder möglichst oft an einen Ballon kommt. Die Reifen sollten nicht verlassen werden.

1.3 Im Trommeltempo durch den Raum gehen und sich möglichst oft begegnen. Wieder wird ein Ballon mit dem Handrücken in die Luft befördert, und zwar von jedem, der ihn erreichen kann. Das Tempo soll dabei allerdings nicht unterbrochen werden.

1.4 Das gleiche mit zwei bis drei Ballons unterschiedlicher Farbe.

1.5 Nun soll auch noch der jeweilige Ballonschlag dem Trommeltempo entsprechen. Zur Kontrolle werden drei verschieden große Triangeln eingesetzt. Ein kleines, hellklingendes Triangel wird immer dann angeschlagen, wenn der hellste Ballon berührt wird. Ein mittleres kontrolliert einen mittelfarbigen-Ballon. Ein großes (tief klingendes) wird dem dunkelfarbigsten zugeordnet.
Anmerkung: Die drei Triangelspieler müssen gut reagieren. Klingen Triangel und Trommelanschlag zusammen, wird diese schwierige Koordinations- und Reaktionsaufgabe gut bewältigt.

1.6 Freies Spiel mit Ballons.

1.7 Die Ballons werden mit unterschiedlichen Körperteilen hochgetippt.
Anmerkung: Die Kinder können dabei erfahren, daß Hochwerfen oder Hochschleudern von Ballons unzweckmäßige Kraftvergeudung bedeutet.

1.8 Wie 1.7. Während die Ballons in der Luft sind, können beliebige Übungen ausgeführt werden, wie klatschen, sich drehen, hocken, setzen und aufstehen, hochspringen usw.

1.9 Ballons jetzt möglichst senkrecht hochtippen. Während sie in der Luft sind,vom Platz weglaufen und rechtzeitig zum erneuten Antippen wieder zur Stelle sein.

1.10 Ballon vorwärts in den Raum tippen und lautlos, “leicht” hinterherlaufen.

1.11 Ballon fallenlassen, beobachten, beschreiben.

1.12 Wie 1.11, jedoch den Ballon imitieren

a) mit den Händen,
b) mit dem Kopf,
c) in der Totalbewegung.

2.

1.13 Jeder liegt bei seinem Ballon. Ein Kind läuft – heftig mit einem Tuch in Bodennähe wedelnd – durch den Raum. Die Ballons sollten dabei wieder in Bewegung geraten. Jeder verhält sich wie sein Ballon.

1.14 Ballon ruhig legen, vorsichtig aufstehen und behutsam um ihn herumgehen oder ihn gar übersteigen, ohne daß er in Unruhe gerät.

1.15 Jeder balanciert seinen Ballon auf einer Stelle seines Körpers (Stirn, Arm, Finger, Handrücken).

1.16 Ballon rhythmisch zu leiser Musik mit dem Handrücken hochschlagen.

1.17 Zwei Partner mit verschiedenfarbigen Ballons tippen diese möglichst gleichzeitig gleich hoch. Kommen die Ballons zurück, soll jeder nunmehr den Ballon des Partners hochschlagen. So wird von Mal zu Mal gewechselt.
Anmerkung: Hier müssen Kraftdosierung und Bewegungsrhythmus beherrscht werden. Die Kinder müßten dazu schon recht geschickt und erfahren sein. Auch ist darauf zu achten, daß die Ballons die gleiche Form und Stärke haben.

2. Erfahren von “schwer” durch das Gerät Gymnastikball.

2.1 Ballprellen wird geübt. Dazu können folgende Varianten angeboten werden:
a) beidhändig mit abfangen (evtl. auch schon im gleichen Tempo),
b) beidhändig weiterprellen (ohne abfangen),
c) wechselhändig,
d) einhändig rechts oder links,
e) um den prellenden Ball gehen (rechts oder links),
f) Ball um sich herumprellen (rechts oder links herum, stehend oder in der Hocke).

2.2 Jeder prellt den Ball auf seine Art, doch sollen alle ein gemeinsames Tempo finden.

2.3 Alle hüpfen mit dem Ball in der Hand.

2.4 Zu jedem Hüpfer wird der Ball aufgeprellt.
Anmerkung: Klaviermusik mit Viertelnoten in der linken und Hüpfrhythmen in der rechten Hand könnte diese – für Kinder recht anspruchsvolle Aufgabe

unterstützen. Es ist darauf zu achten, daß die Bälle seitlich vom Körper mit leicht vorgestreckten Händen geprellt werden.

2.5 Bälle fallen lassen, beobachten, beschreiben – im Vergleich zum Ballon.

2.6 Wie 2.5, jedoch den Ball springend entsprechend seiner Veränderung von Tempo und Höhe imitieren.

2.7 Ball mit dem Handteller heben, ihn abrollen lassen, nach einmaligem Auftippen auf dem Boden mit dem anderen Handteller abfangen und sich neu mit ihm strecken.
Anmerkung: Die Streckungen können nach oben, vorne seitlich und rückwärts ausgeführt werden. Der Ball sollte sich in einer kontinuierlichen Bewegung befinden.

2.8 Die gleiche Übung zu Paaren mit einem Ball. Der Partner ohne Ball beobachtet die Streckung des Ballhebers und stellt sich auf die Ablösung ein.

2.9 Wie 2.7 mit Ball auf dem Handrücken.

2.10 Wie 2.9 zu Paaren mit einem Ball.

3. Schwer – leicht in zwei Gruppen.

3.1 Eine Ball- und eine Luftballongruppe stehen sich gegenüber. Zur Ballgruppe kommt ein Trommler, zu den Ballons ein Triangelspieler. Ein Dirigent zeigt die Zahlenfolge acht, vier, zwei, eins und zwar in der Reihenfolge Trommel, Bälle, Triangel, Ballons.

3.2 Ist die Zahlenfolge den Spielern bewußt geworden, kann auf Trommel und Triangel verzichtet werden . Die Geräte spielen alleine.

3.3 Auch die Ballons können einmal beginnen.
Anmerkung: Hierdurch wird die Übung schwieriger, weil die Ballons nur mit dem richtigen Krafteinsatz gleichmäßig hochgeschlagen werden können und dabei auch weniger Geräusch verursachen als springende Bälle.

4. Schwer – leicht als Dirigierbewegung.

4.1 Im Kreis stehend wird die Bewegung des Ballprellens und die des Ballon hochschlagens ohne Geräte – also imaginär – in unmittelbarer Folge ausgeführt (rechts, links und beidhändig im Wechsel auf Zuruf). Es entsteht die Taktierbewegung des Zweitaktes.

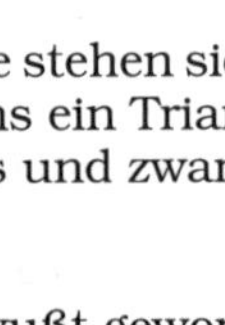

4.2 Der Zweitakt wird nun in unterschiedlicher Dynamik, Agogik und Artikulation geschlagen.

4.3 Die Bewegungen schwer (Ballprellen) und leicht (Ballonhochschlagen) können als Dirigierbewegungen auch auf andere Taktarten übertragen werden.

z.B. Dreiakt – 1mal schwer und 2mal leicht.
Als Bewegungsvorstellung: 1mal Ballprellen und 2mal Ballon hochschlagen.
Alle Taktarten werden auf diese Weise ausprobiert.

4.4 Lieder in verschiedenen Taktarten können nun gesungen und dirigiert werden.

4.5 Ein Schlagzeugorchester formiert sich. Jeder dirigiert es einmal in einer Taktart, die die spielende Gruppe ausführt und benennt.

4.6 Wie 4.5, doch errät ein "Horcher", der dem Orchester den Rücken zukehrt, welche Taktart dirigiert wurde.

4.7 Das gleiche auch mit Taktwechsel ohne Unterbrechung. Der Horcher ruft, er jeweils erkennt.

4.8 Wie 4.7, doch darf das Orchester in den Taktarten rhythmisch frei improvisieren.

2.

"Takt" siehe RH 2.4/Seite 131, 135 und 138
IM 3.1/Seite 255
EM 5.4/Seite 473

Erarbeiten von Grunderfahrungen und -begriffen: Schwer – leicht, betont – unbetont

Barbara Holzapfel

Zielsetzung: Durch die Bewegung soll der Sinn für die Sprache geweckt und gefördert werden. Das Erfahren und Bewußtmachen von Unterschieden in Dynamik, Agogik und der Sprachmelodie wird durch Übungen der Klein- und Großmotorik das Sprechen kultivieren.

Zielgruppe: Kinder im Grundschulalter.

Arbeitsmaterial: Handtrommeln oder Schlaghölzchen, verschiedene Metallinstrumente: Triangel, Cymbel etc. Für den Lehrer: Handtrommel, Klavier.

Übungsbeschreibung:

1. Experimentierphase schwer – leicht.

1.1 Die Gruppe bewegt sich im Raum: Imitation von schwerfälliger und leichtfüßiger Bewegung. Jeder probiert für sich die Darstellung dieser Gegensätze aus. Auf Zuruf des Lehrers bewegen sich alle schwerfällig oder leichtfüßig.

1.2 Die Musik führt die Bewegung:
Der Lehrer improvisiert jeweils dazu auf dem Klavier die passende Musik für schwerfällige und leichtfüßige Fortbewegung.

2. Zusammenarbeit, Bewegungsanregung und Kontrolle schwer – leicht.

2.1 Zwei Kinder bewegen sich auf diese Arten zusammen, nacheinander, im Wechsel oder gleichzeitig, z.B.:
Erstes Kind zeigt einen schwerfälligen Bewegungsablauf. Zweites Kind folgt mit einem leichtfüßigen Bewegungsablauf. Der Bewegungsablauf kann sich zunächst auf die Fortbewegung beschränken. Man kann aber auch mit Gesten der Hände und mit Armbewegungen schwer und leicht zeigen.
Oder:
Beide Kinder führen gemeinsam eine schwere und dann eine leichte Bewegung aus. Tiere oder andere charakteristische Gestalten und Tätigkeiten können die Bewegungsvorstellung verstärken und damit positiv beeinflussen, z.B.:
schwer – Kuh, Bär, dicker Mann,
leicht – Käfer, Reitpferd, Schmetterling, Vogel, Tänzer, mit einem Luftballon spielen, etwas Leichtes tragen, etc.

2.2 Der Lehrer wird meistens beobachten können:
schwer (fällig) = langsam = laut,
leicht (füßig) = schnell = leise.
Diese Beobachtung kann der Gruppe bewußt gemacht werden. Durch die nächste Aufgabe wird diese Erfahrung erweitert und differenziert.

3. Musik – Bewegung laut – leise.

3.1 Der Lehrer spielt ein gleichbleibendes, langsames Tempo (𝅗𝅥 oder ♩).

auf der Trommel oder auf dem Klavier. Die Gruppe nimmt dieses Tempo im Schritt auf und bewegt sich abwechselnd mal mit lautem schweren und mal mit leisem leichten Schritt dazu.
Durch die Musik wird bestimmt, wann die Schritte laut oder leise sein sollen (gleiches Tempo – laut oder leise).

3.2 Ebenso in einem schnelleren Tempo. (♩ oder ♪).

4. Reaktionsübungen betont – unbetont.

4.1 Die Gruppe einigt sich auf ein Metrum in ruhigem Tempo und geht dazu. Die Hände klatschen leise mit.
Begleitung durch Trommel ohne Betonung.
Danach: Auf betonte Schläge der Trommel in unregelmäßiger Folge reagieren die Schüler durch Betonen des folgenden Schrittes oder des folgenden Klatschers.

4.2 Selbständigkeit.
Jeder Schüler betont durch lautes Klatschen in unregelmäßiger (oder regelmäßiger) Folge einen seiner Schritte.

4.3 Ebenso im Sitzen nur mit Klatschen.

4.4 Musik – Bewegung.
Der Lehrer spielt (Klavier oder Trommel) einen geraden (2-Schlag oder 4-Schlag) oder ungeraden (3-Schlag) Takt. Die Schüler gehen dazu und nehmen diese regelmäßige Betonung mit Klatschen oder Stampfen auf.
Der Lehrer verändert immer wieder die Taktart.

5. Sprache – Bewegung, Betonungen in der Sprache.
Ein Abzählvers wird an die Tafel geschrieben:

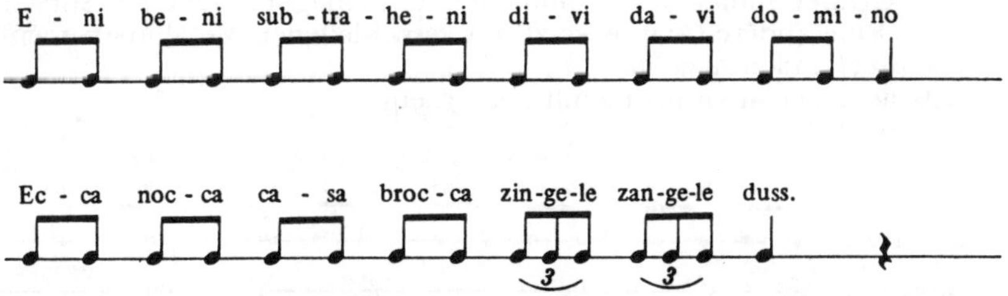

5.1 Der Vers wird ohne besondere Betonung gesprochen:
laut, leise, crescendo, decrescendo, langsam, schnell, tief, hoch, in verschiedenen Stimmlagen, auf einem beliebigen Ton gesungen, staccato oder legato. Der Lehrer oder auch ein Schüler steht als Dirigent vor der Gruppe und zeigt, wie gesprochen werden soll. Der Sprechrhythmus darf dabei nicht verändert werden.

5.2 Die Schüler bewegen sich entsprechend der Sprechweise des Lehrers zum gesprochenen Vers und finden ihren eigenen Bewegungsausdruck dazu. Die Bewegung kann mehr am Platz oder durch den ganzen Raum ausgeführt werden. Wichtig ist, daß der Sprechrhythmus beibehalten wird und den Schritt bestimmt.

5.3 Der Lehrer spricht den Vers mit Betonungen.
Die Schüler klatschen leise den Rhythmus und spielen durch laute Klatscher oder Stampfer die Betonungen mit. Die Betonungen können auch durch andere Gesten hervorgehoben werden.
Z.B.:

oder: – ∪ – ∪ – ∪ – ∪ – ∪ – ∪ – ∪ –

oder: – ∪ – ∪ – ∪ ∪ ∪ – ∪ – ∪ – ∪ ∪

oder: – ∪ – ∪ – ∪ – ∪ – ∪ ∪ – ∪ ∪ –

oder: – ∪ ∪ ∪ – ∪ ∪ ∪ – ∪ ∪ – ∪ ∪ –

5.4 Einzelne Schüler zeigen ihre eigene Interpretation, indem sie alleine sprechen und klatschen oder als Dirigent führend sind für die ganze Gruppe. Es werden unterschiedliche Interpretationen an der Tafel notiert.

5.5 Ein Beispiel wird ausgesucht und in der Bewegung als kleine Gestaltungsaufgabe erarbeitet. Die Betonungen in der Sprache sollen in der Bewegung sichtbar werden.

6. Sprache – Musik, Instrumentalspiel zur Bewegung.
Der Vers wird gesprochen.
Eine Gruppe schlägt auf Trommeln oder Schlaghölzchen den Sprechrhythmus. Eine andere Gruppe setzt mit verschiedenen Metallinstrumenten die entsprechenden Akzente.
Beispiel einer Ausführung mit Schlagzeug:

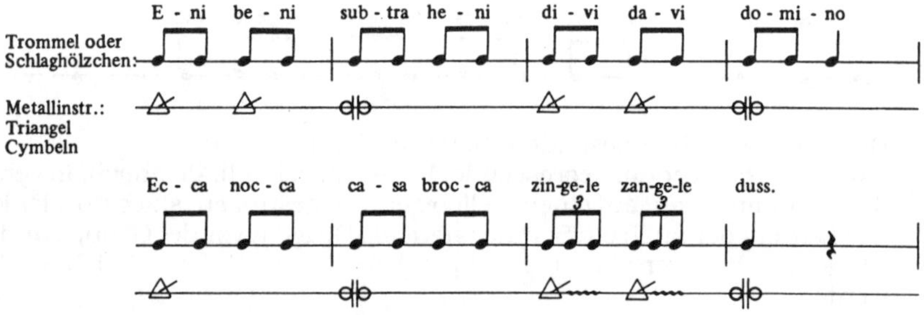

"Schwer - Leicht" siehe RH 2.1 Seite 42
"Takt" siehe RH 2.4 Seite 131, 135 und 138
IM 3.1 Seite 255
EM 5.4 Seite 471 und 473

Erarbeiten von Grunderfahrungen und -begriffen: Bewegungsgeschicklichkeit/Zeitaufgaben

Hannelore Krause-Wichert

Zielsetzung: Geschicklichkeit in Reaktion und Balance; Intensivierung der Ausatmung; Umgang mit Takt, Metrum und Rhythmus; Kooperation.

Zielgruppe: Erwachsene.

Arbeitsmaterial: japanische Papierbälle, Handtrommel mit Schlegel, Holzblocktrommel mit Schlegel, Flöte und/oder anderes Musikinstrument.

2.

Übungsbeschreibung:

1. Vorübung.

1.1 Jeder faltet seinen japanischen Papierball auseinander und bläst ihn mit möglichst wenigen Atemzügen auf.

1.2 Der wieder zusammengefaltete Ball darf nur mit *einer* Ausatmung prall aufgepustet werden. Wer es nicht schafft, übt, bis es ihm gelingt.

2. Geschicklichkeitsübungen.

a) Reaktion/Koordination.

2.1 Freies Spiel mit dem aufgeblasenen Ball. Dabei möglichst am Platz stehenbleiben.

2.2 Den Ball mit verschiedenen Körperteilen möglichst oft in die Luft stoßen, z.B.
Stirn, (Kopf dabei in den Nacken legen),
Schultern (rechts und links jeweils mehrmals),
Arme (im Wechsel und mit federnder Streckbewegung),
Knie (im Wechsel wie beim Treppensteigen),
Füße (mit erhobenen Fußspitzen, damit der Ball in die Höhe geht),
Rücken (Ball hochwerfen, wenn er herunterkommt, mit dem Nacken hochschlagen, sich schnell umdrehen und ihn wieder fangen),
Handrücken und Handteller in beliebigem Wechsel.

2.3 Wettspiel: Jeder schlägt den Ball nach Belieben hoch, es sollen aber nicht zweimal hintereinander die gleichen Körperteile an die Reihe kommen. Zwischenzeitlich kann jedoch einmal wieder die Hand oder ein anderer Körperteil benutzt werden. Alle beginnen gemeinsam. Der, dessen Ball fällt, scheidet aus. Dies wird so lange gespielt, bis nur noch ein Spieler übrigbleibt, der aber dann auch sehr genau beobachtet wird.

b) Balance.

2.4 Der Ball wird auf den Handteller gelegt. Der Arm mit dem Ball auf der Hand soll senkrecht in die Höhe gestreckt werden.

2.5 Sich mit dem Ball auf dem Handteller – in Höhe der Körpermitte gehalten – schnell drehen. Dies auch mit Richtungswechsel. (Ball dabei "gegen den Wind" halten, also Hand so drehen, daß der Ball in die Drehrichtung zeigt).

2.6 Handrücken auf den Boden legen und Finger langsam absenken, ohne daß der Ball vom Handteller rollt.
Anmerkung: Für Anfänger im Knien, für Fortgeschrittene oder von vornher ein Geschicktere in der Hocke.

2.7 Sich mit dem Ball auf dem Handteller legen und sich dann liegend einmal herumdrehen, ohne daß der Ball aus der Hand fällt oder durch zu festes Zufassen einbeult.

2.8 Wiederholung der Balanceübungen aus dem Gedächtnis mit der jeweils anderen Hand.

2.9 Der Ball wird nun auf den Handrücken gelegt. Die Übungen 2.4 bis 2.6 lassen sich so ebenfalls wiederholen, müssen aber langsam und bedeutend vorsichtiger ausgeführt werden. (Bei 2.6 natürlich Handteller auf den Boden legen.)

2.10 Mit dem Ball auf der Hand elastisch springen. (Der Ball fliegt etwas hoch und muß mit dem Handrücken wieder aufgefangen werden.)

2.11 Standwaage mit dem Ball auf dem Handrücken.
Anmerkung: Hier muß vor allem auf ein allmähliches Auflösen der Übung geachtet werden.

2.12 Mit dem Ball auf dem Handrücken gehen, dabei Richtungswechsel einschieben und Tempoveränderungen versuchen. Außer dem Ball auch noch Raum und Gruppe beobachten.

3. Takt.

3.1 Im Kreis stehend den Ball abwechselnd mit dem Handteller und dem Handrücken hochschlagen. Durch die härtere Haut in der Handfläche entsteht ein kräftigeres Schlaggeräusch. Deshalb können aus dem Wechsel von Handteller- und Handrückenschlag Taktarten hörbar gemacht werden; z.B.:

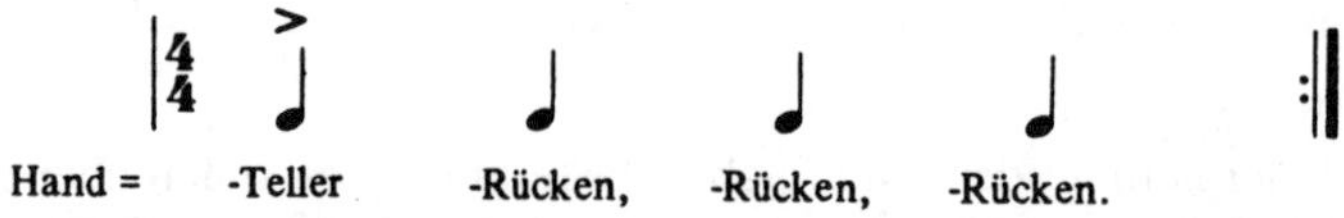

3.2 Verschiedene Taktarten (auch gemischte) werden auf diese Weise geschlagen.

3.3 Jeder legt seinen Ball weit vor sich in den Kreis, damit er nicht darauf tritt. (Die japanischen Papierbälle sind robuster und haltbarer als es den Anschein hat. Tritt man jedoch auf einen aufgeblasenen Ball, ist er unreparierbar verloren.) Ein Gruppenmitglied schlägt seinen Ball dreimal in die Luft und beim vierten Mal zum nächsten Nachbarn. Der Übungsleiter begleitet mit dem Satz:"Schlag ihn mal weg!" Der Ball wird so von einem zum anderen geschlagen. Es entsteht der Vierer mit Auftakt.

Entsprechend kann auch mit dem Dreier und Zweier verfahren werden.

3.4 Je nach Anzahl und Geschicklichkeit der Kreismitglieder können auch zwei bis vier Bälle für diese Übung verwandt werden.
Anmerkung: Die Abstände zwischen den Ballspielern sollten möglichst gleich groß sein. Die Spielenden sollten ihren Blick immer wieder in die Richtung der ankommenden Bälle wenden.

2.

4. Metrum und Rhythmus.

4.1 Alle einigen sich auf ein gemeinsames Schlagmetrum mit dem Handteller. Es wird mit der Handtrommel vom Übungsleiter aufgenommen und soll als Viertelnote gelten.

4.2 Jeder stellt sich das doppelt so schnelle Metrum vor und spielt es auf Zuruf. Auch hier begleitet die Trommel. (♪)
Anmerkung: Der Ball muß jetzt immer ganz nahe bei der Hand bleiben.

4.3 Das Handtrommelmetrum wird nun beliebig gewechselt. Die Ballspieler versuchen, immer das jeweilige Gegenmetrum zu spielen:

4.4 Halb so schnell wie zu Anfang gespielt (𝅗𝅥). Die Trommel hilft.
Anmerkung: Hierbei muß der Ball kräftig und sehr hoch geschlagen werden.

4.5 Auf Zuruf wird von einem Notenwert zum anderen übergewechselt.

4.6 Der Rhythmiklehrer kniet in der Mitte des Kreises und schlägt mit einer Hand auf eine liegende Holzblock-, mit der anderen auf eine liegende Felltrommel. Er benutzt dabei zwei der drei angebotenen Notenwerte, z.B ♫ und 𝅗𝅥. Die Gruppe erkennt, welcher Notenwert fehlt, und sie ergänzt ihn durch Ballschlagen (♩). Dies wird mit allen drei Notenwerten versucht.

4.7 Wie 4.6, doch wechselt der Lehrer die Werte fließend; manchmal wechselt er auch nur die Instrumente für die Werte. Die Gruppe ergänzt den fehlenden Wert durch Ballspiel.

4.8 Alle setzen sich und schlagen die drei Notenwerte auf ihre Oberschenkel (beidhändig und jeweils mit einer Hand). Die Oberschenkel entsprechen dabei den Instrumenten des Rhythmiklehrers. Es wird zunächst jeweils einer der drei Notenwerte gespielt.

4.9 Nun werden die Notenwerte - wie vorher - gemischt und gleichzeitig angeboten. Die Gruppe reagiert entsprechend den Instrumenten.
Anmerkung: Diese Koordination ist für Anfänger recht schwierig. Für Klavierspieler bedeutet sie eine gute Vorbereitung auf das unterschiedliche Spiel beider Hände. Durch eigenes Üben ist sie bald und gut erlernbar.

4.10 Aus den drei Notenwerten können mühelos Rhythmen zusammengesetzt werden; z.B.:

Rhythmen werden durch die Ballspieler übernommen,
a) von der Trommel,
b) von einem Musikinstrument,
c) durch Vorspiel mit einem Ball.
Anmerkung: Wenn die Rhythmen verstanden sind, sollten die Instrumente schweigen, um die Eigenart des rhythmischen Anschlags am Papierball bewußt wahrzunehmen.

4.11 Jeder erfindet beliebige Rhythmen.
Anmerkung: Es können auch vorher nicht verwendete Notenwerte vorkommen.

4.12 Die Flöte nimmt einen der angebotenen Rhythmen auf. Der Spieler, der merkt, daß es seiner ist, spielt ihn weiter, die anderen hören auf.

5. Liederspiel.

5.1 Alle spielen gemeinsam einige einfache, der ganzen Gruppe bekannte Lieder.

5.2 In der Mitte des Kreises spielt ein Solist den Rhythmus eines Liedes mit dem Ball. Wer das Lied erkennt, fällt mit seinem Ball in den Rhythmus ein.

5.3 Die zweite Strophe wird von denen, die das Lied erraten haben, summend gespielt. Nun können alle einfallen.

Anmerkung: Dieses Ratespiel kann beliebig oft wiederholt werden. Es sollten Lieder mit rhythmisch prägnanten Anfängen gewählt werden. Dabei kann die Gruppe erkennen, daß es Lieder mit unterschiedlichen Texten, aber gleichen Melodien und Rhythmen gibt, wie z.B.:
"Kommt ein Vogel geflogen" und
"Die Tiroler sind lustig".
Aber auch Lieder mit unterschiedlichen Texten und Melodien und doch (fast) gleichen Rhythmen kommen vor, wie z.B.:
"Hopp, hopp, hopp, Pferdchen lauf Galopp" und
"Summ, summ, summ, Bienchen summ herum" und

"Tara-ri-ro, der Sommer, der ist do" und
"A-B-C, die Katz´läuft in den Schnee".

Paare stehen sich mit nur einem Ball gegenüber. Alle Paare spielen ein Lied, von dem jeweils ein Partner nur eine Phrase lang den Ball hat. Am Phrasenende schlägt er seinen Ball zum Partner.
Anmerkung: Als Hilfe kann der Rhythmiklehrer bei jedem notwendigen Wechsel einmal auf die Trommel schlagen, damit sich jeder kontrollieren kann.

5.5 Paare probieren, ohne zu singen, ein Lied aus, das sie in wechselnden Phrasen mit dem Ball spielen.

5.6 Jedes Paar spielt sein Lied vor, die Gruppe soll es erraten.

6. Schlußübung
Jeder faltet seinen Ball zu einem "Schiffchen" zusammen. Das Anblaseloch muß oben sein.

"Takt" siehe RH 2.4 Seite 131, 135 und 138
IM 3.1 Seite 255
EM 5.4 Seite 471 und 473

Erarbeiten von Grunderfahrungen und -begriffen: Raumerfahrung im Spiel mit dem Stab

Brita Glathe

Zielsetzung: Die Begriffe waagerecht, senkrecht, schräg und parallel sollen körperlich erfahren und in Beziehung zu Partner und Raum gesetzt werden.

Zielgruppe: Schulkinder und Erwachsene.

Arbeitsmaterial: für jeden ein Gymnastikstab.
Ein Xylophon, ein Triangel, ein Schellenband, eine Flöte, eine Handtrommel. Instrument des Lehrers.

Übungsbeschreibung:

1. Alle stehen in einem Kreis, in der Mitte liegt für jeden ein Stab. Der Lehrer stellt einen Stab senkrecht auf, läßt ihn los und ruft einen Namen: Wer seinen Namen hört, reagiert blitzschnell und fängt den Stab auf!

2. Jeder probiert aus, was man mit dem Stab alles tun kann: rollen, werfen und fangen, schieben, balancieren, Geräusche erzeugen usw.

3. Drei gehen los, jeder sammelt sich eine Schlange, die hinter ihm herläuft. Das "Einsammeln" kann man auf unterschiedliche Weise tun, z.B.:
- wer angesehen wird, schließt sich der Schlange an,
- die Gruppe hat die Augen geschlossen, wer nahe bei sich ein Geräusch des Stabes hört, öffnet die Augen und geht mit,
- wer einmal umrundet wird, schließt sich der Schlange an usw.

3.1 Jeder "Schlangenkopf" trägt seinen Stab in einer bestimmten Haltung, die aber anders sein muß als die der übrigen Schlangen. Zum Singen eines Liedes wandern die Schlangen herum. Ist das Lied zu Ende, wechselt der erste der Schlange an das Ende und der neue erste erfindet schnell eine neue Stabhaltung oder -bewegung. Das Spiel beginnt von neuem, der Wechsel des "Schlangenkopfes" kann auch bei jeder neuen Phrase des Liedes erfolgen.

4. Die Schlangen lösen sich auf. Bewegung zur Musik, bei der sich jeder einen Partner sucht.

4.1 Wie kann man sich zu zweit mit zwei Stäben bewegen?
Einige Beispiele:

4.2 Einige Partner zeigen ihre Lösungen, alle ahmen sie nach. (Auf diese Weise werden von selbst waagerechte, senkrechte, schräge und parallele Haltungen entstehen, die besprochen und evtl. auch aufgezeichnet werden können.) Die Stäbe werden zur Seite gelegt.

4.3 Wir verabreden ein Spiel mit akustischen Signalen: Einer spielt auf der Handtrommel ein Metrum zum Gehen. Spielt ein zweiter einen Ton auf dem Triangel, zeigen alle anderen eine waagerechte Stellung mit ihrem Körper. Es werden weitere Signale vereinbart, z.B.:
Die verschiedenen Ebenen können auch zu zweit oder in Gruppen dargestellt werden.

Triangel	=	waagerecht	Schellenband	=	senkrecht

Xylophon	=	parallel	Flöte	=	schräg

5. Alle holen sich jetzt je einen Stab, den sie zwischen sich tragen.
Die Musik gibt ein ruhiges Bewegungstempo, die Paare bewegen sich durcheinander. Begegnen sie sich, halten einige den Stab hoch oder tief, so daß die anderen darüber steigen oder darunter durchgehen müssen.

5.1 Dasselbe mit einem schnellen Bewegungstempo!

5.2 Das Spiel von Übung 4.3 wird wieder aufgenommen, diesmal zeigen die Stäbe (zwischen zwei Partnern gehalten) die Stellungen an.

5.3 Wir üben, die Stäbe auch einmal waagerecht zu werfen und zu fangen: das kann man zu zweit ausprobieren, ebenso aber auch alleine zwischen beiden Händen. Dasselbe üben wir mit dem senkrechten Stab oder – für die ganz Geschickten – mit zwei parallel geworfenen Stäben aus!

6. Zwei Schüler führen immer einen dritten spazieren, der sich mit geschlossenen Augen an den von den beiden getragenen Stäben hält.

6.1 Ebenso auch umgekehrt!

6.2 Die Aufgabe wird anders ausgeführt: Derjenige zwischen den Stäben führt, ohne daß er die Stäbe berührt, die beiden anderen durch den Raum.

7. Jeder hat einen Stab. Wir bauen mit Stäben und verwenden dazu die Raumebenen waagerecht, senkrecht, schräg.

Die Gruppe bewegt sich zu einer Melodie oder zum Trommelspiel und gestaltet dabei, ohne zu sprechen, eine Form. Es können auch "Mischformen" entstehen, z.B. "schräg – waagerecht".

7.1 Einer ohne Stab zeigt durch Handzeichen die Form des Gebildes an, das mit Stäben entstehen soll. Der Lehrer improvisiert zu den Bewegungen des einzelnen eine Musik. Er führt die ganze Gruppe durch den Raum, vor- und rückwärts, in die Höhe oder die Tiefe, stoppt die Bewegung auch einmal ab, läßt die Gruppe sich erweitern oder verengen und bestimmt auch den Schluß der Bewegungsimprovisation.

Erarbeiten von Grunderfahrungen und -begriffen: Begriffsbildung durch Bewegung

Barbara Holzapfel

Zielsetzung: Eigenschafts- und Tätigkeitswörter sollen nicht nur intellektuell erfahren, sondern durch das Tun begriffen und erlebt werden.

Zielgruppe: Kinder im Grundschulalter.

Arbeitsmaterial: 10 Stoffbälle und 10 Holzkugeln für 20 Kinder. Bälle und Kugeln sollten möglichst gleich groß sein, dazu 2 gleiche Stoffbeutel. Für den Lehrer: Klavier oder Xylophon, Flöte und Handtrommel.

2.

Übungsbeschreibung:

Die Kinder sitzen auf dem Boden. In der Mitte liegen zwei Beutel, in einem sind Stoffbälle und im anderen Holzkugeln.

1. Die Beutel werden betrachtet. Unterschiede in der Lage werden festgestellt, obwohl beide genau gleich aussehen.

2. Einzelne Kinder werden aufgefordert, nacheinander oder gleichzeitig beide Beutel anzuheben oder aus den Kreis zu tragen.
   Beim Aufsetzen auf den Boden können alle Kinder bemerken, daß der eine Sack mehr Geräusch verursacht als der andere und die Tragenden erfahren auch, daß der eine Beutel leichter als der andere ist.

3. Ein Ratespiel.
   Ein Kind hebt beide Beutel an. In seiner Haltung soll zum Ausdruck kommen, welches der schwere und welches der leichte Beutel ist. Dann dreht es sich einmal herum und setzt die Beutel ab. Das nächste Kind bekommt vom Lehrer oder einem anderen Kind die Anweisung, welchen Beutel es anheben soll, den schweren oder den leichten.
   - Die Kinder beobachten das Kind in der Mitte und raten im stillen mit, jedes kann feststellen, ob richtig geraten wurde.

4. Die Kinder gehen zur Musik (Klavier oder Flöte ♩) beliebige Wege im Raum. Zwei Kinder tragen die Beutel. Am Ende einer musikalischen Phrase bleiben alle Kinder stehen, und die Träger geben ihren Beutel an ein anderes Kind weiter. Wer beide Beutel getragen hat, setzt sich auf den Boden.
   Erhöhte Aufmerksamkeit und Selbstkontrolle sind notwendig. Welches ist der schwere und welches ist der leichte Beutel, und wie sieht der Inhalt aus!

5. Um jeden Beutel bildet sich ein Kreis. Es sollen zwei gleich große Gruppen entstehen. Beide Gruppen betasten ihren Beutel mit den Füßen, dann mit den Händen, ohne sich verbal zu äußern. Beide Gruppen stellen gegenseitig durch Gesten dar, was sie tastend erfahren haben. Der Lehrer muß die Worte raten und an die Tafel schreiben:

rund	hart	weich	rauh	glatt

Die Kreise wechseln ihren Platz und betasten dann den anderen Beutel auf die gleiche Weise. Der Lehrer zeigt auf einzelne Worte an der Tafel. Die jeweilige Gruppe – oder beide – stellen den Begriff durch Gesten dar.

6. Jedes Kind holt sich eine Kugel oder einen Ball aus dem Beutel.
Obwohl Kugel und Ball die gleiche Größe haben, sind sie unterschiedlich im Gewicht. Die Kinder erfinden Spielmöglichkeiten mit ihrem Gerät. Der Lehrer beobachtet die Kinder und schreibt dann die Tätigkeiten an die Tafel, z.B.:

werfen und fangen, fallen lassen, klopfen, rollen, tragen, balancieren.

und vervollständigt die Eigenschaftswörter:

rund	
hart	weich
glatt	rauh
schwer	leicht
laut	leise

7. Der Lehrer zeigt auf ein Tätigkeitswort (oder nennt es), z. B. rollen.
Alle Kinder rollen ihren Ball oder ihre Kugel auf irgendeine Weise. Der Lehrer zeigt auf ein Tätigkeitswort und ein Eigenschaftswort, z. B. fallen lassen und leise. Die Kinder erkennen, daß das eine Aufgabe nur für die Stoffbälle ist. Z. B. rollen und laut, ist eine Aufgabe für die Holzkugeln. So kann auch ein Kind an der Tafel für die Gruppe eine Aufgabe stellen. Ein anderes Kind bestimmt durch ein Klangzeichen Anfang und Ende der praktischen Durch führung. Dann folgt ein Zwischenspiel, vom Lehrer auf der Trommel gespielt, alle Kinder gehen durcheinander und wechseln dabei untereinander, ohne stehenzubleiben, ihre Geräte: Holzkugel mit Stoffball.

8. Partnerspiel im Raum.
Zur Musik des Lehrers (Klavier oder Xylophon, einstimmige und zweistimmige melodische Phrasen) gehen die Kinder alleine oder zu Paaren durch den Raum. Holzkugel und Stoffball sind Partner. Die Geräte werden auf verschiedene Weise getragen.

9. Partnerspiel am Platz.
Jeder legt sein Gerät auf seinen Handrücken. Gemeinsames Heben und Senken zur Musik (steigende und fallende Melodie vom Lehrer auf der Flöte oder Klavier gespielt). Bei der Wiederholung Geräte wechseln.

10. Jedes Paar erarbeitet eine kleine Spielform.
Es sucht sich von der Tafel ein Tätigkeitswort- und ein Eigenschaftswortpaar aus, z.B.:

werfen und fangen, leicht - schwer

Eine Lösungsmöglichkeit wäre: Die beiden Kinder stehen sich gegenüber und werfen sich gleichzeitig Holzkugel und Stoffball zu (oder erst den Stoffball

und dann die Holzkugel). Der Lehrer kann den Bewegungsablauf musikalisch begleiten.
Eine andere Aufgabe, z.B.:

klopfen, hart-weich

Das könnte so gelöst werden:
Die Kinder sitzen sich gegenüber auf dem Boden und haben folgenden Rhythmus im Spiel:

Holzkugel (klopfen) Stoffball (drücken) tauschen (Gerät wechseln)

2.

Eine weitere Aufgabe, z.B.:

rollen, glatt – rauh

Das könnte folgendermaßen gelöst werden:
Beide Kinder stehen Rücken an Rücken mit gespreizten Beinen, jeder hat sein Gerät in der Hand und betastet es, dazu wird gesprochen:

Glatte Kugel, rauher Ball, roll hinüber in den Stall.

Während der zweiten Zeile rollt jeder sein Gerät durch das Tor der Beine zum andern und darf dann erst loslaufen, um den Ball bzw. die Kugel des Partners zu fangen, wenn die Zeile gesprochen ist.

11. Darstellung gegensätzlicher Eigenschaftswörter oder Tätigkeitswörter zu zweit oder in kleinen Gruppen ohne Gerät nur mit der Bewegung. Wortpaare, die sich gut in der Bewegung darstellen lassen:

lang – kurz	breit – schmal	dick – dünn	grob – zart	groß – klein
weit – eng	stark – schwach	warm – kalt	rund – eckig	schnell – langsam

Tätigkeitswörter, die sich gut zur Darstellung eignen:

reiten	rufen	nähen	schneiden	kehren
rudern	horchen	stricken	reißen	wischen
fliegen	sehen	flechten	kleben	kochen

Zwei Kinder oder eine kleine Gruppe wählen ein Tätigkeitswort oder gegensätzliche Eigenschaftswörter aus, stellen es in einer kleinen Handlung dar. Wer es geraten hat, schreibt es an die Tafel. Der Lehrer kreuzt mehrere Worte an der Tafel an, alle sind aufgefordert, in kleinen Gruppen mit diesen Wörtern eine Handlung darzustellen.

2.2 Entwickeln sensorischer Fähigkeiten

Entwickeln sensorischer Fähigkeiten über die Motorik: Spiel mit Bohnensäckchen

Hannelore Krause-Wichert

Zielsetzung: Geschicklichkeit, Reaktion und Balance; Differenzieren taktiler und akustischer Wahrnehmung; Erfinden von Bewegungsmöglichkeiten und Rhythmen.

Zielgruppe: Erwachsene.

Arbeitsmaterial: für jeden Teilnehmer ein Bohnensäckchen (10 x 15 cm, 2/3 gefüllt. Inhalt: Bohnen, Erbsen, Obstkerne, Reis, Knöpfe usw.).

2.

Übungsbeschreibung:

1. Geschicklichkeit und Reaktion.

1.1 Die Teilnehmer stehen gut verteilt im Raum. Jeder wirft stehend sein Bohnensäckchen und versucht, es im Knien aufzufangen.

1.2 Umgekehrt: Kniend werfen und stehend fangen.

1.3 Stehend werfen und sitzend fangen.

1.4 Sitzend werfen und stehend fangen.
Anmerkung: Die Übungen 1.3 und 1.4 können auch einmal einzeln vorgeführt werden, um festzusetellen, wieviele Möglichkeiten des Hinsetzens und Aufstehens es gibt. Auch Aufstützen kann erlaubt sein; und der Hinweis,daß man aus dem Sitz mit dem Hochwerfen aufstehen sollte, ist meistens hilfreich.

2. Balance und Bewegungsphantasie.

2.1 Nach ruhiger Musik gehen und dabei zwei Bohnensäckchen auf irgendwelchen Körperteilen tragen.

2.2 Wie 2.1, doch dürfen die Hände nicht mehr benutzt werden.

2.3 Mehr und mehr Möglichkeiten werden durch Zuruf ausgeschaltet. Alle kommen zum Kreis.

3. Reaktionsübungen und Reaktionsspiel.

3.1 Zwischen Werfen und Fangen einmal klatschen. Es soll ein einheitlicher Rhythmus entstehen.

3.2 Das gleiche mit zweimal, später dreimal klatschen.

3.3 So oft wie möglich zwischen Werfen und Fangen klatschen.

Anmerkung: Hier können Hilfen gegeben werden durch die Hinweise auf leises Klatschen, sofort nach Abwurf beginnen und Bohnensäckchen erst in der Hocke fangen.

3.4 Statt vor dem Körper, soll hinter ihm geklatscht werden.

3.5 Statt hinter dem Körper, soll unter einem Knie (unter beiden Knien) geklatscht werden.

3.6 Statt unter dem Knie, soll ein- oder beidhändig auf den Boden geklatscht werden.

3.7 Kombinationen aus 3.1, 3.4, 3.5 und 3.6 erfinden.

3.8 Zwischen Werfen und Fangen springen, und zwar so, daß man das wieder fallende Bohnensäckchen erreicht, wenn der Körper sich in der äußersten Hochstreckung befindet.
Anmerkung: Hier Hinweis darauf, daß nicht schon mit dem Wurf gesprungen werden kann, sonst ist man bereits wieder unten, wenn das Bohnensäckchen kommt. Springt man zu spät, sind die Arme nach vorn statt nach oben gestreckt.

3.9 Zwischen Werfen und Fangen sich drehen: ein viertel-, ein halb- oder einmal ganz herum. Sehr schnelle Spieler können sich anderthalbmal drehen.

Anmerkung: Man muß erst werfen und sich dann drehen, sonst bekommt das Bohnensäckchen Effet und fliegt schräg weg.

3.10 Sich zwischen Werfen und Fangen hocken (erst einmal, später sooft wie möglich).

3.11 Die verschiedenen Bewegungen, die zwischen Werfen und Fangen geübt wurden, bekommen Zahlen als Schlüsselworte:
1 = klatschen
2 = springen
3 = drehen
4 = hocken
Die Zahlen werden nun zwischen Werfen und Fangen gerufen, und jeder versucht, die entsprechenden Bewegungen anzubringen.

3.12 Das gleiche ist auch als Kreisspiel möglich. In der Mitte steht ein Zuspieler, der ein Bohnensäckchen einem auf der Kreislinie stehenden Spieler zuwirft. Vor dem Abwurf ruft er eine Zahl und vor dem Fangen soll der Angespielte die entsprechend vereinbarte Bewegung ausführen (z.B. bei “1” vor dem Fangen klatschen). Schafft er das, wirft er das Bohnensäckchen dem Zuspieler zurück. Schafft er es nicht, muß er in die Mitte und zuspielen, rufen und kontrollieren, ob richtig reagiert wurde.
Anmerkung: Dieses Spiel kann auch als Wettspiel durchgeführt werden, d.h. wer sich irrt oder nicht reagiert, scheidet aus. Allerdings haben dann jene, die schnelle, richtige Rektionen am nötigsten zu lernen hätten, keine Übungschance.

4. Balance und Tastsinn.

4.1 Bohnensäckchen längs in eine Reihe legen. (Bei größeren Gruppen mehrere

Reihen.) Über die Reihe möglichst barfuß oder in dünnsohligen Gymnastikschuhen so gehen, daß man mit der ganzen Sohle den Inhalt des Bohnensäckchen spürt.

4.2 Die gleiche Übung zu Paaren: Einer geht mit geschlossenen Augen wie bei 4.1.,der andere führt ihn, indem er neben der Reihe geht und dem Übenden hilft (möglichst nonverbal). Rollenwechsel.

4.3 Jeder versucht allein und mit geschlossenen Augen über die Reihe zu gehen.

4.4 Im Vierfüßlergang gehen: die Füße sollen nur die Bohnensäckchen berühren, die Hände den Fußboden.

4.5 Das gleiche umgekehrt: nur die Hände berühren die Bohnensäckchen, die Füße berühren den Boden links und rechts neben der Bohnensäckchenreihe.

2.

4.6 Hände und Füße berühren im Vierfüßlergang nur die Bohnensäckchen.

4.7 Stützsprünge über die Bohnensäckchen, wobei die Hände links und rechts neben der Säckchenreihe aufgestützt werden und die Füße im Schlußsprung von Bohnensäckchen zu Bohnensäckchen springen (hierbei liegen die Bohnensäckchen am besten quer).

4.8 Jeder erfindet eine Bewegungsart über oder um die Bohnensäckchenreihe, keine soll der vorigen gleichen.

5. Rhythmisch-metrische Übungen.

5.1 Im Kreis stehend, erfindet jeder eine Zuspielart, deren Eigenart man nicht nur sehen, sondern auch hören kann. Er prägt sich seine Übung ein.

5.2 Alle einigen sich auf eine Art, die möglichst einfach und prägnant ist. Sie soll den A-Teil eines Rondos darstellen und wird von allen eine – durch die Musik bestimmte – Phrase lang gespielt.

5.3 Am Ende des A-Teils spielt ein Teilnehmer seine Spielart (Teil B), in die alle einfallen, auch die Musik. Wieder beendet die Musik die Phrase und beginnt erneut die Melodie des Rondoteils.

5.4 Der nächste Solist zeigt nun seine Spielart C, in die wieder alle einfallen. Danach Rondo, dann Teil D usw.
Anmerkung: Zur musikalischen Begleitung eignet sich hier besonders gut die Flöte, mit der der Übungsleiter die jeweiligen Solisten deutlich auffordern kann. Das Rondo ist aber auch nur als rhythmisches Rondo (also ganz ohne Melodie) durchführbar, weil das Bohnensäckchen beim Auffangen Geräusche verursacht.

5.5 Aus dem Kreis wird eine Schlange gebildet. Alle Bohnensäckchen liegen neben dem Schlangenersten. Am Ende der Schlange steht eine Trommel oder ein Behälter (Papierkorb, Tasche usw.). In einer vorher vereinbarten Spielart wird nun jedes Bohnensäckchen rhythmisch weitergeworfen, wobei der erste Spieler jeweils ein Säckchen vom Boden aufnimmt und der letzte es in den Behälter spielt.
Anmerkung: Der erste sollte darauf achten, daß immer eine Pause zwischen Geben und Nehmen entsteht, d.h. daß höchstens jeder zweite Spieler ein

Bohnensäckchen hat. Bei sehr großen Gruppen sind zwei oder mehr Schlangen angebracht, weil sonst zuviel Leerlauf entsteht.

Zielsetzung: Sensibilisierung des Tastsinns; Gewinnen von Werf- und Fanggeschicklichkeit sowie Reaktionsvermögen; Wecken der Bewegungsphantasie; Anpassung an Tempo und Rhythmus.

Zielgruppe: Kinder im Grundschulalter.

Arbeitsmaterial: für jedes Kind ein Bohnensäckchen.

Übungsbeschreibung:

1. Kinder sitzen nebeneinander. Ein Beutel mit Bohnensäckchen wird von Kind zu Kind gereicht. Jedes fühlt, hebt, tastet, kneift den Inhalt und kann seine Eindrücke verbalisieren.

2. Jedes Kind bekommt ein Bohnensäckchen zugeworfen. Der Inhalt des Säckchens soll mit den Fingern und Händen (bei älteren oder fortgeschrittenen Kindern mit den Zehen und Füßen) ertastet und dann benannt werden.

2.1 Vom Platz aus versucht jedes Kind sein Bohnensäckchen so in den Raum zu werfen oder zu schleudern, daß am Ende möglichst jedes gleich weit vom anderen entfernt liegt.

3. Rhythmisches Zuspiel in Reihe und Kreis.

3.1 Paare stehen sich in einer Reihe gegenüber. Jedes Paar erfindet eine einfache Zuspielart in immer gleichbleibendem Tempo oder in einem Rhythmus.

3.2 Die Zuspielart eines Paares wird ausgewählt und von allen in der Weise übernommen, daß immer die beiden Nachbarpaare links und rechts einfallen, bis sie genau mit dem ersten Paar gleichspielen. So setzt sich das Tempo oder der Rhythmus fort, bis alle mitspielen.

3.3 Nach einer vom Übungsleiter abgeschlossenen Phrase (über Sprechen, Singen, Instrumentalspiel) gehen die Reihen einen kleinen Schritt auseinander. Der Rhythmus oder das Tempo soll nun bleiben, doch der Krafteinsatz beim Zuwerfen muß verstärkt werden. Geschickte Kinder können mehrere Schritte auseinander gehen, sollten aber bei jeder neuen Entfernung wieder ins Gleichmaß des Zuspielens kommen.

3.4 Die gleiche Übung ist auch umgekehrt möglich: Der Abstand der Reihen wird verkleinert.

3.5 Im Kreis wird zum allgemein bekannten Lied "Taler, Taler, du muß wandern" der Zweitakt geklatscht.

3.6 Anschließend wird ein Bohnensäckchen so herumgeworfen, daß es beim Partner auf dem betonten Taktteil ankommt. ("Säckchen, Säckchen, du muß wandern".)
Das gleiche mit mehreren Bohnensäckchen.

3.7 Der Erzieher (oder ein Kind) sammelt die Säckchen wieder ein, indem jedes Säckchen auf eine Taktbetonung fallen gelassen wird.

Entwickeln sensorischer Fähigkeiten über die Motorik: Spiel mit dem Ball

Brita Glathe und Hannelore Krause-Wichert

Zielsetzung: Bewußtmachen der vielen Spielmöglichkeiten, die es mit dem Ball gibt; Geschicklichkeit; Erkennen von musikalischen Phänomenen (Taktarten, Dynamik, Agogik, Notenwerten); Differenzieren des Hörens und Sehens.

Zielgruppe: Kinder und Erwachsene.

Arbeitsmaterial: für jeden Schüler einen Gymnastikball.

2.

Übungsbeschreibung:

1. Bewegung zur Musik: gehen – laufen – hüpfen – springen – drehen, alles vor- und rückwärts bzw. rechtsherum und linksherum.

2. Alle liegen in Rückenlage auf dem Boden ("faul, schwer, entspannt, locker"), die Augen sind geschlossen. Der Lehrer legt jedem Schüler einen Ball neben eine Hand. "Tastet den Ball mit beiden Händen ab."
"Benutzt dazu zuerst die Fingerspitzen, dann auch die Handflächen, den Handrücken, einzelne Finger. Öffnet die Augen und beschreibt, wie sich der Ball angefühlt hat." (Gab es Unterschiede im Fühlen zwischen Fingerspitzen und Hand-rücken? Zwischen den einzelnen Fingern? usw.)

3. Jeder spielt mit seinem Ball, was er möchte: im Stehen, Sitzen, Liegen, Fortbewegen, alleine, zu zweit, in Gruppen, der Ball kann geworfen, gefangen, gerollt, geprellt, getragen, gedreht, geschoben werden.

4. Prellen.

4.1 Jeder prellt seinen Ball einmal so kräftig wie möglich, beobachtet ihn und zählt, wie oft er springt.

4.2 Der Ball soll nun von der in Schulterhöhe ausgestreckten Hand abrollen. Wieder wird beobachtet und gezählt, wie oft der Ball springt.

4.3 Die Übung läßt sich auch mit dem hochgeworfenen Ball wiederholen. Art und Zahl des Aufspringens sind immer gleich (Tempo ändert sich: der Ball springt immer schneller).

4.4 Jeder wählt eine der unter1 bis 3 genannten Spielarten und imitiert springend seinen Ball.

4.5 Alle einigen sich auf eine der vorherigen Spielarten und imitieren den springenden Ball. Es entsteht ein Accelerando.

4.6 Der Ball wird stehend geprellt. Es soll ein gleichmäßiges Tempo entstehen. Während des Prellens wird langsam in die Hocke gegangen. Wieder entsteht ein Accelerando.
Alle kommen prellend von der Hocke in den Stand, es entsteht ein Ritardando.

Anmerkung: Hierbei kann auch die Trommel helfen, oder die Gruppe richtet sich nach einem bestimmten Mitspieler (akustische bzw. optische Hilfe).

4.8 Prellen und gehen im gleichen Tempo.

4.9 Doppelt so schnell gehen wie prellen.

4.10 Dreimal so schnell gehen wie prellen.

5. Werfen und fangen.
Jeder versucht, so unhörbar wie möglich zu fangen (Fallbewegung des Balles durch den Körper mitvollziehen; Ball von Fingerspitze in die Hand rollen lassen).
Der Abwurf geschieht ganz natürlich auf der ersten Taktzeit. Wurfhöhe und Ausschwingungen mit dem gefangenen Ball sollen so eingerichtet werden,daß während des ganzen Taktes die Bewegung durchläuft.

6. Rollen.

6.1 Im gleichmäßigen Tempo gehen und den Ball dabei so rollen, daß er "bei Fuß" bleibt und nirgendwo anstößt.
Anmerkung: Niemand sollte gebückt gehen, sondern das Bücken zum Anstoß geschieht aus der fließenden Bewegung heraus und soll auch wieder in die normale Haltung übergehen.

6.2 Die Musik zum Gehen wird mit Schwerpunkten gespielt, es ergeben sich bestimmte Taktarten (2/4, 3/4, 4/4). Der Ball liegt neben dem Schüler am Boden und soll bei jedem Taktschwerpunkt angestoßen werden.Der Anstoß muß so dosiert werden, daß der rollende Ball immer neben dem sich zur Musik bewegenden Schüler bleibt.

6.3 Erschwerung der Aufgabe: Der Ball wird mit einer Fußspitze angestoßen, ohne das gleichmäßige Gehen zu unterbrechen.

6.4 Die gleiche Übung in den verschiedenen Taktarten, wobei der Anstoß immer auf der ersten Taktzeit erfolgen soll und die Kraft des Anstoßes so dosiert werden muß, daß man im nächsten Takt den Ball wieder mühelos neu

anstoßen kann.
Anmerkung: Hier ist unbedingt darauf zu achten, daß auch ein Wechsel zwischen linker und rechter Hand bzw. rechtem und linkem Fuß erfolgt.

6.5 Phrasen in unterschiedlichen Taktarten werden gespielt. Eine Phrase lang erfolgt der Ballanstoß mit der rechten, während der nächsten Phrase mit der linken Hand.

7. Tragen.

7.1 Nach dem Ballspiel auf der Körperebene (prellen) über Kopfhöhe (werfen und fangen) und in die Hocke hinein (rollen) kann nun das Balltragen über alle diese Ebenen hinaus die Verbindung schaffen.
Der Ball soll auf dem Handteller liegen. Jeder bewegt sich am Platz in alle möglichen Beugungen, Streckungen, Dehnungen, Richtungen und verändert mit dem Handgelenk auch noch die Lage des Balles. Der Ball kann dabei auch von Hand zu Hand gegeben und um den Körper herumgeführt werden.

2.

7.2 Die gleiche Übung wird schwieriger, wenn der Ball auf dem Handrücken getragen wird.

7.3 Es ist auch möglich, sich mit dem getragenen Ball (auf Handteller oder Handrücken) zu knien, zu setzen, zu legen und wieder aufzustehen.

7.4 Mit Balltragen gehen und sich selbst Schwierigkeiten auferlegen, z.B. sich drehen, den Arm hochheben, einen Sprung einfügen, die Richtung ändern usw.

7.5 Die in 7.4 genannten Schwierigkeiten während des Balltragens werden von einer Begleitmusik bestimmt.

8. Prellen, werfen – fangen und rollen im Wechsel.

8.1 Die Grundbewegungen des Prellens, Werfens, Fangens und Rollens werden noch einmal mit Musik – am Platz stehend – ausgeführt.

8.2 Die Musik bringt nun Folgen von prellen, werfen-fangen oder rollen, und jeder versucht sich, mit dem Ball spielend, entsprechend anzupassen.

8.3 Die gleiche Aufgabe ist bei geübten Erwachsenen auch in der Fortbewegung möglich.

9. Welche Geräusche kann man mit dem Ball erzeugen? Alle probieren aus: schieben, kratzen, schlagen, streichen, klopfen, auf verschiedene Weise (laut und leise) den Ball fangen usw.

9.1 Sitz auf dem Boden im Kreis, es wird ein "Ball-Rondo" gespielt:
Teil A - die Gruppe hat sich auf ein Geräusch geeinigt, das alle mit dem Ball gemeinsam erzeugen.
Teil B - ein Schüler erfindet ein neues Ballgeräusch und führt es der Gruppe allein vor.
Teil A - siehe oben.
Teil C - ein zweiter Schüler erfindet wieder ein anderes Ballgeräusch und führt es aus usw.
Das Spiel geht so lange, bis jeder im Kreis einmal dran war.

10. Die Gruppe steht im Kreis, einer hat einen Ball.
Zum Singen eines Liedes wird der Ball rhythmisch (zu jedem Notenwert eine Bewegung) von einem zum anderen gegeben.

10.1 Erweiterung: dasselbe mit 2, 3 und mehr Bällen – bis jeder einen Ball hat.

10.2 Wie 10.1. Alle Bälle werden in einer Richtung weitergegeben. Ist eine Phrase des Liedes zu Ende, wird die Richtung der Bälle gewechselt.

10.3 Wie 10.1, der Kreis wird während des Singens langsam vergrößert und wieder verkleinert, ohne daß der Bewegungsfluß unterbrochen wird.

10.4 Wie 10.1, der Kreis selber bewegt sich mit Seitstellschritt rundherum, ohne daß die Bewegung stockt: einmal in Richtung mit den Bällen, ebenso aber auch in Gegenbewegung zu den Bällen.

10.5 Wie 10.1, der Kreis bewegt sich am Platz auf- und abwärts.

10.6 Der Kreis bewegt sich langsam durch den Raum (Kreisform beibehalten!), während gesungen wird und die Bälle im Kreis herumwandern.

10.7 Für ganz Mutige: Verschiedene Kombinationen der Übungen 10.1 bis 10.6.

Entwickeln sensorischer Fähigkeiten über die Motorik: Koordination (rhythmisch-metrische Übungen)

Barbara Holzapfel

Zielsetzung: Rhythmisch-metrische Übungen erziehen zur Selbstkontrolle und zur sensomotorischen Körpergeschicklichkeit.
Anhand eines Sprechverses – der auch gesungen werden kann – werden rhythmische Übungen motiviert und in verschiedenen Schwierigkeitsgraden aufgezeigt. Der methodische Weg führt über die Klein- und Großmotorik zum Spiel auf Schlaginstrumenten.

Zielgruppe: Kinder im Grundschulalter.

Arbeitsmaterial: für die Kinder: Fell-Holz-Metall- und Rasselinstrumente, Stabspiele.
Für den Lehrer: Klavier, Trommel.

Übungsbeschreibung:

1. Zeige, was du hörst!
Spiel- und Bewegungsmotivation: “Pferdegangarten”.

1.1 Der Lehrer spielt musikalische Phrasen in zwei Zeitwerten auf dem Klavier oder der Trommel:
♩ - entspricht dem “Schritt”,
♪ - entspricht dem “Trab”.
Die Kinder bewegen sich dazu im Raum entsprechend der Musik.

1.2 Eine dritte Bewegungsart kommt dazu, der “Galopp”. 

Der Lehrer spielt den Galopp-Rhythmus in unterschiedlichen Tempi. Die Kinder folgen mit ihrer Bewegung der Musik,
“das übermütige Pferd” – “das hinkende Pferd”.

2. Begleite, was du siehst!

2.1 Einzelne Kinder oder Kinder paarweise mit der gleichen Bewegungsart entscheiden sich für eine dieser Bewegungsarten (die auch innerhalb des Ablaufes wechseln können), führen sie aus und werden von der Gruppe mit Klatschen oder auf Trommeln begleitet.

2.2 Wie 2.1, jedoch gibt es zwei Begleitgruppen, eine mit Trommeln für den “Schritt” und eine mit Schlaghölzchen für den “Trab”.

3. Rhythmische Übungen in Klein- und Großmotorik mit einem Sprechvers.

3.1 Metrum (Grundschlag) und Sprechrhythmus.
Der Reim wird gesprochen.
Die Hände patschen im Doppelschlag ♩ Viertel und bei der Wiederholung im Wechselschlag ♪ Achtel.

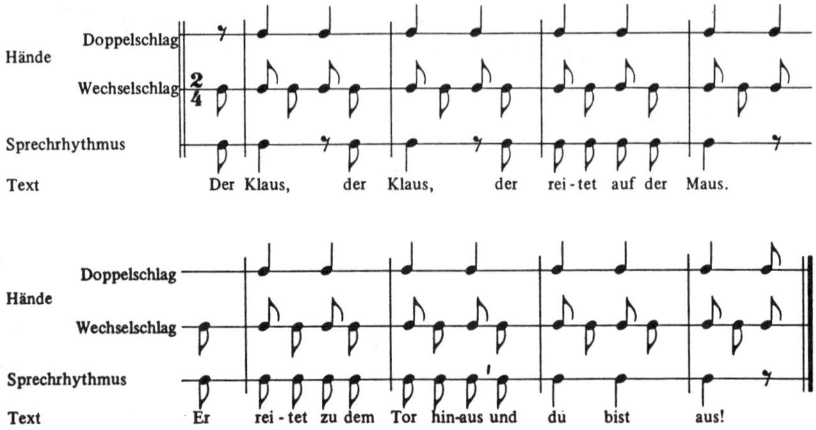

Der Sprechrhythmus wird geklatscht (mitsprechen!). Während die Hände den Sprechrhythmus klatschen, gehen die Füße im Schritt ♩ und bei der Wiederholung im Trab ♪

3.2 Hände und Füße im Wechsel zuerst am Platz und dann in der Fortbewegung. Der Vers wird dazu gesprochen.

3.3 Koordination von Hand und Fuß in der Fortbewegung.
Der Lehrer improvisiert eine Melodie im Sprechrhythmus auf dem Klavier zum Bewegungsablauf:

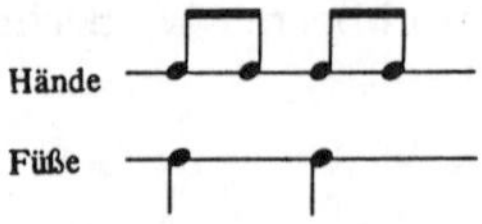

und umgekehrt:

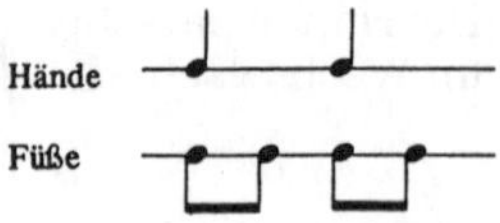

Wie 3.3, zuerst am Platz, dann in der Fortbewegung mit zwei Instrumentengruppen.

Gruppe A – Trommeln ♩

Gruppe B – Schlaghölzchen ♪

Bei der Wiederholung tauschen die Gruppen die Instrumente und somit auch den Schritt ♩ ,bzw. den Trab ♪ .

4. Der Takt (Betonungen und Schwerpunkte).

4.1 Spiel- und Bewegungsmotivation: "Die Peitsche knallt".
Die Kinder bewegen sich im Schritt ♩ oder Trab ♪ zum gesprochenen oder auf dem Klavier gespielten Sprechrhythmus und klatschen die Taktschwerpunkte (Peitschenknall).

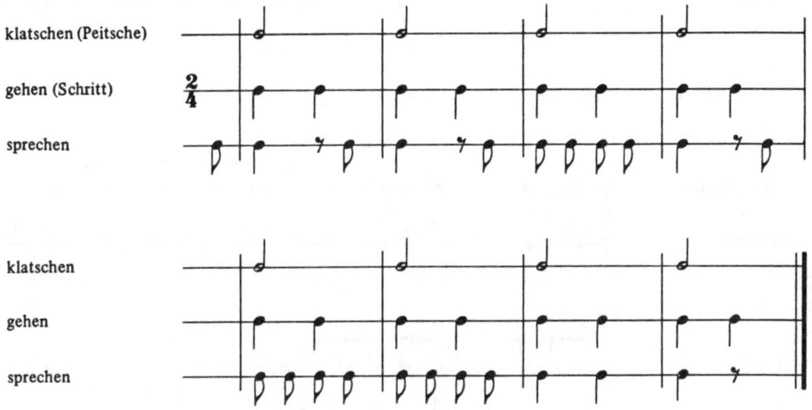

4.2 Der Sprechrhythmus wird gesprochen oder auf dem Klavier gespielt.

Hände: Grundschlag ♩ (Reiterschritt ♩)

Füße: Taktschwerpunkt 𝅗𝅥 (Pferd stampft 𝅗𝅥)

Auch diese Koordinationsaufgabe kann auf Instrumente übertragen werden

Trommel ♩♩ oder Triangel ♩♩,
Triangel 𝅗𝅥 Becken 𝅗𝅥 .

5. Begleitrhythmus.

5.1 Die Kinder bewegen sich im Schritt ♩ oder Trab ♪ zum gesprochenen Vers (man kann auch den Sprechrhythmus gehen) und klatschen den Begleitrhythmus A oder B dazu (ein besonderer "Peitschenrhythmus").

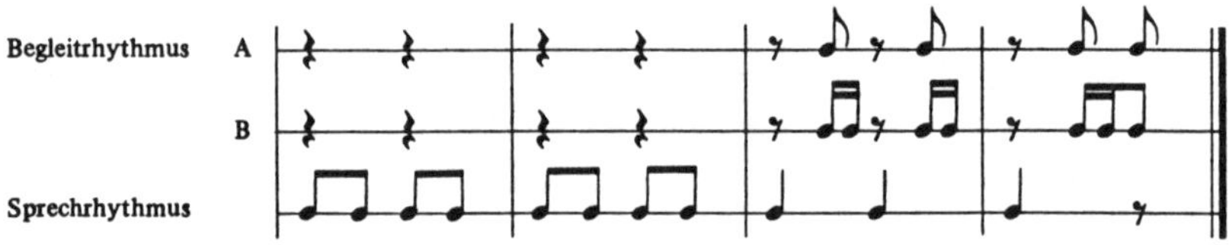

5.2 Motivation: "Das hinkende Pferd".

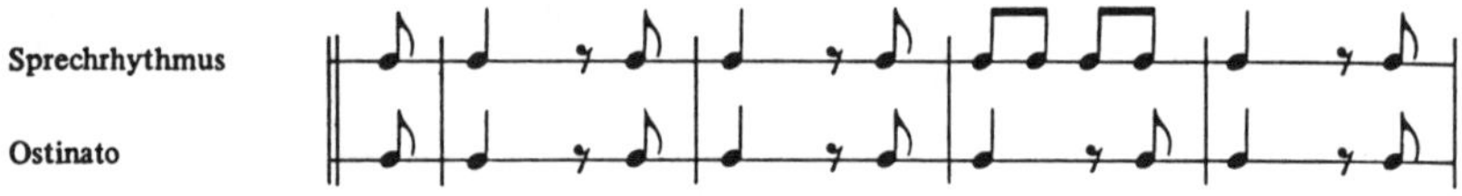

6. Instrumentalspiel.

6.1 Alle erarbeiteten Rhythmen können auf verschiedene Schlaginstrumente übertragen werden.

6.2 Der Lehrer oder auch die Kinder können den Sprechvers melodisieren, z.B.:

6.3 Die erarbeiteten Rhythmen können auf Stabspiele übertragen werden, z.B.:

Entwickeln sensorischer Fähigkeiten über die Motorik: Koordination

Hannelore Krause-Wichert

Zielsetzung: Üben von unterschiedlichen Koordinationsmöglichkeiten. Verbessern von Reaktionsfähigkeit und Konzentration.

Zielgruppe: Erwachsene mit Vorerfahrung in Rhythmischer Erziehung.

Arbeitsmaterial: mehrere Trommeln, Triangeln, Klanghölzer. Ein Musikinstrument (Klavier, Flöte, Xylophon).

Übungsbeschreibung:

1. Koordination von Händen und Füßen.

1.1 Im Kreis gehen und dabei ein einheitliches, nicht zu schnelles Gehtempo finden.

1.2 Jeder stellt sich das doppelt so schnelle Tempo vor. Auf Zuruf wird es gelaufen.

1.3 Wechsel der beiden Tempi auf Zuruf.

1.4 Beide Tempi auf Zuruf im Wechsel stehend klatschen.

1.5 Gehen und dazu das doppelte Tempo klatschen.

1.6 Laufen und dazu das halb so schnelle Tempo klatschen.

1.7 Auf Zuruf wechseln zwischen Übung 1.5 und 1.6.

1.8 Eine Trommel begleitet das Tempo der Füße, die Hände klatschen jeweils das Gegentempo. Die Trommel wechselt zwischen beiden Tempi.
Anmerkung: Die Kreisrichtung muß ab und zu gewechselt werden. Auch sollte darauf geachtet werden, daß der Kreis nicht zu eng wird. Die Kreisform wurde gewählt, um die Übung zu erleichtern, da man sich im Kreis besser aneinander orientieren kann. Bei fortgeschrittenen Gruppen können diese Übungen deshalb auch in freier Raumaufteilung ausgeführt werden.

2. Links–rechts–Koordination.

2.1 Im Kreis stehend den Zweitakt taktieren (beidhändig und einhändig links und rechts in beliebigem Wechsel).

2.2 Der Viertakt wird taktiert (wieder beidhändig oder wechselhändig).

2.3 Mit der linken Hand wird der Zweitakt taktiert. Die Bewegung wird beibehalten und "automatisiert". Die rechte Hand soll nun den Viertakt dazu schlagen (Siehe S. 5.4/475).

Dasselbe umgekehrt (rechts Zweier, links Vierer).

2.5 Dasselbe mit freiwilligem Wechsel.

2.6 Das gleiche mit Wechsel auf Zuruf.

3. Koordination von Wahrnehmungen und Bewegung.
a) Vornehmlich Auge und Hand (Kleinmotorik).

3.1 In freier Raumordnung gehen nach einem nicht zu schnellen Trommeltempo. Dieses Tempo kann nun von jedem beliebig halbiert oder verdoppelt werden. (Also gehen, schreiten, laufen.)

3.2 Drei Instrumentarten werden an drei Spieler verteilt. Etwa: Triangel, Trommel, Hölzchen. Drei sich bewegende verkörpern eines dieser Instrumente, d.h. die Instrumente bestimmen jeweils das Tempo, in dem sich der ihnen Zugeordnete bewegt. Die Tempi sollen aufeinander abgestimmt sein (♩ 𝅗𝅥 ♪).

3.3 Wie 3.2, doch kann jeder der sich bewegenden jederzeit in eines der anderen Tempi überwechseln. Dies bedingt aber, daß die anderen beiden auch wechseln müssen, denn es soll jeweils jedes Tempo nur einmal vertreten sein. Die Instrumentenspieler richten sich nun nach ihrem Bewegungsvertreter, den sie ständig genau beobachten müssen.
Anmerkung: Die sich bewegenden sollten angehalten werden, nicht zu kurzfristig zu wechseln. Sie müssen sich gegenseitig genau beobachten und die Tempi untereinander koordinieren.
b) Vornehmlich Ohr – Bewegung (Großmotorik).

3.4 Durch ein Musikinstrument (Klavier, Flöte, Xylophon) werden eintaktige Rhythmen im Vierteltakt gegeben; z.B.:

Diese Rhythmen werden in Schritte umgesetzt.

3.5 Wie 3.4, mit neuen Rhythmen, doch werden diese immer weniger oft, schließlich nur noch einmal vorgegeben und immer weniger oft, schließlich nur noch einmal wiederholt.

3.6 Nun wird eine "rhythmische Kette" gegeben, d.h., der Rhythmiklehrer spielt vier eintaktige Rhythmen hintereinander. Die Gruppe setzt jeweils einen Takt später ein und geht den Rhythmus, den sie eben hörte, währenddessen sie hörend den nächsten aufnimmt, den sie geht, wenn der dritte erklingt usw. Den letzten Takt geht sie alleine, ohne Musik, nur der Erinnerung nach.
Anmerkung: Hier müssen sehr einfache und prägnante Rhythmen gewählt werden. Auch sollte die Melodie einprägsam sein, da sie dem rhythmischen Gedächtnis wesentlich nachhilft.

4. Koordination unter Partnern mit musikalischen Elementen.

4.1 Paare stehen gut verteilt. Ein allen bekanntes Lied wird vereinbart und dessen Rhythmus geklatscht.

4.2 Ein Partner soll nun den Rhythmus gehen, der andere klatscht ihn. Am Ende stehen beide wieder beieinander (Rollenwechsel).

4.3 Das gleiche, jedoch im Phrasen- und Rollenwechsel. Ein Partner geht also eine Phrase lang fort und kommt gleich wieder, der andere klatscht währenddessen. Hier kann als Schrittmaß zunächst nur das Metrum genommen werden.

4.4 Wie 4.3, doch stellt entweder der Gehende oder der Stehende auch noch den Inhalt des Liedes andeutungsweise dar (durch Gesten, Haltungen oder Fortbewegungsarten).

4.5 Ein Partner geht wieder jeweils eine Phrase lang den Rhythmus des Liedes, während der andere am Platz stehend die entsprechende Taktart dazu taktiert.

4.6 Die fünf Darstellungsmöglichkeiten des Liedes werden analysiert:
a) Rhythmus,
b) Phrase,
c) Metrum,
d) Inhalt,
e) Takt.
Jedes Paar wählt mindestens zwei der Möglichkeiten aus, mit denen es das Lied darstellen will. Das Prinzip der abwechselnden Bewegung am Platz und vom Platz soll beibehalten werden.

4.7 Alle Paare führen ihre Lösungen vor. Die Gruppe beobachtet und benennt die gewählten Arten.

4.8 Jedes Paar wählt sich nun selbst ein Lied aus, das es im Sinne der Übung 4.6 darstellen und erraten lassen will.
Anmerkung: Hierbei muß besonders am Anfang in jedem Fall der Rhythmus des Liedes in der Fortbewegung oder am Platz dargestellt werden, da das Raten für die Gruppe sonst zu schwierig ist.

Entwickeln sensorischer Fähigkeiten über die Motorik: Sensomotorische Übungen für die Hand

Hannelore Krause-Wichert

Zielsetzung: Unabhängigkeit der Finger, Kräftigung von Hand und Fingern, Beweglichkeit (Durchlässigkeit) des Handgelenkes, Sensibilisierung der Fingerspitzen, Dehnfähigkeit.

Zielgruppe: Kinder und Erwachsene.

Arbeitsmaterial: Greifringe (Armreifen aus Plastik, etwa 8 cm Durchmesser). Kleine Gummibälle (Hohlbälle), Gymnastikreifen, Gymnastikbälle, Turnstäbe und Bohnensäckchen.

Vorbemerkung:

Die Entwicklung von Hirn und Hand in ihrer Wechselwirkung hat in den letzten Jahren in steigendem Maße Beachtung gefunden. Bei Lern- und Geistigbehinderten sind großenteils Abnormitäten in den Fähigkeiten von Hand und Fingern deutlich zu beobachten. Hier können möglicherweise auch im jugendlichen Alter noch sensomotorische Übungen für Hände und Finger helfen.
Nötiger sind Hand- und Fingerübungen aber im Vorschul- und Grundschulalter. Es hat sich gezeigt, daß Fingerspiele hier nicht mehr helfen. Die Aufmerksamkeit sollte vielmehr von der Hand abgelenkt werden. Dies geschieht am besten durch Hantieren mit Geräten.
Es gibt kaum ein Gerät, das sich nicht für feinmotorische Übungen von Hand und Fingern eignet. Man kann hier mit den Kindern selbst auf "Entdeckungsreisen" gehen. Die vorliegenden Übungsaufgaben sollen den experimentierfreudigen Pädagogen im Grunde nur auf eine Fährte weisen, die er dann selbst weiter verfolgen kann.
Auch für Erwachsene sind solche Übungen reizvoll. Bis auf einige Ausnahmen, die jeweils gekennzeichnet sind, können hier Kinder und Erwachsene mit dem gleichen Übungsstoff umgehen.

Übungsbeschreibung:

1. Der Greifring.

1.1 Mit dem Rücken zur Kreismitte stehend, spielt jeder beliebig mit seinem Ring. Dabei sollen besonders Hand und Finger eingesetzt werden. Wer mehrere Übungen ausprobiert und sich gemerkt hat, dreht sich zur Mitte um.

1.2 Jeder führt eine seiner "Erfindungen" vor, die von allen sofort nachgespielt wird. Dabei sollen möglichst immer alle Finger und beide Hände an die Reihe kommen.
Anmerkung: Vor- und Grundschulkindern sollten Modelle gegeben werden. Übung 1.1 und 1.2 entfallen deshalb für dieses Alter.

1.3 Folgende Übungen werden aufgegriffen bzw. vom Erzieher angeregt:
a) "Hula hoop" auf allen Fingern einzeln, die dabei teilweise senkrecht, teilweise besser waagerecht gehalten werden.

b) Hände umkreisen außen den Ring, der dabei langsam gedreht wird, wobei der Druck weder zu heftig noch zu schwach sein darf.

c) Beide Zeigefinger stecken ausgestreckt im Ring und lassen ihn kreisen. Ohne Bewegungsunterbrechung werden die Finger nun zunächst nach Belieben, später auf Zuruf ausgewechselt. Auch die Drehrichtung kann geändert werden.
Anmerkung: Diese Übung gelingt oft mit geschlossenen Augen sehr viel besser.

d) Zwei Finger der gleichen Hand werden senkrecht im Ring gespreizt. Sie übergeben den Ring auf diese Weise der anderen Hand, die diegleichen Finger nun waagerecht im Ring spreizt. So kann immer wieder mit anderen Fingerpaaren gewechselt werden.

e) Der am Daumen hängende Ring wird von einem Finger zum anderen befördert, ohne daß die andere Hand helfen darf.

f) Den hängenden Ring von Finger zu Finger der beiden Hände werfen. Dazu eignet sich folgendes Lied zur Begleitung:

H. Krause-Wichert

Anmerkung: Das Tempo des Liedes kann bis zur äußersten Möglichkeit der Gruppe gesteigert werden. Den Vers kann man auch nur sprechen. Bei Jugendlichen und Erwachsenen wird das Tempo ohne Lied gegeben.

g) Ring mit Daumen und Zeigefinger senkrecht hochwerfen undmit den gleichen Fingern der anderen Hand auffangen. (Der Daumen kann auch mit einem jeweils anderen Finger gekoppelt werden.)

h) Wie g), nur wird der geworfene Ring von der anderen Hand mit einem Finger, der waagerecht durchstößt, gefangen. Dazu können alle Finger nacheinander benutzt werden.

i) Der Ring wird waagerecht geworfen und von den Fingern der anderen Hand senkrecht durchstoßen und gefangen (wieder alle Finger).
Anmerkung: Die Übungen g) und h) entfallen für Vorschulkinder.

j) Ring auf den Boden legen, mit einer Fingerspitze senkrecht aufstellen und geräuschlos wieder hinlegen (alle zehn Finger nacheinander).

k) Mit einzelnen Fingern den liegenden Ring kreisen lassen. Finger- und Handwechsel möglichst ohne Unterbrechung der kreisenden Bewegung.

Anmerkung: Bei älteren oder geübten Schülern ist dies auch mit zwei Ringen in Gegen- oder sogar Parallelbewegung der Hände möglich.

l) Ring auf dem Boden kreiseln lassen (rechts,links und mit beiden Händen).
Anmerkung: Diese Übung ist für Grundschulkinder, Jugendliche und Erwachsene auch als Wettspiel möglich. Es wird dann gemeinsam begonnen und abgewartet, welcher Ring am längsten kreiselt.

1.4 Paare hocken oder knien sich gegenüber. Sie rollen sich die Ringe zu. (Einhändig rechts, links oder beidhändig.)
Anmerkung: Hierbei gibt es verschiedene Techniken, die von den Übenden vorgeführt und übernommen werden können. Man kann auch ein Wettspiel daraus entwickeln, indem jeder gerollte Ring einen Punkt, jeder halb gerollte oder nur geschleuderte einen halben Punkt bzw. gar keinen bringt.

1.5 Alle sitzen. Jeder wirft seinen Ring auf einen Holzstab, den der Erzieher hält.

2. Der kleine Gummiball.

2.1 Jeder läßt einen kleinen Gummiball aufprellen und fängt ihn von oben wieder ab (recht und links) .

2.2 Ball fallen lassen und noch, bevor er aufprellt – möglichst dicht über dem Boden – abfangen (einhändig rechts und links und wechselhändig).

2.3 Paare. Einer läßt seinen Ball von größtmöglicher Höhe abfallen, der andere fängt ihn vor dem Aufprall auf dem Boden von oben her ab (rechts und links).
Anmerkung: Für den Fangenden empfiehlt es sich, die Fallbewegung des Balles mitzuvollziehen. Diese Übung erfordert hohe Reaktionsgeschwindigkeit und Geschicklichkeit und ist nur von älteren Schülern, etwa ab 10 Jahren, oder von Erwachsenen zu bewältigen.

2.4 Der Ball wird beidhändig oder auch einhändig fest gepreßt ("Zitronen ausdrücken").

2.5 Ball mit den Fingerkuppen einer senkrecht aufgestellten Hand drehen. (Bei gemusterten Bällen gut kontrollierbar.)

2.6 Mit beiden Innenseiten der Hände Handflächen und Finger "bemalen", d.h. der Ball wird reibend überallhin bewegt.

2.7 Das gleiche mit beiden Außenseiten der Hände.

2.8 Wie 2.6 zu Paaren mit senkrecht aufgstellten Händen und einem Ball.

2.9 Wie 2.8 mit zwei Bällen.

2.10 Wie 2.7 zu Paaren mit senkrecht aufgestellten Händen und einem Ball.

2.11 Wie 2.10 mit zwei Bällen.
Anmerkung: Die Paarübungen mit zwei Bällen sind nur für ältere Schüler oder Erwachsene möglich.

2.12 Die Bälle werden am Boden "gezwirbelt", d.h. man läßt sie, ähnlich wie bei Übung 1.3.12, um ihre eigene Achse kreiseln.

Anmerkung: Diese Übung kann auch zu Paaren ausgeführt werden, oder die Bälle werden zur Kreismitte gezwirbelt, wo sie der Übungsleiter einsammelt.

3. Reifen.

3.1 Ein stehender Gymnastikreifen wird mit allen Fingern einer Hand um seine eigene Achse gekreiselt. Die Fingerzahl soll ohne Bewegungsunterbrechung bis auf zwei Finger reduziert werden. (Rechts und links im Wechsel und abwechselnd in beide Drehrichtungen.)

3.2 Der Übende stellt den Reifen quer vor sich und legt alle fünf Finger einer Hand auf die Lauffläche. Durch Hin- und Herrollen wird eine anfangs kleine Pendelbewegung vergrößert, bis sie möglichst über den Halbkreis hinausgeht. Der Körper folgt mit Schwingbewegungen und Schritten.

3.3 Hat sich jeder gut eingependelt, kann die Fingerzahl bis auf zwei reduziert werden. (Die letzten beiden Finger werden gespreizt gehalten.) Die Fingerzahl kann ohne Bewegungsunterbrechung auch wieder erhöht werden.
Rechte und linke Hand sollen geübt werden.
Anmerkung: Diese Übung fördert die seitliche Beweglichkeit des Handgelenks. Die nächste aktiviert die Auf- und Abbewegung des Gelenks.

3.4 Die Reifen werden seitlich neben den Körper gestellt. Handteller und Mittelfinger liegen auf. Durch Vor- und Rückrollen wird eine anfangs kleine Pendelbewegung vergrößert, bis sie wieder möglichst über den Halbkreis hinausgeht. Der Körper hilft mit Schritten nach vor- und rückwärts.
(Rechte und linke Seite gleich oft betätigen.)
Anmerkung: Die Reifenübungen 3.2 bis 3.4 eignen sich nicht für Vorschulkinder.

4. Der Gymnastikball.

4.1 Liegende Gymnastikbälle werden durch leichtes, schnelles Schlagen des Handtellers zum Springen gebracht. Die Prellbewegung wird vergrößert, bis der Übende aufsteht und den Ball so hoch wie möglich prellt. Danach wird sie wieder verkleinert, bis der Ball unter der Hand am Boden liegt. (Auch hier linkshändig üben.)
Anmerkung: Während bei vielen Übungen die weniger geübte Hand genauso geschickt wie die andere sein kann, gelegentlich sogar besser ist, gibt es bei 4.1 mit der ungeübten Hand meist Schwierigkeiten. Als Hilfe kann der Hinweis dienen, daß das Handgelenk beim Schlagen fixiert wird, doch sobald der Ball springt, muß es gelockert werden. Die Hand liegt am besten leicht gewölbt auf dem Ball und sollte ihn großflächig berühren.

4.2 Wie 4.1 mit Trommelbegleitung, die sich dem Gros der Spieler anpaßt.

4.3 Alle Spieler versuchen Übung 4.1 möglichst gemeinsam im Tempo zugestalten ohne Trommelhilfe.
Anmerkung: Die Übungsgruppe 4 ist nicht für Kinder im Vorschulalter gedacht.

5. Stäbe und Bohnensäckchen.

5.1 Über den senkrecht gehaltenen Stab wird am oberen Ende ein nicht zu prall gefülltes Bohnensäckchen gelegt. Der Stab wird nun auf dem Handteller balanciert, wobei sich der Übende im Grätschstand so wenig wie möglich bewegen soll. (Rechte und linke Hand.)

5.2 Das gleiche auf dem Handrücken an der Fingerwurzel.

5.3 Der Stab mit dem Säckchen wird nun abwechselnd einmal auf alle zehn Finger gestellt und möglichst lange gehalten (Handfläche nach oben).

5.4 Die Finger einer Hand wechseln sich ab, ohne daß die andere Hand zu Hilfe kommt.

5.5 Mit dem Stab auf dem Handteller, beschwert durch das Säckchen am oberen Ende, gehen.

5.6 Vor- und Rückwärtsgehen in selbstgewähltem Wechsel.
Anmerkung: Die Praxis zeigt, daß ruhige Melodien oder Klänge, deren Tempo das Bewegungstempo nicht bestimmen sollen, beruhigend wirken und die Balanceleistung positiv beeinflussen.

5.7 "Kunststücke" mit dem auf der Hand balancierten Stab erfinden: Sich hocken, knien, aufstehen, drehen, Stab heben und senken usw.

5.8 Alle stehen in einer Reihe. Sie bewegen sich mit den balancierten Stäben zur gegenüberliegenden Wand.
Das Tempo soll dabei
a) beschleunigt,
b) verlangsamt,
c) bis zur Mitte beschleunigt und dann wieder verlangsamt werden.

5.9 Das gleiche einheitlich in der Reihe mit Trommelbegleitung.

5.10 Das gleiche inheitlich in der Reihe ohne Trommelbegleitung.
Anmerkung: Das Säckchen auf der Stabspitze beschwert den Stab, so daß er besser haftet. Das erleichtert das Balancieren. Dennoch ist die Übungsreihe 5 nur für Jugendliche und Erwachsene durchführbar. Sie dient hauptsächlich der Kräftigung von Hand und Fingern.

Entwickeln sensorischer Fähigkeiten über das Hören: Spiel mit Schellenbällen

Hannelore Krause-Wichert

Zielsetzung: Differenzieren auditiver Wahrnehmungen; Kooperation; Anerkennen und Einhalten von Spielregeln; Konzentration, Reaktion.

Zielgruppe: Erwachsene.

Arbeitsmaterial: Schellenbälle in drei Größen und Farben. Augenbinde (evtl. Tuch.)

2.

Übungsbeschreibung:

1. Der sitzende Kreis.

1.1 Mit gegrätschten Beinen im Kreis sitzen; die eigenen Füße berühren die Füße des Nachbarn. Ein Schellenball wird beliebig durch den Kreis gerollt. *Anmerkung: Die Bälle sind ursprünglich für Blinde erfunden worden. Beim erstenmal kann der Stunde die Frage vorangestellt werden, wie Blindenbälle beschaffen sein müßten. Außerdem soll die Gruppe anfangs selbst herausfinden, daß die Schellen am kräftigsten klingen, wenn der Ball langsam gerollt wird (Zentrifugalkraft).*

1.2 Wie 1.1, doch schließen alle die Augen außer dem Gruppenmitglied, das den Ball abrollt.

1.3 Wie 1.2 mit mehreren (höchstens drei) Bällen. Die Gruppe wird aufgefordert, sich zu äußern, wenn sie das Dazukommen des weiteren Balles hört.

2. Der kniende Kreis.

2.1 Im Kreis knien. Der Abstand zum rechten Partner ist das "Tor", das der kräftig kreuz und quer gerollte Ball nicht passieren darf. Jeder verteidigt sein Tor, wenn es nötig ist, soll aber sonst aufrecht knien.

2.2 Das gleiche mit zwei oder drei Bällen, je nach Anzahl und Reaktionsfähigkeit der Teilnehmer. Die durch die Tore gerollten Bälle werden gezählt.

2.3 Wie 2.1 mit geschlossenen Augen. Es muß nun wieder langsam gerollt werden, damit der Ball auch deutlich gehört werden kann. Anmerkung: Ein Spielleiter beobachtet, im Kreis stehend, das Geschehen. Er kann zu schwach gerollte Bälle wieder anstoßen und muß die Namen der Spieler nennen, bei denen der Ball durch das Tor rollte. Diese Spieler dürfen dann auch jeweils neu anrollen. Es kann als Spielregel gelten, bei einer gewissen Anzahl von Toren ausscheiden zu müssen.

2.4 Gut geschulte größere Gruppen können dieses Spiel auch mit zwei oder drei Bällen ausführen.

3. Der stehende Kreis.

3.1 Mit durchfaßten Händen im Kreis stehen. *Ein* Ball wird mit den Füßen kreuz und quer durch den Kreis gestoßen, so daß er rollt, nicht fliegt. Der Abstand vom linken Standbein bis zum rechten Nachbarn ist das Tor, durch das der Ball nicht rollen darf. Die Bälle, die durch die Tore rollen, werden gezählt. Bälle, die nicht gerollt durchs Tor gehen, sondern durchfliegen, zählen nicht. Der Schütze bekommt eine Verwarnung ("Gelbe Karte"). Fliegt ein Ball gar *über* die gefaßten Hände, muß der Schütze einige Runden ausscheiden ("Rote Karte").

3.2 Wie 3.1 mit *einem* Ball und geschlossenen Augen. Nur der Schütze darf jeweils die Augen öffnen.
Anmerkung: Wieder übernimmt ein Spielleiter die gleichen Aufgaben wie bei Übung 2.3. Auch ist wiederum ein Ausscheiden nach einer verabredeten Zahl von Toren möglich. Ist ein Ball zu heftig angestoßen worden, und rollt er ohne Schellengeräusch durch ein Tor, wird dies nicht gezählt.

3.3 Alle können, je nach eigenem Wunsch, stehen, hocken oder knien im Kreis. Sie versuchen durch schnelles Kreuz- und Querrollen eines Balles die Füße eines in der Kreismitte stehenden Spielers abzutreffen. Dieser Spieler weicht aus oder springt, wenn der Ball kommt. Wird er getroffen, löst ihn der Spieler ab, der traf.

3.4 Das gleiche mit zwei Bällen, die möglichst nicht zur gleichen Zeit und aus derselben Richtung abgerollt werden sollen.

3.5 Wie 3.3 mit einem jeweils langsam rollenden Ball. Der Mitspieler bekommt nun die Augen verbunden. Damit er sich in Hörrichtung zum rollenden Ball stellen kann, ist jeder, der den Ball rollt, verpflichtet, ihn vorher einmal kräftig zu schütteln.
Anmerkung: Man sollte hier verabreden, daß der Mitspieler erst nach dem zweiten oder dritten Treffer abgelöst wird, da er sich meist erst auf die neue Situation einstellen muß.

3.6 Der Schellenball wird reihum in möglichst schnellem Tempo geprellt. Jedes Kreismitglied fängt ihn ab und prellt ihn neu. Es kann dabei beliebig zum nächsten Nachbarn weiter oder zum vorherigen Partner zurückprellen. Allerdings soll niemand überschlagen werden und niemand darf von der Kreislinie weichen.

3.7 Wie 3.6, doch soll ein Spieler mit verbunden Augen im Kreis versuchen, den Ball zu berühren. Gelingt ihm das, sollte der Spieler ihn ablösen, der den Ball zuletzt hatte.
Anmerkung: Die Rolle des "Blinden" erfordert Reaktions- und Bewegungsgeschicklichkeit, Mut und Intensität. Sie liegt nicht jedem. Man sollte, wenn es erforderlich ist, auf freiwillige Meldungen zurückgreifen.

4. Zwei konkurrierende Kreise.

4.1 Ein Schellenball wird zunächst in einem Kreis reihum geworfen, geprellt oder gerollt, jeweils eine Runde lang.

4.2 Es werden nun bestimmte Reihenfolgen verabredet, die sich im Weiterspiel permanent wiederholen, z.B.: werfen, rollen, prellen, rollen – oder ähnlich.

4.3 Zwei Kreise werden gebildet; eine Kreisgruppe wird aus dem Raum geschickt. Jeder Kreis verabredet und probiert eine Zuspielfolge wie bei 4.2.

4.4 Die Spieler, die draußen waren, stellen sich nun Rücken an Rücken zu den Spielern des anderen Kreises und schließen die Augen. Sie versuchen durch Hören und Ertasten mit dem Rücken die verabredete Zuspielfolge des anderen Kreises zu erraten, die dieser mehrmals vorspielt.

4.5 Der ratende Kreis versucht nunmehr, die Folge durch eigenes Spielen nachzuvollziehen. Hierbei müssen die einzelnen Hör- und Tasterfahrungen kooperativ zusammengesetzt werden.

4.6 Die Kreise tauschen ihre Rollen.
Anmerkung: Bei gut reagierenden Gruppen braucht der Ball nicht streng reihum befördert, sondern kann auch in verabredeten Formen zugespielt werden, bei denen einige Spieler den Ball erst rückwirkend erhalten. Beispiel Zeichnungen:

2.

kräftige Linie = 1. Weg des Balles
gestrichelte Linie = 2. Weg des Balles

5. Schüttelübungen vor der Linie.

5.1 Alle stehen auf einer Linie. Drei Gruppenmitglieder stehen gegenüber und schütteln nacheinander kräftig je einen Ball. Es entstehen – durch die drei Ballgrößen bedingt - drei verschieden hohe Schellengeräusche.

5.2 Die Reihe zeigt eine hohe, tiefe oder mittlere Bewegung – je nach Schellenklang – an.

5.3 Das gleiche, doch stehen alle mit dem Rücken zu den geschüttelten Bällen.

5.4 Wie 5.3, doch tauschen die Schüttler unmerklich ihre Plätze. Die Ratenden versuchen, dies mitzuhören.

Entwickeln sensorischer Fähigkeiten über das Hören und Sehen: Klangexperimente und graphische Notation

Brita Glathe

Zielsetzung: Über sensible Hör- und Bewegungserfahrungen lernen die Kinder, graphische Zeichen mit Klängen in Verbindung zu setzen. Auf diese Weise können sie auch ohne Notenkenntnisse Musik nach selbst aufgestellten Regeln miteinander machen.

Zielgruppe: Kinder im Vor- und Grundschulalter.

Arbeitsmaterial: Papier und Wachsmalkreide für jedes Kind, verschiedene Schlaginstrumente wie Trommeln, Rasseln, Klanghölzer, Becken.

Übungsbeschreibung:

1. Mehrere Trommeln, Rasseln, Becken mit Schlegeln und Klanghölzer liegen auf dem Boden verteilt. Die Kinder spazieren zwischen den Instrumenten umher und probieren sie aus. Wer auf seinem Instrument genug gespielt hat, legt es wieder auf seinen Platz zurück und sucht sich ein anderes.

1.1 Da dieses Spiel vermutlich ein lautes Klanggemisch ergeben wird, darf jetzt jeder einmal ganz allein spielen:
Wer vom Lehrer angesehen wird, holt sich ein Instrument und spielt darauf, während sich alle anderen die Augen zuhalten. Wer kann das Instrument am Klang erkennen und benennen?

2. Der Lehrer hat je eine Trommel, eine Rassel, ein Becken und zwei Klanghölzer vor sich liegen. Die Kinder bewegen sich wieder zwischen den Instrumenten. Beginnt der Lehrer mit der Trommel zu spielen, holen sich alle die Kinder eine Trommel, die gerade in der Nähe von einer stehen. (Eine anspruchsvolle Kommunikationsübung, in der Rücksicht, aber auch Reaktion geübt werden.) Die "Trommler" setzen sich zu Boden und spielen mit dem Lehrer zusammen, jeder das, was ihm gerade einfällt. Die restliche Gruppe tanzt dazu einen "Trommeltanz"!

2.1 Dasselbe Spiel mit den anderen Instrumenten.

2.2 Hat man dieses Spiel mehrere Male gespielt, werden sich einige typische Klänge und Bewegungen herausstellen, z.B.:

weite, schleichende Bewegungen	-	weiche, lang nachhallende Klänge des Beckens,
leichte, kurze, hüpfende Bewegungen	-	staccato-Schläge des Hölzchens,
akzentuierte, kräftige Bewegungen	-	volle, kräftige Trommelschläge,
lockere, schüttelnde Bewegungen	-	rasches Schütteln der Rasseln.

2.3 Kinder und Lehrer probieren aus und besprechen:
Kann man alle diese Klänge
mit jedem Instrument spielen?

laut	–	leise
schnell	–	langsam
hart	–	weich
hoch	–	tief
leicht	–	schwer
kurz	–	lang
legato	–	staccato

Es werden sich ganz bestimmte, typische Merkmale für jedes Instrument ergeben. (Aufpassen: Manche Instrumente kann man sehr variabel spielen, manche weniger. Auf der Trommel kann man z.B. alle oben aufgeführten Klänge außer legato spielen!)

3. Jedes Kind bekommt ein großes Blatt Papier und Wachsmalkreide. “Male, was du hörst!” Der Lehrer spielt auf der Trommel, dann auch auf den anderen Instrumenten. Jeder malt die Klänge und Geräusche so auf, wie er sie sich vorstellt (keine Beeinflussung durch den Lehrer!). Mit diesen “Klangbildern” bauen wir eine “Ausstellung” auf, betrachten sie gemeinsam, vergleichen Ähnlichkeiten und Kontraste.

3.1 Die Gruppe wählt selber aus den Klangbildern diejenigen aus, die ihrer Meinung nach am besten zu einem bestimmten Instrument passen, z.B.:

Trommel | Rassel | Becken | Klanghölzer

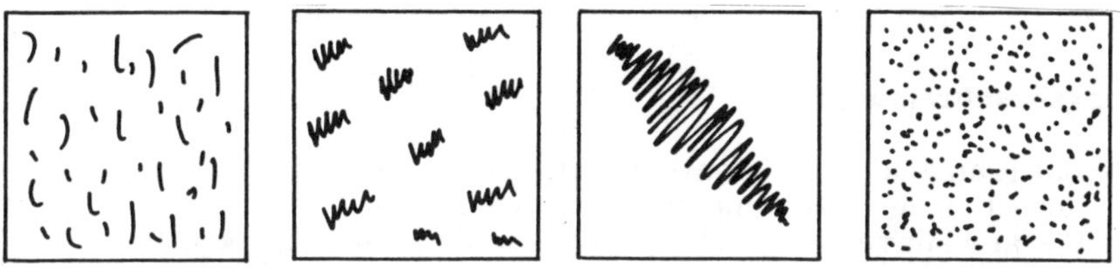

3.2 Wer erinnert sich noch an den “Trommeltanz”, den “Hölzchentanz” usw.? (Übung 2.)
Wir können jetzt nach einem Bild tanzen: Einer hält zum Beispiel das “Rasselbild” hoch, einige holen sich Rasseln zum Spielen, die andern tanzen dazu. Das wird mit allen Bildern gespielt.
(Es führt hier zu weit, alle aus diesem Spiel erwachsenden Möglichkeiten aufzuführen. Als Anregung sei nur gesagt, daß mit diesen “Musik- und Bewegungsbausteinen” alle Formen wie Liedformen, Rondo, Kanon, Ostinato, Zweistimmigkeit sowie eine Fülle von Begriffen wie “gleich – verschieden”, “Einzelner – Gruppe”, “miteinander – gegeneinander” usw. entwickelt werden können.
Ein Beispiel “Kanon”:

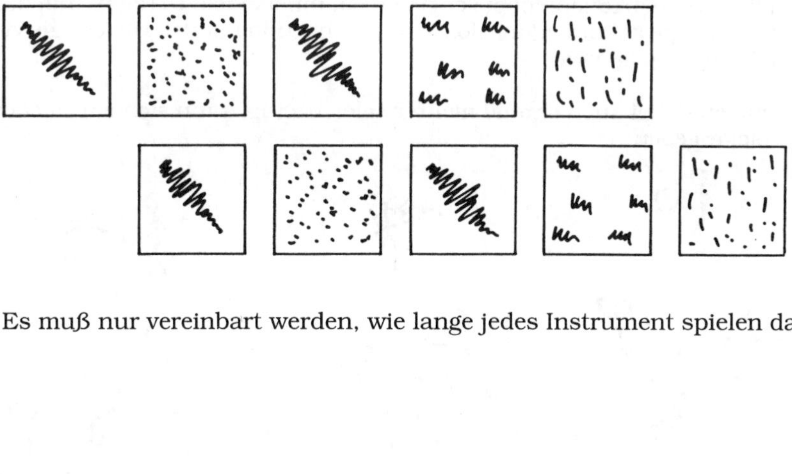

Es muß nur vereinbart werden, wie lange jedes Instrument spielen darf !

Entwickeln sensorischer Fähigkeiten über das Hören und Sehen: Klangexperimente und graphische Notation

Brita Glathe

Zielsetzung: Phrasierung, Tonhöhen, Tempobegriffe sowie dynamische Phänomene werden hier als Vorbereitung auf die übliche Notation spielerisch geübt. Die Bewegung wird in das Musizieren integriert, zu den Klängen und Geräuschen kommen melodische Linien hinzu.

Zielgruppe: Schulkinder, Erwachsene

Arbeitsmaterial: Papier und Wachsmalkreide, Trommeln, Rasseln, Becken, Klanghölzer, Blockflöten.

Übungsbeschreibung:

1. Ein Klangbild wird herausgestellt und von allen nur mit den Mitteln des Körpers (keine Instrumente!) interpretiert.

1.1 Hieraus können sich viele spielerische Varianten ergeben:
- Ein einzelner "tanzt" die Klänge eines Instrumentes, die Gruppe errät es und zeigt das entsprechende Bild dazu:

- Einer spielt auf einem der Instrumente, die Gruppe antwortet mit Bewegungen darauf.
- Mehrere Instrumentenspieler geben ein musikalisches Rätsel auf, das von der Gruppe als Bewegungsfolge aufgeführt und mit den Bildern als visuelle Lösung gezeigt wird.

Spielen dabei auch einmal mehrere gleichzeitig, kann sich ein solches Beispiel ergeben:

2. Ein Reaktionsspiel übt das Hören von Phrasierungsabläufen, die auf diese Weise spielerisch erfahren werden.
Die Klangbilder liegen als Kreis auf dem Boden, vor jedem Bild das dazugehörige Instrument. Wir singen ein Lied: "Froh zu sein ..."

Alle gehen singend im Kreis um die Bilder herum, endet das Lied, versucht jeder, ein Instrument zu bekommen. Die Instrumente werden so lange gespielt, wie das Lied lang war (Eine Hilfe für unsichere: das Lied beim Spielen innerlich mitsingen!).

2.1 Dasselbe, die Phrase wird aber verkürzt: Beim * hört das Singen auf und das Lied wird mit den Instrumenten zu Ende gespielt.

2.

3. Die Flöte, und damit ein Melodieninstrument, kommt hinzu.
Ein Flötenspieler improvisiert Melodien, die Gruppe bewegt sich dazu (darauf achten: der ganze Körper bewegt sich, nicht nur die Füße. Auch Kopf, Schultern, Arme, Hände können eine melodische Linie ausdrücken!).

3.1 Ein Flötenspieler improvisiert Melodien, die von der Gruppe in graphische Zeichen auf Papier übertragen werden.

4. Die Gruppe sitzt im Halbkreis, jeder hat ein oder mehrere Instrumente vor sich liegen (auch Flöten). Ein "Dirigent" spielt mit den verschiedenen Klangelementen und zeigt, was gespielt werden soll.

5. Aus diesen "Bausteinen" wird eine "Partitur" erstellt, die ein gemeinsames Musizieren und Bewegen der Gruppe ermöglicht. Z.B.:

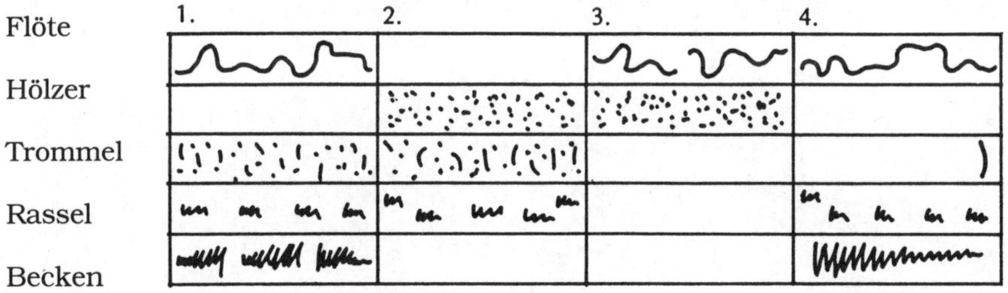

5.1 Dieses Stück kann man auch schnell oder langsam, laut oder leise spielen. Die Gruppe erfindet selbständig Zeichen, die eine gemeinsame Verständigung möglich machen.

5.2 Diese "Partitur" kann auf verschiedene Weise nachgespielt werden:
- jeder hat eines der 5 Instrumente und spielt nach der Partitur,
- eine Instrumentalgruppe spielt die Partitur ab, eine Bewegungsgruppe

bewegt sich dazu,
- Instrumentengruppe und Bewegungsgruppe im Wechsel,
- ein Dirigent bestimmt beide Gruppen in der Länge der einzelnen Abläufe, ebenso in der Dynamik,
- die Partitur wird nur mit Körperinstrumenten dargestellt
- aus dieser Partitur entsteht eine Bewegungsimprovisation, die auch als räumlich gestaltete Form sichtbar wird.

Mögliche Formen zu dem ersten Teil der Partitur (bei dem nur die Schlaghölzer nicht spielen):

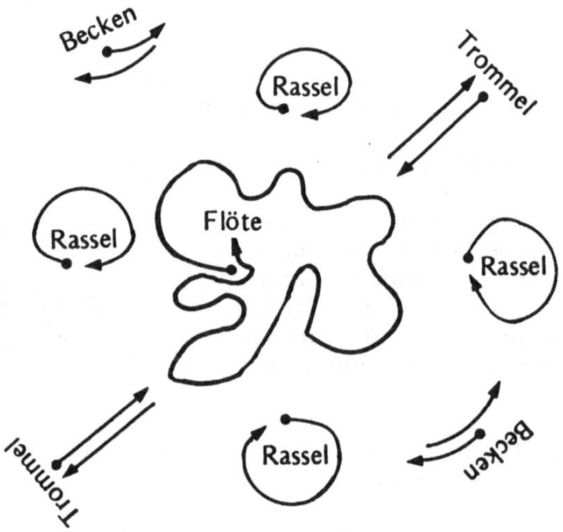

Entwickeln sensorischer Fähigkeiten über das Sehen: Spiel mit Farben und Formen

Brita Glathe

Zielsetzung: Das Erkennen und Benennen der Farben wird in der Rhythmischen Erziehung mit den Kindern schon lange vor Schulbeginn erarbeitet. Die Kenntnisse der Farben Rot, Blau, Grün und Gelb werden in dieser Stunde vorausgesetzt.
Die Kinder sollen in dieser Stunde lernen, Gedächtnisübungen mit Hilfe von Farbvorstellungen besser zu lösen.

Zielgruppe: Kinder

Arbeitsmaterial: farbige Tücher, für jedes Kind eines. Instrumente des Lehrers: Klavier oder Xylophon, Flöte.

Übungsbeschreibung:

1. Auf dem Boden verteilt liegen Tücher in den Farben Blau, Grün, Rot und Gelb. Die Tücher haben in der Mitte einen Knoten. Die Kinder gehen zwischen den Tüchern spazieren und wählen sich in Gedanken ein bestimmtes Tuch aus. Jedes Kind versucht nun, dem Lehrer – ohne zu sprechen – auf irgendeine Weise deutlich zu machen, welche Farbe und damit welches Tuch es haben möchte (Das Kind kann z.B. auf die Farbe eines Kleidungsstückes zeigen, es kann eine bestimmte Farbe mit Gesten beschreiben, es kann Farben im Raum suchen und darauf hinweisen, es kann Dinge mit bestimmten, allen bekannten Farben darstellen usw.).

2. Auf diese Weise hat jedes Kind ein Tuch bekommen. Bewegung zur Musik; jeder nimmt sein Tuch mit.
   "Geht durcheinander und achtet darauf, daß ihr euch dabei gut über den Raum verteilt."
   Der Lehrer spielt eine ruhige Melodie zum Gehen und spielt dann eine auffallende Veränderung hinein.
   Spielregel: Verändert sich der Melodieablauf, läßt jeder sein Tuch zu Boden fallen und geht ohne Tuch weiter. Erklingt ein neues Signal in der Musik, wird das Tuch wieder aufgenommen. (Das heißt aber nicht: plötzliches Hinrennen zum Tuch, sondern ruhiges Weitergehen, bis man wieder am eigenen Tuch ankommt.)
   Z. B.

2.1 Dasselbe kann auch mit anderen Signalen verabredet werden, z.B.: "Hört die Musik auf, läßt jeder sein Tuch fallen bzw. hebt es wieder auf, ohne sein Gehen zu unterbrechen. Oder: Wenn z.B. Gabi Ihr Tuch fallen läßt, laßt ihr es alle fallen" usw.

3. Die Tücher liegen auf dem Boden. Ein Kind geht zwischen den Tüchern einen bestimmten Weg, die übrigen Kinder sehen zu und merken sich diesen Weg. "Wer geht diesen Weg genau nach?" (Die Kinder können hierbei versuchen, ihren Weg schon nach bestimmten, selbst überlegten Regeln zu gehen, z.B. "Ich umrunde alle roten Tücher und springe über ein blaues ..." usw.)

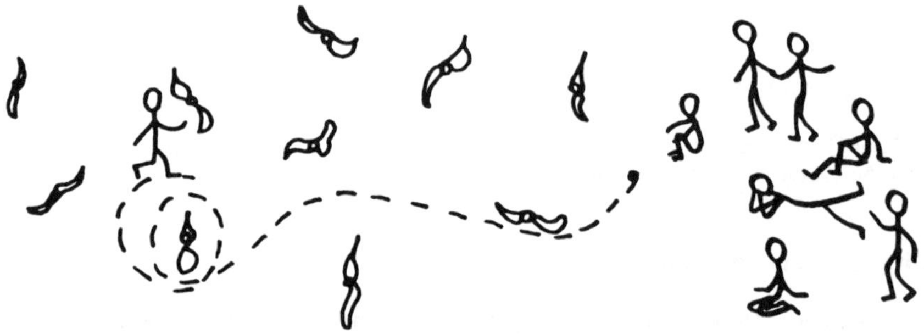

4. Bewegung zur Musik, die Tücher werden wieder aufgenommen. Wir verabreden: "Endet die Musik, werden die Tücher zu Boden gelegt, alle Tuchspitzen zeigen zu einem Fenster hin (zur Tür, auf ein bestimmtes Kind, zur Raummitte usw.). Das kann auch als Konzentrations- und Gedächtnisübung erweitert werden: Mehrere Punkte, zu denen die Tuchspitzen nacheinander hinzeigen sollen, werden verabredet. Im Weitergehen werden die Tücher entsprechend in die verschiedenen Richtungen gelegt.
Zum Abschluß vereinbaren wir: Alle Tücher liegen in einem Kreis und zeigen mit einer Spitze zur Kreismitte hin.

5. Lehrer und Kinder sitzen um den Kreis aus Tüchern. Alle Kinder schließen die Augen, der Lehrer nimmt einige Veränderungen an den Tüchern vor (vertauschen, eine Spitze einknicken, ein Tuch fortnehmen usw.).
"Augen auf! Wer bemerkt die Veränderung?"
Dasselbe Spiel: Diesmal verändert ein Kind etwas an den Tüchern.

6. Ein Kind sitzt in der Mitte des Tuchkreises.
Wir spielen: Jeder zieht blitzschnell sein Tuch zu sich heran, wenn seine Tuchfarbe vom Lehrer gerufen wird. Das Kind in der Mitte reagiert ebensoschnell und versucht, die Tücher festzuhalten. Das Spiel kann so lange gespielt werden, bis jedes Kind sein Tuch hat.

6.1 Freies Spiel mit dem Tuch (es kann aufgeknotet werden oder auch nicht): werfen, fangen, darauf rutschen, schwingen, falten, überspringen usw.

6.2 Großräumiges, rasches Laufen zur Musik, die Tücher wehen, als "Fahnen" gehalten, mit.
Richtungswechsel jeweils bei Phrasenende der Musik, das Tuch wechselt dabei von einer Hand zur anderen.

Spiel mit Farben und Formen

Brita Glathe

Zielsetzung: Sind die Kinder größer und gehen sie mit den Begriffen der Farben selbstverständlich um, bieten sich anspruchsvollere Aufgaben an. Diese Aufgaben beschränken sich nicht nur auf den optischen Bereich, sondern der Schwerpunkt kann auch im akustischen Bereich liegen. Der Begriff "Klangfarbe" kann hier eine Verbindung sein.
Die Kinder sollen in dieser Stunde lernen, Beziehungen der Farben untereinander herzustellen und die einzelnen Farben bestimmten Klängen zuzuordnen.

Zielgruppe: Kinder.

Arbeitsmaterial: farbige (rote, blaue, grüne, gelbe) Tücher, zwei für jedes Kind. Baß-, Tenor-, Alt-Xylophon und Glockenspiel.

2.

Übungsbeschreibung:

1. Die Tücher liegen, zu Farben geordnet, an vier Plätzen auf dem Boden. Bewegung zur Musik (zügiges Laufen).
Auf den Zuruf "rot" laufen die Kinder einmal um die roten Tücher herum, ebenso reagieren sie auf den Zuruf anderer Farben. Es soll eine ununterbrochene Bewegung zwischen Laufen im Raum und um die Tücher herum entstehen.

1.1 Übungserweiterung: Es werden zwei (drei, alle) Farben rasch nacheinander aufgerufen. Jedes Kind muß sich schnell für eine der aufgerufenen Farben entscheiden und ohne Unterbrechung des Laufens die von ihm gewählte Farbe umrunden.

1.2 Alle Kinder sitzen in der Mitte des Raumes auf dem Boden. Der Lehrer ruft eine Farbe. Wer ein Tuch dieser Farbe haben möchte, schließt die Augen, holt sich "blind" ein Tuch von einem der vier Tuchhaufen und kehrt auf seinen Platz zurück. (Für jedes Kind sind zwei Tücher vorgesehen.)

2. Die Kinder legen mit ihren Tüchern ein Muster auf den Boden. Das kann nach bestimmten – von den Kindern zu vereinbarenden – Regeln geschehen, (z.B.: Blau zu Blau, Grün zu Grün, oder: Immer verschiedene Farben liegen nebeneinander, oder: Die Tücher dürfen sich nur an bestimmten Punkten berühren usw.) oder in freier Form.

3. Die Kinder sitzen beim Lehrer, der nacheinander kurze Melodien auf vier Instrumenten spielt: Baß-, Tenor-, Alt-Xylophon und Glockenspiel.
"Hört auf die Tonfolgen. Schaut euch die Farben der Tücher an. Legt das Tuch zu dem Instrument, von dem ihr glaubt, daß es in seiner Klangfarbe am besten zur Tuchfarbe paßt." (Das Ergebnis kann hier sehr unterschiedlich sein. Es kommt aber nicht darauf an, den Kindern eine bestimmte Farb-Tonvorstellung vorzuschreiben, sondern eine Einigung innerhalb der Gruppe

zu erzielen. Im Hören geübte Kinder ordnen fast immer dunkle Farben tiefen und helle Farben hohen Tönen zu.)

3.1 Die Kinder haben sich z.B. so entschieden:

blau	-	Baßxylophon
grün	-	Tenorxylophon
rot	-	Altxylophon
gelb	-	Glockenspiel

Ein Kind stellt den anderen eine Aufgabe: Es spielt eine Folge von Tönen auf den vier Instrumenten, diese Folge legen die Kinder mit den Tüchern nach. z.B.

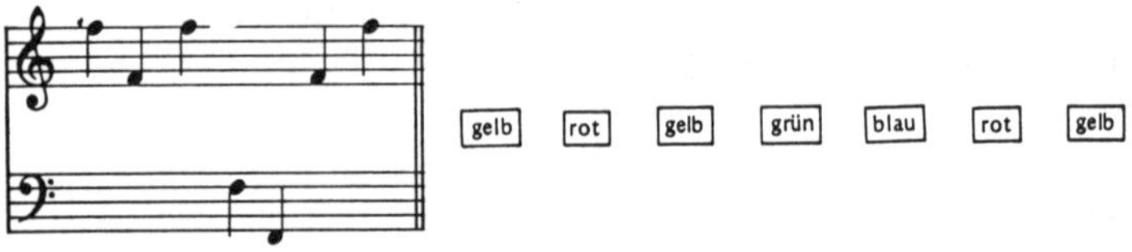

3.2 Vier Kinder spielen an den Instrumenten (an jedem Instrument ein Kind) die mit Tüchern gelegte Tonreihe nach.

3.3 Übungserweiterung:
Eine verschiedenfarbige Tuchreihe liegt vor den Instrumenten. Ein Kind bestimmt, wie lange jedes einzelne Instrument spielen kann: So lange es auf einem Tuch steht, so lange kann auf dem betreffenden Instrument improvisiert werden. Wechselt das Kind das Tuch und damit die Farbe, spielt das betreffende Instrument weiter.

3.4 Dasselbe: Diesmal bestimmen zwei Kinder auf den Tüchern, welche beiden Instrumente zusammenspielen.

3.5 Vier Kinder spielen an den vier Instrumenten. Sie vereinbaren untereinander, in welcher Reihenfolge sie spielen wollen. Die Kinder der übrigen Gruppe holen sich jedes ein Tuch. Ertönt jetzt Musik vom Altxylophon, bewegen sich die Kinder mit den roten Tücher, beim Glockenspiel die Kinder mit den gelben Tüchern usw.

3.6 Die Kinder finden sich, den vier Farben entsprechend, zu Gruppen zusammen. Jedes Kind hat ein Tuch. Die Bewegung zur Musik (siehe 3.4) geschieht jetzt in Gruppen. Die Kinder sollen versuchen, gleiche Bewegungen innerhalb der Gruppe zu finden (im Stehen, Sitzen, Liegen, in der Fortbewegung). Die Bewegungen der Gruppen sollen sich aber voneinander unterscheiden.

4. Jede der vier Gruppen denkt sich aus, wie man sich mit den Tüchern verkleiden kann. Die verkleideten Personen, Situationen, Tiere werden von jeder Gruppe einzeln den anderen vorgeführt, die die Darstellung erraten sollen.

Entwickeln sensorischer Fähigkeiten über das Sehen: Spiel mit Tüchern

Barbara Holzapfel

Zielsetzung: Form und Farbe regen zum Gestalten an. Die Grundfarben werden differenziert angeboten, in hellen und in dunklen Farbtönen. Zur Gestaltung gehört die Anregung von außen im Material und der Aufgabenstellung und die Phantasie und Ausdruckskraft von innen. Das eine regt das andere an. Die Phantasie und die Ausdrucksfähigkeit sollen im freien und geordneten Spiel, welches die Erfindung eingrenzt und zugleich entfaltet, angeregt werden.

Zielgruppe: Erwachsene und Schüler.

Arbeitsmaterial: für jeden Schüler ein Tuch, 80 x 80 cm aus Kunstseide (einfarbige Tücher in verschiedenen Farbtönen).
Für den Lehrer: Klavier oder Flöte.

Übungsbeschreibung:

1. Die Tücher liegen ungeordnet in der Raummitte. Die Schüler bewegen sich im Raum, jeder soll sich auf folgende Weise ein Tuch holen:
Der Lehrer nennt eine Farbe (Rot, Blau, Grün, Gelb), alle Tücher der genannten Farbe werden geholt.

1.1 Die Schüler gehen mit dem Tuch spazieren. Der Lehrer nennt wieder eine Farbe und die entsprechenden farbigen Tücher werden fallen gelassen. Dabei soll auf eine gute Raumaufteilung geachtet werden.

1.2 Die Schüler bewegen sich um die am Boden liegenden Tücher und jeder steht am Ende der Musik (Klavier oder Flöte des Lehrers) an einem Tuch.

2. Mit dem Tuch soll nun gespielt werden. Die Schüler, jeder für sich allein, spielen mit dem Tuch. Hierzu einige Beispiele:
- Geräusche erzeugen.
- Eine Fahne fliegen lassen.
- Sich verkleiden.
- Aus dem Tuch einen Turm bauen.
- Geometrische Formen legen.

2.1 Die Schüler gruppieren sich nach den Farben Rot, Blau, Grün und Gelb. Jede Gruppe einigt sich, was sie gemeinsam darstellen will. Zehn Minuten Zeit steht zur Verfügung.
Hierzu einige Beispiele:
- Einen musikalischen Ablauf mit verschiedenen Geräuschen darstellen.
- Einen Bewegungsablauf mit dem Tuch als Fahne (Fahnenschwingen) darstellen.
- Ein Mobile darstellen.
- Eine Szene oder Pantomime darstellen.
- Ein Ornament auf dem Boden auslegen.
Die Gruppen zeigen sich dann gegenseitig, was sie erarbeitet haben.

3. Die Schüler gehen mit dem Tuch zur Musik des Lehrer (Klavier oder Flöte) spazieren. Sie haben die Aufgabe, das Tuch auf verschiedene Weise zu tragen. lassen soll,
z.B. mit einer Hand, mit beiden Händen, mit einzelnen Fingern,
ohne die Hände, also: mit dem Fuß greifen,
auf die Schulter legen,
mit dem Ellenbogen halten,
auf den Rücken legen,
über den Kopf hängen.

3.1 Wir einigen uns dann auf eine gemeinsame Trageweise, z.B. über den Kopf hängen (das Sehen wird eingeschränkt), allmählich eine Schlange bilden, bei der die gleichen Farben (Rot, Grün, Blau, Gelb) nicht hintereinander gehen dürfen.
Die Schüler gehen langsam, der Lehrer begleitet auf seinem Instrument.

4. Die Schüler stehen in einer langen Reihe – oder zwei Reihen, wenn die Gruppe sehr groß ist. Sie legen die Tücher ausgebreitet nebeneinander auf den Boden. Es ist eine bunte Tuchreihe entstanden. Wir prüfen nach, ob uns die Farbskala gefällt und nehmen Änderungen vor, wenn wir sie für besser halten.

4.1 Jeder zweite Schüler stellt sich auf die gegenüberliegende Seite seines Tuches.

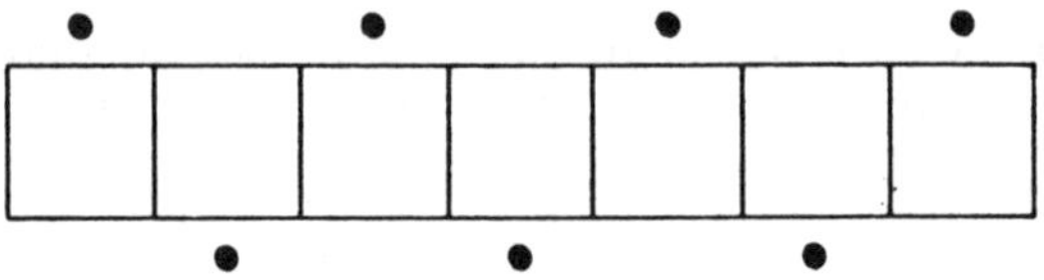

Einzelne Schüler beginnen, die Form ihres Tuches zu verändern. Es kann auch die Lage des Tuches verändert werden. Die anderen Schüler greifen den Vorschlag des einen Schülers auf. Es entsteht ein neues Reihenornament. Auf diese Weise können nacheinander verschiedene Reihenornamente entstehen.
Beispiele:

Entwickeln sensorischer Fähigkeiten über das Sehen und Hören: Kontinuität

Hannelore Krause-Wichert

Zielsetzung: Förderung kontinuierlicher Bewegungsabläufe in den Grundbewegungsarten. Entwicklung von Kreativität, Kooperation in verschiedenen Formen. Schulung differenzierter auditiver und visueller Wahrnehmung. Bewegungsgestaltung.

Zielgruppe: Kinder mit Vorerfahrung in Rhythmischer Erziehung.

Arbeitsmaterial: Handtrommeln, Musikinstrumente, Malpapier und -stifte oder Tafel und Kreide. Komposition “Betyárnóta” von Bela Bartok.

2.

Übungsbeschreibung:

1. Die Schlange.

1.1 Kurzes Gespräch über Fortbewegungsmöglichkeiten in einer Schlange.
a) Fortbewegungsarten (Gehen, Laufen, Hüpfen, Springen, Kriechen, Schreiten, Trippeln usw.).
b) Bewegungsrichtungen (vorwärts, rückwärts, seitwärts, wechselseitig),
c) Körperhaltung (gestreckt, gebeugt, gehockt, gestrafft usw.),
d) Kombination aus a - c.

1.2 Alle stellen sich in einer Schlange auf. Die Bewegungsart des “Schlangenkopfes” soll von allen übernommen werden.

1.3 Der “Schlangenkopf” achtet auf gute Raumaufteilung. Haben alle seine Bewegungsart übernommen, läuft er an den Schluß. Zugleich übernimmt der neue Schlangenkopf ohne Unterbrechung die Führung in der Bewegungsart, die er vorher überlegt hatte.

1.4 Hat die Schlange die Bewegungsart des neuen Anführers übernommen, tritt auch schon wieder kontinuierlich ein neuer Wechsel ein.

1.5 Ein Trommelspieler (oder eine Gruppe von Trommelspielern) begleitet alle Bewegungsarten. Ist der Wechsel kontinuierlich und reagiert der Trommler (oder reagieren die Trommler) gut, entsteht keinerlei Unterbrechung im Trommelspiel.

1.6 Auf ein Zeichen (evtl. Schlag auf den Trommelrand) löst sich ohne Unterbrechung ihrer Bewegung die Schlange auf, und die Kinder finden sich wieder in einer neuen Schlange zusammen und übernehmen die Bewegungsart des nunmehr neuen ersten.

2. Das Paar.

2.1 Nach der letzten Auflösung der Schlange nehmen alle ein Gehtempo ein, das die Trommel gibt und finden ohne Bewegungsunterbrechung einen Partner.

2.2 Die Paare gehen gut verteilt und bleiben stehen, wenn die Trommel aufhört.

2.3 Ein Partner soll nun allein gehen, während ihn der andere, am Platz stehend, klatschend begleitet.

2.4 Der jeweils gehende kann den jeweils stehenden jederzeit ablösen. Dabei sollten allerdings kein Schritt und Klatscher ausfallen bzw. doppelt vorkommen.
Anmerkung: Der ankommende muß seine Bewegung deutlich abschließen und sofort mit Klatschen beginnen. Der stehende muß reagieren und vom Klatschen zum Gehen überwechseln. Die Übung braucht eine längere Anlaufzeit, bis sich die Paare aufeinander eingespielt haben.

2.5 Wie 2.4 im Lauftempo. (Die Übung ist jetzt wesentlich schwieriger, weil noch schneller reagiert werden muß.)

2.6 Wie 2.4 im Hüpfrhythmus.

2.7 Jetzt kann sich der Partner fortbewegen, wie er möchte. Er kann seine Bewegungsarten beliebig – wenn auch in nicht zu kurzen Zeitabständen – wechseln. Der stehende begleitet alle Bewegungen mit entsprechendem Klatschen.
Wieder kann der jeweils sich bewegende den klatschend stehenden beliebig ablösen. Die Ablösung soll dann in der Bewegungsart des ankommenden stattfinden.
Anmerkung: Kommt also der sich bewegende angesprungen, so springt der vormals stehende genauso weg, kann dann aber seine eigenen Bewegungsarten wählen.
Der klatschende klatscht auch zunächst in der Art weiter, in der er angekommen ist, danach begleitet er klatschend den anderen.

3. Die Gruppe.

3.1 Die Hälfte der Gruppe steht in guter Raumaufteilung und begleitet klatschend die andere Hälfte, die frei umhergeht.

3.2 Jeder gehende kann nun jeden stehenden jederzeit ablösen. Er versucht allerdings den stehend klatschenden zu täuschen, indem er ihn umkreist oder von hinten auf ihn zukommt. Der stehende muß "umsichtig" sein und versuchen, jeden in seiner Nähe gehenden im Auge zu behalten, um sofort "in Gang zu kommen", wenn er abgelöst wird.
Anmerkung: Dieses Spiel zeigt, daß Kontinuität auch Wachsamkeit bedingt. Es kann bei größeren Gruppen oft vorkommen, daß ein Spieler mehrere Klatscher hinter sich stehen hat, die alle ebenfalls nicht bemerkt haben, daß sie bereits abgelöst wurden.

4. Der einzelne.

4.1 Alle sitzen gut verteilt im Raum. Vor jedem liegen Zeichenstift und Malblatt. Zum Lied "Auf, du junger Wandersmann" werden die Phrasierungsbögen mit den Händen in die Luft gezeigt. Jeder neue Bogen wird mit der jeweils anderen Hand gezeigt.

4.2 Gespräch über die möglichen Phrasierungen. Sechs Phrasierungsbögen werden festgelegt, von denen der zweite doppelt so lang wie die anderen ist (vor allem durch den Text bedingt).

4.3 Mit der Hand (ohne Stift) werden nun sechs Linien "mit Geisterschrift" auf das Blatt gemalt. Die Linien sollen möglichst ein zusammenhängendes Bild ergeben und die jeweilige Länge der Phrasen versinnbildlichen.

4.4 Das Bild wird nun zum Singen des Liedes gemalt. Es entstehen unterschiedliche Bilder, die anschließend von allen betrachtet werden, z.B.

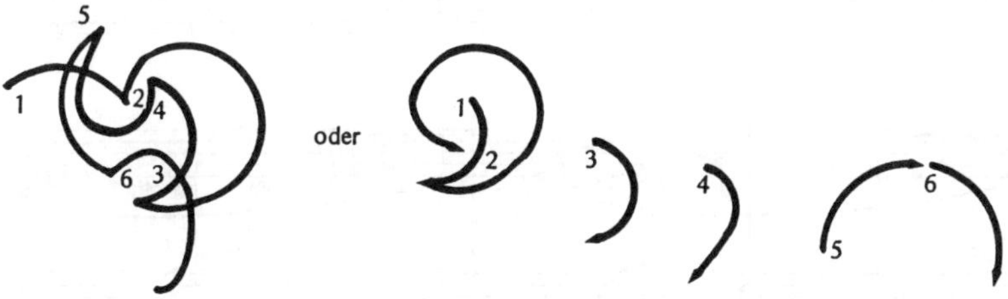

4.5 Alle stehen einzeln in guter Raumaufteilung. Einer geht die erste Phrase des Liedes zu einem beliebigen anderen. Der Weg muß so eingerichtet werden, daß er mit dem letzten Ton der Phrase den Partner erreicht, der nun sofort die neue Phrase geht.
Die Gruppe singt oder summt das Lied und klatscht jeweils einmal auf dem ersten Ton der neuen Phrase, damit die sich ablösenden Spieler feststellen können, ob sie es richtig gemacht haben.

4.6 Wie 4.5 im Hüpfen.

4.7 Wie 4.5 im Laufen (Achtelnotentempo).
Anmerkung: Hierbei muß der laufende Spieler viele stehende umkreisen und sich einen weit entfernten Partner zum Ablösen aussuchen, denn die Wege sind durch das doppelte Tempo sehr lang.

4.8 Wieder wie 4.5, jedoch kann der jeweils einzelne seine Bewegungsart frei wählen. Er muß nur am Ende der Phrase bei irgendeinem Partner sein, um eine kontinuierliche Weiterführung der Phrasen zu ermöglichen.

5. Die Dreiergruppen.

5.1 Dreiergruppen bewegen sich im Raum, wobei der mittlere führt. Er bewegt sich mit beiden Partnern, mit einem oder allein. Er dirigiert die anderen in beliebige Richtungen, Drehungen und Wendungen, kreist mit ihnen und ist ständig in kontinuierlicher Führungsbewegung.

5.2 Ein anderer Partner kommt in die Mitte und übernimmt die gleiche Aufgabe. Diesmal improvisiert der Rhythmiklehrer eine klar in gleichmäßig lange Phrasen gegliederte Musik.
Der führende versucht, die Phrasen zu berücksichtigen, indem er immer erst am Anfang einer Phrase eine neue Bewegungsidee entwickelt.

5.3 Das gleiche mit dem dritten Partner als Führenden.

5.4 Die kontinuierlich geübten Grundbewegungsarten sollen nun in einer freien Bewegungsimprovisation zu einem komponierten Musikstück angewandt werden.
Aus Béla Bartoks Klavieralbum "Für Kinder" wird vorgespielt: "Betyárnóta".

Aus: "Für Kinder" III - IV. No. 31 von Bartók. © 1946 by Boosey & Hawkes, Inc.

Anmerkung: Der Übungsleiter kann hier die Melodie auch nur auf der Flöte spielen oder sie singen. Sie ist auch dann noch stark genug zur Bewegungsgestaltung. Die Gruppe sitzt von 5.4 bis einschließlich 5.7.

5.5 Form und mögliche Phrasierungen werden besprochen. Zum A-Teil wird im Gehtempo geklatscht, zum B-Teil werden die Füße im Wechsel zum Platz aufgesetzt.

5.6 Klatschen für A und Fußwechsel für B im Lauftempo (Achtelnoten).

5.7 Klatschen und Fußwechsel im Hüpfrhythmus.

5.8 Dreiergruppen improvisieren nun einen freien Tanz zu dieser Melodie. Der mittlere führt, jedoch können auch die Partner Ideen zur Gestaltung einbringen. Der A- und der B-Teil sollen sich deutlich voneinander unterscheiden. Etwa

A-Teil in der Reihe und B-Teil im Kreis oder
A-Teil im Gehen, B-Teil im Hüpfen oder

A-Teil solistisch, B-Teil gemeinsam oder ähnlich.

Bei Fortgeschrittenen können auch noch die Phrasen in den einzelnen Teilen mit berücksichtigt werden.

5.9 Allmählich sollen die Gruppen eine Form in etwa festlegen, die wiederholbar ist.

5.10 Jede Dreiergruppe führt ihre Lösung vor, während die anderen Gruppen mit zweierlei Körperinstrumenten begleiten (siehe Übung 5.6 - 5.8 o.ä.). Die Gruppen lösen sich beim Vorführen kontinuierlich ab.

Entwickeln sensorischer Fähigkeiten über das Taktile: Spiel mit dem Reifen

Hannelore Krause-Wichert

Zielsetzung: Raumübersicht, Kontinuität und Kreativität, Schulung der differenzierten Wahrnehmung und Wechsel von Grob- und Feinmotorik. Balance, Begriffsbildung und Erkennen musikalischer Abläufe. Anerkennen und Einhalten von Spielregeln, Frustrationstoleranz.

Zielgruppe: Kinder im Alter von 8 bis 12 Jahren.

Arbeitsmaterial: Gymnastikreifen, Trommel mit Schlegel, große Papierbögen, Buntstifte, Musikinstrument.

Übungsbeschreibung:

1. Der getragene Reifen.

1.1 In einer Reihe zum Trommeltempo gehen. Der erste trägt seinen Reifen auf eine von ihm bestimmte Art, die anderen imitieren ihn.

1.2 Auf ein Trommelzeichen (z.B. Randschlag) geht der Erste an das Ende der Reihe, und der neue Erste wechselt möglichst ohne Unterbrechung zu einer neuen Trageart über. Auch diese wird wieder von allen übernommen.

1.3 Wie 1.2, jedoch ohne Trommelzeichen. Der erste achtet darauf, daß alle seine Trageart übernommen haben und wechselt dann selbständig an den Schluß. *Anmerkung:* Die Reihe darf niemals kreisähnlich werden, da Anfang und Ende dann schlecht zu erkennen sind. Das Verlassen des Reihenanfangs muß deutlich sein, damit der Führungswechsel gut sichtbar wird. Jeder überlegt sich eine neue Trageart, bevor er an der Reihe ist, um die Kontinuität der Bewegung zu bewahren. Die Trageart soll jeweils beibehalten werden, bis ein neuer erster sie ablöst.

1.4 Der erste bleibt nun vorn und wechselt von Zeit zu Zeit die Trageart. Der Übungsleiter “schneidet die Reihe durch”, indem er sie durchkreuzt. So entsteht eine neue, weitere Reihe, deren erster sofort auch eine neue Trageart zeigt, die seine Reihe übernimmt. Sie soll sich von der der anderen Reihe deutlich abheben.

1.5 Immer mehr Reihen entstehen nun im Prinzip der Übung 1.4. Die jeweiligen ersten können ihre Tragearten ab und zu wechseln. Es ist aber darauf zu achten,daß sich alle Reihen durch ihr Reifentragen deutlich unterscheiden.

1.6 Übung 1.5 wird so lange wiederholt, bis alle allein gehen, also die Reihen ganz aufgelöst sind. Jeder trägt seinen Reifen auf eine andere Art, die er nun zunächst beibehält.

1.7 Auf Zuruf des Übungsleiters werden die Tragearten des Reifens von jedem einzelnen wieder geändert. Beim Durcheinandergehen kontrolliert die Gruppe untereinander, ob jeder jeweils seinen Reifen auf eine andere Weise trägt.

Anmerkung: Diese Spiel kann beliebig oft wiederholt werden, weil auch bereits vorgekommene Tragearten von anderen Kindern wieder übernommen werden können.

1.8 Alle bleiben stehen. Jeder trägt seinen Reifen auf eine andere Art an einen bestimmten Platz; die Hände sollen dabei aber nicht benutzt werden.

2. Der kreiselnde Reifen.

2.1 Der Übungsleiter läßt einen Reifen vor der Gruppe kreiseln. Alle verfolgen die Bewegung des Reifens, bis er liegt.

2.2 Wie 2.1, doch halten sich die Kinder die Ohren zu und beobachten den kreiselnden und fallenden Reifen.

2.3 Gespräch über das, was alle gesehen haben.

2.4 Wie 2.1, doch schließen alle Kinder die Augen und lauschen.

2.5 Gespräch über das, was alle gehört haben.

2.6 Wie 2.1 und 2.4. Jeder imitiert das, was er hört, mit seiner Stimme. Es soll möglichst "echt" klingen.

2.7 Wie 2.1. Diesmal soll der Reifen mit den Händen (oder mit dem Kopf) imitiert werden.

2.8 Jeder sucht sich einen Platz im Raum. In der Mitte läßt der Übungsleiter den Reifen wieder kreiseln wie bei 2.1. Alle Kinder sind nun auch ein Reifen, kreiseln, taumeln und fallen wie er.

2.9 Jedes Kind legt einen großen Bogen Papier vor sich auf den Boden. Es beobachtet den kreiselnden Reifen und malt mit dem Finger in "Geisterschrift" die Bewegung des Reifens mit, bis er liegt.

2.10 Wie 2.9, doch diesmal mit einem weichen, dicken Filzstift oder mit Wachsmalkreide in kräftigen Farben.

2.11 Wiederholung der Übung 2.10 auf der Umseite des Blattes.

2.12 Die Blätter werden zu einem Fries zusammengelegt. Jedes Kind legt die Seite mit der Zeichnung nach oben, die es für seine gelungenere hält. Die Zeichnungen werden vom Erzieher mit den Kindern besprochen.
Anmerkung: Ein geübter Rhythmiklehrer kann hier deutlich sehen, bei welcher Zeichnung optische, akustische und motorische Eindrücke überwiegen. Es gibt auch Mischformen. Die Zeichnungen sehen in der Regel durch unterschiedliche Dynamik und räumliche Anordnungen erstaunlich verschieden aus. Man kann hier die Richtigkeit aller Lösungen ein Phänomen der Rhythmischen Erziehung – sehr wirkungsvoll dokumentieren.

3. Der liegende Reifen.

3.1 Jedes Kind legt seinen Reifen so, daß eine gute Raumaufteilung entsteht (d.h., jeder Reifen liegt gleich weit von den anderen entfernt).

3.2 Alle gehen auf ihren Reifen, ohne daß die Fußsohlen den Boden berühren.

3.3 Das gleiche, doch soll man nicht nach unten sehen, sondern sich "mit den Augen an den Wänden festhalten".

3.4 Das gleiche mit geschlossenen Augen (nur für Augenblicke möglich).

3.5 Wie 3.2, 3.3 und 3.4, aber rückwärts.

3.6 Die Füße stehen so über dem Reifen, daß er in der Fußwölbung liegt. Seitgehen mit Nachstellschritten nach Trommel- oder Musikbegleitung. Richtungswechsel bei Pausen oder langen Notenwerten.
Anmerkung: Es ist darauf zu achten, daß die Beine nicht steif gehalten werden.

3.7 Der Übungsleiter spielt folgenden rhythmischen Ablauf:

Bei jeder Pause soll die Richtung gewechselt werden. Der Ablauf wird möglichst so lange wiederholt, bis jedes Kind ihn verstanden hat.

3.8 Jeder springt auf viele Arten in, um oder über seinen Reifen. Dabei ist auf richtiges (leises) Springen zu achten.

3.9 Einzelne Springarten werden vorgeführt und benannt, wie z.B. Grätsch-, Schluß-, Schrittwechsel- und Stützsprünge (Siehe BE 4.2/Seite 367).

3.10 Einzelne Kinder wählen eine der vorgekommenen Springarten. Alle Kinder benennen sie.

3.11 Ein Kind, das sich freiwillig meldet, springt in der Art, die von allen bestimmt wird.

3.12 Zwischen allen Reifen gehen, laufen und hüpfen nach Trommel oder Musik. Am Ende zum eigenen Reifen zurückkehren.

4. Hörübungen mit dem liegenden Reifen als Platzmerkmal.

4.1 Mit Bewegung auf folgenden Vers reagieren:

A Balanciere sicher, stolz,
Rundherum auf Reifenholz,

B Springe lustig raus und rein,
Laß die Füße leise sein.

C
Geh von deinem Reifen fort,
Irgendwo an einen Ort.
Hast beim Hören du viel Glück,
Bist du auch zur Zeit zurück.

Dazu folgende Trommelbegleitung:

Zu A Langsamer Schlag auf Trommelfell, 𝅗𝅥

Zu B Schneller Schlag auf Trommelrand, ♩

Zu C Schneller Schlag auf Trommelfell. ♩

4.2 Sind die Teile mit der jeweiligen Trommelbegleitung bekannt, können die Bewegungen auch ohne Sprache, nur nach Trommelspiel, ausgeführt werden.

4.3 Wie 4.2, nur werden die Teile untereinander vertauscht und sind nur noch durch das jeweils unterschiedliche Trommelspiel erkennbar.

4.4 Nach Musik (Klavier, Flöte oder Stabspiel; auch nach gesungenen Melodien) zwischen den Reifen gehen. Am Ende eines musikalischen Ablaufs sich in irgendeinen Reifen stellen.

4.5 Das gleiche mit Laufen und Hüpfen.

4.6 Wie 4.4, doch fehlt ein Reifen. Wer am Ende keinen findet, scheidet aus; ebenfalls der, der die gespielte Bewegungsart nicht verkörpert. Wer ausscheidet, darf aber vorher noch irgendeinen Reifen, in dem ein Kind steht, wegnehmen.

4.7 Die Abläufe wechseln nun in Länge, Taktart und Tongeschlecht. Es wird solange gespielt, bis ein letzter Spieler übrig bleibt.
Anmerkung: Um die bereits ausgeschiedenen Spieler noch am Geschehen zu beteiligen, kann man sie mitklatschen oder -trommeln lassen. – Es ist darauf zu achten, daß niemand zu früh in einem Reifen steht oder nur einen Reifen umkreist. Auch soll man am Ende möglichst immer in einem anderen Reifen stehen.
Will man die Aufgabe (für ungeübte) erleichtern, sollte sie nur im Gehen ausgeführt werden. Auch kann der Übungsleiter in diesem Fall möglichst gleich lange Phrasen (etwa acht Takte) spielen.

Entwickeln sensorischer Fähigkeiten über das Taktile: Spiel mit Reifen

Brita Glathe

Zielsetzung: Schulung der Bewegungsgeschicklichkeit und des Raumgefühls. Verbindung von Bewegungsabläufen mit einer musikalischen Form (Rondo), Übungen zur Kommunikationsbereitschaft.

Zielgruppe: Schulkinder, Jugendliche, Erwachsene.

Arbeitsmaterial: für jeden Schüler einen Reifen und ein Sandsäckchen.

Übungsbeschreibung:

1. Geschicklichkeits- und Kommunikationsübungen mit dem Reifen.

Alle bewegen sich mit ihrem Reifen durch den Raum. Ohne besondere Verabredung treffen sich immer wieder neue Partner, die eine Weile miteinander gehen und ihre Reifen in bestimmter Haltung parallel halten.

1.1 Einige Schüler haben Reifen, andere ein Sandsäckchen. Im freien Spiel erfinden Partner oder kleinere Gruppen Geschicklichkeitsspiele mit Sandsack und Reifen, wie z.B.:

durchwerfen und fangen durch einen senkrecht gehaltenen Reifen,

durchwerfen durch den Zwischenraum, den zwei aufeinander- zubewegte Reifen bilden (zu viert),

durchwerfen und fangen durch einen waagerechten Reifen,

balancieren des Säckchens auf einem waagerechten oder senkrechten Reifen, das Sandsäckchen in einem aufgestellten Reifen langsam rollen usw.

1.2 Alle Sandsäckchen liegen auf dem Boden. Wer einen Reifen hat, versucht so schnell und so viele Säckchen wie möglich einzusammeln!

Raumübungen mit dem Reifen.

2. Bewegung zur Musik. Endet die Musik, werden alle Reifen in einem großen Kreis auf den Boden gelegt.

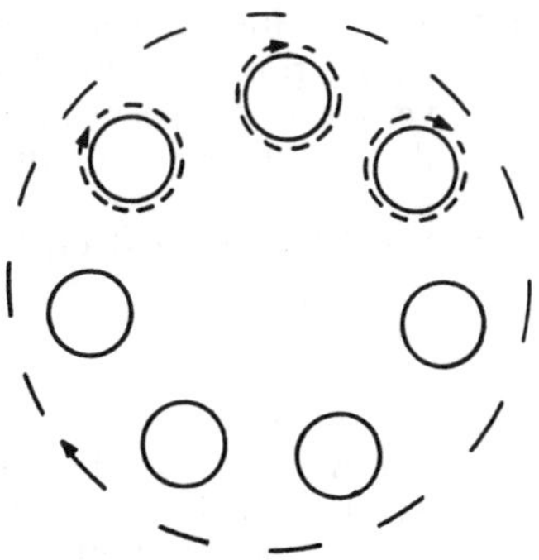

2.1 Zum Singen eines Liedes (z.B. "Die Vogelhochzeit") gehen alle um den Reifenkreis. Beim Ende des Liedes steht jeder wieder an seinem Reifen.

2.2 Jeder improvisiert an seinem liegenden Reifen eine kleine Bewegungsfolge, die genau so lange dauern darf, wie das Lied lang ist. (Eine Hilfe: innerlich mitsingen!). Einige Lösungen werden gezeigt und von der Gruppe nachgemacht.

2.3 Die zweiteilige Liedform A – B der "Vogelhochzeit" bestimmt die Bewegungsform:
A = um den Kreis herum,
B = Bewegung am Platz.

2.4 Aus den Bausteinen der Übungen 2.1 und 2.2 entsteht ein Rondo.
Beispiel:
Teil A - Großer Kreis um alle Reifen zum gesungenen Lied,
Teil B - hüpfen um den eigenen Reifen,
Teil A - wie oben,
Teil C - balancieren auf dem Reifen usw.

2.5 Die Reifen liegen in bestimmter Anordnung auf dem Boden:

Ein Schüler denkt sich einen bestimmten Weg aus, der in Sprüngen von einem Reifen zum anderen besteht.
Die Gruppe geht denselben Weg nach (es müssen nicht alle Reifen erreicht werden).

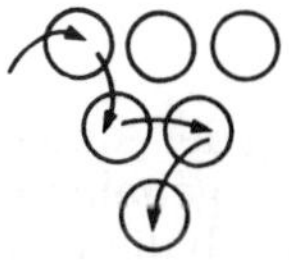

Jetzt wird die Aufgabe erschwert:
Einige Reifen werden aus dieser Form weggenommen, die Wege werden aber dennoch so gegangen, als ob alle Reifen da wären (Schulung der abstrakten Raumvorstellung).

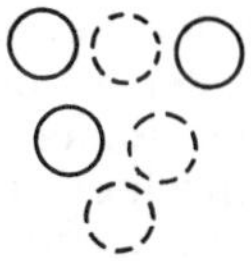

3. Formübungen mit dem Reifen.
Jeder rollt seinen Reifen durch den Raum.

3.1 Zu zweit. Ein, dann zwei Reifen werden zwischen den Partnern hin- und hergerollt. Der Lehrer greift einen besonders gut schwingenden Rhythmus eines Paares auf und begleitet ihn musikalisch. Die übrige Gruppe pendelt sich mit der Reifenbewegung ein.

3.2 Zwei Reihen gegenüber, zwischen jedem Paar ein (später zwei) Reifen. Die Gruppe versucht gleichzeitig und im Rhythmus der Musik die Reifen hin- und herzurollen.

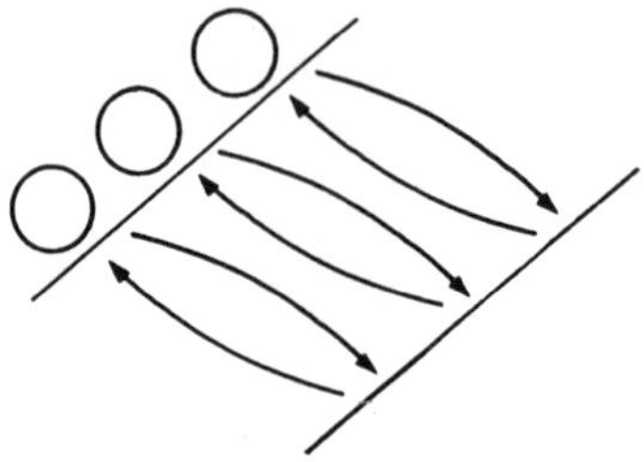

3.3 Der Abstand zwischen den Reihen wird vergrößert, das Tempo der Musik bleibt gleich!

3.4 Entwickeln einer Rondoform.
Teil A - Hin- und herrollen der Reifen zwischen den Partnern,
Teil B - das erste Paar der beiden Reihen erfindet eine Bewegungsform mit dem Reifen,
Teil A - wie oben,
Teil C - das zweite Paar erfindet eine neue Bewegungsform usw.

4. Kommunikationsübungen mit dem Reifen.
Bewegung im Raum mit den Reifen, der Lehrer schlägt leise ein ruhiges Gehtempo auf der Handtrommel. Steigert sich die Lautstärke, beginnen eine oder mehrere kleine Gruppen, "Gebilde" mit den Reifen zu bauen.
Nimmt die Lautstärke ab, lösen sich die Gebilde wieder auf.

4.1 Wieder werden Formen und Strukturen mit Reifen hergestellt, diesmal soll aber eine Verbindung besonderer Art entstehen: immer abwechselnd ein Mensch – ein Reifen – ein Mensch – ein Reifen.

4.2 Erweiterung der Aufgabe 4.1: Die Reifen werden nicht festgehalten, sondern auf den flach gehaltenen Händen balanciert. Einer aus der Gruppe führt alle anderen durch die Verbindung mit den Reifen durch den Raum (mit Musik).

4.3 Das Reifengebilde sieht wieder anders aus: In jedem Reifen bewegt sich ein Schüler, ohne den Reifen zu berühren. Seinerseits hält er seinen Reifen über einen anderen usw. Ein einzelner steht in einem Reifen und führt die Gruppe in verschiedenen Tempi und Raumebenen (Höhe, Tiefe, Schrägen, Drehungen usw.) durch den Raum.

"Liedformen (Rondo)" siehe IM 3.1/Seite 259
EM 5.5/Seite 487
B 6.2/Seite 572

2.3 Entwickeln kommunikativer Fähigkeiten mit Partner und Gruppe

Brita Glathe

Zielsetzung: Die Kinder sollen in dieser Stunde lernen, auf besondere Weise mit ihren Partnern umzugehen. Die Rolle des führenden wechselt ständig mit der des geführten; es werden Kontakte mit einem Partner oder der Gruppe in direkter (Körperkontakt) oder indirekter Weise (Kontakt über ein Gerät) aufgenommen. Das schüchterne, gehemmte Kind kann hierbei erfahren, daß es auch in der Lage ist, zumindest einen Partner, vielleicht auch die ganze Gruppe zu führen. Das führungsgewohnte Kind soll lernen, sich anzupassen und aktiv an einer Gruppenaufgabe mitzuarbeiten.

Zielgruppe: Kinder (Grundschule und älter).

Arbeitsmaterial: für jedes Kind ein Seil.

2.

Übungsbeschreibung:

1. Die Gruppe bewegt sich im Raum, jeder geht (hüpft, rennt, krabbelt usw.), wie er möchte. Zwei Kinder bekommen ein Seil, das sie locker zwischen sich halten. Diese zwei Kinder gehen nun zwischen den anderen herum. Durch ihr Seil bilden sie ein Hindernis, dem die anderen möglichst rasch ausweichen.

1.1 Das "Hindernisspiel" wird schwieriger, wenn sich alle zur Musik (ruhiger Grundschlag) bewegen. Das heißt: auch wenn man dem Hindernis ausweicht, darf man nicht das gleichmäßige Bewegungstempo verlieren. Die Musik kann langsame oder schnelle Tempi angeben, die beiden Seilträger machen es der Gruppe nicht leicht und fordern durch rasche Richtungswechsel die anderen zu immer geschickteren Reaktionen heraus.

1.2 Jetzt wird das Spiel umgekehrt gespielt: Jeder weicht den Seilträgern nicht aus, sondern versucht, das Seil zu übersteigen, zuerst ohne, dann mit Musik. Spielregel: Es steigt immer nur einer über das Seil; das selbst gewählte oder von der Musik gegebene Bewegungstempo wird nicht unterbrochen!

1.3 Übungserweiterung: Zwei und mehr Paare mit einem Seil bewegen sich als "Hindernis" zwischen der Gruppe.

2. Partnerübungen. Wir probieren aus: Wir gehen zu zweit und fassen uns auf immer wieder andere Weise an den Händen.

2.1 Jedes Paar wählt eine der ausprobierten Fassungen. Eines der Kinder führt das andere, wobei das führende Kind Tempo, Raumwege und die Art der Fortbewegung angibt. Wechsel der Führung!

2.2 Dasselbe. Die Bewegung wird jetzt durch die Musik geführt. Deutliche Zäsuren in der Musik zeigen an, wann die Führung zwischen den Kindern gewechselt wird. Dieser Wechsel kann auch in einer neuen Fassung sichtbar werden.

3. Ein Paar, bei dem das Führen und Folgen gut eingespielt ist, versucht sich an einer schwierigen Aufgabe: Kind 1 führt Kind 2, das die Augen geschlossen hat, einen bestimmten Weg im Raum. Mit geöffneten Augen versucht Kind 2, diesen Weg genau nachzugehen.

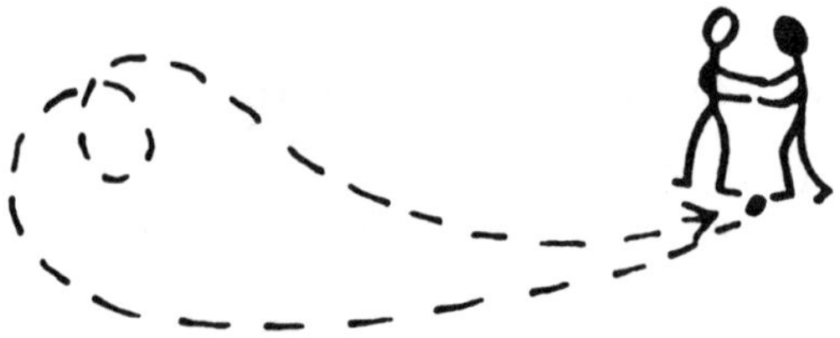

4. Führen und Folgen mit verlängerten Kontakten. Jedes Paar hat ein Seil und hält es zwischen sich. Wir probieren aus: Wie kann man sich besser gegenseitig lenken, mit locker oder straff gehaltenem Seil?

4.1 Jedes Paar wechselt sich im Führen und Folgen mit dem Seil ab, der Abstand zu den anderen Paaren wird möglichst weit gehalten.

4.2 Dasselbe, diesmal sucht die Gruppe aber engen räumlichen Kontakt, ohne daß sich die Kinder oder die Seile berühren.

4.3 Dasselbe, die Seile werden jetzt miteinander verflochten und gekreuzt, ohne daß sie aus den Händen gelassen werden. Das Seilgebilde wird wieder aufgelöst.

5. Wir fügen die Seile so aneinander (ohne Verschlingungen oder Knoten), daß ein "Netz" entsteht. Ein Kind schlüpft an eine Stelle des "Netzes", wo es so viel Platz hat, daß es von keinem Seil berührt wird.
Dieses Kind bewegt sich durch den Raum (ohne Seilberührung!) und führt dabei die ganze Gruppe (vorwärts, seit- und rückwärts, Drehungen, auf- und abwärts, Schräghaltung des "Netzes" usw.).
Das Kind im "Netz" kann auch durch Handbewegungen das Netz enger zu sich heranziehen oder weiter von sich wegschieben. Auflösung des "Netzes".

5.1. Wie 5. Die Bewegungen der Gruppe werden durch Musik unterstützt oder umgekehrt: die Musik motiviert die Bewegung.

Entwickeln kommunikativer Fähigkeiten mit Partner und Gruppe

Brita Glathe

Zielsetzung: wie Stundenbild R 2.3/Seite 107
Die Teilnehmer sollen lernen, in immer differenzierterer Weise Kontakt mit anderen aufzunehmen: zuerst über den direkten Weg (Körperkontakt), dann indirekt über Blickkontakt bis zu gedachten Verbindungen.

Zielgruppe: Erwachsene

Arbeitsmaterial: -

Übungsbeschreibung:

1. Die Gruppe steht in einer Ecke des Raumes, ein Schüler geht im Raum herum. Nur durch Blickkontakt holt er sich einen Partner aus der Gruppe, der mit ihm mitgeht. Dieser sieht wieder einen anderen an und holt ihn dadurch zum Mitgehen. Das wird so lange fortgeführt, bis die ganze Gruppe sich bewegt.

1.1 Dasselbe umgekehrt: Einer aus der sich bewegenden Gruppe geht in die Ecke, holt mit dem Blick einen zweiten aus der Gruppe zu sich, dieser wiederum einen nächsten usf. Das wird so lange fortgeführt, bis die ganze Gruppe wieder in der Ecke steht.

2. Die Gruppe bewegt sich im Raum. Jeder versucht, ganz für sich zu gehen, d.h., er nimmt bewußt keinen Kontakt zu den anderen auf, achtet weder auf gute Raumaufteilung beim Gehen, noch paßt er seine Wege denen der anderen an.

2.1 Steigerung: Jeder stört jetzt den anderen durch Kreuzen der Wege, Anstoßen und ähnliches Verhalten.

2.2 Jeder versucht, die anderen nicht nur zu stören, sondern zu erschrecken: Bei schnellem Bewegungstempo laufen wir dicht vor einen anderen heran und weichen erst im letzten Moment aus. Dieses "Schreck-Spiel" wird durch Rufe, Schreie und andere Geräusche noch wirkungsvoller.

2.3 Wir spielen:"Es begegnen sich unfreundliche Leute!" Dieses Spiel kann stumm oder mit Sprache, zu zweit oder in Gruppen gespielt werden.

2.4 Als Kontrast dazu spielen wir: "Es begegnen sich freundliche, heitere, lustige Leute!"

2.5 Oder:"Es begegnen sich freundliche Leute, die es in Wirklichkeit nicht sind."

3. Partnerübungen zu zweit.
Die Schüler stehen voreinander und legen ihre Fingerspitzen leicht aufeinander. Einer führt den anderen, der seine Augen geschlossen hat, durch den Raum (in alle Richtungen: vor-, rück-, seitwärts, Drehungen, verschiedene Tempi). Wechsel der Führung!

3.1 Einer legt dem anderen eine Hand flach auf den Rücken und führt ihn durch Impulse der Hand zum Gehen, Stehen, Sitzen, Liegen, zu Drehungen usw.

3.2 Beide Partner stehen voreinander. Einer folgt dem anderen in allen Bewegungen (Spiegel), ohne ihn zu berühren.

4. Bewegung zur Musik: rasches Laufen, Hüpfen, Drehen.

4.1 Die Schüler begleiten sich jetzt selber zum Gehen: es wird ein allen bekanntes Lied gesungen. Bei Liedende versucht jeder, bei seinem vorherigen Partner zu stehen.

4.2 Dasselbe: Beim Gehen zum Singen trennen sich die einzelnen Paare zwar, behalten sich aber immer im Blick.

4.3 Dasselbe: Die Partner gehen jeder für sich zum Singen, sehen sich aber nicht mehr an. Trotzdem versucht jeder genau zu erspüren, wo sich sein Partner gerade im Raum befindet.

5. Jeder begleitet sich selber mit Körperinstrumenten zum Gehen. Ohne besondere Verabredung versucht einer (oder auch mehrere, das sollte vorher nicht festgelegt werden), die Führung der Gruppe zu übernehmen.
Gelingt es, daß einer die Gruppe führt, so folgen alle eine Zeitlang den Bewegungen und Wegen des einzelnen.
Ohne verbale Verständigung wird er von einem anderen abgelöst, der wiederum die Gruppe eine Weile führt.
(Diese Aufgabe ist sehr schwer und erfordert ein hohes Einfühlungsvermögen der Gruppe.)

6. Aus der einen bilden sich zwei Gruppen, die wieder von zwei Schülern geführt werden. Diese beiden korrespondieren in einem Wechselspiel von Frage-Antwort oder einfach einem Ablösen in der Bewegung miteinander. Die Bewegungen werden dabei durch Klatschen, Stampfen usw. unterstützt.

6.1 Dic beiden Gruppen können auf diese Weise eine "Unterhaltung" führen, die nur durch Bewegung und mit Körperinstrumenten dargestellt wird. Z.B.:
- Zwei Personen begegnen sich, unterhalten sich, bekommen Streit miteinander und gehen verärgert auseinander.
- Zwei Personen treffen sich, wissen nicht, was sie tun sollen, beratschlagen und tanzen schließlich einen Walzer miteinander.

Diese Gruppenspiele können mit musikalischen Improvisationen begleitet werden.

Entwickeln kommunikativer Fähigkeiten: Einzelner – Partner – Gruppe

Hannelore Krause-Wichert

Zielsetzung: Beziehung zu verschiedenen Partnern finden; führen und folgen, kooperieren; gemeinsames Gestalten in unterschiedlich großen Gruppen.

Zielgruppe: Kinder.

Arbeitsmaterial: Trommel oder beliebiges Instrument zur Bewegungsbegleitung.

Übungsbescheibung:

1. Der Einzelne in der Gruppe.

1.1 Kinder gehen, laufen oder hüpfen in freier Raumaufteilung. Zu jedem, dem man begegnet, nimmt man eine flüchtige, kurze, positive Beziehung auf (man begrüßt ihn, blinzelt ihm zu, nickt ihm zu, berührt ihn usw.).

1.2 Das gleiche mit negativer Beziehung (man erschreckt den anderen, schneidet eine Grimasse, schaut von ihm weg usw.).

1.3 Man wählt aus, wie man jedem begegnen will, soll aber zu jedem Mitspieler einmal eine Beziehung im Vorübergehen kurz wahrnehmen.

2. Das Paar.

2.1 Aus der freien Raumaufteilung finden sich möglichst ohne Bewegungsunterbrechung Paare, die zusammen gehen, laufen oder hüpfen. Jeweils einer der Partner sorgt dafür, daß sich das Paar in guter Raumaufteilung bewegt, also niemanden stört und sich auch in seiner Bewegung von niemandem stören läßt; er ist der Führende. Der andere Partner paßt sich ihm an; er ist der Folgende. Die Paare sollen sich beliebig anfassen und die Führung nach gemeinsamer Absprache tauschen.

2.2 Die Partner verlassen sich, bewegen sich getrennt (nach Trommel oder Musik), behalten sich aber möglichst jederzeit im Auge. Auf ein Signal kommen sie wieder ohne Bewegungsunterbrechung zusammen und bewegen sich im Sinne von Übung 2.1.

2.3 Wiederholung der Übung 2.1, doch jetzt soll am Ende jedes Paar eine andere Fassung haben.

2.4 Wechsel der Fassung auf Zuruf. Niemals sollen zwei gleiche Fassungen in der Gruppe vorkommen. Fassungen kontrollieren und evtl. korrigieren (Schulung der optischen Wahrnehmung).

2.5 Es soll eine Fassung gewählt werden, die ohne Schwierigkeiten einen Seitenwechsel erlaubt. Eine musikalische Phrase lang führt der jeweils linke Partner. Am Ende der Phrase sollen die Plätze vertauscht werden, so daß der bisher rechte Partner nun an der linken Seite steht und die neue Phrase

anführt (Schulung der akustischen Wahrnehmung).
Anmerkung: Bei älteren und geübten Kindern können die Phrasen unterschiedlich lang sein und in verschiedenen Taktarten stehen. Jüngeren Kindern hilft man durch gleich lange Phrasen, evtl. mit ausklingendem Schlußton, oder man wechselt für eine Phrase von Dur nach Moll.

2.6 Einer der Partner schließt die Augen. Der andere führt das "blinde Kind", indem er es umfaßt und mit ihm geht, läuft, hüpft, stehen bleibt, sich hockt, die Richtung wechselt usw.
Es soll möglichst nicht gesprochen werden. Die Rollen werden gewechselt (Schulung der taktilen Wahrnehmung und Raumorientierung).

3. Die Dreiergruppe.

3.1 Aus der freien Raumaufteilung finden sich Dreiergruppen zusammen, möglichst ohne Bewegungsunterbrechung. Der jeweils mittlere sorgt dafür, daß sich die Gruppe in guter Raumaufteilung bewegt. Er ist der Führende, die beiden seitlichen folgen ihm (Rollen tauschen).

2.

3.2 Dreiergruppen stehen frei im Raum verteilt. Der mittlere bringt seine beiden Partner durch Gesten in Bewegung (Bewegungen miteinander, nacheinander, am Platz und vom Platz; der mittlere bleibt möglichst am Platz stehen).
Drei Spielregeln hat der Führende zu beachten. Er darf:
1. nicht sprechen,
2. nichts vormachen,
3. niemanden berühren.

3.3 Der mittlere zeigt einen Führungswechsel an, indem er einen seiner Partner in die Mitte winkt und seine Arme sinken läßt. Jeder in der Dreiergruppe sollte einmal geführt haben, danach kann sich die Gruppe ausruhen und evtl. die noch übenden anderen betrachten.
Anmerkung: Ältere Kinder können auch eine Gruppe, die allein agiert, beobachten und besprechen, wer deutlich führt bzw. wer die Gesten gut befolgen kann.

4. Die Vierergruppe (Schlange).

4.1 Vierergruppen bilden sich. Einer der beiden äußeren führt seine Gruppe als kleine Schlange durch den Raum. Die Schlange kann sich vor- und rückwärts "verschlängeln", indem der Führende unter den gefaßten Händen der Gruppe durchgeht. Es können sich auch Kreise mit dem Gesicht oder dem Rücken zur Mitte bilden und wieder zur Schlange auflösen.

4.2 Auf Zuruf übernimmt der zweite in der Schlange die Führung, ohne seinen Platz zwischen dem ersten und dritten zu verlassen.
Er setzt die Bewegung möglichst ohne Unterbrechung fort und entwickelt sie weiter.

4.3 Auf die gleiche Weise wie in Übung 4.2 übernehmen auch der dritte und danach der andere äußere die Führung. Jeder bringt in die vorgefundene Situation seine neuen Ideen ein.

4.4 Das gleiche Spiel kann von der Musik geführt werden, indem an jedem Phrasenende die Führung wechselt (mit oder ohne unterstützenden Zuruf des Übungsleiters). Bei entsprechendem Tempo kann ein frei gestalteter Lauftanz daraus werden.

5. Die Fünfergruppe.

5.1 Fünfergruppen verteilen sich im Raum. Ein Gruppenmitglied wird als "Vater" oder "Mutter" gewählt. Dieses bestimmt nun das Geschehen. Die Gruppe kann sich gemeinsam beliebig durch den Raum bewegen. "Vater" oder "Mutter" bewegen sich allein oder mit einzelnen bzw. mehreren "Kindern". Wer zu Hause bleibt, verfolgt die anderen Gruppenmitglieder klatschend oder auch nur beobachtend.

5.2 Die Gruppen können nach freier Wahl verbal oder auch nonverbal agieren.

6. Die Gesamtgruppe.

6.1 Eine Ecke des Raumes stellt die "Räuberhöhle" dar. Der gewählte "Räuberhauptmann" begibt sich mit seiner Gruppe auf einen "Erkundungsgang". Es darf nicht gesprochen werden, damit sich niemand verrät. Viel kann nun passieren: man schleicht, geht, läuft, überwindet imaginäre Hindernisse usw. Das Geschehen wird vom Räuberhauptmann bestimmt.

6.2 Gespräch über das, was sich jeder während des Spiels vorgestellt hat.

6.3 Wie 6.1, doch gibt der neue "Hauptmann" auch Aufgaben an einzelne "Bandenmitglieder" ab (z.B. Weg erkunden, imaginäre Hindernisse wegräumen usw; die Mitglieder können auch von sich aus Aktivitäten entwickeln). *Anmerkung:* Kinder im entsprechenden Alter können hier auch auf die unterschiedlichen Führungsstile hingewiesen werden.

6.4 Auch eine instrumentale Improvisation kann den Führenden unterstützen.

6.5 Das Instrument kann auch die Führung ganz übernehmen.

6.6 Zahlenfindespiel: Alle gehen in freier Raumaufteilung. Auf entsprechenden Zahlenruf sollen zwei, drei, vier oder fünf Spieler ohne Bewegungsunterbrechung zu einer Gruppe zusammenkommen und sich anfassen. Wer am Ende nicht "in der gewünschten Zahl ist", bewegt sich allein weiter.

6.7 Wie 6.6, doch muß unbedingt das Gehtempo beibehalten werden. Wer stehen bleibt, um eine passende Gruppe zu finden, oder zu schnell zu einem Partner läuft, scheidet aus.

6.8 Wie 6.7 mit wechselnden Tempi (Diese Spielvariante ist nur älteren Kindern möglich).

Entwickeln kommunikativer Fähigkeiten: Spiel mit dem Seil

Barbara Holzapfel

Zielsetzung: Fähigkeiten wie Geschicklichkeit, Umsicht, Rücksicht, schnelles Reaktionsvermögen, Phantasie, Anpassung und selbständiges Handeln, sowie Einfühlungsvermögen und Kontakt zum Gerät, zum Partner und zur Gruppe werden in dieser Stunde geübt. Das spielerische Üben dieser Fähigkeiten beeinflußt den Menschen in der Beziehung zu sich selbst und zu seiner Umwelt.

Zielgruppe: Erwachsene.

Arbeitsmaterial: für jeden ein Seil, das an beiden Enden einen Knoten hat. Für den Lehrer: Klavier, Becken.

Übungsbeschreibung:

1. Kontakt zum Gerät finden.
Jeder hat ein Seil und steht oder sitzt auf dem Boden.

1.1 Taktile Wahrnehmung:
Das Seil gleitet durch die Hände.
Wahrnehmung: Das Seil ist rauh oder glatt, es hat dicke und dünne, harte und
weiche Stellen.

1.2 Visuelle Wahrnehmung:
Das Seil der Länge nach auf den Boden legen. Das Seil zu einem Knoten zusam-menwickeln. Das Seil ist in sich beweglich, in seiner Form veränderbar.
Man kann Formen legen, Knoten herstellen und seine Länge ausnützen.

2. Kontakt zum Partner finden.

2.1 Einer von beiden schlängelt sein Seil mit schnellen Bewegungen am Boden, während der andere durch geschicktes Springen versuchen muß, auf das Seil zu treten.

2.2 Beide können auch gleichzeitig ihr Seil schlängeln und dabei versuchen, auf das Seil des anderen zu treten.

3. Das Gerät imitieren.

3.1 Alle liegen auf dem Boden oder stehen wie ein langes, gespanntes Seil. Die Knoten könnten mit den Händen und Füßen nachvollzogen werden. Der ganze Körper kann sich auch zusammen-“knoten”.
Das Wechselspiel von Zusammenziehen und Strecken wird vom Lehrer musikalisch begleitet. Ein Beispiel befindet sich auf der folgenden Seite.

Der Lehrer transponiert dieses Motiv in verschiedene Tonarten.

3.2 Die unter 1. gewonnenen Tasteindrücke an dem Seil werden am eigenen Körper nachvollzogen: rauhe und glatte Flächen, dicke und dünne Körperteile, harte und weiche Stellen am Körper.

4. Geschicklichkeit, Umsicht, Rücksicht und schnelles Reaktionsvermögen werden geübt.

4.1 Jeder nimmt sein Seil an einem Knoten und zieht es hinter sich her mit der Absicht, auf kein anderes Seil zu treten. Die Musik des Lehrers gibt ein ruhiges Tempo an.

4.2 Wie 4.1, aber in einem schnelleren Tempo. Der Lehrer gibt nur noch das Zeichen für den Anfang. Jeder hat die Absicht, möglichst auf ein anderes Seil zu treten, das dann von seinem Besitzer losgelassen werden muß. Die Seile werden locker, den Knoten zwischen zwei Fingern, in der Hand gehalten. Wer kein Seil mehr hat, läuft trotzdem noch mit und kann sich unbeschwert dem Draufspringen widmen. Das Spiel geht so lange, bis alle Seile auf dem Boden liegen. Die so entstandenen Seilformen werden betrachtet.

5. Phantasie, Anpassung und Einfühlungsvermögen werden geübt.

5.1 Die Gruppe nimmt Beziehung auf zu den Seilformen (siehe 4.2) auf dem Boden. Im Stehen, Sitzen oder Liegen sucht sich jeder einen Platz. Seine Körperform sollte eine Beziehung zu einer Seilform darstellen.

5.2 Das Spiel wird ab 4.2 mehrmals wiederholt. Jedesmal, wenn die Seilformen auf dem Boden liegen, wird die darauf folgende Aufgabe verändert,
z. B.:
- zu zweit an einer Seilform,
- in kleinen Gruppen an einer Seilform,
- mit Handfassung bzw. Berührungspunkten innerhalb der Gruppe,
- mit Beziehung der einzelnen Gruppen zueinander.

6. Partnerübungen: Behutsamkeit und Einfühlungsvermögen werden geübt.

6.1 Der erste nimmt eine selbstgewählte Lage auf dem Boden ein. Der zweite legt nun – so weit beide Seile reichen – die Seile am liegenden Körper entlang. Nun steht der erste vorsichtig auf, die Seilform soll unverändert bleiben, und der zweite versucht sich dann in diese Seilform in gleicher oder ähnlicher Lage zu legen (Wiederholung mit Rollentausch).

6.2 Alle so entstandenen Seilformen liegen auf dem Boden und werden von der Gruppe betrachtet. In manchen Formen hat man auch zu zweit oder zu mehreren Platz, wenn man Sitzen und Stehen miteinbezieht.

7. Gespanntes und lockeres Seil im Partner- und Gruppenspiel.
Durchhaltevermögen und Zusammenspiel, führen und sich führen lassen, Nachgeben und Zupacken werden geübt.

7.1 Zu zweit ein Seil. Jeder hält das Seil an einem Knoten.
Die Paare bewegen sich im Raum zur Musik, die zunächst nur das Tempo angibt. Das Seil wird auf Zuruf mal gespannt und mal durchhängend (locker) gehalten. Nach jeder Phrase kann die Führung innerhalb der Paare wechseln.

7.2 Wie 7.1, doch hören die Schüler aus der Musik des Lehrers, wann mit gespanntem und wann mit hängendem Seil gegangen wird.

- Musik im geraden Takt, straff und akzentuiert.
- Musik im ungeraden Takt, weiche, runde, umspielte Melodie.

Das straffe Seil kann tiefer und höher gehalten werden und ermöglicht für die Gruppe ein Darübersteigen und durch “Tore” gehen. Über das durchhängende Seil kann man steigen oder springen.

7.3 Das gespannte Seil am Boden.
Jeder sucht mit seinem Seilknoten Kontakt zu einem anderen Seilknoten, so daß immer zwei Knoten zusammenstoßen und eine gemeinsame Form aus gespannten Seilen entsteht. Einer von beiden hält nun beide Knoten und der andere ist frei. Diese so entstandene Seilform wird behutsam auf den Boden gelegt ohne die Knoten loszulassen. Von den anderen sucht sich jeder eine Seillänge aus und legt sich so gerade und gespannt wie das Seil an einem Seil entlang (siehe 3.1). Wiederholung: Die Form wird immer wieder anders gelegt. Die beiden Gruppen wechseln sich ab, damit jeder mal den Platz als “Knoten” und als “Seil” bekommt.

7.4 Das gespannte Seil im Raum.
Die gespannte Seilform wird vom Boden abgehoben und durch Verschiebung der “Knoten” (wobei immer zwei Knoten zusammen und die Seile gespannt bleiben) in unterschiedliche Richtungen in ein plastisches Gebilde gebracht. Man könnte es eine Seilbahn oder eine Berg- und Talbahn nennen. Die freie Gruppe soll sich an den Seilen blind entlangtasten (eine Hand am Seil). Wer den Weg einmal abgetastet hat, löst einen “Knotenhalter” ab. Die Seilbahn verändert sich durch langsame Bewegung der Knotenhalter. Die Bewegung wird durch den Lehrer von einem Beckenklang geführt.

7.5 Das lockere, durchgehängte Seil im Raum.
Wie 7.4, doch entsteht anstelle der “Seilbahn” ein “Dschungelwald” oder ein “Zauberwald”, der immer in leicht schwingender Bewegung bleibt und durch die Musik des Lehrers am Klavier geführt wird: zum Beispiel mal höher, mal tiefer, enger und weiter, stärker und schwächer werdende Schaukelbewegung im geraden oder ungeraden Takt. Die freie Gruppe bewegt sich geschickt und wendig durch den “Zauberwald”. Wer an ein Seil stößt, löst einen stehenden der anderen Gruppe ab.

7.6 Plastisches Gestalten.
In Vierergruppen mit zwei Seilen. Mit gespanntem oder lockerem Seil, nach eigener Wahl. Jeder hat in einer Hand einen Knoten, die andere Hand ist frei und kann in das Seil eingreifen und damit das gespannte oder lockere Seil in seiner Form beeinflussen: Phantasievolles Gestalten und Formen mit einer sensiblen Beziehung zum Gerät und zur Gruppe!

2.4 Schwerpunkt Wechselbeziehung Musik – Sprache – Bewegung

Der musikalische Begriff hoch – tief

Brita Glathe

Zielsetzung: Die Schüler sollen lernen, über verschiedene Bereiche der sinnlichen Wahrnehmung hohe und tiefe Töne voneinander zu unterscheiden.

Zielgruppe: Kinder/Erwachsene.

Arbeitsmaterial: mehrere Xylophone, Schlaginstrumente.

2.

Übungsbeschreibung:

1. Die Schüler sitzen oder liegen auf dem Boden. Es wird Musik vorgespielt, die in der Melodiefolge immer wieder auffallend hohe und tiefe Töne hat.

1.1 Augen geschlossen. Jeder versucht, die Melodielinien mit Bewegungen der Hand nachzuziehen.

1.2 Jeder stellt sich nur in Gedanken Bewegungen vor, die er zu den Melodien ausführen könnte. Z.B.:

1.3 Die Schüler bewegen sich zur Musik und drücken hohe und tiefe Töne oder Tonfolgen mit dem ganzen Körper aus.

1.4 Wie 1.3, die Bewegung zur Musik wird aber ohne Bewegung der Arme und Hände ausgeführt. (Die Schüler sollen zu immer neuen Bewegungsmöglichkeiten angeregt werden, wobei hohe und tiefe Körperhaltungen relativ sind und von der jeweiligen Ausgangsposition abhängen.) So kann "hoch" und "tief" durchaus auch so aussehen:

oder

1.5 Bewegung zur Musik, die mit einem hohen bzw. tiefen Ton endet. Die Schüler finden dazu zuerst große, dann immer kleinere Bewegungen.

(Auch der Tonumfang der Musik kann immer kleiner werden, so daß das Hören immer differenzierter werden muß.)

2. Gruppenspiel.
Alle bewegen sich durcheinander.
Aufgabe: Es sollen sich – ohne verbale Verständigung – zwei Gruppen bilden, die einmal die hohen, zum anderen die tiefen Töne vertreten. Die Töne sollen möglichst nicht gesungen werden, sondern jeder in der Gruppe sucht nach neuen Möglichkeiten, hohe oder tiefe Töne oder Geräusche zu erzeugen (summen, pfeifen, brummen). Jeder versucht auch, eine hohe oder tiefe Gruppe um sich zu versammeln, muß aber auch ebenso bereit sein, sich einer anderen, schon formierten Gruppe anzuschließen.

2.1 Dieses Spiel ist sehr reizvoll und schult das Gehör, wenn man es mit geschlossenen Augen spielt: Zwei Schüler (mit geöffneten Augen) bewegen sich sehr langsam im Raum und signalisieren akustisch der Gruppe hohe und tiefe Töne. Die übrige Gruppe steht an der Seite, jeder entscheidet sich für "hoch" oder "tief" und versucht, sich mit geschlossenen Augen seiner gewählten Gruppe anzuschließen.

3. Schlag- und Melodieinstrumente (Xylophone, Glockenspiel, Trommeln, Schellen, Glocken, Triangel, Klanghölzer usw.) werden ihrem charakteristischen Klang nach auf hohe und tiefe Töne und Geräusche hin untersucht. Das Spiel von 2. kann ebenso mit verschiedenen Instrumenten gespielt werden.

4. Mehrere Xylophone werden aufgestellt. Aufgaben, hohe und tiefe Töne als Folgen zu spielen, können auf vielerlei Art gestellt werden. Z.B.:

4.1 Taktile Übermittlung:
- Einer signalisiert dem anderen durch leichten Druck in die Handfläche, welche Tonfolge er hören möchte.
(Bestimmte Töne für "hoch" und "tief" werden abgesprochen).

(Tonraum Oktave)

Die taktilen Signale können auch über den Rücken, den Arm usw. übermittelt werden.

4.2 Visuelle Übermittlung:
- Eine Tonfolge wird durch Bewegung eines einzelnen oder durch bestimmte Haltungen mehrerer dargestellt und dann gespielt oder gesungen.

(Tonraum, Quinte)

- Hohe und tiefe Töne können als Zeichen an die Tafel gezeichnet und auf Instrumenten abgespielt werden:

Hier ist durch die Zeichen nicht nur die Tonhöhe, sondern auch die Tonlänge ausgedrückt worden.

4.3 Akustische Übermittlung:
- Hohe und tiefe Tonfolgen werden auf einem Xylophon gespielt und in Bewegung umgesetzt.
- Tonfolgen werden gesungen und dann aufgezeichnet usw.

Kombiniert man die Möglichkeiten der taktilen, visuellen und akustischen Übermittlung von Tonfolgen (wobei mit geübteren Schülern auch die mittleren Tonlagen dazugenommen werden), so können sich ganze Aufgaben- bzw. Tonketten ergeben, die z.B. so aussehen können:

Dieses Spiel kann auch als Wettspiel ablaufen: Zwei Gruppen stehen in zwei Reihen nebeneinander. Der Lehrer übermittelt dem ersten jeder Reihe eine bestimmte Tonfolge, die auf einem bestimmten Weg von einem an den anderen weitergegeben werden soll. Zuletzt soll die Melodie auf dem Xylophon erklingen. Bei wem ist die Melodie zuerst und fehlerfrei zu hören?

taktile Übermittlung

Rhythmus geklatscht, Bewegung hoch-mittel-tief

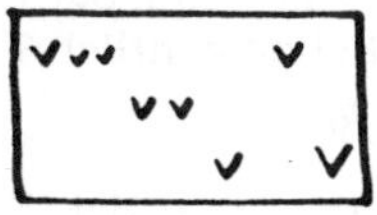

aufgezeichnet

auf dem Xylophon gespielt

Wechselbeziehung Musik – Bewegung: Notenwerte

Brita Glathe

Zielsetzung: Über die zuerst grobe Unterscheidung von schnell und langsam sollen die Kinder lernen, ihre Bewegungen nach dem Tempo von ♪, ♩ und 𝅗𝅥 – Notenwerten zu differenzieren.

Zielgruppe: Kinder.

Arbeitsmaterial: für jedes Kind Papier und Stift, Wandtafel und Kreide, Papptafeln zum Umhängen mit Noten darauf gemalt, Instrumente für den Lehrer.

Übungsbeschreibung:

1. Wir verabreden: Wird ein Schellenband einmal geschüttelt, bewegt sich jeder so schnell er kann und mag. Erklingt das Becken, findet jeder langsame und ruhige Bewegungen. (Alles möglichst phantasievoll: in der Fortbewegung, im Stehen, Sitzen, Liegen, mit dem ganzen Körper oder mit isolierten Bewegungen.)

1.1 Alle liegen auf dem Boden. Ein Ton wird gesungen oder gespielt. Die Kinder stehen dazu langsam auf und bewegen sich so lange, wie sie den Ton hören.

1.2 Das Aufstehen und Hinlegen wird jetzt so ausgeführt, daß es genau der Länge des gehörten Klanges entspricht. Damit sich die Kinder ihren Bewegungsablauf einteilen können, sollte der Klang (Becken, Gong) mehrmals gehört werden, ehe man sich dazu bewegt (Vorstellung der Bewegung!).

1.3 Jedes Kind bekommt Papier und Stift. Der Lehrer spielt in unregelmäßiger Folge lange und kurze Töne (Melodie – kein Schlaginstrument verwenden!), die die Kinder – so wie sie sie empfinden – auf ihr Papier malen. Es werden viele "Bilder" entstehen, die von allen betrachtet und besprochen werden. Z.B.:

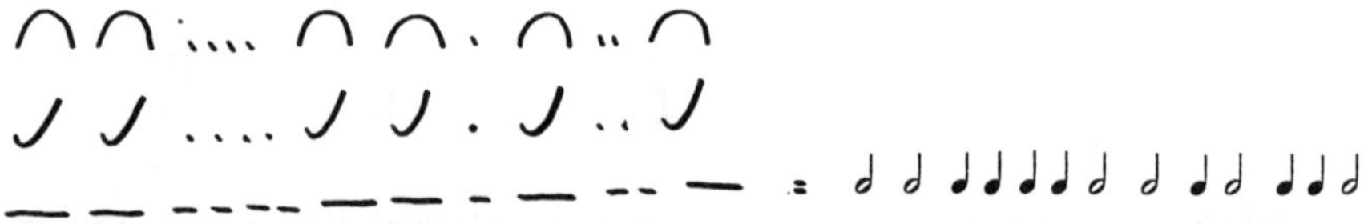

1.4 Die Aufgabe kann auch umgekehrt gestellt werden: Ein Kind zeichnet eine Folge langer und kurzer Töne mit beliebigen Zeichen an die Tafel, der Lehrer spielt diese Folge ab. Spannend wird es, wenn er dabei absichtlich Fehler macht, die die Kinder entdecken sollen!

1.5 "Wer kann die langen und kurzen Zeichen in Schritte umsetzen?" Die Kinder probieren lange und kurze Schritte aus.

2. Alle bewegen sich durcheinander, schnell oder langsam, jeder wie er möchte. Der Lehrer sucht sich ein Kind aus der Gruppe aus und begleitet sein Schritt-Tempo mit der Handtrommel. Wer fühlt sich begleitet? Alle übernehmen die Bewegung des Kindes. Auf diese Weise werden verschiedene Tempi von allen ausgeführt.

2.1 Wir besprechen: Die Kinder haben sich verschieden schnell bewegt: schnell, in mittlerem Tempo und langsam.

Für jedes Tempo gibt es eine Schrittart und ein Zeichen (Symbol):

schnell	= laufen	♪	=		= kleine Laufschritte
mittleres Tempo	= gehen	♩	=		= normale Gehschritte
langsam	= schreiten	𝅗𝅥	=		= große Schritte

2.

Diese drei Bewegungsarten üben wir jetzt und lassen uns von der Musik führen: Die Kinder bewegen sich entsprechend der Musik zu ♪, ♩ und 𝅗𝅥 (Größere Kinder lernen die Namen der Noten: Achtel, Viertel, Halbe).

3. Wir verwandeln uns in "Notenmännchen". Jedes Kind bekommt eine Papptafel umgehängt, auf der eine der drei Noten aufgemalt ist. Es entstehen drei Gruppen:

4. Durch die Musik werden nacheinander die drei Tempi angegeben: Es läuft, geht oder schreitet die Gruppe, die ihr Tempo hört.

Bewegungsspiel der "Notenmännchen".
Die "langsamen" bilden einen kleinen Kreis in der Mitte, die "mittleren" formen einen zweiten Kreis darum herum, die "schnellen" bilden den großen Außenkreis.
Jeder Kreis denkt sich eine Bewegung aus, die zu seinem Notenwert paßt, z.B.:

- ruhiges Schreiten im Kreis = 𝅗𝅥
- Schritte am Platz = ♩
- Laufen eines Bogens außerhalb der Kreisbahn = ♪

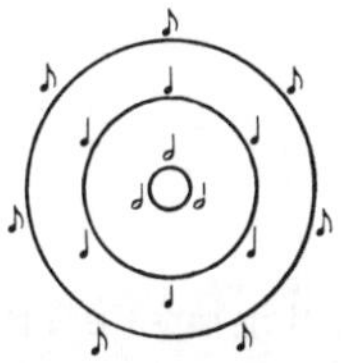

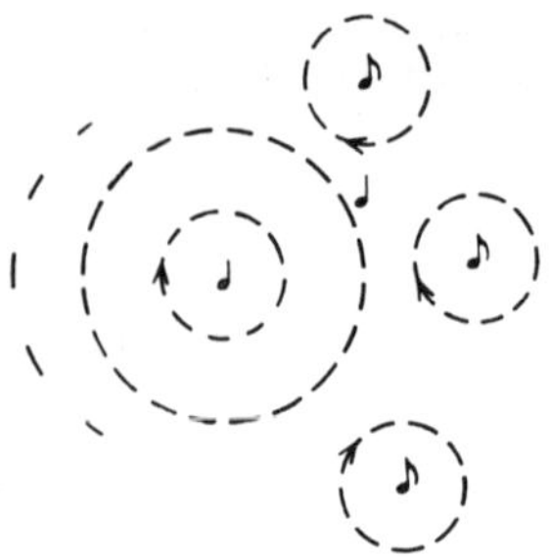

Dieses Spiel wird von der Musik inspiriert und geführt, wobei sich ein Kreis nach dem anderen bewegt.
Sehr gut eignet sich für diese Bewegungsform auch das Lied "Große Uhren gehen tick, tack ...", das sehr klar die Bewegung der einzelnen Gruppen mit den verschiedenen Tempi unterstützt.
Lied "Große Uhren gehen tick, tack ..." siehe "Stundenbilder zur Rhythmischen Erziehung", Kallmeyer´sche Verlagsbuchhandlung

"Notenwerte" siehe EM 5.1/ Seite 439
R 2.4/ Seite 125

Wechselbeziehung Musik – Bewegung: Notenwerte

Hannelore Krause-Wichert

Zielsetzung: Erkennen der Relativität der Notenwerte; Erfahren der Beziehungen der Notenwerte zur Bewegung; Verbindung von Klang- und Notendauer mit Bewegung.

Zielgruppe: Erwachsene.

Arbeitsmaterial: Becken, Triangeln, Handtrommeln, Rasseln, Klanghölzer, Klavier, Flöte.

2.

Übungsbeschreibung:

Vorbemerkung: Allen Erwachsenen sind Notenwerte als Zeitsymbole der Musik schon einmal begegnet. Wer aber kein Instrument spielt oder nach Noten singt, hat ihre Bedeutung bald wieder vergessen. Das Erfahrungsfeld war nicht intensiv genug, dem Bezug zur Praxis fehlte es oft an Intensität.
Eine meist nicht genutzte Möglichkeit, Notenwerte in ihrem Charakter und in ihrer Beziehung zueinander zu erfahren, ist die Bewegung. Dabei fällt auf, daß die Teilung in fünf Tempi, die jeweils halb oder doppelt so schnell zueinander stehen, genau das sind, was die Menschen an Zeitnuancen darstellen können.
Wenn man sein schnellstes Tempo in der Fortbewegung nimmt und setzt es Sechzehnteln gleich, dann sind ganze Noten gerade noch eben als fließende Fortbewegungsart ausführbar – und umgekehrt. Das Umschalten von einem Notenwert zum anderen erfordert in der Bewegung äußerste Präzision und Körperbeherrschung.
Die Bewegungserfahrung ist tiefgreifender als das rein rationale Aufnehmen der Beziehungen der Notenwerte untereinander.

1. Notenwerte in der Bewegung am Platz.

1.1 Zu lang ausklingenden Becken- oder Gongschlägen sollen fließende Linien mit einer Hand (einem Arm) gezogen werden. Die Schläge auf dem Instrument sind gleichmäßig lang, während die Länge der Linien frei gewählt werden kann. Eine kurze Linie muß also langsamer vollzogen werden als eine lange. Jeder neue Anschlag soll eine neue Linie auslösen.

1.2 Das Instrument klingt jeweils nur noch halb so lang. Dazu sollen Schwünge mit beiden Armen vollzogen werden. Sie können parallel und in Gegenbewegungen ausgeführt werden. Jeder Anschlag bedeutet einen Schwung.

1.3 Das Tempo wird noch einmal halbiert, also gegenüber 1.1 geviertelt. Hierzu kann das Becken mit dem Schlegelstiel am Rand angeschlagen werden, oder man nimmt die Trommel als Zeitgeber. Die metrischen Schläge sind jetzt doppelt so schnell wie unter 1.2.
Die Bewegung soll wechselhändig "tupfend" ausgeführt werden, wobei die Hände überall herumwandern können.

1.4 Das wiederum verdoppelte Metrum soll nun geklatscht werden, wobei die Hände überall hin frei bewegt werden können (Instrumentenbegleitung mit Trommel, Rassel oder Musik).

1.5 Die Schlagfolge wird nochmals verdoppelt und mit Zeigefinger auf Zeigefinger geklopft. Auch hier empfiehlt sich – um Verkrampfungen zu vermeiden - ein leichtes "Wandern" der Hände.
Aus diesen fünf Bewegungsarten kann nun folgendes Schema abgeleitet werden:

𝅝 = Linien ziehen (einhändig),
𝅗𝅥 = schwingen (beidhändig),
♩ = tupfen (wechselhändig),
♪ = klatschen,
𝅘𝅥𝅯 = Finger klopfen.

Anmerkung: Der unterschiedliche Einsatz der Hände gibt dem Übungsleiter einen guten Überblick, um zu kontrollieren und zu helfen.

1.6 Alle Bewegungsarten können nun nacheinander noch einmal vollzogen werden.

1.7 Das gleiche, jedoch sprunghaft wechseln, z.B. von 𝅗𝅥 nach ♪ oder von ♩ nach 𝅝 .

1.8 Die Viertelnote wird gegeben (Trommel oder Musik); die anderen Notenwerte sollen mit ihren entsprechenden Bewegungen auf Zuruf selbständig gefunden werden.

1.9 Zum gegebenen mittleren Tempo findet jeder selbst seine Bewegung in seinem Notenwert. Er kann auch beliebig wechseln.

2. Notenwerte in der Fortbewegung.

2.1 Paare bewegen sich angefaßt vorwärts: ein Partner geht, der andere läuft. Mit Klavier (linke und rechte Hand) oder Trommel und Hölzchen werden die beiden Tempi festgelegt: ♩ = ein etwas langsames Gehen, ♪ = ein schnelles Laufen.

2.2 Jeder wechselt, wenn sein Instrument wechselt (oder wenn seine hohe bzw. tiefe Klavierstimme wechselt. - Akustische Hilfe).

2.3 Jeder wechselt, wenn der Partner wechselt. Beide sollen nie das gleiche Tempo haben (Optische Hilfe).

2.4 Dreiergruppen stellen die Notenwerte 𝅗𝅥 , ♩ und ♪ dar. Sie bewegen sich nicht angefaßt, doch beieinander bleibend durch den Raum. Drei Instrumente unterstützen sie: Triangel = 𝅗𝅥 , Trommel = ♩ und Hölzchen = ♪ .

2.5 Jeder in der Gruppe wird um einen Notenwert schneller, der vormals schnellste wird der langsamste.

2.6 Nochmaliger Wechsel. Die Gruppen können auch mit anderen Gruppen Kontakt aufnehmen (mit gleichen oder anderen Notenwerten nach Belieben).

2.7 Zurück zum Anfangsnotenwert. Die Instrumente wechseln immer mit.

2.8 Jeder bewegt sich so langsam wie möglich. Die Bewegung soll fließend sein. Man soll möglichst nicht auf den neuen Schritt fallen, sondern sein Gewicht beherrschen und langsam übertragen evtl. durch Nachziehen des Spielbeines. Das Gewicht wird also jeweils ausbalanciert.

2.9 Das Zeitmaß der Schritte wird durch Becken- oder Gongschlag festgelegt. Die langsamen Schritte können in alle Richtungen gehen: vorwärts, rückwärts, seitwärts oder überkreuz.

2.10 Halb so schnell wie in 2.9 schreiten (Notenwert: 𝅗𝅥).

2.11 Ein Viertel so schnell gehen (Notenwert: ♩).

2.12 Ein Achtel so schnell laufen (Notenwert: ♪).

1.13 Ein Sechzehntel so schnell trippeln (Notenwert: 𝅘𝅥𝅯).
Aus diesen fünf Fortbewegungsarten kann nun folgendes Schema abgeleitet werden:

𝅝 balancieren
𝅗𝅥 schreiten
♩ gehen
♪ laufen
𝅘𝅥𝅯 trippeln

Anmerkung: Zur Erleichterung kann bei den ganzen Noten das Wort "ba-lan-cie-ren" mitgesprochen werden; bei den Sechzehntelnoten "Trip-pel-schrit-te" (𝅘𝅥𝅯𝅘𝅥𝅯𝅘𝅥𝅯𝅘𝅥𝅯).

2.14 - 2.17 wie 1.6 - 1.9 (relatives Notenwerterkennen).

Anmerkung: Wenn zum gegebenen mittleren Tempo (Übung 1.9) alle ihren Notenwert selbst finden, können sich auch jeweils die entsprechend gleichen Notenwerte in Gruppen zusammenfinden und gemeinsam bewegen.

2.18 Absolutes Notenwerterkennen: Fünf Gruppen - entsprechend den fünf Notenwerten - finden sich zusammen. Wird der Notenwert einer Gruppe gespielt, bewegt sich diese. Das Klavier kann auch zwei Gruppen gleichzeitig zur Bewegung aufrufen.

3. Notenwerte und Schlaginstrumente.

3.1 Fünf Gruppen von Schlaginstrumenten werden durch Gespräch den fünf Gruppen der Notenwerte zugeordnet. Daraus kann folgendes Schema abgeleitet werden:

𝅝 Becken, Gong
𝅗𝅥 Triangel
♩ Trommel (Tamburin)
♪ Rassel oder Schelle
𝅘𝅥𝅯 Klanghölzer, Holzblock- oder Holzröhrentrommel

3.2 Alle Instrumentenspieler stellen sich in möglichst gleich großer Anzahl in einer Reihe auf. Ein Dirigent gibt das Metrum der Viertelnoten; alle ordnen sich entsprechend ein:

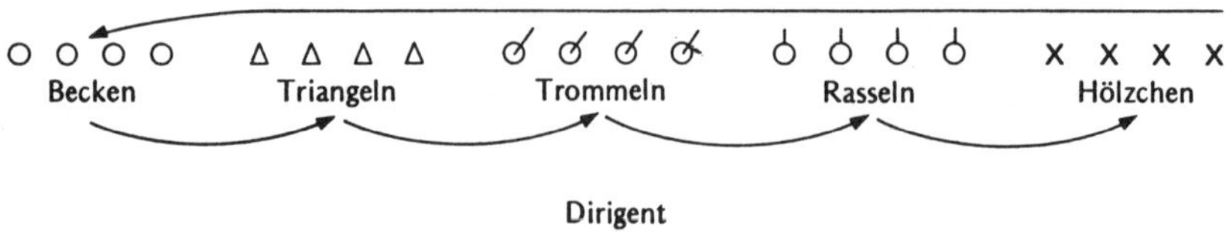

Beendet der Dirigent, der den Viertakt schlägt, sein Spiel, wechselt jede Instrumentengruppe zum nächst schnelleren Intrument über; die jeweils schnellsten werden die jeweils langamsten. So werden alle Notenwerte und Instrumente durchgewechselt.

3.3 Das gleiche mit Fortbewegung im Raum. Instrumentenspiel und Schritt-Tempo sollen synchron verlaufen. Die Gruppen können sich untereinander mischen. Musik (hier sehr gut Flöte) begleitet und unterstützt einmal diesen, einmal jenen Notenwert. Endet sie, legt jeder sein Instrument auf den Boden und holt sich das nächst schnellere. Die jeweiligen Hölzchenspieler wechseln jedesmal zu den Becken über. So werden wieder alle Notenwerte und Instrumente durchgewechselt.

4. Zusammenfassung der Schemata in zwei Spielen.

4.1 Alle Instrumente liegen auf dem Boden verteilt. Die Gruppe steht am Rand des Raumes. Ein Spieler stellt in der Fortbewegung einen Notenwert dar. Die Spieler, die den Wert zuerst erkennen, nehmen die entsprechenden Instrumente vom Boden auf und begleiten stehend den sich bewegenden, bis dieser den Notenwert wechselt und neue Instrumente (von anderen oder den gleichen Spielern) benötigt werden.

4.2 Das gleiche Spiel ist möglich, wenn der Einzelspieler die bekannten Bewegungen am Platz ausführt, die im ersten Schema den verschiedenen Notenwerten entsprechen.

"Notenwerte" siehe EM 5.1 Seite 439

Wechselbeziehung Musik – Bewegung: Phrasierung

Barbara Holzapfel

Zielsetzung: Die Schüler sollen die Gliederung einer Melodie erkennen und deren unterschiedliche Interpretation in der Bewegung erfahren. Das Ergebnis wird graphisch sichtbar gemacht.

Zielgruppe: Erwachsene.

Arbeitsmaterial: für den Lehrer ein Becken und eine Flöte (Klavier), für jeden Schüler Papier und Wachskreide.

Übungsbeschreibung:

1. Wahrnehmen eines Atembogens.
Die Gruppe steht im Raum verteilt (auf gute, richtige Haltung achten). Jeder spürt, wie der Atem durch seinen Körper strömt.
- Auf natürliche Weise einen Atembogen lang gehen. Die Bewegung beginnt bei der Einatmung und endet nach der Ausatmung.
- Dasselbe, aber im Stehen nur die Arme bewegen. Rechter und linker Arm wechseln sich ab.

1.1 Ein Becken wird vom Lehrer angeschlagen. Mit der Armbewegung zeigen die Schüler, wie lange sie den Klang hören. Kurze und lange Klänge des Beckens bestimmen die Armbewegung der Schüler.
- Dasselbe, jedoch mit Fortbewegung in den Raum.

1.2 Der Lehrer spielt eine bestimmte Folge auf dem Becken und behält diese bei (Kurzer Bogen – kurzer Bogen – langer Bogen).

Die Schüler bewegen sich auf verschiedene Weise zu diesem Ablauf im Raum, z.B.:

vorwärts – rückwärts – kreisen,
nach rechts – nach links – geradeaus,
kleiner Kreis – kleiner Kreis – großer Kreis,
hier hin – dort hin – überall hin,
rechter Arm – linker Arm – beide Arme,
am Platz – am Platz – in den Raum.

- Dasselbe, aber die Schüler gestalten die einzelnen Teile durch verschiedene Bewegungsarten, z.B. hüpfend, sich drehend, gerade oder kurvig, die Höhe und die Tiefe miteinbeziehend im Raum.
- Dasselbe im Spiel zu zweit:

der eine — der andere — beide

2. Der Lehrer spielt eine Melodie, auf der Flöte oder auf dem Klavier, mit der gleichen Phrasierung. Die Schüler ordnen ihre Bewegung dem rhythmischen Ablauf unter. In den Pausen (jeweils am Phrasenende) wird geklatscht.
Z.B.:

Bew. „laufen".

2.1. Der Lehrer variiert die Melodie. Die Bewegung der Schüler verändert sich entsprechend.
Z.B.:

Bew. „gehen".

Bew. „hüpfen".

Bew. „drehen".

3. Graphische Darstellung der Phrasierungsbögen mit den verschiedenen Bewegungsarten. Die Schüler malen zur Musik des Lehrers auf ihr Papier.
Z.B.:

„laufen" 

„gehen" 

„hüpfen" 

„sich drehen" 

3.1 Erkennen der Phrasierung an verschiedenen Liedern. Der Lehrer singt bekannte Lieder, und die Schüler malen die Phrasierungsbögen auf ihr Papier. Beispiele: "Auf einem Baum ein Kuckuck saß ...", "Grün, grün, grün sind alle meine Kleider...", "Blüh nur, blüh mein Sonnenkorn ..."

"Phrasierung" siehe EM 5.4/Seite 471

Wechselbeziehung Musik – Sprache – Bewegung: Taktarten, Taktwechsel

Brita Glathe und Barbara Holzapfel

Zielsetzung: Taktschwerpunkte sollen körperlich erfahren und ausgedrückt werden. Die verschiedenen Taktarten sollen erkannt und benannt und in Bewegung umgesetzt werden. Einführung in Taktierbewegungen.

Zielgruppe: Erwachsene.

Arbeitsmaterial: je eine Handtrommel, Papier und Stifte, verschiedene Schlaginstrumente.

Übungsbeschreibung:

1. Jeder Schüler hat eine Handtrommel und bewegt sich im selbst gewählten Tempo im Raum. Die Handtrommeln können dazu beliebig geschlagen werden, z.B. zu jedem Schritt ein Schlag, einzelne Akzente in regelmäßigen oder unregelmäßigen Abständen.

1.1 Die Gruppe versucht (ohne sich darüber zu verständigen), zu einem gemeinsamen Schritt-Tempo zu kommen. Ist dies erreicht, gibt jeder auf seiner Handtrommel Akzente in regelmäßiger Folge dazu. Auf diese Weise entstehen verschiedene Akzente bei gleichem Gehtempo.

1.2 Wie 1.1. Ein Schüler geht wie die anderen, spricht aber seinen Vornamen dazu und betont den Schwerpunkt seines Namens durch einen Schlag auf die Trommel.
Die Gruppe übernimmt diesen immer wiederkehrenden Akzent. Es entsteht ein gemeinsamer Akzent bei gleichem Gehtempo.

1.3 Damit viele verschiedene Namen durchgespielt werden können, übergibt immer wieder einer dem anderen die Führung. Das kann durch Blickkontakt, Anstoßen, Richtungswechsel usw. geschehen.

2. Die Schüler bewegen sich zur Musik des Lehrers – er bietet verschiedene Taktarten an – und klatschen dazu die Betonung (die Schwerpunkte).

2.1 Die Schüler hören die Musik des Lehrers, sie stehen und erfinden eine entsprechende Dirigierbewegung (Taktiergeste) dazu. Wichtig ist dabei, daß die Betonung eine Abwärtsbewegung zeigt. Die leichten Taktteile können beliebig in die Luft "gemalt" werden.

2.2 Zur Musik des Lehrers malen die Schüler auf große Papierbögen mit Wachskreide Taktierbewegungsformen auf. Beispiele:

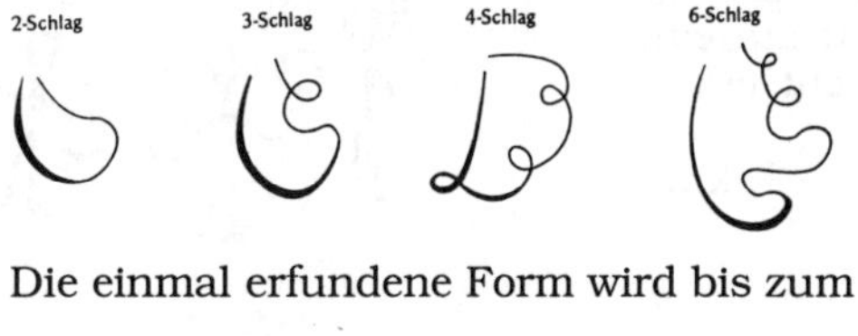

Die einmal erfundene Form wird bis zum Musikende nachgefahren.

Der Lehrer malt die allgemein gültigen Taktfiguren der gebräuchlichen Taktarten an die Tafel:

Er spielt auf seinem Instrument verschiedene Taktarten im Wechsel, die Schüler gehen danach, taktieren dazu unter Beachtung der Schwerpunkte und der Taktfiguren.

3.1 Jeder zeichnet auf ein Blatt Papier den Rhythmus seines Vornamens (dazu sprechen!), zuerst in freien Zeichen, dann in Notenschrift.

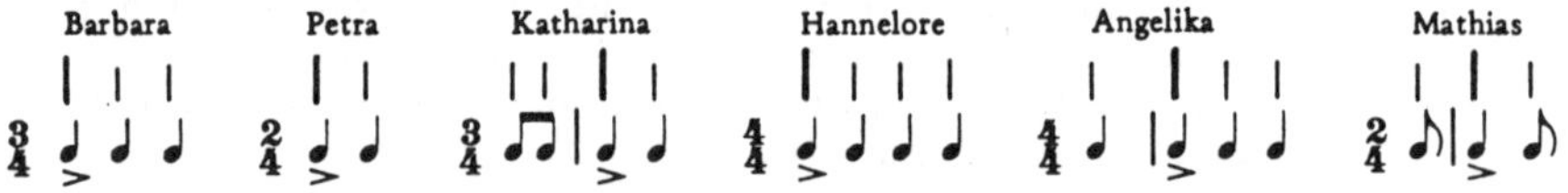

4. Der Lehrer spielt verschiedene Taktarten im Wechsel (2/4, 4/4, 3/4), die Schüler bewegen sich dazu und betonen die Taktschwerpunkte mit Körperinstrumenten (klatschen, stampfen, schnalzen, Richtungswechsel usw.).

4.1 Dasselbe, die Schwerpunkte werden im Spiel auf der Trommel ausgedrückt.

4.2 Dasselbe, die Taktschwerpunkte werden weiterhin auf der Trommel akzentuiert, die leichten Taktteile mit freien Rhythmen begleitet.

5. Kreis, jeder hält seine Trommel so, daß ein anderer bequem darauf schlagen kann. Ein Schüler geht im Kreis herum und schlägt bei jedem Schritt auf eine Handtrommel.

5.1 Jede zweite Trommel wird heruntergehalten. Der Spieler im Kreis kann also nur bei jedem zweiten Schritt auf eine Trommel schlagen. Es entsteht ein 2-Schlag.
Ebenso kann man alle anderen Taktarten darstellen!

Veränderungen dieser Taktarten entstehen auch, wenn der Kreis vergrößert oder verkleinert wird.

6. Spiel mit 2/4, 3/4 und 4/4-Takt.
Drei Schüler vertreten je eine der drei Taktarten. Der Lehrer spielt phrasenweise im Wechsel in einer der drei Taktarten. Wer "seine" Taktart hört, bewegt sich dazu und holt sich dabei einige aus der übrigen Gruppe. Es entstehen drei Gruppen.

6.1 Die Musik inspiriert weiterhin die Bewegung: Die drei Gruppen bewegen sich abwechselnd zu "ihrer" Taktart, die Taktschwerpunkte werden mit Körperinstrumenten deutlich gemacht.

6.2 Wie 5.1: Während sich eine Gruppe bewegt, geben die zwei stehenden Gruppen klatschend eine freie, rhythmische Improvisation dazu.

6.3 Ein Bewegungsablauf wird für die drei Gruppen aufgezeichnet, z.B.:

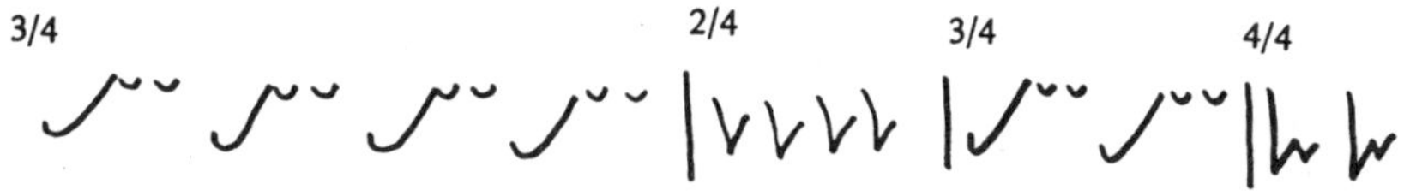

oder auch nur durch Angabe der Taktart in Zahlen. Hierbei ist jeder Gruppe die Länge ihres Bewegungsablaufes selbst überlassen.

2 — 4 — 2 — 3 — 2

Zu diesen Bewegungsabläufen können Schlaginstrumente hinzugenommen werden, für jede Taktart kann ein anderes Instrument verwendet werden.

6.4 Übungserweiterung (Fortgeschrittene):
Jede Gruppe wählt für ihre Taktart ein Lied, z.B. für

2/4-Takt – Lirum, Larum, Löffelstiel,
3/4-Takt – Hört ihr die Drescher,
4/4-Takt – Ist ein Mann in Brunnen g'fallen.

Die drei Lieder werden gesprochen, gesungen, der Rhythmus gegangen, die Taktschwerpunkte betont.
Diese Lieder, gleichzeitig bei gleichem Metrum gesungen (gesprochen, gegangen) ergeben im Gesamtbild interessante Taktschwerpunktverschiebungen.

7. Gruppenimprovisation.
Jeder wählt sich ein Schlaginstrument, ein Schüler steht ohne Instrument vor der Gruppe. Er versucht, durch seine Bewegungen die Gruppe zum Mitspielen zu inspirieren:
Er zeigt in charakteristischen Bewegungen verschiedene Taktarten (keine zu raschen Wechsel der Taktart!), die von der Gruppe spontan mit den Instrumenten begleitet werden. Es kann sich daraus eine ganz freie Improvisation entwickeln:

Spieler aus der Gruppe wechseln mit dem "Tänzer" vor der Gruppe ab, es gibt mehrere "Tänzer", die abwechselnd oder gleichzeitig agieren usw.

"Taktarten" siehe EM 5.4/Seite 473

Wechselbeziehung Musik – Bewegung: Taktarten, Taktwechsel

Brita Glathe

Zielsetzung: Die in Stundenbild R 2.4/Seite 131 erlernten Fähigkeiten sollen in dieser Stunde vertieft und in eine gestaltete räumliche Form umgesetzt werden.

Zielgruppe: Erwachsene.

Arbeitsmaterial: für jeden Schüler eine Handtrommel und zwei Schlegel.

Übungsbeschreibung:

1. Die Schüler stehen paarweise voreinander. Einer hält eine Handtrommel, der andere in jeder Hand einen Schlegel. Die Handtrommel wird in verschiedenen Höhen geführt, zuerst am Platz, dann in der Fortbewegung. Der Schlegelspieler versucht, möglichst gleichmäßig (mit ständigem Wechsel von rechter und linker Hand) auf die Trommel zu schlagen, gleich in welcher Lage sie sich befindet.

1.1 Ein kurzes rhythmisches Motiv,

z.B. 

wird ebenso im Wechselschlag auf die Trommel geschlagen.

2. Zu dritt. Zwei Schüler haben je eine Trommel, der dritte zwei Schlegel. Die Gruppe steht voreinander, der Schlegelspieler schlägt abwechselnd auf die Trommeln seiner beiden Partner. Auch diese verändern die Stellung der Trommeln, so daß der Spieler gewandt und reaktionsschnell sein muß, um ein gleichmäßiges Metrum zu schlagen.

2.1 Der Lehrer spielt Musik im 4/4-Takt.
Der Taktschwerpunkt wird vom Schlegelspieler auf der einen Trommel, die leichten Taktteile auf der anderen gespielt. Dasselbe im 2/4 und 3/4-Takt.

3. Bewegungsgestaltung:
Ausgangsstellung: ein Innenkreis (mit je einer Trommel und 1 Schlegel), ein Außenkreis (je zwei Schlegel).

Musikalische Form: A – B – A / Taktwechsel.

A = 4/4-Takt
B = 3/4-Takt

A - Die Schüler des Innenkreises stehen mit dem Gesicht nach außen, in einer Hand die Trommel (in Schlaghöhe für den Partner des Außenkreises gehalten), in der anderen Hand einen Schlegel.

Die Abstände der beiden Kreise sind so bemessen, daß der Außenkreis mit jeweils 4 Schritten beim nächsten Partner des Innenkreises ankommt.

Der Außenkreis bewegt sich auf der Kreisbahn vorwärts (gehen, lebhafte Schritte im 4/4-Takt), jeder Taktschwerpunkt wird mit einem Schlag des linken Schlegels auf die gehaltenen Trommeln des Innenkreises betont (6 Takte).

Takt 7 und 8: Stand vor dem Partner des Innenkreises und Drehung am Platz, wobei einmal der Taktschwerpunkt mit dem rechten, dann mit dem linken Schlegel (Drehung zu anderen Richtung!) geschlagen wird.

Außenkreis: Gehen auf der Kreisbahn, betonter erster Taktteil mit Trommelschlag.

Drehungen am Platz

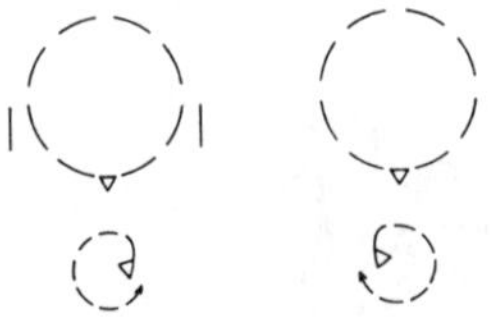

Wiederholung Teil A in entgegengesetzter Richtung, diesmal wird mit dem rechten Schlegel begonnen.
Beim letzten Takt der Wiederholung A legt der Innenkreis die Trommeln zwischen sich und dem Außenkreis auf den Boden.

B - Die jeweiligen Partner von Außen- und Innenkreis bewegen sich im 3/4-Takt um die Trommeln herum, wobei sie mit ihren Schlegeln aneinander schlagen (geübtere Schüler improvisieren dabei freie Rhythmen).

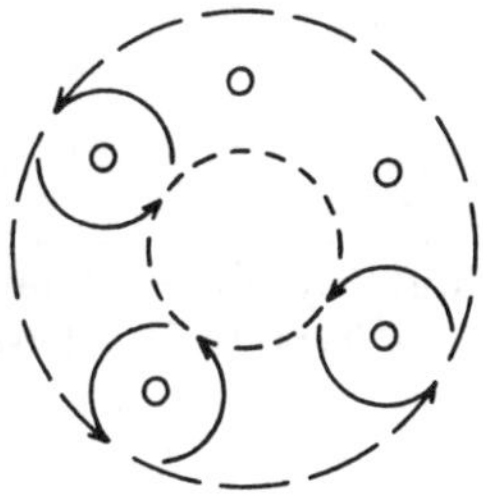

4 Takte rechtsherum
4 Takte linksherum

2.

Wiederholung Teil B. Beim letzten Takt der Wiederholung werden die Trommeln vom Innenkreis wieder hochgenommen.

Wiederholung Teil A siehe oben.

Diese Bewegungsform sollte durch Musik oder rhythmische Begleitung auf Schlaginstrumenten unterstützt werden, wobei es reizvoll ist, wenn die Teile A und B von verschiedenen Instrumenten (oder Instrumentengruppen) gespielt werden,

Z.B.: Teil A - Xylophone,
Teil B - eine Flöte.

Nimmt man für die Improvisation auf den Xylophonen Tonfolgen im pentatonischen Raum (z.B. C – D – E – G – A), so können auch weniger geübte Spieler sehr gut miteinander improvisieren.

"Taktarten" siehe EM 5.4 Seite 473

Wechselbeziehung Musik – Sprache – Bewegung: Taktarten, Taktwechsel

Hannelore Krause-Wichert

Zielsetzung: Umgang mit Taktarten, Taktwechseln und Rhythmen, Balance, Beweglichkeit der Rückenmuskulatur: Kooperation in größeren Gruppen.

Zielgruppe: Kinder.

Arbeitsmaterial: für jedes Kind ein kleines Rundhölzchen, Flöte oder Klavier.

Übungsbeschreibung:

1. Sensibilisierung der Fußsohle, Balance, taktile Konzentration.

1.1 Kinder stehen gut verteilt im Raum. Jedes Kind betreibt Fußmassage mit dem liegenden Hölzchen, und zwar in der Fußwölbung und unter den Zehen. Fußwechsel.
Anmerkung: Es kann auf den notwendigen Druck hingewiesen werden, sowie auf ruhige Atmung (am besten durch die Nase).

1.2 Jeder legt sein Hölzchen quer vor sein Spielbein. Während das Standbein verharrt, rollt das Spielbein das Hölzchen weitmöglichst vor. Arme und Körper helfen, die Balance zu halten. Ist jeder bei der für ihn äußersten Entfernung angelangt, soll das Hölzchen mit einem Fußanstoß wieder zum Standbein zurückgerollt werden.

1.3 Die gleiche Übung kann auch nach hinten und zu beiden Seiten ausgeführt werden. Überkreuz ist sie besonders schwierig. Jeder Fuß soll möglichst gleich oft an die Reihe kommen. Den Wechsel können die Kinder selbst bestimmen.

2. Beweglichkeit des Rückens im Knien, Rollen zu verschiedenen Taktarten und Rhythmen.

2.1 Kniend rollt jeder sein Hölzchen weitmöglichst hin und her. Das Rollgeräusch wird jeweils durch den neuen Handanstoß unterbrochen. Dies kann zu rhyth-mischem Rollen genutzt werden.

2.2 Rollen und sprechen "Rolle hin, rolle her!"

2.3 Hölzchen weitmöglichst vor- und zurückrollen (einhändig, beidhändig, nur vor den Knien, am Körper vorbei bis über die Füße hinaus, nach Belieben).

2.4 Rollen und sprechen: "Hölzchen, rolle auf und nieder" (Je nach Sprechbetonung kann hier vier- oder zweimal gerollt werden:

oder

)

2.5 Bewegungsentsprechung zu folgendem Sprechvers finden:

Hölzchen, rolle auf und nieder,
Rolle hin, rolle her, rolle hin, rolle her,
Und dann leg ich still dich wieder,
Lauf herum, das ist nicht schwer.

Anmerkung: Bei jüngeren oder ungeübten Kindern kann auf den Taktwechsel in der zweiten Reihe verzichtet werden. Diese Zeile kann dann heißen:

"Rolle hin und rolle her!" 

2.6 Die halbe Kindergruppe spricht, die andere bewegt sich dazu. Bei "schwer" klatschen die sprechenden Kinder in die Hände, und die Bewegungskinder stampfen.

2.7 Rollenwechsel, doch nun mimt die Sprechgruppe "Fernsehen ohne Ton", d.h. die Lippen bewegen sich, doch man hört nichts. Beim Klatschen am Schluß ist der Ton wieder da und sollte mit dem Stampfen zusammenfallen. Jede Gruppe kann sich überprüfen, inwieweit sie unter sich und mit den anderen übereinstimmt.

3. Erfahrungen mit Taktarten und Rhythmen an der Hölzchen-Leiter.

3.1 Kinder legen beliebig viele Hölzchen in eine Querreihe (Leiter) so auf den Boden, daß in jeden Zwischenraum ein Fuß paßt.

3.2 Nacheinander über die Leiter gehen. Jeder setzt ein, wenn er glaubt, genügend Platz vor sich zu haben. Der Übungsleiter greift das Durchschnittsstempo mit der Trommel auf.
Anmerkung: Der Übungsleiter sollte darauf achten, daß Knie und Füße geradeaus gerichtet sind und nur der Blick, nicht der Kopf gesenkt ist. Bei einer großen Kindergruppe können auch zwei Leitern parallel gelegt werden.

3.3 Die vor den Hölzchen stehende Kinderreihe klatscht einen Viertakt. Jeder Schritt bedeutet einen Grundschlag.

3.4 Nacheinander klatscht jeder nur auf die erste Zählzeit.

3.5 Auf die erste Zählzeit setzt nun jeder nacheinander den ersten Schritt in den ersten Zwischenraum. Die jeweils nächsten müssen nachrücken, damit sie nicht einen zu großen Schritt zu machen haben. Das Klatschen kann aufhören. Trommel, Singstimme, Flöte oder Klavier begleiten, bis der letzte wieder in der Reihe steht. Für das erste Kind wird ein Takt vorgegeben.

3.6 Das gleiche auch in anderen Taktarten.

3.7 Dieselbe Übung nach Liedern. Ein neues Lied *kann* einen anderen Takt haben, muß aber nicht.
Anmerkung: Der Taktwechsel kann frühestens vom übernächsten Kind realisiert werden. Bei jüngeren Kindern kann der Übungsleiter durch Trommel- oder Klatschbegleitung mit starker Betonung des ersten Taktteils helfen. Es kann auch jeder Liederwechsel Taktwechsel bedeuten, dann wartet beim Liederwechsel das nächste Kind, bis es die neue Taktart erkannt hat.

3.8 Ein Kind nimmt einige Hölzchen aus der Reihe, allerdings nicht zwei, die hintereinander liegen. Der Übungsleiter geht über die Reihe und bleibt in jedem erweiterten Zwischenraum die doppelte Zeit stehen.

So entsteht ein Rhythmus:

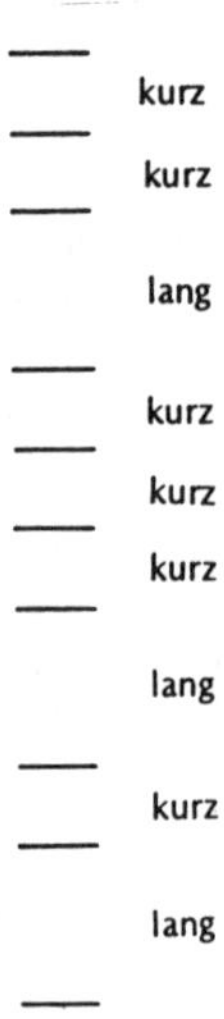

Die Kinder klatschen diesen Rhythmus, gehen ihn am Platz.

3.9 Jedes Kind geht den Rhythmus einmal allein, der Übungsleiter unterstützt rhythmisch-musikalisch.

3.10 Die Kinder verändern den Rhythmus, indem sie die Leiter verändern, klatschen und gehen den neuen Rhythmus.

3.11 Mehrere Kinder legen "ihren" Rhythmus und führen ihn klatschend oder gehend vor.

3.12 Mehrere Gruppen legen Liedanfänge und lassen sie erraten.
Anmerkung: Diese Übung ist nur älteren, erfahrenen Kindern möglich. Die Lieder dürfen keine punktierten Rhythmen haben und sollten rhythmisch prägnant sein.

Wechselbeziehung Musik – Sprache – Bewegung: Tempo und Dynamik

Brita Glathe

Zielsetzung: Das Bewußtwerden unterschiedlicher Lautstärken gehört zu den elementaren Erfahrungen, die die Kinder mit sich und ihrer Umwelt machen.
In der Rhythmischen Erziehung werden die Kinder mit dem Phänomen der Dynamik in ihren verschiedenen Spannungsgraden über das Hören, Bewegen, Sprechen, Singen und Spielen auf Instrumenten vertraut gemacht. Es soll gelernt werden, die Lautstärke in unterschiedlichen Spannungen als kontinuierliche Abläufe oder in plötzlichen Übergängen darzustellen.
In diesen Übungen verbinden sich dynamische mit zeitlichen Elementen.

Dynamik (Stärke)	- laut (forte, f)
	- leise (piano, p)
	- lauter werden (crescendo)
	- leiser werden (decrescendo)
Tempo (Zeitmaß)	- schnell (allegro)
	- langsam (lento)
	- schneller werden (accelerando)
	- langsamer werden (ritardando)

Zielgruppe: Kinder.

Arbeitsmaterial: verschiedene Schlaginstrumente.

2.

Übungsbeschreibung:

1. Kinder und Lehrer sitzen im Kreis auf dem Boden. Es wird verabredet: Auf ein Zeichen des Lehrers (oder eines Kindes) bewegen sich alle aus dem Kreis heraus im Raum so leise wie möglich.
Ebenso leise kommen alle wieder zum Kreis zurück.

1.1 Dasselbe Spiel, jedoch mit dem Begriff "laut". Es gibt viele Möglichkeiten, sich "laut" zu bewegen: man kann Geräusche mit den Füßen, den Händen, dem Mund, dem ganzen Körper erzeugen.

1.2 Die Art der Fortbewegung aus dem Kreis kann jetzt jeder selber wählen, laut oder leise.
Die Kinder sollen sich dabei beobachten und beschreiben: "Was muß ich tun, um etwas laut oder leise zu machen?"
(Bei Schulkindern können die hier im Gespräch benannten Begriffe – kräftig, schwach, stark, vorsichtig, heftig usw. – an die Tafel geschrieben werden.)

1.3 Das Spiel mit "laut und leise" kann variiert werden, z.B.: Alle entfernen sich leise aus dem Kreis und kommen laut zurück (und umgekehrt).
Oder: Alle bewegen sich laut, nur ein Kind macht alles leise (und umgekehrt) usw.

1.4 Übungserweiterung (Schulkinder). Alle sitzen im Kreis. Keiner wird aufgerufen oder durch Zeichen bestimmt, und doch befinden sich die Kinder abwechselnd immer in Bewegung: einige Kinder bewegen sich leise oder laut aus dem Kreis fort und kommen wieder zurück, werden von anderen abgelöst, bewegen sich wieder usf. Ohne bestimmte Absprache, nur in Einstimmigkeit aufeinander, kann die Gruppe versuchen, von allein die Übung zu beenden.

2. Die Kinder bewegen sich im Raum, jeder so, wie er möchte. Keiner stößt einen anderen an, alle verteilen sich gleichmäßig im Raum.

2.1 Es werden zwei verschiedene Signale verabredet (z.B. Spiel auf einem Instrument, singen, Bewegung der Hände), die den Kindern anzeigen: "Bewegt euch schnell!" oder "Bewegt euch langsam!"
Die Kinder sollen spontan in ihrem Bewegungstempo auf diese Signale reagieren (wobei die schnellen und langsamen Bewegungen bei den Kindern in unterschiedlichen Tempi erscheinen werden).

2.2 Die Signale für "schnell" und "langsam" werden von einem Kind für die Gruppe gegeben (wobei das Kind am besten in der Mitte des Raumes steht, damit es von allen gehört und gesehen wird).

2.3 Das Kreisspiel von 1. kann mit den Elementen schnell/langsam mit denselben Varianten gespielt werden (z.B. schnell aus dem Kreis entfernen, langsam wiederkommen usw.).

3. Bewegung zur Musik, die - schnell oder langsam, laut oder leise gespielt – die Kinder zu den entsprechenden Bewegungen auffordert.
Dabei wird der ganze Körper eingesetzt mit Gehen, Laufen, Stampfen, Schnalzen, Klatschen, Singen, Sprechen, Rufen usw. Die Kinder lernen, sich immer differenzierter zu bewegen, wenn sie hierbei auch einmal zu isolierten Bewegungen (z.B. nur die Finger bewegen) aufgefordert werden.

4. Ein Kind sitzt mit geschlossenen Augen auf dem Boden. Einzelne Kinder der Gruppe bewegen sich um das Kind herum, wobei jeder mit Körperinstrumenten (oder Schlaginstrumenten) laute oder leise Geräusche erzeugt. Das Kind auf dem Boden versucht, diese Geräusche zu beschreiben und auch zu erraten, von wie vielen Kindern sie gemacht wurden.

5. Lehrer und Kinder sitzen auf dem Boden. Der Lehrer spricht einen Vers vor:

"Klitzekleines Zwerglein,
stieg mal auf ein Berglein.
Rutschte aus, lief nach Haus,
schon ist die Geschichte aus."

Mit den Händen kann die Geschichte des "Zwergleins" gleich mitgespielt werden: Zwei Finger sind die Zwergenbeine, die Knie das "Berglein", eine Hand formt das "Haus".

2.

5.1 Jeder erfindet nun einen anderen Zwerg, der von allen in Sprache und Bewegung charakteristisch dargestellt wird: z.B.
- der langsame Zwerg, der müde ist,
- der schnelle Zwerg, der es eilig hat,
- der ärgerliche Zwerg, der laut ist,
- der schüchterne Zwerg, der nur ganz leise spricht,
- der traurige Zwerg, der langsam und leise den Berg hinaufsteigt.

5.2 Zur Darstellung des Verses werden zwei Gruppen gebildet: eine Sprech- und eine Bewegungsgruppe.
Dabei bieten sich viele Möglichkeiten des Bewegungsspieles an, z.B.:

- Die Sprechgruppe verabredet leise miteinander, den Vers sehr schnell zu sprechen. Die Bewegungsgruppe reagiert gleich in der Bewegung darauf.
- Die Bewegungsgruppe verabredet eine bestimmte, charakteristische Bewegungsart des "Zwergleins", auf die die Sprechgruppe unvermittelt eingeht.
- Das Sprechen des Verses wird mit Schlaginstrumenten begleitet
- Wechsel von schnell und langsam (laut und leise) innerhalb des Verses in Sprache und Bewegung (Schulkinder).

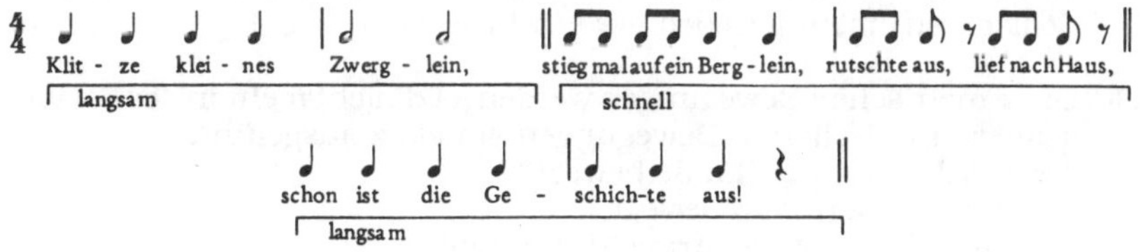

- Kontraste: Eine Gruppe tut immer das Gegenteil von dem, was die andere Gruppe tut, z.B.:
Sprache: schnell, Bewegung: langsam.

"Tempo, Dynamik" siehe EM 5.4 Seite 471 und 5.1. Seite 440

Wechselbeziehung Musik – Sprache – Bewegung: Tempo, Dynamik und Agogik

Brita Glathe

Zielsetzung: wie in Stundenbild R 2.4./Seite 141 für Kinder. Die Phänomene laut/leise – schnell/langsam können in vielen Kombinationen erscheinen. In dieser Stunde soll der Schüler lernen, einige dieser Kombinationsmöglichkeiten mit Bewegungen und Lauten musikalischen Impulsen entsprechend auszudrücken. Es entstehen dabei agogische und dynamische Veränderungen.
Agogik – Veränderung von Zeitmaß und Tonstärke
Es können sich Kombinationen ergeben mit

accelerando - crescendo,
accelerando - decrescendo,
ritardando - crescendo,
ritardando - decrescendo.

Crescendo und decrescendo können auf drei verschiedene Arten dargestellt werden:
- durch Vermehren bzw. Vemindern der Lautquelle,
- durch Nähern bzw. Entfernen der Lautquelle,
- durch Verstärken bzw. Abschwächen der Lautquelle.

Zielgruppe: Erwachsene.

Arbeitsmaterial: Instrument des Lehrers.

Übungsbeschreibung:

1. Die Schüler gehen zu einem Metrum, das vom Lehrer auf einem Melodie- oder Schlaginstrument gegeben wird (ruhiges Gehen ♩).

1.1 Diese metrischen Bewegungen werden jetzt nicht mehr in der Fortbewegung, sondern mit isolierten Bewegungen am Platz ausgeführt:
- es werden nur die Hände bewegt,
- es wird nur ein Bein bewegt,
  ebenso: der Kopf, die Arme, der Rumpf.

1.2 Die Aufgabe wird erweitert, indem die Bewegungen am Platz oder in der Fortbewegung im langsamen, mittleren oder schnellen Tempo erscheinen (𝅗𝅥 - ♩ - ♪).
(Beachten: langsame Bewegungen können großräumig angelegt werden, schnelle Tempi verlangen kurze, kleine Bewegungen.)

1.3 Der Lehrer spielt abwechselnd auf zwei Instrumenten (z.B. Xylophon und Handtrommel). Ein Instrument wird schnell (♪), das andere langsam (♩) gespielt. Zwei Gruppen bewegen sich dazu: die eine zu dem schnellen, die andere zu dem langsamen Tempo.

2. Bewegung zur Musik (♩). Der Lehrer spielt gleichmäßig wiederkehrende

Schwerpunkte, die von den Schülern in der Bewegung wiedergegeben werden (wobei alle körperlichen Möglichkeiten genutzt werden sollten, die auch in den Übungen 1.1 und 1.2 vorgearbeitet wurden).
Auf diese Weise entstehen bestimmte Taktarten (2-, 3-, 4-, 5- und 6-Schlag), wobei anfangs zuerst nur die geraden Taktarten angeboten werden sollten (2-, 4-Schlag).

3. Sitz auf dem Boden. Wir spielen mit Geräuschen und Tönen, die nur mit dem Mund erzeugt werden, z.B.: der Vokal "O".
Das "O" kann laut oder leise, kurz oder lang gezogen, an- oder abschwellend usw. gesungen oder gesprochen werden. Die Gruppe spricht oder singt gemeinsam, es ergeben sich viele Klangfarben und Tempi.
Dasselbe wird mit anderen Vokalen, Konsonanten und Umlauten ausprobiert.

3.1 Ein Schüler "dirigiert" die Gruppe mit den Händen für ein "Konzert in O". Das kann so aussehen:

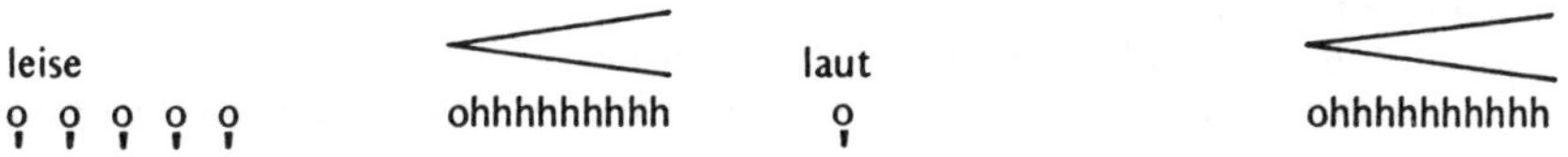

3.2 Spielen bestimmter Situationen.
Durch differenzierten Einsatz der Stimme mit allen Möglichkeiten der Töne und Geräusche wird dargestellt:
- ein abfahrender Zug,
- ein schreiendes Baby,
- ein Motor, der nicht anspringen will,
- Pferdegetrappel usw.
(Bei diesen Darstellungen werden die Phänomene von crescendo, decrescendo, accelerando und ritardando ganz von allein hörbar.)

4. "Die Maschine".
Jeder versucht, aus den bisher erarbeiteten Elementen der Bewegung und Sprache (laut/leise, schnell/langsam, lauter/leiser und schneller/langsamer werdend) eine "Maschine" (einen Motor, einen Roboter) mit charakteristischen Merkmalen darzustellen. Die "Maschine" kann am Platz bleiben oder sich fortbewegen, alle Körperebenen wie stehen, sitzen, liegen können miteinbezogen werden.

4.1 Zwei Gruppen.
Gruppe 1 hört mit geschlossenen Augen auf Gruppe 2, die Bewegungen und Geräusche einer "Maschine" nachahmt:
- Ein Schüler beginnt allein mit Geräusch und Bewegung, ein zweiter kommt hinzu, ein nächster usf, bis sich die ganze Gruppe 2 als Maschine bewegt. Die "Maschine" wird ebenso wieder "abgebaut": einer nach dem anderenhört mit Geräusch und Bewegung auf. (Es entsteht ein crescendo und decrescendo durch Vermehren bzw. Vermindern der Lautquelle.)
- Eine Gruppe hat sich als "Maschine" formiert und beginnt mit leisen Geräuschen und Bewegungen, die sich steigern und wieder abnehmen. (Esentsteht ein crescendo und decrescendo durch Verstärken und Abschwächen der Lautquelle.)
- Gruppe 1 steht in der Mitte des Raumes, Augen geschlossen. Gruppe 2 bewegt sich diagonal durch den Raum an Gruppe 1 vorbei, wobei sie als"Maschine" immer gleich starke Geräusche erzeugt. (Es entsteht ein cres-

cendo und decrescendo durch Nähern bzw. Entfernen der Lautquelle.)

Nähern und Entfernen der Lautquelle

4.2 Die Möglichkeiten agogischer Veränderungen können mit den Vorstellungshilfen von "Zug", "Auto" usw. sehr deutlich und spielerisch dargestellt werden.
Z.B.: "Ein Zug kommt näher, hält an, fährt wieder langsam an und beschleunigt sein Tempo."
Musikalisch beschrieben sieht das so aus:
crescendo/ritardando – Pause – accelerando/crescendo – decrescendo.

4.3 Die ganze Gruppe stellt in Bewegung und Geräusch eine Maschine dar. Das kann in improvisierter oder vorher vereinbarter Form geschehen, z.B.:
Bewegung: langsam – schneller werdend – schnell,
Geräusch: leise – lauter werdend – laut.
"Explosion", die Maschine fällt auseinander!

Schwerer wird es nach diesem Muster:
Bewegung: schnell – schneller – langsamer – Stillstand,
Geräusch: laut – leiser – lauter – leise.

"Tempo", "Dynamik", "Agogik" siehe EM 5.1/ Seite 440 und 5.4/ Seite 469

Wechselbeziehung Musik – Bewegung – Sprache: Pause

Barbara Holzapfel

Zielsetzung: Die Pause ist ein Anhalten der musikalischen Bewegung. Sie bedeutet keinen Stillstand, sondern gewissermaßen ein Anhalten nur des Atems, wodurch der Spannungsbogen der musikalisch Phrase jedoch nicht unterbrochen wird. Diese “aktive Ruhe” soll körperlich erfahren und bewußt gemacht werden.
Die wichtigsten Pausen-Symbole der traditionellen Notenschrift werden in Bewegungsaufgaben erfahren und erscheinen als Tafelbild.

Zielgruppe: Erwachsene.

Arbeitsmaterial: für jeden 1 Paar Schlaghölzchen und eine Trommel. Für den Lehrer: Klavier, Trommel, Triangel, Becken. Eine Wandtafel.

2.

Übungsbeschreibung:

1. Wechselspiel von Ruhe und Bewegung.

1.1 Die Schüler sitzen verteilt auf dem Boden. Der Lehrer improvisiert 4 Takte lang auf dem Klavier. Die Schüler pausieren und hören zu.
Dann umgekehrt: Der Lehrer pausiert 4 Takte lang und die Schüler erfinden Rhythmen mit ihren Händen und Füßen.

1.2 Wie 1.1, aber die Schüler bewegen sich, wenn sie an der Reihe sind und erfinden Tanzrhythmen.

1.3 Alle bewegen sich, jeder auf seine Weise. Sobald Trommelrhythmen vom Lehrer zu hören sind, halten alle sofort in ihrer Bewegung still. Der Lehrer spielt Phrasen von unterschiedlicher Länge.

1.4 Wie 1.3, jedoch wird die Trommel in die Gruppe gegeben, jedesmal spielt ein anderer die Trommel. Die Trommel wird immer, gleich nachdem sie gespielt wurde, weitergegeben. Wer sie hat, bewegt sich mit der Trommel und bestimmt den zeitlichen Verlauf von Ruhe und Bewegung für die Gruppe.

2. Übungen für musikalische Pausensymbole.

2.1 Der Lehrer spielt auf der Trommel Viertel ♩ .
Die Schüler gehen ♩ und pausieren einen Schritt 𝄽 .

Z.B:

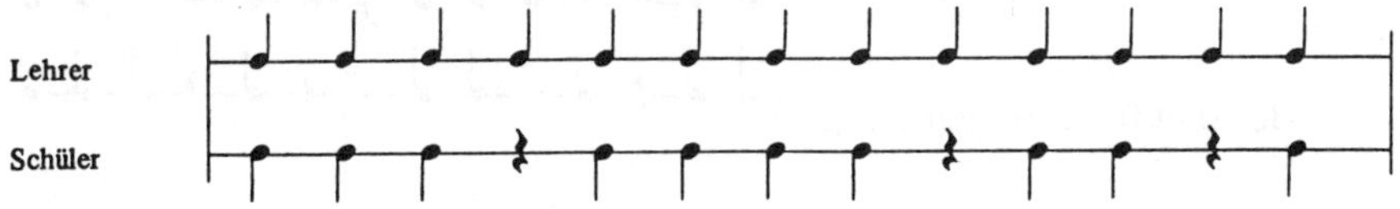

Das gleiche mit Achteln ♪ .

2.2 Der Lehrer spielt auf dem Triangel Halbe 𝅗𝅥 .
Die Schüler gehen ♩ und pausieren zwei Schritte 𝄽𝄽 .

Z.B:

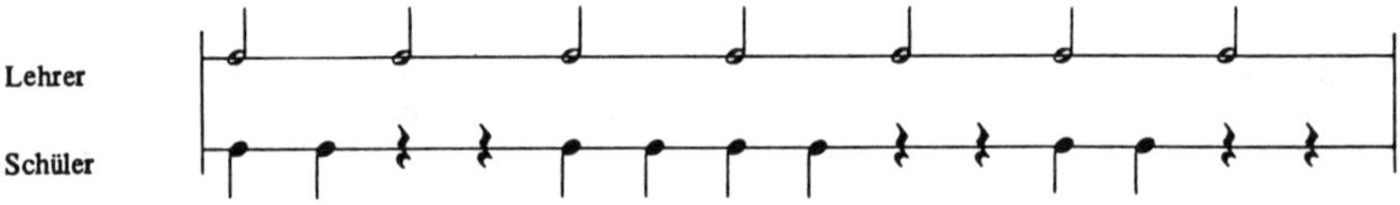

2.3 Der Lehrer spielt auf dem Becken Ganze 𝅝 .
Die Schüler gehen ♩ und pausieren vier Schritte 𝄽𝄽𝄽𝄽 .

Z.B.

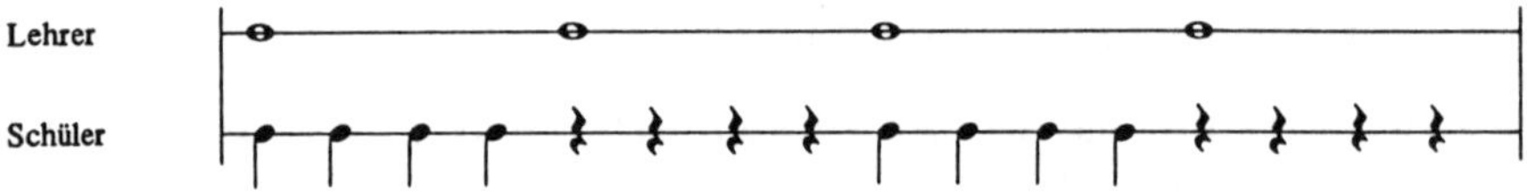

Das gleiche mit Dreiviertel 𝅗𝅥. .

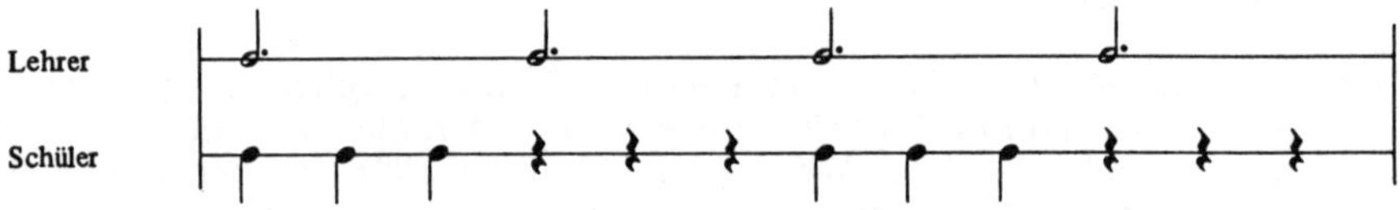

Wichtig ist bei allen Aufgaben (2.1 - 2.3), daß der Schüler selbst entscheidet, wann er pausiert. Er kann einen regelmäßigen oder unregelmäßigen Ablauf wählen.

Beispiel für regelmäßig: 

Beispiel für unregelmäßig: 

Die Regelmäßigkeit ist leichter auszuführen, während die Unregelmäßigkeit spannungsvoller ist und mehr Aufmerksamkeit erfordert.

2.4 Die musikalischen Pausen-Symbole werden an die Tafel geschrieben:

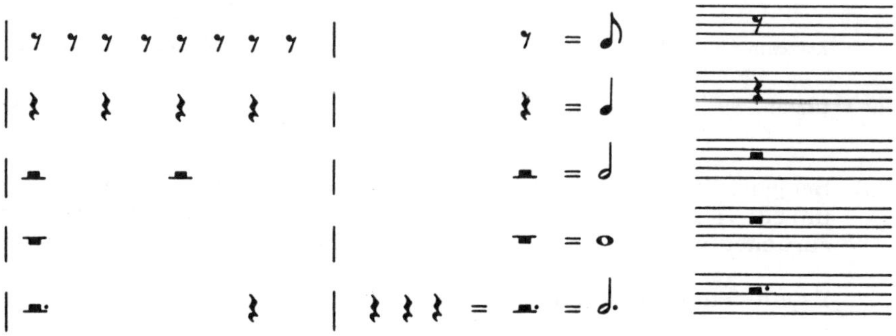

3. Ein Spiel mit einem Vers:

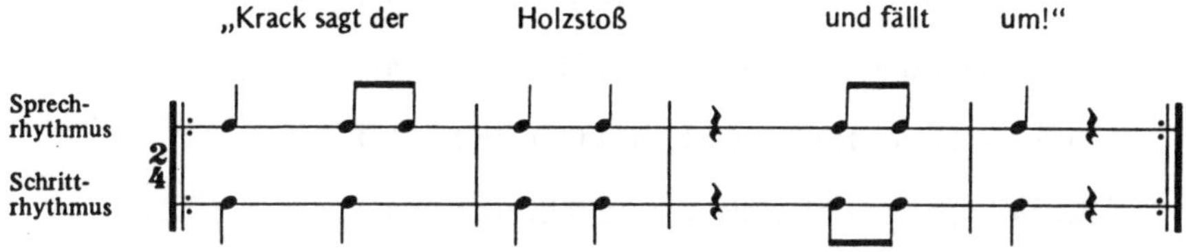

3.1 Der Vers wird rhythmisch gesprochen, die Schüler gehen den Schrittrhythmus, die Pausen werden dazu geklatscht.
Die Körperbewegungen sollen dem Charakter des Verses entsprechen und kurz und eckig sein. Bei der Wiederholung verlängern sich die Pausen um einen Schlag.

"Krack sagt der Holzstoß 𝄽 und fällt um!" 𝄽
"Krack sagt der Holzstoß 𝄽 𝄽 und fällt um"! 𝄽 𝄽
"Krack sagt der Holzstoß 𝄽 𝄽 𝄽 und fällt um!" 𝄽 𝄽 𝄽 usw.

3.2 Der Vers wird gesprochen.
Die Pause in der Mitte bleibt unverändert.
Die Pause am Ende wird ausgefüllt durch ein rhythmisches Motiv aus dem Vers.
Dieser Rhythmus wird geklatscht, später verändert und auf Instrumente übertragen.

Sprechen: "Krack sagt der Holzstoß und fällt um!"

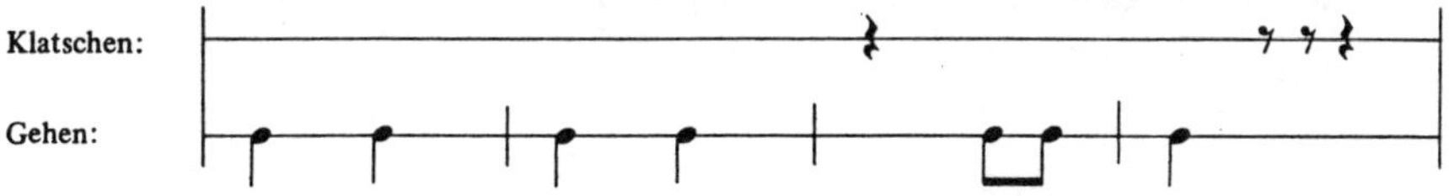

Hände und Füße können in der Ausführung auch gewechselt werden:

Klatschen:

Gehen:

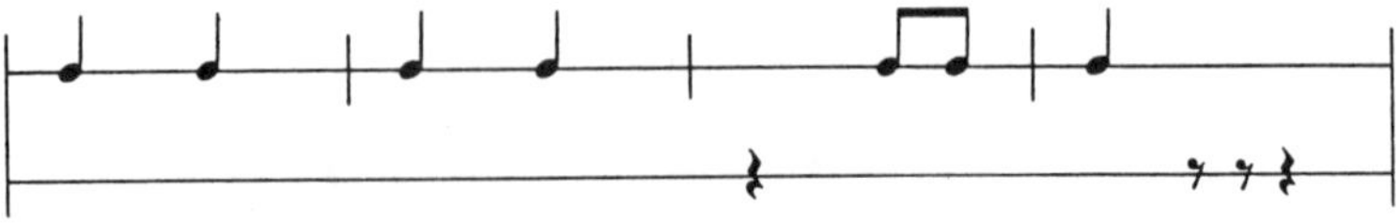

3.3 Bei jeder Wiederholung des Sprechverses wird das "Pausen-Motiv" (𝄾 𝄾 𝄽) um ein Viertel (𝄽) und später um zwei Achtel (𝄾 𝄾) verlängert und wieder zurückentwickelt in seine ursprüngliche Form.

Es entsteht dann folgender Ablauf:

Krack sagt der Holzstoß 𝄽 und fällt um! 𝄾 𝄾 𝄽

Krack sagt der Holzstoß 𝄽 und fällt um! 𝄾 𝄾 𝄽 𝄽

Krack sagt der Holzstoß 𝄽 und fällt um! 𝄾 𝄾 𝄽 𝄽 𝄽

Krack sagt der Holzstoß 𝄽 und fällt um! 𝄾 𝄾 𝄽 𝄽

Krack sagt der Holzstoß 𝄽 und fällt um! 𝄾 𝄾 𝄽

Krack sagt der Holzstoß 𝄽 und fällt um! 𝄾 𝄾 𝄽

Krack sagt der Holzstoß 𝄽 und fällt um! 𝄾 𝄾 𝄾 𝄾 𝄽

Krack sagt der Holzstoß 𝄽 und fällt um! 𝄾 𝄾 𝄾 𝄾 𝄾 𝄾 𝄽

Krack sagt der Holzstoß 𝄽 und fällt um! 𝄾 𝄾 𝄾 𝄾 𝄽

Krack sagt der Holzstoß 𝄽 und fällt um! 𝄾 𝄾 𝄽

3.4 Das rhythmische Motiv, welches die Pause ausfüllt, kann geklatscht oder auf Handtrommeln und Schlaghölzchen übertragen werden.

Die Schüler bilden zwei Gruppen: Gruppe I mit Handtrommeln,
Gruppe II mit Schlaghölzchen.

Beide Gruppen stehen sich gegenüber und beginnen gemeinsam. (Im Kanon auch möglich, aber sehr viel schwerer!) Gruppe I füllt die Pausen, indem sie jedesmal ein Viertel länger spielt (s.o. 3.3), Gruppe II füllt die Pause, indem sie jeweils zwei Achtel mehr spielt.
Beide Gruppen bewegen sich dabei aufeinander zu und am Ende des Ablaufes kann der "Holzstoß wirklich umfallen", entweder die ganze Gruppe, oder es werden die Schlaghölzchen fallen gelassen und die Handtrommeln auf den Boden gelegt. Der Lehrer kann den ganzen Ablauf improvisierend auf dem Klavier begleiten, indem er den Sprechrhythmus übernimmt.

"Notenwerte" siehe EM 5.1/ Seite 439

Wechselbeziehung Musik – Bewegung – Sprache: Musikalische Form – räumliche Form: A B, A B A, A B C, Rondo

Brita Glathe

Zielsetzung: Die Kinder sollen elementare musikalische Formen erkennen und in Bewegung und Musik umsetzen lernen.

Zielgruppe: Kinder im Grund- und Vorschulalter.

Arbeitsmaterial: Instrument des Lehrers, für jedes Kind: eine Bänderfahne*, eine Handtrommel, ein Tuch, ein Paar Schlaghölzer, ein Schellenkranz.

2.

Übungsbeschreibung:

1. Auf dem Boden liegen Geräte und Instrumente verteilt:

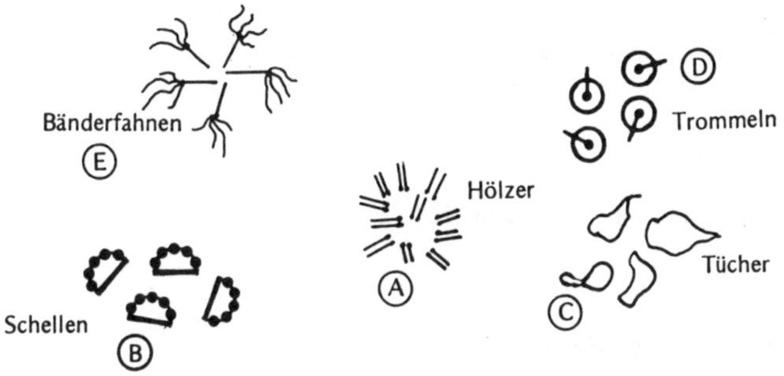

Die Kinder bewegen sich zur Musik zwischen den Geräten. Setzt die Musik aus, klatscht, stampft, schnalzt, geht usw. jeder für sich alleine weiter. Beginnt die Musik wieder zu spielen, gehen alle gemeinsam weiter.

1.1 Wir bewegen uns zu einem gesungenen Vers:

Ist das Lied zu Ende, kann jedes Kind beliebige Bewegungen oder Tätigkeiten erfinden, so lange, bis das Lied von neuem beginnt und alle wieder dazu gehen.

1.2 Dasselbe wie 1.1, die Phrase zwischen den Liedwiederholungen soll genau so lang sein wie das Lied selber. Um diese Zeitspanne anfangs zu gliedern, Rhythmus.

* Material "Bänderfahne": Krepp-Papierstreifen, an ein Bambusröhrchen gebunden.

Kinder + Lehrer	Lehrer	Kinder + Lehrer
singen das Lied, gehen dazu.	summt die Melodie Kinder füllen die Zeit mit erfundenen Bewegungen.	singen das Lied, gehen dazu usw.

1.3 Jetzt werden die Geräte und Instrumente mit einbezogen. Eine kleine Änderung des Verses zeigt die Aufgabe an:

"Wir gehen, wir gehen,
wir gehen alle rundherum,
und wenn wir nicht mehr weiter woll´n,
dann holen wir uns ein Tuch!"

Jeder kann nun mit seinem Tuch spielen, so lange, wie der Lehrer wieder die Melodie im Zwischenteil summt. Wer gut hinhört, legt genau am Ende der Melodie sein Tuch wieder auf den Platz zurück, woher er es geholt hat! Das Spiel geht weiter, jetzt heißt es aber:

"... und wenn wir nicht mehr weiter woll´n,
dann spielen wir mit Schellen."

Oder:

"... dann schlagen wir auf die Trommel."

Oder:

"... dann rascheln wir mit Fahnen."

1.4 Den Kindern wird auffallen, daß in unserem Spiel die Schlaghölzchen nicht geholt wurden. Für die gibt es eine besondere Aufgabe: Wir spielen immer dann mit ihnen, wenn das Lied gesungen wird und wir dazu herumgehen. Am Ende des Liedchens werden die Hölzer auf ihren Platz zurückgelegt.

2. Durch diese Spiele sind die Kinder nun so vorbereitet, daß wir alle Liedformen A B, A B A, A B C und ein Rondo aus diesen "Bausteinen" entwickeln können. Wenn der Lehrer mit den Kindern das Lied in dieser Reihenfolge singt (und dazu mit den entsprechenden Instrumenten gespielt wird), ist z.B. die dreiteilige Liedform entstanden:

Ⓐ	Ⓑ	Ⓐ
Lied: "Wir gehen..." Schlaghölzer. Kinder spielen und bewegen sich.	Melodie gesummt. Schellen. Kinder spielen und bewegen sich.	Lied:" Wir gehen..." Schlaghölzer. Kinder spielen und bewegen sich.

Liedschluß z.B.: "...dann spielen wir mit den Schellen."

Die Kinder malen diese Form den Instrumenten entsprechend auf:

2.1 Wir geben unseren Geräten und Instrumenten "Kurznamen" mit nur einem Buchstaben:

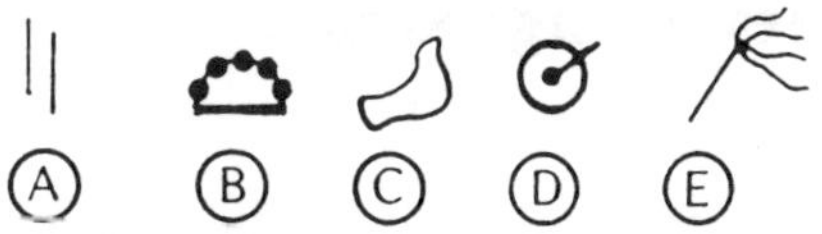

2.2 Das Entwickeln eines Rondos ist nun keine Schwierigkeit mehr und kann auf vielerlei Arten geschehen, z.B.:

- der Lehrer singt das Lied so, daß die Kinder nach jedem Spiel mit den Geräten B, C, D, E zwischendurch zu A zurückkehren,
- wir bauen mit den Geräten und Instrumenten ein "Rätsel" auf und lassen es die Kinder singen, spielen und sich dazu bewegen:

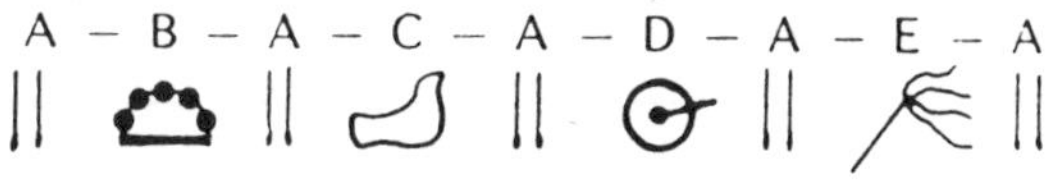

(Beim letzten Teil A singen wir: "Dann machen wir einen Schluß!")

- oder:  = A – B – A

- oder:  = A – B – C

3. Der Ursprung des Rondos (Rundgesang mit einem wiederkehrenden Teil A und immer neuen, auch improvisierten Zwischenteilen) wird mit den Kindern besprochen. Jetzt sollten die Kinder selber (und ohne Hilfe des Liedes!) Bewegungen und räumliche Formen finden, um selber ein Rondo zu gestalten (siehe auch IM 3.1/Seite 267).

Beispiel:

A	=	Hölzer	Im Kreis gehen und dazu schlagen, eine Melodie improvisieren,
B	=	Schellen	4 Kinder improvisieren einen kleinen Schellentanz,
A	=	Hölzer	im Kreis gehen und dazu schlagen, Melodie,
C	=	Tücher	alle improvisieren einen Tüchertanz,
A	=	Hölzer	im Kreis gehen und dazu schlagen, Melodie,
D	=	Trommeln	ein Kind improvisiert auf der Trommel, alle anderen bewegen sich dazu,
A	=	Hölzer	im Kreis gehen und dazu schlagen, Melodie,
E	=	Bänderfahnen	improvisierter Tanz zu zweit,
A	=	Hölzer	im Kreis gehen und dazu schlagen, Melodie.

"Liedformen", "Rondo" siehe IM 3.1/Seite 259
EM 5.5/Seite 483 - 487
B 6.2/Seite 575

Wechselbeziehung Musik - Bewegung: Rondo

Brita Glathe

Zielsetzung: In einer Bewegungsgestaltung soll die Struktur eines fertigen Musikstückes erarbeitet werden. Dabei werden Kreativität und Bewegungsausdruck ebenso geschult wie das musikalische und räumliche Formgefühl ("Rondo" siehe auch IM 3.1 /Seite 259 und R 2.4 /Seite 151).

Zielgruppe: Jugendliche und Erwachsene mit Vorerfahrung in Rhythmischer Erziehung.

Arbeitsmaterial: wenn das Tanzstück von einer Musikgruppe gespielt wird: Orff-Instrumentarium. Sonst: Schallplatte "Musica Poetica" von Carl Orff und Orff-Schulwerk IV (Tanzstück Seite 74).

Übungsbeschreibung:

1. Das Stück wird mehrere Male vorgespielt.

1.1 Immer wiederkehrende Teile (A) werden leise mitgeklatscht - wer mit der Musik schon vertraut ist, improvisiert in der Bewegung dazu.

1.2 Jeder hat eine bestimmte Bewegung und räumliche Form für den Teil A gefunden. Das Stück wird wieder gespielt. Jeder tanzt seinen Teil A, bei den übrigen Zwischenteilen bleiben alle stehen und hören!

2. Das Stück wird als Notenbild gezeigt. Jeder versucht, die Noten mitzulesen, während das Tanzstück gespielt wird.
Einzelne, prägnante Rhythmen aus dem Stück werden aufgeschrieben, geklatscht, mit den Füßen ausprobiert.

2.1 Formanalyse des Stückes:

A_1 —— B —— A_2 —— C —— A_3

a b a   a b a b   a b a   a b a

Die Formanalyse zeigt, daß die einzelnen Rondoteile in sich wiederum in a- und b-Teile gegliedert sind. (Die Teile A sind mit Ziffern 1, 2, 3 gekennzeichnet, um die Bewegungsbeschreibung deutlicher machen zu können.)
Die folgende Tanzbeschreibung zeigt *eine* Möglichkeit, dieses Stück in Bewegung umzusetzen.
Es bleibt aber ebenso der Gruppe überlassen, eigene Formen zu finden oder die hier entwickelten abzuwandeln. Wichtig ist nur, daß die Rondoform deutlich sichtbar wird und der Bewegungsausdruck dem lebhaften, tänzerischen Charakter dieser Musik entspricht.

3. Der immer wiederkehrende Teil A wird mit immer denselben Bewegungen getanzt. Auch die räumliche Form bleibt gleich, wird aber in den Teilen A_2 und A_3 einmal in die Raummitte, dann an die Peripherie gelegt.

Bewegungsgestaltung:

Ausgangsstellung:
4 Gruppen in den 4 Raumecken, Gesicht zur Mitte.

Teil A_1/a

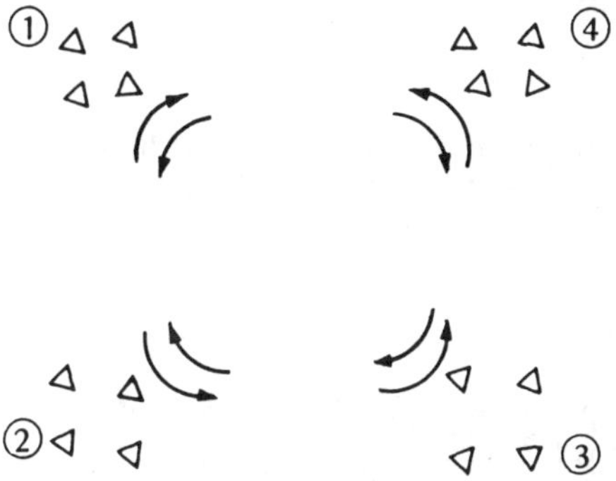

Teil A_1/a

Seitsprung mit Anstellschritt zuerst nach rechts, dann nach links, 8 x. Arme in Schulterhöhe gehoben.

Teil A_1/b

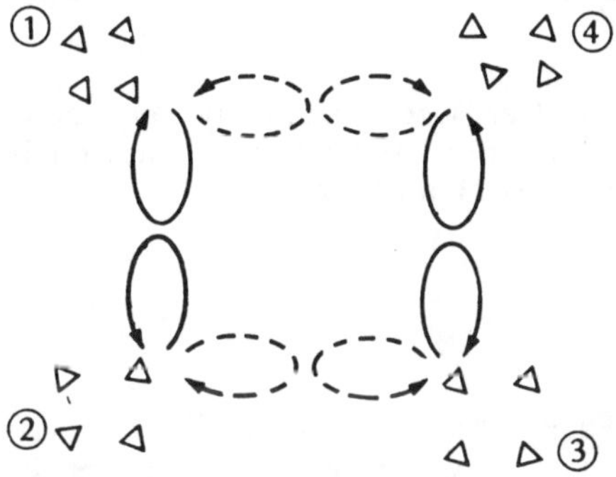

Teil A_1/b

Flächiger Bogen der Gruppen 1 + 2 und 3 + 4 aufeinander zugegangen (♩), bei Wiederholung Gruppen 2 + 3 und 1 + 4. Arme mitführen, Gesicht zur Mitte.

Teil A_1/a wie oben.

Teil B/a-b-a-b

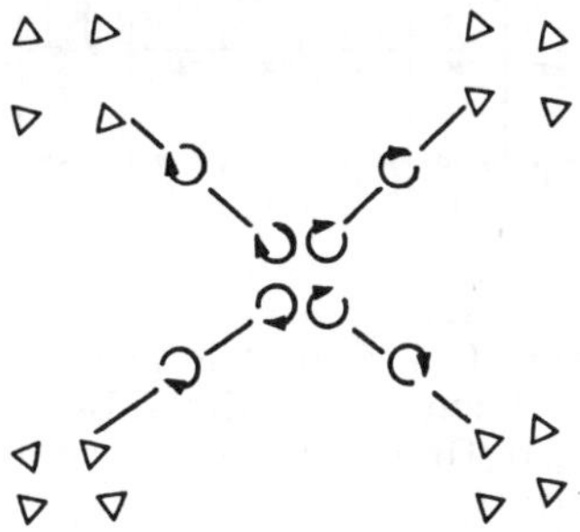

Teil B/a

a - Stampfschritt zur Mitte
b - Drehung mit kleinen Schritten am Platz. Nach der zweiten Drehung Gesicht nach außen.

Teil A_2/a

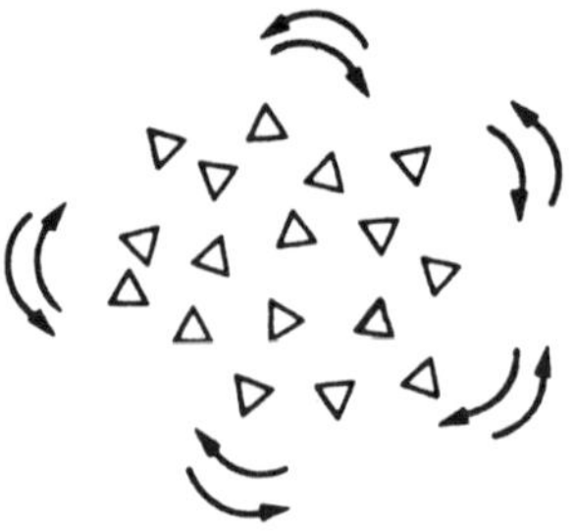

Teil A_2/a

Seitsprung nach rechts und links mit Anstellschritt (wie A_1), Arme gehoben, Gesicht nach außen.

Teil A_2/b

Teil A_2/b

Flächiger Bogen nach vorne gegangen (♩), einmal nach rechts, dann nach links. Arme mitführen.

Teil A_2/a wie oben.

Teil C

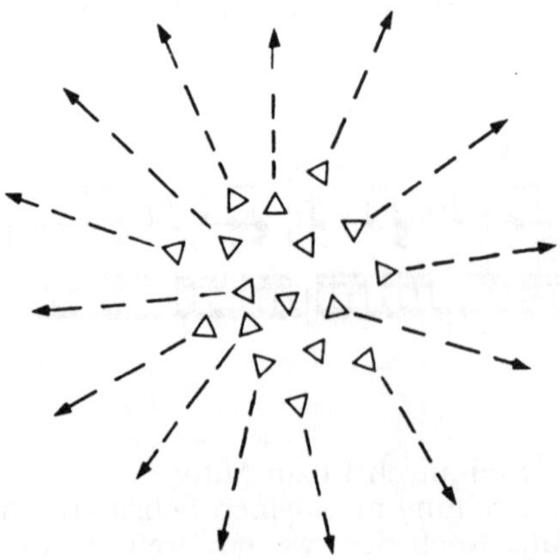

Teil C

Stampfschritte (♩) und Klatscher, vorwärts zu einem großen Kreis. Beim letzten Schritt Drehung und Gesicht zur Kreismitte.

Teil A_3/a

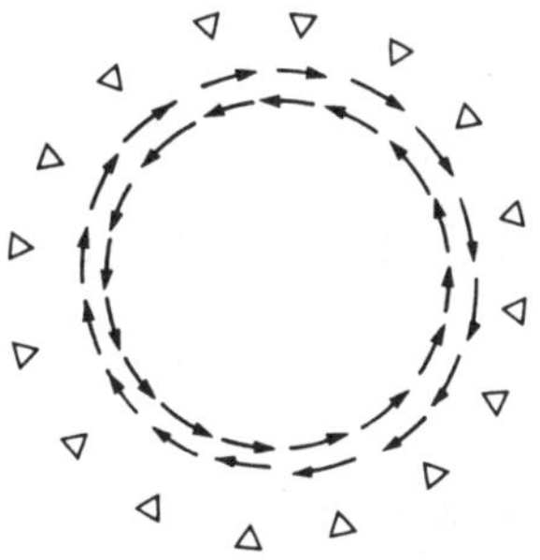

Teil A_3/a

Seitsprung nach rechts und links mit Anstellschritt (wie A_1), Arme gehoben, Gesicht zur Kreismitte.

Teil A_3/b

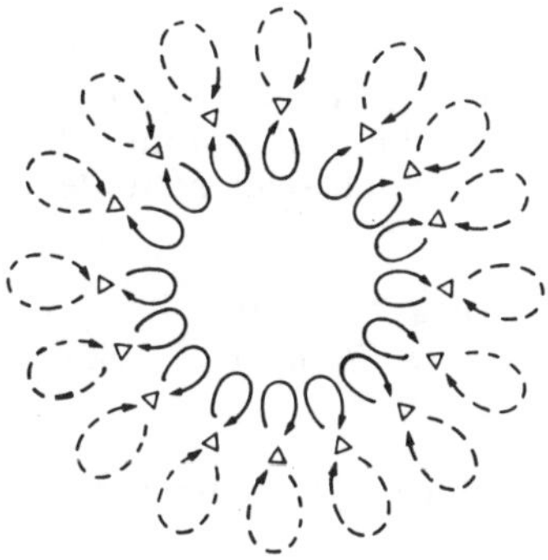

Teil A_3/b

Einen flächigen Bogen nach innen gehen (♩), dann nach außen, Arme mitführen.

Teil A_3/a

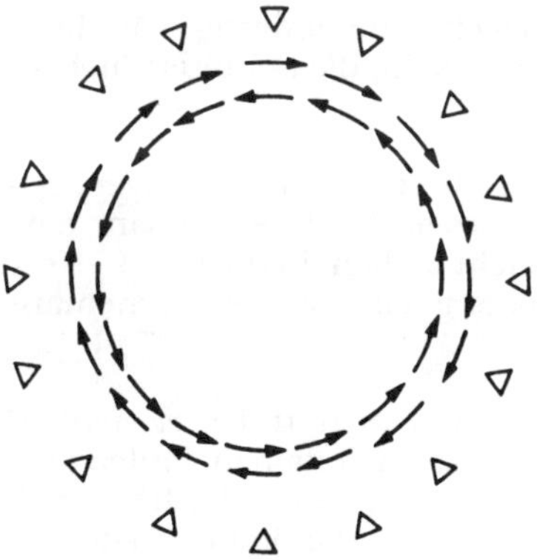

Teil A_3/a

Seitsprung nach rechts und links mit Anstellschritt (wie A_1), Arme in Schulterfassung gehoben.

"Rondo" siehe R 2.2/ Seite 105
IM 3.1/ Seite 259
EM 5.5 /Seite 487

Wechselbeziehung Bewegung – Musik: Variation

Brita Glathe

Zielsetzung: Verschiedene Formen der Variation werden kennengelernt, die Kinder sollen erfahren, wie man dasselbe auf unterschiedliche Weise tun kann.
Anregungen zur Kreativität und Kontinuität, Entwicklung eines Raumgefühls in Koordination zu musikalischen Formen.

Zielgruppe: Kinder im Grundschulalter, Jugendliche, Erwachsene.

Arbeitsmaterial: für jedes Kind mehrere (mindestens 1,50 m lange) Bleibänder verschiedener Farben.

Übungsbeschreibung:

Diese Stunde ist so angelegt, daß sie praktisch mit jeder Altersstufe gehalten werden kann. Die Liedwahl ist hier auf Kinder im Grundschulalter abgestimmt, für ältere Kinder und Erwachsene sollten andere Lieder oder auch selbstgefundene Melodien gewählt werden.

1. Bewegung zur Musik in wechselnden Tempi.

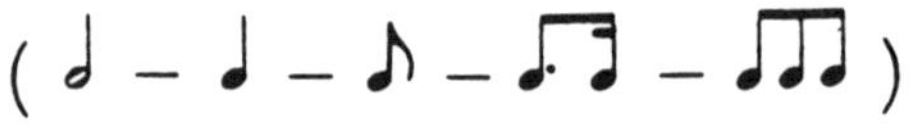

2. Bewegung zur Musik. Gleichbleibendes Tempo: ruhige ♩ - Notenwerte. Die Kinder bewegen sich gehend dazu.

2.1 Das Gehen zu der Musik wird "verboten": Jeder sucht eine andere Bewegung, nur nicht das Gehen!

2.2 Jetzt dürfen weder Hände noch Füße etwas tun. Wer findet noch neue Bewegungen? Durch diese Beschränkung werden sich neue und ungewöhnliche Bewegungen entwickeln, z.B.: mit dem Kopf wackeln, die Schultern heben, die Knie einzeln bewegen usw.

3. Das Lied "Alle meine Entchen" wird gemeinsam gesungen, gegangen, geklatscht. Kinder und Lehrer probieren zu diesem Lied gemeinsam eine Bewegungsform aus, die sehr einfach und leicht zu behalten ist: im Kreis oder in einer Reihe hintereinander oder in einer Reihe nebeneinander usw.

3.1 Der Lehrer erzählt von "Verwandlungen" der Enten: anstatt der "normalen" Enten, die eben noch ruhig und gemächlich gewatschelt kamen, laufen jetzt ganz schnelle, kleine Enten heran.Das Lied wird entsprechend sehr schnell gesungen, die "schnellen" Enten bewegen sich dazu – aber immer in der bei 3. vereinbarten Form!
So entsteht ein Thema mit Variation:
z.B. Thema: Kreis, Bewegung zur Kreismitte, zurück, Drehung am Platz.

Thema:

Variation 1: Die "schnellen" Enten (Veränderung im Tempo).

Variation 2: Die "traurigen" Enten (Melodie in Moll).

Variation 3: Die "lustigen" Enten (Melodie in punktierten Noten, Veränderung rhythmisch).

Variation 4: Die "tanzenden" Enten (Melodie im 3/4-Takt, Veränderung formal).

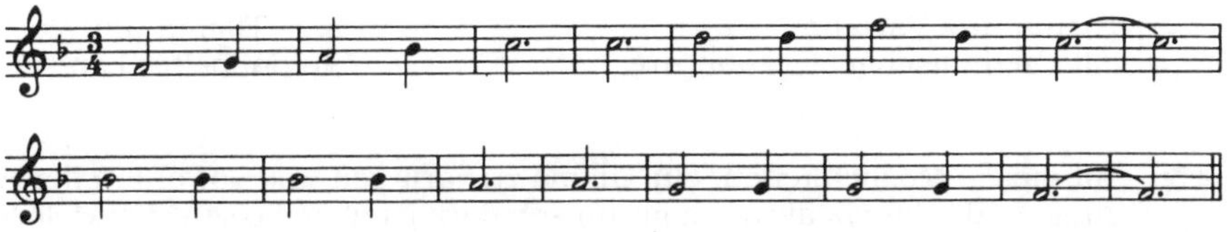

Variation 5: Die "gezierten" Enten (Melodie mit Umspielungen).

Variation 6: Die "verschlafenen" Enten (Melodie doppelt so langsam, Veränderung im Tempo).

Läßt man den Kindern genügend Freiheit, so werden sie sich noch viel mehr Varianten der Entengeschichte einfallen lassen!

4. Fortsetzung für Jugendliche und Erwachsene.
Die Melodielinie eines Liedes (einfach, nicht zu lang) wird mit einem roten Bleiband auf den Boden gelegt. Aus den hierbei entstehenden verschiedenen Lösungen wird eine verbindlich für die ganze Gruppe herausgesucht.
Beispiel:

Zum Singen des Liedes bewegt sich jeder an seinem Band entlang und prüft, ob die Form der Figur und die Länge des Liedes übereinstimmen.

4.1 Wenn nun dasselbe Lied variiert wird, so kann das auch graphisch dargestellt werden: entweder durch eine andere Farbe oder Form oder beides zusammen:

Thema und Variation
in doppelter Schnelligkeit

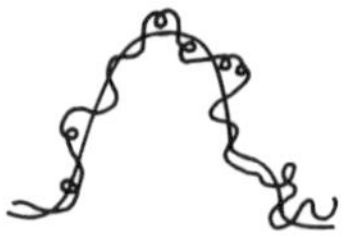

Thema und Variation
mit Verzierungen

Thema und Variation
mit rhythmischer Veränderung

Thema und Variation
in doppelter Langsamkeit

4.2 Mit diesen Möglichkeiten, ein Thema zu variieren und sowohl in der Bewegung, in der Musik als auch graphisch darzustellen, lassen sich viele Spiele entwickeln.
Einige Beispiele:Ein Thema mit einer bestimmten Variationsform wird mit Bleibändern gelegt und von der Gruppe mit Instrumenten (Xylophon, Flöte, Klavier) abgespielt und abgesungen. - Eine Gruppe zeigt ein Thema in der Bewegung, die andere Gruppe mehrere Variationen dazu. (Erweiterung: wird zwischen jede Variation einmal das Thema geschoben, entsteht ein Rondo.) Ein Spieler spielt auf einem Instrument das Thema mit einer bestimmten Variationsform. Die Gruppe setzt dies in Bewegung um (ebenso: in eine gelegte Form). - Ein Thema wird von einer Bewegungsgruppe ausgeführt, die einzelnen Variationen werden von jeweils einem anderen Instrument gespielt.

5. Nach diesen Vorarbeiten können Themen und Variationen aus der Musikliteratur in Bewegungsgestaltung umgesetzt werden.

"Variation" siehe IM 3.1/Seite 271, 3.2/Seite 308 und 3.3/ Seite 325
EM 5.5/ Seite 488

Wechselbeziehung Musik – Bewegung: Zweistimmigkeit

Brita Glathe

Zielsetzung: Wenn in der Rhythmikstunde 2.4 Seite 164 die Zweistimmigkeit vorwiegend improvisatorisch in Bewegung umgesetzt wird, so soll in dieser Stunde ein vorgegebenes Musikstück das Modell sein.
Wichtiger als die genaue Interpretation jedes Notenwertes und die genau festgelegten Raumformen ist es hier, den Charakter des Stückes auszudrükken.
Trotz dieser Freiheit in der Gestaltung soll die Zweistimmigkeit sichtbar werden, ohne daß die musikalisch etwas untergeordnete Unterstimme in der Bewegung und im Ausdruck zu kurz kommen muß.

Zielgruppe: Schulkinder, Jugendliche, Erwachsene.

Arbeitsmaterial: Klavier, Noten für "Die Clowns" von D. Kabalewskij.

Übungsbeschreibung:

1. Vorarbeit für Kinder.
Jeder überlegt sich einmal, wann er das letzte Mal Clowns gesehen hat. Wie haben sie sich bewegt? Wie sahen sie aus? Wie sprachen sie? Die auffallenden Merkmale eines Clowns werden besprochen (wie etwa das Groteske der Bewegung, das Übertriebene, das Komische usw.).

2. Das Musikstück "Die Clowns" wird mehrmals vorgespielt.
Wer mit der Musik vertraut ist, der bewegt sich dazu und verwandelt sich in einen Clown.

2.1 Das Stück wird wieder gespielt, die Unterstimme besonders deutlich hervorgehoben. Die Gruppe klatscht den Rhythmus der Unterstimme mit. Alle versuchen, eine Bewegung dazu zu finden.

2.2 Als Kontrast dazu wird nur die Oberstimme gespielt und in Bewegung umgesetzt. Wie unterscheidet sie sich von der Unterstimme? Besonders gelungene Lösungen werden gezeigt und von allen übernommen.

2.3 Das Stück wird gespielt und in seiner formalen Struktur besprochen (A – B – C – A_1). (Im Teil C und am Schluß werden die Akzente der Unterstimme durch Akkorde verstärkt, und die reine Zweistimmigkeit wird aufgegeben.)

3. Die Gruppe wird in mehrere kleine Gruppen geteilt: Jede Gruppe denkt sich eine Bewegungsgestaltung aus und zeigt sie den anderen.

Die Clowns

von Dmitri Kabalewski

op. 39, Nr. 20

aus „24 kleine Stücke für Klavier", Ed. Sikorski, N. 2142. Mit freundlicher Genehmigung des Verlages.

4. Die Gruppe entwickelt in Gemeinschaftsarbeit eine Form.

Ein mögliches Beispiel:

Teil A:
Oberstimme: frei verteilt in der Kreismitte, Bewegungsimprovisation.
Unterstimme: im Kreis, Stampfschritte am Platz, Klatscher in Synkopen.

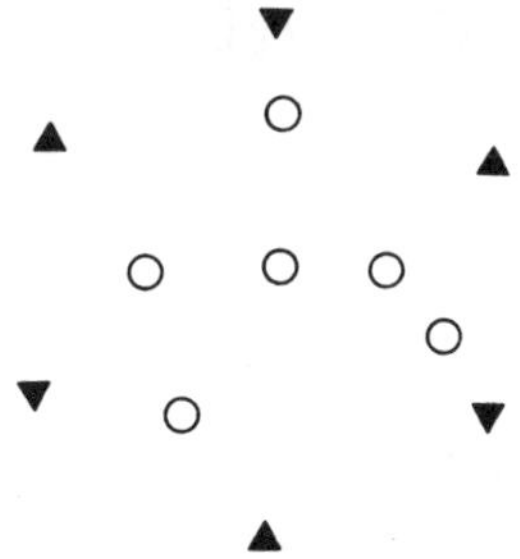

Teil B:
Oberstimme kreiselt nach außen, Unterstimme hüpft zur Kreismitte.

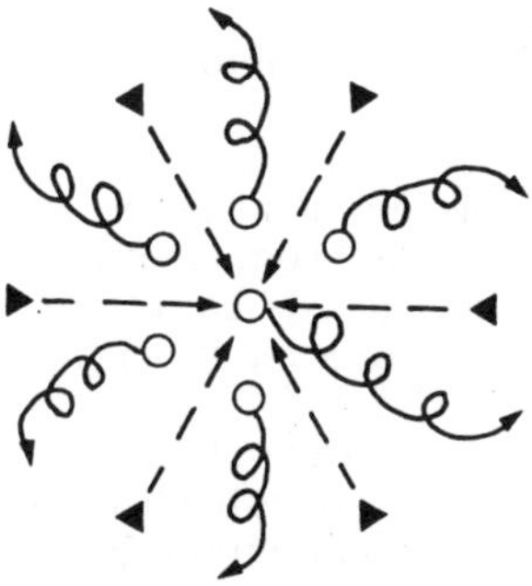

Teil C:
Oberstimme läuft, Faxen schneidend, auf Unterstimme zu. Unterstimme dreht sich abrupt um (Sprünge, Stampfer auf die musikalischen Akzente) und bewegt sich zur Kreislinie zurück.

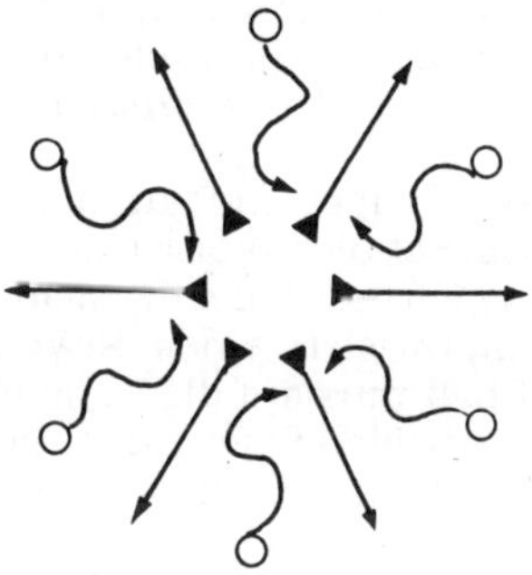

Teil A_1:
wie Teil A. Gegen Schluß kommen Ober- und Unterstimme zusammen und tanzen zu Paaren einen originellen, akzentuierten Schluß.

5. Ebenso: Bewegungsgestaltung zu dem Musikstück "Die Clowns" zu Paaren. Beispiele einer solchen Raumform (zu diesem musikalischen Beispiel):

"Zweistimmigkeit" siehe: R 2.4/Seiten 164, 167, 170
IM 3.1/Seite 273
EM 5.6/Seite 490, 5.6/Seiten 521ff.

Schwerpunkt Wechselbeziehung Musik – Bewegung: Zweistimmigkeit

Brita Glathe

Zielsetzung: Das Prinzip der Zweistimmigkeit soll in der Bewegung erfahren und als räumliche Form gestaltet werden.

Zielgruppe: Jugendliche und Erwachsene.

Arbeitsmaterial: Becken, Trommeln, verschiedene Schlaghölzer, zwei Bänderfahnen für jeden Schüler.

Übungsbeschreibung:

1. Spiel der Hände.
Die Schüler stehen gut verteilt im Raum. Zu den Klängen eines Beckens (gespielt vom Lehrer) zieht jeder Linien (Figuren) mit den Händen in die Luft. Impuls und Dauer des Klanges bestimmen die Bewegungen (auch mit geschlossenen Augen ausführen!).

1.1 Der Lehrer spielt nun auf zwei unterschiedlich klingenden Becken, nacheinander oder gleichzeitig. Dem einen Becken wird die Bewegung der rechten, dem anderen die Bewegung der linken Hand zugeordnet.

2. Spiel mit Händen und Füßen.
Einstimmige Musik zur Bewegung. Wechselt die Musik zur Zweistimmigkeit, gehen (laufen, hüpfen usw.) alle zu Paaren weiter.
Wird die Musik einstimmig, so bewegt sich jeder wieder für sich allein.

2.1 Die Gruppe zu Paaren, ein Trommelspieler und ein Sänger.
Ein Schüler improvisiert singend eine Melodie: dies ist der Bewegungsimpuls für Partner 1, der die Melodie mit den Händen ausdrückt. Der Trommelspieler improvisiert einen Rhythmus: Bewegungsimpuls für Partner 2, der den Rhythmus auf die Füße überträgt.
Die beiden Spieler und Sänger können nun so improvisieren, daß sie sowohl nacheinander als auch gemeinsam spielen und singen.

2.2 Das Spiel wird umgekehrt: ein Paar zeigt in einer Bewegungsimprovisation das zweistimmige Spiel von Händen und Füßen.
Ein Teil der Gruppe hat Trommeln, der andere singt: alle spielen und singen (evtl. nur in der Pentatonik), was sie sehen.

3. Die Zweistimmigkeit als Raumweg.
Paare. Beide Partner gehen gemeinsam einen Weg, z.B.:

Es entsteht eine parallele Zweistimmigkeit.

3.1 Es wird ein Punkt im Raum bestimmt, an dem beide Partner zur gleichen Zeit ankommen sollen. Partner 2 wählte einen längeren Weg als Partner 1, ist aber ebenso zur gleichen Zeit da (er muß sich also schneller bewegen).
Z.B.:

Es entsteht eine Zweistimmigkeit in Seitenbewegung (eine ruhige, eine bewegte Stimme).

3.2 Die beiden Partner suchen sich Wege, die immer unterschiedlich von dem Weg des anderen sind, z.B.:

Es entsteht eine Zweistimmigkeit in Gegenbewegung.
Alle diese räumlichen Formen werden aufgezeichnet.

4. Der Lehrer improvisiert – deutlich hörbar – eine Zweistimmigkeit in Parallel-, Seiten- und Gegenbewegung. Die Schüler übernehmen zu Paaren diese Musik in ihrer Bewegung (vorher vereinbaren, wer die Unter- und wer die Oberstimme darstellt) und gestalten sie räumlich.
Z. B.:

Jedes Paar zeigt seine Lösung. Einige der entstandenen Formen werden aufgezeichnet.

Beispiele einer solchen Raumform zu diesem musikalischen Beispiel:

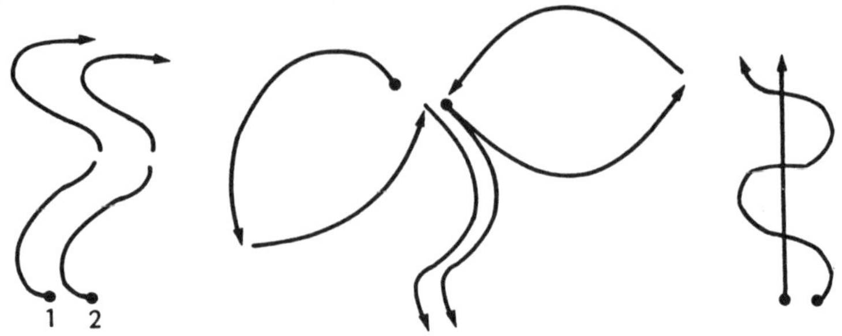

4.1 Bewegungsgestaltung am Platz.
Dieselbe Improvisation des Lehrers wird von jedem allein nur mit den Händen ausgedrückt (siehe Übung 1).

4.2 Eine solche Zweistimmigkeit kann auch mit Geräten dargestellt werden, zum Beispiel mit Bänderfahnen.
Jeder Schüler hat zwei Bänderfahnen verschiedener Farben in den Händen und zeichnet mit ihnen die Melodielinie nach.

4.3 Bewegungsgestaltung in der Gruppe.
Wie 4.2. Ein einzelner improvisiert mehrere Formen der Zweistimmigkeit mit seinen Bänderfahnen. Die Gruppe steht so hinter ihm, daß alle ihn sehen und die Bewegung übernehmen können.
Der Lehrer (oder auch zwei Spieler an Instrumenten) überträgt diese Bewegungen sofort in eine entsprechende musikalische Zweistimmigkeit am Klavier.

"Zweistimmigkeit" siehe R 2.4/Seiten 161, 167, 170
IM 3.1/Seite 273
EM 5.6/Seite 490 und Seiten 521ff.

Wechselbeziehung Musik – Bewegung: Zweistimmigkeit

Hannelore Krause-Wichert

Zielsetzung: Erarbeiten der drei Gestaltungsmöglichkeiten der Zweistimmigkeit in der Musik: Seitenbewegung, Parallel- und Gegenbewegung.

Zielgruppe: Erwachsene.

Arbeitsmaterial: helle und dunkle Bänder zum Umhängen (an den Enden zusammengenäht). Xylophon, Metallophon oder Klavier. Tafeln und farbige Kreide oder Papier und Buntstifte. Für die Hälfte der Teilnehmer helle, für die anderen dunkle Luftballons.

2.

Übungsbeschreibung:

1. Unterscheiden von Ein- und Zweistimmigkeit. Kennenlernen der Seitenbewegung in der Musik.

1.1 Einzeln bzw. zu Paaren gehen nach ein- bzw. zweistimmiger Musik auf einem Xylophon.

1.2 Die Hälfte der Teilnehmer hängt sich helle, die anderen dunkle Bänder um. Einzeln laufen, je nach Klanghöhe (tiefe Musik für die mit den dunklen, hohe für die mit den hellen Bändern). Wenn eine Zweistimmigkeit erklingt, läuft ein "dunkler" mit einem "hellen" Teilnehmer.

1.3 Im Hüpfen kommt Zweistimmigkeit in hoher bzw. tiefer Tonlage hinzu. Dann finden sich entsprechend zwei "helle", zwei "dunkle" oder zwei "gemischte".

1.4 Jeweils ein heller und ein dunkler Partner stehen als Paar – gut verteilt – im Raum.
Der eine Partner bewegt sich beliebig durch den Raum, der andere bleibt am Platz stehen. Der gehende übt auf den stehenden "Magnetismus" aus, d.h., der stehende Partner verfolgt mit Körper und Armen den Weg des gehenden (Rollentausch).

1.5 Der Stehende bestimmt nun durch Gesten und/oder Körperbewegungen am Platz den Weg des Gehenden (Rollentausch).

1.6 Wie 1.4 und 1.5 mit Musik (am besten Klavier, evtl. auch Metallophon). (Wechselnde Orgelpunkte in den Stimmen.)
Die sich bewegende Stimme dominiert, sie ist aber sicht- und hörbar an die stehende Stimme gekoppelt (erklären der "Seitenbewegung" in der Zweistimmigkeit).

2. Kennenlernen der Parallel- und Gegenbewegung in der Musik.

2.1 Paare halten ihre gespannten Bänder in geringem Abstand voneinander. Einer führt sein Band am Platz in beliebige Richtungen, der andere folgt mit seinem Band und hält es immer parallel (Rollentausch).

2.2 Das gleiche mit Fortbewegung im Raum.

2.3 Der eine Partner bewegt sich wie bei 2.1, der andere führt sein gespanntes Band in Gegenbewegung.
Dabei ist optischer oder begrifflicher Gegensatz möglich. (Das spielt bei vor und rück und links und rechts eine Rolle.)

2.4 Paare finden ohne Bänder Parallelbewegung am Platz oder in der Fortbewegung im Raum nach zweistimmig parallel geführter Musik.

2.5 Paare finden nun Gegenbewegung am Platz oder in der Fortbewegung im Raum nach zweistimmiger in Gegenbewegung geführter Musik.

3. Unterscheiden von musikalischer Seiten-, Parallel- oder Gegenbewegung.

3.1 Zu Zweistimmigkeiten in Seiten-, Parallel- und Gegenbewegung bewegen sich Paare entsprechend.

3.2 Die drei Möglichkeiten werden mit zwei Kreiden an die Tafel oder mit zwei Stiften auf Papier gemalt:
a) beliebig, aus der gewonnenen räumlichen Erfahrung,
b) entsprechend zur Musik.

Anmerkung: Es ist optisch vorteilhaft, zwei kontrastierende Farben zu nehmen.

4. Darstellen einer polyphonen Zweistimmigkeit.

4.1 Hören eines polyphonen Musikstücks.

*aus: J. Alex. Burkard, Neue Anleitung für das Klavierspiel, Bd. I.
Mit freundlicher Genehmigung des Verlags B. SCHOTT'S SÖHNE, Mainz.*

Gemeinsam erkennen, wo es Momente der Seiten-, Parallel- und Gegenbewegung hat.

4.2 Erarbeiten der rhythmischen Verläufe der einzelnen Stimmen durch Klatschen bzw. Gehen.

4.3 Teilung der Gruppe in zwei Reihen, die hintereinander auf Lücke stehen. Eine

Reihe hat helle, die andere dunkle Luftballons:

— — — — — — Oberstimme (helle Ballons)

▽ ▽ ▽ ▽ ▽ Unterstimme (dunkle Ballons)

Zunächst spielt jede Reihe ihren Rhythmus mit den Ballons.

4.4 Beide Reihen spielen ihre Stimmen gleichzeitig rhythmisch mit den Ballons.

Anmerkung: Man sollte durch Vierteilung der Gruppe auch allen Mitgliedern Gelegenheit geben, sich das optisch recht wirkungsvolle und informative Spiel der Ballons einmal anzusehen. Zur gewonnenen differenzierten akustischen Erfahrung der Zweistimmigkeit kommt dann noch eine optische Ergänzung.

"Zweistimmigkeit" siehe R 2.4/Seite 161, 164, 170
IM 3.1/Seite 273
EM 5.6/Seite 490 und Seiten 521ff.

Wechselbeziehung Musik – Bewegung: Zweistimmigkeit

Brita Glathe

Zielsetzung: Den musikalisch fortgeschrittenen Schüler kann diese Bewegungsgestaltung anregen, sich auf neue Weise mit Musik auseinanderzusetzen: Scheinbar komplizierte musikalische Strukturen werden verständlich, wenn sie körperlich erfahren werden.
In diesem zweistimmigen Präludium von J.S. Bach soll jeder Ton eine Entsprechung in der Bewegung (hier vorwiegend in Schritten) finden: eine präzise rhythmische Bewegung wird durch auditive und visuelle Übungen geschult. Die Konsequenz der Bewegung soll sich aus der Struktur der Musik ergeben: Rhythmen und Tonfolgen sollen sichtbar werden, ebenso die musikalischen Phrasen, die Dynamik, Ton- und Taktart, die Form und der Charakter, der den Ausdruck der Bewegung beeinflußt.

Zielgruppe: Jugendliche und Erwachsene mit Vorerfahrung in Rhythmischer Erziehung.

Arbeitsmaterial: Klavier. Für die Hälfte der Gruppe rote, für die anderen grüne Bänder. Papier und zwei farbige Stifte für jeden Schüler.

Übungsbeschreibung:

1. Das Präludium wird mehrmals gespielt und mit geöffneten, dann mit geschlossenen Augen gehört.

1.1 Jeder versucht, einmal mehr die Oberstimme, dann die Unterstimme herauszuhören.

1.2 Jeder hat Papier und zwei verschiedenfarbige Stifte.
Zwei Gruppen: die eine zeichnet die Linien der Oberstimme in den Tonhöhen, die andere die der Unterstimme nach. Wechsel! (Ebenso: der Rhythmus der Melodie wird aufgezeichnet.)

1.3 Nach der wieder gespielten Musik zeichnet jeder für sich allein zuerst die Ober-dann die Unterstimme mit je einer anderen Farbe. Dabei sollen keineswegs "choreographische" Formen entstehen, wichtig ist dabei die Koordination von Hören und Bewegung der Hand: Impulse der Musik lösen Impulse der Bewegung aus.

1.4 Das Präludium wird langsam mit hervorgehobener Oberstimme gespielt. Die Schüler summen die Melodie mit und achten dabei auf die entstehende Phrasierung. Bei ebensolcher Betrachtung der Unterstimme fällt auf, daß sie in Charakter und Rhythmus der Oberstimme gleicht und wie in einer Fuge später einsetzt.

1.5 Das Stück wird wieder gespielt, diesmal in einzelnen Abschnitten:

Takt 1 - 3 Takt 4 + 5 Takt 6 - 8 Takt 9 - 11 Takt 12 + 13 Takt 14 - 16.

(Da das Motiv jeweils auf dem 1. Schlag des folgenden Taktes endet, muß beim

Spielen in einzelnen Abschnitten – entsprechend der Phrasierung – das 1. Achtel des folgenden Taktes mitgespielt werden.)
Der Rhythmus der Oberstimme, dann der der Unterstimme wird mitgeklatscht.
Für Fortgeschrittene: Die rechte Hand schlägt die Oberstimme, die linke die Unterstimme auf den Boden – und umgekehrt. Ebenso: Oberstimme singen, Unterstimme klatschen – und umgekehrt.

1.6 Der Lehrer spielt nur die Unterstimme des Präludiums, die Schüler klatschen (singen) die Oberstimme dazu. Dasselbe umgekehrt!

1.7 Zu Paaren: Partner 1 klatscht die Oberstimme, Partner 2 die Unterstimme. Wechsel!

2. Der Lehrer spielt langsam das ganze Präludium. Die Gruppe geht – Ton für Ton *genau* – die Oberstimme (ohne bestimmte Raumwege). Dasselbe mit der Unterstimme.

3. Bewegungsgestaltung des Präludiums.
Die im Folgenden festgelegten Grafiken der Raumwege werden an die Tafel gemalt und besprochen (Richtungswechsel bei Phrasenwechsel, Tonalitätsbereich C = Innenkreis, G = Außenkreis usw.).

3.1 Jeder überträgt diese Grafiken auf sein Blatt Papier (mit zwei Farben). Wenn jetzt das Präludium wieder gespielt wird, kann jeder mit dem Stift auf den Linien nachfahrend mit der Melodie mitgehen. Zuerst jede Stimme einzeln, dann beide gleichzeitig!

4. Die Gruppe teilt sich in Ober- und Unterstimme (rote, bzw. grüne Bänder um die Taille gebunden) und geht die Rhythmen der Stimmen auf den vorgegebenen Raumlinien aus. (Diese Aufgabe erfordert viel Zeit und muß sehr präzise geübt werden!)

4.1 Können die Stimmen richtig und sicher mit den Füßen realisiert werden, kann das Präludium einmal ohne Musik gegangen werden. Die Stimmen können sich dann nur an dem Schrittgeräusch (Rhythmus) der Füße orientieren, die Melodie wird "innerlich gesungen" und gehört.

Bewegungsgestaltung:

Takt 1 - 3
Ausgangsstellung: Kreis, Gesichter nach außen. Ober- — ○ — — und Unterstimme ▲ ——— stehen abwechselnd nebeneinander.

Die Unterstimme beginnt mit einem Schritt vorwärts und bleibt in guter Spannung stehen (𝅝 über drei Takte).
Die Oberstimme setzt nach einer 𝄾 mit dem Thema in C-Dur ein, das der Phrasierung entsprechend in Bögen gegangen wird.

Takt 1 - 3 Takt 4 + 5

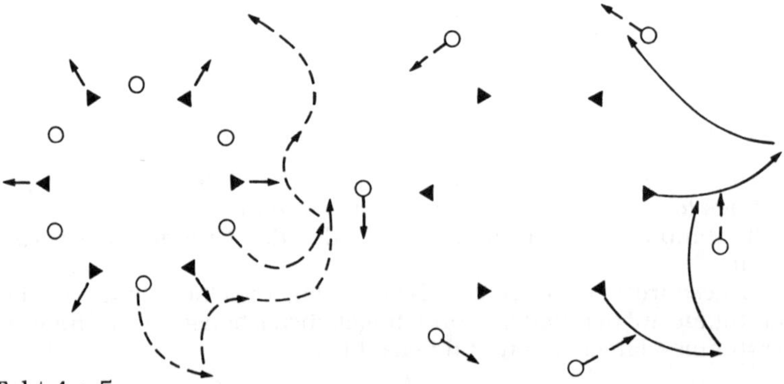

Takt 4 + 5
Die Oberstimme verharrt und geht nach der 𝄽 – ihrem Rhythmus entsprechend – zwei mal zwei Schritte auf der äußeren Kreisbahn voran. Die Unterstimme setzt mit dem Thema ein, das logischerweise denselben Raumweg wie das Thema der Oberstimme hat, hier aber nur mit zwei Phrasen.

Takt 6 - 8
Beide Stimmen haben sich im G-Dreiklang getroffen. Sie gehen abwechselnd – ihrem Rhythmus entsprechend – nebeneinander auf der äußeren Kreislinie vorwärts.

Takt 6 - 8 Takt 9 - 11

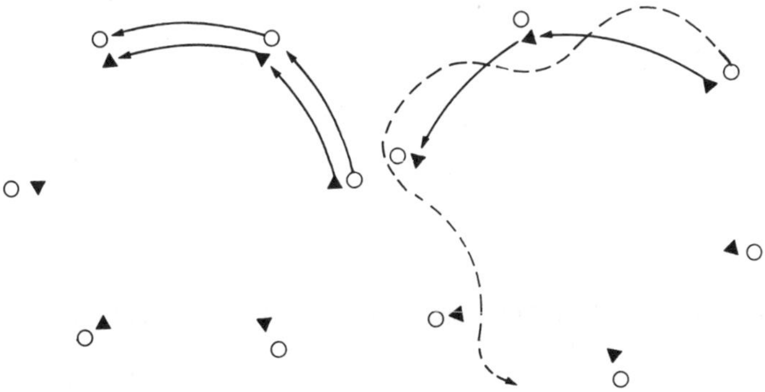

2.

Takt 9 - 11
Die Unterstimme bleibt auf ihrem Orgelpunkt G mit ruhigen Schritten ♩ auf der Kreislinie, die Oberstimme umspielt sie in Bögen mit doppelt so schnellen Schritten (Phrasierung deutlich machen!).
Takt 12
Die Oberstimme bleibt auf der 𝅗𝅥 stehen, die Unterstimme umläuft sie mit einem Kreis.

Takt 13 (mit Auftakt in Takt 12)
Beide Stimmen gehen nebeneinander (evtl. mit Handfassung) einen Bogen.

Takt 12+13 Takt 14-16

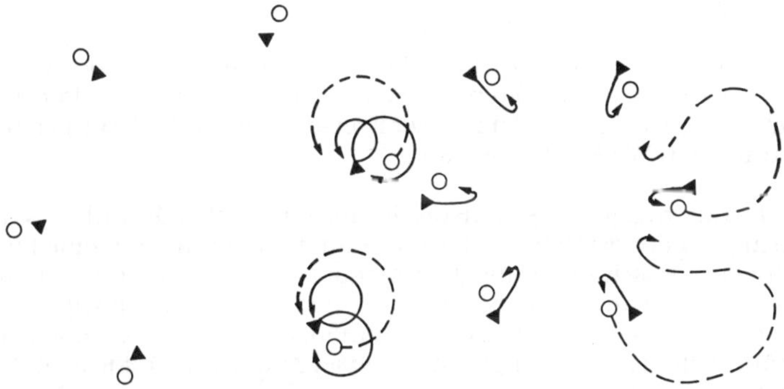

Takt 14
Die Unterstimme bleibt (in Spannung!) auf der 𝅝 stehen, Gesicht zur Kreismitte. Die Oberstimme umläuft sie mit einem großen Bogen und kehrt zu ihr zurück.

Takt 15 + 16
Ober- und Unterstimme gehen ihrem Rhythmus entsprechend auf die innere Kreislinie zu (C-Dur-Bereich) und kehren gemeinsam auf dem letzten Ton mit den Gesichtern nach außen in ihre Ausgangsstellung zurück.

"Zweistimmigkeit" siehe R 2.4/Seiten 161, 164, 167
IM 3.1/Seite 273
EM 5.6/Seite 490 und Seite 521ff.

Wechselbeziehung Musik – Bewegung: Kanon

Hannelore Krause-Wichert

Zielsetzung: Umgang mit verschiedenen Formen und Möglichkeiten des Kanons in der Bewegung. Koordination von Hören und Sichbewegen. Rhythmische Exaktheit.

Zielgruppe: Erwachsene.

Arbeitsmaterial: viele Schlaginstrumente wie Trommeln, Rasseln, Schellen, Triangeln, Klanghölzer, Gong oder Becken.

Vorbemerkung:

Der Bewegungskanon bildet eine ideale Möglichkeit, mit ganz einfachen räumlichen Formen eigene Gestaltungen hervorzubringen, die originell und oft ausgesprochen wirkungsvoll sein können. Durch das nacheinander Einsetzen erscheinen verschiedenartige Bewegungsabläufe gleichzeitig und verbinden sich auch für den Betrachter zu einem reizvollen, sich ständig wandelnden Ganzen.

Das Ausarbeiten einer guten Kanonform am "Grünen Tisch" ist fast unmöglich. Raum, Zeit und Bewegungsform müssen in ihrem Zusammenspiel erprobt und aufeinander abgestimmt werden. So ist es am besten, Bewegungskanons innerhalb einer Gruppe zu erarbeiten, denn Raum- und Gruppengröße sind für die mögliche Form mitbestimmend.

Wer Bewegungskanons erarbeiten will, sollte sich vor allem darüber im klaren sein, wieviel Stimmen sein Kanon hat bzw. wie vielstimmig er ihn gestalten will. Die Anzahl der Stimmen bestimmt die Anzahl der Kreise, Reihen oder Gruppen und die Anzahl der räumlichen Wege oder Gesten.

Zweckmäßig ist es auch, daß am Schluß des Kanons möglichst die Anfangsaufstellung und -haltung wieder erreicht wird, und wenn nicht, dann aber eine Position, die einen Neubeginn des Kanons möglich macht, denn der Kanon lebt von der Wiederholung. Es kann auch nach zwei Abläufen die Anfangsposition wieder erreicht werden. In diesem Falle wird der Kanon in zwei leicht verschiedenen Formen oder räumlichen Aufstellungen im Wechsel getanzt und bildet somit schon eine etwas anspruchsvollere Form.
Die Bewegungen sollten bei Singkanons nicht zu lebhaft sein, weil das Singen und Atmen durch die Bewegung nicht beeinträchtigt werden sollte. Bei guten Bewegungsformen klingt das Singen sogar in der Regel besser, weil sich die Stimmen räumlich mischen.

Auch das Halten der eigenen Stimme, wenn man den Nachbarn eine andere singen hört, fällt innerhalb der Gestaltung oft leichter, weil der Bewegungsablauf mit dem entsprechenden Kanonteil verbunden ist.Die folgenden Beispiele sind aus der Praxis mit Erwachsenengruppen entstanden.

1. Dreistimmiger Tanzkanon.

1.1. Zum allgemein bekannten Kanon "Es tönen die Lieder" gehen alle im Schritt-

maß der Viertelnoten singend durcheinander.
Die erste Taktzeit wird dabei auf beliebige Weise herausgehoben, z.B. einmal klatschen, einen Schritt in eine andere Richtung setzen, leicht stampfen, eine Armbewegung ausführen usw.

Mündlich überliefert

1.2 Alle stehen im Kreis. Er wird in drei Stimmen eingeteilt. Der Kanon wird stehend zweimal durchgesungen, und zwar auslaufend, d.h. jede Stimme hört auf, wenn sie zum zweiten Mal ans Ende kommt.

1.3 Vom Kreis aus gehen die einzelnen Gruppen gleichzeitig mit ihrem Stimmeinsatz in den Raum. Sie sollen möglichst nicht beieinander bleiben, sondern sich mit den anderen Stimmen vermischen.
Bei Begegnungen mit anderen Sängern sollte jeder versuchen festzustellen, ob er einen Sänger der gleichen oder einer anderen Stimme vor sich hat. - Geendet wird jetzt auf das Zeichen des Übungsleiters bei den Fermaten.

1.4 Übung 1.3 wird wiederholt und erschwert: Die Sänger sollen nun zu zweit oder dritt beliebig lange und oft zusammentreffen und miteinander kreisen, dabei ihre Stimmen halten und gleichzeitig feststellen, welche Stimme der Partner singt (oder die Partner singen).

1.5 Noch einmal wird von der Kreislinie ausgegangen und getanzt wie bei 1.3 und 1.4. Hat jeder seine Stimme zweimal gesungen, soll er wieder an seinem Platz auf der Kreislinie stehen. Jetzt endet der Kanon wieder auslaufend.

1.6 Zum Kanon wird folgende einfache Bewegungsform im Kreis getanzt.

1. Teil: Der Kreis geht nach links mit Schrittbetonung auf der jeweiligen 1 des Dreitaktes (Schrittmaß ♩).
2. Teil: Mit zwei langsamen Schritten in den Kreis hinein und rückwärts wieder herausgehen (Schrittmaß 𝅗𝅥.).
3. Teil: Paare haken sich linksarmig ein und drehen sich genau im Liederrhythmus umeinander. Alle Teile werden jeweils mit dem linken Fuß auf dem Volltakt begonnen.

1.7 Die gleiche Form wird nun in drei im Dreieck angeordneten Kreisen getanzt, und zwar einmal von allen drei Kreisen gleichzeitig und zweimal im Kanon mit auslaufenden Schlüssen.

1.8 Wie 1.7, nur wird der Kanon vom zweiten Durchlauf an gesummt.

1.9 Der Kanon wird ohne Singen getanzt.
Anmerkung: Diese Form schärft besonders das Hören der einzelnen Kreise aufeinander. Als Hilfe kann die erste Taktzeit jeweils etwas kräftiger aufgestampft werden.

1.10 Alle Tänzer des Kreises 1 holen sich eine Trommel, Kreis 2 bekommt Rasseln oder Schellen, Kreis 3 Hölzchen. Der Kanon wird stehend einstimmig als Lied gesungen. Teil 1 wird von Trommeln, Teil 2 von Rasseln oder Schellen, Teil 3 von Hölzchen begleitet.

1.11 Alle Instrumente begleiten nun das ganze Lied.

1.12 Wie 1.11, doch nun wieder im Kanon. (Einmal einstimmig und zweimal im Kanon auslaufend, jedoch ohne Bewegung.)

1.13 Bewegung und Begleitung werden miteinander als Kanontanz verbunden (siehe Übung 1.7 und 1.12).

1.14 Jeweils ein Spieler steht im Kreis und begleitet seine Gruppe, die wie bei 1.13 tanzt.
Anmerkung: Bei größeren Gruppen können jeweils drei Spieler mit den Rücken gegeneinander in der Mitte ihres Kreises stehen.

2. Fünfstimmiger Gestenkanon.

2.1 Folgende Gestenfolge wird als Beispiel stehend erarbeitet:

A) Arme leicht gestreckt, Handflächen aneinander gelegt.
Die Arme werden nun zu fünf langsamen Trommelschlägen in gleichmäßigem, fließendem Tempo in die Seithalte geführt, Handrücken am Ende nach oben (5/4 Takt, Metrum ♩).

B) Die weitausgestrecktenArme werden nun mit fünf langsamen Trommelschlägen vor dem Körper zusammengeführt.

C) Der Oberkörper wird gebeugt, bis er eine Waagerechte bildet. Die Arme werden dabei mit fünf langsamen Trommelschlägen nach hinten geführt, so daß sie am Ende die Verlängerung des waagerechten Oberkörpers bilden.

D) Der Körper wird mit fünf langsamen Trommelschlägen wieder in die Senkrechte geführt. Die Arme werden dabei langsam seitlich an den Körper herangeführt.

E) Die Arme werden mit fünf langsamen Trommelschlägen in die Ausgangsstellung über den Kopf gebracht.

2.2 Ist die Folge bekannt, werden fünf Reihen hintereinander gebildet, die gestaffelt stehen sollten, z.B.:

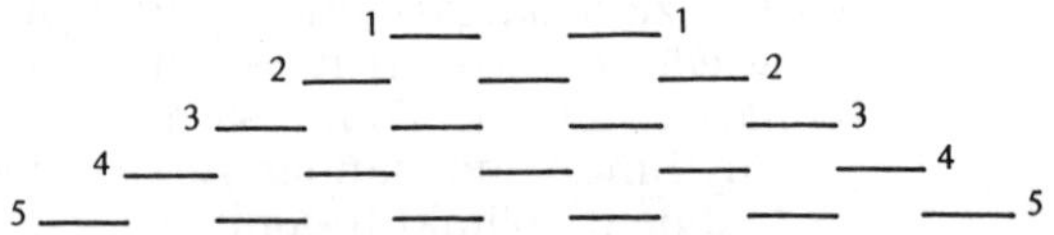

Jede Reihe führt jetzt die Gestenfolge einmal allein durch und achtet dabei darauf, daß sie sich mit den seitlichen Partnern völlig synchron bewegt.

2.3 Die Reihen bewegen sich im Kanon (einmal durch).

2.4 Die Reihen bewegen sich nach dem Schema in Übungsgruppe 1 und 2: einmal einstimmig und zweimal im Kanon.

2.5 Als Begleitung wird jetzt jeweils immer nur ein kräftiger Becken- oder Gongschlag angeboten, der fünf Zählzeiten dauert.Jede neue Bewegungsrichtung wird also einmal begleitet.
Anmerkung: Auch diese Durchführungsweise des Gestenkanons bedeutet für die Ausführenden ein hohes Maß an Konzentration. Für weniger geübte Gruppen kann deshalb zum Becken- oder Gongschlag noch eine Trommel kommen, die die Unterteilung in jeweils fünf Viertel gibt.

3. Zweistimmiger Tanzkanon zu Paaren.

2.

3.1 Paare stehen auf der Kreismitte. Singend und sich gleichzeitig bewegend wird folgender Kanon erarbeitet:

Gerhart Langhans

Aus Gottfried Wolters „Das singende Jahr", Möseler Verlag, Wolfenbüttel

Bewegungsform:
Takt 1 - 4: Die Paare gehen im Metrum sechs Schritte zur Kreismitte, dort drehen sie sich während der letzten Schritte nach innen um und gehen mit dem Rücken zur Mitte sechs Schritte zurück, worauf sie sich wieder nach innen umdrehen, so daß sie nebeneinander stehen.Takt 5 + 6: Die Paare nicken einander zu, danach dem jeweils äußeren Nachbarn.Takt 7 + 8: Die Paare fassen sich an beiden Händen und umkreisen sich, dabei kommt jeder auf den Platz des Nachbarn.Takt 1 - 8: Das Ganze wird wiederholt. Am Ende steht dann wieder jeder auf seinem alten Platz.

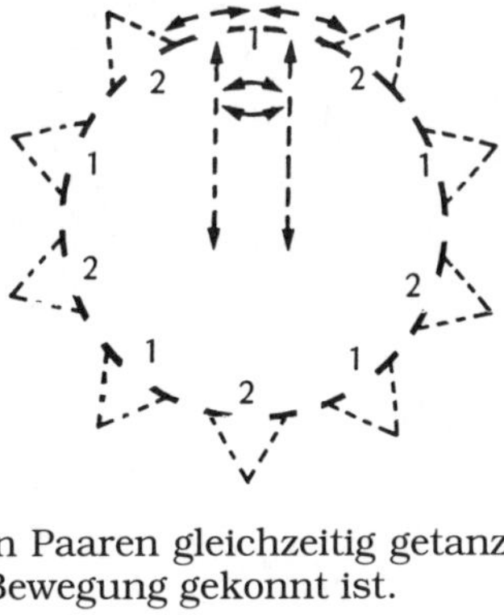

3.2 Die Form wird von allen Paaren gleichzeitig getanzt und gesungen, bis sie sicher in Melodie und Bewegung gekonnt ist.

3.3 Die Paare zählen sich nun zu Paar 1 und Paar 2 ab.

3.4 Alle Paare 1 üben allein.

3.5 Alle Paare 2 üben allein.

3.6 Das Ganze am Ende als Kanon, und zwar einmal einstimmig und zweimal im Kanon.

3.7 Am Schluß, nachdem die Stimmen ausgelaufen sind, wird die kleine Coda frei mehrstimmig improvisierend angehängt, wobei sich auch jeder in der Bewegung beliebig verhalten kann.

"Kanon" siehe EM 5.6/Seite 490
RH 2.2/Seite 85

Wechselbeziehung Musik – Bewegung: Ostinato

Brita Glathe

Zielsetzung: Das Prinzip des Ostinato soll in der Bewegung erfahren und als räumliche Form gestaltet werden.

Zielgruppe: Schulkinder, Jugendliche, Erwachsene (Ostinato 1) Jugendliche, Erwachsene (Ostinato 2).

Arbeitsmaterial: Xylophone, Klavier, Flöten, Schlaginstrumente.

Übungsbeschreibung:

2.

1. Melodischer Ostinato und Melodie.

1.1 Jeder erfindet unterschiedliche Arten, sich zu bewegen: gehen, laufen, hüpfen, trippeln, sich drehen usw., vorwärts, rückwärts, seitwärts, am Platz, in unterschiedlichen Raumebenen, nur mit einzelnen Körperteilen wie Arme, Schultern, Kopf usw, alles in unterschiedlichen Tempi und mit differenziertem Krafteinsatz.

1.2 Jeder wählt sich aus der Vielfalt der Bewegungen eine bestimmte aus, die er immer wiederholt.

1.3 Der Lehrer sucht sich eine Bewegungsart heraus und begleitet sie musikalisch. Wer seine Bewegung in der Musik wiedererkennt, führt sie weiter fort, die übrige Gruppe übernimmt die musikalisch begleitete Bewegung. Endet die Musik, führt jeder wieder seine eigene Bewegung aus (s. 1.2).

1.4 Wie 1.3, andere Bewegungsarten werden von der Musik begleitet.

2. Schwerpunkt Drehen.
Welche Körperteile kann man ein- und ausdrehen?
Wie kann man ganze Kreise beschreiben, schnell, langsam, in unterschiedlichen Haltungen und Richtungen?
Drehungen können auch zu zweit ausgeführt werden: Mit Handfassung dreht sich einer nach dem anderen.

3. Kreiseltanz.
Die Melodie wird einige Male gespielt, mitgesungen, der Rhythmus geklatscht.

3.1 Die Phrasierungsbögen der Melodie werden durch Bewegung gezeigt: z.B. bei der ersten Phrase beschreibt der rechte Arm einen Bogen, bei der zweiten der linke Arm, die dritte wird als Bogen in den Raum gegangen, die vierte als Kreis.

3.2 Die Phrasenenden der Melodie haben immer zwei betonte Viertelnoten (bis auf den Schluß mit drei). Daraus ergibt sich auch eine klare Gliederung der Bewegung:
die Melodie wird gespielt und gesungen, die akzentuierten Viertel werden durch Klatschen, Stampfen oder freie Gesten betont.

3.3 Die Melodie wird in der Bewegung dargestellt, die Achtelfiguren motivieren zu Drehungen, die immer wieder von den Akzenten unterbrochen werden. Jeder sucht sich aus den vorher ausprobierten Drehbewegungen eine oder mehrere aus und bringt sie in Einklang mit der Melodie.

3.4 Zu zweit oder in Kleingruppen.
Jede Gruppe entwickelt aus dem vielfältigen Bewegungsmaterial der vorangegangenen Aufgaben eine Form, die in Beziehung zur Melodie steht. Die musikalische Form bestimmt den Bewegungscharakter (drei Drehungen, zwei Akzente), die Grundbewegungen können aber variiert werden.
Die Ergebnisse werden die vielen Möglichkeiten zeigen, diese Melodie mit den Elementen "Drehung" und "Akzent" unterschiedlich darzustellen.

4. Der Ostinato wird gespielt.
Wie anders sind sein Tempo und Klangcharakter im Vergleich zur Melodie?
Der Ostinato wird mit einer ruhigen, immer wiederkehrenden Bewegung dargestellt.

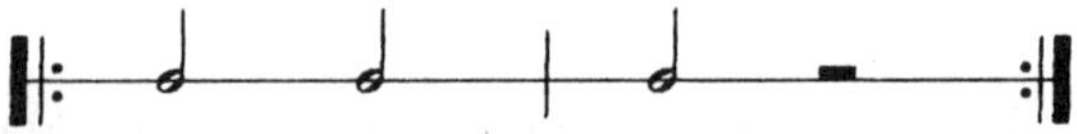

4.1 Der Ostinato wird nur mit den Füßen realisiert. Jede Wiederholung ist ein Richtungswechsel.

4.2 Der Ostinato wiederholt sich viermal. Die Richtungswechsel sollen jetzt so gewählt werden, daß man am Ende des letzten Ostinato wieder am Ausgangspunkt ankommt.

4.3 Zu zweit: Partner 1 - Melodie
Partner 2 - Ostinato
Die Paare gestalten die Musik in Bewegung. Aus dem Bewegungskatalog der vorangegangenen Aufgaben werden sich viele Darstellungsmöglichkeiten ergeben. Die Raumwege werden aufgezeichnet.

4.4. Beispiel einer Bewegungsform der Gesamtgruppe:
Ausgangsstellung: Außen-Innenkreis, Front zueinander.

Takte 1 - 2,
Takte 3 - 4,
dasselbe in
Gegenrichtung.

▲ = Oberstimme
○ = Ostinato

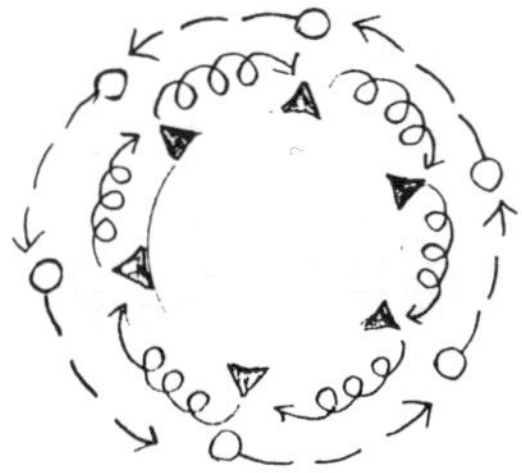

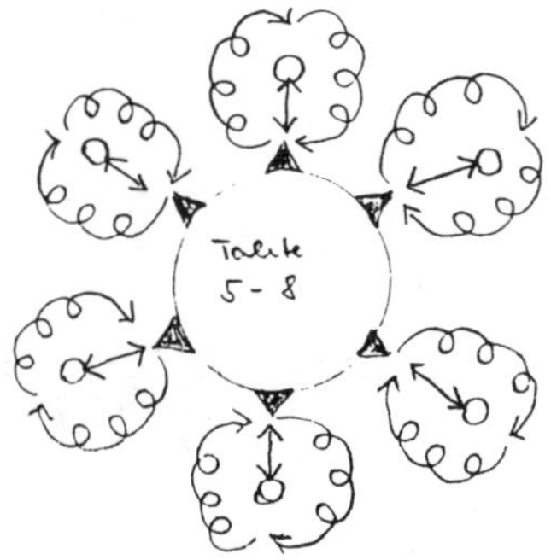

Die Bewegungsformen (drei Drehungen, zwei Akzente) der Melodie und die des Ostinatos (drei Schritte) bleiben, nur die Raumwege verändern sich.

5. Rhythmischer Ostinato und Stimme.

5.1. Der Rhythmus dieses Ostinato wird

- geklatscht,
- mit geteilten Stimmen rechts/links geschlagen,
- mit den Füßen gegangen,
- mit Händen und Füßen mit geteilten Stimmen realisiert,
- zu zweit mit geteilten Stimmen dargestellt,
- in zwei Gruppen mit geteilten Stimmen dargestellt,
- mit Schlaginstrumenten gespielt.

5.2 Der Rhythmus wird mit stimmlichen Lauten ausgedrückt. Zu zweit: Partner 1 gibt den Rhythmus mit Stimmlauten. Partner 2 bewegt sich frei dazu und versucht, die Akzente auszudrücken. Auch soll der stimmliche Ausdruck in den Bewegungsausdruck übertragen werden.

5.3 Zwei Gruppen.
Gruppe 1: Ostinato mit - Stimmlauten,
- anderen Geräuschen,
- Schlaginstrumenten.
Gruppe 2 improvisiert eine ruhige, klingende Oberstimme mit Singstimme (freitonal) oder/und Instrumenten (Becken/Flöten).

Prelude No. 7

John Mehegan

2.

5.4 Die Klangdarstellung von 5.3 wird mit einer Bewegungsdarstellung erweitert: die Gruppen bewegen sich zu ihren eigenen Klängen. Der lebhafte Charakter des Ostinato und der ruhige der Oberstimme sollen deutlich in der Bewegung und der räumlichen Form sichtbar werden.

6. Ostinato und Oberstimme als freie Bewegungsgestaltung.
Das Prelude Nr. 7 von John Mehegan zeigt einen strikt durchgehaltenen Ostinato, der mit seiner dreitaktigen Phrase eine ungewöhnliche Form aufweist. Der Ostinato besteht aus 12 gleichmäßigen Viertelnoten, die unterschiedliche Dynamik prägt den starken Ausdruck dieses Stückes. Die Oberstimme paßt sich zunächst der dreitaktigen Phrase des Ostinato an, wird dann aber zunehmend selbständiger und setzt an immer neuen Stellen des Ostinato zu eigenen Phrasierungsbögen an.

6.1 In der Bewegungsgestaltung soll vorrangig der Charakter dieses Stückes zum Ausdruck kommen: Die stete, niemals unterbrochene Ostinatolinie findet ihre Entsprechung in einer fortlaufenden, aber sich immer wiederholenden Bewegungs- und Raumform. Die Oberstimme in ihrer eigenwilligen Struktur fordert zu entsprechenden Bewegungen heraus. Die Oberstimme kann von einem einzelnen im Kontrast zum Ostinato der ganzen Gruppe dargestellt werden, zwei gleich große Gruppen können die beiden Stimmen verkörpern, Gegenstände oder Materialien können zur Ausdrucksverstärkung hinzugenommen werden.

"Ostinato" siehe IM 3.1/Seite 249 und 3.2/Seite 304 f.
EM 5.6/Seite 494 und 5.6/ 522

Improvisation

Brita Glathe
Hannelore Krause-Wichert

3.1 Improvisation für Schlaginstrumente, Stabspiele und Klavier

Brita Glathe

Allgemeine Überlegungen zur Bewegungsbegleitung mit Schlaginstrumenten und Stabspielen

Das Musizieren mit Schlaginstrumenten und Stabspielen ist heute ein wichtiger Teil des musikalischen Gruppenunterrichts geworden. Kinder können schon sehr früh mit den elementaren Spieltechniken vertraut gemacht werden; die variablen und reizvollen Klänge dieser Instrumente motivieren zu einem phantasievollen Musizieren.

Auf eine detaillierte Instrumentenkunde der Schlaginstrumente und Stabspiele wird hier nicht eingegangen, da auf diesem Gebiet schon ein gutes Literaturangebot besteht.

Beim Gebrauch der Instrumente ist es wichtig, von Anfang an auf eine richtige Haltung des Spielers und des Instrumentes zu achten. Einmal eingeschlichene Fehler sind nur schwer und mühsam wieder auszumerzen!

Auch sollte man wissen, welche spezifischen Klangmöglichkeiten jedes Instrument hat, damit es im Zusammenspiel mit anderen Instrumenten richtig und effektiv eingesetzt werden kann.

Die folgende Übersicht mit den am häufigsten verwendeten Instrumenten zeigt in Stichworten den Charakter und die Verwendungsmöglichkeit des Instrumentes sowie die Spieltechnik für den Spieler an.

Schlaginstrumente

Trommel

(Handtrommel)

- Große Rahmentrommel, das Fell durch Schrauben zu spannen.
- Kleine Handtrommel, Fell fest mit dem Rahmen verbunden. Vorwiegend für Kinder benutzt.

Klangfarbe und Verwendung

Trommeln lassen sich nicht auf eine bestimmte Tonhöhe abstimmen. Der Klang ist geräuschartig, große Trommeln haben einen kurzen Nachhall, kleine Trommeln so gut wie keinen. Bei den Rahmentrommeln kann durch Spannen oder Abspannen des Felles der Klang heller oder dunkler verändert werden.

Kurze, prägnante Rhythmen, Betonungen, indifferente Geräusche. Geeignet für differenzierte Bewegungsbegleitung, der Spieler kann sich gleichzeitig bewegen und spielen.

Spieltechnik

Die Trommel wird mit einer Hand locker am Holzrand gehalten und mit der anderen Hand entweder direkt oder mit einem Schlegel auf dem Fell geschlagen. Der Spieler steht (sitzt oder bewegt sich) in locker aufrechter Haltung. Beide Arme "kleben" nicht am Körper, Arm und Hand, die den Schlegel halten, schwingen bei jeder Bewegung mit.

Der Klang kann differenziert werden durch:
verschiedenes Material der Schlegelköpfe wie - Filz - Leder - Gummi - Schwamm - Holz - Watte,
das Schlagen auf verschiedene Punkte auf dem Fell sowie das Schlagen des Schlegelstieles auf den Trommelrand.

Das direkte Schlagen mit der Hand bietet ebenfalls viele Variationsmöglichkeiten:

- mit einzelnen Fingern (1., 2., 3. Finger),
- auf verschiedene Punkte des Felles,
- mit den Fingerspitzen,
- den Knöcheln,
- mit Handballen,
- mit dem Daumen,
- mit der flachen Hand,

sowie

- reiben des Felles, wischen, kratzen, anschnipsen oder auch Ansingen oder Anpfeifen des Felles.

Neue Klangfarben ergeben sich durch die Verwendung des Jazzbesens.

Schellentamburin

Rahmentrommel mit lose angebrachten Metallplättchen im Rahmen.

Klangfarbe und Verwendung

Zu dem Klang des Felles kommt das klirrende, klingelnde Geräusch der Metallplättchen: Klang geräuschartig und wenig differenziert.

Geräuschkulissen, flirrende, diffuse Klänge, nicht geeignet für präzise Rhythmen, eher für Betonung von Taktschwerpunkten. Kann bei der Fortbewegung mitgenommen werden.

Spieltechnik

Haltung wie bei der Trommel, Anschlag mit der Hand oder einem Schlegel. Schüttelbewegungen.

3.

Pauke

Fellinstrument mit großem Resonanzkörper, gehalten in einem Ständer (bei Orff auch als Handpauke zu finden).

Klangfarbe und Verwendung

Die Pauke ist auf bestimmte Tonhöhen einstellbar. Ein angeschlagener Ton verhallt rasch wieder.

"Tonale Stütze" bei der Begleitung von Melodien. Wirbel (schnelle Wiederholung von Anschlägen), Betonung, Rhythmen. Großer dynamischer Spielraum zwischen pp und ff. Bewegungsbegleitung. Bewegungsspiele zwischen stehenden Pauken.

Spieltechnik

Stand oder Sitz vor der Pauke, in jeder Hand ein Schlegel. Das Stielende des Schlegels ragt in die Handwölbung hinein, und wird zwischen Daumen und 2. und 3. Finger gehalten. Der Handrükken zeigt nach oben, lockere und präzise Bewegungen aus dem Handgelenk. Veränderungen der Klangfarbe durch verschiedene Schlegelköpfe und Anschlagstellen auf dem Fell (siehe Trommel).

Abdämpfung des Klanges durch ein über das Fell gelegtes Tuch. Durch Auflegen der Hand auf das schwingende Fell kann ein Ton präzise abgestoppt werden.

Holzblocktrommel

Holzblock mit Hohlraum und Schlitzen.

Klangfarbe und Verwendung

Kurzer, trockener Klang ohne Nachhall, hell oder dunkel je nach Größe und Holzart des Instrumentes.

Präzise und schnelle Rhythmen, Bewegungsbegleitung, kann vom Spieler gut in die Bewegung miteinbezogen werden.

Spieltechnik

Das Instrument wird auf einer flachen Hand gehalten und mit einem harten Filz-, Leder-, Holz- oder Gummiklöppel geschlagen. Die Öffnungsschlitze dürfen nicht zugehalten werden.
Haltung entweder:

Klangstäbe

Holzstäbe aus Edelholz.

Klangfarbe und Verwendung

Kurzer, trockener Klang ohne Nachhall, hell oder dunkel je nach Holzart. Wenig Spielraum zwischen p und f.
Präzise, schnelle Rhythmen, Bewegungsbegleitung, kann vom Spieler sehr gut in die Bewegung mit einbezogen werden.

Spieltechnik

- ein Holzstab liegt flach auf einer gewölbten Hand (Resonanzkörper), und wird mit dem anderen angeschlagen oder
- die Stäbe werden in beiden Händen gehalten und aneinandergeschlagen.

Holzröhrentrommel

Zwei zylindrische Hohlkörper aus Holz, die miteinander verbunden sind.

Klangfarbe und Verwendung

Das Besondere an diesem Instrument sind seine unterschiedlichen Tonhöhen. Die beiden Röhren klingen oft im Terz, Quart- oder Quintabstand zueinander. Der Ton ist kurz und klangvoll. Differenzierte Bewegungsbegleitung durch die zwei nebeneinanderliegenden Töne, präzise Rhythmen.

Spieltechnik

Die Röhrentrommel wird mit einer Hand in der Mitte (der "Taille") festgehalten und mit der anderen Hand mit einem Leder, Gummi- oder Holzklöppel angeschlagen.

Triangel

Ein in Dreiecksform gebogener, an einer Seite offener Metallstab.

Klangfarbe und Verwendung

Nicht abgestimmter Klang, lang nachhallend, glockenhaft, durchdringend. Je nach Größe des Instrumentes hell oder dunkel.

Akzente, Betonungen von Taktschwerpunkten (sparsame Verwendung!).
In der Bewegungsbegleitung für weiche, lange und zeitlich nicht abgegrenzte Bewegungen geeignet. (Nicht für präzise rhythmische Abläufe geeignet, zu langer Nachhall.)

Spieltechnik

Das Triangel hängt an einer Schnur und wird mit einem Metallstäbchen angeschlagen. (Das Instrument soll dabei nicht hin- und herpendeln! Am sichersten spielt man auf dem unteren Querstab.)
Tremolo: schnelles Hin- und Herbewegen des Metallstäbchens in einer Ecke des Triangels. Abstoppen des Klanges durch Berühren des Metallstabes.

3.

Becken (Cinellen, Cymbeln)

Tellerförmige Metallscheiben unterschiedlicher Dicke und Größe.

Klangfarbe und Verwendung

Klang von bestimmbarer Höhe, lang nachhallend, durchdringend. Weiter Klangraum von pp bis ff. Unterschiedlich hell oder dunkel klingend je nach Größe und Material des Instrumentes.

Der sehr dominierende und lang anhaltende Klang erfordert sparsame Verwendung im Gruppenspiel. Akzente, Begleitung für große, nicht abgegrenzte Bewegungen, Bewegungsimprovisationen, Klangerfahrungen. Ungeeignet für präzise rhythmische Abläufe.

Spieltechnik

Becken: Eine Hand hält das Becken an der Lederschlaufe, die andere schlägt mit einem Filzklöppel. Freie und schwingende Schlagbewegungen! Schläge auf Beckenrand oder -mitte ergeben verschiedene Klangfarben, auch der Anschlag des Klöppelstieles auf den Beckenrand. Die Verwendung eines Jazzbesens zum Anschlagen oder Streichen ist ebenfalls möglich.
Cymbel: Jede Hand hält eine Cymbel an den Lederschlaufen. Waagerecht oder senkrecht aneinander vorbeischlagen oder -reißen. Rotierendes Aneinanderreiben. Abdämpfen des Klanges durch schnelles Andrücken der Cymbeln an den Körper des Spielers.

Rasseln

(Rumbarasseln, Schüttelbüchsen, Schellenrasseln u.ä.)

Klangfarbe und Verwendung

Klappernd, rasselnd, klirrend, ungenau. Die Geräusche differenzieren je nach Füllung oder Material des Instrumentes.
Begleitung für schüttelnde, diffuse Bewegungen, keine exakten Rhythmen möglich. Klangmalereien, Geräuschkulissen.
Sparsam im Gruppenspiel verwenden!

Spieltechnik

Für jede Hand eine Rassel, schüttelnde Bewegungen. Oder: eine Rassel in einer Hand, Anschlag mit einem Holzstab oder auch direkt auf die gespannte Hand.

Schellenbänder

Offene oder geschlossenen Glöckchen oder Schellen, an Bänder genäht oder geknotet.

Klangfarbe und Verwendung

Klingelnde, rasselnde Geräusche ohne bestimmte Tonhöhe.

Um Hand- und Fußgelenke gebunden können die Schellenbänder Klangfarben zu Bewegungen ergeben und das Bewegungstempo unterstützen.

Spieltechnik

In der Hand gehalten oder um Hand- und Fußgelenke gebunden. Die Bewegungen der Gliedmaßen müssen sehr genau sein, um differenzierte Geräusche zu erzielen.

Schellenstab

Schellen, in einem kleinen Holzgestell locker aufgehängt.

Klangfarbe und Verwendung

Wie Schellenbänder.
Wie Rasseln.

Spieltechnik

In der Hand am Holzgriff gehalten, schüttelnde Bewegungen.

Stabspiele

Xylophon

Diatonisch oder chromatisch abgestimmte Holzstäbe über einem Resonanzboden.
Sopran-,
Alt-,
Tenor-,
Bass-Xylophon.

Klangfarbe und Verwendung

Genau abgestimmte Tonhöhe, Klang ist trocken, verklingt sofort. Wenig dynamische Abstufungen, Klang je nach Instrument von hell bis dunkel.

Melodien und Begleitungen, schnelle Tonfolgen, Glissandi, Triller, exakte Rhythmen.
Nicht geeignet für Legato-Spiel und auszuhaltende Töne.
Bewegungsbegleitung, mit beiden Händen spielen.

Spieltechnik

Das Xylophon steht auf einem Tisch oder Stuhl in richtiger Höhe vor dem Spieler: Er hat in jeder Hand einen Schlegel, die Unterarme sind im Winkel von etwa 90 Grad zu den Oberarmen gehalten. Die Schlegel werden am Stielende gefaßt, das in die Handwölbung hineinragt.
(Bei einer Haltung nur mit den Fingerspitzen ist keine gute Schlegelführung möglich.) Die Handrücken zeigen nach oben. Die Schlegelköpfe müssen bei jedem Schlag von den Holzstäben abfedern, um einen schönen Ton zu erzeugen.
Der Spieler sitzt auf dem Stuhlsitz möglichst weit vorne, um beweglich zu sein. Beide Füße sind fest auf dem Boden aufgesetzt. Der Rücken ist locker gestreckt, die Ellenbogen “kleben” nicht am Körper.

3.

Klingende Stäbe

Die Klingenden Stäbe sind quasi ein “auseinandergenommenes” Xylophon: Resonanzkästen aus Plastik mit Holz- oder Metallplatten darüber.

Klangfarbe und Verwendung

Je nach Material wie Xylophon oder Glockenspiel.
Der einzelne klingende Stab kann bei der Bewegung mitgenommen werden.

Glockenspiel (Stahlspiel)

Diatonisch oder chromatisch abgestimmte Stahlstäbe über einem Resonanzboden.

Sopran-, Alt-, Tenorglockenspiel

Metallophone
-Sopran,
-Alt,
-Tenor,
-Bass.

Klangfarbe und Verwendung

Genau abgestimmte Tonhöhe, der Klang ist hell, klar, durchdringend, leicht klirrend. Beim Metallophon haben die Töne einen langen Nachhall. Wenig dynamische Abstufungen beim Glockenspiel, dynamische Skala beim Metallophon von p bis f.

Melodien und Begleitungen, schnelle Tonfolgen und Glissandi (mit Kopf oder Stiel des Schlegels). Das Metallophon eignet sich wegen der lang nachklingenden Töne für Akzente, Betonung von Taktschwerpunkten, Klangmalereien, für alle Arten der Bewegungsbegleitung.

Spieltechnik

Wie beim Xylophon. Abstoppen langer Klänge durch Auflegen der Hand auf die Stäbe. Der oft etwas harte Klang des Sopran-Glockenspiels kann durch einen weichen Hammer des Schlegels gemildert werden.

Spielen mit Schlaginstrumenten und Stabspielen

Beispielblatt: Schlaginstrumente

Die Spielgruppe hat sich mit den verschiedenen Schlaginstrumenten vertraut gemacht: richtige Haltung und Spieltechniken wurden ausprobiert, die Klangfarben der einzelnen Instrumente vorgestellt. Wenn nun auch "improvisieren" keineswegs "drauflosspielen" heißt (sondern zunächst ein gründliches und solides Üben nach bestimmten Regeln!), so werden Spielfreiheit und Improvisationsfreude zuerst einmal ohne Notationen oder "Stücke" angeregt.
Der Spieler lernt auf diese Weise schnell und ohne Hemmungen mit den Instrumenten umzugehen. Da ohne Noten gespielt wird, können sich die Gruppe oder einzelne daraus spontan zum Spielen bewegen.
Einige Beispiele sollen zeigen, wie leicht es ist, mit einer ungeübten Spielergruppe schon in einer ersten Unterrichtsstunde zu musizieren.

3.

1. Wir machen ein "Konzert".
Alle Spieler haben ein Schlaginstrument und stehen im Halbkreis vor ihrem "Dirigenten". Jeder spielt nun, wie er möchte: laut oder leise, schnell oder langsam, mit den in der Einführung ausprobierten Spieltechniken. Es entsteht jetzt unter Umständen ein großer Lärm, der den "Dirigenten" aber nicht einschüchtern sollte, denn es wurde vorher verabredet: wenn er seine Hände hochhebt, ist es plötzlich still. Ebenso gibt er ein Zeichen dafür, wenn das "Konzert" wieder weitergehen soll.

1.1 Nach einer Weile möchten die Spieler sicher gern auch mal ein anderes Instrument spielen. Das erfordert von den Spielern eine schnelle Reaktion: Das "Konzert" beginnt, alle spielen wieder durcheinander.
Der "Dirigent" dreht sich mit dem Rücken zur Gruppe. Das ist das Signal dafür, daß alle rasch die Instrumente untereinander tauschen. Dadurch soll nun aber nicht eine plötzliche Stille eintreten, in der nur ein Hin und Her und Tuscheln zu hören ist! Die Instrumente sollen so weitergespielt werden, daß man den Wechsel kaum hört!

1.2 Die Funktion des "Dirigenten" wird erweitert: Er zeigt nicht nur Beginn und Ende des "Konzertes" an, sondern er versucht auch, mit den Händen auszudrücken, was er hören möchte.
Also z.B. ein lautes Spielen, schnell, leise, weich, spitz, heftig usw. Je nach Veranlagung des "Dirigenten" kann er dazu nicht nur seine Hände, sondern auch seinen ganzen Körper einsetzen!

1.3 "Dirigentenwechsel".
Ein Spieler steht als "Dirigent" vor der Gruppe (siehe 1.2). Nach kurzer Zeit sucht er sich einen Spieler aus der Gruppe aus, geht zu ihm hin und übernimmt dessen Instrument.
Dieser Spieler wird zum neuen "Dirigenten" der Gruppe und wiederholt dasselbe Spiel.

1.4 "Konzert für Fortgeschrittene".
Die Spieler stehen nach Instrumentengruppen geordnet im Halbkreis. Der "Dirigent" kann nun auch nach Belieben alle zusammen oder einzelne Instrumentengruppen spielen lassen. Je nach Geschicklichkeit läßt er auch zwei

Gruppen gleichzeitig spielen, wobei er der einen z.B. ein langsames, der anderen ein schnelles Tempo angeben kann. (Die eine Gruppe wird mit der rechten, die andere mit der linken Hand dirigiert.)

1.5 "Konzert für Solisten".
Spieler im Halbkreis, ein "Dirigent" (der beim Singen bestimmt, welche Instrumente ein "Solo" bekommen). Der Text eines Liedes zeigt den ganzen Spielverlauf an:

2. Alle gehen durcheinander, singen ein Lied und spielen dazu auf ihren Schlaginstrumenten.
Spielregel: Während des Liedes gehen die einzelnen Instrumentengruppen zusammen, ist das Lied beendet, trennen sie sich wieder und jeder geht und spielt für sich. Erst wenn einer aus der Gruppe ein neues Lied zu singen beginnt, finden sich die Gruppen wieder nach Instrumentenart zusammen.

3. Der "Spielmannszug".
Einer spielt auf seinem Instrument einen Rhythmus, z.B.:

zu dem man gut gehen kann. Die anderen schließen sich an. Es formiert sich ein langer Zug, der kreuz und quer durch den Raum marschiert. (Darauf achten: Triangel und Becken sollten wegen ihres langen Nachhalles nicht den ganzen Rhythmus, sondern nur dessen Schwerpunkte mitspielen.)

3.1 Der "Spielmannszug" formiert sich in einer Ecke des Raumes und beginnt seinen Rhythmus leise zu spielen.
Je mehr sich der Zug der Mitte des Raumes nähert, um so lauter wird er. Beim Abmarsch verklingt der Rhythmus immer mehr, bis er ganz verschwindet.

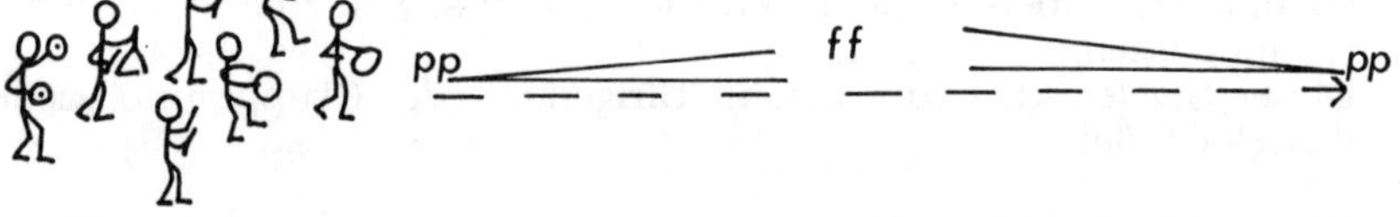

Beispielblatt: Xylophon und Glockenspiel

Bevor mit dem eigentlichen Spiel auf Xylophon und Glockenspiel begonnen wird, sollten Hände, Handgelenke, Arme und der übrige Körper mit spielerischen Übungen vorbereitet und trainiert werden. Alle Spieltechniken wie Wechsel – Doppelschlag und Gabelgriffe können ohne Instrument nur mit den Schlegeln geübt werden. Je sicherer diese Bewegungen sind, desto mehr kann man dann beim Spiel auf dem Instrument auf die Melodie und die anderen Mitspieler achten. Bei allen Übungen ist auf eine lockere Arm- und Handhaltung und eine sichere Schlegelführung zu achten (siehe “Spieltechniken Xylophon”).

1. Sitz auf dem Boden (Knie- oder Schneidersitz, Arme und Oberkörper müssen beweglich sein). In jeder Hand ein Schlegel. Jeder schlägt – so wie er mag – mit den Schlegeln gleichzeitig oder abwechselnd in allen Richtungen auf den Boden, weit und nah, vor oder hinter dem Körper, überkreuz, parallel usw.

1.1 Die Schlegel werden wieder in alle Richtungen geschlagen, überkreuzen sich jetzt aber in regelmäßigen Abständen, z.B.: "vorne – vorne – kreuz – Seite”.

3.

1.2 Dasselbe wie 1., das Schlagen geschieht aber regelmäßig in einem bestimmten Grundschlag (diesen kann die Gruppe selber finden, es kann ihn auch der Lehrer auf der Handtrommel oder mit einer Melodie auf der Flöte angeben).

1.3 Es wird in einem bestimmten, immer wiederkehrenden Rhythmus geschlagen, z.B. :  oder 

wobei jeder selbst bestimmt, in welche Richtungen und mit welcher Hand (oder beiden Händen zusammen) er schlägt.

2. Wechselschläge.
Sitz auf dem Boden, ein Schlegel in jeder Hand.
Die Schlegel werden jetzt immer abwechselnd geschlagen, wieder in verschiedenen Richtungen. Zuerst frei und unregelmäßig, dann in einem bestimmten Grundschlag.
Wechselschläge werden so aufgezeichnet, daß ein Notenhals nach unten für die linke, ein Notenhals noch oben für die rechte Hand gilt (abweichend von der sonst üblichen Schreibweise).

2.1 Die Wechselschläge werden auf einen bestimmten Punkt auf den Boden geschlagen (Vorübung für das Spiel auf einem Stab).

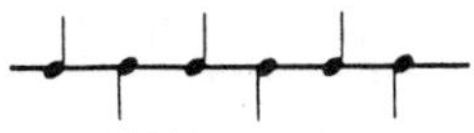

2.2 Zwei nebeneinanderliegende Punkte auf dem Boden werden im Wechselschlag berührt (Vorübung für das Spiel auf mehreren Stäben).

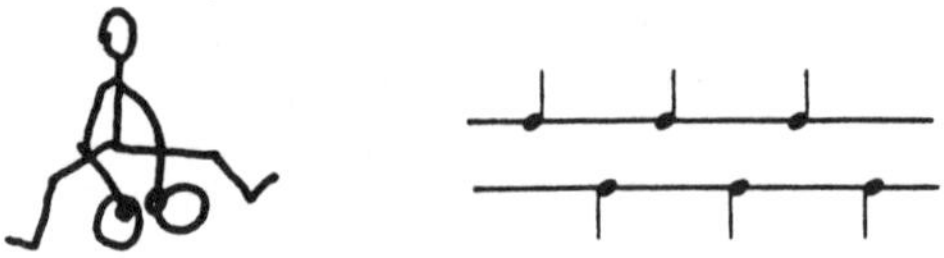

2.3 Aus den Wechselschlägen auf einen und auf zwei Punkte kann man schon ein kleines "Spielstück" zusammenbauen,
z.B.:

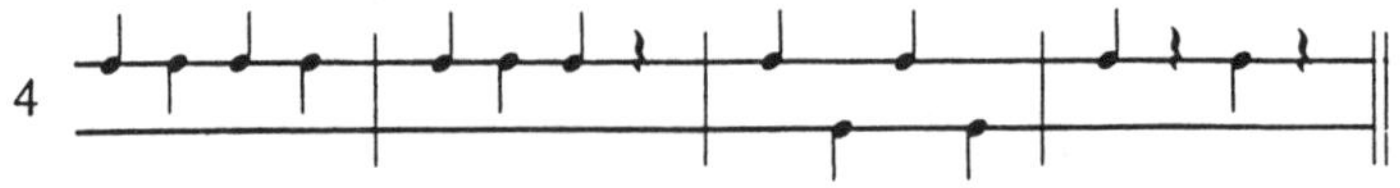

Jeder Spieler singt eine gedachte Tonfolge mit, so daß sich schon die Tonvorstellung mit der Spielbewegung verbindet.
Entsprechend den beiden "Punkten" kann z.B. folgende Melodie entstehen:

2.4 Verschiedene Rhythmen – wieder auf einen oder mehrere bestimmte Punkte auf den Boden geschlagen – erfordern eine immer sicherere Schlegelführung und lockere, schnelle Bewegungen:

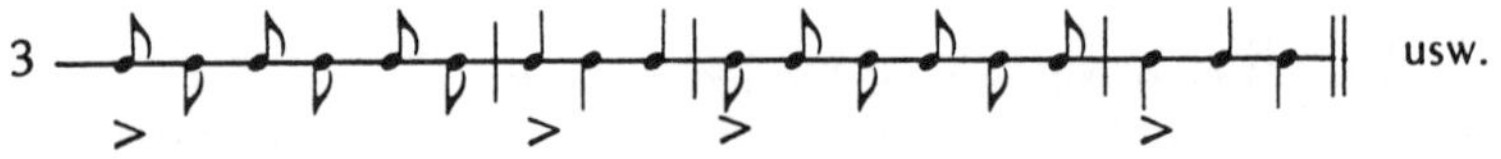

3. Doppelschläge, parallel.
Sitz auf dem Boden, ein Schlegel in jeder Hand. Beide Schlegel werden gleichzeitig auf den Boden geschlagen: zuerst auf einen, dann auf verschiedene markierte Punkte. Es wird zuerst frei (ungleichmäßig), dann metrisch geschlagen.

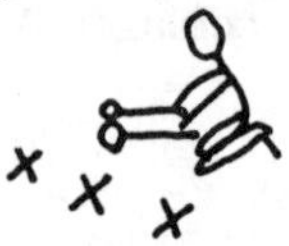

3.1 Rhythmische Varianten:

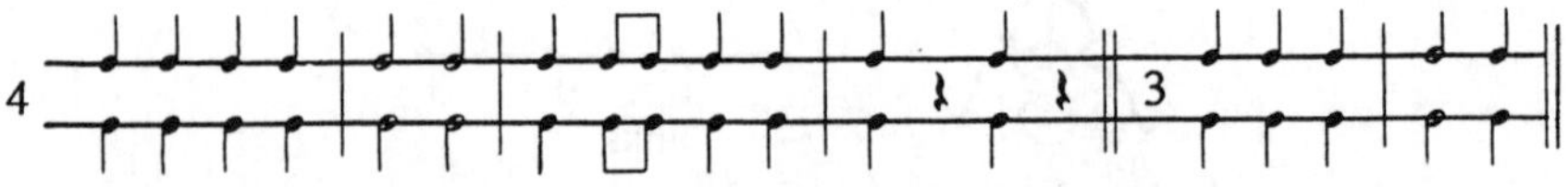

3.2 Verschiedene Rhythmen werden jetzt mit Platzwechsel verbunden, z.B.:

3.3 Doppelschläge in verschiedenen Richtungen. Wenn die Doppelschläge bisher immer parallel geführt wurden, so können die Bewegungen der Hände auch in verschiedene Richtungen gehen:

- der rechte Schlegel bleibt auf einem Punkt, der Linke wechselt,

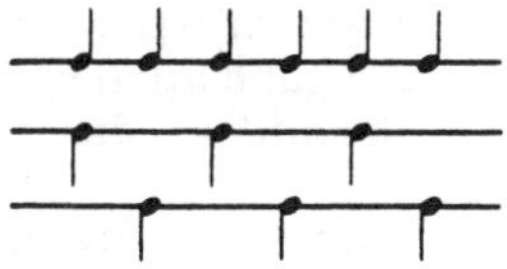

- und umgekehrt,

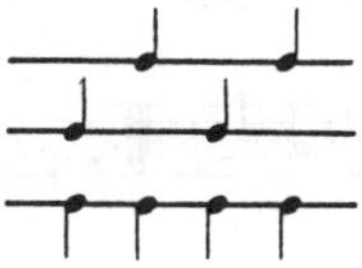

3.

- ein Schlegel überspringt den anderen und schlägt einmal rechts, einmal links neben den "ruhenden " Schlegel,

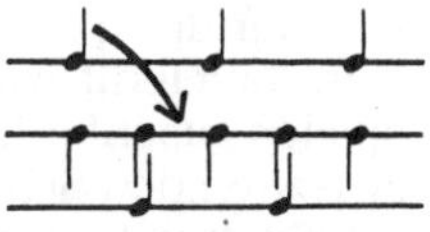

- Schlegel in Gegenbewegung,

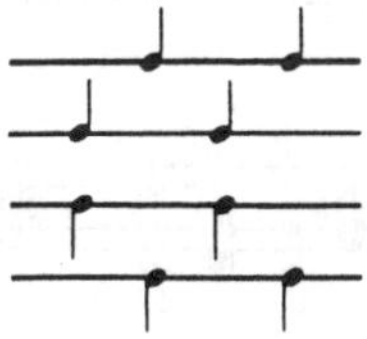

- Schlegel in Parallel- und Gegenbewegung. Alle diese Bewegungen können mit verschiedenen Rhythmen geübt werden.

3.4 Doppelschläge in rhythmischer Unabhängigkeit.
Die Doppelschläge sind bisher immer so gespielt worden, daß beide Hände den gleichen Rhythmus hatten. Bei zweistimmigen Stücken muß der Spieler aber auch in der Lage sein, die Schlegel rhythmisch unabhängig voneinander zu führen. Dazu einige Übungen, wieder auf dem Boden:
Mit dem linken Schlegel wird ein langsames Metrum geschlagen. Zur Sicherheit kann man dazu sprechen, z.B.:

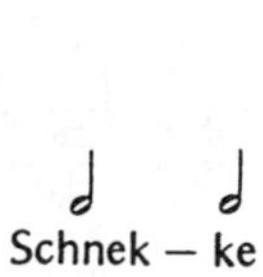

Die linke Hand hat Pause, die rechte spielt in doppelt so schnellem Tempo, auch hier hilft ein kleiner Sprechvers:

Beide Hände werden zusammen ausprobiert, links 𝅗𝅥 und ♩ rechts. Der Spieler muß sich entscheiden, ob er im Tempo zur linken oder zur rechten Hand mitsprechen will oder ob er “stumm” spielt. (Zur Vorübung kann diese Aufgabe auch von zwei Gruppen gespielt werden, wobei die eine die 𝅗𝅥–, die andere die ♩ – Notenwerte übernimmt.)

Übung zur rhythmischen Unabhängigkeit in verschiedenen Richtungen:

4. Gabelgriffe

Der Gabelgriff wird angewendet, wenn man mit einer Hand zweistimmig spielen möchte. Dazu werden zwei Schlegel so gefaßt, daß der Zeigefinger zwischen den Schlegelstielen liegt. Mit dem Gabelgriff kann man immer nur ein bestimmtes Intervall innerhalb eines Stückes spielen, da man die Schlegel auf diesen Intervall-abstand einstellen muß. Geschickte Spieler können aber “Intervallketten” spielen und damit klanglich reizvolle Ostinati hervorbringen, z.B.:

Der Notenhals zeigt, welche Hand den Gabelgriff spielt. Zuerst wird dieser Griff einzeln mit Schlägen auf den Boden geübt, bis sich die Hände an diese ungewohnte Haltung gewöhnt haben.

= rechts, = links.

Dann kann der Gabelgriff mit einer dritten Stimme zusammen geübt werden, auch wieder auf dem Boden, wobei jeder Spieler sich bestimmte Punkte markieren kann, auf denen er spielen möchte.

Alle Übungen zum Spiel auf Stabspielen sind nun ohne Xylophon oder Glockenspiel auf dem Boden (oder auch auf einem Tisch) gemacht worden. Es ist nicht nötig, zuerst alle hier aufgezeigten Übungen hintereinander zu spielen und dann erst mit allen gelernten Spieltechniken auf das Instrument zu übertragen. Es macht mehr Spaß, wenn man z.B. bis zur Übung 2.4 die Hände eingewöhnt, gelockert und trainiert hat und dann diese Übungsvorschläge (und viele selbsterfundene dazu!) auf dem Instrument ausprobiert.

Anfangs kann man sich dazu nur die gerade benötigten Klangplatten des Xylophons oder Glockenspieles auflegen. Recht bald sollte man dann aber alle Platten auflegen, um vor allem bei Kindern die richtige Tonvorstellung (Abstände der Töne zueinander!) zu wecken.
So geübt ist der Spieler nun vorbereitet, an die eigentliche Improvisation auf den Stabspielen zu gehen.

Viel Spaß dabei!

Umgang mit Geräusch, Laut und Sprache in Verbindung zur Bewegung

Beispielblatt

Die Möglichkeiten der Sprache werden vorwiegend zum Austausch von Informationen genutzt. Daß diese Fähigkeit des Menschen, Laute (Geräusche) hervorzubringen, zu sprechen und zu singen, eine weitaus größere Variationsbreite hat als er nutzt, soll in einer Auswahl von Beispielen gezeigt werden. Durch ein vergnügliches Spiel mit Vokalen und Konsonanten, mit Silben, Worten, Sätzen und allen daraus möglichen Abwandlungen lernen Kinder selbst schwierige rhythmische Abläufe, Taktarten, Taktwechsel, Phrasierungen und anderes mehr. Klang und Rhythmus der Sprache sind hier die Hilfsmittel.

1. Spiel mit Worten.
   Die Gruppe sitzt im Kreis auf dem Boden.
   Jeder spricht leise für sich ein Wort aus, das ihm gerade einfällt. Die Worte werden immer wiederholt, so daß eine Art Geräusch- oder Klangteppich entsteht, bei dem man aber kein einzelnes Wort genau erkennen kann.

1.1 Jeder begleitet sein Wort mit Klatschen. Klatschen und Sprechen sollen gleich leise sein! Nun wird gewechselt: Einmal ist die Sprache lauter als das Klatschen, dann umgekehrt. Dieser dynamische Wechsel kann auch von einem einzelnen aus der Gruppe durch Handzeichen angezeigt werden.

1.2 Die Gruppe spricht leise die verschiedenen Wörter. Einzelne Wörter sollen jetzt plötzlich einige Male laut zu hören sein, dann verschwinden sie wieder im leisen Sprechen der Gruppe. Diese plötzlichen lauten Rufe können der Reihe nach, von einem "Dirigenten" bestimmt oder auch frei aus der Gruppe kommen.

1.3 Die Aufgabe 1.2 wird erweitert: Ein "Dirigent" bestimmt durch Zeichen, wer sein Wort laut ruft. Die Gruppe reagiert sofort mit und übernimmt das laute Wort. Wird die "laute Phase" beendet, kehrt jeder wieder zu seinem leisen Wort zurück.

2. Wörter bestehen aus Silben, diese wiederum aus einzelnen Buchstaben (Vokalen und Konsonanten).Spielen wir einmal mit dem Wort "Rumpelstilzchen".
   Mit normaler Betonung wird es so gesprochen:

   Rumpelstilzchen. 

   Der Wortrhythmus ergibt einen 4-Takt mit Betonung auf dem ersten Taktteil. Wird die Betonung auf eine andere als die erste Silbe gesetzt, entstehen völlig neue Rhythmen. Hier nur einige Beispiele:

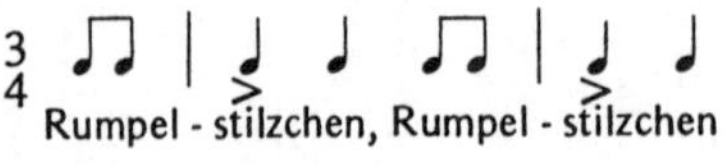

Alle diese Wortrhythmen können mit Klatschen, Klopfen, Patschen begleitet werden, für geübtere Schüler werden sie auch in Schrittrhythmen umgesetzt.

2.1 Das Wiederholen oder Verändern einzelner Silben bietet neue Spielmöglichkeiten. Läßt man zwei Gruppen (oder einen Solisten und die Gruppe) im Wechsel sprechen, so entstehen viele kleine "Sprechstücke", die zu immer neuen Variationen anregen.

Zum Beispiel:

Gruppe 1 und Gruppe 2 sprechen im Wechsel:

Rum – pel – stilz – chen

Jetzt darf Gruppe 1 das Wort "Rumpel" ausschmücken, etwa:

Rum – pel
Pum – pel
Schlum–pel, was jedem so dazu einfällt, und Gruppe 2 antwortet rasch mit
stilzchen – stilzchen – stilzchen

Gruppe 1 (mit tiefer Stimme)	Gruppe 2 (mit hoher Stimme)
Rum – pel –	stilzchen – stilzchen

Alle beginnen mit tiefer Stimme das Wort zu sprechen, langsam klingt es immer höher bis zur höchsten Stimmlage. Sitzt man dazu anfangs am Boden und wächst mit dem Wort immer höher bis zum Zehenstand mit, so wird das Tief und Hoch auch sichtbar!

Verschiedene Tempi:

Gruppe 1	Gruppe 2
♩ ♩	♫ ♫
Rum – pel	stilzchen – stilzchen

Oder umgekehrt:

♫ ♫	♩ ♩
Rumpel – Rumpel	stilz – chen

Dehnung der Vokale:

Ru–u–u–u–mpel – sti – i – i– ilzchen

Die Gruppe beginnt, das Wort langsam zu sprechen. Allmählich wird es aber immer schneller, bis es nicht mehr weitergeht. Schwerer wird es, wenn man aus dem sehr schnellen Sprechen wieder in das langsame zurückgeht (lento – accelerando – presto – ritardando – lento). Ebenso kann das Wort von leise zu laut wieder zu leise zurück gesprochen werden (pp– crescendo – f – decrescendo – pp).

Unterhaltung mit einem Wort:
Zwei Sprecher sitzen sich gegenüber und "unterhalten" sich nur mit dem

Wort "Rumpelstilzchen". Am Wortklang erkennt der Partner genau, was der andere ausdrücken will: eine Frage, einen Befehl, eine Bitte, etwas Ärgerliches, Forderndes, eine Erklärung usw.

3. Spiel mit Vokalen und Konsonanten.

Probieren wir einmal aus, auf wie verschiedene Weise wir einzelne Vokale sprechen können:

oooooooooooooooooooh	- langgezogen
ò ò ò ò ò ò	- spitz, kurz
ooooh ò ooooh ò	- lang/kurz

o tief und o hoch, ein zwischen hoch und tief schweifendes o, ein erstauntes o, ein erfreutes o, ein trauriges o, ein ärgerliches o, ein fragendes o usw.

3.1 Zwei oder mehr Vokale werden als Reihe gesprochen, zum Beispiel: a-e-i-o-u und zurück: u–o–i–e–a.

Rhythmisch gesprochen, kann daraus ein kleines Sprechstück werden:

a–e – i a–e – i i–o i–o u – u u–o – a u–o – a e–a e–a u

Das Vokalstück wird mit Bewegungen begleitet: Man kann zum Beispiel vereinbaren, daß zu einem bestimmten Vokal eine bestimmte Bewegung ausgeführt wird: Beim "u" wird auf den Boden geschlagen, beim "a" in die Hände geklatscht.
Oder alle gehen zum Sprechen im Kreis herum, nur bei "u" sitzen sie in der Hocke.

3.2 Ebenso wie die Vokale können auch die Konsonanten einzeln gesprochen und variiert werden. Als Spiel in zwei Gruppen machen wir daraus ein zweistimmiges "Konzert":

Gruppe 1 iiiiiiiii–ü iiiiiiiii–ü
(langgezogen)
Gruppe 2 sch sch sch sssssss sch sch sch sssssssss
(langgezogen)

Diese Zweistimmigkeit von Vokalen und Konsonanten sollte in vielen Variationen gespielt werden.

3.3 Mit Hilfe von Konsonanten und Vokalen soll die Gruppe darstellen: Geräusche auf der Autobahn – kochendes Wasser – einen pickenden Vogel im Laub – Regen usw.

3.4 Erweiterung: Die Umlaute wie ä–ö–ü und au–eu–ei–ai–ou–äu werden dazugenommen und mit Vokalen und Konsonanten kombiniert.

4. Spiel mit Sprichwörtern.Sprichwörter sind kurz und prägnant; sie eignen sich daher gut zum Experiment mit der Sprache. Einige Sprichwörter zur Auswahl:
Lügen haben kurze Beine.

Was Hänschen nicht lernt, das lernt Hans nimmermehr.

Wer andern eine Grube gräbt, fällt selbst hinein.

Der Apfel fällt nicht weit vom Stamm.

Viele Köche verderben den Brei.

Morgenstund' hat Gold im Mund.

Reden ist Silber, Schweigen ist Gold.

Ehrlich währt am längsten.

Nehmen wir eines dieser Sprichwörter als Modell und lassen es in verschiedenen Formen erscheinen:
"Was Hänschen nicht lernt, das lernt Hans nimmermehr."
Ein "Dirigent" muß bei allen folgenden Sprechspielen die Leitung der Gruppe übernehmen.

4.1 Was Hänschen nicht lernt, das lernt Hans nimmermehr.

(rhythmisches Sprechen, Klatschen, Gehen zum Sprechen).

4.2 Das Sprichwort wird mit unterschiedlichem Ausdruck gesprochen: außerordentlich belehrend, streng, anklagend, eifrig usw.

4.3 Anders gesprochen, wird aus dem Rhythmus von 4.1 ein Dreivierteltakt:

4.4

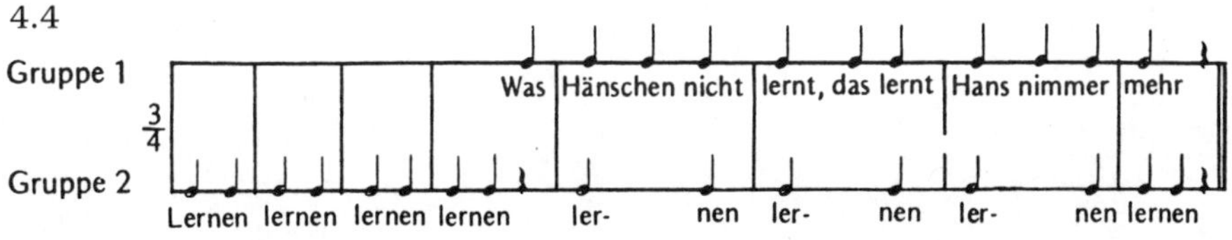

4.5

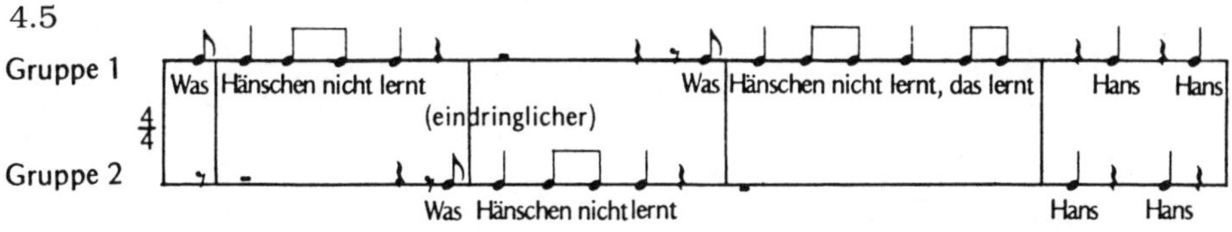

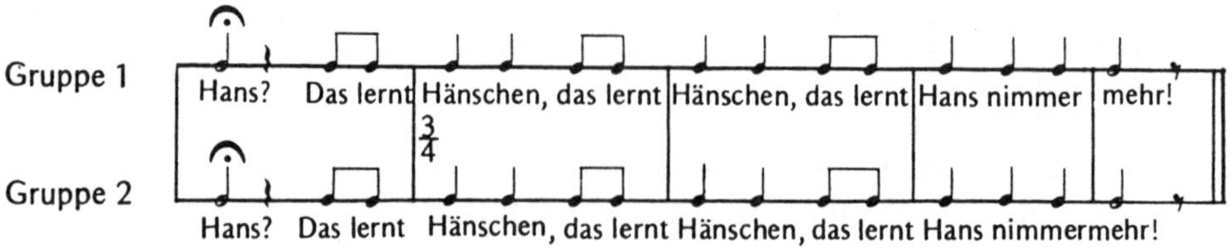

Dieses kleine Sprechspiel kann auch mit Schlaginstumenten begleitet werden, wobei die beiden Gruppen kontrastierende Instrumente verwenden sollten. Die Instrumentalbegleitung kann unterschiedlich sein:

- es dominiert die Sprache, die Instrumente werden leise gespielt,
- Sprache und Instrumente sind gleich stark.
- die Instrumente dominieren, es wird nur geflüstert.
- die Instrumente spielen den Sprechrhythmus allein, die gesprochenen Worte werden nur gedacht.

4.6 Ein Teil der Gruppe stellt dieses Sprichwort pantomimisch dar, während die anderen dazu sprechen (auf Instumenten spielen).
Auf die Darstellung von Versen und kleinen Geschichten wurde in diesem Kapitel verzichtet, da diese Themen unter "Bewegungsspiel/Sprechspiel" ausführlich erscheinen werden.

Thema: "Sprache - Bewegung" siehe auch R 2.4/Seite 144

Bewegungsbegleitung mit Stimme und Instrument, freitonal und ohne metrische Bindungen

Lehrblatt

Die instrumentale Improvisation ist ein wesentlicher Bestandteil des Rhythmikunterrichts. Der Lehrende muß in der Lage sein, Bewegungen musikalisch zu führen und zu begleiten, ebenso sollte er aber auch Ausdruck und Charakter einer Bewegung in entsprechende Musik umsetzen können.

Dieses improvisatorische Können muß gründlich erlernt und geübt werden.Improvisieren - lat. improvisum - unvorhersehbar, etwas Unvorbereitetes tun - ist trotz des Spielcharakters keine Spielerei, die ohne Vorbereitung und Übung einfach gelingt. Wenn eine gute Improvisation spielerisch, leicht, wie ohne Überlegung gespielt klingt, dann ist das - von wenigen Naturtalenten abgesehen - das Ergebnis langer und fundierter Arbeit. Gerade das “Unvorhergesehene” im richtigen Augenblick in der richtigen Weise zu tun, also sensibel zu improvisieren, verlangt ein profundes Können auf diesem Gebiet. Im Gegensatz zum Phantasieren liegen einer Improvisation aber bestimmte Formen zugrunde, die sich am beabsichtigten Zweck orientieren.

3.

Das soll nun aber niemanden entmutigen, der vielleicht nur elementare Kenntnisse auf einem Instrument hat.
Improvisieren ist lernbar, unabhängig vom instrumentalen Können oder Alter des Schülers. Der Improvisationslehrgang dieses Werkes ist so angelegt, daß mit keinerlei Vorkenntnissen in der Improvisation gerechnet wird.

Vielen, die sich zum ersten Mal mit Improvisation beschäftigen, - vor allem Erwachsenen - fällt es schwer, sich plötzlich ohne Noten, ohne jede äußere Vorschrift musikalisch zu äußern.

Eine konventionelle Musikunterweisung verbaut häufig das unbefangene Improvisieren, so daß dieses Kindern meist leichter fällt als musikalisch vorgebildeten Erwachsenen.

Hinzu kommt, daß der Improvisierende bei der Begleitung von Bewegungen quasi “blind” sein Instrument spielen muß, da er während des Spielens die Bewegung der Gruppe beobachten muß.

Soll nun die Improvisation auch noch zu bestimmten Bewegungstempi und -charakteren passen, so tritt oft das ein, was bei einer guten Improvisation gerade nicht sein sollte: der Spieler ist verspannt, unsicher und traut sich nichts zu.Vielleicht können da einige Regeln helfen:

- Erwarte nicht von dir selber, daß gleich die ersten Improvisationsversuche gelingen!
- Erwarte das auch nicht, wenn du vorher schon gut nach Noten auf einem Instrument spielen konntest!
- Laß dir Zeit zum Improvisieren, es muß immer und immer wieder geübt werden!
- Sei bescheiden, was die “Klangfülle” der ersten Versuche anbelangt! Es klingt oft nach gar nichts und ist doch schon sehr viel.
- Sei nicht ängstlich vor Experimenten: Es werden sich oft Klänge und Geräusche ergeben, die absolut anders klingen als das, was du bisher
- gemacht hast!
  Verliere deine Angst vor “falschen” Tönen!

- Alles, was man falsch macht, kann man auch richtig machen!
  Überlege dir immer und ohne Ausnahme vorher genau, was du gerade improvisieren willst. So vermeidest du eine form- und phrasierungslose "Geschwätzig keit".
  Das "Laufenlassen" der Klangphantasie kannst du dir dann leisten, wenn du improvisieren kannst (und wenn sich niemand nach dir richten muß).

In diesem Kapitel werden erste Improvisationsübungen mit freitonalen und nicht metrisch gebundenen Klängen angeboten, die zur Bewegungsbegleitung hinführen.Die Fülle der hier möglichen Übungen kann im Rahmen dieser Einführung nur schwerpunktmäßig behandelt werden.Varianten wird der Studierende im Laufe der Zeit selber finden.

Als Instrumente dazu werden hier angewendet und besprochen:

1. der eigene Körper,
2. Schlaginstrumente,
3. Stabspiele,
4. Klavier,
5. Flöte (siehe Kapitel "Flötenimprovisation").

Der Studierende soll nach der Durcharbeitung dieses Lehrganges fähig sein

- in verschiedenen Tempi und Rhythmen
- mit dynamischen Abstufungen (pp bis ff),

- zu verschiedenen Formen des Bewegungsdruckes,
- in musikalischen Formen (zwei- und dreiteilige Liedform, Rondo, Ostinato, Frage – Antwort, einfache Variation),
- in verschiedenen Taktarten

zu improvisieren.Die Inspiration kann dabei von der Musik oder der Bewegung ausgehen.

1. Beispiele der Bewegungsbegleitung mit Mitteln des eigenen Körpers:

singen sprechen summen	mit dem Mund,
schnalzen	mit der Zunge,
klatschen patschen reiben	mit den Händen,
schnipsen	mit den Fingern,
stampfen schleifen tippen	mit den Füßen.

Der Körper kann als "Instrument" benutzt werden.

2. Bewegungsbegleitung mit Schlaginstrumenten.
   Schlaginstrumente sind in ihrer klanglichen Vielfalt besonders für diejenigen zur Bewegungsbegleitung geeignet, die nicht über ausreichende Spielmöglichkeiten auf einem Melodieinstrument verfügen. Gewarnt sei allerdings vor

der ausschließlichen Verwendung dieser Geräuschinstrumente: Spielt man z.B. immer auf der Handtrommel, stumpft das Ohr des Hörers ab, es fehlt eine echte Stimulation, die Bewegungen werden entsprechend unmotiviert und phantasielos.

Werden Schlaginstrumente ihrem Klangcharakter entsprechend und im Wechsel mit Melodieinstrumenten eingesetzt (siehe auch "Flöten-Improvisation"), können sie zu phantasievollen Bewegungen anregen, und umgekehrt finden Bewegungen ihre Entsprechung im differenzierten Spiel der Schlaginstrumente.

3. Bewegungsbegleitung mit Stabspielen.
Auf den Stabspielen lassen sich Melodien einstimmig oder mit Begleitung spielen, ebenso kann der geübte Spieler mehrstimmig darauf improvisieren.

4. Bewegungsbegleitung mit dem Klavier (s. Klavierimprovisation).
Die besten Voraussetzungen zur Improvisation besitzt von allen Instrumenten das Klavier. Es ist gleichviel Melodie- und Harmonieinstrument, es hat eine reiche Skala von Klangfarben, einen großen, variablen Spielraum in Höhen und Tiefen, es bietet alle rhythmischen und viele dynamische Spielmöglichkeiten. (Es kann in diesem Werk nicht auf die Anschlag- und Spieltechniken des Klavierspiels eingegangen werden. Das ist Aufgabe des Klavierunterrichtes und bedarf jahrelanger Unterweisung und Übung.)

Beispielblatt

1. Bewegungsbegleitung mit Mitteln des eigenen Körpers.

1.1 Die Gruppe bewegt sich durcheinander, jeder summt für sich ein Lied zum Gehen. Alle einigen sich auf ein Lied, das sich besonders gut zum Gehen eignet und singen es gemeinsam. Anfang und Ende des Liedes bestimmen Anfang und Ende der Bewegung.

1.2 Ein Einzelner motiviert nur durch Geräusche der Hände die Bewegung der Gruppe, z.B.:

leises Reiben	-	schleichen,
Schlagen auf den Boden	-	stampfen,
schnelles, leichtes Klatschen	-	laufen usw.

1,3

Ebenso können Laute und Geräusche des Mundes den Charakter einer Bewegung ausdrücken. Sehr anschaulich ist das vor allem im Kinderunterricht mit Lauten, die Tiere imitieren und zur Bewegung anregen. Einmal direkt durch den Wortinhalt, z.B.:

hopp, hopp, hopp	-	ein Hase hoppelt,
platsch, platsch	-	ein Frosch springt,
tap, tap	-	der Bär tappt,

oder durch Lautmalerei:

zischende, schleifende Geräusche	-	eine Schlange kriecht über den Boden
Summen, Surren	-	Bienen fliegen usw.

1.4

Auch die Füße können Charakter oder Tempo einer Bewegung anzeigen. Einmal durch Imitation (die Gruppe ahmt die Fußbewegungen des Lehrers nach) oder auch durch Klang- und Bewegungsart, z.B.:

kräftiges Aufsetzen der Füße	-	kräftige, große Bewegungen der Arme, der Beine,des Rumpfes
Antippen der Fußspitzen auf den Boden	-	leichte, leise Bewegungen usw.

So kann ein phantasiebegabter Lehrer durch geschickte Kombination seiner "Körperinstrumente" eine ganze Skala verschiedener Bewegungen aus seinen Schülern herausholen.

2. Bewegungsleitung mit Schlaginstrumenten.

2.1 Auf die typischen Klänge der einzelnen Schlaginstrumente wird meist ebenso ausgeprägt in der Bewegung reagiert, z.B.:

Schlagen mit einem weichen Schlegel auf dem Beckenrand	- ruhige, fließende Bewegung,
schnelle Schläge der Klanghölzer	- kurze, kleine Bewegungen, auch nur von einzelnen Körperteilen
Wischen mit der Hand über das Fell der Handtrommel	- schleichen,
Schütteln von Rasseln	- lockere Schüttelbewegungen,

Anschlagen des Beckens mit ausklingendem Klang	- starker Bewegungsimpuls mit einer kleiner werdenden Bewegung

2.2 Ein Schüler wählt sich ein Schlaginstrument und spielt es so, daß die Gruppe die von ihm beabsichtigte Bewegung (ohne verbale Verständigung) ausführt. Metrische Einteilungen sind dabei noch nicht wichtig!

2.3 Jeder in der Gruppe sucht sich eine sehr ausgeprägte Bewegungsart aus (z.B. hüpfen, sich auf dem Bauch vorwärts schlängeln, schwingende Armkreise usw.).
Ein Spieler mit einem Schlaginstrument wählt sich nur einen aus der Gruppe aus und begleitet dessen Bewegungen.
Wer sich *nicht* begleitet fühlt, setzt sich auf den Boden. Bleibt der richtige übrig?

2.4 Erschwerte Aufgabe 2.3.

Gruppe 1 hat verschiedene Schlaginstrumente,
Gruppe 2 bewegt sich.

Jeder der Bewegungsgruppe sucht sich eine besonders ausgeprägte Bewegungsart aus, die er immer wieder wiederholt.

Jeder Spieler der Gruppe 1 sucht sich einen Partner aus Gruppe 2 aus und begleitet ihn mit seinem Instrument.

Wer aus der Gruppe 2 seinen Instrumentalpartner heraushört, geht zu ihm hin (da dieses Spiel ohne verbale Verständigung gespielt wird, kann es auch vorkommen, daß mehrere Spieler mit verschiedenen Instrumenten denselben Partner begleiten. Ebenso können sich auch mehrere von einem Instrument begleitet fühlen).

2.5 Sitz im Kreis auf dem Boden, ein Tänzer in der Mitte.
Der Tänzer vollführt eine kleine Bewegungsimprovisation, die von allen auf ihren verschiedenen Schlaginstrumenten begleitet wird.
Nun wird er wählerischer: Durch Hinwendung zu einem einzelnen aus der Gruppe zeigt er an, daß er nur von diesem begleitet werden möchte. Daraus kann ein ganzes Bewegungsspiel werden: wenn der Tänzer nämlich jedem Instrument eine spezielle Bewegung zuordnet und dies auch bei Wiederholungen beibehält, z.B.:

A) Hüpfen im Kreis herum	- alle spielen,
B) Trippeln am Platz	- Schlaghölzer,
A) Hüpfen im Kreis herum	- alle spielen,
C) Schütteln und Schlenkern aller Glieder	- Rasseln, Klappern, Kastagnetten,
A) Hüpfen im Kreis herum	- alle spielen.

Es ist ein Rondo mit der Form A-B-A-C-A entstanden.

3. Bewegungsbegleitung mit Stabspielen.

3.1 Ein Spieler am Xylophon inspiriert mit drei verschiedenen Spieltechniken die Gruppe zu verschiedenen Bewegungen, z.B.:

- Glissandi auf- und abwärts mit dem Stiel des Schlegels,
- Schlagen mit dem Schlegelkopf auf das Holz des Xylophons,
- Schlagen mit dem Schlegelkopf auf die Klangstäbe.

3.2 Mehrere Spieler an Xylophonen und Metallophonen improvisieren zu Stimmungen und Situationen. (Vorher überlegen: Welche Spieltechniken und Klangmittel eignen sich dazu?)

- Pause auf dem Schulhof
- Wellen, bei leichtem und bei starkem Wind
- ein Gespräch
- Rummelplatz
- leises Regnen usw.

Oder auch abstrakte Themen:

- Freude
- Angst
- Zorn
- Müdigkeit

Alle diese Klangbilder können in die Bewegung übertragen werden.

4. Improvisationsübungen auf dem Klavier im freitonalen Raum.

4.1 Der Spieler spielt mit einem Finger (und mit lockeren Händen, Armen und Schultern!) rechts und links im Wechsel beliebige Töne auf den weißen und schwarzen Tasten.
Klangvorstellung: "Ich gehe spazieren".

4.2 Jetzt "geht" der Spieler einmal mit lauten, kräftigen "Schritten", dann mit weichen, leisen (Gebrauch des Pedals).

4.3 Zwei Spieler am Klavier. Sie "gehen" aufeinander zu und laufen wieder auseinander.

4.4 Zwei Spieler, einer bewegt sich auf den weißen, der andere auf den schwarzen Tasten.

4.5 Ein Spieler "geht" jetzt mit zwei Fingern einer Hand "spazieren", es werden also zwei Töne nebeneinander gleichzeitig niedergedrückt. Die Hände spielen wieder im Wechsel, laut und leise, schnell und langsam.

4.6 Beim Spiel mit zwei Fingern sollten alle Tastenkombinationen drankommen: weiß/weiß, schwarz/schwarz, weiß/schwarz.

4.7 Der Spieler nimmt jetzt drei und mehr Finger und spielt in Clustern (Tonballungen). Auch diese erklingen laut und leise, in hohen oder tiefen Tonlagen, schnell und langsam, mit und ohne Pedal.

4.8 Einzelne Töne werden mit großem Abstand auf der Tastatur gespielt, die Hände können sich dabei auch überkreuzen.
Klangvorstellung: Darstellung eines springenden Flohs.

Aufgabenblatt

1. Suchen Sie sich mehrere Lieder aus, die sich gut zum Gehen eignen (gerade Taktart). Singen Sie diese Lieder und bewegen Sie sich dazu. Achten Sie darauf, daß Lied und Bewegung zusammen anfangen und aufhören.

2. Singen Sie ein Lied, schließen Sie die Augen und stellen Sie sich Ihre Bewegung dazu nur vor.

3. Begleiten Sie sich selber klatschend zum Singen eines Liedes.

4. Probieren Sie alle möglichen Spieltechniken an Schlaginstrumenten aus (siehe Improvisation Kapitel "Schlaginstrumente"). Achten Sie auf die richtige Körperhaltung dabei!

5. Erzählen Sie Kindern eine Geschichte und illustrieren Sie darin vorkommende Situationen und Stimmungen mit Klängen der Schlaginstrumente.

6. Lassen Sie eine Schallplatte oder ein Tonband mit Ihnen vertrauter Musik laufen und spielen Sie frei auf einem Schlaginstrument dazu.

7. Spielen Sie einzelne Töne und Cluster im Wechsel auf dem Klavier. Beobachten Sie die Klangunterschiede beim Spiel mit und ohne Pedal!

8. Legen Sie die Hände nebeneinander auf die Mitte der Klaviertastatur, schließen Sie die Augen und spielen Sie langsam einzelne Töne oder Cluster.

   Bewegen Sie jetzt die Hände auseinander und kommen Sie wieder zueinander. Haben Sie dabei immer intensiven, aber lockeren Kontakt zu den Tasten. Beobachten Sie, welche Hand die geschicktere ist. Helfen Sie der weniger geschickten Hand dadurch, daß Sie auf sie das Bewegungsgefühl der geschickteren Seite übertragen.

Ergänzende Literatur zur gesamten Improvisation:

Epping, Anna, ABC der Improvisation; Max Hesses Verlag, Berlin.
Heilbut, Peter, Improvisation im Klavierunterricht; Heinrichshofen's Verlag, Wilhelmshaven.
Friedemann, Lilli, Gemeinsame Improvisation auf Instrumenten; Bärenreiter Verlag, Kassel.
Niggeling, Willi, Klavierimprovisation; Breitkopf + Härtel, Wiesbaden.

3.

Melodiebildungen, Nachahmung, Frage – Antwort

Lehrblatt

Wenn wir im vorigen Kapitel mit freien Tonfolgen und Clustern improvisiert haben, so sollen jetzt die Töne in Zusammenhang miteinander gebracht werden.
Eine musikalische Melodie entsteht nicht durch Probieren auf einem Instrument oder durch Konstruieren auf dem Papier – eine Melodie ist die hörbar gewordene innere Klangvorstellung dessen, der sie improvisiert. Es kommt also auf die Klangphantasie an, die jeder auf seine Weise durch eine Melodie zum Ausdruck bringt.
Spielregeln sind auch hier bei den ersten Übungen eine Hilfe!

- Es wird ein bestimmter Tonraum festgelegt, in dem man improvisiert.
- Ein Grundton (Tonart) bietet die Basis.
- Die Melodie soll vorerst auf dem Grundton enden, muß aber nicht auf diesem beginnen.
- Sie sollte mit einem der Töne des Grunddreiklanges anfangen.
- Die Melodie kann innerhalb des festgelegten Tonraums schrittweise von einem Ton zum Nachbarton gehen.
- Sie kann auch Töne überspringen, wiederholen, lange oder kurze Töne und Pausen haben.

Bestimmt man also drei Töne, z.B.

F – A – C als Tonmaterial, so können diese Töne ein Dreiklang auf der ersten Stufe in F-Dur sein, der Tonumfang reicht von F bis C.

Benutzt man auch die Töne zwischen diesen drei Haupttönen, so spielt man Durchgangstöne (hier G und B).

Geht man von einem Hauptton zum Nachbarton und kehrt wieder zurück, so handelt es sich um Wechseltöne (der Tonumfang ist hier erweitert auf F bis D).

Beispielblatt

1. Melodiebildungen.

1.1 Eine Melodie wird innerhalb bestimmter Regeln erfunden:
Beschränkung auf bestimmte Töne, z.B.

C–D–E (Nachbartöne)
oder C–F–G (Tonsprung)
oder C–E–G (Dreiklang)
Grundton: C

Ein Beispiel für eine Melodie mit den Tönen C–D–E–G:

1.2 Regel: Auf- und absteigende Linie mit Durchgangstönen, z.B.:

3.

1.3 Regel: Melodiebeginn nicht auf dem Grundton (dafür auf einem der Töne des Grund-Dreiklanges), Tonsprünge, z.B.:

1.4 Regel: Wechselnoten F bis D.

1.5 Regel: Tonwiederholungen und Pausen, z.B.:

1.6 Alle diese Formen der Melodiebildungen werden beliebig miteinander kombiniert, jeder stellt sich selber Regeln auf.

1.7 Diese Melodieimprovisationen werden in den Tonarten C-, G-, D- und F- Dur ausgeführt (ebenso nach Vermögen in Moll).

1.8 Alle diese Regeln werden im erweiterten Tonraum angewendet:

C – A (entsprechend G–E, D–H, F–D), dann im Oktavraum
C – C (entsprechend G–Dur, D–Dur, F–Dur, Vorzeichen beachten!)

2. Nachahmung.

2.1 Der Lehrer klatscht (oder spielt auf einem Schlaginstrument) eine kurze rhythmische Folge, die Gruppe ahmt sie klatschend oder auf Schlaginstrumenten spielend nach, z.B.:

Lehrer (Handtrommel) Gruppe (Schlaghölzer)

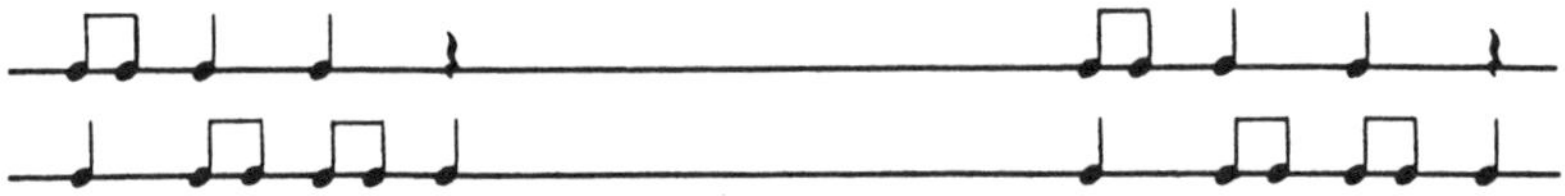

2.2 Daraus kann sich ein “Kettenspiel” ergeben:
Der Lehrer beginnt mit einem Rhythmus, die Gruppe spielt ihn nach, einer aus der Gruppe (vorher bestimmen!) erfindet einen neuen Rhythmus, der Lehrer und die Gruppe ahmen nach, ein nächster erfindet einen Rhythmus usw. Wichtig ist ein nahtloses Spiel ohne Unterbrechungen!

2.3 Diese Imitationsübungen sind auf Instrumente und die Bewegung zu übertragen: Auf einem Schlaginstrument werden Rhythmen improvisiert, die Gruppe setzt diese Rhythmen in Bewegungen (Hände, Füße) um.
Dasselbe umgekehrt: Ein Rhythmus wird in der Bewegung gezeigt und von Schlaginstrumenten gespielt.

2.4 Der Lehrer improvisiert einen kurzen, einfachen Rhythmus, der als Melodie wiedergegeben wird (gesungen, auf der Flöte, dem Xylophon oder dem Klavier gespielt), z.B.:

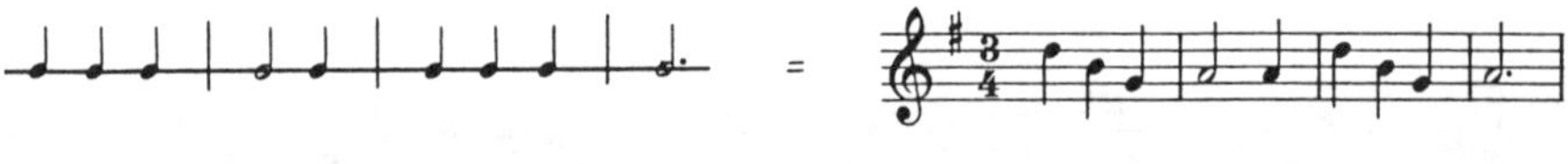

Ebenso umgekehrt: Eine kurze Melodiefolge wird gespielt und als Rhythmus wiedergegeben (mit Schlaginstrumenten oder in der Bewegung).

2.5 “Echospiel”.
Einer singt ein kleines Motiv, die Gruppe singt es nach.
Als “Rundgesang” kann das so klingen:

und so fort, bis alle in der Gruppe dran waren.

2.6 Ein Spieler improvisiert eine kurze Melodie auf einem Melodieinstrument (Flöte, Xylophon, Klavier), die Gruppe singt die Melodie nach (zunächst Tonumfang vorher begrenzen!)

2.7 Ein Spieler improvisiert eine Melodie auf einem Xylophon, Tonumfang: E – G – A.
Die Gruppe spielt ebenfalls an Xylophonen und ahmt die Melodie nach. Hier kann derselbe "Rundgesang" wie bei 2.5 entstehen.

2.8 Dasselbe wie bei Übung 2.7 mit erweitertem Tonumfang:
C bis A, C bis C usw.

3. Frage und Antwort.
So wie Frage und Antwort in unserer Sprache gebraucht werden, so können sie auch in rhythmischer und melodischer Form erscheinen.

3.1 Ein rhythmisches "Zwiegespräch" (klatschend oder auf Schlaginstrumenten gespielt) wird so geführt, daß sich die Fragen und Antworten in ihrer Länge entsprechen.
Z.B.:

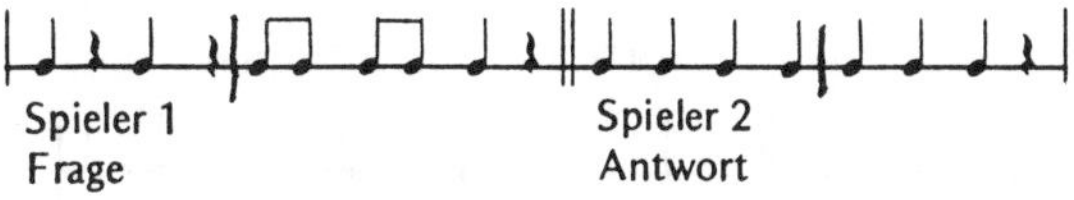

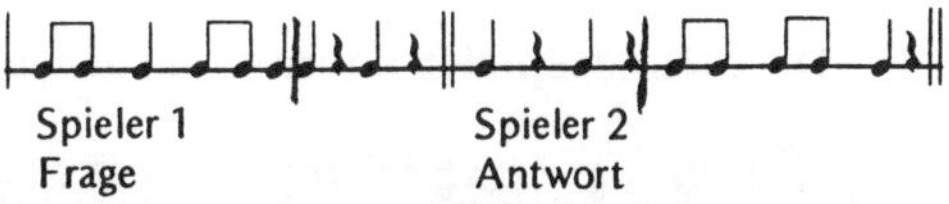

3.2 Wenn zwei aber ihre Stimmungen in einer geklatschten "Unterhaltung" ausdrücken wollen, so können die Längen der Fragen und Antworten durchaus verschieden sein. Zum Beispiel, wenn es sich um das Gespräch von einem Geschwätzigen und einem Einsilbigen handelt, einem Ärgerlichen und einem Sanften usw.

3.3 Die Gruppe probiert aus:
Wie erkennt man eigentlich, daß es sich bei einem Motiv oder einer Melodie um eine Frage oder um eine Antwort handelt?

Wir stellen fest:
- Die musikalische Frage endet selten auf dem Grundton (1. Stufe) einer Tonart.
- Durch Endung auf den anderen Tonstufen (bevorzugt 2., 4., 5. Stufe) entsteht ein fragender, unfertiger, in der Schwebe gehaltener Melodiecharakter.
- Die musikalische Antwort endet (vorerst in den elementaren Übungen)immer auf dem Grundton der gewählten Tonart (1. Stufe).
- Die Endtöne der Antwortmelodie sind oft lang oder werden wiederholt, dadurch entsteht ein schlüssiger, bestimmter Melodiecharakter.

3.4 Zu zweit werden Frage und Antwort nach den in 3.3 aufgestellten Regeln gespielt: auf zwei Xylophonen,
auf zwei Flöten,
zu zweit am Klavier,
mit unterschiedlichen Instrumenten.

Die Fragen und Antworten können auch gesungen werden, sie sollen sich in ihrer Länge entsprechen.

3.5 Frage und Antwort werden nur in der Melodie improvisiert, der für beide Spieler bindende Rhythmus wird vorher festgelegt, z.B.:

Frage Antwort

3.6 Bewegungsgestaltung aus der melodischen Improvisation von Frage und Antwort.
Zwei Gruppen, jeder in der Gruppe hat ein Schlaginstrument.
Zwei Einzelspieler mit je einem Melodieinstrument.
Für Frage und Antwort werden zwei Rhythmen festgelegt, die sich immer wiederholen:

Frage: Antwort:

Die Melodiespieler könnten dazu z.B. improvisieren:

Es gehören jetzt immer eine Bewegungsgruppe und ein Melodiespieler zusammen, die Gruppen stehen in zwei gegenüberliegenden Ecken des Raumes. Zum Spiel der Fragemelodie bewegt sich die erste Gruppe auf die zweite zu, die Schlaginstrumente begleiten Melodie und Bewegung. Gruppe 2 und der Spieler antworten.
Haben sich die beiden Gruppen in der Mitte des Raumes getroffen, bewegen sie sich umeinander herum, wechseln auf diese Weise die Plätze und ziehen sich wieder in die Raumecken zurück.

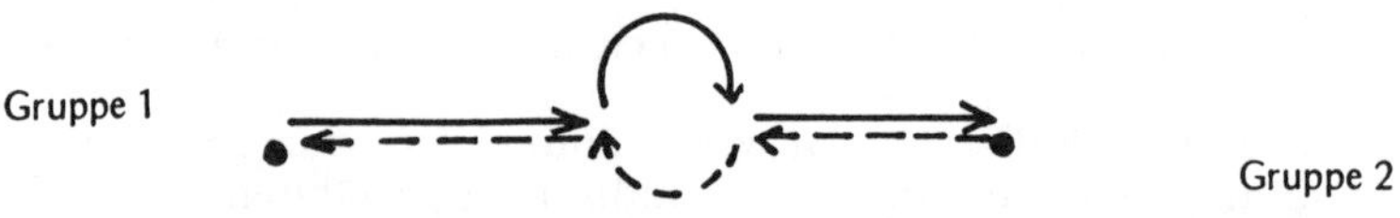

3.7 Eine solche Bewegungsgestaltung kann auch ohne rhythmische Bindungen ausgeführt werden, auch eignen sich Stimmungen und Situationsdarstellungen für eine Inspiration von Bewegung und Musik (z.B. zwei sich fremde Gruppen treffen einander, beginnen Streit – wie es dann ausgeht, das muß im Augenblick entstehen).

"Melodiebildung" siehe auch EM 5.5/Seite 481und 5.7/536

Aufgabenblatt

1. Melodiebildungen.
Improvisieren Sie auf einem Melodieinstrument (Flöte, Xylophon, Klavier) einen kleinen musikalischen Ablauf mit den Tönen F und C, wobei F als Grundton (Ende der Melodie) anzusehen ist.

1.1 Dasselbe mit anderen Tönen:
C–G (Grundton C)
G–D (Grundton G)
A–E (Grundton A)

1.2 Dasselbe mit drei Tönen: C–E–G
F–A–C
D–Fis–A
G–H–D

2. Spielen Sie Melodiefolgen mit den "Haupttönen" F - A - C und verwenden Sie die Durchgangstöne G und B dabei. Achten Sie darauf, daß Betonungen in Ihrer Melodie auf die "Haupttöne" fallen, z.B.:

2.1 Dasselbe im Tonraum:

G-Dur

D-Dur

3. Improvisieren Sie Melodien mit Wechseltönen im Tonraum

F bis D,
C bis A,
G bis E,
D bis H.

3.1 Spielen Sie Melodien in Fünftonraum (z.B. G–A–H–C–D = G-Dur)
- mit Tonwiederholungen,
- mit vielen Tonsprüngen,
- mit Ruhepausen,
- mit Pausen,
- mit immer wieder anderen Anfangstönen,
- als auf- und absteigende Linie.

4. Nachahmung.
Üben Sie auf dem Stabspiel oder Klavier.
Mit der Hand schlagen Sie einen kurzen Rhythmus, mit der anderen übertragen Sie diesen Rhythmus als Melodie auf das Instrument (Tonmaterial: drei Töne, die Sie selber bestimmen).
Wechsel der Hände!

4.1 Spielen Sie mit rechter und linker Hand im Wechsel kurze Motive im Tonraum C bis G. Singen Sie diese Tonfolge nach.

Ebenso umgekehrt: Imitieren Sie ihre gesungene Melodie auf dem Instrument.

4.2 Improvisieren Sie mit der rechten Hand eine kurze Tonfolge im Tonraum D bis A (Grundton D). Ahmen Sie diese Melodie mit der linken Hand nach. Üben Sie das in allen Ihnen geläufigen Tonarten (ebenfalls im Tonraum 1. bis 5. Stufe).
Beginnen Sie auch einmal mit der linken Hand.

4.3 Klatschen Sie diesen Rhythmus ab: 

Übertragen Sie diesen Rhythmus in die Bewegung der Füße (am Platz und in der Fortbewegung). Erfinden Sie selber kurze Rhythmen, die Sie zuerst klatschen, dann gehen und umgekehrt.

5. Frage – Antwort.
Schlagen Sie auf der Handtrommel einen Rhythmus als "Frage", antworten Sie singend (gleiche Länge von Frage und Antwort!).

Üben Sie verschiedene Möglichkeiten, Frage und Antwort auszudrücken:

Frage	*Antwort*
Schlaghölzer	- Füße am Platz
klatschen	- Füße in der Fortbewegung
singen	- klatschen
Füße am Platz	- klatschen

Spiel auf Xylophon/Klavier rechte Hand, 5-Tonraum	–	singen
Spiel auf Xylophon/Klavier linke Hand, 5-Tonraum	–	Spiel auf Xylophon/Klavier rechte Hand

Alle diese Beispiele werden in immer neuen Kombinationen geübt.

5.1 Finden Sie zu folgenden melodischen "Fragen" entsprechende Antworten und schreiben Sie sie auf. (Beachten: Antwortmelodie endet auf dem Grundton und hat dieselbe Taktart wie die Frage!)

Transponieren Sie diese Melodie in alle Ihnen geläufigen Tonarten (zumindest nach G-, D- und F-Dur).

Phrasierung in Bewegung – Sprache – Musik

Beispielblatt

1. Jeder bewegt sich im Raum und achtet auf seinen Atem. Ein- und Ausatmung bestimmen Anfang und Ende der Bewegung.

1.1 Die Bedeutung der Atmung bei Phrasierungen wird noch deutlicher, wenn man eine Melodie zum Gehen summt. Bei jeder neuen Einatmung wählt man eine andere Bewegungsrichtung.

2. Ein Lied wird gesungen, jeder zeigt mit den Händen den phrasierten Ablauf der Melodie an:
"Der Kuckuck und der Esel".

3.

2.1 Alle singen das Lied, die Phrasierungsbögen werden auf ein Blatt Papier oder an die Tafel gezeichnet. Das Einatmen bei jeder neuen Phrase geschieht locker und ohne Übertreibung.

2.2 Die Phrasierung eines Liedes kann auf vielerlei Weise ausgedrückt werden, z.B.:
- gehen zum Singen, Richtungswechsel bei jeder neuen Phrase
- eine Phrase gehen, bei der folgenden den Liedrhythmus klatschen
- singen und gehen, bei jedem Phrasenanfang einmal auf dem Taktschwerpunkt klatschen,
- die erste Phrase klatschen und singen,
  die zweite gehen (Metrum) und singen,
  die dritte sprechen und gehen,
  die vierte singen, klatschen und gehen usw.,
- den Liedrhythmus gehen (1. Phrase),
  den Liedrhythmus klatschen (2. Phrase) usw.,
- die Gruppe steht verteilt im Raum. Einer beginnt das Lied zu singen und geht dabei zu einem nächsten, der die zweite Phrase weitersingt, wiederum einen nächsten auswählt usf.,
- zu zweit gehen im Phrasenwechsel (auch klatschen, singen,sprechen),
- ein Dirigent in der Mitte der Gruppe zeigt an, wer die einzelnen Phrasen des Liedes singt (auch: Wechsel von Solo und Tutti).

3. Liederraten zu Paaren.
Jedes Paar denkt sich ein Lied aus und stellt es pantomimisch dar.
Die Phrasen werden dabei wechselseitig übernommen, der Melodierhythmus des Liedes sollte hörbar oder sichtbar sein.

4. Improvisation an Instrumenten: Xylophon oder Klavier.
Der Tonumfang wird festgelegt:

3 Töne (z.B. A–C–E=a-Moll),
5-Tonraum (z.B. A–H–Cis–D–E = A-Dur),

pentatonische Reihe (z.B. Fis-Gis-Ais-Cis-Dis), alle schwarzen Tasten auf dem Klavier (leicht zu spielen!),

Oktavraum (z.B. G bis G = G-Dur).

Der Spieler improvisiert eine Melodie, die in sich eine deutliche Phrasierung zeigt. (Nach den Übungen 1 und 2 ist sichtbar, daß die meisten unserer mitteleuropä-ischen Lieder Phrasen von 2,4,8,12 oder 16 Takten Länge haben. Dieses Schema, Phrasen von 2,4 oder 8 Takten Länge zu spielen, sollte man anfangs unbedingt einhalten.)

4.1 Alle spielen an Xylophonen oder Klavieren.
Tonmaterial: Pentatonische Reihe C-D-E-G-A (bei Xylophonen für Anfänger nur diese Klangplatten auflegen!).

Ein Dirigent zeigt mit den Händen Phrasierungsbögen an, die von der Gruppe auf den Instrumenten improvisiert werden, z.B.:

4.2 Aufstellung wie 4.1.
Der Dirigent läßt zwei Gruppen im Wechsel spielen, z.B.:

4.3 Aufstellung: zwei Gruppen an Xylophonen, zwei Bewegungsgruppen, ein Dirigent.
Spiel wie bei 4.2, jede Instrumentengruppe hat jetzt aber Partner, die die gespielte Musik in Bewegung umsetzen.

"Pentatonik" siehe EM 5.3/Seite 449
"Phrasierung" siehe EM 5.4/Seite 471

Aufgabenblatt

1. Suchen Sie sich mehrere Lieder aus und tragen Sie die Phrasierungsbögen ein. Zeigen Sie die Phrasierung, indem sie die Melodie bzw. deren Rhythmus verschieden darstellen:
   klatschend, singend, spielend, gehend, sprechend im Wechsel und in verschiedenen Kombinationen.

2. Improvisieren Sie rhythmische Phrasen auf der Handtrommel.
   Phrasierungsschemata:

2.1 

2.2 

2.3 

3.

Improvisieren Sie zu diesen Phrasierungen auch Melodien auf dem Xylophon oder dem Klavier (vorher selber bestimmen: Tonumfang, Taktart, wieviel Takte hat eine kleine Phrase?).
Die "innere Vorbereitung" für die Aufgabe 2.1 könnte z.B. so aussehen:

Tonmaterial: D´ E´ F´ G´ A´ (d-Moll)
Ende der Melodie auf D (Grundton in d-Moll).

3. Schreiben Sie die Phrasierungsbögen von Liedern auf und improvisieren Sie neue Melodien auf dem Klavier oder Xylophon dazu.
   Z.B.: "Himmel und Erde müssen vergehn"

Improvisation:

"Phrasierung" siehe EM 5.4/Seite 471; Rhythmik Stundenbilder R 2.4/Seite 129

Bewegungsbegleitung mit Stimme und Instrument im tonalen und freitonalen Raum, mit und ohne metrische Bindungen

Beispielblatt

Wenn im Kapitel 3.1 die Bewegungsbegleitung mit Stimme und Instrument ohne Bindung an bestimmte Tonarten oder Notenwerte geübt wurde, so wird die Beziehung von Musik und Bewegung in diesem Abschnitt eigenen Regeln zugeordnet.
Der Spieler wird Bewegungstempi genau begleiten können, die Klangfarben bestimmter Tonarten und -systeme sollen gezielter eingesetzt werden.

Beispiele:
1. Schlaginstrumente, metrisch,
2. Singstimme, metrisch, tonal,
3. Melodieinstrument, metrisch, freitonal,
4. Melodieinstrument, metrisch, tonal,
5. Instrument Klavier, ohne metrische Bindung, freitonal.

1. Schlaginstrumente, metrisch.

1.1 Die Gruppe bewegt sich in einem ruhigen Schritt-Tempo, das Gehen wird mit Klatschen begleitet. Der Notenwert für Gehen = ♩ (Viertelnote). Andere Bewegungstempi werden ausprobiert, gemeinsam ausgeführt, benannt und aufgeschrieben:

weites Schreiten (Balancieren) = 𝅝

Schreiten = 𝅗𝅥

Gehen = ♩

Laufen = ♪

Trippeln = 𝅘𝅥𝅯

Daraus entwickelt sich auch:

Hüpfen = ♪. 𝅘𝅥𝅯

Springen = ♪ ♩.

Alle diese Bewegungen werden in verschiedenen Raumrichtungen ausgeführt:
vorwärts,
rückwärts,
seitwärts,
wobei die Tempi in Schritten oder Bewegungen der Arme, Hände, Schultern, des Rumpfes, Kopfes ausgeführt werden können.

1.2 Ein Spieler motiviert die Gruppe durch sein Spiel auf der Handtrommel (oder einem anderen Schlaginstrument) zu Bewegungen in ♩ und 𝅗𝅥 -Notenwerten.

1.3 Dasselbe wie 1.2 mit Erweiterung auf andere Notenwerte. (Beachten: Der Spieler wechselt erst dann in ein anderes Tempo, wenn alle aus der Gruppe das erste Tempo richtig übertragen haben).

1.4 Bestimmte Instrumente werden bestimmten Notenwerten zugeordnet:

Becken	=	𝅗𝅥	= schreiten
Pauke	=	♩	= gehen
Holzblocktrommel	=	♪	= laufen

Aufstellung:
3 Spieler – 3 Bewegungsgruppen – 1 Dirigent.
Der Dirigent gibt abwechselnd einem Spieler den Einsatz zum Spiel seines Notenwertes. Zu jedem Spieler gehört eine Gruppe, die sich entsprechend bewegt.
Ein geschickter Dirigent kann auch zwei Spieler mit zwei Gruppen leiten und so zwei verschiedene Notenwerte gleichzeitig erklingen lassen.

1.5 Vier Gruppen, jeder begleitet sich selber zur Bewegung auf einem Schlaginstrument.

Gruppe 1 = 𝅝	= weites Schreiten (Balancieren)	= Becken
Gruppe 2 = 𝅗𝅥	= Schreiten	= Triangel
Gruppe 3 = ♩	= Gehen	= Handtrommel
Gruppe 4 = ♪	= Laufen	= Klanghölzer

Die Bewegungen laufen in Phrasen ab:
Beispiel:

1.6 Es ergeben sich viele Variationsmöglichkeiten, wenn die Notenwerte auch gleichzeitig gespielt werden. Ebenso können in der Gruppe Wechsel von Solo und Tutti improvisiert werden.
Beispiel:

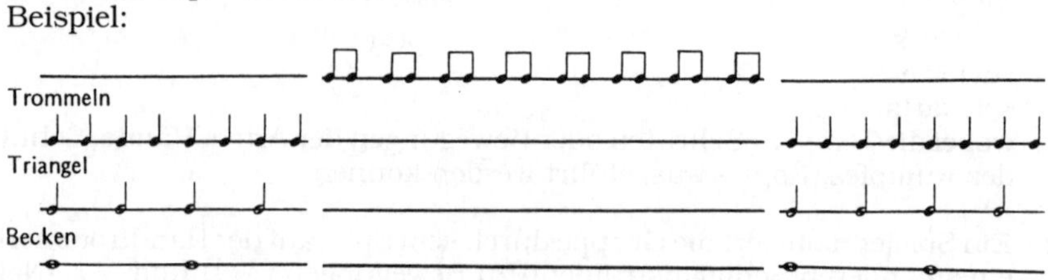

2. Singstimme, metrisch, tonal.

2.1 Schritt-Tempi: Gehen = ♩
Schreiten = 𝅗𝅥

Jeder begleitet sich selber mit der Stimme. Der Tonumfang wird zunächst vorher festgelegt:

zwei Töne für das Schreiten
zwei Töne für das Gehen

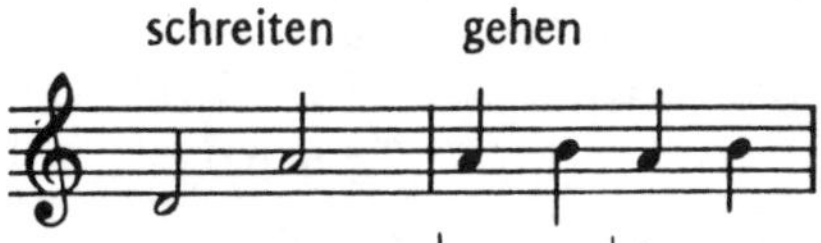

Jeder in der Gruppe bestimmt den Wechsel von 𝅗𝅥 und ♩ selber, wichtig ist eine gute Koordination von Bewegung und Stimme.

2.2 Der Tonumfang wird erweitert, die Singstimme begleitet jetzt mit den Tönen D – E – F – G – A

zur Bewegung in 𝅝 – 𝅗𝅥 – ♩ – Notenwerten

(Eine eigene Begleitung von Laufen, Hüpfen und Springen ist für die Singstimme wenig geeignet, da eine gleichzeitige lebhafte Bewegung und der Gebrauch der Stimme sehr anstrengend ist und zu Ungenauigkeiten führt.)

2.3 Ein Sänger führt die Gruppe durch die verschiedenen Tempi. Da er sich selber nicht dazu bewegt, kann er auch die schnellen Tempi singen.

2.4 Wie 2.3, die Melodie zur Bewegung wird phrasenweise gegliedert, jede Phrase endet mit einem Ruhepunkt.

3. Melodieinstrument, metrisch, freitonal.

3.1 Im Raum verteilt stehen mehrere Xylophone. Die Gruppe geht durcheinander, jeder hat zwei Schlegel in den Händen. Ohne besondere Aufforderung bleiben einige bei den Instrumenten, spielen eine Weile das Schritt-Tempo und gliedern sich wieder in die Gruppe ein.
Es spielt dabei keine Rolle, welche Töne auf dem Xylophon angeschlagen werden. Wichtig ist der nahtlose Übergang der Schrittbewegung der Füße zu der Spielbewegung der Hände. Dieselbe Übung wird mit anderen Notenwerten ausgeführt.

3.2 Die Übung "gehen – spielen" wird in derselben Weise am Klavier gespielt, nur daß aus der Gruppe nur immer ein Spieler ans Instrument geht.

3.3 Ein Spieler am Klavier (Xylophon) führt die Gruppe durch die verschiedenen Tempi. Die Wahl der Töne ist frei (Einzeltöne, Cluster, Akkorde). Haben sich Spieler und Gruppe gut aufeinander eingestellt, werden die Bewegungsabläufe in den verschiedenen Tempi phrasiert gespielt. Die Notenwerte werden jetzt nicht nur in Schritten wiedergegeben, sondern auch mit isolierten

Bewegungen der Arme, Beine (im Sitz, im Liegen), des Rumpfes, des Kopfes, am Platz oder in der bewegung, in allen Richtungen vor-, rück-, seitwärts, auf- und abwärts.

4. Melodieinstrument, metrisch, tonal.

4.1 Mehrere Spieler an Xylophonen (entsprechend zwei Spieler am Klavier), die übrige Gruppe bewegt sich. Verschiedene Aufgaben zur Bewegungsbegleitung mit metrischen und tonalen Regeln:

Tempo		Tonmaterial
♪	–	C – G – A
♩	–	E – G – A
𝅗𝅥	–	C – D – E – G – A
♫	–	D – E – G

Alles wird auch anders miteinander kombiniert, ebenso können die Spieler selber Regeln aufstellen.

4.2 Wie 4.1, die Melodieabläufe werden in bestimmte Phrasenlängen gegliedert. Die Phrasen können aufgezeichnet werden, z.B.:

4/4 8 Takte | 4 Takte | 4 Takte | 8 Takte

oder von einem Dirigenten gezeigt werden, was sensible Reaktionen bei den Spielern voraussetzt.

5. Instrument Klavier, ohne metrische Bindungen, freitonal.

5.1 Ein Spieler am Klavier.
Klangvorstellung: "Eine Katze geht mit weichen Pfoten über die Tasten". Der Spieler schlägt mit 2., 3., 4. Finger gleichzeitig mehrere Tasten an, Handgelenke, Arme und Schultern sind entspannt. Verwendet er Pedal zum Spiel, erklingt weiche "Katzenmusik". Rechte und linke Hand spielen im Wechsel, über die ganze Tastatur, weiße und schwarze Tasten.

5.2 Zwei Spieler am Klavier spielen mit "Katzenpfoten". Sie versuchen, gemeinsam anzufangen und aufzuhören, und dies ohne Worte!

5.3 Wie 5.2, die beiden Spieler stellen jetzt aber kleine Begebenheiten dar, z.B.:
- Zwei Katzen begegnen sich, die eine ist schüchtern, die andere frech.
- Eine große, schwerfällige, plumpe Katze tappt herein, eine kleine leichtfüßige kommt dazu. Die kleine umspielt die große und versucht, sie zum Tanzen zu bewegen.
- Zwei Katzen begegnen sich, geraten in einen turbulenten Streit, versöhnen sich wieder und gehen ihres Weges.

Den Zuhörern und Spielern werden viele weitere "Katzengeschichten" einfallen, ebenso können die zwei Spieler auch eine Geschichte als musikalisches Rätsel aufgeben!

5.4 Haben sich die Spieler mit den "Katzengeschichten" und ähnlichem erst einmal freigespielt, so sollten andere Bilder, die zu Klangphantasien und

Klangmalereien inspirieren, keine Schwierigkeiten mehr bereiten. Einige Stimmungen, die von einem oder zwei Spielern am Klavier dargestellt werden können:
- ruhige Abendstimmung,
- aufziehendes Gewitter mit Regen und Sturm,
- fröhlicher Tanz,
- zögerndes Gehen,
- ein Besuch im Zoo usw.

5.5 Eine musikalische Improvisation kann auch von der Inspiration durch ein Bild ausgehen. Der Spieler sollte sich in Ruhe in das Bild vertiefen und versuchen, seine Eindrücke in Tönen wiederzugeben.

"Notenwerte" siehe auch R 2.4 / Seite 122 und 2.4 / Seite 125 und EM 5.1 / Seite 439

Aufgabenblatt

1. Begleiten Sie Ihre eigene Bewegung mit einem Schlaginstrument und üben Sie alle unter 1.1 angegebenen Tempi.

2. Üben Sie Bewegungen in den Raumrichtungen vorwärts - rückwärts, begleiten Sie sich selber auf einem Schlaginstrument dazu und kombinieren Sie

   vorwärts = 𝅗𝅥 - Notenwerte – schreiten

   rückwärts = ♩ - Notenwerte – gehen

   Stellen Sie andere Tempi und Richtungen zusammen!
   Achten Sie auf fließende Übergänge von Tempo und Richtung der Bewegung!

3. Spielen Sie drei Notenwerte in bestimmten Phrasenabläufen, zuerst auf einem Schlaginstrument, dann auf einem Melodieinstrument.
   Beispiel:

   Stellen Sie sich selber solche Aufgaben und achten Sie genau auf die richtig eingehaltenen Phrasen!

4. Spielen Sie mit den Möglichkeiten, Notenwerte und Phrasen mit dem eigenen Körper auszudrücken:

5. Improvisieren Sie auf einem Melodieinstrument Bewegungsbegleitung mit

   1 Ton,
   2 Tönen,
   3 Tönen,
   5 - Tonraum,
   Oktavraum

   in den Tempi 𝅝 – 𝅗𝅥 – ♩ – ♪ – ♬ – sowie den Hüpfrhythmus.

   Reihen Sie nicht wahllos verschiedene Tempi aneinander, sondern überlegen Sie sich vor jeder Improvisationsstudie genau, was Sie tun wollen.

   Beispiel: Tonmaterial: Oktavraum (D bis D, D - Dur),
   Taktart: 4/4,

   Tempi: ♩ , ♪ , Hüpfrhythmus,

   4 gleich lange Phrasen (jeweils 4 Takte).

6. Übertragen Sie Stimmungen, kleine Geschichten und Bildinhalte in Musik.

Das Spielen von Liedern mit Vor- und Nachspiel

Beispielblatt

Will man Lieder in der Gruppe zusammen spielen oder sie als Musik zur Bewegungsbegleitung verwenden, so runden Vor- und Nachspiel das Ganze zu einem komplexen Spielstück ab. Das Vorspiel gibt den Sängern die Möglichkeit, den richtigen Anfangston zu finden, der Bewegungsgruppe zeigt es Tempo und Bewegungsanfang an.
Das Vorspiel bereitet auf das Lied vor, das Nachspiel läßt es ausklingen. Vor- und Nachspiel sollten in ihrem Charakter (Taktart, Tonart, Rhythmus, Stimmung) deutlich in Beziehung zu dem Lied stehen.

1. Ein Teil der Gruppe spielt die Melodie eines Liedes auf Flöten, Xylophonen oder ein Spieler spielt sie am Klavier. Die anderen begleiten die Melodie mit freien Rhythmen – mit Schlaginstrumenten oder Körperinstrumenten (klatschen, patschen, stampfen, schnalzen usw.).
   Das wird einige Male wiederholt, bis sich eine bestimmte rhythmische Begleitung eingeprägt hat.

   Beispiel:"Wer sitzt auf unserer Mauer"

   Aus diesen rhythmischen Elementen läßt sich jetzt ein kleines Vorspiel entwickeln, das auf den rhythmischen Charakter der Liedbegleitung hinweist.
   Beispiel:

Das Nachspiel verwendet wieder rhythmische Elemente der Liedbegleitung, führt aber deutlich zum Schluß hin.

Beispiel:

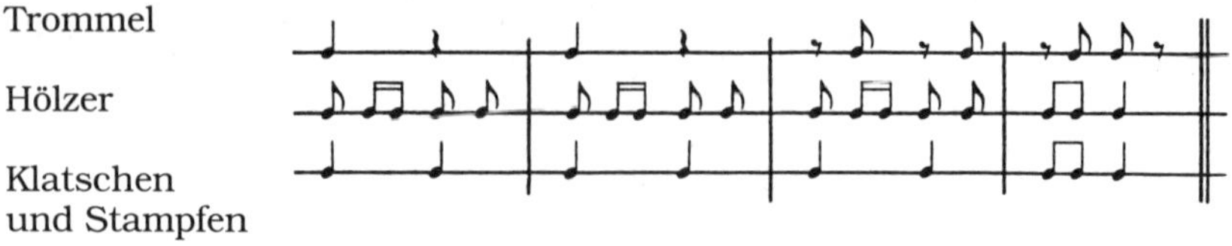

So ergibt sich als ganzes Stück:

Vorspiel	*Hauptteil*	*Nachspiel*
Rhythmus mit Schlag- und Körperinstrumenten	Melodie auf Flöten - rhythmische Begleitung	Rhythmus mit Schlag- und Körperinstrumenten

2. Ebenso wie rhythmische Elemente im Vor- und Nachspiel erscheinen, können wir auch melodische Elemente des Liedes hierfür verwenden. Das Vorspiel soll vorbereiten, neugierig machen, in Spannung versetzen (also nicht auf dem Grundton enden), das Nachspiel soll zu einem Ruhepunkt, zum Schluß führen (auf dem Grundton enden). Vor- und Nachspiel werden vorerst in 2, 4, 6 oder 8-taktigen Phrasen gespielt.

Das Lied "Wer sitzt auf unsrer Mauer" dient uns wieder als Modell:

2.1 Verbindet man nun die rhythmischen und melodischen Elemente der Übungen 1. und 2., so entsteht ein in sich geschlossenes Spielstück mit Vor- und Nachspiel, gespielt auf Melodie- und Schlaginstrumenten. Es ist geeignet, eine ganze Gruppe mit unterschiedlichen Spielfähigkeiten zu beschäftigen.

Aufgabenblatt

1. Singen Sie ein Lied und begleiten Sie sich selber mit einem geklatschten Rhythmus. Üben Sie das so oft, bis sich ein bestimmter Rhythmus herausgebildet hat, den Sie genau wiederholen können. Schreiben Sie diesen Rhythmus auf.

1.1 Nehmen Sie Elemente dieses Rhythmus‘ als Bausteine für ein geklatschtes Vor-und Nachspiel zu dem Lied.

2. Spielen Sie ein Lied auf einem Melodieinstrument und suchen Sie sich ein oder mehrere Motive der Melodie heraus. Verwenden Sie diese Motive zu einem Vor- und Nachspiel. Schreiben Sie den ganzen Verlauf Vorspiel – Lied – Nachspiel auf.

3. Kombinieren Sie:

Vorspiel	*Lied*	*Nachspiel*
gesungen		
Rhythmus mit Schlegel auf den Boden	Melodie auf dem Xylophon gespielt	wie Vorspiel

4. Suchen Sie sich mehrere Lieder aus, spielen Sie sie wie bei Übung 2. angegeben und transponieren Sie diese Spielstücke in die Tonarten C-, G-, D-, F-Dur.

Bewegungsbegleitung dem Klangcharakter verschiedener Instrumente entsprechend

Beispielblatt

Die Stimmung und der Charakter eines Musikstückes, die Klangfarbe von Instrumenten oder Stimmen, die Dynamik von Klängen und Geräuschen können eine Bewegung entscheidend beeinflussen. Je farbiger der improvisierende Spieler mit seinen Instrumenten umzugehen versteht, um so besser kann er die Bewegungsphantasie derer anregen, die sich dazu bewegen. Diese Wechselwirkung besteht auch umgekehrt: Vielfältige, sensible Bewegungsimprovisationen sind Inspiration und Stimulans für den Spieler.
In den vorangegangenen Kapiteln wurde dieses Thema schon behandelt. Hier sollen nun Möglichkeiten gezeigt werden, mit diesen zunächst elementaren Übungen immer sicherer umzugehen und Klang und Bewegung in immer größeren Abläufen miteinander in Beziehung zu setzen. Dabei sollen die Elemente des freitonalen und tonalen, des metrisch ungebundenen und gebundenen Spiels genutzt werden.

1. Bewegungsbegleitung: Führung der Bewegung durch die Musik.
Gruppe.

1.1 Jeder summt für sich einen Ton und versucht, ihn konzentriert "nach innen" zu hören. Immer neue Töne werden gesungen, in beliebigen Tonhöhen, -stärken und -längen. Der Körper beginnt, sich zu bewegen: Jeder Ton ist der Impuls einer Bewegung.

1.2 Dieselbe Aufgabe wie 1.1, alle haben die Augen geschlossen. Die Bewegungen werden konzentriert, z.B. einmal nur die Hände, dann Hände/Arme/Schultern, Füße (in Rückenlage), Oberkörper, Kopf usw. Die Länge der Bewegung entspricht der Länge des Tones (Atembogen!).

1.3 Wie 1.1, Augen geschlossen oder geöffnet. Bestimmte Kombinationen von Bewegungen werden durch die Töne aktiviert, z.B.: rechter Ellenbogen – linkes Knie; Hände – Becken; linkes Bein – Kopf (in Bodenlage).

1.4 Wie 1.1, die Bewegungsebene entspricht der Höhe oder Tiefe des gesungenen Tones.

1.5 Für Fortgeschrittene: wie 1.1, die Bewegung steht im Kontrast zum gesungenen Ton, z.B.:
Kurze, rasche Töne - langsame Bewegungen,
hohe Töne - Bewegungen in der Tiefe.

1.6 Die Gruppe bewegt sich im Raum. Ein einzelner bleibt stehen (ohne daß er dazu besonders bestimmt wird) und summt oder singt einen Ton, der von allen in einer Bewegung aufgenommen wird. Ist der Ton zu Ende und es folgen keine weiteren Töne, so geht die Gruppe wieder durcheinander und das Spiel wird von einem anderen fortgesetzt.

Einzelner und Gruppe.

1.7 Ein Spieler inspiriert die Bewegungen der Gruppe mit der Handtrommel: Die verschiedenen Geräusche des Instruments (schlagen auf verschiedene Weise, reiben, wischen usw., siehe auch IM 3.1/Seite 190) werden mit verschiedenen Bewegungen beantwortet.

1.8 Wie 1.7, ein Spieler verwendet aber mehrere Instrumente, z.B. Handtrommel – Metallophon – Rassel, die er nacheinander einsetzt.

1.9 Die Gruppe liegt entspannt auf dem Boden. Ein Spieler hat einen Gong (oder ein großes, hängendes Becken) und einen weichen Filzschlegel. Jeder Anschlag auf dem Metall ist der Impuls einer Bewegung, der an immer wieder anderen Teilen des Körpers sichtbar wird (eine Vorstellungshilfe: die Fühler einer Schnecke, die auf jede Berührung sensibel reagieren). Durch verschieden starke oder schwache Klänge des Instruments werden auch die Bewegungsimpulse stärker oder schwächer sein. Jede Bewegung dauert so lange, wie der Klang für jeden noch hörbar ist!

1.10 Ein Spieler am Klavier improvisiert mit
- Einzeltönen,
- Mehrklängen,
- Clustern,
- mit und ohne Pedal,
- mit einer Hand, mit beiden Händen,
- mit verschiedenen Tempi,
- mit variabler Dynamik,
- in unterschiedlichen Tonhöhen,
- in verschiedenartiger Artikulation.

Die Gruppe bewegt sich dazu: mit dem ganzen Körper oder auch mit Einschränkungen (nur die Arme, die Hände usw.).

1.11 Wie 1.10, aber mit bestimmten Aufgaben:
- Melodiefolgen auf- oder abwärts werden entsprechend in der Bewegung sichtbar;
- eine Melodie bewegt sich um einen Ton herum, die Gruppe um einen Punkt im Raum;
- Tonfolgen werden unterbrochen (Pausen), der Bewegungsfluß ebenso;
- der Spieler spielt abwechselnd mit der rechten oder linken Hand, jeder Hand ist eine Bewegungsgruppe zugeordnet;
- die Hände des Spielers wandern auf den Tasten von enger zu weiter Tonlage und ziehen sich wieder zusammen. Die Gruppe überträgt dies auf ihre räumliche Bewegung (oder auch enge – weite Bewegungen jedes einzelnen).

Mehrere Gruppen.

1.12 Vier Spieler an vier Instrumenten:
Metallophon – Flöte – Klangstäbe – Pauke (oder andere Instrumente). Jedem Instrument ordnet sich eine Gruppe zu und bewegt sich, wenn sie "ihr" Instrument hört. Die Spieler improvisieren nacheinander oder gleichzeitig und betonen dabei die typische Klangfarbe ihres Instruments. Die Bewegungen der Gruppe sollten diese verschiedenen Klangfarben deutlich zeigen. Vereinbart man bestimmte Regeln – trotz freier Improvisation jedes einzelnen – so können musikalische Formen entstehen, z.B. ein Rondo:

Flöte/Bewegungsgruppe 1 - Klangstäbe/Bewegungsgruppe 2 und 3 - Flöte/Bewegungsgruppe 1

Ⓐ Pauke Ⓑ Ⓐ

Klangstäbe/Bewegungsgruppe 2,3,4 Flöte/Bewegungsgruppe 1
Pauke
Metallophon. Ⓒ Ⓐ

1.13 Dieser musikalischen Form sollte auch eine räumliche entsprechen.

Mehrere Spieler an verschiedenen Instrumenten.
Jeder in der übrigen Gruppe verkörpert in der Bewegung jedes der Instrumente, das heißt, sie können nur nacheinander gespielt werden. Eine Erweiterung für Fortgeschrittene: jeder antwortet mit bestimmten Bewegungen auf ein bestimmtes Instrument, z.B.:

Triangel = Hände,
Klavier = Füße,
Trommel = der ganze Körper,
Flöte = Kopf.

1.14 Ein Musikstück wird vom Tonband oder von der Schallplatte gespielt (z.B. Debussy "Danse sacrée", Rameau "Menuett", Sandy Nelson "Drum Stuff", Pink Floyd "Shine on, you crazy diamond" u.a.) und in Bewegung umgesetzt. In diesem Improvisationslehrgang kann nur ein kleiner Ausschnitt aus den vielen Möglichkeiten solcher Beispiele gegeben werden. Eine Ausweitung in jede Richtung ist möglich.
Da aber jede musikalische Bewegungsimprovisation eine Korrespondenz von Musik und Bewegung sein sollte, folgen hier noch einige Beispiele der

2. Bewegungsbegleitung: Führung der Musik durch die Bewegung.
Mehrere Gruppen.

2.1 Zu zweit. Der eine bewegt sich um seinen Partner (schnell, langsam, mit Pausen, laut, leise, mit Drehungen, Sprüngen usw.), der andere begleitet die Bewegung mit Körperinstrumenten, der Stimme oder einem Instrument.

2.2 Zwei Bewegungsgruppen werden von jeweils einem in der Gruppe geführt. Der Schwerpunkt liegt in räumlichen Formen, also gerade oder kurvige Raumwege, nacheinander oder gleichzeitig ablaufende Bewegungen, symmetrisch, asymmetrisch oder parallel.
Zwei Spielergruppen an Instrumenten begleiten "ihre" Gruppe, wobei jeder versucht, den Charakter der Bewegungen auf seinem Instrument hörbar zu machen.

2.3 Mehrere Spieler an verschiedenen Instrumenten sitzen in einer Reihe nebeneinander. Eine Gruppe bewegt sich vor den Musikern: Immer dort, wo sie gerade ist, erklingen Töne (Geräusche), wo sie nicht ist, schweigt die Musik. Gehen beide Gruppen gut aufeinander ein, können alle dynamischen Schattierungen von pp über ein Crescendo bis hin zum ff mit einem Decrescendo entstehen.

Instrumentengruppe

X X X X X X X X

PP ff PP

2.4 Zwei Bewegungs- zwei Schlagzeuggruppen (Trommeln).
Es soll ein "Gespräch" (ein Miteinander, ein Gegeneinander, Gleichgültigkeit usw.) zwischen den beiden Bewegungsgruppen entstehen. Die Trommeln nehmen den "Inhalt" des Gesprächs spontan in ihrer Begleitung auf.

Einzelner und Gruppe.

2.5 Mehrere Becken verschiedener Größe werden weit verteilt im Raum aufgehängt. An jedem Becken steht ein Spieler mit einem Schlegel. Ein einzelner bewegt sich zwischen den Becken, der Ausdruck seiner Bewegung wird von den Spielern auf die Instrumente übertragen.

2.6 Mehrere Spielergruppen sitzen im Raum verteilt, z.B.:

Ein einzelner improvisiert vier Bewegungsabläufe, die ihrem Charakter entsprechend von den vier Gruppen begleitet werden.
Hier können auch metrisch gebundene und freie Bewegungen einander ablösen, wie:

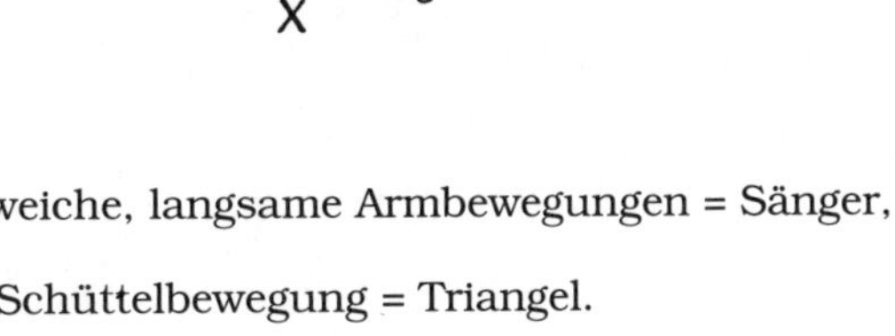

♩ - gehen = Trommeln, weiche, langsame Armbewegungen = Sänger,

♪ - laufen = Xylophone, Schüttelbewegung = Triangel.

Alle Beispiele 1.1 bis 1.13 können so abgewandelt werden, daß der Impuls für die Musik auch von der Bewegung ausgehen kann.

Aufgabenblatt

1. Wählen Sie zwei unterschiedliche Bewegungsarten und wiederholen Sie sie nacheinander in immer demselben Ablauf.
   Begleiten Sie sich selber mit zwei Instrumenten dazu, die zu dem Charakter der Bewegungen passen (es müssen also Instrumente sein, die sich in eine Bewegung integrieren lassen, z.B. Klanghölzer, Handtrommel, Triangel u.a.).

2. Hören Sie Musik verschiedener Stilrichtungen an (Barock, Klassik, Romantik, Moderne, Beat, Jazz, Unterhaltungsmusik, Folklore). Suchen Sie ein nicht zu langes Stück heraus, das Ihnen besonders gut gefällt. Versuchen Sie (in einem genügend großen Raum!), Bewegungen dazu zu improvisieren, ohne zu überlegen, ob diese "schön" , "richtig" oder "passend" sind.
   Es kommt allein auf den Eindruck an, den die Musik bei Ihnen bewirkt – und den Ausdruck, den Sie in Ihrer Bewegung empfinden.

3. Beschäftigen Sie sich mit einem Musikstück, das Ihnen vom Charakter und Klang her nicht sonderlich liegt. Hören sie es immer wieder an und versuchen Sie auch hier, eine Bewegungsform zu finden. Das muß keineswegs immer im Sinne der Anpassung geschehen, das kann auch ein "Kontrast" oder ein "Protest" werden!

4. Hören Sie wie in der Aufgabe 2. Musik verschiedener Stilrichtungen an. Wählen Sie zwei oder drei Stücke mit unterschiedlichem Charakter aus und erarbeiten Sie bestimmte Bewegungsformen dazu. Verwenden Sie dabei die Bewegungsmöglichkeiten des gesamten oder auch begrenzten Körpers, der Raumwege, der Raumebenen, nehmen Sie auch Geräte (Tücher, Seile, Stäbe u.a.) zur Unterstützung der Bewegung dazu.

   Siehe auch BE "Erarbeiten von Bewegungsfolgen".

"Bewegungsbegleitung" siehe IM 3.2/Seite 281 und 3.2/Seite 287

Improvisation in der Pentatonik, der Ganzton- und der Zigeunertonleiter

Lehr- und Beispielblatt

Im Kapitel “Melodiebildung” wurde an vielen Beispielen gezeigt, wie wir mit Hilfe von bestimmtem Tonmaterial immer wieder neue Melodien improvisieren können. In diesem Abschnitt beschäftigen wir uns mit anderen Tonsystemen, die unsere Improvisationen mit neuen, reizvollen Klängen erweitern.

1. Die pentatonische Reihe.
Sie besteht nur aus großen Sekunden und einer kleinen Terz.

1.1 Mit den Tönen dieser pentatonischen Reihe wird eine Melodie improvisiert.
Beispiel:

1.2 Wenn mit dem ersten Beispiel alle Töne der pentatonischen Reihe verwendet wurden, so zeigt die folgende Melodie, daß man auch mit weniger Tonmaterial auskommt:
Töne D – E – G – A

1.3 Auch mit einer Reduzierung auf drei und zwei Töne lassen sich Melodien erfinden:
Töne D – E – G

1.4 Töne G – A

Die Melodien 1.1 bis 1.4 wurden mit unterschiedlich vielen Tönen improvisiert, jede Melodie beginnt und endet auf einem anderen Ton der pentatonischen Skala. Der “schwebende” Charakter der Pentatonik wird durch solche Anfänge und Endungen noch besonders betont.

“Pentatonik” siehe IM 3.3/Seite 312, EM 5.3/Seite 449 und 5.3/Seite 463

Setzt man dazu noch verschiedene Rhythmen, Taktarten, Pausen und alle die im Kapitel "Melodiebildung" gezeigten Möglichkeiten ein, gelingen immer neue und interessante Tonfolgen!

1.5 Die pentatonische Reihe kann von jedem Ton aus gespielt werden, z.B.:

1.6. Zum Beispiel von Fis aus:

Diese pentatonische Reihe ist besonders für Klavierspieler interessant, da sie es auch dem Anfänger ermöglicht, ohne technische Probleme in der Pentatonik zu improvisieren: Es sind die schwarzen Tasten der Klaviatur (siehe auch IM Seite 3.3/312).

2. Die Ganztonleiter.
Sie besteht ausschließlich aus Ganztonschritten (großen Sekunden).
(Siehe auch EM 5.3/Seite 449 und 5.3/Seite 463).

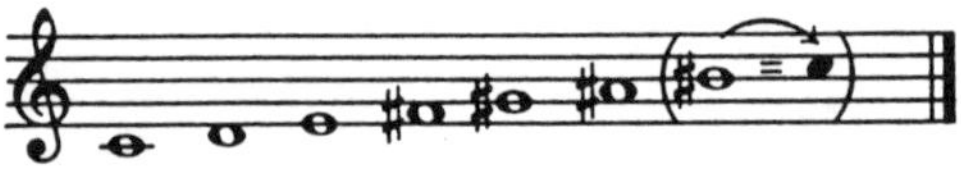

2.1 Beispiel einer Melodie mit den Tönen der Ganztonleiter:

Auch bei diesem Tonsystem ist die Melodie an keine "Grundtöne" gebunden, sie kann auf jedem Ton enden.

2.2 Die Ganztonleiter kann auch noch von einem anderen Ton aus aufgebaut werden:

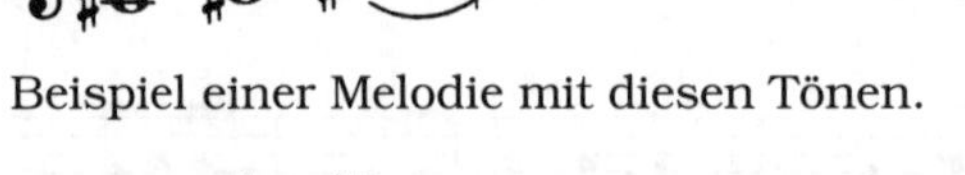

2.3 Beispiel einer Melodie mit diesen Tönen.

2.4 Es ergeben sich reizvolle Klangfarben, wenn man innerhalb eines Stückes beide Ganztonleitern verwendet, z.B.:

Durch den gleichen Rhythmus in beiden Tonfolgen entsteht eine ruhige Stimmung, das Stück ist als "Frage – Antwort" gedacht.

3. Die Zigeunertonleiter.
Sie ist aus der Moll-Tonleiter entstanden und weist zwei übermäßige Sekunden auf (siehe auch EM 5.3/Seite 464).

3.1 Beispiel einer Melodie mit den Tönen der Zigeunertonleiter:

Die Zigeunertonleiter kann in jeder Moll-Tonart gespielt werden. Bei dieser Melodie hört man deutlich – trotz des Tones Dis – die Tonalität a-Moll heraus. Läßt man die Melodie anders verlaufen, erscheint sie nicht mehr so tonartgebunden:

3.2 Beispiel mit den Tönen der Zigeunertonleiter von f-Moll aus:

Aufgabenblatt

Pentatonik

1. Improvisieren Sie auf einem Melodieinstrument (Xylophon, Flöte, Klavier) eine Melodie in der pentatonischen Reihe von C-Dur.

1.1 Wie 1. Entwickeln Sie dabei zwei 4-taktige Phrasen und schreiben Sie diese Melodie auf.

1.2 Transponieren Sie die Melodie nach G-Dur, D-Dur, F-Dur und spielen Sie sie ab.

2. Schreiben Sie die pentatonischen Reihen auf C, D, F, G, A, B.

3. Verwenden Sie in der Pentatonik das Prinzip der Nachahmung und spielen Sie abwechselnd mit der rechten und der linken Hand (für Flötenspieler: einen Teil flöten, die Nachahmung singen oder auf dem Xylophon spielen).

3.1 Verwenden Sie das Prinzip von Frage und Anwort und verfahren Sie wie bei Aufgabe 3.

4. Improvisieren Sie singend oder auf einem Instrument phrasierte Melodien in der Pentatonik und verwenden Sie nur die Töne der I., II., III,. V. Stufe.

4.1 Dasselbe mit den Tönen der II., III., V., VI. Stufe.

4.2 Dasselbe mit den Tönen der III., V., VI. Stufe.

4.3 Dasselbe mit den Tönen der I., V., VI. Stufe usw.

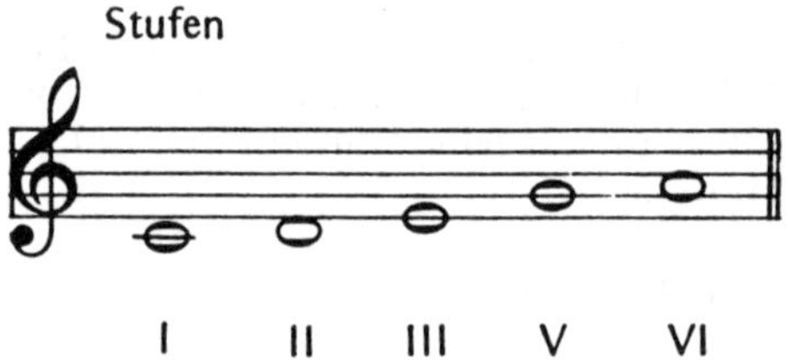

5. Spielen Sie Melodien in der Pentatonik (und wagen Sie sich auch an andere Tonarten als C-Dur!) und beginnen und enden Sie auf immer wieder anderen Tönen.

Ganztonleiter

6. Üben Sie auf dem Stabspiel oder dem Klavier das Spiel auf der Ganztonleiter von C und Cis aus. Je öfter Sie das ausprobieren, um so vertrauter werden Ihnen die Klänge werden.

7. Improvisieren Sie mehrere Tonfolgen auf der Ganztonleiter, die eine unterschiedliche Aussage haben, z.B.:

   weich und schwingend,
   eilig,
   hart und bestimmt,
   fröhlich,
   getragen, langsam usw.

7.1 Wie 7. Achten Sie bei dem Xylophon oder dem Klavier auf das Spiel beider Hände, die nach dem Prinzip der Imitation, Frage – Antwort oder im freien Wechsel spielen können.

8. Verwenden Sie beide Ganztonleitern zu einer Improvisation.

Zigeunertonleiter

9. Schreiben Sie die Zigeunertonleiter auf in a-Moll, f-Moll, d-Moll, g-Moll.

10. Improvisieren Sie eine Melodie in der Zigeunertonleiter von a-Moll und schreiben Sie sie auf.

Vertonen von Sprechversen

Lehrblatt

Es kommt im Rhythmikunterricht immer wieder vor, daß kleine Wortspiele, verbale Signale, Texte oder Reime spontan in Musik umgesetzt werden. Nur wenige Lehrer können sich dabei auf ihre musikalische Begabung verlassen, die ihnen immer und zur richtigen Zeit eine lebendige und musikalische Melodie eingibt.

Es ist also gut, sich auch hier ein gewisses "Vokabular" zu erarbeiten, mit dem man dann später um so freier improvisieren kann.

Im Kapitel EM 5.7/Seite 533 wird ein methodischer Weg gezeigt, wie man einen Kindervers in eine Melodie umsetzen kann.
Es erübrigt sich darum, hier noch einmal im einzelnen auf die Methode einzugehen. Zusammengefaßt aber können diese Regeln eine Hilfe sein:

1. Den Vers sprechen.
2. Den Vers rhythmisch sprechen und die sprachlichen Schwerpunkte betonen.
3. Die Taktart herausfinden, die zu dem Vers am besten paßt (Merke: Derselbe Vers kann in verschiedenen Taktarten oder auch ohne eine bestimmte Takteinteilung gesprochen werden!).
4. Den Vers rhythmisch sprechen und dazu taktieren.
5. Den Versrhythmus in Notenwerten aufschreiben.
6. Das Tonmaterial bestimmen (z.B. Dur, Moll, pentatonisch, Fünftonraum usw.).
7. Eine Melodie dazu singen.
8. Die Melodie in Noten aufschreiben.

Beispielblatt

1. Ein kurzer und einfacher Vers soll nach diesen Regeln vertont werden.

1.1 "Es war einmal ein Männchen,
das kroch in ein Kännchen.
Es kroch wieder 'raus,
das Märchen ist aus."

1.2 Beim rhythmischen Sprechen ergeben sich diese natürlichen Schwerpunkte – schwerer, leichter Takteil, siehe auch EM 5.4/ Seite 478

Es war ein – mal ein Männ – chen,

das kroch in ein Känn – chen,

es kroch wie – der 'raus,

das Mär – chen ist aus.

Aus der Musiklehre wissen wir, daß der schwere Takteil normalerweise immer am Anfang eines Taktes steht.
Bei diesem Vers fällt auf, daß jede Zeile mit einer leichten Betonung beginnt. Das heißt, daß die Melodie mit einem Auftakt (leichten Taktteil) beginnen muß, will man nicht den Rhythmus der Sprache gewaltsam verändern.

1.3 Setzen wir nun vor jeden Schwerpunkt (—) einen Taktstrich, so entsteht quasi von selbst die Taktart:

Es | war einmal ein | Männchen,
das | kroch in ein | Kännchen,
es | kroch wieder | raus,
das | Märchen ist | aus.

Nehmen wir nun den ersten Takt und zählen die Taktteile, ergeben sich vier:

Es | war einmal ein |
| 1 2 3 4 |

Der Vers kann also im Vierertakt gesprochen werden.
Sehen wir aber einen anderen Takt an, z.B.:

das | kroch in ein | so zählen wir nur drei Taktteile.

Da wir bei dieser elementaren Übung aber noch keine Taktwechsel verwenden wollen, dehnen wir den schweren ersten Taktteil auf zwei Taktzeichen aus. In Notenwerten geschrieben sieht das dann so aus:

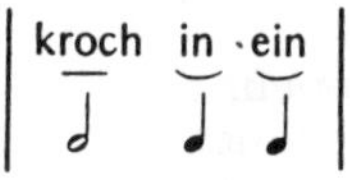

1.4 Jetzt sprechen wir den Vers und taktieren dazu im 4-Takt (siehe auch R 2.4/ Seite 132).
Die Dehnungen einzelner Silben werden sich dabei ganz von selbst ergeben, ebenso das Sprechen des Auftaktes an der richtigen Stelle.

1.5 In Notenwerten aufgeschrieben sieht dann der Versrhythmus so aus:

1.6 Eine Melodie zu diesem Vers zu singen sollte nun nicht mehr schwer sein. Wir können einfach so singen, wie es uns einfällt, oder uns auch Anregungen aus dem Kapitel "Melodiebildungen" holen.

1.7 Beispiel einer Melodie zu diesem Vers:

4/4-Takt, C-Dur

2. Um zu zeigen, daß jeder Vers auf unterschiedliche Weise vertont werden kann, soll hier die Geschichte von dem Männchen auch in anderer Takt- und Tonart erscheinen:

3/4-Takt, e-Moll

3. Eine längere Geschichte kann rondoartig verarbeitet werden, hier ein Beispiel

im 6/8 Takt, g-Moll

Morgens früh um sechs
kommt die kleine Hex,
morgens früh um sieben
schabt sie gelbe Rüben.
Morgens früh um acht
wird Kaffee gemacht,

morgens früh um neune
geht sie in die Scheune,
morgens früh um zehn
holt sie Holz und Spän,
feuert an um elf,
kocht dann bis um zwölf
Fröschlein, Krebs und Fisch,
Kinder, kommt zu Tisch.

4. Hat eine Geschichte mehrere Strophen, so kann sich auch die Melodie entsprechend oft wiederholen.
Bei dem "buckligen Männlein" ist die letzte Strophe verlängert und bringt einen besonderen Sinn in die Erzählung.
Diese Stimmung sollte in der Musik hörbar werden:

4/4-Takt, d-Moll

Will ich in mein Gärtlein gehn,
will mein Zwiebeln gießen,
steht ein bucklig Männlein da,
fängt gleich an zu 'niesen.

Will ich in mein Küchel gehn,
will mein Süpplein kochen,
steht ein bucklig Männlein da,
hat mein Töpflein brochen.

Will ich in mein Stüblein gehn,
will mein Müslein essen,
steht ein bucklig Männlein da,
hat's schon selbst gegessen.

Geh ich in mein Kämmerlein,
will mein Bettlein machen,
steht ein bucklig Männlein da,
fängt gleich an zu lachen.

Wenn ich an mein Bänklein knie,
will ein bißchen beten,
steht ein bucklig Männlein da,
fängt gleich an zu reden:
"Liebes Kindlein, ach, ich bitt'
bet' für's bucklig Männlein mit!"

3.

Melodie für die Strophen 1 - 4

Strophe 5

Aufgabenblatt

Vertonen Sie diese und andere von Ihnen selbst gewählte Sprechverse. Wenden Sie dazu zunächst die in diesem Kapitel aufgestellten Regeln an und erfinden Sie Melodien in verschiedenen Taktarten und in unterschiedlichen Tonarten in Dur und Moll.
Wenn Sie darin sicher sind, versuchen Sie auch einmal, einen Vers spontan und ohne jede Vorbereitung zu singen und die Melodie auf einem Instrument zu spielen.

1. Knusper, knusper, knäuschen,
wer knuspert an meinem Häuschen?
Der Wind, der Wind,
das himmlische Kind.

2. Neunundneunzig Schneider,
die wiegen hundert Pfund.
Und wenn sie die nicht wiegen,
dann sind sie nicht gesund.

3. Weißt Du was?
Wenn's regnet, wird's naß.
Wenn's schneit, wird's weiß,
du bist ein alter Naseweis.

4. Bim, bam, bommel,
die Katze schlägt die Trommel.
Vier kleine Mäuschen tanzen in der Reih'
und die ganze Erde donnert dabei.

Didel, dadel, didel,
der Esel streicht die Fiedel.
Vier kleine Mäuschen tanzen in der Reih'
und die ganze Erde donnert dabei.

5. Eine Kuh, die saß im Schwalbennest
mit sieben jungen Ziegen,
die feierten ihr Jubelfest
und fingen an zu fliegen.
Der Esel zog Pantoffeln an,
ist über's Haus geflogen,
und wenn das nicht die Wahrheit ist,
so ist es halt gelogen.

"Vertonen von Sprechversen" siehe EM 5.7/Seite 533

Ostinato

Lehrblatt

In allen bisher gezeigten Beispielen, Übungen und Aufgaben haben wir uns mit der einstimmigen Improvisation beschäftigt. Einstimmig im melodischen Sinn, denn mit Schlag- und Körperinstrumenten haben wir schon mehrstimmig improvisiert.

Wie bei jedem Zusammenspiel – sei es im musikalischen oder in anderen Bereichen – kommt man ohne eine deutliche Verständigung nicht aus. Hilfsmittel, wie das laute Vorzählen eines Taktes vor Beginn des gemeinsamen Spiels, Klopfen mit dem Fuß, Zurufe wie "los" sollten wir nicht nötig haben! Wir wollen ja miteinander musizieren und nicht nur gleichzeitig anfangen und aufhören!

Wenn dieses Sich-verständigen schon bei vorgegebenen Musikstücken nicht einfach ist, so muß man in der Gruppenimprovisation noch sensibler auf den anderen hören, seine musikalischen Ausführungen mitempfinden und dennoch die eigene Aussage vorausdenken und gestalten.

Man kann einen Ostinato mit einer Melodie sowohl alleine (Stabspiele, Klavier) als auch zu zweit oder in Gruppen spielen. Für das Zusammenspiel mit anderen seien hier einige Regeln gesagt:

3.

- Hört aufeinander!
- Überlaßt dem anderen ebenso viel Spielraum, wie ihr selbst gerne haben möchtet!
- Übt immer wieder einen gemeinsamen Anfang und Schluß ohne verbale Verständigung (Hilfe mit dem Blick, der Atmung, einer Bewegung)!
- Wechselt in der Führung ab, ebenso in der Verteilung der Stimmen! Greift Ideen der Mitspieler auf (Imitation), gebt neue Impulse, spielt mit farbiger Dynamik und wechselnden Tempi und Taktarten!
- Versucht nicht, den anderen eure musikalischen Ideen aufzuzwingen, auch wenn man glaubt, man hätte im Augenblick die bessere Melodie gefunden!

Ostinate Begleitformen sind einfacher zu Melodien zu finden als harmonische (allerdings eignen sich nicht alle Melodien für einen Ostinato: Man bleibe zunächst in der Pentatonik!). Das Begleiten in der Harmonik (also mit der Kadenz) erfordert eine gründliche Kenntnis harmonischer Zusammenhänge. Tonreihungen und bestimmte Klangfolgen wie Quint- und Oktavparallelen sind beim Ostinato erlaubt (die verminderte Quinte ist aber auch hier unbedingt zu vermeiden!). ("Ostinato" siehe IM 3.2/Seite 304 und EM 5.6/Seite 494).

In den folgenden Beispielen werden Stücke von der einfachsten Form über rhythmische und melodische Erweiterungen bis hin zu der anspruchsvollen Gestaltung mit mehreren Ostinati gezeigt.

Ein Ostinato fügt sich um so besser in eine tonale Struktur ein, je weniger Töne er hat. Wird der Ostinato erweitert, kann er sich quasi zu einer selbständigen Melodiestimme entwickeln. Es wird dann aber um so schwerer sein, ihn mit einer Melodie in Einklang zu bringen.

Beispielblatt

1. Ostinato mit Oberstimme mit Körperinstrumenten.

1.1 Mit den Füßen wird ein Metrum mit leichter Betonung gegangen, mit den Händen ein Rhythmus dazu geklatscht.
Beispiel:

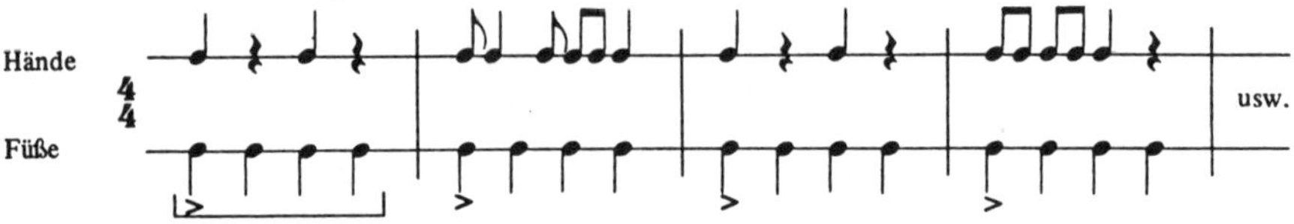

1.2 Solche und ähnliche Folgen können auf verschiedene Weise geübt werden:
- gehen und klatschen,
- gehen und klatschen, Wechsel der Stimmen nach 8,4 und 2 Takten,
- rechte und linke Hand, Wechsel der Stimmen zwischen den Händen,
- alle möglichen Formen der Körperinstrumente werden miteinander kombiniert (siehe auch IM 3.1/Seite 209).

2. Ostinato mit Oberstimme, rhythmisch.

2.1 Zu zweit. Partner 1 klatscht einen ostinaten Rhythmus, Partner 2 improvisiert klatschend (gehend, singend) eine Gegenstimme dazu.

Beispiel:

2.2 Wie 2.1, die Rhythmen werden von Schlaginstrumenten gespielt, der Ostinato zwischen den Spielern gewechselt.
Beispiel:

In diesem Stück ist eine zweiteilige Form A – B entstanden. Bei einer Improvisation, bei der die beiden Spieler gut aufeinander eingehen, können solche Übungen zu größeren Formen wie dreiteilige Liedform oder einem Rondo ausgeweitet werden.

2.3 Rhythmischer Ostinato mit Oberstimme, in Gruppen gestaltet:
- Gruppe 1: Ostinato mit Körperinstrumenten,
- Gruppe 2: Oberstimme mit Schlaginstrumenten,
- Gruppe : Ostinato mit verschiedenen Schlaginstrumenten,
- ein einzelner: auf einem Schlaginstrument.

3. Rhythmischer Ostinato mit einer Melodie.
Der Klangraum wird wesentlich erweitert und farbiger, wenn zu einem rhythmischen Ostinato eine Melodie erklingt. Die Grundform ist auch hier wieder der geklatschte (gestampfte, gepatschte) Ostinato und eine gesungene Oberstimme.

Beispiel:

Bei diesem Beispiel wurde ein lebhafter Ostinato mit einer ruhigen Melodie zusammen gespielt.

3.1 Hier nun das Gegenteil:

3.

3.2 Wie 3., der Ostinato wird von verschiedenen Schlaginstrumenten gespielt, die Gegenstimme von einem Melodieinstrument.

4. Melodischer Ostinato mit Oberstimme.
Werden nun Ostinato und Oberstimme melodisch gespielt, entstehen neue harmonische Strukturen. Die Quinte zum Grundton (also die I. und V. Stufe) ist zweifellos die unproblematischste Form des melodischen Ostinato, denn diese Tonkombination "paßt" fast immer!
Zum Schluß sollte auch der Ostinato zum Grundton zurückkehren!

4.1 Beispiel
Uf'm Bergli bin i g'sässe

Volkslied

4.2 Mehrstimmiger Ostinato mit Oberstimme.
Moll, die Stufen I und V werden erweitert auf die II. und III. Stufe.

5. Mehrere Ostinati mit Oberstimme.
Will man mehrere Ostinati zu einer Melodie setzen, sollte man sparsam mit den Ostinatobewegungen und mit dem Tonmaterial sein. Wichtig ist die Oberstimme, die durch die Ostinati harmonische Stützen bekommen soll.

Das folgende Beispiel von Carl Orff zeigt, wie hier mehrere Ostinati – ohne komplizierte Strukturen – übereinandergelegt werden und sich damit ebenso interessante wie meisterhaft angelegte harmonische Klänge ergeben:

Beispiel, aus dem Orff-Schulwerk IV, erster Teil aus "Tanzstück".

2 Sopranflöten, 2 Tenorflöten

Aufgabenblatt

1. Klatschen oder gehen Sie den Rhythmus eines Ostinatos und notieren Sie ihn. Singen Sie dazu eine Oberstimme.

2. Singen Sie Kinderlieder und klatschen Sie Ostinati dazu.

3. Spielen Sie die folgenden Ostinati auf einem Stabspiel oder dem Klavier und singen oder spielen Sie Melodien dazu:

3.1 Transponieren Sie diese Ostinati aus dem Tonraum D-Dur/d-Moll in andere Tonarten.

4. Finden Sie zu folgenden Liedern einen Ostinato:

4.1

4.2

4.3

4.4

4.5 Laterne, Laterne

4.6

5. Improvisieren Sie zu einem Lied mehrere Ostinati, die gleichzeitig erklingen sollen. Schreiben Sie diesen Satz auf und spielen Sie ihn mit einer Instrumentalgruppe.

"Ostinato" siehe IM 3.2/Seite 304
EM 5.6/Seite 494 und 5.6/Seite 516
"Dudelsackquinte" siehe IM 3.3/Seite 316

Taktarten, Taktwechsel auf Melodie- und Schlaginstrumenten

Beispielblatt

Über die Einführung der Taktarten ist im Kapitel Rhythmik (2.4/Seiten134-140) und EM (5.4/Seiten 470-479) nachzulesen.
Die folgenden Beispiele zeigen Improvisationsmodelle mit verschiedenen Taktarten sowie Taktwechsel auf Instrumenten.
Die unterschiedlichen Taktarten sind hier auf die Viertelnote als Grundschlag bezogen: also 2/4, 3/4, 4/4 usw. Weder an der Taktart (Zweischlag, Dreischlag usw.) noch am rhythmischen Geschehen ändert sich etwas, wenn als Grundschlag die ♪ oder die 𝅗𝅥 erscheint. Lediglich das Tempo verändert sich.

1. Die Gruppe bewegt sich im Raum, jeder spielt dabei auf einem Schlaginstrument das eigene Schritt-Tempo. Nach und nach wird ein gemeinsames Tempo gefunden. Ein einzelner beginnt eine bestimmte Taktart zu spielen, die Gruppe übernimmt sie. (Fangen evtl. mehrere Einzelspieler gleichzeitig an zu spielen, entscheidet die Gruppe, wem sie sich anschließen möchte). Haben alle die Taktart erkannt und miteinander eine Weile gespielt, folgt wieder ein neutrales Metrum, so lange, bis ein nächster eine neue Taktart spielt.

3.

2. Spiel mit Schlaginstrumenten: Gruppe und einzelner.
Ein "Dirigent" zeigt der Gruppe (stehend oder sitzend) durch deutliche Bewegungen, welche Taktart sie spielen soll. Die Bewegungen müssen dabei nicht auf die Hände beschränkt bleiben!

2.1 Drei "Dirigenten" bewegen sich vor der Gruppe:
Einer verkörpert den 2-, der nächste den 3-, der dritten den 4-Schlag. Ohne verbale Verständigung bewegen sie sich nacheinander, die Gruppe begleitet sie.

2.2 Dasselbe wie 2.1, jeder in der Gruppe entscheidet sich aber für nur eine Taktart, die er begleiten will.
(*Abwandlung:* Die Taktarten können auch bestimmten Instrumentengruppen zugeordnet werden).

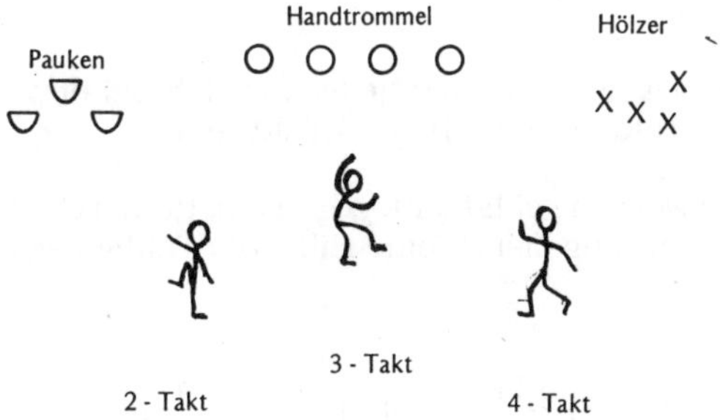

3. Spiel an Glockenspielen, Xylophonen, Metallophonen.
Ein Dirigent zeigt der Gruppe an den Instrumenten durch Taktierbwegungen (s. R2.4/Seite 132) die Taktart an, die gespielt werden soll. Vorher einigt man sich auf einen bestimmten Tonraum, z.B. die pentatonische Reihe, Fünftonraum, nur drei Töne, Ganztonleiter, Dur oder Moll usw. (Auf gute Phrasie-

rung achten und nicht zu kurze Teile dirigieren!). Läßt man die Instrumente in Gruppen spielen, können sich auch formal strukturierte Stücke ergeben. Beispiel:

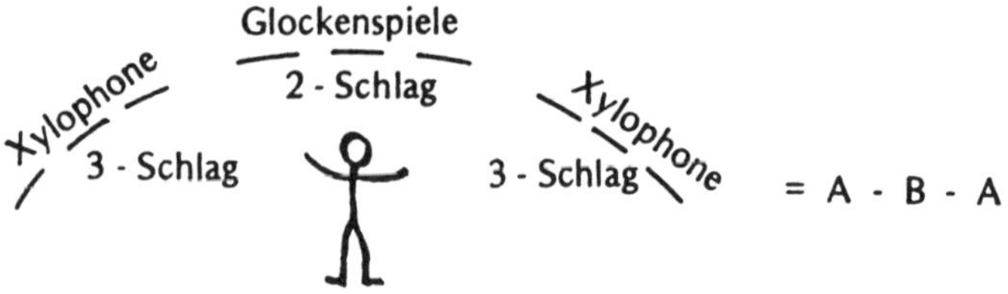

4. Ein Lied im 2-Takt wird gesungen und dazu taktiert. Dann wird das Lied auf einem Melodieinstrument gespielt, einige Instrumente übernehmen dabei nur die Betonung der Taktschwerpunkte.

Einige Liedbeispiele für den 2-Takt: "Ging ein Weiblein Nüsse schütteln"
"Vogelhochzeit"
"Tra-ri-ra, der Sommer der ist da"

4.1 Dasselbe mit:
3-Takt: "Zum Tanze da geht ein Mädel"
"Es war eine Mutter"
"Alle Leut, alle Leut"
4-Takt: "Alle Vögel sind schon da"
"Der Kuckuck und der Esel"
"So singen wir den Winter an"
5-Takt: "Regen in das grüne Gras"
(S. 5.4/477).
6-Takt: "Es waren zwei Königskinder"
"Viel Freuden mit sich bringet"

5. Einer improvisiert auf einem Melodieinstrument in einer bestimmten Taktart, die von der Gruppe erkannt und dann mittaktiert wird.

6. Ein Spieler improvisiert eine Tonfolge, in der metrische Teile in bestimmten Taktarten abwechseln, z.B.:

Die Gruppe bewegt sich dazu: jeder für sich bei den metrischen Teilen, zu zweit beim 2-Takt, zu dritt beim 3-Takt usw.

7. Taktwechsel werden geklatscht, gegangen, taktiert oder frei in der Bewegung ausgedrückt (anfangs ist es eine Hilfe, die Taktschwerpunkte besonders zu betonen).
Beispiel:

Der selten vorkommende 5-Takt wird als zusammengesetzter 2- und 3-Schlag (oder 3 und 2) taktiert:

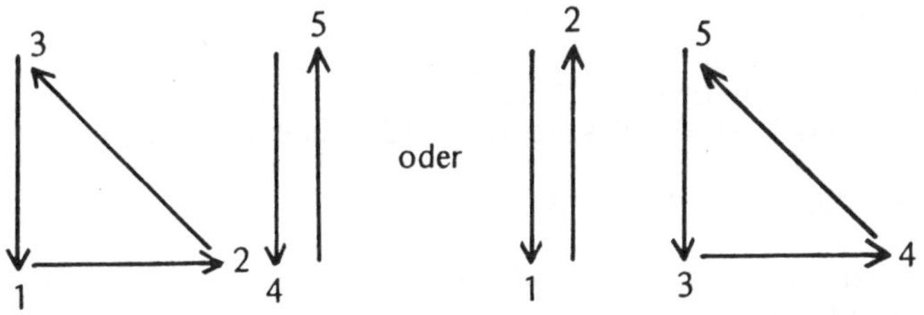

7.1 Schwer wird es, wenn die bisher metrischen Notenwerte rhythmisiert oder in Töne umgesetzt werden. Das erste Beispiel aus Übung 7. könnte dann so klingen:

8. Aufgaben zum Taktwechsel werden in "Kurzschrift" an eine Tafel geschrieben und mit einem Schlaginstrument, einem Melodieinstrument, in der Sprache (singend) oder der Bewegung ausgeführt.

Beispiele:

8.1 4-3-4

8.2 2-4-3

8.3 6-2-3

Es bleibt hierbei jedem Spieler überlassen, wie lange er die jeweilige Taktart spielen will. Bei der Übung 8.1 zum Beispiel könnte der 4-Schlag 8 Takte, der 3-Schlag 2 Takte, der 4-Schlag wieder 8 Takte lang gespielt werden.

8.4 Dasselbe wie Übung 8., die Phrasenlänge der einzelnen Taktarten wird aber festgelegt.
Beispiel (Melodie in der Ganztonleiter):

3.

Aufgabenblatt

1. Schlagen Sie mit beiden Händen abwechselnd einen 2-Takt: Jede Hand schlägt einen Takt, die Taktschwerpunkte besonders betont.

1.1 Üben Sie dasselbe mit dem 3-, 4-, 5-, 6-Takt.

2. Jede Hand schlägt abwechselnd einen Takt: die rechte einen 3-Takt, die linke einen 2-Takt. Wechsel!

2.1 Dasselbe mit Wechsel von 2- und 4-Takt, 2- und 5-Takt, 2- und 6-Takt, 3- und 4-Takt, 3- und 5-Takt, 3- und 6-Takt, 4- und 5-Takt, 4- und 6-Takt, 5- und 6-Takt.

3. Übertragen Sie diese Rhythmen in Melodie und setzen Sie die Taktbezeichnungen ein:

3.1 

3.2 

3.3 Erfinden Sie selber Rhythmen im Taktwechsel und setzten Sie sie in Melodien um.

3.4 Taktieren und sprechen (singen) Sie alle diese kleinen Übungen 3.1 bis 3.3.

4. Improvisieren Sie im Taktwechsel auf einem Schlaginstrument folgende Aufgaben:

- 2 – 3 – 2 (je 4 Takte lang)
- 2 – 4 – 3 – 4 (je 4 Takte lang)
- 6 – 2 – 6 (je 2 Takte lang).

4.1 Wie Übung 4., spielen Sie aber auf einem Melodieinstrument.

4.2 Wie Übung 4, spielen Sie mit beiden Händen auf einem Melodieinstrument und betonen Sie mit einer Hand in einer einfachen Begleitung (Bordun, Ostinato) die Taktschwerpunkte.

5. Taktieren Sie nacheinander je einen
2 – 3 – 4 – 5 – 6 – 5 – 4 – 3 – 2 - Takt
und bewegen Sie sich dazu mit Betonung der Schwerpunkte.

6. Hören Sie Musikstücke verschiedener Stilrichtungen aus dem Radio oder von der Schallplatte und versuchen Sie, die Taktart herauszufinden (eine Hilfe: mittaktieren, Schwerpunkte beachten!).

"Taktarten" siehe RH2.1/ Seite 42 und 2.1/ Seite 46 und 2.4/ Seiten 131-140
EM 5.4/Seite 470 und 5.4/Seite 473und 5.7/Seite 532

Ein-, zwei- und dreiteilige Liedform, Rondo.

Beispielblatt

In den vorhergegangenen Kapiteln haben wir schon mit Frage und Antwort improvisiert und haben die formale Gliederung der Phrasierung kennengelernt. Die Ergänzung der Frage durch eine Antwort – das Prinzip des Vordersatzes und Nachsatzes – ist die Grundlage der erweiterten Formen: der dreiteiligen Liedform und des Rondos. Diese Formen gehören zu den elementaren Strukturen, die in Kinderliedern bis hin zur großen symphonischen Komposition zu finden sind (s. EM 5.5/Seite 483-487).

1. Einteilige Liedform, A

Wir singen und spielen das Lied mit einem Melodieinstrument.

1.1 Wir improvisieren nach demselben Rhythmus eine eigene Melodie, z.B.

2. Zweiteilige Liedform, A – B

Die eine Hälfte der Gruppe singt Teil A, danach die andere Teil B. Üben wir das Lied allein, können wir z.B.

Teil A	Teil B
singen	– auf einem Instrument spielen
klatschen	– gehen
gehen	– singen
singen	– innerlich "singen"
spielen	– klatschen usw.

Alle diese Varianten können auch mit zwei Gruppen, zwei Partnern oder mit einer Gruppe und einem einzelnen gespielt werden.

3. Dreiteilige Liedform, A – B – A

Auch dieses Lied wird wie bei den Beispielen 1. und 2. gesungen und gespielt. Besonders die Aufgabe 1.1 ist mit immer wieder neuen Möglichkeiten auf einem Instrument zu üben.

3.1 Die verschiedenen Liedformen können auch in Bewegungs- und Raumformen umgesetzt werden: Jeder bewegt sich zu dem Lied "Wide–wide–Wenne". Die Bewegungen können frei gewählt werden, lediglich die Teile A und B sollen sich deutlich voneinander unterscheiden.

Beispiel:

A	–	B	–	A
Rhythmus gehen		Drehung am Platz		Rhythmus gehen

3.2 Dasselbe Lied als gestaltete Raumform mit einer Gruppe.

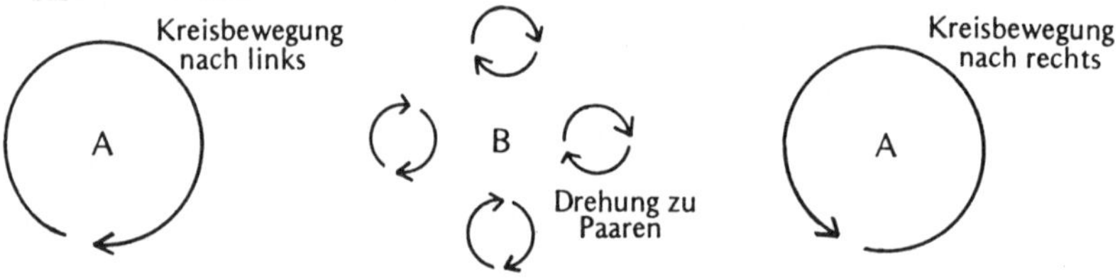

3.3 Die dreiteilige Liedform kann auch mit drei verschiedenen Teilen als A – B – C erscheinen. Diese Form wird auf Stabspielen gespielt, wobei die Phrasenlänge der drei Teile gleich sein soll.

Beispiel:

4. Rondo, A – B – A – C – A.
(Andere Rondoformen: rückläufiges Rondo A – B – A – C – A – B – A, fortlaufendes Rondo A – B – A – C – A – D – A – E usw.).
Mit den bisher in den vorangegangenen Kapiteln erarbeiteten instrumentalen Mitteln können wir ein musikalisches Rondo improvisieren: verschiedene Takt- und Tonarten, ostinate Begleitungen, dynamische Abstufungen und verschiedene Tempi sind die Bausteine dazu.

4.1 Als weitere Anregungen zur Gestaltung von Liedformen und Rondo sind hier einige Möglichkeiten aufgezeigt, die Kontraste zwischen den einzelnen Liedteilen interessant und deutlich zu machen.

Z.B. Wechsel von:
alle – einer allein (oder 1,2,3 Paare),
Körperinstrumente – Schlaginstrumente,

Melodieinstrumente – Schlag/Körperinstrumente,
Sprache – Bewegung,
Hände – Füße,
Handfassung – andere Fassung,
Kreis – Reihe (sowie andere Formen, s. R 2.1/Seite 31),
4/4-Takt – 3/4-Takt (sowie andere Taktwechsel),
Dur – Moll,
mit Gerät – ohne Gerät (Tücher, Reifen, Bänderfahnen),
langsam – schnell,
laut – leise,
tiefer Tonraum – hoher Tonraum,
lustig – traurig (und andere Ausdrucksmöglichkeiten),
Ruhe – Bewegung usw.

Als interessantes Beispiel sei am Schluß auf das "Klatschrondo" von Carl Orff hingewiesen (Schallplatte Musica Poetica, harmonia mundi Nr. 2021026-2), in dem nur der Körper als "Instrument" eingesetzt wird.

Aufgabenblatt

1. Suchen Sie ein-, zwei- und dreiteilige Liedformen aus Liederbüchern heraus, singen und spielen Sie sie und machen Sie eine Formanalyse (s. EM 5.5/Seite 483 ff).

2. Improvisieren Sie mehrere dieser Liedformen auf dem Xylophon. Bestimmen Sie vorher selber die Anzahl der Takte für jeden Teil und schreiben Sie Ihre Improvisation auf.

3. Spielen Sie eine dreiteilige Liedform auf einem Stabspiel (oder dem Klavier) mit oder ohne Begleitung nach den Angaben:

A	–	B	–	A
4 Takte		4 Takte		4 Takte
Dur		Moll		Dur

A	–	B	–	A
4 Takte		2 Takte		4 Takte
6/8-Takt		4/4-Takt		6/8-Takt

A	–	B	–	A
8 Takte		4 Takte		8 Takte
4/4-Takt		3/4-Takt		4/4-Takt

A – B – A
im Bereich der Ganztonleiter

5/4-Takt		3/4-Takt		5/4-Takt

A – B – A
ohne bestimmte Taktart und Länge, freitonal

A	–	B	–	C
4 Takte		4 Takte		4 Takte
Moll		Moll		Dur

A –	B –	A
4 Takte	2 Takte	4 Takte
im Bereich der Pentatonik		
schnell	langsam	schnell

4. Improvisieren Sie ein Rondo in der Bewegung und nehmen Sie die Grundbewegungsarten Gehen, Laufen, Hüpfen, Drehen als "Bausteine" dazu.

5. Entwerfen Sie ein Rondo für eine Gruppe, in der die räumliche Aufteilung genau die Rondoform erkennen läßt.

6. Spielen Sie ein Rondo auf einem Schlaginstrument und nutzen Sie dabei die verschiedenen Möglichkeiten der Spieltechnik des Instrumentes.

7. Spielen Sie ein Rondo auf einem Melodieinstrument. Überlegen Sie sich vorher, mit welchen Mitteln (Takt-, Tonart, Phrasenlänge oder frei) Sie improvisieren wollen.

"Liedformen" siehe R 2.4/ Seite 151
EM 5.5/Seite 483

Die Kadenz in der Anwendung zur Lied- und Bewegungsbegleitung

Lehr- und Beispielblatt

Auf das Kadenzspiel wird in diesem Improvisationslehrgang erst relativ spät eingegangen. Zweierlei Gründe sprechen dafür: Zum einen müssen Kenntnisse harmonischer Zusammenhänge vorhanden sein, will man mit Kadenzen improvisieren, zum anderen kann das zu frühe Spielen ausschließlich mit Kadenzbegleitungen dazu führen, jegliche Phantasie des Spielers zu blockieren. Das Verharren in Kadenzstrukturen verbaut oft den Weg zur neuen Musik, der Spieler hat Angst, sich aus den sicheren Gefilden der zwar harmonischen, aber oft auch eintönigen Kadenzbegleitung herauszuwagen. Seine eingefahrenen Hörgewohnheiten verschließen ihm den Zugang zu neuen, fremden und interessanten Klängen.
So behandelt dieses Kapitel die Kadenzen erst jetzt, nachdem sich der Spieler zuvor mit Clustern, kleinen Tonreihen, Ostinati usw. "eingespielt" hat. (Die Voraussetzung für den Umgang mit folgenden Beispielen ist das Studium der Kapitel EM 5.6/Seite 498, 5.6/Seite 504, 5.6/Seite 508.)

3.

1. Kadenzbegleitung in Dur und Moll.
Der Lehrer schlägt einen Dreiklang auf dem Klavier an und läßt ihn (Pedal) lange ausklingen. Die Schüler summen dazu die Töne, die sie aus dem Dreiklang heraushören können.

1.1 Dasselbe: alle summen den tiefsten Ton mit, dann den höchsten, dann den mittleren.

1.2 Zu dem lange klingenden Dreiklang singt jeder (leise) eine Melodie, die sich harmonisch dem Klang anpaßt. Dabei können Durchgangs- und Wechseltöne, Vorhalt und Verzierungen gesungen werden.

1.3 Zur Differenzierung des Hörens singt jeder einzeln eine Weile zu dem Dreiklang, bis ihn ein nächster ablöst. Die Gruppe hört und beobachtet, welche Melodien sich mit mehr, welche mit weniger "Reibung" zu dem Dreiklang bewegt haben.

2. Die Kadenz wird auf dem Klavier gespielt.

Zu den lang ausklingenden Akkorden singt jeder einzeln eine Melodie. Hören: wann "vertragen" sich Melodie und Begleitung, wann nicht?

3. Eine Moll-Kadenz wird gespielt und ebenso mit einer gesungenen Melodie begleitet.

4. Die Linie einer Melodie kann dem sensiblen Kadenzspieler schon im voraus signalisieren, wann er die Funktion wechseln muß. In dieser Übung wird daher von dem festen Schema der Kadenzfolge abgegangen, der Wechsel der Funktion richtet sich nach der Melodie. Am besten ist es, jeder begleitet sich zunächst selber zum Singen (das geht besonders gut auf dem Klavier, aber auch auf dem Xylophon, wie das folgende Beispiel zeigt):

Die Dreiklänge wurden hier auch in verschiedenen Lagen gespielt oder zerlegt, um klangliche Eintönigkeit zu vermeiden.
Dieses kleine Musikstück zeigt, wie mit geringfügigen Veränderungen – also mit Umkehrungen oder Zerlegungen – eine Begleitung interessanter gestaltet werden kann.

5. Weitere Beispiele für variierte Kadenzen – wobei jedes der Beispiele in der Grundstellung, der ersten und zweiten Umkehrung gespielt werden kann.

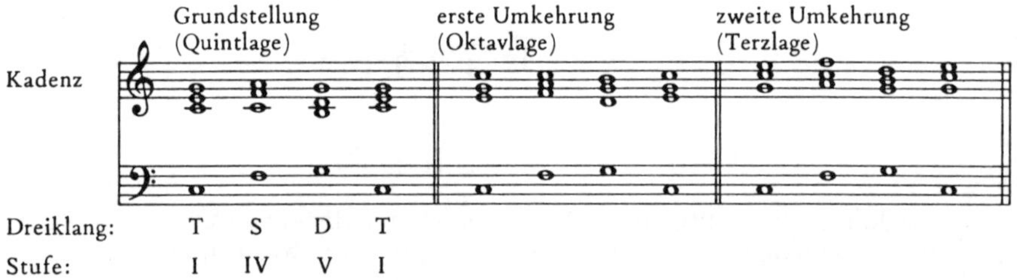

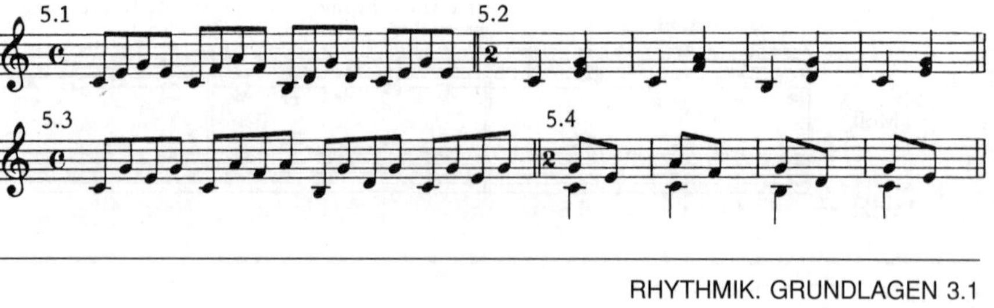

Die Möglichkeiten, Kadenzen zu variieren, sind so groß, daß hier nur einige Anregungen gegeben werden können.
Alle hier gezeigten Beispiele werden auch in der Moll-Kadenz gespielt (siehe Übung 3.).

6. Nach diesen Vorübungen können nun auch einfache Volkslieder mit einer Kadenz begleitet werden. Es bereitet manchen Spielern Schwierigkeiten, an der vorhandenen Melodie zu erkennen, welcher Dreiklang dazu paßt. Hier hilft einmal das Hören: Man probiert aus, welche Begleitung am besten zu der Melodie klingt. Besser aber ist, man hört und weiß, zu welchem Dreiklang der Kadenz der einzelne Melodieton gehört.
Die Tonleiter hat sieben Stufen. Die drei Hauptstufen sind die I., IV., V., die Tonika, Subdominante und Dominante. Jeder Ton der Tonleiter hat seinen Platz in einem Dreiklang der Kadenz, die I. und V. Stufen finden wir zweimal vor.

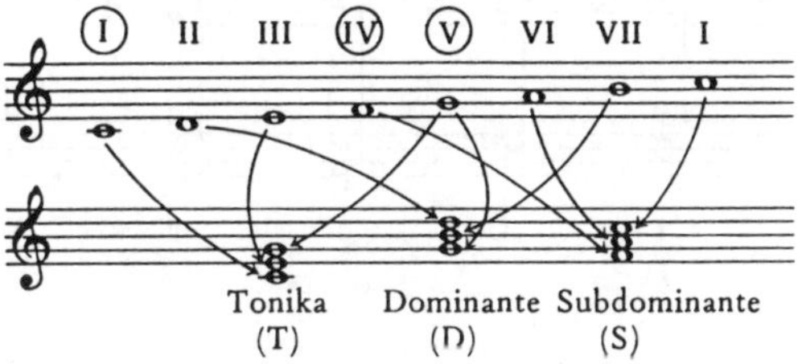

Falsch wäre es nun, jeden Ton für sich mit einem Dreiklang zu versehen. Die Melodie muß immer als Linie im melodischen und harmonischen Zusammenhang gehört werden, ebenso kommt nicht jedem Ton dieselbe Bedeutung innerhalb der Melodie zu.
Das folgende Beispiel soll dies verdeutlichen:

6.1 So soll man es nicht machen (hier wurde jeder Ton genau seinem Hauptdrei klang zugeordnet):

Ging ein Weiblein Nüsse schütteln.

Es ergibt sich ein Tongebilde mit einer plump wirkenden Begleitung, die die Melodie nicht unterstützt, sondern erdrückt.

6.2 Dasselbe Lied mit einer anderen Begleitung:

Volkslied

Was ist hier anders?

- Die Begleitung ist sparsamer und läßt dadurch die Melodie klingen.
- Nur der erste und dritte Taktteil werden begleitet, die Durchgangstöne bleiben unbetont.
- Im zweiten, dritten, vierten, sechsten und siebten Takt sind die ersten Töne als Vorhalte zu sehen. Sie bekommen darum nicht den eigentlich ihnen zugehörigen Dreiklang, sondern den, der zu dem angestrebten Ton gehört.

Zieht man das ganze Stück als "Konzentrat" zusammen, in dem man nur die wichtigen Tonstützen beläßt, ergibt sich folgende Struktur:

6.3 Noch einige Liedbeispiele mit verschiedenen Begleitformen:

Alle Vögel sind schon da

Volkslied

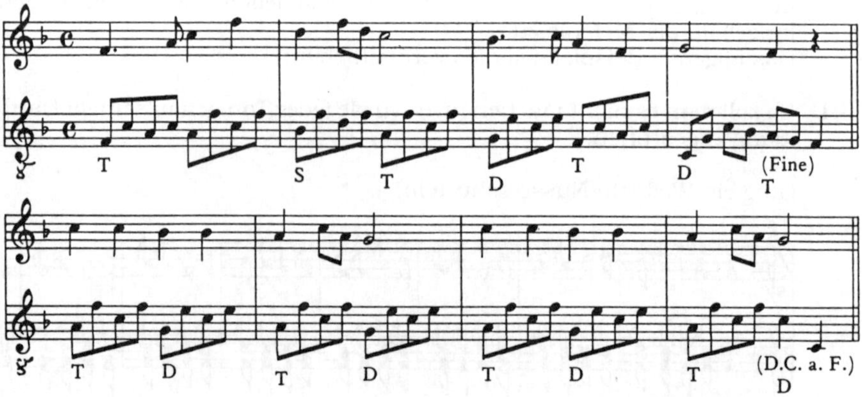

Heißa Kathreinerle

Volkslied

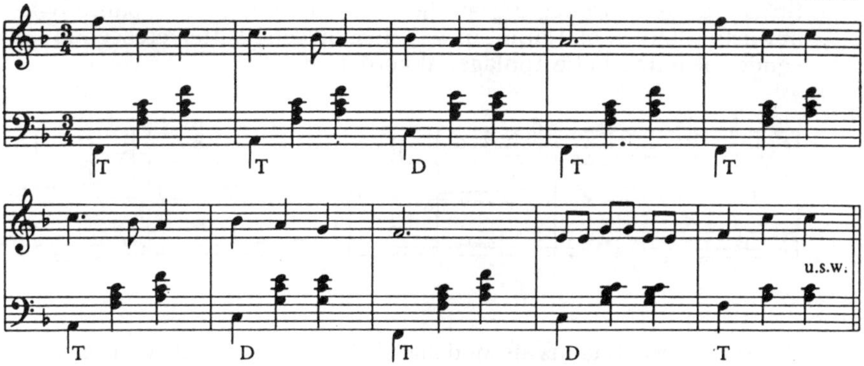

O Tannenbaum

Volkslied

7. Zusammenfassend einige Regeln, die das Spielen einer der Melodie entsprechenden Kadenzbegleitung erleichtern:

- Ton- und Taktart sowie die Form des Liedes feststellen,
- Charakter des Liedes erkennen (davon hängt die Art der Begleitung ab),
- Kadenzbezeichnungen in das Lied eintragen,
- Auftakt gar nicht oder nur sparsam begleiten,
- Durchgangs- oder Wechseltönen keine eigene Funktion unterlegen,
- Melodie und Begleitung besser in Gegenbewegung als parallel führen,
- den ersten Taktteil schwerpunktmäßig begleiten,
- es müssen nicht immer alle Töne des begleitenden Dreiklanges verwendet werden. Lieber zu sparsam als zu "dick" begleiten!

8. Kadenzspiel als Bewegungsbegleitung.
In den Kapiteln 3.1/Seite 189, 3.1/Seite 208 , 3.1/Seite 225, 3.1/Seite 234, 3.2/Seite 281, 3.2/Seite 287, 3.2/Seite 308 haben wir Bewegungsbegleitung in vielfältiger Form geübt. Auf dieser Basis aufbauend soll nun die Kadenz in einfacher und erweiterter Form die Grundlage verschiedener Improvisationen zur Bewegung sein.

8.1
Schon ein einziger Dreiklang kann Dynamik in eine Bewegung bringen (Klavier oder mehrere Xylophone), z.B.:

8.2 Spielt man die ganze Kadenz, so entsteht ein stark dynamisch geprägtes Stück für eine Bewegungsstudie wie "Spannung – Entspannung", "auf – abwärts", "Linien im Raum" usw. (musikalische Mittel: crescendo – decrescendo, tiefe und hohe Tonlage, Akkorde).

9. Eine erweiterte Kadenz als Modell soll zeigen, wie eine Bewegungsbegleitung zu ganz unterschiedlichen Bewegungsaufgaben gespielt werden kann. Grundform der Kadenz (die in allen folgenden Stücken beibehalten wird):

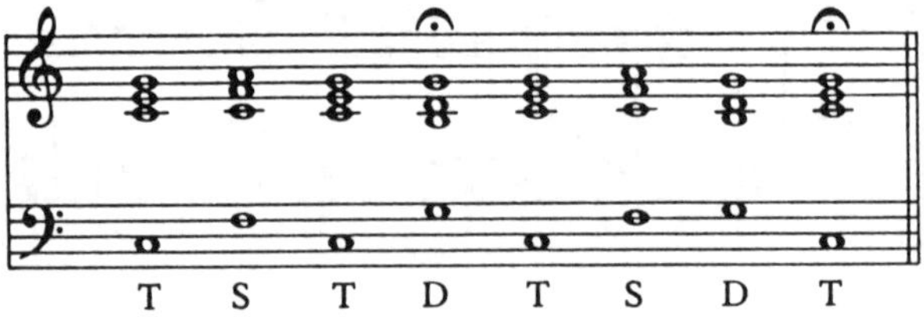

9.1 Bewegungsbegleitung zum *Gehen.*
(musikalische Mittel: gleichmäßige Viertelnoten in beiden Stimmen, ruhiges, stetiges Spiel, gerade Taktart):

9.2 Bewegungsbegleitung zum *Laufen.*
(musikalische Mittel: rasche Achtelnoten in beiden Stimmen, leichtes vorantreibendes [aber gleichmäßiges] Spiel, gerade Taktart):

9.3 Bewegungsbegleitung zum *Hüpfen.*
(musikalische Mittel: punktierter Rhythmus, staccato, kleine Akkorde, Tonsprünge in der Unterstimme, mf, leichtes Spiel):

9.4 Bewegungsbegleitung zum *Springen.*
(musikalische Mittel: Sprungrhythmus, weite Tonsprünge in beiden Stimmen):

3.

9.5 Bewegungsbegleitung zu langsamen, schweren *Bewegungen.*
(musikalische Mittel: volle Akkorde, verdoppelte Grundtöne in der Unterstimme, ganze Notenwerte, f, gewichtiges Spiel, Moll):

9.6 Bewegungsbegleitung zum *Schwingen.*
(musikalische Mittel: 6/8-Takt, durchgehend schwingender Rhythmus in der Unterstimme, ruhig–bewegtes Spiel):

9.7 Bewegungsbegleitung zum *Drehen.*
(musikalische Mittel: sich um einen Ton drehende Figurationen. Die Melodie ist auch einmal in die Unterstimme gelegt: Motivation für eine Bewegungsgestaltung zu zweit, für zwei Gruppen usw.):

9.8 Bewegungsbegleitung zum Ausdrücken von *Akzenten.*
(musikalische Mittel: Taktwechsel mit akzentuierten Schwerpunkten):

9.9 Bewegungsbegleitung für *Balance und Körperspannung.*
(musikalische Mittel: Pausen, hier einmal einstimmig gespielt):

Aufgabenblatt

1. Spielen Sie verschiedene Dreiklänge auf einem Instrument und erkennen Sie, ob es ein Dur- oder Molldreiklang ist.

2. Singen Sie die folgenden Melodien und finden Sie eine Kadenzbegleitung dazu (die X zeigen an, wo eine Begleitung gespielt werden soll).

3. Suchen Sie sich mehrere Volkslieder heraus und begleiten Sie sie mit Kadenzen (siehe Regeln Übung 7). Nutzen Sie dabei die Möglichkeiten der Variationen (siehe Übungen 5.1 - 5.10).

4. Üben Sie mit den Möglichkeiten der Kadenz Bewegungsbegleitung zum: Gehen – Laufen – Hüpfen – Drehen – Schwingen. Das kann ein- oder mehrstimmig sein, je nach technischen Möglichkeiten.

5. Improvisieren Sie singend eine Melodie und spielen Sie mit Kadenzbegleitung auf einem Instrument dazu.

Variation

Lehrblatt

Im Kapitel IM 3.2/Seite 291 wird die Variation im Lehrblatt ausführlich behandelt. Das dort für das Musizieren auf Blockflöten Gesagte gilt ebenso für das Spiel auf anderen Melodieinstrumenten.
Wir beschäftigen uns hier mit Schlaginstrumenten und Stabspielen. Die auf der Seite 308 gebrachten Beispiele können ohne weiteres auf Xylophon und Glokkenspiel übertragen werden. Auf Schlaginstrumenten sind typische Variationen schwerer darzustellen, da durch die Beschränkung auf das Geräusch nur rhythmische, aber keine melodischen Veränderungen gespielt werden können.
In der Rhythmikstunde R 2.4/Seite 158 wird ein Lehrweg gezeigt, wie sich Variationen aus einem Thema entwickeln können.
In Ergänzung des oben genannten Kapitels werden hier nur noch einige zusätzliche Aufgaben zum Thema Variation für Schlaginstrumente und Stabspiele gestellt.

"Variation" siehe EM 5.5/Seite 488

Aufgabenblatt

1.

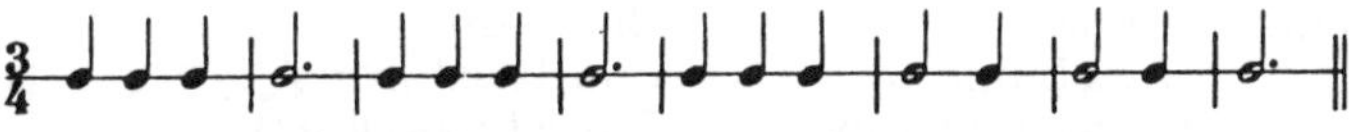

Klatschen Sie diesen Rhythmus oder spielen Sie ihn auf einem Schlaginstrument. Klatschen oder spielen Sie den Rhythmus nun mit rhythmischen Veränderungen, die aber immer noch die Grundstruktur des Themas erkennen lassen.

(z.B.:

)

Schreiben Sie mehrere dieser rhythmischen Variationen auf.

2. Setzen Sie diesen Rhythmus in eine Melodie um und schreiben Sie sie auf.

2.1 Entwickeln Sie aus diesem musikalischen Thema mehrere Variationen (siehe R 2.4/Seite 158):

- Veränderung im Tempo,
- Veränderung im Tongeschlecht (Dur, Moll, Kirchentonarten),
- Veränderung im Rhythmus,
- Veränderung formal (andere Taktarten),
- Veränderung durch Umspielungen und Verzierungen (Double).

2.2 Versuchen Sie, dieses Thema mit den Variationen mit einer Begleitung zu spielen. Auch die Begleitung soll dem Charakter der Variationen entsprechen.

3. Für Fortgeschrittene: Eine Kadenzform ist der Ausgangspunkt für ein Thema mit Variationen: T S T T D T (ohne und mit Begleitung zu spielen!).

4. Singen und spielen Sie Variationen einfacher Volkslieder.

Gestaltung eines Sprechverses in Musik und Bewegung

Lehr- und Beispielblatt

Wie man kleine Sprechverse mit Melodien versieht, wie man sie sprachlich variieren und in der Bewegung ausdrücken kann, das wurde in den Kapiteln IM 3.2/Seite 285 und 3.1/Seite 192 sowie in EM Seite 5.7/Seite 533 dargestellt und geübt.
In diesem Kapitel geht es nun darum, einen Sprechvers mit der Kenntnis dieser vorher erarbeiteten Mittel zu gestalten. Dabei sollen die Bereiche der künstlerischen Erziehung – Sprache, Bewegung und Musik – ineinander übergreifen und sich gegenseitig inspirieren. Wichtig ist dabei: Es soll eine *Improvisation* entstehen, die trotz aller Absprachen untereinander und aller notwendigen formalen Gestaltung der Phantasie des einzelnen genügend Spielraum läßt.
Der hier als Beispiel gebrachte skurrile Sprechvers – das "Hexeneinmaleins" von Goethe – gibt einer phantasievollen Spielgruppe (aber auch einem einzelnen) die besten Gelegenheiten zu einer vielseitigen sprachlichen, musikalischen und bewegungsmäßigen Darstellung. Absichtlich wurde darauf verzichtet, ein festgelegtes Beispiel zu zeigen. Diejenigen, die sich mit diesem Improvisationslehrgang bis hierher beschäftigt haben, werden ohne weiteres in der Lage sein, mit einigen Anregungen weitgehend selbständig schöpferisch zu werden!

"Du mußt verstehn!
Aus 1 mach 10
und 2 laß gehn,
und 3 mach gleich,
so bist du reich!

Verlier die 4
Aus 5 und 6
so sagt die Hex,
mach 7 und 8,
so ist's vollbracht!

Und 9 und 1
und 10 ist keins!
Das ist das Hexen
einmaleins!"

J.W.v. Goethe

Vorschläge für einige Möglichkeiten der Darstellung:
- in mehreren Gruppen sprechen,
- mit Wortwiederholungen, Lautmalereien, besonderen Betonungen sprechen,
- Dynamik des Sprechens – laut, leise, crescendo, decrescendo – einbeziehen,
- zweistimmig sprechen: einen Ostinato mit bestimmten Worten oder Sätzen, darüber eine Oberstimme mit dem Vers,
- mehrere Sprechgruppen mit Echo-Wirkung,
- neue sprachliche Formen (Geräusche, Worte, Sätze) dazu erfinden,
- den Sprechvers vertonen und aus den bisher gezeigten sprachlichen Möglichkeiten etwas in die Musik übernehmen (Dynamik, Ostinato usw.),
- mit verschiedenen Schlaginstrumenten instrumentieren,
- als Sing- und Sprechchor gestalten,
- mit Körperinstrumenten begleiten,
- eine Bewegungsgruppe agiert als "Hexen", eine Instrumentalgruppe begleitet,
- eine einzelne "Hexe" übernimmt die Bewegungsimprovisation, die übrige Gruppe die musikalische (sprachliche) Gestaltung,
- die in dem Vers vorkommenden Zahlen werden durch das Erscheinen (und Wiederverschwinden) von 1, 2, 3 usw. "Hexen" dargestellt,
- die Zahlen werden durch Gegenstände (Chiffontücher, Bänderfahnen, Stäbe, farbige Bälle usw.) gezeigt (und verschwinden ebenso schnell wie "weggezaubert"),
- der Vers wird als größere Form verarbeitet, z.B.:

  A – B – A: A = Hexentanz mit Musik
  B = Sprechen des Verses mit verschiendenen Gruppen
  A = Hexentanz mit Musik

  (Alle Elemente von Frage und Antwort, der Nachahmung, von Formen wie Rondo, Zweistimmigkeit, Kanon usw. können hier auf ganz unübliche Weise angewendet werden.)

Formen der Zweistimmigkeit

Lehr- und Beispielblatt

Kommt zu einer einzelnen Stimme eine zweite hinzu, so entsteht eine Zweistimmigkeit. Die Stimmführung der beiden Stimmen kann unterschiedlich sein:

- in Parallelbewegung,
- in Gegenbewegung,
- in Seitenbewegung,
- Nachahmung der ersten durch die zweite Stimme, die später einsetzt (Kanon, Fuge),
- Mischungen aller genannten Bewegungen.

Eine Zweistimmigkeit kann nicht nur melodisch – mit zwei Melodiestimmen – gestaltet werden. Durch zwei unterschiedliche Bewegungsformen, die in Beziehung zueinander stehen, kann eine bewegungsmäßige und räumliche Zweistimmigkeit entstehen. Zwei miteinander korrespondierende Schlaginstrumente können eine rhythmische Zweistimmigkeit spielen, die Zweistimmigkeit kann im sprachlichen und optischen Bereich liegen.

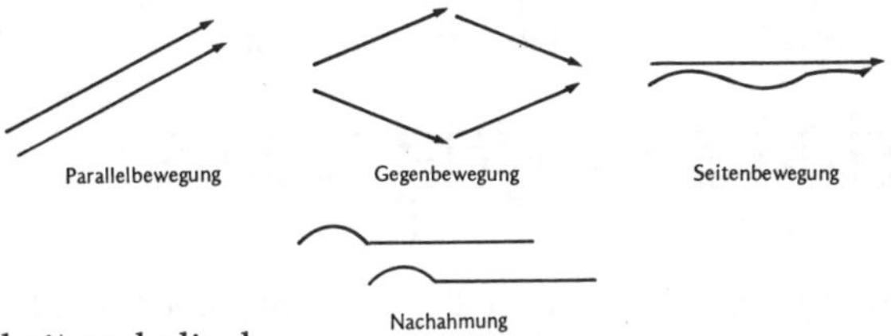

Beispiele:
1. Zweistimmigkeit melodisch.

1.1 Parallelbewegung.
Eine Zweistimmigkeit in Parallelbewegung findet man häufig in volksliedhaften Begleitungen, dort vor allem in einer zweiten Stimme im Terz- oder Sextenabstand zur Melodie.

Z.B. Terzabstand:
Nun wollen wir singen das Abendlied

Volkslied aus dem Odenwald

Die zweite Stimme folgt hier konsequent der ersten im Terzabstand – bis auf den Schlußton: Erklingt die 1. Stufe in der Melodie, so muß die zweite Stimme ebenfalls auf die 1. Stufe gehen. (Die untere Terz zur Tonika als nicht der Tonika zugehörige sechste Stufe hebt das Tonartgefühl auf.)

Z.B. Terz- und Sextenabstand:
Ich bin das ganze Jahr vergnügt

Volkslied aus Bessarabien

Es ist immer von der Eigenart der Melodie abhängig, für welche Form der Begleitung sie sich am besten eignet. Eine Begleitung ausschließlich mit einem bestimmten Intervallabstand kann leicht langweilig wirken, die Mischung verschiedener Intervallabstände ist dann vorzuziehen.

1.2 Gegenbewegung

Kindlein mein *Volkslied aus Mähren*

Hier läuft die zweite Stimme in Gegen- und kurz in Parallelbewegung zur ersten Stimme. Sie hat sich auch rhythmisch selbständig gemacht.

1.3 Seitenbewegung
Bei dieser Form der Zweistimmigkeit bleibt die eine Stimme in einer ruhigen Lage, während die andere lebhaft bewegt ist.

1.4 Nachahmung der ersten durch die zweite Stimme (mit kleiner Veränderung)

Ist ein Mann in Brunnen g'fallen

2. Zweistimmigkeit rhythmisch.

2.1 Der Rhythmus eines einfachen Volksliedes wird mit einer Hand geschlagen. Die andere Hand improvisiert dazu eine rhythmische zweite Stimme.

2.2 Die Füße gehen 𝅗𝅥 , die Hände klatschen ♩ ♩ und umgekehrt.

2.3 Ein einfacher Rhythmus wird klatschend improvisiert. Es sollten sich darin Ruhe und Bewegung abwechseln. Derselbe Rhythmus wird mit den Füßen einen Takt später nachgegangen (Kanon).

Z.B.:

2.4 Hände und Füße improvisieren miteinander eine Zweistimmigkeit, die nicht an bestimmte Taktarten, Metren oder Rhythmen gebunden ist.

3. Zweistimmigkeit mit der Stimme und der Bewegung.

3.1 Ein Lied wird gesungen oder gesummt, die Hände oder Füße klatschen oder gehen den Rhythmus mit (Parallelbewegung).
Das Lied wird wieder gesungen, diesmal aber mit Händen oder Füßen mit einer unabhängigen zweiten Gegenstimme begleitet (Gegenbewegung).

Z.B.: Der Kuckuck und der Esel

3.2 Der Rhythmus eines Liedes wird mit dem Text gesprochen, mit Händen oder Füßen mit einer möglichst gegensätzlichen Gegenstimme begleitet.

3.3 Dasselbe wie 3.2, der Text wird nur noch innerlich "gesprochen" und klatschend oder gehend mit einer zweiten Stimme versehen. (Dieses "innere" Hören erfordert eine gezielte Selbstkontrolle.)

3.4 Zweistimmigkeit in Seitenbewegung: Eine ruhige Stimme wird gesungen und gleichzeitig im Rhythmus gegangen. Mit den Händen wird eine bewegte zweite Stimme dazu geklatscht.

3.5 Ebenso umgekehrt: Die bewegte Stimme wird gesungen, die ruhige Stimme gegangen.

Z.B.:

3.6 Stimme und Hände bewegen sich in einer improvisierten Zweistimmigkeit (singend und klatschend) in Parallelbewegung. Der Schüler gibt sich selber den Impuls zum Wechsel in eine Gegenbewegung. Dieser Wechsel soll sich ohne Unterbrechung der Improvisation vollziehen. Ebenso wird wieder in die parallele Zweistimmigkeit zurückgegangen.
Z.B.:

4. Zweistimmigkeit mit Schlaginstrumenten und Stabspielen.
Die Schlaginstrumente können bei allen bisher aufgezeigten Übungen als Rhythmusträger an die Stelle von Händen und Füßen oder der Stimme treten. Durch die Vielfalt der Instrumente ergeben sich noch mehr Differenzierungsmöglichkeiten, als mit den Körperinstrumenten allein. Nimmt man die Stabspiele und andere Melodieinstrumente als Melodieträger hinzu, so lassen sich eine Vielzahl von Spielmöglichkeiten improvisieren.

"Zweistimmigkeit" siehe R 2.4/ Seite 161, 162, 167
EM 5.6/ Seite 521-523

Aufgabenblatt

1. Schreiben Sie zu folgender Melodie eine zweite Stimme

1.1 als Unterstimme in Parallelbewegung,

1.2 als Unterstimme in Gegen- und Parallelbewegung.

Volkslied

2. Improvisieren Sie zu dieser ruhigen Unterstimme mehrere Melodien in der Oberstimme.

3. Finden Sie zu einfachen Volksliedern eine zweite Stimme. Probieren Sie mehrere Möglichkeiten aus (Parallel-, Seiten-, Gegenbewegung, Mischformen, verschiedene Einsätze der Stimmen).

4. Schreiben Sie zu folgenden Melodien eine zweite Stimme nach dem vorgegebenen Rhythmus. Ergänzen Sie Melodie 2.

5. Beide Stimmen sind hier nur als Rhythmus aufgezeichnet. Improvisieren Sie zwei Melodien dazu.

5.1 Schlagen Sie die beiden Rhythmen mit den Händen.

5.2 Spielen Sie das fertige, mit Melodien versehene Stück auf dem Klavier oder dem Xylophon. Transponieren Sie es in mehrere Tonarten.

6. Improvisieren Sie eine kurze Melodie. Bestimmen Sie vorher selber die Form (Tonumfang, Taktart, Tonart, evtl. Liedform A -A_1, A - B, A- B - C). Spielen Sie auf dem Klavier oder Xylophon eine zweite Stimme dazu und schreiben Sie beide Stimmen in Noten auf.

6.1 Schreiben Sie diese Zweistimmigkeit in Rhythmen auf und üben Sie sie mit beiden Händen oder mit Händen und Füßen (klatschen – gehen).

7. Improvisieren Sie eine Zweistimmigkeit am Klavier oder Xylophon, wobei eine Stimme immer doppelt so schnell ist wie die andere.

8. Improvisieren Sie eine melodische Zweistimmigkeit in Parallel-, Seiten- und Gegenbewegung.

9. Spielen Sie abwechselnd phrasenweise ein- und zweistimmig.

10. Singen Sie eine improvisierte erste Stimme, spielen Sie auf einem Schlag- oder Melodieinstrument eine zweite dazu.

Musik als Impuls für eine Bewegungsimprovisation – Bewegung als Impuls für eine musikalische Improvisation

Lehrblatt

Dieses Thema faßt alle die Möglichkeiten zusammen, die im Laufe dieses Improvisationslehrganges behandelt wurden. Musik und Bewegung als die sich gegenseitig inspirierenden Elemente sind hier jetzt weniger als Mittel des Lernens anzusehen – vielmehr soll die Freiheit des eigenen Ausdrucks erreicht und erweitert werden.
Je sicherer nun das Fundament des "handwerklichen Könnens" in der Improvisation ist (darüber ist noch einmal ganz am Anfang im Kapitel 3.1 nachzulesen), um so freier kann man mit den Tönen und der eigenen Bewegung umgehen. Je größer der Katalog differenzierter Bewegungsmöglichkeiten ist, je vielfältiger das musikalische Improvisationsmaterial, desto farbiger, sensibler und ausdrucksstärker wird die Improvisation sein.

Beispielblatt

1. Musik als Impuls einer Bewegungsimprovisation.
   Es entspräche bei diesem weit gefaßten Thema nicht dem Sinn der Improvisation, hier bestimmte Formen der Bewegungsgestaltung zu konkretisieren. Praktisch jede Musik eignet sich für eine Bewegungsgestaltung. (Vorsicht geboten ist nur bei zu langen Stücken, bei groß angelegten symphonischen Kompositionen, bei ausgesprochenen Solistenkonzerten. Auch sollte man keine zu bekannten und zu oft gehörten Stücke wählen, da sie häufig mit bestimmten Vorstellungen befrachtet sind und eine freie, gelöste Improvisation erschweren.)
   Das schöpferisch Improvisatorische wird sich dann am ehesten einstellen, wenn sowohl die Musik als auch gleichzeitig die Bewegung improvisiert wird. Ist ein direktes Musizieren nicht möglich, kann man auch Musik von Tonträgern übernehmen.
   Man kann eine Musik einfach auf sich einwirken lassen und sich spontan dazu bewegen, man kann eine Musik ebenso zunächst anhören und sich Bewegungen dazu vorstellen und dann später ausführen, man kann selber eine musikalische Improvisation spielen und damit die Bewegung inspirieren (ausführlich wurde darauf in Kapitel IM 3.1/Seite 192ff eingegangen).
   Eine kleine Auswahl von Musikstücken, die von einer Musikgruppe oder einem allein gespielt werden kann, oder die von Tonträgern übernommen wird:
   - einzelne Sätze aus den "Vier Jahreszeiten" von A. Vivaldi,
   - kleine Präludien von J.S. Bach,
   - Sätze aus dem Concertino per Flautino C-Dur op. 44 von A. Vivaldi,
   - Kanon und Gigue von J. Pachelbel,
   - Sätze aus Konzerten für Violine von G. Tartini,
   - kleine Stücke des Barock (Bach, Händel, Rameau usw.),
   - "Kinderszenen" von R. Schumann,
   - kleine Stücke (meist Klavier) von Mozart, Haydn, Beethoven,
   - Sinfonie Nr. 5, 4. Satz Adagietto von G. Mahler,
   - Sätze aus "Image für Orchester", "Le martyre de Saint Sebastian", "Danse sacrée", "Danse Profane" von C. Debussy,
   - Sätze aus "Nußknackersuite" von P. Tschaikowsky,
   - Sätze aus "Scheherazade" von N. Rimsky-Korssakoff,

- "Pan" aus "Metamorphoses after Ovid" von B. Britten,
- "Rhapsodie in g" für Blockflöte und Handtrommel von H. Sadler,
- Stücke aus dem "Mikrokosmos" von B. Bartók,
- "24 kleine Stücke für Klavier" von D Kabelewskij,
- Orff-Schulwerk und "Musica Poetica" C. Orff,
- Schlagzeugimprovisationen,
- Jazz und Rockmusik,
- gute (nicht verfälschte) Folklore-Musik,
- elektronische Musik.

2. Bewegung als Impuls für eine musikalische Improvisation.
Bei dieser Art der Improvisation muß auf die Musik von Tonträgern völlig verzichtet werden, da die Bewegung ganz den Inhalt der Musik bestimmt. Ein einzelner kann eine ganze Gruppe von Musikern mit seiner Bewegung inspirieren, es kann aber auch eine Bewegungsgruppe mit einer Musikgruppe korrespondieren. Dann sollte aber ein Thema als "Umriß" vorher abgesprochen werden.
Vorschläge einiger Themen einer Bewegungsimprovisation:

- Gehen und Stehen in unregelmäßigem Wechsel,
- Laufen, Springen, Verharren,
- Drehungen und gerade Raumwege,
- isolierte Bewegungen,
- miteinander – gegeneinander,
- Enge und Weite,
- Unruhe und Entspannung,
- alle Themen, die einen emotionalen Ausdruck beinhalten wie Freude, Angst, Verlegenheit, Zorn, Liebe usw.

3. Eine reizvolle Aufgabe für zwei, die gut aufeinander eingespielt sind: einer an einem Instrument, der andere bewegt sich.
Die Musik beginnt mit der Führung der Bewegung, nach unbestimmter Zeit wechselt die Führung und die Bewegung führt die Musik. Das kann beliebig oft gewechselt werden, auch können die einzelnen Phasen ganz unterschiedlich lang sein.

Aufgabenblatt

Das letzte Aufgabenblatt dieses Lehrgangs stellt eine Reihe von Übungen zusammen, die immer wieder und in immer neuen Formen gespielt werden können. Improvisieren Sie mit einem oder mehreren Instrumenten kleine Stücke mit folgenden Themen:

1. Eine Melodie mit drei Tönen.
2. Eine Melodie in der Pentatonik.
3. Melodien in Dur oder Moll.
4. Melodie- oder rhythmische Folgen (Schlaginstrumente) mit crescendo – decrescendo, laut – leise.
5. Deutlich phrasierte Melodien.
6. Ein Volkslied mit Vor- und Nachspiel.
7. Musik zum Gehen und Laufen im Wechsel.
8. Musik zum Hüpfen (im 2-Takt, dann auch einmal im 3-Takt).
9. Musik für die Bewegungen Drehen – Anhalten.
10. Musik zum Schwingen.
11. Bestimmte Rhythmen in Melodien umsetzen.
12. Lied mit ostinater Begleitung spielen.
13. Lied mit Kadenzbegleitung spielen.
14. Melodien und Rhythmen im 2-, 3-, 4-, 5-, 6-Takt.
15. Musik mit Taktwechsel.
16. Echostück.
17. Musik mit legato und staccato.
18. Melodien und Rhythmen mit Pausen.
19. Einstimmige Melodie mit einfachen Varianten.
20. Eine zwei- und dreiteilige Liedform.
21. Ein Rondo.
22. Eine Musik, die Stimmungen oder Eigenschaften ausdrückt. (z.B. vergnügt, müde, geschwätzig, nachdenklich usw.).
23. Eine Musik, die Situationen ausdrückt (z.B. Regen, spielende Kinder, ein fahrender Zug).

3.2 Improvisation Blockflöte

Hannelore Krause-Wichert

Allgemeine Überlegungen zur Bewegungsbegleitung mit Blockflöte

Lehrblatt

Die Blockflöte eignet sich gut zur Bewegungsbegleitung. Drei- bis Sechsjährige können im allgemeinen eine Flötenmelodie besser verfolgen als eine begleitete Klaviermelodie, deren Mehrstimmigkeit schon ein Heraushören der Hauptstimme erfordert. Bei Melodien auf Glockenspielen und Metallophonen kann der lange Nachhall der Töne das Verfolgen einer Melodie erschweren und bei Xylophonen stört unter Umständen die Verbindungslosigkeit der Töne untereinander.

3.

In überakustischen oder besonders großen Räumen kann sich der Flötenton gut durchsetzen, dagegen verklingt er leicht im Freien.

Der begleitende Flötenspieler hat den Vorteil, daß er seine Bewegungsgruppe jederzeit beobachten kann. Nachteilig ist allerdings, daß er während des Spielens keine Anweisungen geben kann, um eine Übung zu wiederholen oder zu ergänzen.

Bei der Flötenimprovisation gelten weitgehend die gleichen Gesetze wie bei der Improvisation auf anderen Instrumenten. Man sollte z.B. eine angefangene Melodie niemals unterbrechen oder einen einmal gespielten Ton durch einen anderen ersetzen wollen. Der Zuhörende hat keinen Anteil an der inneren Melodievorstellung des Spielenden. Er nimmt die Töne, die er hört, als gegeben hin und empfindet Unterbrechungen als Lücken. Deshalb sollte sich der Spieler, wenn er nicht über ein ausgezeichnetes musikalisches Gehör verfügt, keine bestimmten Melodieverläufe, die er unbedingt finden will, vornehmen, sondern lieber sein Spiel verfolgen und aus dem Augenblick heraus weiter entwickeln. Motivwiederholungen oder Wiederholungen von längeren Melodieteilen können dabei hilfreich sein.

Im Anfang wird es zweckmäßig sein, sich bestimmte Tonräume vorzunehmen. Diese können vom Zwei- und Dreitonraum über den Fünftonraum bis in die unterschiedlichen Oktaven und Tonarten reichen.

Bei den Tonarten ist man allerdings mit der Flöte – ähnlich wie bei Stabspielen – auf eine verhältnismäßig kleine Auswahl begrenzt. Nur sehr sichere Flötisten können in Tonarten mit mehreren Vorzeichen improvisieren.

Gewarnt werden soll auch vor dem Gebrauch der tiefsten drei Blockflötentöne. Sie klingen auf fast allen Instrumenten schwach und erfordern ein genaues Abdecken mit den Fingern, wobei man meist unbewußt die Augen zu Hilfe nimmt und den Kontakt zur Bewegungsgruppe verlieren kann.

Bei Kindern kann man ohne Bedenken die Sopranflöte benutzen, während Erwachsene durch die hohe Frequenz der Töne in ihrer Konzentration leicht ermüden. Dies kann sogar bis zur Ablehnung der begleitenden Musik reichen. Die Alt-Flöte ist hier zur Bewegungsbegleitung günstiger. Auch die Tenor-Flöte ist gut geeignet, setzt sich allerdings schon weniger intensiv durch.

Voraussetzung für Blockflötenbegleitung ist eine gute Artikulation, also Anblaseart, durch die ein klarer Ton entsteht. Auf dieses Gebiet wird noch besonders eingegangen.

Ebenso notwendig ist die richtige Atmung. Sie setzt voraus, daß richtig phrasiert, also musikalisch gegliedert wird.

Artikulation und Phrasierung sind die Domänen der Blockflöte. Sie können auf diesem Instrument besonders gut dargestellt werden, und alle Bewegungsaufgaben, die diese Gebiete betreffen, werden am sinnfälligsten mit der Flöte begleitet.

Dynamische Aufgaben dagegen sind auf der Blockflöte kaum darstellbar. Bei Taktarten und Taktwechsel kann man sich dadurch helfen, daß man den betonten ersten Taktteil melodisch absetzt – etwa durch einen Intervallsprung – oder anders artikuliert als die anderen Taktteile.

Die Flöte kann auch mit Stabspielen kombiniert werden, besonders mit dem Xylophon. Ist die Flöte gut auf die Stabspiele abgestimmt, klingen diese Kombinationen meist günstiger als mehrere Flöten miteinander, Flöte und Klavier oder Klavier und Stabspiele.

Jeder Erzieher sollte vor allem auch Kinder zeitig zur Improvisation heranziehen. Zur Bewegung sollten Kinder auf Blockflöten allerdings erst begleiten, wenn sie schon improvisatorische Aufgaben ohne Bewegung gelöst haben. Auch sollten sie die Bewegungen, die sie begleiten, vorher selbst ausgeführt haben, da das Abstraktionsvermögen erst geübt werden muß.

Ähnliches gilt für den Erzieher, der in der Bewegungsbegleitung ungeübt ist. Er sollte vor allem die Aufgaben, die er sich zu begleiten vornimmt, vorher selbst in immer neuen Kombinationen üben, und zwar sowohl in der Bewegung als auch in der Begleitung.

Hat er erst einmal entdeckt, wie stark selbst die einfachste Flötenmusik die Kinder erfreut und ihre Aufmerksamkeit weckt, wird er auf die Möglichkeit dieser Stimulans- und Konzentrationshilfe nicht mehr verzichten mögen.

Allerdings sollte der Einsatz von Musikinstrumenten innerhalb der rhythmischen Erziehung gut dosiert erfolgen. Zu viel "Berieselung" durch begleitende Musik könnte dazu führen, daß Einzelheiten nicht mehr wahrgenommen werden und die Musik zur "Geräuschkulisse" degradiert wird.

Artikulation

Lehr- und Beispielblatt

1. Fünf Anblasearten sind beim Flötenspiel gebräuchlich. Die normale, d.h. am meisten übliche Art ist die mit der Silbe "dü", die in der Musik das "non legato" (legato = gebunden, non legato = nicht gebunden [it.]) verkörpert. Dazu passen natürlich auch die "normalen" Fortbewegungsarten, nämlich das Gehen und – bei entsprechendem Tempo – das Laufen.

2. Will man nun ein federndes Laufen begleiten, so eignet sich am besten die Silbe "düt", die in der Musik das "staccato" (=gestoßen[it.]) darstellt.
Eine reizvolle Hör- und Bewegungsaufgabe kann der Wechsel von non legato zu staccato sein. Die Bewegungsgruppe läuft entsprechend normal oder federnd. Als Hilfe kann man bei non legato fortlaufende Melodien und – bei staccato Tonrepetitionen bringen.

   Beispiel:

   Später kann man diese "Hilfestellung" fortlassen und den Wechsel beliebig vornehmen, wobei man nicht zu rasch von einer Artikulationsart in die andere wechseln sollte, weil die Umstellung in die jeweilige Bewegungsart erst akustisch erkannt und dann motorisch vollzogen werden muß,

3. Eine andere Anblaseart ist die mit der Silbe "tü". Sie kann dem musikalischen "marcato" (= markiert [it.]) zugeordnet werden. Besonders gut eignet sie sich zur Begleitung von federnden Sprüngen im Raum. Vorteilhaft ist dabei, daß die Flöte ein verhältnismäßig leises Instrument ist. Richtige federnde Sprünge (mit Fuß- und Körperfederung) müssen aber auch leise sein. Die Gruppe muß so springen, daß sie die Flöte hört, und die Flöte muß so angeblasen werden, daß die Töne nicht "kippen".
Hilfe für den Anfang ist eine Melodie mit Intervallsprüngen für federnde Sprünge. (Viel Tonraum gewinnen heißt auch viel Sprungraum gewinnen.)

   Beispiel:

4. Für langsame, fließende Bewegungen eignet sich die Anblaseart, "dhü", die man der Artikulationsart "portato" (=getragen [it.]) zuordnen kann. Besonders gut paßt sie zum Begleiten von Schreiten in halben bzw. ganzen Noten. Bei letzterem ist darauf zu achten, daß der Atemdruck innerhalb der Tondauer nicht nachläßt und die Tonhöhe dadurch absinkt.

Moll-Melodien verstärken den Charakter der getragenen Bewegung. (s. EM 5.3/Seite 453)

Beispiel:

5. Auch die Artikulationsart "legato" läßt sich auf der Flöte gut darstellen. Man bläst mehrere Töne mit einem dü-ü-ü" an. Hierbei müssen die Finger ganz sauber abdecken, damit keine "Schluchzer" entstehen. Als passende Bewegung bietet sich Gleiten ("Schlittschuhlaufen") an, das schnell und langsam ausgeführt werden kann.

Beispiele:

Aus den geschilderten Übungen und Anblasearten läßt sich folgendes Schema ableiten:

Gehen oder Laufen	= non legato	Anblaseart "dü"
Federn (schnell)	= staccato	Anblaseart "düt"
Federndes Springen (langs.)	= marcato	Anblaseart "tü"
Gleiten (langs. od. schnell)	= legato	Anblaseart "dü-ü-ü"
Schreiten (langsam)	= portato	Anblaseart "dhü"

Umgang mit Laut, Sprache, Singstimme

Lehrblatt

Die Sprache, Sprachbildung und das Sprechvermögen spielen heute eine besonders große Rolle. Mangelnder sprachlicher Ausdruck, mangelndes Sprachverständnis, Sprechhemmung oder Sprechbequemlichkeit werden häufig mit mangelnder geistiger Regsamkeit gleichgesetzt. Es ist deshalb wichtig, daß Sprechhemmungen abgebaut werden und eine Funktionslust des Sprechens gewonnen wird. Das Spiel mit Lauten und Silben kann dabei hilfreich sein. Durch die Medien (hier vor allem Rundfunk) bedingt, in denen Gesang zumeist in vollendeter Form angeboten wird, ist die Lust zum eigenen Singen oft zurückgedrängt worden, und durch mangelndes Singen ist die Singstimme auch nicht gepflegt.
In der rhythmischen Erziehung gibt es auf dem Gebiet der stimmlichen Improvisation viele Mittel und Wege, Sprache, Sprechen und Singen mit Bewegung und Instrumentalspiel zu verbinden.
Hier sollen nur einige Beispiele gegeben werden, die als Anregung für ähnliche Aufgabenstellungen dienen können.

3.

Beispielblatt

1. Folgender Vers soll als Übungsmaterial dienen:

"Dubbe, dubbe, dubb,- ein Fischersmann,
Dubbe, dubbe, dubb,- was hat er dann?
Dubbe, dubbe, dubb,- ein'n Sack voll Fisch,
Dubbe, dubbe, dubb,- der ist für dich!"

Möglichkeiten a: Spiel mit Vokalen und Konsonanten
b: Sprechen in unterschiedlichen Stimmungen
c: Koordination von Sprech- und Instrumentalspiel-Stärke

a.1 Das "Dubbe,dubbe" wird immer schneller gesprochen bis zur äußersten Möglichkeit.
a.2 Wie a.1, jedoch ohne Stimmklang.
a.3 Das "U" wird verschieden "gefärbt", etwa in der Klanghöhe oder -stärke. Danach kann ein reines "U" leichter bewußt werden.
a.4 Das "U" wird überhaupt durch andere Vokale ersetzt. Dabei kann man erkennen, daß sich manche Vokale länger mit einem Atemstrom sprechen lassen als andere.
a.5 Statt "dubbe, dubbe", wird "tuppe, tuppe" gesprochen, und zwar stimmhaft und stimmlos. Jetzt soll bewußt nur eine Ausatmung benutzt werden. Wer einatmen muß, beendet das Sprechen.
(Unterschiedlicher Kraftansatz wird deutlich.)
a.6 Das Sprechen mit "t" und "p" wird immer langsamer (mit und ohne Stimme).
a.7 Zwischen der weichen und der harten Form soll beliebig oder auf Zeichen gewechsel werden (mit und ohne Stimme).
b.1 Teilung in Solist und Gruppe. Gruppe spricht jeweils das "Dubbe, dubbe, dubb", Solist den weiteren Text. Ist dieser bekannt, kann mit den Rollen gewechselt werden.
b.2 Der Solist spricht die Gruppe mit "dubbe, dubbe, dubb" an, die Gruppe antwortet jeweils mit einer Zeile des Verses. Dabei färbt nun der Solist seine Stimme in unterschiedliche Stimmungen, und die Gruppe reagiert entsprechend. (Traurig, wütend, albern, drohend usw.)

b.3 Das kann nun auch von Partner zu Partner geschehen, etwa im Kreis oder auch in der Reihe.

c.1 Alle klatschen das Metrum des Verses und sprechen dazu.
c.1.1 Stimme zunächst lauter als Klatschgeräusch.
c.1.2 Stimme und Klatschgeräusch gleich laut.
c.1.3 Stimme leiser als Klatschgeräusch (evtl. flüstern).
c.1.4 Nur Klatschgeräusch.
c.2 Die Hälfte der Gruppe wird noch einmal in vier Gruppen unterteilt. Jede Vierergruppe erhält eine Instrumentenart, z.B. Trommeln für die erste Gruppe, Triangeln für die zweite usw.
Nun wird nach dem Prinzip von c.1 verfahren, d.h. die große Gruppe klatscht und spricht das "Dubbe, dubbe, dubb", die andere, unterteilte, spricht den weiteren Text in jeweils einer Instrumentengruppe und mit den beschriebenen Lautstärkeveränderungen. Zum Schluß hört man nur noch Klatschen und Instrumentalspiel im Wechsel.
(Dieses Beispiel ist für Vor- und Grundschulkinder geeignet).

2. Ein neuer Vers als Unterrichtsmaterial:

| | : "Ro-ro-ro,- der Kümmelmann ist do! : | |
| | : Er läuft die Straße auf und ab,
: ihr Leute, kauft mir Kümmel ab!" : | |

Möglichkeiten: a: Spiel mit dem Konsonanten "r" und verschiedenen Vokalen.
b: Steigerung der Stimme in Tempo und Lautstärke.
c: Verbindung von Sprache, Instrumentalspiel, Singstimme und Bewegung.

a.1 Ein möglichst langes, rollendes Zungen-"R" wird versucht (eine Ausatmung lang).
a.2 An jedes lange "R" wird am Ende ein vorher vereinbarter Vokal angehängt. (o, a, i, ü usw.)
b.1 Der Text wird nun jeweils zur Hälfte vom Übungsleiter vor- und von der Gruppe nachgesprochen. Dabei werden Tempo und Lautstärke gesteigert. Der Übungsleiter kann sich auch beim zweiten Teil des Verses vor der Gruppe in immer mehr drängendem Tempo hin und her oder an ihr vorbei bewegen (den "Kümmelmann" darstellend).
c.1 Einige Spieler stellen den Kümmelmann dar, indem sie beim ersten Teil des Verses weit ausladende Gesten machen, beim zweiten Teil sich räumlich und gestisch bewegen. Auch hierbei werden Tempo und Lautstärke gesteigert, wobei sich Bewegung und Sprechen gegenseitig animieren.
c.2 Es wird geübt, wie man "ihr Leute, kauft mir Kümmel ab", singen könnte. Verschiedene Möglichkeiten werden vor- und nachgesungen.

Beispiele: oder:

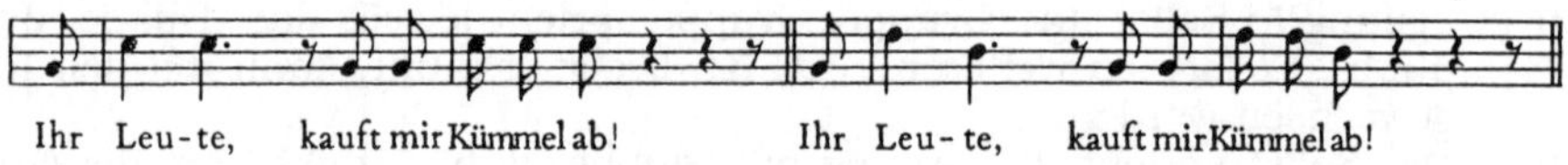

c.3 Gespielt wird wie bei c.1. Sind aber Lautstärke und Tempo am Kulminationspunkt angelangt, schlägt ein Spieler zwei Cymbeln zusammen und bringt damit alle zum Schweigen. Den Schluß soll er nun auf eine beliebige Weise, ähnlich wie unter c.2 geübt, singen.(Beispiel für Elementar- /Primarbereich.)

3. Ein Gedicht soll diesmal das Übungsmaterial bilden:

Beispiel des Sprechrhythmus' der 1. Strophe:

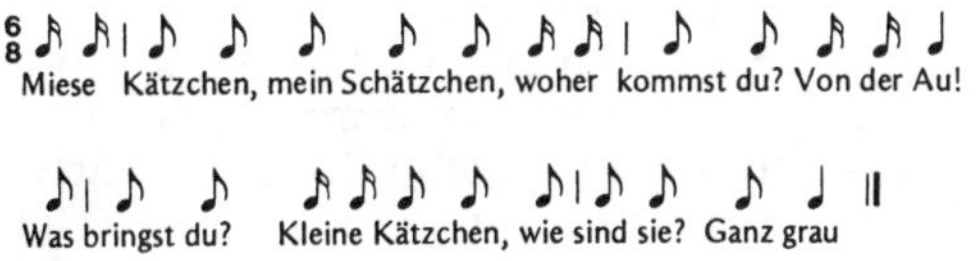

2. Strophe entsprechend.

Das Gedicht soll schwingend im Metrum des 6/8-Taktes gesprochen werden.

Möglichkeiten a: Verschiedene Ostinati, unterschiedliche Färbung des Doppellautes "au", Stimmverfremdung, Stimmsteigerung, Pfeifen.

a.1 Das Gedicht wird in zwei Gruppen gesprochen. Die eine Gruppe benutzt die normale Stimmlage (Frager), die andere verfremdet die Stimme in "Katzenlage" (hoher Stimmraum, Fistelstimme). Die Gruppen wechseln die Rollen. Zunächst wird nur die erste Strophe benutzt.

a.2 Die Worte "ganz grau" werden in "enttäuschter Stimmfärbung" gesprochen und anschließend von einigen Sprechern als Ostinato der ganzen ersten Strophe unterlegt.

a.3 Das "Au-Rufen" wird geübt. Empörtes Rufen mit Glottisschlag (harter Stimmansatz).

a.4 Die erste Strophe wird wie bei a.1 gesprochen. Ist man bei "Au" angelangt, wird "au!" von einigen Sprechern als Ostinato weiter beibehalten.

a.5 "Miauen" wird von allen geübt.

a.6 Einige Sprecher bleiben bei "miau" und benutzen das als Ostinato, während die Gruppe wieder wie bei a.1 in zwei Partien spricht.

a.7 Alle drei Ostinati werden nun von jeweils einigen Sprechern gleichzeitig der ersten Strophe unterlegt. Sie können auch als "Vorspiel" schon einige Male gesprochen und dabei rhythmisch aufeinander abgestimmt werden.

a.8 Die zweite Strophe wird gelernt und gesprochen wie bei a.1. Bei der fünften Zeile steigern die Frager die Stimme in der Lautstärke. Am Schluß ertönt von allen ein "Mäusepfiff" in einer Kurve, die jäh endet:

4. Kombination von Sprichwörtern als Arbeitsmittel.
Folgende Sprichwörter werden rhythmisch einander zugeordnet:

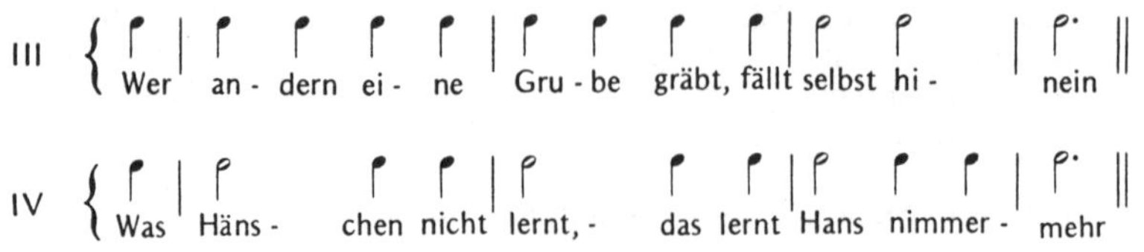

Möglichkeiten a: rhythmisches Sprechen,
b: rhythmisches Zuordnen verschiedener Sätze,
c: Koordination von Sprechen eigener Sätze und Hören anderer. Steigerung der Lautstärke durch Addition und eigene Stimmkraft (unterschiedliche Crescendo-Arten),
d: Koordination von Sprechen und Schlagzeug-Spielen.

a.1 Jedes Sprichwort wird vom Übungsleiter rhythmisch vor- und von der Gruppe ebenso nachgesprochen.

b.1 Die Gruppe wird viermal unterteilt. Jede erhält "ihr" Sprichwort und behält es bei, während die nächste Gruppe mit dem neuen beginnt.

c.1 Sprechen alle vier Gruppen,werden sie einzeln nacheinander von der Frage abgelöst:

"Und die Moral von der Geschicht?"

die der Übungsleiter den einzelnen Gruppen rhythmisch vorgibt. Wenn schließlich alle die Frage sprechen, wird sie vom Übungsleiter mit einem Zeichen beendet. Er gibt die Antwort:

"Das weiß ich nicht!"

Darauf folgt von allen ein "Oh!" im Crescendo–Decrescendo.

d.1 Alle vier Gruppen erhalten nun Schlaginstrumente. Folgende Kombinationen sind möglich:

Gruppe I

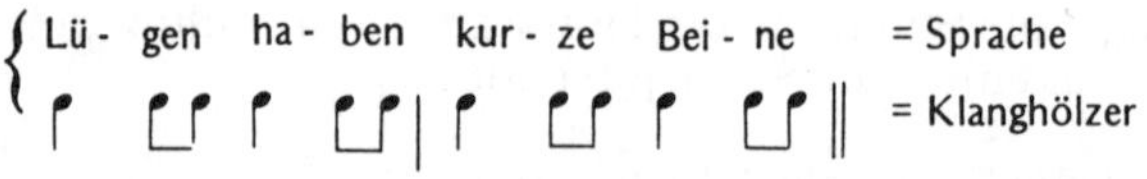

Gruppe II

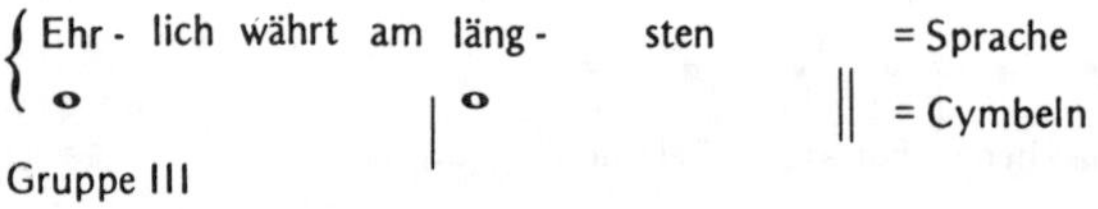

Gruppe III

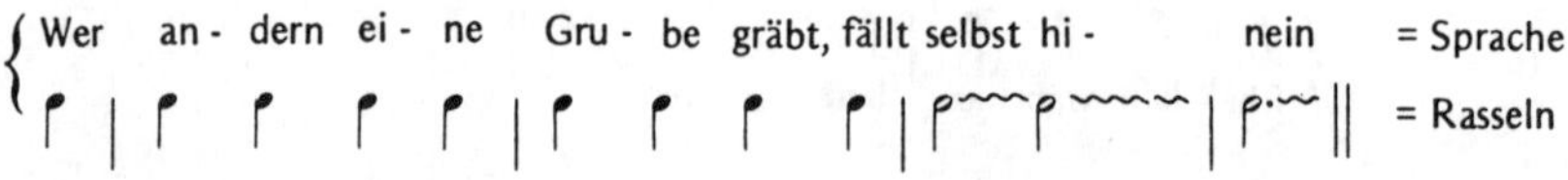

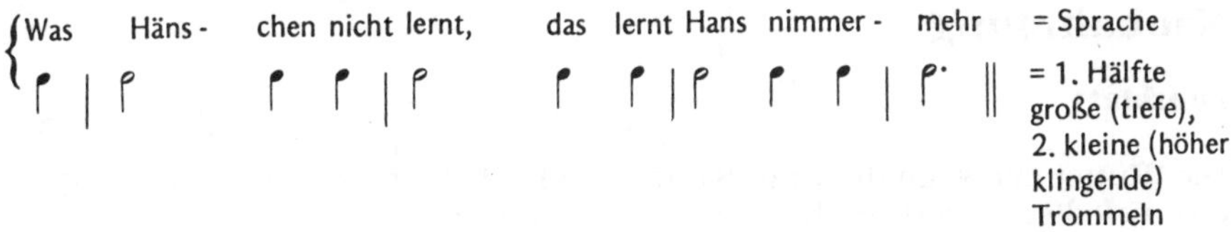

d.2 Wie c.1 mit Schlagzeugbegleitung. Das “Oh!” spielen alle Instrumente gemeinsam. (Zur Erleichterung können auch in jeder Gruppe einige *nur* sprechen und die anderen *nur* begleiten.)
(Für Jugendliche und Erwachsene geeignet.)

5. Ein Lied als Mittel zum Umgang mit Sprache und Stimme.

Hähne, Raben

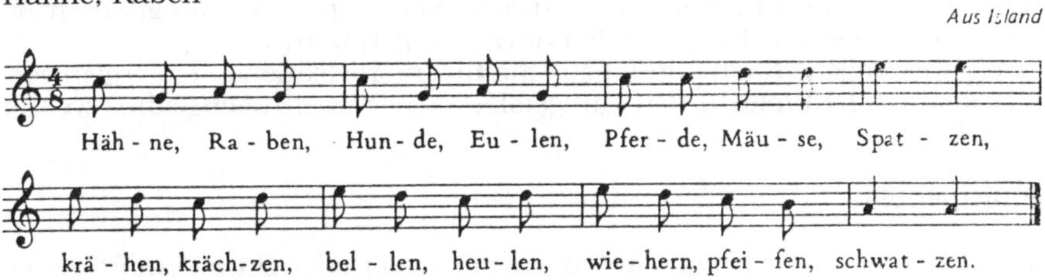

Anmerkung: Da sich der Text nicht leicht behalten läßt, wird er am besten an die Tafel geschrieben.

Möglichkeiten Sprache
a: Nachahmen von Tierstimmen (=fremde Klangräume in und Stimme suchen)
b: Hörübungen
c: Bewegungsgestaltung (Entwickeln von Kreativität)

a.1 Alle im Lied vorkommenden Tiere werden stimmlich imitiert. (Bei Hunden große und kleine; bei Spatzen “tschilpen” und “schwatzen”; bei Mäusen “piepsen” und “pfeifen”.)
b.1 Zum Singen des Liedes (Übungsleiter oder halbe Gruppe) werden erst bestimmte, später beliebige Tierstimmen eingeführt.
b.2 Jemand geht an die Tafel und kennzeichnet, welche Tierstimmen einzeln, im Wechsel oder miteinander zum Lied imitiert werden sollen.
b.3 Jeder imitiert, was er will. Ein “Horcher” macht an der Tafel kenntlich, was er (zum Lied) hört. (Kontrolle am Ende durch Nachfrage möglich.)
c.1 Alle ahmen die Tiere des Liedes in der Haltung (am Platz) nach.
c.2 Alle stehen in einer Reihe und gehen zum Lied vor- und rückwärts. (In der Mitte und am Ende je einen Anstellschritt als Abschluß.)
Die jeweils beiden äußeren der Reihe gehen nun mit nach vorn, bleiben dort stehen und imitieren in Haltung und Stimme als Ostinato eine Tierart. Die Tiere formieren sich in der Reihenfolge des Liedes, bis alle vorne stehen.

(Für Kinder in den ersten vier Schuljahren geeignet.)

Nachahmung

Lehrblatt

Die “Kunst der Nachahmung” ist deshalb für jede Improvisation wichtig, weil sie das melodische und rhythmische Gedächtnis schult.
Für die Bewegungsbegleitung ist ein rhythmisch-musikalisches Gedächtnis wiederum sehr vorteilhaft, weil Bewegungsformen und -rhythmen oft wiederholbar sein müssen. Vor allem Kinder verbinden bestimmte Bewegungen zunächst oft mit bestimmten Melodien. Sie sind enttäuscht, wenn der Erzieher sie auf seinem Instrument nicht mehr wiederfindet.
Die Nachahmung schult auch das Gehör, weil die Klangvorstellung, die im Gedächtnis haften geblieben ist, auf dem Instrument wiedergefunden werden muß.
Auch Kinder (und ältere Schüler) sollten sich in rhythmischen und melodischen Nachahmungen üben. Hier kann von einfachen, kurzen und prägnanten Motiven zu längeren melodischen Abläufen übergegangen werden.
Auch übertragene Nachahmungen sind für Improvisationen ein ergiebiges Feld. Z.B. können rhythmische Bewegungsfolgen in der Musik nachgeahmt werden und umgekehrt.

Aufgabenblatt

1. Klatschen oder trommeln Sie einem Partner oder einer Gruppe ein kurzes, rhythmisch prägnantes Motiv vor, das dieser oder diese spontan, aber präzise wiederholt. Des genauen Einsatzes wegen sollte das Motiv zunächst mit einem langen Ton enden.
   Beispiel:

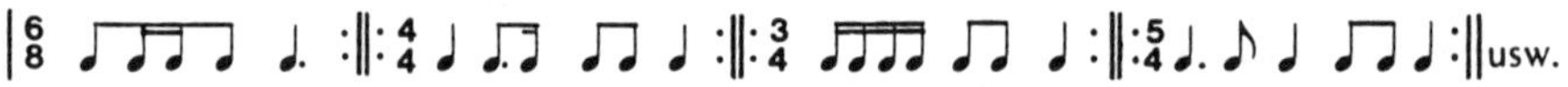

2. Verlängern Sie diese Motive zu mehrtaktigen, rhythmischen Abläufen.
   Beispiele:

3. Lassen Sie die Gruppenmitglieder selbst rhythmische Motive und Abläufe finden und wiederholen. Auch mit Körperinstrumenten (Patschen, Stampfen, Schnalzen, Fingerschnipsen).

4. Das gleiche ist auch mit Bewegung im Raum möglich. Ein Motiv oder ein Ablauf werden vorgegangen und anschließend nachgeahmt. Auch die Raumrichtungen wie vor-, rück- und seitwärts können dabei mit nachgeahmt werden.

5. Wenn Sie für sich selbst üben, dann üben Sie Nachahmungen, indem Sie Motive, kurze und später lange Melodien von einem Instrument auf das andere übertragen oder auch die Bewegung im Raum bzw. Körper- und Schlaginstrumente miteinbeziehen.

Frage und Antwort

Beispielblatt

1. Einzelner/Gruppe.

1.1 Ein Einzelner klatscht oder trommelt einen rhythmischen Ablauf, den er aus dem Augenblick heraus gestaltet (Frage). Die Gruppe klatscht oder trommelt einen rhythmischen Ablauf, der in seiner Länge und rhythmischen Eigenart dem ersten möglichst entspricht (Antwort).
Beispiel:

Frage: Antwort:

3.

1.2 Wie aus dem Beispiel ersichtlich, sollten zunächst gleiche oder rhythmisch ähnliche Motive verwandt werden. (Gleicher "Gesprächsstoff".) Auch empfiehlt es sich, die Frage mit einem langen Ton enden zu lassen, der als Abschluß des Gefragten verstanden werden kann. Danach fällt der gemeinsame Einsatz der Gruppe leichter.

Eine geübte Gruppe kann auch längere Fragen beantworten.
Beispiel:

Frage:

Antwort:

1.3 Schließlich brauchen die Fragen auch nicht mehr mit einem langen Ton zu enden, vor allem, wenn mehrmals die gleiche Anzahl der Takte vorkam.

Beispiel:

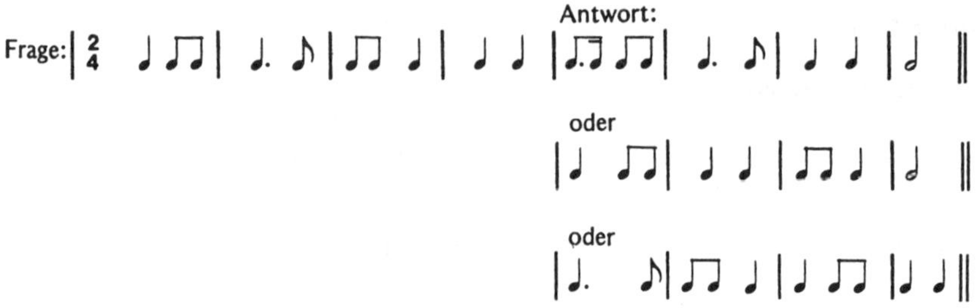

1.4 Das gleiche ist auch mit den sog. Körperinstrumenten möglich, d.h. klatschen, patschen, Finger schnipsen, stampfen, schnalzen usw.

2. Paare.

2.1 Wie 1.1. Ein Partner fragt, der andere antwortet. Anschließend Rollentausch.

2.2 bis 2.4 wie 1.2 bis 1.4 zu Paaren.

3. Kleine Gruppe (evtl. im Kreis).

3.1 Wie 2.1, jedoch setzt sich das Gespräch fort, d.h. der dritte fragt, der vierte antwortet usw.

4. Paare/Einzelner/Gruppe: Melodie (Flöte, Stabspiel).

4.1 Die Aufgaben 2.1 - 2.3 sind auch mit Flöten möglich. Hierbei sollte die Frage möglichst mit einem hohen Ton enden, wie man ja auch am Ende einer gesprochenen Frage die Stimme unwillkürlich hebt. Die Antwort sollte zum Grundton zurückfinden, damit das Gespräch als abgeschlossen gelten kann Beispiel:

4.2 Es ist auch möglich, daß eine Flöte fragt und mehrere Flöten gleichzeitig antworten (siehe Aufgabe 1.1 - 1.3). Will man Dissonanzen vermeiden, kann man sich verabreden, in einem bestimmten Dreiklangsraum zu bleiben.

Natürlich kann auch im pentatonischen Raum gefragt und geantwortet werden.
Ist die Frage im diatonischen Raum einprägsam gestellt, kann auch frei im diatonischen Raum von mehreren Flöten geantwortet werden. Beim Improvisieren in Moll sollte man sich allerdings auf die Art der Molltonleiter einigen, in der man sich bewegen will.
Auch sollten die Flöten vor diesem ganzen Gespräch gut aufeinander abgestimmt werden, damit zu den eingeplanten Reibklängen (Dissonanzen)

nicht noch unfreiwillige hinzu kommen.

4.3 Es kann auch mit der Flöte gefragt und mit Stabspielen geantwortet werden, desgleichen umgekehrt. Hierbei sei erwähnt, daß Kindern das Umstellen auf den unter Umständen wechselnden Oktavraum (z.B. Sopranflöte – Altxylophon) nicht so selbstverständlich ist wie Erwachsenen.

4.4 Man kann auch mit Flöten verfahren wie bei Übung 3.1. Hierbei kann weitergefragt oder zwischendurch geantwortet werden. So entstehen Melodien in längeren Reihenfolgen, wie man sie auch zur Bewegungsbegleitung braucht.

3.

"Moll-Dur" siehe EM 5.3/Seite 451 und 5.3/Seite 454

Phrasierung

Lehrblatt

Das Erkennen von Phrasierungsbögen ist für Sänger und Spieler von Blasinstrumenten besonders wichtig. (Siehe Lehrblatt "Allgemeine Überlegungen") Kindern muß die Phrasierung erst bewußt gemacht werden. Sie atmen zunächst nur nach Bedarf, und so kann es vorkommen, daß sie beim Singen mitten in einem längeren Wort atmen. Die Atmung soll aber immer jeweils am Ende eines musikalischen Phrasierungsbogens erfolgen.

Das Durchhalten eines Phrasierungsbogens beim Singen oder Flöten kann nur durch Übung entstehen. Es kann vorkommen, daß Kinder, die im allgemeinen sehr flach atmen, beim Flöten anfangen zu gähnen, wenn sie sich bemühen, längere Phrasierungsbögen durchzuhalten. Die Atmung wird durch Flötenspiel regelrecht trainiert.

Beim Singen gibt sehr häufig der Text Hinweise auf die Phrasierung. (Phrase = Satz) Eine Phrase endet niemals mitten im Text (oder gar Wort). Allerdings muß sie auch nicht stets einen ganzen Satz beinhalten. Wiederholungen ganzer Sätze oder Satzteile deuten aber häufig ein Phrasierungsende an.

Es gibt lange und kurze Phrasierungsbögen, sogenannte "Ober- und Unterphrasierungen". Die Unterphrasierungen ermöglichen ein kurzes Atemholen oder Absetzen. Die Oberphrasierungen sind oft leichter erkennbare Abschnitte, weil sie mit der Melodieform übereinstimmen.

Bei Kindern wird man zunächst auf das Einhalten der Unterphrasen hinarbeiten. Später sollen dann möglichst die Oberphrasierungsbögen als Zäsur benutzt werden.

Die Mehrzahl der Lieder und Instrumentalmelodien weist gleichmäßige Phrasierungen auf, zumindest im Elementarbereich. Aber es gibt auch manche (vor allem zeitgenössische) Melodien, die ungleiche Phrasierungsbögen haben. Hier ist es sogar manchmal schwierig – oft strittig – welche Phrasierungsmöglichkeit die günstigste ist.

Genau wie die eben erwähnten Textwiederholungen geben auch Motiv- und Melodiewiederholungen Phrasierungshinweise, ebenso Pausen, lange Noten und Sequenzen.

In manchen Notendrucken sind Phrasierungsbögen mit eingezeichnet. Flötennoten weisen an Phrasenenden oft eingedruckte Kommata oder kleine, senkrechte Striche im Notensystem auf. Sie sind als Hilfen und Hinweise gedacht. Wichtig ist es, das Gefühl für Atmung und Phrasierung in jedem Menschen selbst zu entwickeln.

Die Phrasierung macht uns die Gliederung der Musik deutlich. Jeder neue Teil einer musikalischen Form beginnt mit einer neuen Phrase. Je deutlicher beim Singen oder Flöten phrasiert wird, um so klarer tritt auch die Gestalt der Musik zutage.

Beispielblatt

Werft 'nen Heller

Aus Jugoslawien
Deutscher Text: R. B. Schindler

Beispiel für vollkommen gleichmäßige Phrasierung.

Hei, so sausen wir

Beispiel eines zeitgenössischen Liedes mit ungleich langen Phrasen.

Felicitas Kukuck

3.

Winter ade

Typisches Beispiel für mögliche Unter- und Oberphrasierungen.

Aufgabenblatt

1. Suchen Sie Lieder mit gleich langen Phrasierungsbögen aus beliebigen Liederbüchern heraus.

2. Suchen Sie Lieder mit ungleich langen Phrasierungsbögen heraus.

3. Zeichnen Sie sich in Liederbüchern Phrasierungsbögen oder Zäsurstriche ein. Singen oder spielen Sie mit Atemholen zwischen den Phrasierungsbögen, oder setzen Sie die einzelnen Phrasen durch unterschiedliche Lautstärke bzw. andere Artikulationsart ab.

4. Improvisieren Sie gleich lange bzw. ungleich lange Phrasierungsbögen im Wechsel.

5. Versuchen Sie, Unterphrasierungen zu überspielen, zugunsten einer zügigen, deutlich hörbaren Oberphrasierung. (Viele kurzatmige Phrasierungen bringen Unruhe in Melodien.)

Bewegungsbegleitung

Lehrblatt

Will man mit der Flöte Gehen oder Laufen begleiten, so muß man genau das Tempo treffen, das der jeweiligen Gruppe bei beiden Bewegungsarten gemäß ist. Dabei ist zu beachten, daß Kindertempi (vor allem von Kindern im Vorschulalter) durchwegs wesentlich schneller sind als Tempi von Erwachsenen.
Normalerweise ist Laufen auch keineswegs doppelt so schnell wie Gehen, jedoch kann man natürlich das doppelte Gehtempo zum Laufen nehmen, wobei dann aber schneller als normal gelaufen wird. Auch sollte sich jeder in der Bewegung an andere Geh- und Lauftempi als die "normalen" anpassen können.
Ungeübte Bewegungsbegleiter sollten das gewünschte Tempo erst mitvollziehen (also auch in der Gruppe gehen bzw. laufen) und es dann auf das Instrument übertragen. Sie können auch durch Beobachten des Durchschnittstempos der Gehenden oder Laufenden das der Gruppe entsprechende Tempo finden. Schließlich können sie auch einen Einzelnen aus der Gruppe das entsprechende Tempo vorgehen (bzw. -laufen) lassen.
Ist das Tempo bekannt, braucht der Begleitende nicht unentwegt das Tempo mit jedem Ton zu begleiten. In ein Gehtempo kann er dann frei improvisieren, doppelt und halb so schnelle Tempi unterbringen oder auch Pausen einlegen, in denen das Tempo weiterläuft. Auf diese Weise wird die Begleitmusik lebhafter und regt mehr zur Bewegung an. Der Grundschlag sollte allerdings gewahrt bleiben und immer wieder vorkommen. (siehe EM 5.4/Seite 470 und 5.4/Seite 472)
Beim Lauftempo können bevorzugt längere Noten und Pausen eingeschoben werden. Das hier Gesagte ist analog auch auf andere Tempi zur Fortbewegung anzuwenden.

Beispielblatt

Begleitung zum Gehen von Taktarten.
a) 3/4 Takt

b) 4/4 Takt

Beispielblatt

Bewegungsbegleitung zum Gehen mit 2 Tönen.

Bewegungsbegleitung zum Laufen mit 3 Tönen.

Bewegungsbegleitung zum langsamen Gehen mit 5 Tönen.

Bewegungsbegleitung zum weiträumigen Laufen (Tonleiter).

Bewegungsbegleitung zu engräumigen Bewegungen.

Begleitung zur Realisation von Rhythmen.
a) 2/4 Takt

b) 6/8 Takt

Begleitung zum Laufen zwischen Hindernissen und um Hindernisse.
a) mit Trillern

3.

b) mit langen Tönen

Bewegungssprechvers (auf die Flöte übertragen).

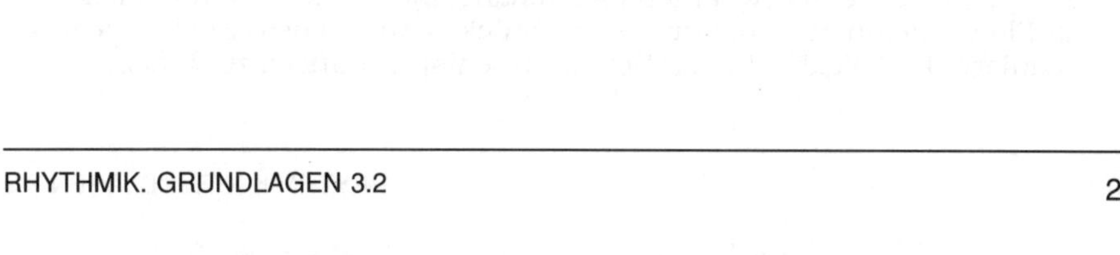

Aufgabenblatt

1. Gehen Sie in Ihrem normalen Tempo und übertragen Sie dieses Tempo anschließend auf die Flöte. Spielen Sie zunächst nur einen Ton oder bewegen Sie sich mit Ihrem Tempo in einem kleinen Tonraum von zwei bis fünf Tönen. Sie können auch Tonleitern für diese Übung benutzen.

2. Dehnen Sie diese Übung auch auf andere Tempi aus, z.B. Laufen und langsames Gehen.

3. Geben Sie Gruppen von Kindern und Erwachsenen die Aufgabe, ein gemeinsames Geh-, Lauf- oder langsameres Tempo zu finden. Nehmen Sie diese Tempi mit der Flöte auf.

4. Lassen Sie eine Schülergruppe weiträumig laufen und begleiten Sie dieses Laufen mit einer weiträumigen Melodie.

5. Lassen Sie die Gruppe sich möglichst am Platz oder engräumig bewegen, und bringen Sie dazu viele Tonwiederholungen.

6. Spielen Sie auf- und absteigende Tonfolgen und lassen Sie Ihre Gruppe danach sich strecken oder beugen.

7. Improvisieren Sie in unterschiedlichen Taktarten und setzen sie die jeweils erste Taktzeit durch eine andere Artikulation oder einen Intervallsprung ab. Die Gruppe soll sich entsprechend der Taktartzahl in Gruppen zusammenfinden (z.B. Zweitakt = Paare, Fünftakt = Fünfergruppe).

8. Lassen Sie die Schüler nach einfachen Melodien zwischen Hindernissen im Raum laufen. Wenn Sie in diese Melodien eine besondere Einlage bringen, sollen die Schüler die Hindernisse in Seit- oder Frontalkreisen umspielen. Möglichkeiten für solche Einlagen sind:
   a) Triller
   b) lange Töne
   c) Pausen
   d) andere Artikulation
   e) Tonrepetitionen

9. Geben Sie Ihren Schülern mit der Flöte Rhythmen, die sie in Schritten, mit Körperinstrumenten oder Geräten realisieren sollen.

10. Nehmen Sie Rhythmen, die Ihre Schüler in Schritten, mit Körperinstrumenten oder Geräten erfinden, auf der Flöte auf.

11. Übertragen Sie kleine Sprechverse, die Sie oder Ihre Schüler während der Bewegung entwickelt haben, auf die Flöte.

12. Improvisieren Sie auf der Flöte in unterschiedlichen Tempi, Taktarten, Anblasearten und Rhythmen und lassen Sie Ihre Schüler dazu in der Bewegung improvisieren.

13. Verfremden Sie den gewohnten Flötenklang, indem Sie Töne überblasen, in die Flöte hineinhauchen, nur das Kopfstück benutzen usw. Stellen Sie Ihren Schülern die Aufgabe, hierzu Bewegungsentsprechungen zu finden.

Sequenz

Beispielblatt

Die Sequenz ist – nach dem Musikwissenschaftler Hugo Riemann – eine "Weiterschiebung eines kürzeren oder längeren Motivs durch die Tonleiter". Sequenzen sind eine gute Improvisationshilfe. Sie können über die Motiv- zur Melodiebildung führen; man kommt zunächst mit wenigen musikalischen Einfällen aus.
Die Weiterführung des Motivs läßt der Phantasie einigen Spielraum. Man kann das Motiv gleich vom nächsten Ton des Anfangstones weiterführen.

Beispiel:

a)

Oder auch vom Endton aus.
Beispiel:

b)

Es ist auch möglich, gleich das Motiv umzukehren und das Doppelmotiv als Sequenz zu entwickeln.
Beispiel:

c)

Auch Rückentwicklung bietet manche Möglichkeiten. Man kann ein aufsteigendes Motiv abwärts führen.
Beispiel:

e) Oder auch umkehren.
Beispiel:

e)

Natürlich sind auch die oben angeführten Beispiele für die aufsteigende Sequenz bei der zurückentwickelten durchführbar.
Beispiele:

Vom Endton d. Motivs weitergeführt (wie bei b) Umgekehrt zum Doppelmotiv (wie bei c)

Kindern kann man diese verschiedenen Möglichkeiten auch durch Zeichnungen verdeutlichen. Einmal können sie einfach den Verlauf der Töne umsetzen. Das sähe für die angeführten Beispiele etwa so aus:

Es kann aber auch völlig abstrahiert werden.
Beispiel:

Bewegungsstimulans

Lehrblatt

Die Flöte kann auch zur Bewegung und Darstellung stimulieren. Dazu braucht man keine großen spieltechnischen Fähigkeiten, dafür aber ein gewisses Maß an Phantasie. So können Triller etwa flirrende Luft oder Vogelstimmen darstellen. Der Kuckucksruf, Polizeisirenen und ähnliches können imitiert werden.
Bläst man nur in das Kopfstück der Blockflöte, hat man täuschend ähnlich den Pfiff einer Dampflokomotive oder -maschine usw. Ab- und aufsteigende Melodien können auch zum Hinlegen und Aufstehen animieren. Durch Tonschwellungen (verschieden starkes Anblasen eines Tones) und Überblasen lassen sich unterschiedliche Stimmungseffekte erzielen.
Mit Hilfe dieser Mittel kann man ganze Geschichten selbst zusammenstellen, die erzählt und begleitet oder nur dargestellt und begleitet werden. Man kann sie auch erzählen, darstellen und begleiten.
Diese Art der Flötenimprovisation eignet sich besonders für Kinder im Elementar- und Primarbereich. Diejenigen, die schon etwas die Flöte handhaben können, sind hier auch in der Lage zu begleiten. Die Rollen können dann – je nach Spielfertigkeit verteilt werden.

3.

Beispielblatt

Als Beispiel sei hier folgende Erzählung angedeutet: "Es war ein heißer Sommertag, an dem das Sonnenlicht flimmerte. Ich ging in den Wald, doch allmählich wurden meine Schritte immer langsamer. Schließlich wurde ich müde und ließ mich behaglich ins Moos sinken.
Viele Vögel hörte ich nun zwitschern. Es schien ein großes Durcheinander zu sein. Doch allmählich konnte ich bestimmte Vogelstimmen unterscheiden. Deutlich vernahm ich den Ruf des Kuckucks, das Hämmern des Spechtes und sogar das Trillern der Nachtigall.
Ich mußte wohl eingeschlafen sein, denn ich schreckte plötzlich durch eine Polizeisirene hoch. Kurz darauf hörte ich ein Feuerwehrauto in der Ferne vorbeirasen. Mißmutig stand ich auf und ging nach Hause. Ich wollte nichts als Ruhe haben."
Darstellung und Begleitung ergeben sich hier aus der Geschichte selbst und können von der Gruppe und den Solisten nach eigenem Ermessen gestaltet werden.

Ostinato

Lehrblatt

Mehrstimmiges Flötenspiel bereitet häufig den Spielenden mehr Freude als den Zuhörern. Nicht immer sind Flöten so rein gestimmt, daß sie zusammenpassen. Eine gewisse Hilfe ist es, wenn man Instrumente der jeweils gleichen Herstellerfirma zum mehrstimmigen Flötenspiel benutzt.

Stimmen, die dicht beieinanderliegen, klingen oft besonders scharf. (Etwa Terzen, Drei- oder Vierklänge in enger Lage.) Gut klingen dagegen ostinate Gegenstimmen. (Ostinato nach Hugo Riemann:"Fortgesetzte Wiederkehr eines Themas mit immer veränderten Kontrapunktierungen." – Also Gegenstimmen.) Auch unverändert wiederkehrende Motive in Gegenbewegung sind reizvoll.

Ein Ostinato kann ein-, aber auch mehrstimmig sein. Er kann die Gegenstimme zu einer einstimmigen Melodie, aber auch zu mehrstimmigen Melodien bilden. Wie bei jeder Mehrstimmigkeit, klingt auch hier die Gegenbewegung der Stimmen besonders günstig: steigende Melodie, fallender Ostinato – und umgekehrt; lebhafte Melodie, ruhiger Ostinato – und umgekehrt.

Der Ostinato kann auch nur aus einem Ton oder einer Oktave bestehen, die einmal oder in bestimmten Abständen gespielt werden. Hier spricht man von einem "Orgelpunkt". Genauso kann es mit einer einmal erklingenden oder sich wiederholenden Quinte sein, "Bordun" genannt. Die Quinte kann auch mit ihrem oberen oder unteren Ton oder beiden Tönen gelegentlich – wenn es die Melodie erfordert – ausweichen, das ergibt den sogenannten "schweifenden Bordun" (siehe Beispielblatt).
Bei ostinaten Gegenstimmen sind Reibklänge häufig. Sie lassen sich nicht vermeiden, wenn sich die Melodien über jenen tonalen Bereich hinaus entwickeln, in dem der Ostinato haften bleibt.

Trotzdem unterliegen diese Reibklänge auch den Grundregeln der Harmonielehre. Demnach sind sie möglich:
a) wenn der Reibklang ein Durchgangsklang ist (man also nicht auf der Dissonanz verharrt),
b) wenn er als Vorhalt erscheint (sich also in eine Konsonanz auflöst),
c) wenn er als Wechselton erscheint (Konsonanz– Dissonanz– Konsonanz).
Außerdem sollte er möglichst auf einem unbetonten Taktteil vorkommen. (s. EM 5.6/Seite 509 und 510)

Bei Kindern in der Elementar- und Primarstufe ist es empfehlenswert, sich – zumindest im Anfang – auf einfache Ostinati zu beschränken (Grundton, Oktaven, Quinten, evtl. Sekunden).
Dafür kann man rhythmisch variieren, z. B. langsame Töne auf nachhallenden Stabspielen (etwa Metallophon, klingenden Stäben) oder tiefen Flöten spielen. Kurze, rhythmisch akzentuierte Ostinati soll man auf kurz klingenden Stabspielen (z.B. Xylophon) bzw. hellen Flöten darbieten.

Auch kann man bei Stabspielen die Intervalle gleichzeitig oder im Wechselschlag spielen lassen. Bei Flöten können evtl. zwei Instrumente gleichzeitig die Oktave oder Quinte bilden.

Muß ein Ostinato gewechselt werden, weil er zu einem bestimmten Melodieteil nicht paßt, kann man für jeden Ostinato einen Spieler oder eine Spielgruppe

nehmen, die jeweils entsprechend der Melodie an die Reihe kommen. Hierzu können auch unterschiedliche Instrumente herangezogen werden.
Blockflöten können auch ostinate Gegenstimmen spielen. Man kann aber auch zu Blockflötenmelodien Ostinati auf Stabspielen musizieren oder die Ostinati summen oder singen.
Ostinati können auch nur auf Schlaginstrumenten ohne bestimmte Tonhöhe gespielt werden. Hier empfiehlt es sich, die nachhallenden Instrumente (Becken, Cymbel, Gong, Triangel) für langsame Rhythmen und die ohne Nachhall (Holzblock-, Holzröhrentrommel und Klanghölzer) für kurze einzusetzen. Hierbei ist wieder zu beachten: ruhige Melodie = lebhafter Ostinato. Und umgekehrt.

Beispielblatt

Ist ein Mann in´n Brunn gefallen

Ostinato in strenger Gegenbewegung und gleichem Rhythmus.

Ostinati in verschiedenen Arten.

Sonne, Sonne, scheine.

1. Ostinato in ruhiger Gegenbewegung (aus dem Tonmaterial der Melodie).

2. Ostinato in gebrochenen Oktaven.

3. Ostinato als Bordun

(Dieser Teil kann als Coda oder auch als Grund-Ostinato für das ganze Lied genommen werden.)

Aufgabenblatt

Auf der Brück´ von Abeljon

Altes Kinderlied

Fertigen Sie zu diesem einfachen pentatonischen Lied eine kleine Partitur an, indem Sie verschiedene Ostinati untereinander schreiben.

Dieser Teil kann mit einem Schlagzeug-Ostinato begleitet werden.

3.

Variation

Lehrblatt

Die Variation spielt innerhalb des Musizierens auf Blockflöten eine große Rolle. In der Barockzeit war es üblich, lange Noten und Tonpassagen so sehr mit Verzierungen (Vor-, Nach-, Doppelschlägen und Trillern) zu versehen, daß die eigentliche Melodie – also das Thema – manchmal kaum noch zu erkennen war. Dies galt in besonderem Maße für langsame Stücke. Oft wurde dann vom Interpreten soviel an Verzierung eingebracht, daß diese schon eine Form von Variation darstellten.
Diese "Manier" kann man sich auch bei der Bewegungsbegleitung zunutze machen. Ist eine Melodie für die Bewegungsgruppe bekannt, kann sie bei weiteren Wiederholungen verziert oder mit Nebentönen umspielt werden. Auch die Bewegung könnte dann das Grundschema variieren, sie kann aber auch gleichbleiben. Bei dieser Art spricht man von "Double-Variation". Sie ist für den Hörer leicht erkennbar und eignet sich deshalb besonders gut für Kinder. Für den Flötenspieler bedeutet sie aber eine gewisse Beherrschung des Instrumentes und stellt einige Anforderungen an Atem- und Fingertechnik.
Das Gegenstück zur Double-Variation stellt die Charakter-Variation dar. Sie ändert – wie der Name sagt – den Charakter des Themas und kehrt ihn oft ins Gegenteil um. Also:

Beschwingtes wird beherrscht oder gespannt,
Ernstes wird heiter,
Langes kurz, usw...

Für Charakter-Variationen bieten sich folgende Möglichkeiten an:

Änderung des Tempos,
der Phrasenlänge,
der Taktart,
des Rhythmus,
der Tonart,
des Tongeschlechts.

Man kann nur *eine* dieser Komponenten benutzen und damit der Double-Variation nahe kommen. Beim Wechsel nur der Tonart würden z. B. die meisten Hörer – außer denen mit absolutem Gehör – kaum eine Veränderung erkennen. Man kann aber auch durch mehrere Komponenten gleichzeitig das Thema stark variieren. Besonders verändernd wirken gewechselter Rhythmus, geänderte Taktarten und variiertes Tongeschlecht.
Die Freiheit der Variation ist da zu Ende, wo man *keine* der Komponenten des Themas mehr beibehält. Es handelt sich dann um ein anderes, neues Musikstück.
Variationen lassen sich übrigens auch sehr gut zeichnen. Hier kann die Umspielung des Themas – also die Double-Variation – deutlich von den Charaktervariationen (andere Farben, andere Formen oder andere Größen) optisch unterschieden werden. Natürlich müssen auch hier noch Grundzüge des Themas (also der ursprünglichen Zeichnung) erkennbar sein.
Das gleiche gilt für die Bewegung. Hier können zusätzlich noch Raumweg und Bewegung am Platz (Fortbewegung oder – und – Gesten) reizvolle Variationsmöglichkeiten bieten, die wiederum in der Flötenbegleitung ihre Entsprechung finden müßten.

"Variation" siehe EM 5.5/ Seite 488

Beispiel- und Aufgabenblatt

Aufgabe:
Erkennen Sie die Lieder? Finden Sie heraus, ob außer der angegebenen Veränderung noch eine im Lehrblatt angegebene Variationsmöglichkeit verwandt wurde. Ändern Sie Ihrerseits die Lieder auf noch andere Arten.

Veränderte Taktart.

3.

Rhythmische Veränderung.

Kennen Sie dieses Lied? Es ist der "liebe Augustin", der seinen Charakter verändert hat. – Was wurde variiert?

Und wie sieht nun sein Double aus?

3.3 Improvisation für Klavier

Haim Alexander

Allgemeine Überlegungen zur Improvisation am Klavier

Lehrblatt

Das Lehren eines so subtilen Faches wie Improvisation im allgemeinen und Klavierimprovisation im besonderen erfordert im Grunde einen persönlichen Kontakt zwischen Lehrer und Schüler.

Wenn hier dennoch der Versuch unternommen wird, die Probleme durch gedruckte Anweisungen zu lösen, so muß man sich durchaus klar darüber sein, daß der große Unbekannte, für den diese Anweisungen geschrieben werden, sich auf eine reiche Anzahl verschieden reagierender und zum Teil anders erzogener Leser erstreckt.

Daher muß das gebotene Material so gehalten sein, daß es auch für den unerfahrenen eine verständliche Basis zur Weiterbildung darstellt.

3.

Folglich sind die Übungen zunächst auf ein Elementarniveau beschränkt. Sie setzen vom Schüler eine gewisse Grundlage innerhalb der Klaviertechnik voraus, aber erwarten nichts von ihm auf dem Gebiet der Improvisation.

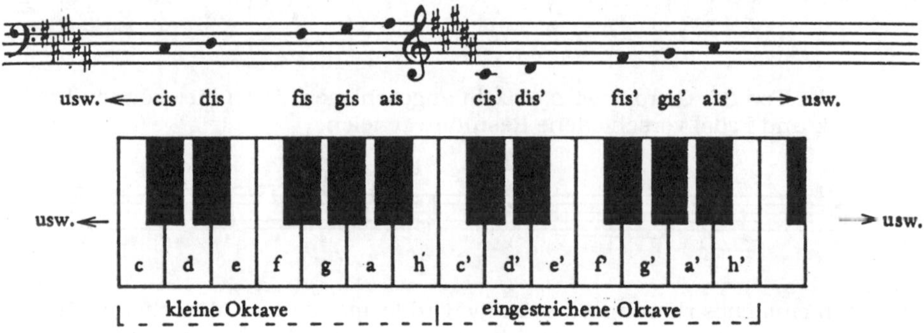

Siehe EM 5.7/Seite 526

Spiel in der Pentatonik: Motiv, Phrase, Satzbildung

Lehr- und Beispielblatt

Die Übungen dieses ersten Kapitels basieren fast ausschließlich auf der Pentatonik. Die schwarzen Tasten des Klaviers sind nicht nur pentatonisch angeordnet, sondern ermöglichen dem ungeübten Spieler auch ein technisch unkompliziertes Spiel durch die Gruppierung von zwei und drei Tasten nebeneinander. So kann sich der Spieler ganz den improvisatorischen Aufgaben zuwenden. (s. S. 526).
Die quasi problemlose Pentatonik wird nunmehr durch sukzessiv sich steigernde Übungen und Erweiterungen angereichert. Darunter fallen u. a. Motiv, Phrase und Satzbildung, Texte als Lernhilfen, symmetrische und asymmetrische Bildungen usw. Das simultane (gemeinsame, gleichzeitige) Spiel mit beiden Händen wird erst nach sorgfältiger Vorbereitung eingeführt.

1. Wir machen uns mit den sogenannten "Tontrauben" vertraut und drücken die zwei oder drei schwarzen Tastengruppen mit den Fingern 2 - 3 bzw. 2 - 3 - 4 gleichzeitig nieder. Dazu kann man verschiedene dynamische Abstufungen wählen: p, mf, f, unter Benutzung oder Fortlassen des rechten Pedals. Eine rhythmische Einheit ist nicht vorgeschrieben, doch empfiehlt es sich, jede Tontraube eine gewisse Zeit im Raum schwingen zu lassen.

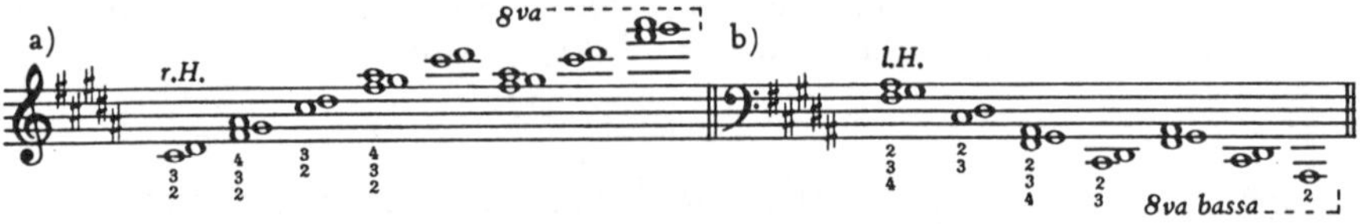

2. Jeder Ton der Gruppe wird einzeln angeschlagen. Auch hier können Dynamik und Pedal verschiedene Resultate erzielen.

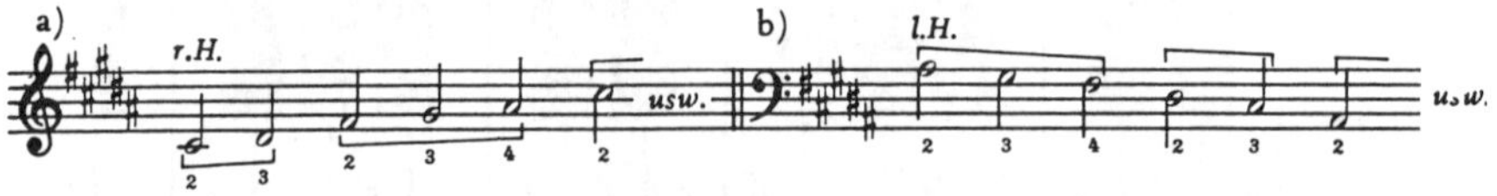

3. Ein einfaches rhythmisches Motiv wird festgelegt. Zur Abwechslung ist die Taktart in der linken und rechten Hand verschieden.

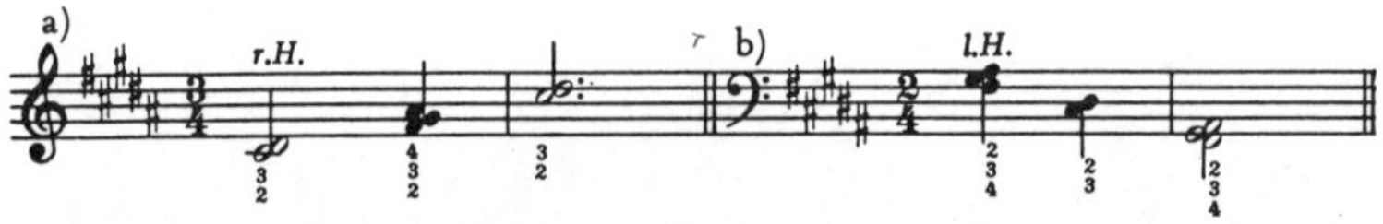

4. Das Motiv von Übung 3 wird abwechselnd auf beide Hände verteilt. In 4.1 wird die Dreiergruppe um eine Oktave nach oben verlegt, bei dem Beispiel 4.2 werden Einzeltöne verwendet. Wiederum werden Dynamik und der Gebrauch des Pedals dem Ausführenden überlassen.

5. Das in Beispiel 4 gezeigte Motiv wird hier durch Wiederholung und Weiterführung zu einem kompletten Satz entwickelt. Dieses “klassische” Muster setzt sich aus 2 + 2 + 4 Takten zusammen. Es empfiehlt sich, das Ganze durch improvisierte Worte, die der Musik angepaßt sind, zu verstärken. (Motiv siehe EM 5.5/Seite 481)
Der erste Text – “lieber Mai” – ist im Grunde ungeeignet für die dicken “Tontrauben”, es sei denn, daß das Stück leise und allegretto gespielt wird. Der zweite Text erfordert ein starkes Spiel im forte/marcato.

5.1 Ein anderes Motiv mit Wiederholung und einer Antwortphrase bis zum kompletten Satz. Nach Erfindung eines geeigneten Textes wird schließlich eine “polternde” Musik in der unteren Region des Klaviers improvisiert.

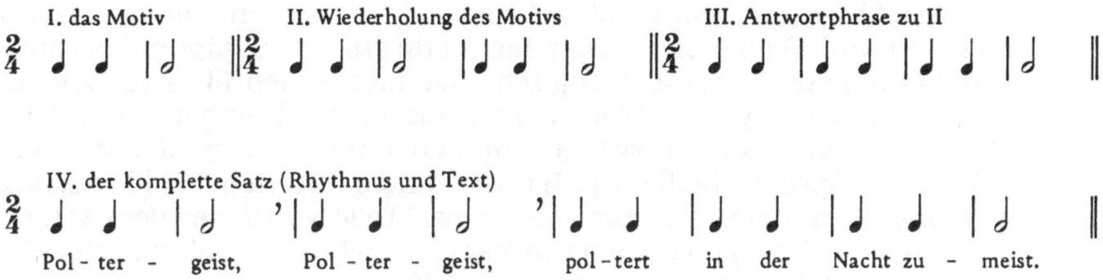

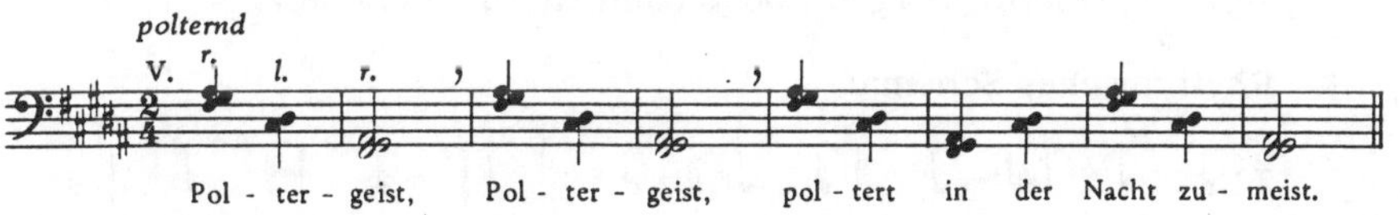

6. Eine Anzahl gegebener Einzeltöne soll vom Spieler so gestaltet werden, daß er die Taktart, Dauer jedes Tones, Tempo, Dynamik und Phrasierung selbst bestimmt.
Um dem Anfänger dieser – im 20. Jahrhundert oft gebrauchten – Notierung den Weg zu erleichtern, sind in den Beispielen 6.1 und 6.2 zwei Anfänge mit Taktart usw. gegeben, die der Spieler mit den gegebenen Tönen fortsetzt.

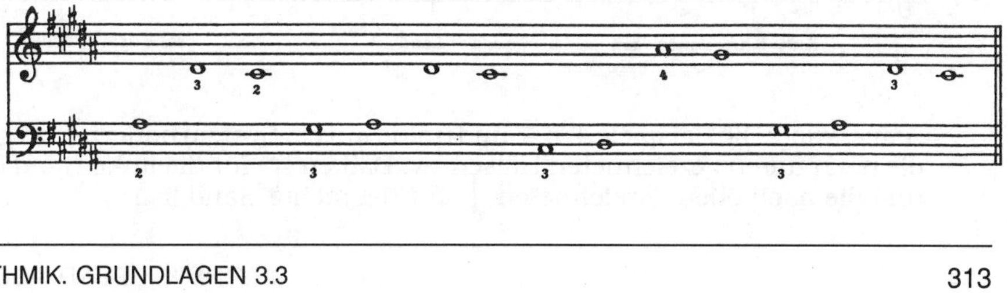

6.1

6.2

6.3 Hier erscheint eine andere, rezitativisch anmutende Lösung, die sicher dem Material mehr entspricht. Dieses Beispiel soll einen Hinweis auf gewisse zeitgenössische Strömungen geben.
Man könnte hier einen kleinen Versuch in der Aleatorik sehen (Aleatorik = Würfel-oder Zufallsmusik).

7. In Fortsetzung der asymmetrischen Tendenz von Beispiel 6 wollen wir uns nun ungleich gegliederten Gruppen (Phrasen) zuwenden.
Die Musikliteratur kennt viel mehr solcher Bildungen, als allgemein angenommen wird. Selbst die meisten Menuette aus den Symphonien von Haydn sind bei näherer Untersuchung mit asymmetrischen Phrasen beladen, die aber so natürlich wirken, wie sie konzipiert sind. Das heißt, daß wir nicht gewaltsam Asymmetrie erzwingen können, ohne den Sinn der Musik zu zerstören. Die Sprache bedient sich aber ständig ungleicher Bildungen. Daher gehen wir vom Text aus, improvisieren zwei Teile, von denen der zweite kürzer ist als der erste (es ginge auch umgekehrt!), zählen die Silben beider Teile (7 und 4) und richten ein rhythmisches Schema ein.
Text: "Kurt fährt morgen über's Land zu seinem Schatz."

Rhythmisches Schema:

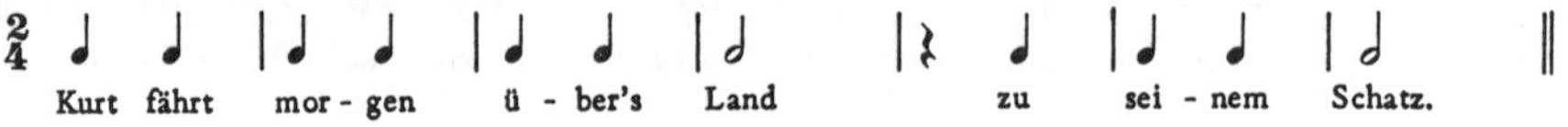

7.1 Hierzu wird jetzt eine einfache Melodie erfunden, die auf syllabische (jeder Note eine Silbe zugeordnet) Art versucht, dem ebenfalls simplen Text gerecht zu werden.

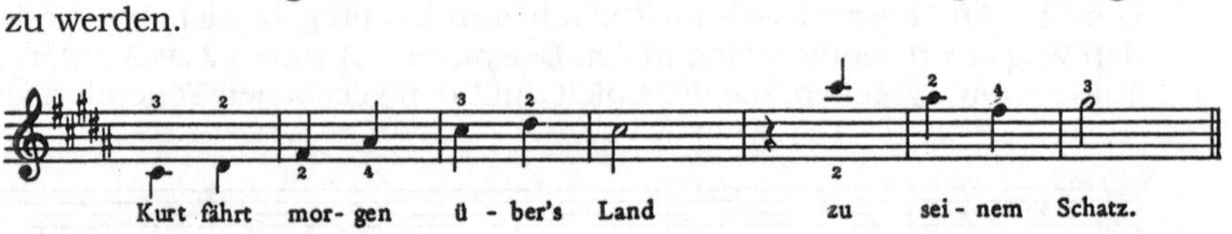

Anmerkung: Die Beispiele 4, 5, 7 und 8 sind auf ein System notiert. Dort gelten die nach unten gezeichneten Hälse bzw. Balken für die linke Hand (l. H.) und die nach oben gezeichneten für die rechte Hand (r. H.).

8. Dieser Übung liegt ein Modell zugrunde, das später improvisatorisch verändert wird. Es handelt sich um das Glockenspiel des Londoner Big Ben. Diese Melodie wird bei 8.1 und 8.2 Grundlage einer Improvisation. Man könnte hier von einem Thema mit Variationen sprechen: Bei 8.1 wäre das noch zu verstehen.
Im Beispiel 8.2 wird aber die Grundstruktur verändert, es erscheint nur der Anfang eines fortzusetzenden Satzes. Daher wäre der Begriff Variation zumindest ungenau!

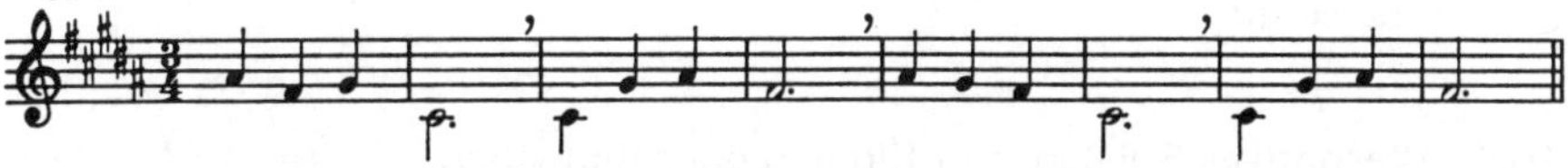

8.1

8.2

3.

9. Die bisherigen Pentatonikübungen waren an einen bei Beispiel 1 gegebenen Fingersatz gebunden. Wir verändern nunmehr den Fingersatz wie in Beispiel 9 angegeben, um die entsprechende Vorbereitung für die folgenden Übungen zu geben.

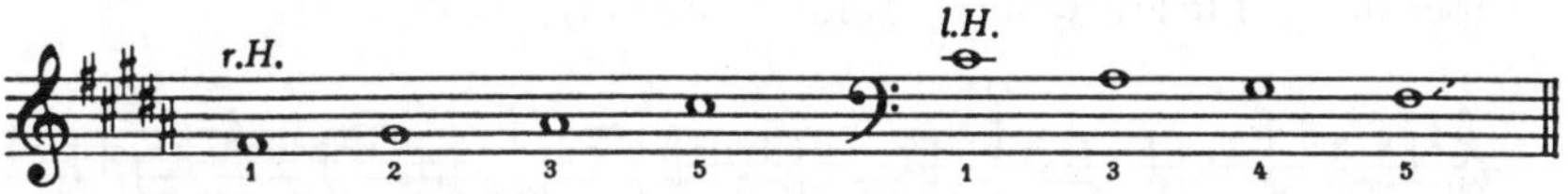

9.1 Gleichzeitig führen wir das simultane Spiel beider Hände ein: Die linke Hand setzt im zweiten Takt mit umgekehrter Imitation ein und spielt die letzten Takte gleichzeitig mit der rechten Hand.

9.2 Verändert die Taktart, gibt aber nur den Anfang an, der wie bei 9.1 weitergeführt werden soll.

10. Der erweiterte Fingersatz erlaubt uns nun die Benutzung der sogenannten Bordun- oder Dudelsackquinte. Um die Vielseitigkeit dieses einfachen Basses zu erfahren, spiele man die Melodie von 8. oder von 9.1 und begleite sie taktweise mit der Bordunquinte statt des Imitationsbasses.
("Bordun" siehe EM 5.6/Seite 494)

Bordunquinte

linke Hand

10.1 Alternatives Spielen und Klopfen oder Klatschen.
Diese Improvisationsübung kann auch mit zwei Teilnehmern durchgeführt werden: Der eine spielt am Klavier den einen Takt, der zweite antwortet ihm usw. Es ist durchaus nicht nötig, den Wechsel nach jedem Takt vorzunehmen!

11. In dieser Übung wird die Bordunquinte durch Überschlagen der linken Hand über die rechte zur Quarte (Takte 6 und 11).

12. Diese Übung stellt eine Mischung der bisher erarbeiteten Elemente dar. In Takt 4 kann der Spieler jede rhythmische Form innerhalb des gegebenen Rhythmus wählen. Die Fortsetzung soll sich organisch aus dem gegebenen Material entwickeln.

Wir haben uns bisher nur an die Pentatonik der schwarzen Tasten gehalten. Doch haben wir versucht, dem Anfänger innerhalb eines gleichbleibenden technischen Materials möglichst viele improvisatorische Anregungen zu bieten.
Im folgenden werden wir uns weiteren Zielen zuwenden, die Improvisation für beide Hände entwickeln, Kirchentonarten sowie Dur und Moll hinzuziehen und im Rahmen des gegebenen Raumes die kleinen Sätze zu größeren Formen entwickeln.

Aufgabenblatt

Die folgenden Aufgaben beziehen sich in der Reihenfolge auf die Beispiele des Lehr- und Beispielblattes (Seite 312 f).

Zu Beispiel 1
Man versuche andere Kombinationen innerhalb der pentatonischen Gruppe. Zum Beispiel statt aufeinanderfolgender Gruppen spiele man auseinanderliegende Tontrauben mit dem Fingersatz 2 – 3 bzw. 2 – 3 – 4 (in der Tiefe, Höhe, Mitte). Das kann mit beiden Händen abwechselnd oder gleichzeitig erfolgen. Auch kann eine forte gespielte Struktur – mit Pedal – durch eine piano gespielte abgelöst werden und so eine Echowirkung hervorrufen.

Zu Beispiel 2
Alles zu Beispiel 1 Gesagte wird nun auf Einzeltöne übertragen, oder man wechselt Tontrauben mit Einzeltönen ab. Weitere Kombinationen erfinden!

Zu Beispiel 3 und 4
Die dort gezeigte Motivik ist auf das Einfachste beschränkt. Fortgeschrittene Schüler sollten sich eine Anzahl von Motiven aus der Literatur notieren – u. a. Beethovens Motivik in Sonaten, Symphonien und Kammermusik – und daraus ersehen, daß es kurze und lange Motive gibt, die fast immer ein besonderes rhythmisches Gepräge haben. Wem es selber schwerfällt, Motive zu improvisieren, der benutze die vorhandene Motivik unserer Meister, verändere sie, um so fortschreitend vom Vorhandenen zum Eigenen überzugehen.

3.

Zu Beispiel 5
Die nunmehr gewonnene Erfahrung im Bilden von Motiven wird gemäß den Beispielen 5 oder 5.1 so genutzt, daß der Spieler seine eigenen Motive zu kleinen Sätzen verarbeitet.
Das Liederbuch "Gar fröhlich zu singen" (siehe EM 5./Seite 432) bietet hinreichend Gelegenheit, die Entwicklung vom Motiv zum kompletten Lied zu verfolgen.
Ein einfaches Beispiel im pentatonischen Raum bietet das Lied "Nebel" auf . Das Motiv wird erst wiederholt, um dann auf höherer tonlicher Ebene weitergeführt zu werden. Auch dieser Teil wird wiederholt. Der dritte, abschließende Teil verbindet beide Tonebenen (wieder mit Wiederholung des Motivs), und das Wort "Nebel" dient der Melodie als zweitaktige Coda.
Man versuche, eine neue Melodie über den bestehenden Text zu improvisieren!
Es muß dem einzelnen überlassen bleiben, welchen Ausgangspunkt er für seine Improvisation wählen wird: Man kann von
einem gegebenen Rhythmus,
einem melodischen Motiv,
von einem Text
ausgehen und gute Resultate erzielen. Der spontan reagierende Musiker wird wohl alle drei Elemente zugleich empfinden, ja, das Lied wird unter Umständen sofort fertig vor ihm stehen. Aber für diesen Musiker sind diese Zeilen auch nicht geschrieben.

Zu Beispiel 6
Es ist nun an der Zeit, auch andere als die schwarzen Tasten zu benutzen. Auf keinen Fall aber sollte die Auswahl der Töne behindernd auf die Freiheit der Improvisation wirken.

Man schreibe also eine Reihe von Tönen auf, nach der Art, wie sie im Beispiel 6 erscheinen, und versuche, durch

- Taktart,
- Rhythmus,
- Tempo,
- Dynamik,
- Phrasierung

dem Gebilde eine musikalische Struktur zu geben.
Es wird sich eine große Zahl von Varianten aus dem Grundstoff ergeben, wenn man dieser Aufgabe viel Zeit und Geduld widmet!

Zu Beispiel 7
Man erfinde einen Text, der zwei ungleiche Hälften hat (das kann ein Buch- oder auch Zeitungstext sein!). Dieser Text wird rhythmisiert. Dazu sei bemerkt, daß auch die Möglichkeit besteht, jeder Wortsilbe mehr als eine Note zuzuordnen (melismatisch), anstatt einfach einen Ton zu jeder Silbe zu spielen (syllabisch). Sehr oft findet eine Mischung beider Elemente statt. (So ist in dem Mozart'schen Lied "Komm lieber Mai und mache die Bäume wieder grün" fast alles syllabisch komponiert bis auf die durch Bindebögen bezeichneten Stellen, wo zwei oder mehr Töne auf eine Silbe kommen (melismatisch).

Sehnsucht nach dem Frühling

Text: C. A. Overbeck (1755 - 1821)
Weise: Wolfgang Amadeus Mozart (1756-1791)

Durch Verlängerung einer Tondauer kann der in der Sprache gleichmäßig gesprochene Text auch lang – kurz oder kurz – lang erscheinen (z. B. Halbe- und Viertelnoten im 3/4-Takt).
Man sollte vorsichtig mit melismatischen Gebilden umgehen, da die hier vorgeschlagene Arbeitsweise – vom Text über den Rhythmus zur Melodie – eine melismatische Vorkonstruktion nicht zuläßt. Es sei denn, daß mit dem Text die teilweise oder ganz konzipierte melismatische Melodie gleichzeitig entsteht.

Zu Beispiel 8
Man suche andere, bekannte Modelle, die nicht zu lang sind – d. h. noch keine kompletten Themen – und improvisiere mit ihnen. Das können Anfänge aus klassischen Kompositionen sein, ebenso bietet das Lehrbuch "Gar fröhlich zu singen" ausreichend Stoff zu dieser Aufgabe. So befinden sich unter der Rubrik "Pentatonik" eine Anzahl leichter Lieder, deren Anfänge sich gut zu diesen Arbeiten eignen.

Zu Beispiel 9
Zunächst versuche man das Beispiel 9.1 so zu verändern, daß die rechte Hand unangetastet bleibt, die linke Hand aber die vorgeschriebene Imitation zugunsten einer anderen Spielart aufgibt: die linke spielt mit der rechten Hand die Melodie gleichzeitig eine Oktave tiefer, oder die Imitation geschieht in der Art eines Kanons, indem die linke Hand einen Takt später als die rechte mit der gleichen Melodie einsetzt.

Zu Beispiel 10
Um den Bordunbaß weiter zu üben empfiehlt es sich, einige der pentatonischen Lieder aus dem Buch "Gar fröhlich zu singen" mit der rechten Hand zu spielen und mit der linken Hand dazu mit dem Bordunbaß zu begleiten. Falls das gleichzeitige Spielen der Melodie und des Basses noch zu schwer erscheint, kann man die Melodie singen und sich dazu begleiten. Ebenso suche man nichtpentatonische Lieder, die sich einem Bordunbaß anpassen können (z. B. "Es sungen drei Engel" oder "Lieber guter Nikolaus"). Der richtige Bordunbaß wird oft erst nach dem Erkennen der Tonalität des Liedes gefunden werden (s. EM 5.3/Seite 461).

Zu Beispiel 10.1
Das hier benutzte abwechselnde Spielen und Klatschen kann bei zwei Spielern zu einem rhythmischen Begleitspiel führen. Der eine Spieler spielt ein Lied mit einer Bordunbegleitung, der zweite begleitet dazu mit einem Rhythmus auf einem Schlaginstrument. Spielt nur einer, so kann er eine Phrase spielen und die folgende rhythmisch begleiten und singen.

3.

Zu Beispiel 11
Die hier verwendete Technik des Überspringens der rechten Hand mit der linken – und damit die Umkehrung der Quinte zur Quarte – kann man nun auch für andere Lieder verwenden. Man versuche auch, die Taktart des Beispieles 11 zu ändern; schließlich sollte man auf Grund dieser Erfahrungen ein eigenes Stück improvisieren. Die im Liederbuch erscheinenden Lieder sind zum Teil durchaus zu einer Begleitung mit dem Bordunbaß plus Überschlag zu verwenden. So nehme man das Lied "Es schneiet" und begleite es taktweise, einmal mit der Quinte unten und dann mit der Quarte oben.

Zu Beispiel 12
Man versuche auf Grund der erarbeiteten Elemente mehrere kleine Sätze auf verschiedene Art zu improvisieren. Einige Vorschläge für den Arbeitsvorgang:

- Pentatonik auf den schwarzen Tasten,
- Tontrauben als Tonmaterial,
- Bildung eines rhythmischen Motivs,
- Erweiterung des Motivs zu einem musikalischen Satz.

- Pentatonik auf den schwarzen Tasten,
- Tontrauben gemischt mit Einzeltönen,
- Bildung eines Motivs,
- Erweitern zu einem musikalischen Satz.

- Ein symmetrischer Reim, selbstverfaßt oder aus dem Liederbuch,
- Silben auf ein rhythmisches System übertragen (siehe Beispiel 5.1),
- Melodie dazu bilden (Pentatonik, Dur oder Moll).

- Die Melodie, die bisher syllabisch aufgebaut ist, auf ihre Eignung zu melismatischen Einwürfen prüfen (siehe Aufgabenblatt Beispiel 7.),
- die Melodie mit einem Bordunbaß versehen,

- eine einfache Imitation für die linke Hand spielen,
- einen asymmetrischen Text aufschreiben,
- eine passende Melodie dazu finden,
- eine Bordunbegleitung mit Überschlag (siehe Beispiel 11.) mit der linken Hand spielen.

Spiel in der Pentatonik: Ostinato, Liedformen, Phrasierung, Vorder- und Nachsatz

Lehr- und Beispielblatt

Der vorliegende zweite Teil der Improvisation für Klavier wird die im ersten Teil begonnene Pentatonik auf höherer Ebene weiterführen. Es werden Beispiele über die Dur- und Moll-Tonalitäten folgen, Improvisationen mit den Kirchentonarten werden die kurzen Ausführungen abschließen. Alle Themen werden formale Elemente miteinbeziehen.*
Wir lassen nun der im ersten Teil besprochenen Pentatonik der schwarzen Tasten die der weißen Tasten und die der gemischten schwarz-weißen Pentatonik folgen.

3.

1. Das erste Beispiel basiert auf den Tönen f, g, a, c, d.
Die Oberstimme benutzt nur vier Töne und überläßt den Grundton f der Unterstimme. Diese kreist ständig um eine ostinate Figur: f, c, d, c. Die vier Töne der Oberstimme werden durch rhythmische Varianten, unter denen besonders die durch eine Achtelpause hervorgerufene Synkope auffällt, belebt.
Beispiel 1
Allegretto

2. Die Beispiele zwei bis fünf sollten nur von geübteren Spielern erarbeitet werden, Anfänger können direkt zu dem Dur-Moll-Kapitel übergehen.
Das Beispiel zwei führt einen vierstimmigen pentatonischen Satz ein, es sind nur zwei Takte gegeben. Wer an Symmetrie interessiert ist, wiederhole diese beiden Takte und schaffe so eine viertaktige Phrase (eine andere Weiterführung siehe im Aufgabenblatt). Nun versuche man, in weiteren vier Takten über den gegebenen Baß eine andere, pentatonische Oberstimme (eventuell nur einstimmig) zu improvisieren, die als mittlere Phrase des Stückes stehen soll. Die letzten vier Takte seien mehr oder weniger eine Reprise des Anfangs. So erhalten wir 4 + 4 + 4 Takte – eine "Miniatur A B A - Form".
Beispiel 2
Andante

* Die folgenden Beispiele (Seite 321 - 344) stammen sämtlich von Haim Alexander.

3. Die zeitgenössische Musik ist reich an Dissonanzen und versucht, die so sehr eingefahrenen Gleise der Tonalität entweder zu erweitern (siehe EM 5.3/ Seite 464) oder andere Gesetze statt ihrer aufzustellen.
Das Beispiel drei stellt einen solchen Versuch dar, indem Töne der "schwarzen Pentatonik" mit den Tönen der Pentatonik auf den weißen Tasten gemischt werden. Die linke Hand spielt die Quarte d - g, während die rechte Hand um fis, gis, ais und cis kreist. Man könnte fragen, ob der Begriff Pentatonik hier noch am Platze ist, da doch weder die Ober- noch die Unterstimme wirklich fünf Töne benutzen. Aber wie es Dur und Moll-Melodien gibt, die durchaus nicht alle Töne der Tonleiter verwenden, so gibt es auch im pentatonischen Bereich solche Möglichkeiten. Jedenfalls haben wir hier ein außergewöhnliches Material vor uns, das auch in seinen anderen Elementen (Phrasenlänge, Dissonanzen usw.) eine "nichtklassische" Behandlung fordert (sonst würde das Ergebnis nicht homogen wirken).
So wird die 4/4-Taktart am Ende jeder Phrase von einem 2/4-Takt abgelöst und es entstehen zwei Phrasen ungleicher Länge (drei und vier Takte!). Das Versetzen des Notentextes in drei verschiedene Oktaven stellt gleichzeitig eine gute pianistische Übung dar.
Man könnte übrigens dieser Mischung von schwarz-weißer Pentatonik den Namen "Bipentatonik" geben, in Anlehnung an den Begriff "Bitonalität" (bi = zwei).

Beispiel 3 Allegro

4. Betrachten wir nun die vollständige pentatonische Reihe auf den schwarzen und weißen Tasten:

Beispiel 4

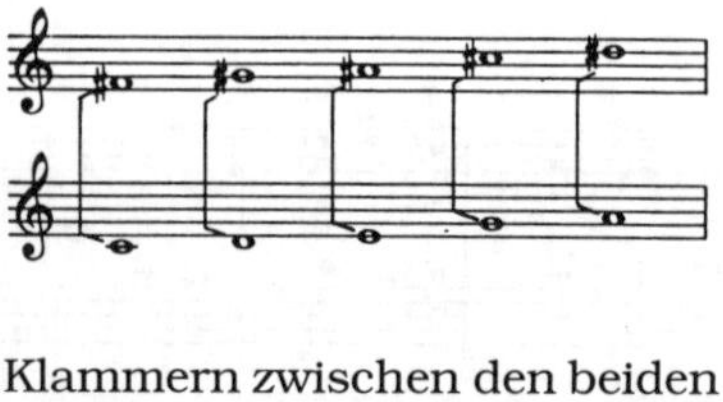

Die jeweiligen Klammern zwischen den beiden Reihen von 4 zeigen stets das Intervall eines Tritonus an, ein äußerst problematischer Schritt in der klassischen Harmonielehre.

5. Im folgenden ist nun ein solches Tritonusstück konstruiert, das – in Anlehnung an die Kompositionstechnik Bartóks ("Mikrokosmos") – die Bipentatonik im polyphonen Satz zu lösen versucht. Den Takten 1 – 6 (Thema links, weiße Pentatonik, rechts schwarze "Tontrauben") stehen die Takte 7 – 12 als Umkehrung gegenüber. Der Mittelteil besteht aus den Takten 13 – 22, in denen das Material simultan und in Gegen- und gemischter Bewegung durchgeführt wird. Die Takte 23 - 32 sind gleichzeitig Reprise und Synthese, da das Anfangsmotiv, bereichert durch die Geschehnisse des Mittelteils, variiert wiederkehrt.

Beispiel 5

Der Lernende könnte meinen, statt eines Improvisationskurses eine moderne Klavierschule vor sich zu haben. Doch schien es geraten, ein so neues Material mit wenigstens einem vollständigen Beispiel nebst Analyse zu versehen.

Hinter all dem steht der Wunsch, dem Lernenden zunächst zu den konventionellen Improvisationsübungen einen Einblick in das zeitgenössische Musizieren zu geben. Zum besseren Verständnis dieser Musik spiele man viel Meisterwerke dieser Art (Bartóks "Mikrokosmos"), da nur eine intensive Beschäftigung mit dem Material dem Lernenden eine Hilfe innerhalb zeitgenössischer Improvisation bieten kann.

"Pentatonik" siehe	IM 3.1/Seite 223
	EM 5.3/Seite 449 und 5.3/Seite 463
"Ostinato" siehe	R 2.4/Seite 179
	IM 3.1/Seite 253 und 3.2/Seite 304
	EM 5.6/Seite 494
"Liedformen" siehe	IM 3.1/Seite 259
	EM 5.5/Seite 483

Aufgabenblatt

Die folgenden Aufgaben beziehen sich in der Reihenfolge auf die Beispiele des Lehr- und Beispielblattes (IM 3.3/Seite 321f).

Zu Beispiel 1
Man erfinde eine neue Melodie über diesem Baß, mit der pentatonischen Skala als Grundlage. Die Nummer 1a zeigt einen solchen Anfang: Der Rhythmus ist beibehalten worden und nur die Tonfolge verändert.
Nummer 1b verändert sowohl Rhythmus als auch Tonfolge.
Nummer 1c führt eine dritte Stimme ein.
Man setze die drei Anfänge fort.

Nummer 1a

Nummer 1b

Nummer 1c

3.

Zu Beispiel 2
Man spiele die zwei gegebenen Takte – wie im Lehrblatt angegeben – aber statt sie zu wiederholen setze man die Phrase unter Benutzung der Motivik des Anfangs fort, so daß sich ein sogenannter Vordersatz ergibt.
Nun erfinde man einen entsprechenden Nachsatz dazu. Das Ergebnis ist eine Periode A - B = 4 + 4 Takte.

Zu Beispiel 3
Man improvisiere eine Variante von Beispiel 3 unter Benutzung des Tonmaterials von Beispiel 4. Das folgende Notenbeispiel zeigt einen möglichen Beginn.

Allegro

Zu Beispiel 4
Man wähle eine andere Ordnung derselben Pentatonik, z. B. unten schwarze, oben weiße Tasten, und improvisiere damit. So entstehen Kombinationen verschiedener

pentatonischer Reihen miteinander (siehe EM 5.3/Seite 449 und 5.3/Seite 463).

Zu Beispiel 5

Das folgende Stück zeigt den Anfang einer Variante von Beispiel 5 unter Benutzung des Tonmaterials von Beispiel 4.

Man setze diesen Anfang fort. (Natürlich sind noch viele andere Kombinationen möglich.)

Improvisation in der Dur–Tonalität

Lehr- und Beispielblatt

Wir wenden uns nun dem Dur-System zu. Es bietet sich sogleich eine Fülle von Improvisationsmöglichkeiten an, aus der im Rahmen dieser Abhandlung nur einige Beispiele herausgegriffen werden können.

1. Wir beginnen mit einem leichten, funktionellen Baß, der Cantus firmus Charakter hat. Das folgende Beispiel stellt einen solchen Baß dar:

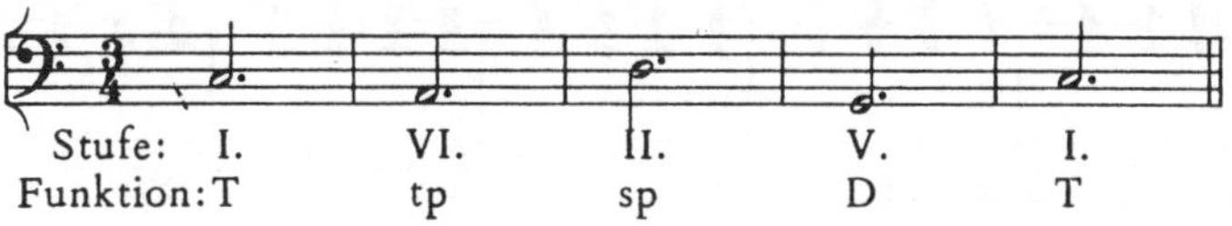

2. Über demselben Baß wird nun eine melodische Oberstimme improvisiert. Es empfiehlt sich, auch viel zu singen: Man spiele den Baß mit der linken Hand und singe dazu.

3. Über einem anderen Cantus firmus wird eine entsprechende Oberstimme improvisiert.

4. Dieses Beispiel bringt ein vierstimmiges Harmonieschema. Hier wird das Singen zur Notwendigkeit, es sei denn, ein zweiter Spieler improvisiert eine Melodielinie am Klavier dazu (oder mit Flöte), eine Oktave höher. Es ist ratsam, jeden Takt ein oder mehrere Male zu wiederholen – beim Musizieren mit einem zweiten Spieler nach vorheriger Vereinbarung.

4.1 Das folgende Beispiel zeigt über demselben Baß bei einmaliger Wiederholung jedes Taktes eine melodische Linie. Es sind nur die ersten drei Takte notiert – man führe das Stück in dieser Weise zu Ende.
Man transponiere diese Übungen möglichst oft in andere Tonarten, zum Beispiel nach F-Dur, B-Dur, A-Dur.

5. Als nächstes könnte man versuchen, einen klassischen oder barocken Tanz – Walzer, Menuett, Gavotte usw. – zu improvisieren. Hierzu eignet sich wieder der Funktionsbaß, der schon in den Beispielen 1 bis 4 verwendet wurde. Das folgende Beispiel zeigt einen solchen Tanzrhythmus im zweistimmigen Satz.

5.1 Bei diesem Beispiel ist der Baß im quasi barocken Stil aufgelockert. Das Spielen von barocken und klassischen Tänzen (Händel, Bach, Haydn, Mozart) kann dem Spieler vielfältige Anregungen zu den eigenen Improvisationen geben.

6. Wir beschließen die Beispiele innerhalb der Dur-Tonalität mit dem Kukkuckslied.
Im Beispiel 6 ist die Melodie mit einem homophonen Begleitbaß (I, V) versehen. Man beachte, daß die beiden letzten Takte zur Schlußwirkung im Baß unterschiedlich behandelt worden sind.

3.

6.1 Dasselbe Lied mit einer polyphonen Unterstimme.
Man spiele beide Lösungen hintereinander, um sich mit den verschiedenen Satzmethoden vertraut zu machen.

Variationen des Themas (Veränderung jeweils eines Elementes: Melodie, Rhythmus, Tongeschlecht oder Taktart).
Die Zugehörigkeit zum Thema muß immer erkennbar bleiben.

6.2 Im folgenden Beispiel wird die Melodie – bei gleichbleibendem homophonen Baß (wie bei Beispiel 6) – mit akkordfremden Tönen (Wechseltöne, Durchgangstöne) umspielt. Man setze den gegebenen Anfang fort.

6.3 Hier werden Melodie und Begleitung – bei gleichbleibender Durdominante – in Moll gespielt. Man spiele diese Variation etwas langsamer, legato und espressivo.

6.4 Dieses Beispiel verdeutlicht den Mollcharakter durch seine Verzierungen und akkordischen Besonderheiten.

6.5 Beispiel 6.5 bringt ein abschließendes Allegro im 4/4-Takt.

Spielen wir diese Beispiele 6., 6.2, 6.3, 6.4 und 6.5 hintereinander, so entsteht ein komplettes kleines Variationswerk.
In den vorliegenden Kadenzübungen sind auch die Nebendreiklänge und gelegentlich Vierklänge (D^7) mit einbezogen.

(Siehe EM 5.6/Seite 498, 505, 506)

Aufgabenblatt

Zu Beispiel 1. 2. 3.

Man improvisiere über diesem einfachen Baß mehrere kleine Melodien.

Diese Melodie und Begleitung sollen fortgesetzt werden.

Dieser Baß ist komplizierter (man vergleiche Beethovens Sonate für Klavier op.110, letzter Satz, Fugenthema).

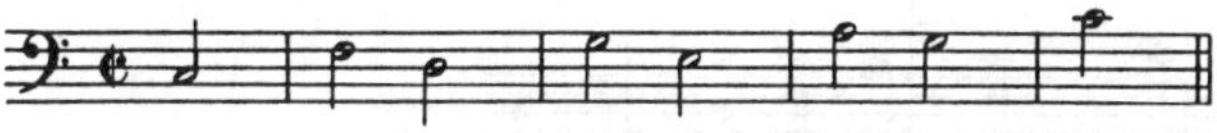

Diese Aufgabe soll mit Synkopen zu Ende geführt werden.

3.

Zu Beispiel 4

Das Singen über einer harmonischen Folge ist eine ausgezeichnete Improvisationsübung.
Man lerne erst die Akkorde sicher am Klavier und improvisiere dann singend darüber. Ein einfacher Anfang ist als unverbindlicher Vorschlag bereits gegeben.

Andante

Zu Beispiel 5
Die folgenden beiden Anfänge eines Menuetts sollen fortgeführt werden. Außerdem erfinde man kleine Tänze, auch ohne daß ein Anfang gegeben ist.

Zu Beispiel 6
Das Spielen von leichten Variationen von Mozart und Beethoven wird dem Lernenden einen Begriff von den Möglichkeiten der klassischen Variationstechnik geben. Wie bereits im Lehrblatt angedeutet, haben Variationen, die mit einem Durthema beginnen, oft eine Mollvariation in der Mitte des Werkes – sie dient dem Stück quasi als Achse. Beim Improvisieren sollte man darauf achten, daß das Thema leicht und eingänglich ist. Es genügt, dem Thema drei Variationen folgen zu lassen (Dur, Moll, Dur). Wer diese Übungen aufschreiben möchte, sollte es ruhig tun – auch wenn im Grunde Improvisation spontan und ohne Notierung erfolgen sollte.
Diese Aufgabe zeigt den Anfang des bekannten Volksliedes "Winter ade". Man beende das Lied für beide Hände mit den angegebenen Alberti-Bässen (siehe EM 5.6/ Seite 519) oder mit einer anderen Begleitung.
Die folgenden drei Variationsanfänge sind weiterzuführen.

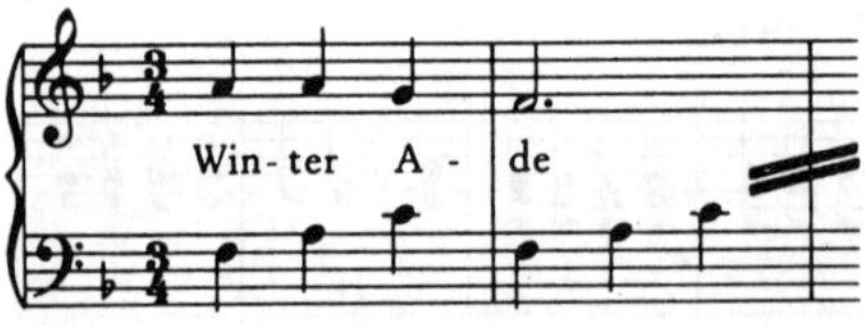

Improvisation in der Moll–Tonalität

Lehr- und Beispielblatt

1. Das Improvisieren in Moll unterscheidet sich von Dur hauptsächlich durch den Klangcharakter. Außerdem sind in Moll gewisse harmonische Eigenschaften gegeben, die die Klassiker in vielen, meist langsamen Sätzen zum Ausdruck gebracht haben.

   Kehren wir noch einmal zu den Beispielen 2 bis 4 in dem vorangegangenen Kapitel zurück. Wir werden sie nun in Moll spielen.

3.

2. Wir spielen die Beispiele 3 und 4 des vorangegangenen Kapitels in Moll und verwenden dabei die Dur-Dominante mit künstlichem Leiteton: Beispiel 3 mit "h", Beispiel 4 mit "fis".

3. Beispiel einer Moll-Melodie über einem bewegten Kadenzbaß.

Sostenuto

4. Dieselbe Melodie über einem aufgelockerten (zerlegten) Baß.

Sostenuto

5. Wir beschließen das Mollkapitel mit einer aus dem 17. Jahrhundert stammenden Weise, die wir variationsartig durchführen werden. Dieses Lied bildet gleichzeitig einen natürlichen Übergang zu den Kirchentonarten. Eine homophone, albertibaßähnliche Begleitung wäre hier stilistisch nicht am Platze; eine Bordunquinte könnte die erste Phrase aufs einfachste untermalen.

Andantino

5.1 Etwas höhere Ansprüche stellt die nächste Lösung, die den Quartsprung im Baß benutzt, aber in den Takten 3 und 4 mittels Sekundbewegung zur Dominante strebt.

5.2 Zu Takt 3 und 4 dieses Beispieles wäre noch zu bemerken, daß die Baßlinie und die Melodie nur die Außenstimmen eines vierstimmigen Satzes darstellen. Bei choralartiger Behandlung würde diese Stelle so klingen:

5.3 Wenden wir uns nun der zweiten Phrase des Liedes zu. In Fortsetzung von Beispiel 5 könnte diese Phrase auch mit dem Tonika-Quartsprung in e-Moll beginnen, um dann wiederum kontrapunktisch in e-Moll zu Ende geführt zu werden.

5.4 Man kann aber auch den Beginn der zweiten Phrase G-Dur zuordnen (parallele Dur-Tonart), um dann in den letzten Takten nach e-Moll zurückzukehren.

e-Moll

G-Dur→e-Moll

5.5 Dieses Beispiel bringt die gleiche Weise in der gleichnamigen Dur-Tonart – statt in e-Moll in E-Dur.

5.6 Hier wird die Melodie in der Taktart verändert (6/8) und das Tempo beschleunigt.

"Dur-Moll" siehe EM 5.3/Seite 451 und 5.3/Seite 453

3.

Aufgabenblatt

Zu Beispiel 1

Man suche zu diesem Baß eine Melodie, ähnlich dem angegebenen Beispiel.

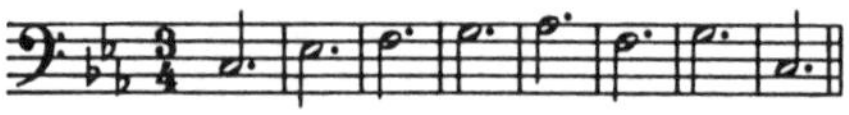

Beispiel

Man versuche – bei gleichen Außenstimmen – das Akkordschema weiter zu entwickeln.

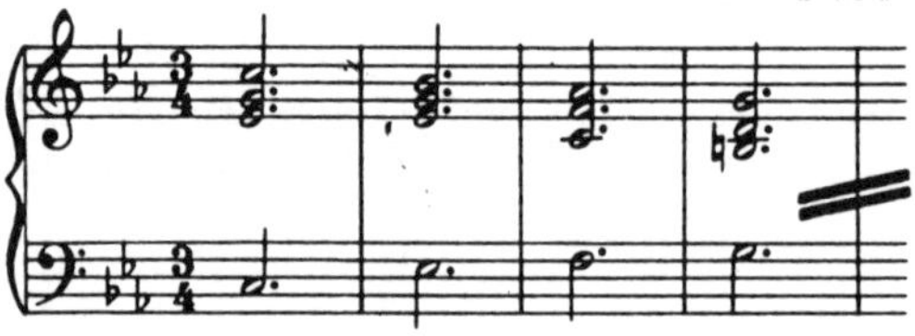

Der Anfang einer neuen Melodie zu dem gleichen Baß ist gegeben. Man führe beide Stimmen zu Ende.

In der folgenden Aufgabe erhält die gleiche Melodie einen kontrapunktisch aufgelösten Baß. Man führe beide Stimmen weiter. (Im Baß erhalten die Taktschwerpunkte die gleichen Töne wie im ersten Beispiel.)

Zu Beispiel 5

Nach allem, was über die Variationstechnik gesagt wurde, bleibt es dem Lernenden überlassen, eine leichte Mollmelodie zu finden, sie für Klavier zu setzen und einige Variationen darüber zu improvisieren. (Das kann nach dem Schema Moll – Dur – Moll – Dur geschehen. Ein sehr gebräuchliches Mittel der klassischen Komposition!)

Improvisation in den Kirchentonarten

Lehr- und Beispielblatt

Auf dem Gebiet der Kirchentonarten besteht ein großer Unterschied zwischen den mittelalterlichen Stimmregeln und dem, was wir im 20. Jahrhundert unter Kirchentonarten verstehen. Damals war die Kontrapunktik eng mit dem klerikalen Weltbild verknüpft. Heute dient dasselbe Material als Grundlage für zahlreiche Volkslieder, besonders aus den östlichen Ländern. Außerdem hinterließ die ca. 350 Jahre währende Vorherrschaft des Dur-Moll-Systems ihre Spuren. Sie beeinflußte die folkloristisch-kirchentonartliche Musik durch Einführung tonaler Elemente, die zum Beispiel zur Zeit Palestrinas unbekannt waren. Daher bezeichnet man diese Musik nicht einfach als modale, sondern besser als "neomodale" Musik (Modus = Bezeichnung für Kirchentonart, neo = neu). Die Geschichte kennt eben kein tonales Zurückgehen, sondern eher ein Verwandeln.
Um in den Kirchentonarten improvisieren zu können, muß man sich mit den spezifischen Eigenschaften jedes Modus vertraut machen.
(Siehe EM 5.3/Seite 451, 459, 461, 463)

1. Man beginne mit Singen und Spielen der Skala – die ersten Improvisationsversuche in den Kirchentonarten sollten unbedingt einstimmig sein. Nehmen wir zunächst den dorischen Modus als Beispiel:

Der Modus erscheint hier abwärts notiert, geteilt in zwei Tetrachorde. Eine Dur-Tonleiter würde man aufwärts notieren, da sie über den künstlichen Leiteton zur Tonika nach oben strebt. Die Halbtonschritte c h und f e abwärts haben hier eher sinkende Tendenzen. Man kann die dorische Tonleiter natürlich auch aufwärts notieren und spielen. Die spezifischen Eigenschaften der dorischen Skala sind: Moll-Terz, große Sexte und kleine Septime.

Beispiel 1.1:

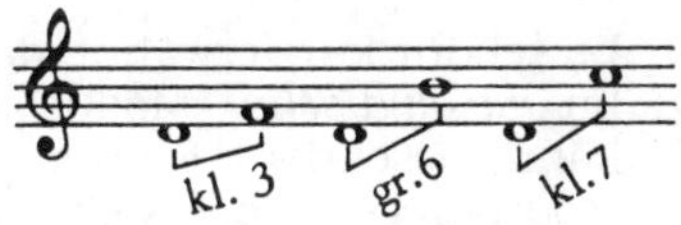

Die Mollterz allein gäbe nur beschränkte Auskunft, da außer dem tonalen Moll auch andere Modi diese Terz haben: phrygisch und äolisch.
Die kleine Septime bringt uns auch nicht viel weiter. Sie unterscheidet sich vom tonalen Mollsystem dadurch, daß dort fast immer der künstliche Leiteton angewendet wird. Aber sowohl die phrygische und äolische als auch die mit der Dur-Terz beginnende mixolydische Skala haben gleichfalls die kleine Septime. So bleibt als besonderes Merkmal der *dorische Tonart* nur die große Sexte, die nun in der Verbindung mit der *Mollterz* und der *kleine Septime* den dorischen Charakter deutlich machen wird.

Beispiel 1.2:

Würden wir diese Melodie ohne diese charakteristischen Intervalle – zum Beispiel im Rahmen einer Quinte – ablaufen lassen, so hätten wir eine klare Moll-Melodie ohne dorische Eigenschaften vor uns.
Beispiel 1.3:

2. Der *äolische* Modus ist gleichbedeutend mit dem natürlichen Moll, so wie der jonische Dur-Modus Vorläufer der Dur-Skala ist. Aber beiden Kirchentonarten fehlt die funktionelle Bindung, die das Dur-Moll-System aufweist.

3. Ein weiterer Moll-Modus ist *phrygisch*. Sein besonderes Merkmal ist der abwärtsstrebende Leiteton "f→e", der zusammen mit der kleinen Septime "d" den Modus charakterisiert.
(Mit dem Begriff "abwärtsstrebender Leiteton" ist hier die im Vergleich zum Dur-Moll-System erniedrigte zweite Stufe gemeint, die eine ähnliche Strebewirkung nach unten hat, wie im Dur-System die siebente Stufe nach oben.)

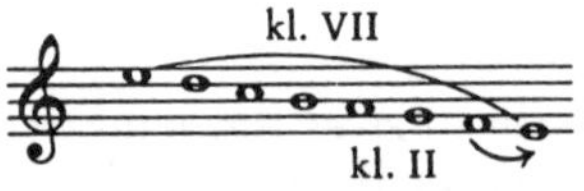

(Man sollte sich jedoch davor hüten, die spezifischen Töne eines Modus ständig zu umkreisen, da eine Überbetonung dieser Intervalle eher das umgekehrte Resultat zeitigen könnte.)

4. 

Es sei nur kurz erwähnt, daß die kleine Septime im *mixolydische* Modus sehr reizvoll klingen kann, besonders wenn sie der Dur-Terz dieses Modus gegenübergestellt wird.

5. Ähnliches ließe sich auch für den *lydischen* Modus sagen, wo die übermäßige Quarte sich gut mit der Dur-Terz oder der großen Septime verbindet.

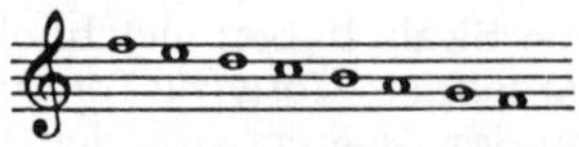

Die übermäßige Quarte "f - h" wird hier über die Quinte von oben erreicht.

6. Zum Abschluß des Kapitels Kirchentonarten lassen wir noch einige Volkslieder folgen, um dem Lernenden gewisse Hinweise für die Liedbegleitung im neomodalen Stil zu geben.

Das folgende Beispiel ist ein russisches Volkslied, das Tschaikowsky in seiner vierten Symphonie verwendet hat. Der Umfang beträgt eine Quinte: e h. Es fehlen also die spezifisch modalen Merkmale, die der Spieler aber in der Unterstimme ergänzen kann. Dieses Beispiel ist mit einem einfachen ostinaten Baß versehen: einmal mit einer Mittelstimme im äolischen Modus, das andere Mal mit einer Mittelstimme in harmonisch Moll.
Beide Varianten sind möglich, jedoch wird das “d” dem Lied eine modale Wirkung geben. Noch interessanter wäre es, wenn man die ersten drei Takte mit “d”, die Wiederholung aber mit “dis” begleiten würde. Das ergäbe einen reizvollen Schwebezustand innerhalb der Tonalität.

äolisch

harmonisch Moll

3.

6.1 Hier wird zur selben Melodie eine kontrapunktische Unterstimme verwendet, wahlweise mit “d” oder “dis”.

7. Das folgende Beispiel – ein böhmisches Volkslied – enthält innerhalb des Tonumfanges einer großen None alle spezifischen Elemente der äolischen Tonart (im Gegensatz zum vorigen Beispiel).
Die Begleitung besteht aus zwei benachbarten Bordunquinten.

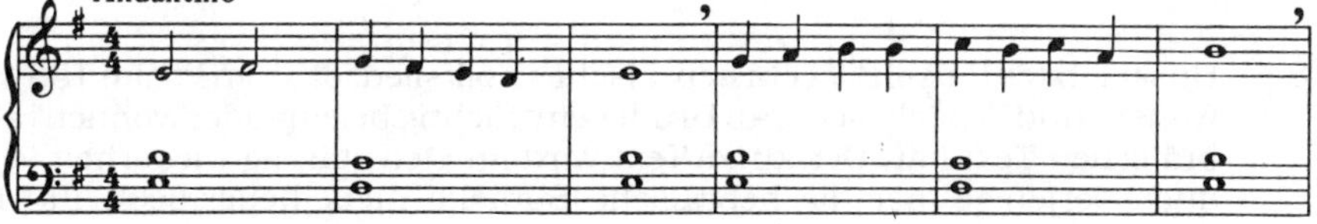

7.1 Diese Begleitung stellt bereits höhere Ansprüche an den Spieler durch eine modale Gegenmelodie.

7.2 Hier ist das Lied dreistimmig gesetzt und dürfte den Spieler wohl mehr überzeugen, als die beiden vorhergehenden Versionen.

äolisch mit künstlichem Leiteton

8. Unser letztes Beispiel ist ein hebräisches Volkslied, das den Psalm 133 "Siehe wie fein und lieblich ist's, daß Brüder einträchtig beieinander wohnen" als hebräischen Text hat. Der kurze Text wird im Lied ständig wiederholt, so daß auch derjenige, der die hebräische Sprache nicht beherrscht, ihn leicht lernen kann. Man präge ihn sich zunächst phonetisch ein und beachte, daß fast alle Worte – mit Ausnahme des Wortes "jachad = zusammen", das auf der ersten Silbe betont wird – auf der zweiten Silbe betont werden.

Das Lied wird bei vielen Anlässen – besonders als Tisch- oder Rundgesang – gesungen. Der Text wurde mehrmals vertont.
Diese etwas ausgedehntere Version ist in Rondoform komponiert: A – B – A – C – A. Sie steht im *dorischen Modus*; das wird aber erst im B-Teil deutlich, da dort die große Sexte d → h erscheint, die das spezifische Element der dorischen Tonart darstellt.
Man beachte, daß die Unterstimme im A- und C-Teil des Rondos den Ton "b" benutzt, wodurch diese Teile quasi äolisch klingen. Im B-Teil erscheint dagegen gemäß der Oberstimme auch in der Begleitung das "h". (Man könnte hier, in Anlehnung an den tonalen Begriff der Modulation, den Begriff der "Modation" prägen, d. h. ein quasi Modulieren von einem Modus – dem äolischen – zum zweiten – dem dorischen. Die übergeordnete modale Kraft der Melodie – dorisch – bleibt dennoch dabei erhalten.)

Hinee Ma Toff M. Jacobsohn, nach einem Drusenthema

3.

𝄋 = Spielen Sie die ersten vier Takte - [A] ohne Auftakt - mit Wiederholung und springen Sie zur Volta 2. unten

Zum besseren Verständnis dieser Vorgänge empfiehlt es sich, die ausgezeichneten Lehrstücke Béla Bartóks "Für Kinder" über ungarische und slowakische Volkslieder zu studieren. Auch wer die Bände bereits kennt, wird vielleicht nunmehr diese Welt der neomodalen Volksmusik mit anderen Augen betrachten. Nur ein intensives Studium dieser und anderer Musik (z. B. das "Orff-Schulwerk") wird, zusammen mit einigem theoretischen Verständnis, dem Lernenden die Wege zur modalen Improvisation ebnen. Es bleibt zu hoffen, daß der Spieler auf solche Weise angeregt wird, die Improvisation als geistigen Ausdruck unserer Zeit anzusehen und nicht nur als ein Musizieren mit Zopf und Perücke!

Aufgabenblatt

Zu den Beispielen 1. bis 8.

Es sei dem Lernenden empfohlen, jede Kirchentonart separat eine Weile zu studieren – gemäß den Richtlinien, die im Lehrblatt gegeben worden sind (Liedbeispiele in Kirchentonarten siehe EM 5.3/Seite 465f).

Man beginne mit dem äolischen Modus, der dem Lernenden am wenigsten Schwierigkeiten bereiten dürfte.

Als Aufgabe sollen die drei folgenden äolischen Melodien zu Ende geführt werden. Es ist der Text des Liedes "Nun schlaf, mein liebes Kindelein,"

Als nächste Aufgabe versuche man, Melodien zu demselben Text in anderen Kirchentonarten zu improvisieren.

Zur modalen Volksliedbegleitung, die im Lehrblatt unter den Beispielen 6. bis 8. besprochen wird, fügen wir noch ein hebräisches Volkslied hinzu. Hier erscheint in der Melodie die modale kleine Septime "c" gleich im ersten Takt als Wechselnote, ein typisch modaler Schritt.

Zu dieser Melodie erscheinen drei einfache Begleitvorschläge. Die erste Phrase dieses Liedes spiele man mit diesen Begleitungen.

Kol Dodi (Das Hohelied Salomos) Hebräisches Volkslied

Man wird bemerken, daß die zweite Phrase mit einer geänderten Begleitstimme versehen werden muß.

Abschließend sei bemerkt, daß die Terz in der modalen Begleitstimme mit äußerster Vorsicht behandelt werden sollte. Man bevorzugt hier meist die leere Quinte.

In der Hoffnung, daß manche dieser Anregungen auf fruchtbaren Boden fallen werden, schließen wir unsere Improvisationsübungen.

Bewegungs-erziehung

Ruth Beier

Einführung

In der Fachliteratur zur Bewegungserziehung gibt es, ungeachtet ideologischer Differenzen über die jeweiligen Ursachen und deren Zusammenhänge, einen gewissen Konsens darüber, daß der Anspruch einer notwendigen Bewegungserziehung sich ableiten läßt aus einer allgemein zunehmenden Bewegungsarmut oder einseitigen Bewegungsbelastung. Die negativen Folgen mangelnder oder einseitiger Bewegung haben im Bereich der Medizin zur Entwicklung neuer Therapien geführt; auch für die Pädagogik besteht die Aufgabe, durch entsprechende Reformansätze diesen Folgen entgegenzuwirken, oder – soweit dies möglich ist – vorzubeugen.

Es könnten Vertreter unterschiedlicher Disziplinen so zusammenarbeiten, daß neue Ebenen des Erkennens, des Handelns und des Verarbeitens gemeinsam erschlossen werden. Reform und Therapie der Bewegungserziehung würden so positiv beeinflußt werden, wie es bereits im Bereich der Psychomotorik im Zusammenspiel von Sportpädagogen, Psychologen und Ärzten der Fall ist.
Rhythmik in dem hier verstandenen Sinne bietet die Chance einer interdisziplinären Zusammenarbeit über die Integration der Bereiche Bewegung, Musik und Sprache.

In diesem Abschnitt von "Rhythmik – Grundlagen und Praxis" wird der Versuch unternommen, begründbare Lernsituationen aufzubauen, durch welche motorische und sensomotorische Fähigkeiten, die nicht entfaltet, nicht gelernt, beziehungsweise verlernt oder verdrängt wurden, aktiviert werden können. Der Gewinn kann für die Beteiligten recht unterschiedlich sein, zumindest sollte jedoch die Gesundheit und das Wohlbefinden des Einzelnen gefördert werden.

4.

Das Üben einer aktiven Haltung, von Entspannung oder Konzentration schult den Einsatz der eigenen Kräfte und Fähigkeiten nicht nur für den Betreffenden, sondern auch, im Zusammenwirken mit einer Gruppe, die Fähigkeit zur Interaktion. Die Bewegung des Körpers, die Verbindung der Bewegung mit der Musik und das Sichmitteilen über die Sprache sollten die Sensibilität des Einzelnen für seine Mitmenschen und seine Umwelt schärfen.

Unsere Lernsituationen lassen sich überwiegend über drei Lernbereiche vermitteln, die man bezeichnen kann als

Erziehen *zur* Bewegung
Erziehen *über* Bewegung
Erziehen *durch* Bewegung.

Heutzutage wird die Belastung des Körpers im Arbeitsprozeß weniger durch intensive Bewegung ausgeglichen, als durch Ausruh- und Entlastungsphasen im Nichtbewegen (Autofahren, Fernsehen) aufgefangen. Dieser Bewegungsmangel wird offensichtlich in einer unterentwickelten Funktion der Muskulatur wie in der geringen Belastbarkeit von Atmung und Kreislauf. Daraus resultieren bestimmte Aufgaben einer Bewegungserziehung, so etwa das Motivieren zur Bewegungsaktivität und das Bewußtmachen von Organarbeit. Die Schulung der Atmung und des Kreislaufes, das Erspüren und Erproben von Muskeltätigkeit, von Dehnung und Verkürzung, von Spannung und Entspannung der Muskulatur sind notwendig, um ein Körperbewußtsein herauszubilden. Durch das Üben der aufrechten Haltung und die Erfahrung der Balance, des Gleichgewichts, wird das Verhältnis des eigenen Körpers zu dem ihn umgebenden Raum bewußt gemacht.

Erziehen über die Bewegung wird vermittelt durch Bewegungsansätze. Über die Bewegung wächst die Fähigkeit, die Umwelt zu erfahren, wobei die Arten des Sich-Bewegens eine ausschlaggebende Rolle spielen. Sie werden als Grundformen der Bewegung bezeichnet. Sie unterscheiden sich hinsichtlich ihrer Zielsetzung, indem sie langsam, schnell, bewegt, beschwingt oder akzentuiert ablaufen können: Gehen, Laufen, Hüpfen, Springen, Schwingen, Drehen. Innerhalb dieser Bewegungsmöglichkeit gibt es viele Varianten.

Die Bewegung selbst vollzieht sich im Bereich unterschiedlicher Raumdimensionen: vorwärts – rückwärts – seitwärts, aufwärts – abwärts, als Bewegung am Platz und in der Fortbewegung. Hierdurch entsteht ein Gefühl für den Raum, welches die Sensibilität des Einzelnen im Hinblick auf Orientierung, Reaktion und Flexibilität fördert.

Fundierte Bewegungserziehung wird erst möglich, wenn sich durch Bewegung ein Körperbewußtsein herausgebildet hat. Erst wenn Bewegungsansätze sowie Bewegungsmöglichkeiten erfahren worden sind und die Variationsbreite des Sich-Bewegens erlebt und verarbeitet worden ist, kann eine Erweiterung der Bewegungszuordnung angestrebt werden. Bewegung wird dann zum Medium von Improvisation und Gestaltung und erweitert somit die kreativen Kräfte des Menschen.

4.1 Grundlagen der Körperbildung

Organkräftigung, Leistungs- und Belastungsfähigkeit von Atmung und Kreislauf

Theoretische Hinweise

Die Leistungs- und Belastungsfähigkeit unseres Körpers ist abhängig von unserem Leistungsvermögen. Darunter verstehen wir den physiologischen Leistungszustand und das Bewußtsein von der individuellen Leistungsgrenze.
Um ein möglichst positives Leistungsvermögen zu gewinnen, werden je nach beabsichtigten Lernzielen, unterschiedliche Methoden angewendet. Diese beziehen sich auf die Sachverhalte der Bewegungsfertigkeit, Bewegungsfähigkeit und der Bewegungseigenschaft.
Bewegungsfertigkeiten sind Bewegungsabläufe, die an Raum- und Zeitmerkmale fixiert sind. Als sensomotorische Fertigkeiten bezeichnen sie zugleich die Grade des Beherrschens eines Bewegungsablaufes oder einer Bewegungstechnik.
Bewegungsfähigkeit entfaltet sich in der optimalen Ausnutzung von Situationen und subjektiven Bedingungen. Sie ist eine vom Verstand zu steuernde Beweglichkeit und bezieht sich auf das Handeln und Anwenden von Bewegung.
Bewegungseigenschaften sind genau bestimmbare Qualitäten wie Kraft, Ausdauer, Schnelligkeit und Beweglichkeit. Diese Eigenschaften sind relativ unabhängig voneinander, bestimmen aber in großem Maße unser Leistungsvermögen.

4.

Zusammenfassend kann man sagen, daß Bewegungsfertigkeiten abhängig sind von den Bedingungen sensomotorischer Lernprozesse. Die Bewegungsfähigkeit entwickelt sich auf Grund der Möglichkeit, das eigene Können in verschiedenen Situationen anzuwenden, daraus Erfahrungen zu gewinnen und dieses intellektuell so zu verarbeiten, daß das Können sich in weiteren Situationen optimieren kann. Bewegungseigenschaften wiederum sind abhängig von der Leistungs- und Anpassungsfähigkeit der Organsysteme.
Um eine Einstellung zu länger andauernden Bewegungsabläufen zu finden, benötigen wir eine Überprüfung unserer Leistungs- und Belastungsfähigkeit. Am deutlichsten zeigt sich diese in der Ausdauer und der Fähigkeit, eine beliebige Belastung über eine lange Zeit hin auszuhalten, wobei viele Muskelgruppen erfaßt und eine spezifische Leistung gefordert wird.
Die Ausdauerfähigkeit läßt sich üben, indem Atmung, Herz und Kreislauf systematisch belastet werden, um sie den angestrebten Leistungen anzupassen. Solche Belastungsaufgaben bewirken:

Zunahme des Lungenvolumens,
Verbesserung der Kapillarisierung der Atemmuskulatur,
Verbesserung der Atmungsökonomie bei Ruhe und Leistung,
verbesserte Sauerstoffausnutzung der Atemluft,
Steigerung der Vitalkapazität,
Steigerung der Atemreserve,
Verringerung der Ruhepulsfrequenz und damit Ökonomisierung der Herzarbeit.

Zusammenfassend läßt sich sagen, daß Aufgaben zur Ausdauerfähigkeit zugleich zur Steigerung der Leistungs- und Belastungsfähigkeit in der Atmung und im Kreislaufsystem führen und die Leistungsreserven bei gleichzeitiger Ökonomisierung der Arbeitsleistung vergrößern. Die Verfasserin befürwortet hierbei die Intervallmethode. Um eine Grundausdauer zu erwerben, sollten die Aufgaben so gestellt werden, daß sie einen planmäßigen Wechsel von Belastungs- und Erholungsphasen in Gang setzen, wobei die Pausen zwischen den Belastungsintervallen nicht der vollständigen Erholung des belasteten Organismus dienen; vielmehr soll die neue Belastung vor Einsetzen der normalen Pulsfrequenz beginnen.

Thema: Organkräftigung

Zielsetzung: Verbesserung der Grundausdauer durch den planmäßigen Wechsel von Belastung und Ruhe in variablen Aufgaben, um das individuelle Leistungsvermögen zu stärken.

Zielgruppe: Kinder.

Arbeitsmaterial: Seil, Band, Moosgummiringe, Reifen, Bälle, Klötze, Hölzer u. a. Material.

Übungsbeschreibung

Die Methode ist bei allen Beispielen gleich, es wird immer die Intervallmethode angewandt.

1. Raumspiel.
   Belastung:
   Die Kinder laufen frei im Raum herum. Das Tempo ist individuell unterschiedlich. Dauer der Belastung: 30 Sek.

   Ruhe:
   Auf ein Signal hin gehen alle Kinder ruhig durch den Raum. Dauer der Ruhe: 30 Sek.
   Dieser Wechsel zwischen Belastung und Ruhe kann mehrmals durchgeführt werden, wenn auf die gute Durchatmung Rücksicht genommen wird.

2. Kreisbahn
   Auf einer Kreisbahn liegen in angemessenen Abständen Gegenstände zum Überlaufen und Überspringen.

   Belastung:
   Auf der Kreisbahn laufen und über alle Gegenstände springen.
   Dauer der Belastung: 2 Durchgänge.

   Ruhe:
   Alle Kinder gehen in ruhigem Tempo von der Kreisbahn fort in den Raum hinein und kehren langsam wieder zurück zur Kreisbahn.
   Die Wiederholung der Aufgabe richtet sich nach dem Leistungsvermögen der Kinder.

3. Übung mit dem Handgerät.
   Jedes Kind bekommt einen Ball oder einen Moosgummiring und darf sich frei im Raum damit bestätigen.
   Belastung und Ruhe bestimmt das Kind selbst.

4. Spiel: Feuer und Wasser.
Allle Kinder sitzen oder liegen in der Mitte des Raumes.
Es ertönt der Ruf "Feuer" , und alle Kinder laufen ganz schnell an die Wand und schlagen dort mit der Hand an.
Alle kehren zu Mitte zurück.

Es ertönt der Ruf: "Wasser", und alle Kinder suchen sich einen Gegenstand, auf dem sie stehen können.
Wenn die Aufgabe von allen Kindern erfüllt ist, kehren sie zur Mitte zurück.

Zu diesem Spiel gibt es viele Varianten.
Die Vorschläge sollten von den Kindern kommen.

Haltungserziehung, Aufbau der Haltung

Theoretische Hinweise

Wir wissen, daß von allen Teilen des motorischen Apparates – Muskeln, Gelenken und Sehnen – Nervenbahnen ausgehen, die jede Einzelheit einer Bewegung den Zellen der Großhirnhemisphäre signalisiert. Wir können diese motorischen Vorgänge an uns selber wahrnehmen, wir können auch die Bewegung anderer Menschen beobachten. Diese Abläufe nehmen wir optisch, akustisch oder taktil wahr. Wie genau nun spiegeln sich Bewegungsabläufe in unserem Bewußtsein wider?

Wir sammeln unsere Bewegungserfahrungen bereits im frühen Kindesalter. Wir wissen, ob uns diese Bewegung gelingt oder mißlingt, ob sie leicht oder schwer ist: wir wissen, daß wir bestimmte Bewegungen ausgeführt haben. Unser Bewußtsein entlastet sich nun von dieser Aufgabe, indem diese Bewegungshandlungen automatisiert werden.

Bei einer Verminderung neuer Bewegungserfahrungen desensibilisiert sich zugleich die Selbsterfahrung. Nun bedarf es einer intensiven Schulung des Bewegungssinnes, um z. B. bestimmte Phasen eines Bewegungsablaufes überhaupt zu erfassen oder gar zu beschreiben, um eine willkürliche Korrektur unserer Bewegungen zu ermöglichen.

Die Fähigkeit des Menschen, sich vom Boden bis zu der ihm zugeordneten Höhe aufzurichten, ist der Ansatzpunkt für eine bewußte Schulung der Selbstwahrnehmung von Haltemöglichkeiten, die erst den aufrechten Gang des Menschen bewirken.

Die verschiedenen Haltepunkte ergeben sich aus dem Skelettaufbau und den Muskeln, Sehnen und Bändern. Die Schulung der aufgerichteten Haltung und der Spannungsfähigkeiten der Muskulatur ist gerade in unserer bewegungsarmen Zeit von gesundheitlicher Bedeutung, um Haltungs- und Organschäden vorzubeugen.

4.

Thema: Haltungserziehung, Aufbau der Haltung

Zielsetzung: Bewußte Auseinandersetzung mit den verschiedenen Spannungsfeldern der aufgerichteten Haltung, um Haltungsschwächen zu beeinflussen und um zugleich die Grundlage für eine gute Bewegungsfähigkeit und -fertigkeit zu erarbeiten.

Zielgruppe: Kinder.

Arbeitsmaterial: Moosgummiringe, Wasserbälle, Luftballone.

Übungsbeschreibung

1. Die Kinder gehen frei im Raum herum und klatschen in die Hände, abwechselnd über dem Kopf und hinter dem Rücken. Dabei auf ein gutes Aufrichten achten.
   Eine Melodie wird gefunden und unterstützt das Klatschen.

2. Die Arme kreisen an der Seite wie Mühlenflügel, abwechselnd in aufrechter Haltung, dann mit gebeugtem Oberkörper.

3. Alle Kinder stehen im Kreis, haben die Hände gefaßt und versuchen, auf den Füßen zu wippen. Um nicht nach vorn zu fallen, ist es notwendig, sich gut aufzurichten und die Muskeln zu spannen.

4. Ein Tennisring liegt auf dem Kopf. Die Kinder gehen ruhig und möglichst gleichmäßig durch den Raum, das Kinn etwas angehoben, die Hände hinter dem Rücken gefaltet.
   Sie treffen andere Kinder und bilden eine Gruppe. Die gleiche Aufgabe wird in Gruppen ausgeführt.

5. Die Kinder laufen frei durch den Raum, ein Tennisring liegt auf dem Kopf. Auf ein Signal hin wird der Tennisring vom Kopf fort in die Hand genommen und alle Kinder gehen weiter. Bei erneutem Signal wird der Ring wieder auf den Kopf gelegt und die Kinder laufen durch den Raum.

6. Alle liegen im Raum verteilt auf dem Bauch. Der Tennisring wird von einer Seite zur anderen unter dem Bauch durchgeschoben und wandert wieder zurück.
7. Alle liegen auf dem Rücken. Der Tennisring wird unter dem Rücken von einer Seite zur anderen durchgeschoben. Dabei besonders auf das Abheben der Wirbelsäule vom Boden achten.

8. Freies Spiel: Wasserbälle oder Luftballons hoch in die Luft schlagen und auf verschiedenen Körperstellen auffangen.

Zielgruppe: Erwachsene.

Arbeitsmaterial: Moosgummiringe, Luftballone, Tennisringe.

Übungsbeschreibung

1. Aufbau der Haltung:
   Körpergewicht ruht auf dem Fußballen
   (bewußte Verlagerung von der Ferse weg zur Mitte des Fußes).
   Füße stehen parallel leicht auseinandergestellt, Zehen drücken gegen den Boden, um die Aufrichtung zu unterstützen.
   Die Knie gehen ein wenig in der Spannung nach, Fußballen und Kniegelenke stehen übereinander.
   Die Bauchdecken heranziehen.
   Die Gesäßmuskeln spannen und dadurch das Becken geradestellen.
   Die Lendenwirbelsäule strecken und das Brustbein geradestellen.
   Die Schulterblätter gerade stellen, die Arme hängen locker herab.
   Der Kopf wird frei getragen und strebt nach oben.
   Bei der aufrechten Haltung liegt der Schwerpunkt zentral über der Unterstützungsfläche.

2. Die einzelnen Abschnitte des Haltungsaufbaus werden nacheinander erarbeitet und kontrolliert. Zu zweit nebeneinander stehen, der Haltungsaufbau wird wechselseitig kontrolliert. Dabei erfolgt die Beobachtung aus der Seitperspektive.

3. Um die Funktionen des Körpers kennenzulernen, werden nacheinander alle Gelenke gebeugt, gestreckt und wenn möglich gedreht. (Unterschied zwischen Scharnier- und Drehgelenk).

4. Dann den Kopf kreisen lassen, die Schultern werden vor- und rückwärts kreisend bewegt, die Arme und die Hände kreisen, das Becken wird nach rechts und links sowie vorwärts und zurück bewegt, die Beine und die Füße kreisen.

5. Rückenlage: Berührungspunkte mit dem Boden suchen und dabei die verschiedenen Spannungsfelder des Körpers durch den Bodenkontakt wahrnehmen.

6. Sitz auf dem Boden: Den Oberkörper weit vorbeugen, dann sich zurücklegen in die Rückenlage und wieder aufrichten zum Sitz. Dabei das Becken geradestellen.

7. Einen Tennisring auf den Kopf legen und sich bewußt gut aufgerichtet frei im Raum bewegen. Einen Luftballon in die Höhe schlagen und ihn kurz über dem Boden auffangen.

Spannung – Entspannung

Theoretische Hinweise

Das Sammeln von Erfahrungen über die Spannungsverhältnisse in der Muskulatur ist eine grundsätzliche Aufgabe der Körper- und Bewegungsbildung, beruhen doch alle Bewegungen auf einem Spannungswechsel. Je differenzierter diese Muskelempfindungen bewußt wahrgenommen werden, um so besser ist die Voraussetzung für die Ausdrucksgestaltung des Körpers.

In der Auseinandersetzung mit seinen persönlichen Bewegungsmöglichkeiten erlebt der Einzelne den Zusammenhang von Körperfunktionen und Bewegungsvorgang. Er lernt sie zu begreifen, er optimiert sie, um sie dann jederzeit modifiziert einsetzen zu können. Nun hilft die Atembewegung, den Ansatz zur Muskelspannung zu finden. Diesen Spannungszustand bei der Ausatmung einzuhalten, ist ein Lernschritt; den Spannungszustand zu lösen und damit entspannen zu lernen, ist ein weiterer Schritt.

Zwischen den Momenten *Spannung* und *Entspannung* gibt es vielfältige Formen von Erfahrungen wie Ganzkörperspannung, partielle Spannung, aktive und passive Spannung, partielle Entspannung, totale Entspannung.

Unter Ganzkörperspannung verstehen wir den aktiven Spannungszustand der Muskulatur von der Basis bis zum Kopf. Am stärksten wird dieser Zustand erfahrbar in der aufgerichteten aktiven Haltung. Wird diese Spannung über den aktiven Spannungszustand hinaus verstärkt, so sprechen wir von einem extremen Spannungszustand. Aus der Ganzkörperspannung entwickeln sich partielle Spannungen, die nur bestimmte Teile des Körpers beeinflussen.

Da Bewegen, wie bereits o. a., stets aus dem Wechsel von Spannung und Entspannung hervorgeht, benötigen wir nicht nur die differenzierten Formen der Spannung, sondern zugleich die Formen der Entspannung. Von passiver Entspannung wie Nachgeben, Loslassen bis zu totaler Entspannung ergeben sich wiederum Abstufungen, die in Verbindung mit der Ausatmung als Auflösen einer aktiven Handlung bewußt gemacht werden können. Sie führen über die verschiedenen Grade des Entspannens bis zur totalen Entspannung, die erst dann erreicht ist, wenn es gelingt, Arme, Beine oder Körper so fallen zu lassen, daß ein freies Auspendeln erfolgen kann.

Thema: Spannen – Dehnen – Kräftigen
Entspannen – Lösen – Lockern

Zielsetzung: Erfahren und Wahrnehmen von unterschiedlichen Spannungs- und Entspannungsmöglichkeiten der Muskulatur unter Einbeziehung dynamischer, zeitlicher und räumlicher Zuordnungen. Schulung der Koordination durch Teilspannungs- und Ganzkörperspannungsaufgaben mit Hilfe von Materialien.

Zielgruppe: Erwachsene.

Übungsbeschreibung

1. Bevor man mit Spannungs- und Entspannungsaufgaben beginnt, sollten immer Aufwärmung und Geschmeidigkeitsformen vorausgegangen sein.

2. Verteilt im Raum stehen.
Das Stehen bewußt wahrnehmen als Ruhehaltung, die Muskulatur ist weich, der Spannungszustand ist passiv, der Muskeltonus in Arbeitsbereitschaft.

3. Die aktive Spannung setzt ein mit dem Erarbeiten verschiedener Spannungsfelder, die zu einer Ganzkörperspannung als Körperzusammenschlußaufgabe führen: Im Stand die Füße in leichte Parallelstellung setzen, das Gewicht ruht über der Basis.
Aufbauend über Fußgelenke, Knie, Becken, Brustkorb und Schultern zur Ganzkörperspannung kommen.
Diesen Spannungszustand daraufhin überprüfen, ob wirklich alle Muskeln gestrafft sind und damit ein aktiver Spannungszustand erreicht wurde. Anschließend die Spannung lösen und entspannen.

4. Diesen aktiven Spannungszustand des Körpers wieder aufbauen. Nun sich auf die Fußspitzen heben und den Körper extrem weit nach oben spannen, dabei eventuell die Arme mit nach oben führen. Diesen weiten Spannungszustand überprüfen, dann sofort die Spannung lösen und entspannen.

5. Ganzkörperspannung in der Rückenlage auf dem Boden: extrem weit sich auseinanderziehen, dann die Spannung lösen und sich entspannen.
Ganzkörperspannung aus der Seitlage: wie eine Sehne sich spannen, die Spannung lockern durch Zusammenziehen des Körpers, dann eine total entspannte Lage einnehmen.

6. Partielle Spannungen:
   - Sitz auf dem Boden, die Hände stützen am Boden ab: Füße spannen und lösen durch Heben und Senken;
   - Beine mehr oder weniger an den Körper heranziehen und wieder locker langstrecken und entspannen;
   - die Aufgabe abwechselnd rechts und links oder mit beiden zusammen lösen;
   - Rückenlage: Arm oder Bein stark entspannt senkrecht heben, nacheinan der zuerst Hand oder Fuß, Unterarm oder Unterschenkel, dann Oberarm oder
   Oberschenkel aus der Spannung lösen und entspannen.
   Alles im Wechsel mit rechts und links und zusammen.

7. Entspannen – Lösen – Lockern:
   Im Stand:
   Aus der aufrechten Haltung heraus nacheinander lösen und bewußt lockern: Hände, Arme, Schultern, Oberkörper, Becken, Kniegelenke, Fußgelenke. Einzelne Abschnitte immer wieder in Teilspannung versetzen und wieder lösen und lockern.

8. Totale Lockerung:
   Zusammenfallen wie eine Marionette. Diese Aufgabe muß zuerst geübt werden als Zusammenfallen in sich, dann in Fortführung auch als schnelles Loslassen über das Zusammenfallen in sich bis zum Verlust der Balance und dadurch bedingtem Abrollen auf dem Boden.

Balance – Gleichgewicht

Theoretische Hinweise

Ein gut aufgerichteter Körper befindet sich im Gleichgewicht, er ist ausbalanciert. Sein Schwerpunkt befindet sich zentral über der Basisfläche. Verschiebt sich dieser Schwerpunkt in irgendeine Richtung, so muß mit Hilfe einer Gegenbewegung die Balance wieder hergestellt werden.

Für die Entfaltung eines guten Körperbewußtseins ist es notwendig, diese Balance als Merkmal einer Stabilität in stets neuen Formen zu erfahren. Oftmals wird es erst während der Übungsfolgen deutlich, daß der Spannungsgrad der Muskulatur nicht ausreicht, wenn etwa das Verringern der Unterstützungsfläche zum Verlust der Balance führt.

Das Bewußtwerden der Balancefähigkeit aus dem Stand ist eine der vielen Möglichkeiten, eine weitere gilt dem Ausbalancieren des Körpers über Gewichtsverlagerungen, die individuell unterschiedlich gehandhabt werden sollten. Ziel ist das Erfahren des Bewegungsausschlages: Er macht deutlich, bis zu welchem Punkt das Halten der Balance möglich ist, ehe der Verlust des Gleichgewichtes – und damit der Fall – eintritt.

Diese Übungsformen für die Schulung des Gleichgewichtes sollten möglichst variabel angeboten werden. Bevorzugte Anwendungsbereiche: im Stand, im Kniestand, im Schritt, statisch am Platz, dynamisch aus der Bewegung.

Die Fremdbeobachtung ist dabei besonders wichtig. Sie sollte sowohl während der Partnerarbeit als auch in der Gruppenarbeit geübt werden.

Thema: Balance- und Gleichgewichtsformen

Zielsetzung: Erfahren der Balancierfähigkeit, reagieren lernen auf plötzlich aus der Dynamik geforderte Balanceaufgaben. Übersicht gewinnen durch gezielte Beobachtung über den Unterschied einer stabilen oder labilen Haltung.

Zielgruppe: Kinder.

Arbeitsmaterial: Reifen, Seile, Bänder.

Übungsbeschreibung

1. Balancieren:
   Alle Linien, die sich in einem Raum befinden, lassen sich dafür benutzen. Man kann ebenfalls durch Schnüre, Bänder, Seile oder Klebeband Linien herstellen.
   Wichtig dabei ist, daß nicht nur vorwärts, sondern auch rückwärts und seitwärts balanciert wird.

2. Reifen liegen im Raum verteilt. Die Kinder versuchen, auf dem Reifenrand vorwärts, rückwärts und seitwärts zu gehen.

3. Die Kinder bewegen sich frei im Raum wie ein Storch, wie ein Seiltänzer.

4. Große, schleichende Schritte wechseln ab mit trippelnden, kurz voreinander aufgesetzten Schritten.
Lockeres Laufen vorwärts und rückwärts. Auf ein Signal hin kurze, voreinandergesetzte Schritte gehen.

5. Alle Kinder fliegen wie ein Flugzeug durch den Raum. Auf Signal zur Landung ansetzen: schnell sich auf den Boden setzen und die Beine anhocken.

6. Stabil - instabil: Partnerarbeit: Ein Kind stellt ein Denkmal dar, das andere Kind versucht, dieses Denkmal durch leichten Druck zum Umkippen zu bringen.

7. Spiel: Das Kartenhaus. Die Kinder setzen sich hintereinander auf die Knie und bilden damit eine Reihe. Das letzte Kind in der Reihe lehnt sich nach vorn auf den Vordermann, dieser lehnt sich wieder auf den Vordermann usw., und schon kippt das Kartenhaus (Reihe) zusammen.
Die Kinder setzen sich nebeneinander auf die Knie oder auf den Boden. Die gleiche Aufgabe wie oben, nur fällt das Kartenhaus jetzt seitwärts zusammen. Beide Formen lassen sich als Wettspiel durchführen mit der Fragestellung: Welche Reihe fällt zuerst zusammen?

Zielgruppe: Erwachsene

1. Balancieren auf Linien, Schnüren und Bändern vorwärts, rückwärts und seitwärts.

2. Im Stand: Ausprobieren, wie stabil der Stand ist, wo die Auflagepunkte der Füße sind, in welcher Körperlage man die Balance verliert.

3. Fester Stand auf einem Bein. Das andere Bein vom Boden lösen und als sogenanntes Spielbein in freien Formen um das Standbein herum bewegen, ohne daß ein Balanceverlust eintritt.

4. Partnerarbeit: Der eine Partner verlagert aus dem Stand sein Gewicht nach vorn und bleibt dabei in voller Körperspannung. Der andere fängt ihn auf durch Gegendruck an den Schultern und stellt ihn wieder gerade. Diese Aufgabe in der Vor- und Rückbewegung lösen.

5. Die Paare stehen, einander zugewandt, in größerem Abstand. Beide versuchen aus dem Stand heraus, sich so weit nach vorn zu beugen, daß sich die Hände berühren. Dann wieder aufrichten.

6. Frei im Raum vorwärtslaufen, einen kleinen Sprung ansetzen und einen Augenblick nach dem Sprung verharren, dann weiterlaufen.

7. Der Verlust des Gleichgewichtes wird kompensiert:
Reihen stehen oder knien nebeneinander oder hintereinander, der letzte verliert sein Gleichgewicht durch Gewichtsverlagerung, der nächste ebenfalls usw. Der letzte der Reihe fängt das Gewicht auf und drückt dagegen. Wechsel des letzten.

Der Bewegungsansatz

Theoretische Hinweise

Jede Bewegung läßt sich gliedern in eine Vorbereitungsphase, Hauptphase und Entspannungsphase. Uns interessiert hier in besonderem Maße die Vorbereitungsphase, denn in ihr werden die Voraussetzungen für eine erfolgreiche Ausführung der Hauptphase erst geschaffen.

In der Regel erfolgt diese Vorbereitung, fast wie ein Atemholen, in Form einer Ausholbewegung, die zuerst in die entgegengesetzte Richtung zur Hauptbewegung führt. Durch diese Ausholbewegung werden die Muskeln in Spannung versetzt, so daß die Hauptphase mit voller Muskelkraft begonnen werden kann.

Die Vorbereitungsphase wird durch einen Impuls in Gang gesetzt, der auch das Ausmaß an Kraft dosiert, die der einzelne einsetzen will. Je nach Vorstellung der Bewegung in der Hauptphase wird der Krafteinsatz unterschiedlich sein. Besondere Beachtung verdient in diesem Rahmen die Wahrnehmung des Bewegungsansatzes (Vorbereitungsphase) bei den unterschiedlichen Bewegungsintentionen. Nehmen wir zum Beispiel die Vor- und Rückbewegung. Sie kann als Bewegungsansatz von der Basis ausgehen. Dies kann geschehen in der Gewichtsverlagerung der Füße von der Ferse zum Ballen hin als Ausholbewegung wie auch zur Bewegungsumkehr als Hauptbewegung. Diese wiederum verstärkt sich auf Grund des Kraftimpulses, bis die Bewegung wegen Verlustes der Balance aufgefangen werden muß in einer Schrittverlagerung in den Raum hinein oder durch ein entspannendes Ausklingen.

Zum anderen ist ein ausschlaggebender Bewegungsansatz aus der Mitte her erfahrbar. Als Mitte bezeichnen wir hier die Lendenwirbelsäule und das Becken, d. h. die Lage über dem Körperschwerpunkt.

Auch hier setzt ein Impuls die Ausholbewegung in Gang, die, in der Umkehrbewegung aufgefangen, wie ein Pendel die Bewegungsamplituden vergrößert bis zur Verlagerung der Balance in den Raum hinein. Um dieses zu erfahren, läßt man zum Beispiel den Oberkörper locker nach unten fallen und auspendeln bis zum völligen Entspanntsein. Aus der Ruhe heraus wird durch Impuls der Oberkörper in eine Auf- und Abbewegung gebracht, wobei der Bewegungsansatz von der Mitte ausgeht.

Erfahrbar wird, daß Bewegung aus dem Ansatz heraus den Impuls zur Vergrößerung des Bewegungsausschlages gibt, der sich letztlich an Raum und Zeit orientiert. Damit strebt er einem dynamischen Höhepunkt zu, um dann überzuleiten in ein Ausklingen der Bewegung. Dies führt wiederum in einen Zustand relativer Ruhe.

Thema: Bewegungsansätze

Zielsetzung: Anhand von Beispielen soll der Ansatz der Bewegung von der Basis wie aus der Mitte heraus als Aushol- oder Vorbereitungsphase bewußt werden, um eine Sensibilisierung für Bewegungsabläufe zu erreichen.

Zielgruppe: Kinder/Erwachsene.

Arbeitsmaterial: Seile.

Übungsbeschreibung

1. Atemimpulse setzen aktives Handeln in Gang:
   In verschiedenen Stellungen wie Stehen, Sitzen, Liegen durch Atemimpulse, die schwach bis stark gegeben werden, den Ansatz zum aktiven Handeln erfahren.

2. Im Stand:
   Durch vertiefende Atemimpulse den Körper in eine Vorwärtsbewegung bringen und von der Basis her die Bewegung durch einen Schritt in den Raum hinein auffangen. Die gleiche Aufgabe durchgeführt mit geschlossenen Augen verstärkt die sensible Erfahrung.

3. Aufgabe 2 wird erweitert: Die Vorwärtsbewegung, ausgelöst durch Atemimpuls und Bewegungsansatz, wird durch mehrere Schritte im Gehen oder Laufen aufgefangen, um dann wieder einen neuen Ansatz zu finden. Damit soll die Vorbereitungsphase als Ansatz zum aktiven Bewegungshandeln bewußt wahrgenommen werden.

4. Bewegungsansatz aus der Mitte:
   Offene Parallelstellung der Beine, leichtes Nachgeben in den Knien, der Oberkörper fällt locker nach unten. Aus der Mitte heraus den Oberkörper ganz entspannt in Schwung versetzen durch Nachgeben in der Mitte. Restlose Entspannung im Lendenwirbelbereich, Schulter- und Brustwirbelbereich wie in Kopf und Armen sind Voraussetzung!

5. Ein Seil dient der Verdeutlichung des Bewegungsansatzes.
   Es wird in U-Form vor dem Körper gehalten und soll ohne Bewegung sein.
   Der Ansatz aus der Mitte wird erfahren:
   In stiller Konzentration soll der Betreffende über den Atemimpuls den Ansatz zum aktiven Handeln aus der Mitte her erspüren, ihm nachgeben und damit seinen Körper in eine Vor- und Rückbewegung bringen. Das Seil dient als Pendel und weist den Bewegungsausschlag nach.

6. Das Seil wird doppelt gefaßt und an der rechten oder linken Seite des Körpers gehalten. Wieder aus voller Ruhe heraus durch den Bewegungsansatz aus der Mitte das Seil zum Schwingen bringen.

7. Gruppenarbeit:
   Teilnehmer sind durch Seile in einem Kreis miteinander verbunden. In stiller Konzentration wird der Versuch unternommen, ohne daß jemand die Führung übernimmt, die Seile über den Bewegungsansatz aus der Mitte zum gemeinsamen Schwingen zu bringen. Durch verstärkten Schwung soll von allen gemeinsam der Punkt erspürt werden, wann alle Teilnehmer im Kreis die Schwunghöhe und damit die Bereitschaft haben, die Seile zum großen

Armkreis über den Kopf nach hinten zu schwingen. Die Aufgabe wäre dann erfüllt, wenn alle Teilnehmer auch die Umkehr finden würden und die Seile wieder zur vollen Ruhe bringen.

4.

4.2 Grundlagen der Bewegungsbildung

Die Grundformen Gehen und Laufen

Theoretische Hinweise

Gehen, Laufen, Hüpfen und Springen gehören zu den natürlichen Grundbewegungsarten des Menschen, wobei das Gehen, als die eigentliche Fortbewegungsart, am stärksten in Anspruch genommen wird. Wie die Mimik und die Gestik so hat auch das Gehen einen durchaus individuellen Charakter. Es gehört zum Persönlichkeitsbild des einzelnen. Daraus ergibt sich die große Breite von Variationsmöglichkeiten, die bei dieser Fortbewegungsart möglich ist. Vielfältige Faktoren bestimmen, je nach Intention, das Gehen oder Laufen. Über den Bewegungsansatz führt die erste Schrittverlagerung in den Raum, gesteuert durch die Intention, die sich orientiert an den möglichen Raumrichtungen, den Schrittgrößen und Schrittarten, den Raumwegen oder der gewünschten Körperhaltung. Die Grundformen Gehen und Laufen werden erfahrbar in:

verschiedenen Richtungen:	vor - rück - seitwärts
verschiedenen Tempi:	von langsam bis schnell
verschiedenen Raumwegen:	Linie - Kreis - Bogen

durch dynamische Veränderung als Anpassung an verschiedene Situationen.

Gehen ist in der allgemeinen Form zum Automatismus geworden. Zur Verbesserung der Bewegungsqualität "Gehen" ist es nötig, für die Bewegungsabläufe selbst sensibel zu werden. Dazu bedarf es der Hinwendung auf die einzelnen Elemente und ihr Zusammenwirken.

Der *Bewegungsablauf des Gehens* erfolgt über die Verlagerung des Gewichts von einem auf das andere Bein. Während des Gehens wird mit einem Fuß ständiger Bodenkontakt gehalten. Die Gewichtsverlagerung kann ablaufen vom Ballen zur Ferse, d. h., der Fuß wird von vorn nach hinten abgerollt. Bei dieser Verlagerung werden Fuß und Bein gestreckt nach vorn eingesetzt, die Körperhaltung ist aufgerichtet. Erfolgt die Gewichtsverlagerung von der Ferse zum Ballen hin, werden Fuß und Bein leicht gebeugt eingesetzt. Die Körperhaltung ist nachgebend.

Bei beiden Formen zeigt die Armhaltung gegengleiche Bewegungen. Bei guter Koordinationsfähigkeit wirkt das Gehen elastisch, federnd und vorwärtsstrebend.

Die Ausführung des Vorwärts-Gehens:	gleichmäßige Gewichtsverlagerung – leichte Beckenschwingung – aufrechte Haltung – Gegenbewegung im Schultergürtel,
Die Ausführung des Rückwärts-Gehens:	mit den Oberschenkeln ausgreifen – in Becken und Wirbelsäule zurückschwingen,
Die Ausführung des Seitwärts-Gehens:	ruhig gehaltener Oberkörper – Gewichtsverlagerung Wechsel von Seit- und Kreuzschritten.

Die *Bewegungsabfolge des Laufens* entspricht in ihrem Ansatz der des Gehens. Sie wirkt indes nicht bodenverhaftet, weil der Bodenkontakt beim Abheben gelöst wird. Die Haltung ist aufrecht, Ober- und Unterschenkel schwingen hoch. Die Schrittweise entspricht nach kräftigem Abdruck dem jeweiligen Krafteinsatz. Der Fuß setzt von der Zehenspitze her auf und rollt bis zur Ferse sofort ab. Das Auffangen geschieht durch leichtes Nachgeben in Knie und Hüfte und leitet sofort über zum neuen Abdruck.

Thema: Differenzierte Erfahrungen im Gehen und Laufen

Zielsetzung: Das individuelle Gehen und Laufen analysieren können, sich anpassen lernen an das Tempo einer Gruppe, seine eigenen Möglichkeiten beim Gehen und Laufen ökonomisch einsetzen lernen, im Krafteinsatz, in der Reaktion auf andere, in der Raumausnutzung.

Zielgruppe: Erwachsene.

Arbeitsmaterial: Seile.

Gehen

1. Individuelles Tempo gehen im Raum:
   aus diesem Tempo entwickelt sich ohne Aufforderung ein gemeinsames Tempo für die Gruppe.
   Diesen Wechsel mehrmals wiederholen.
   Ein extrem schnelles Tempo für sich selbst finden,
   ein extrem langsames Tempo für sich selbst finden,
   ein gemeinsames extrem langsames Gruppentempo finden.

2. Das eigene Gehen analysieren:
   die Schrittbewegung bei schnellem Tempo,
   die Schrittbewegung bei langsamem Tempo.

3. Dynamisches Gehen:
   Gehen im Raum mit starkem Krafteinsatz,
   Gehen im Raum mit geringstem Krafteinsatz,
   Gehen mit größtmöglicher Raumausnutzung.

4. Raumrichtungen:
   vorwärts, rückwärts und seitwärts gehen.

5. Die Richtungen verbinden mit Raumwegen:
   Linie, Kreis, Spirale, Ecke, Bogen.

6. Unterschiedliche Formen im Gehen:
   gleitendes, federndes, zügiges, schleichendes, schreitendes Gehen
   im Raum, in Zuordnung zu Partner oder Gruppe, zu Raumrichtungen und Raumwegen.

Laufen

7. Aufbau einer Seiltreppe:
   kleinere Abstände:
   überlaufen mit federnden Laufschritten,
   größere Abstände:
   überlaufen mit weiten Laufschritten.

8. Aufbau von zwei Seiltreppen
   im Wechsel:
   federnd, enge Laufschritte,
   flache, weite Laufschritte.

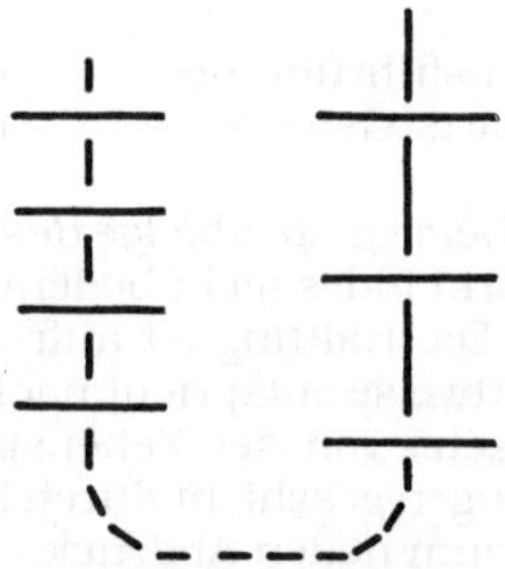

9. Freies Laufen im Raum in unterschiedlichen Formen mit besonderer Beachtung von Raumrichtungen und Raumwegen.

10. Laufen im Seil:
federndes Laufen im Seildurchschlag am Platz und in der Vorwärtsbewegung,

ein Laufschritt	-	ein Seildurchschlag,
zwei Laufschritte	-	ein Seildurchschlag,
drei Laufschritte	-	ein Seildurchschlag,
vier Laufschritte	-	ein Seildurchschlag.

Die Gundformen Hüpfen und Springen

Theoretische Hinweise

Hüpfen und Springen zeigen sich bei Kindern oft als Reaktion auf freudige Ereignisse. Das Hüpfen erfolgt dabei meist impulsiv, ohne besondere Beachtung von Ausführungselementen. Hüpfen und Springen sind demnach ganz natürliche Ausdrucksformen von Bewegungsfreude.
Nicht selten beobachten wir beim Abfedern vom Boden wie auch beim Auffangen eines Sprunges am Boden bei Kindern und Erwachsenen eine Funktionseinschränkung in der Beweglichkeit der Füße. Solche Beeinträchtigung kann die Folge eines zu schweren Körpergewichtes sein. Die Gewichtslast kann von den Fußgelenken nicht federnd abgefangen werden, und das Abrollen des Fußes wird beeinträchtigt. Ähnliche Erscheinungen treten auf als Folge von Fußschwächen, bei denen die Elastizität der Fußmuskulatur eingeschränkt ist. Kinder mit Spreizfüßen fangen ihre Hüpfer oder Sprünge fast immer damit ab, daß sie fast den ganzen Fuß aufsetzen.
Wir sollten alle Versuche unterstützen, durch gezielte Aufgabenstellungen diese immer häufiger in Erscheinung tretenden Funktionseinschränkungen abzubauen und Hilfen zu geben für eine bewußte Kontrolle der Funktionsfähigkeit, sollen uns doch unsere Füße ein Leben lang tragen.

Ausführungskriterien für die Grundform Hüpfen. Sie wird erfahrbar in:

verschiedenen Richtungen	:	vor-, rück-, seitwärts und am Platz,
verschiedenen Höhen	:	flach bis hoch,
verschiedenen Raumwegen	:	Linie - Kreis - Bogen.

Der Bewegungsablauf des Hüpfens ist gekennzeichnet durch ein kräftiges Abdrükken vom Boden und das Auffangen mit dem Sprungbein. Dabei erfolgt das Hochschwingen des Schwungbeines, das den Bewegungsablauf wieder mit einem kräftigen Abdruck beginnt. Die Haltung dabei ist aufgerichtet, die Arme sollten das Abdrücken vom Boden unterstützen. Wichtig ist das federnde und leichte Auffangen nach dem Hüpfer. Wir unterscheiden:

hohe Hüpfer:
sehr kräftiger Abdruck vom Boden, das Schwungbein wird beim Hochschwingen im Knie leicht gebeugt und zieht den Körper hoch.

flache Hüpfer:
kräftiger Abdruck, gestreckte Beine, kurzes Zusammenführen der Beine beim

4.

Wechsel, gestreckte Haltung.
seitliches Hüpfen:
nach rechts oder links mit Seitschritt beginnen, Fußwechsel erfolgt im Abdrücken und Auffangen, dabei ist ein federndes Auffangen über die Fußgelenke wichtig. Einhalten der seitlichen Bewegungsrichtung in gleichmäßiger, ruhiger Haltung.

Je intensiver auf die Ausführung des Hüpfens geachtet wird, um so stärker geraten die differenzierten Formen des Federns in den Blick.

Wir haben festgestellt, daß Geschmeidigkeit und Elastizität die Grundvoraussetzungen für ein koordiniertes Hüpfen sind. Je stärker der Abdruck in die Höhe oder Weite, um so flexibler und intensiver federnd müssen die Gelenke des Körpers sein, damit der Druck des Körpergewichtes aufgefangen und die Balance ausgesteuert werden kann. So gehört das Federn als bewußte Schulung der Gelenke zu den Aufgaben der Bewegungsbildung. Nur über diesen Übungsprozeß sollte eine Sprungschulung begonnen werden.

Um für den Bewegungsablauf des Federns eine gute Fußbeweglichkeit zu erhalten, sollte das bewußte Abrollen des Fußes am Beginn stehen. Daraus entwickelt sich ein wechselndes Abrollen am Platz. Durch Beschleunigen dieses Wechselns und Abrollens wird das Lösen vom Boden, also die Aufwärtsbewegung erreicht. Vom Wechsel auf der Stelle geht es über in die Vorwärtsbewegung mit kurzen, kleinen Federungen.

In diesem Bewegungsablauf sollte ein elastisches Bewegungsverhalten deutlich zum Ausdruck kommen. Gleichmäßig und in ruhiger, aufrechter Haltung sollte das Körpergewicht aufgefangen werden.

Federnd kann geübt werden in:

verschiedenen Richtungen:	vor-, seit-, rückwärts,
verschiedenen Raumwegen:	Linie - Kreis - Bogen,
verschiedenen Varianten:	mit Nachstell- oder Kreuzschritten, mit halben oder ganzen Drehungen.

Springen

Hüpf- und Springspiele sind wohl allen Kindern dieser Erde vertraut. Ihre Regeln mögen unterschiedlich sein, allen gemeinsam aber ist die Beanspruchung der Füße und ihrer Sprunggelenke, so etwa, wenn das dritte Feld eines Hüpfspieles erreicht werden muß (Weitsprünge), oder wenn beim Gummi-Twist das Gummiband in Höhe der Knie von innen nach außen übersprungen werden muß (Hochsprünge), oder wenn während eines Waldspazierganges gefällte Bäume übersprungen werden (Laufsprünge).
Ableiten läßt sich daraus, daß das Springen eine natürliche Bewegungsform ist. Die Sprungfähigkeit selbst entwickelt sich auf Grund von Übungsprozessen. Alle Formen, die übrigens äußerst differenzierbar sind, lassen sich zwei Gruppen zuordnen: Weit-Sprünge, Hoch-Sprünge.

Ausführungskriterien:

Weit-Sprünge:
Sprünge aus der Vorwärtsbewegung erfolgen aus einem sich steigernden dynamischen Anlauf. Sie haben einen senkrechten Absprung, eine Flugphase und eine

weiche Landung, um danach zu einem Anlauf anzusetzen. Abgesprungen wird einbeinig. Im einzelnen unterscheidet man folgende Hauptarten:
Galoppsprung, Schrittsprung, Laufsprung, Drehsprung.

Hoch-Sprünge:
Der Bewegungsablauf des Springens wird eingeleitet durch eine Ausholbewegung. Mit Unterstützung von Armbewegungen erfolgt ein Absprung mit Streckung bis zum Kopf. Die Schulterhaltung ist gelöst, der Aufsprung erfolgt federnd und weich. Gesprungen wird am Platz, der Absprung erfolgt einbeinig oder zweibeinig.
Im einzelnen unterscheidet man folgende Hauptarten:
Strecksprung, Hocksprung, Grätschsprung, Spreizsprung.

Springen kann erfahrbar werden in
verschiedenen Richtungen: vor-, rück-, seitwärts
mit unterschiedlichem Krafteinsatz: nah - weit; flach - hoch.

Thema: Hüpfen und Springen

Zielsetzung: Hüpfen und Springen als Mittel zur Verbesserung der Sprungkraft und Bewegungskoordination. Erfahren der unterschiedlichen Techniken und ihre Umsetzung in verschiedene Raumwege.

Zielgruppe: Kinder.

Arbeitsmaterial: Gymnastikbälle, Zauberschnüre.

Übungsbeschreibung

1. Frei im Raum umherhüpfen.
   Auf ein Signal hin:
   in die Hocke springen – weiterhüpfen,
   beide Beine nacheinander anhocken – weiterhüpfen, einen Partner suchen und mit ihm zusammen vorwärtsgehen, sich voneinander lösen und weiterhüpfen.
   Vorschläge der Kinder aufnehmen!

2. Zwei Reihen bilden, Paare stehen sich gegenüber in Gassenform.
   Das letzte Paar in der Gasse beginnt durch die Reihen zu hüpfen, Hände sind gefaßt und stellt sich an den Anfang der Reihen. Sie werden begleitet von dem Händeklatschen der anderen Kinder. Es folgt das nächste Paar ... usw.

   Abwandlung: Jedes Paar darf sich eine eigene Bewegungsform ausdenken und zeigt sie beim Durchhüpfen.

3. Der Abstand der beiden Reihen vergrößert sich.
   Beide Reihen hüpfen vorwärts bis zur Mitte, bleiben stehen.
   Mit den Händen gegeneinander klatschen im Wechsel rechts, links, beidhändig.
   Zurückhüpfen auf den Platz.
   Die Aufgabe mehrmals wiederholen.

4. Beide Reihen hüpfen zur Mitte,
mit dem gegenüberstehenden Partner rechtsseitig eingehakt eine ganze Umdrehung herumhüpfen, dann zum Ausgangspunkt zurückhüpfen.

5. Spiel: Komm mit auf die Reise.
Alle Kinder stehen in einem Kreis, Gesicht zur Mitte. Ein Kind hüpft außerhalb des Kreises herum, bleibt dann bei einem Kind stehen und fordert es durch Gestik auf zum Mitreisen.
Das Spiel ist beendet, wenn alle Kinder mit auf die große Reise gegangen sind.
Klavierbegleitung oder Kinderlieder unterstützen das Spiel.

6. Gymnastikbälle.
Alle Kinder haben einen Ball, hüpfen durch den Raum und prellen dabei den Ball.
Den Ball mit einer Hand prellen und dabei um ihn herumhüpfen.
Wechsel von rechts nach links.

Springen

7. Die Gymnastikbälle liegen auf dem Boden.
Alle laufen durch den Raum und springen über die Bälle. Keiner soll ausgelassen werden.

8. Seitwärts über einen Ball hin- und herspringen.

9. Der Ball wird tüchtig auf den Boden geprellt.
Anschließend springt jeder so hoch, wie der Ball gesprungen ist.

10. Zauberschnüre.
Zwei Zauberschnüre werden nebeneinander lang auf den Boden gelegt.
Wer kann gut über diesen Graben springen?
Dieser "Graben" kann verbreitert werden und regt damit zum Weitsprung an.

11. Die Zauberschnüre werden so hoch angebunden oder gehalten, daß sie für Kinder im Sprung erreichbar sind. Über die Schnüre werden viele Bänder gelegt.
Wer hat im Sprung an die Schnüre die meisten Bänder heruntergeholt?

12. Die Zauberschnüre werden als Linien auf den Boden gelegt. Die Kinder stehen in Reihen hintereinander vor den Linien.

------------- XXXXXXX
------------- XXXXXXX

Der Erste jeder Reihe hat einen Gymnastikball in der Hand.
Auf Signal an der Zauberschnur entlang hüpfen und dabei den Ball prellen.
Zurück zum Nächsten in der Reihe und den Ball übergeben.
Welche Reihe ist zuerst fertig?

Die Grundformen Schwingen und Drehen

Theoretische Hinweise

Lassen Sie doch einmal Ihre Arme ganz locker herunterfallen und beobachten Sie, was dabei geschieht!
Die Arme pendeln einige Male hin und her und kommen dann zur Ruhe. Soll sich dieser Vorgang wiederholen, so muß ein Impuls die Arme wieder in eine Bewegungsphase bringen. Es kommt dann zum erneuten Schwung, dessen Dimension sich bestimmt aus der Kraft, mit der er in Gang gesetzt wird.
Schwingen kann man auch mit dem ganzen Körper. Einmal wird die Schwerkraft zum Schwung dadurch ausgenutzt, daß aus der Körpermitte die Bewegung eingeleitet und kurz vor dem Balanceverlust mit der Gegenbewegung begonnen wird. Der Bewegungsausschlag steigert sich dabei durch Gewichtsverlagerung, wobei es die Arme sind, die den Schwung verstärken.
Im zweiten Fall wird die Pendelbewegung ganz bewußt dosiert. Der Bewegungsansatz ist zwar der gleiche, also aus der Mitte heraus, die Bewegung selbst aber wird kontrolliert geführt und damit *unabhängig* von dem Bestimmungsfaktor Balanceverlust.

Die Unterschiede sind deutlich erkennbar. Der erste Ansatz gibt den Impuls aus der Mitte, die Geschwindigkeit ist veränderbar je nach Bewegungsausschlag. Der Krafteinsatz wird entsprechend der Geschwindigkeit dosiert. Im zweiten Ansatz wird die Bewegung auch aus der Mitte, aber bewußt geführt. Die Geschwindigkeit wird bestimmt. Sie ist gleichmäßig und der Krafteinsatz ist gering.
So sprechen wir von schwingenden und geführten Bewegungen. Beide setzen ein differenziertes Gefühl für die Bewegung und eine gute Koordinationsfähigkeit voraus.
Geführte Bewegungen zeichnen sich durch Gleichmäßigkeit und Straffheit aus. Schwungbewegungen erscheinen als gelöste und weite Bewegungen.

4.

Schwingen

Der Bewegungsablauf des Schwingens beginnt damit, daß man in der ersten Phase der Wirkung der Schwerkraft nachgibt. Durch Krafteinsatz wird die Vorwärtsbewegung in eine Umkehrbewegung verwandelt, es entsteht ein gleichmäßiges Vor- und Rückschwingen.
Die Bewegungskraft wird auf Becken, Oberkörper und Arme übertragen, wobei durch Wechsel von Strecken und Beugen ein schwingendes Bewegungsverhalten verursacht wird.

Drehen

Die Beweglichkeit unseres Körpers ist abhängig von dem Funktionieren der entsprechenden Gelenke. So können wir einzelne Teile unseres Körpers heben und senken, einwärts- und auswärtsdrehen und kreisen lassen. Wie wichtig diese Funktionen für uns in der Bewegungserziehung sind, erfahren wir während der Arbeit mit den Handgeräten.
Wichtig ist aber darüber hinaus, daß der gesamte Körper sich um seine Längsachse drehen kann. Diese Drehungen werden bestimmt durch die Richtung, die eingenommen werden soll. So sprechen wir von einem Drehen auf der Stelle, in oder gegen eine Bewegungsrichtung oder auch vom Drehen in der Fortbewegung. Drehen ist ein Wechsel zwischen Spannung und Entspannung und wird eingeleitet durch Kopf und Schulter, der Blick geht in die Bewegungsrichtung, der Kopf steuert die angesetzte Drehung.

Thema: Schwingen und Drehen

Zielsetzung: Über den Ansatz des Schwingens zu schwungvollen und geführten Bewegungen kommen, die bestimmt werden durch den Wechsel von Geschwindigkeit und Krafteinsatz.

Zielgruppe: Erwachsene.

Arbeitsmaterial: Seile.

Übungsbeschreibung

1. Das Seil wird in U-Form vor den Körper gehalten und dient als Pendel. Durch eine Vor- und Rückbewegung des Körpers wird das Seil in Schwingung versetzt.

2. Das Seil wird, doppelt gefaßt, an eine Seite des Körpers gebracht und dort in Schwung versetzt.

3. Wechsel des Seiles von einer auf die andere Seite, mit und ohne Handwechsel.

4. Die Pendelrichtung des Seiles wird akzentuiert.
   Einmal liegt die Betonung auf dem Vorkreisen, das Seil wird aus der Pendelbewegung heraus nach vorn zum Kreis geschwungen.
   Das gleiche in der Betonung nach rückwärts zum Rückkreisen des Seiles.

5. Kreisen wechselseitig mit Handwechsel vor dem Körper.

6. Aus dem Kreisen ohne Handwechsel ergibt sich eine vor- oder rückbetonte Achterfigur.

7. Schwungformen:

Parallelschwünge	-	frontal und seitwärts geschwungen,
Pendelschwünge	-	einarmig und beidarmig,
Achterschwünge	-	einarmig und beidarmig,
Gegengleiche Schwünge	-	frontal und seitwärts geschwungen.

8. Pendelschwung und Parallelschwung verbinden mit halben und ganzen Drehungen.

Raumebenen und Bewegungsebenen

Theoretische Hinweise

In den vorangehenden Abschnitten wurden den Grundformen verschiedene Richtungsmöglichkeiten zugeordnet. Diese Raumrichtungen sollen behilflich sein, einen großen oder kleinen Raum für sich erfahrbar zu machen, zu lernen, wie man ihn gliedern kann, wie er begrenzt ist und wie er innerhalb seiner Grenzen möglichst vielfältig in Anspruch genommen werden kann. Diese Erfahrungen sollen dazu beitragen, die Reaktionssicherheit und Flexibilität zu verbessern.

Der Raum kann nicht nur in verschiedenen Richtungen erlebt werden wie in Länge, Breite und Tiefe. Ihm sind auch Ebenen zugeordnet, die wir als obere, mittlere und untere Raumebene bezeichnen. Erst im Bewußtwerden aller Raumdimensionen wird die Fähigkeit vermittelt, Bewegung und Bewegungsverhalten den Raummöglichkeiten optisch anzugleichen, d. h. sie differenziert einzusetzen. Durch seinen aufrechten Gang bestimmt, bewegt sich der Mensch fast immer in der mittleren Raumebene. Auch seine kulturell geprägten Arbeitsbewegungen, die sog. “Alltagsmotorik” entsprechen ihr.
Die Berührung mit der unteren Raumebene wie mit dem Boden ist denkbar gering, wenn man die Füße als Auflagefläche in ein Verhältnis zur Körperhöhe setzt. So kann man davon ausgehen, daß Lernsituationen, die auf die untere und obere Raumebene bezogen sind, die Bewegungsquantität erweitern. Differenzierte Berührungen des Körpers mit dem Boden zu erfahren, verschiedene Stufen der Ablösungen vom Boden zu erproben, bieten die Voraussetzungen dafür, nicht nur zusätzliche Bewegungsansätze zu erlernen, sondern auch das Körperbewußtsein stärker auszuprägen. Die untere Raumebene mit dem Bodenkontakt fördert in starkem Maße die Entspannungsmöglichkeiten. Spannungsaufgaben in der Aufwärtsbewegung stellen den Kontrast dazu her. Dieses Aufwärtsstreben wird unterstützt durch die Intention, die obere Raumebene mit einzubeziehen. Vor allem Handgeräte, aber auch Spielzeuge, wie z. B. Luftballone, eignen sich hervorragend dazu, diese Bewegung zu unterstützen.

4.

Die Bewegungsebenen
Bewegungsebenen unterteilt man in hohe, mittlere und tiefe. Zum besseren Verständnis wollen wir den Bewegungsablauf einer Hoch-Tief-Bewegung betrachten. Den höchsten Punkt der Bewegungsmöglichkeit aus dem Stand erfahren wir über eine extrem starke Ganzkörperspannung im Zehenstand mit hochgestreckten Armen und Händen. Wir richten uns zur vollen Höhe auf! Durch den sehr geringen Bodenkontakt ist die Haltefähigkeit, und damit die Bewegungsfähigkeit, eingeschränkt. Der Verlust des Gleichgewichts in dieser extremen Spannung führt zur Auflösung und zum Abfangen der Spannung in der Tiefe. Dort kann die Bewegung ausklingen in der Entspannung oder aber aus der Umkehrbewegung heraus zu neuer Hochbewegung führen.
Ausgangspunkt dieser Bewegung in der Tief-Hoch-Ebene ist der Bewegungsansatz aus der Mitte. Die Bewegungsfähigkeit wird durch die Elastizität und Geschmeidigkeit der Wirbelsäule ermöglicht und unterstützt. Der mittleren Bewegungsebene ordnen sich vor allem Dreh- und Schwungbewegungen des Körpers, der Arme und der Hände zu. So verbinden sich mit der mittleren Bewegungsebene auch verschiedene Körperebenen, die wir bezeichnen als vor dem Körper, hinter dem Körper, neben dem Körper, in der frontalen, horizontalen oder vertikalen Ebene.

Zusammenfassend läßt sich sagen, daß das Wissen um die Raum- und Bewegungsebenen die Grundlage für Bewegungsabläufe bildet, die, in Verbindung mit Bewegungsvorstellungen, differenziert und gut koordiniert gelingen können.

Thema: Raumebenen und Bewegungsebenen

Zielsetzung: Verstärkung des Körperbewußtseins, Schulung der Fähigkeit, sich differenziert über die Bewegung den Raummöglichkeiten anzupassen.

Zielgruppe: Erwachsene.

Arbeitsmaterial: Chiffontücher.

1. Gehen – Laufen – Hüpfen in freier Raumarbeit, in verschiedenen Tempi, mit unterschiedlichem Krafteinsatz.

2. Gehen – Laufen – Hüpfen mit halben und ganzen Drehungen verbinden.

3. Erfahren der Raumwege:

   Gerade – Diagonale – Halbbogen – Kreis – Acht – Spirale – Seitbewegung Hüpfen, Springen, Schwingen.

   Chiffontücher:

4. Im Stand Chiffontücher in die Luft werfen und mit verschiedenen Körperstellen auffangen.

5. Tuch hochwerfen und es kurz über dem Boden auffangen.

6. Tuch hochwerfen, sich ganz schnell mit dem Rücken auf den Boden legen und dann erst das herabfallende Tuch mit dem Körper auffangen.

7. Freie Raumarbeit, dabei das Tuch experimentierend einsetzen:

   Beispiele: obere, mittlere, untere Raumebene werden mit Hilfe des Tuches erfahrbar durch Hochwerfen und Fangen, Ziehen und Schleifen über den Boden, Schwingen und Drehen während des Gehens.

   Körperebenen ordnen sich zu: Das Tuch kreist um den Körper, wird durch die gegrätschten Beine geführt, schwingt vor und hinter dem Körper usw.

   Gruppenarbeit:
   Raumweg, Grundform und Richtungswechsel, sowie Raumebenen und Körperebenen sind frei gegeben.
   Eine Musik im 4/4– Takt wird angeboten.
   Die Gruppe arbeitet improvisierend im Raum.

4.3 Geräte und Materialien als Medien der Bewegungsbildung

Die Persönlichkeitsentwicklung der Menschen ist ohne die Befriedigung ihrer Spiel- und Bewegungsbedürfnisse nicht zu denken. Abhängig sind diese Bedürfnisse von den Angeboten, die an die Menschen herangetragen werden. Diese Angebote dürfen sich nicht in reinen Funktionsabläufen erschöpfen, also in der sog. Arbeitsmotorik. Sie sollten vielmehr unter dem Aspekt der Bereicherung von Erlebnisqualität durch Intensivierung des Differenzierungsvermögens, der Spontaneität und der Phantasietätigkeit erfahrbar werden.

Empfinden, Erfühlen und Ertasten mit ihren vielfältigen Begleitarten sind hervortretende Erscheinungen, wenn Geräte oder Materialien zur Befriedigung der Spiel- und Bewegungsbedürfnisse eingesetzt werden. Dabei lassen sich grundsätzlich zwei Aspekte unterscheiden:
Einmal werden Materialangebote zweckgerichtet angenommen. Das Beherrschen einer Technik steht im Vordergrund; das Leistungsvermögen wird verstärkt.

Zum anderen werden Geräte und Materialien selbst zu Spielelementen. Mit ihrer Hilfe werden spielerische Formen intensiver erlebt. Wichtig ist, daß durch das Sammeln von unterschiedlichen Bewegungserfahrungen in vielfältigen Bewegungssituationen und in der jeweiligen Anpassung der Verhaltensweise an die den Dingen innewohnenden Strukturmerkmale die Selbsttätigkeit verstärkt wird. Entdecken, Entwickeln und Überprüfen neuer Bewegungsabläufe wirken motivierend. Motiviertes Handeln fordert zum Lernen auf, verstärkt die Selbständigkeit und wirkt mit an der Entfaltung der Persönlichkeit. Dieser Prozeß wird durch den Einsatz von Handgeräten und Materialien unterstützt. Sie geben wertvolle Hilfe bei den verschiedenen Bewegungsarten und führen bei entsprechender Vorliebe für das Gerät zu fortschreitendem Leistungsvermögen. Zugleich fordern Geräte und Materialien zu schöpferischer Initiative auf und fördern so die aktive Anpassung an sie. Im vielseitigen Umgang mit ihnen werden differenzierte Erfahrungen gemacht, die dem koordinierten Bewegungsverhalten zugute kommen.

Sie fordern zur spielerischen Auseinandersetzung auf, zur Hinwendung zum Objekt. Dieses Sichauseinandersetzen mit dem Objekt führt zur konzentrierten Arbeit und verstärkt damit die Konzentrationsfähigkeit insgesamt. Durch das Entstehen immer neuer Spielhandlungen oder Bewegungsabläufe wird die Qualität im Umgang mit dem Objekt gesteigert.

Das Arbeiten mit Handgeräten oder anderen Objekten ist nicht nur förderlich für die Entfaltung von Intuition, Spontaneität und Phantasie, sondern entwickelt in ganz besonderem Maße das Wahrnehmungsvermögen. Bei ihrem Abtasten wird das taktile Gespür, beim Handhaben oder Führen wird die optische Wahrnehmung, beim Erzeugen von Klängen oder Geräuschen die akustische Wahrnehmung angeregt.

Die hohen Anforderungen beim gekonnten Umgang mit den Geräten entwickeln Gewandtheit und Geschicklichkeit und damit die Fähigkeit, unterschiedliche Bewegungsarten in Verbindung mit dem Gerät in ihrer Dynamik oder in ihren raumzeitlichen Dimensionen wahrzunehmen. Das Differenzierungsvermögen wird geschult; Bewegungsgedächtnis, Bewegungsvorstellung und Bewegungsgestaltung werden entwickelt. Die Arbeit mit Handgeräten oder Materialien sollte grundsätzlich bestimmt sein durch den Aufforderungscharakter, der diesen Geräten in der Regel zugeordnet ist. So gehört zum Programm der Bewegungserziehung auch das Erlernen und Beherrschen von Techniken; denn erst die Fähigkeit, das Material in vielfältiger Weise erfahren zu haben, läßt die Übereinstimmung von Körperbewegung und Gerätebewegung zu. Die Beschaffenheit des Gerätes prägt dabei seine Handhabung. Harte und feste Materialien strukturieren andere Bewegungsabläufe als weiche und nachgiebige. Bälle oder Reifen sind nicht so zu handhaben wie Tücher oder Bänder. Diese durch den Umgang mit den Materialien zu erreichende Sensibilität in der Bewegungsqualität ist als ein wichtiger Bestandteil im sensomotorischen Erfahrungsbereich zu werten und unterstützt die Speicherung von Bewegungsmustern, die notwendig sind als Grundlage der späteren Improvisation und Gestaltung.

Ball und Reifen als traditionelle Handgeräte

Theoretische Hinweise

Kinder spielen auf der Straße. Bälle und Reifen rollen die Straße entlang, werden angetrieben. Kinder laufen hinterher, versuchen sie einzufangen. Das ist eine Schilderung, die weitgehend der Vergangenheit angehört. Heute gibt es keine Spielstraßen mehr. Heute stehen Mädchen und Jungen mit einem Ball oder Reifen an der Hauswand und halten vergeblich Ausschau nach einer Spielmöglichkeit.

Man kann davon ausgehen, daß unsere Kinder heute nur mehr eingeschränkte und einseitige Erfahrungen im Umgang mit Bällen oder Reifen gewinnen: Jungen vielleicht im Fußballkick, Mädchen im Ball-an-die-Wand-Spiel, beide vielleicht im Hula-Hoop mit Reifen. Dabei unterstützen solche Geräte das Bewegungsbedürfnis von Kindern in hohem Maße. Es ist nur bedauerlich, daß durch wenig kindgerechte Planungen von Wohnungen und Wohnumgebungen der spontane Aufforderungscharakter dieser traditionsreichen Handgeräte vielfach unterdrückt wird. Gerade diese beiden Geräte sind so anregend für vielfache Sinneseindrücke, die zu differenzierten Wahrnehmungen führen und den Spielraum für Bewegungshandlungen erweitern. Durch die erforderliche Konzentration und Koordination im Umgang mit diesen Geräten werden positive Lernprozesse eingeleitet.

Der Ball als Handgerät zeigt sich uns in vielen Formen, die zu unterschiedlicher Qualität und Quantität der Bewegungsabläufe führen: Größe, Gewicht, Form, Farbe oder Materialbeschaffenheit bestimmen seine Handhabung.

Zwei Sachverhalte sind dabei zu beachten:

1. Welche dynamischen Funktionen lassen sich aus seiner materiellen Beschaffenheit herleiten? Sie sind die Bedingungen für den Aufforderungscharakter des Objektes. Er setzt bestimmbare Grenzen für die Freiheitsräume seiner Handhabung.
2. Wie sehen die Verbindungen aus, die sich auf Grund des Aufforderungscharakters zu bewegungsbildenden Elementen herstellen lassen?

Zum ersten Sachverhalt: Der Ball fordert zur Anpassung heraus durch seine

Eigenart zu rollen, zu prellen oder zu fliegen. So entstehen die ersten Bewegungsansätze über das Hin- und Herrollen, über das Fallenlassen und Auffangen, über das Zuwerfen und Fangen.

Diese Erfahrungen sollten im freien Spiel mit dem Ball gewonnen werden, um gerade die Vielfalt im Ausprobieren, Variieren und Differenzieren als Grundlage für die Gewinnung von Bewegungsmustern zu erhalten. Damit intensivieren sich Bewegungsvorstellungen, die den Ball in all seinen Einsatzmöglichkeiten transparent machen.

Zum zweiten Sachverhalt: In Verbindung mit bewegungsbildenden Elementen wie Gehen, Laufen, Schwingen oder Drehen ist der Ball nicht mehr Mittelpunkt, sondern er dient der Unterstützung oder Anregung von Bewegungsaufgaben, die sich in den Raum hinein entfalten. Geben die dem Gerät eigenen Gesetzmäßigkeiten wie Fähigkeit zu prellen, rollen, werfen den Anstoß zur Bewegungshandlung, so erweitert sich der Bewegungsablauf in den Raum in unterschiedlichem Zeitmaß, in differenzierter Dynamik und in variablen Formen. Über das Improvisieren, d. h. durch stets neues Ausprobieren von Bewegungsverbindungen zwischen Körper und Ball, wobei Dynamik und Tempo, Raumweg und Raumebene variiert werden, wird die Fähigkeit zur Bewegungsgestaltung erlernt.

Der Ball kann ein schwieriger Mitspieler sein. Er verlangt ein sensibles Eingehen auf seine Eigenschaften: einen weichen oder festen Abwurf, die gerundete Hand bei seinem Annehmen, die Mitarbeit des ganzen Körpers beim Prellen, Schwingen und Kreisen mit Händen, die nachgeben können. Das Erproben, wie der Ball in der Hand liegen muß, wie er abgeworfen, aufgefangen, gerollt, geprellt oder geschwungen wird, regt besonders die Feinmotorik an. Das Beherrschen dieser Formen fördert Geschicklichkeit und Gewandtheit und letztlich eine relative Unabhängigkeit vom Gerät, die das in Gang setzt, was hier als aktive Anpassung bezeichnet wird.

Der Reifen als Spielgerät hat an Aktualität verloren. Auch er beansprucht viel Raum, soll er, seinem Aufforderungscharakter entsprechend, über eine lange Strecke gerollt und angetrieben werden. Das kann heute nur noch auf Spielstraßen geschehen, und so verliert der Reifen als motivierendes Bewegungsmittel seine Funktion. Oft geschieht die erste Auseinandersetzung mit ihm im Kindergarten, wo er häufig als Hilfsmittel zur Markierung von Raumpunkten dient.

Der Aufforderungscharakter des Reifens läßt sich bestimmen im Rollen, Drehen, Tragen, Schwingen und Kreisen. In der Aufforderung: "Hole dir einen Reifen!" wird die erste Erfahrung im Tragen eines Reifens gemacht. Das Gewicht des Gerätes wird wahrgenommen, und zugleich bekommt man einen Eindruck seiner Größe.

Anders die Aufforderung: "Spiel mit dem Reifen!" Hier wird versucht, den Reifen in den Raum hinein zu rollen, oder in Erinnerung an den Hula-Hoop-Reifen, ihn um die Hüfte kreisen zu lassen. Wichtig ist das freie Spiel mit dem Reifen und nicht die sofortige zielgerichtete Aufgabe, damit eine Vielfalt von Bewegungsmustern entwickelt und die Geschicklichkeit vertieft werden kann. Nach dieser Phase des Vertrautwerdens mit dem Gerät sollte der Reifen in bewegungsbildende Elemente eingebunden werden. In Verbindung mit Gehen oder Laufen wird der Reifen in unterschiedlichen Tempi in den Raum hineingetragen. Durch Rollen, Tragen, Schwingen und Kreisen um den Körper, in unterschiedlichen Raumebenen und Raumwegen, in dynamischen Veränderungen und Tempi lassen sich zahlreiche Bewegungsabläufe entwickeln. Der Beherrschung des Gerätes folgt dann häufig ein starker Anreiz zum Improvisieren und Gestalten.

Thema: Grunderfahrungen mit dem Ball

Zielsetzung: Im freien Umgang mit dem Ball dem Aufforderungscharakter des Gerätes nachkommen, seine Handhabung kennenlernen und in Spielformen die Erfahrungen erproben.

Zielgruppe: Kinder.

Arbeitsmaterial: Gymnastikbälle, Tennisbälle.

Übungsbeschreibung

1. Der Ball rollt!
   - Ball durch den Raum rollen. Anstoß erfolgt über die Hand,
   - den Ball schnell rollen lassen, hinterherlaufen und ihn wieder aufnehmen,
   - den Ball so langsam rollen, daß er nicht hoppelt und daß man neben ihm hergehen kann,
   - den Ball so schnell rollen, daß man über ihn springen kann,
   - während des Rollens versuchen, 1 bis 2 mal um den Ball einen Kreis zu laufen.
   - Paare rollen sich einen Ball zu. Den Ball mit der rechten Hand zurollen, mit der linken Hand annehmen. Das gleiche im Wechsel der Hände,
   - im Sitzen den Ball in die gegrätschten Beine rollen, den Ball mit beiden Händen annehmen, mit ihm im kleinen Schwung nach hinten kippen, wieder nach vorn kommen und den Ball erneut herüberrollen.

   Jeder hat einen Ball:
   - aus der Hand den Ball auf den Arm rollen lassen und wieder zurück in die Hand, rechts und links im Wechsel,
   - auf dem Körper den Ball herumrollen lassen, auch um die Füße und durch die gegrätschten Beine.

2. Der Ball springt!
   - Hoch und höher; niedrig und flach; leise und laut,
   - den Ball mit beiden Händen prellen,
   - mit einer Hand prellen rechts und links im Wechsel,
   - ganz hoch prellen, bevor der Ball aufgefangen wird in die Hände klatschen, sich herumdrehen, auf den Boden klatschen,
   - wer kann eine Melodie summen und zugleich den Ball dabei prellen?

3. Der Ball fliegt!
   - An eine Wand farbige größere Kreise malen, die in der Höhe unterschiedlich sind. Alle versuchen, ihren Ball in jeden dieser Kreise hineinzuwerfen,
   - eine Schnur quer durch den Raum spannen. Den Ball über die Schnur werfen und auf der anderen Seite den Ball wieder auffangen.

Thema: Grunderfahrungen mit dem Ball

Zielsetzung: Von der Grunderfahrung zur Bewegungsfolge.

Zielgruppe: Erwachsene.

Arbeitsmaterial: farbige Gymnastikbälle.

Übungsbeschreibung

1. Ball tragen und führen.
   - Frei im Raum den Ball abwechselnd in der rechten und linken Hand tragen, dabei den Arm seitwärts führen, nach oben und nach unten,
   - der Ball liegt auf dem Handrücken, den Arm seitwärts, nach oben und unten führen,
   - mit beiden Händen den Ball tragen. Durch einen kurzen Abwurf die Hände drehen und den Ball auf dem Handrücken tragen. Im Wechsel Handfläche und Handrücken drücken, dabei mit dem Körper den Abwurf unterstützen,
   - der Ball liegt auf der Hand, der Arm führt ihn in verschiedene Ebenen und Richtungen. Dies mit Schrittfolgen verbinden. Stets im Wechsel rechts und links arbeiten, um die sichere Handhabung und Geschicklichkeit zu vertiefen.

2. Ball werfen und fangen.
   Abwurf: mit dem Körper mitgehen, aus dem Schwung werfen.
   Annahme: in die Hand gleiten lassen, nicht greifen mit den Fingern.
   - Aus dem Schwung heraus Ball abwerfen. Unterschiedlich hoch werfen, um ein Gespür für die Stärke des Anschwunges zu erhalten,
   - Hochwürfe aus dem Stand, aus der Bewegung,
   - Bogenwürfe über den Kopf,
   - weite Würfe werden bestimmt durch weichen oder festen Abwurf. Entsprechend schnell ist das Hinterherlaufen und Auffangen,
   - Hochwürfe und Bogenwürfe variieren in Tempo und Dynamik.
     Sie verbinden mit Weitwürfen in unterschiedliche Raumrichtungen.

3. Ball schwingen und rollen.
   - Seitschwünge – Kreisschwünge – Schwünge vor dem Körper – Achterschwünge im Wechsel rechts und links, in weiträumigen und engen Bewegungen und in allen Bewegungsebenen erarbeiten,
   - den Ball rollen vorwärts, rückwärts, seitwärts am Boden,
     auf den Armen, über den Körper,
     aus dem Stand, aus der Bewegung.

In der Zusammenarbeit der vier spezifischen Gruppen entstehen Bewegungsverbindungen, die unter dem Aspekt bestimmter Bewegungsvorstellungen, zu einer Bewegungsfolge mit dem Ball konzipiert werden.

4.

"Ball" siehe R 2.2/ Seite 65
2.1/ Seite 42
2.1/ Seite 57

Thema: Differenzierte Erfahrungen mit dem Reifen

Zielsetzung: Kennenlernen des Handgerätes in seinen Einsatzmöglichkeiten; Bewegungssicherheit gewinnen in der Grundtechnik; Entwickeln von Bewegungsabläufen in vielfältiger Form.

Zielgruppe: Erwachsene.

Arbeitsmaterial: für jeden Teilnehmer einen Holzreifen, Durchmesser 80 cm.

Übungsbeschreibung

1. Rollender Reifen.
   Der Reifen wird in Bewegung gesetzt: Eine Hand hält den Reifen, die andere Hand schiebt ihn an. Der Reifen soll lotrecht rollen, die Finger beim Antrieb zusammengehalten werden.
   - den Reifen im Raum umherrollen, den Antrieb dabei ausprobieren,
   - den Reifen mit einem Antrieb bis zur gegenüberliegenden Wand rollen lassen,
   - wer kann den Reifen anhalten, bevor er die Wand erreicht?
   - Den Reifen wechselweise mit der rechten und der linken Hand rollen,
   - neben dem rollenden Reifen gehen und nach einer bestimmten Schrittzahl die Seiten wechseln, z. B. vier Schritte auf der rechten Seite des Reifens, vier Schritte auf der linken Seite des Reifens,
   - neben dem rollenden Reifen vorwärts laufen, halbe Drehung und rückwärts neben dem Reifen weiterlaufen,
   - den Reifen antreiben, einen Moment warten, schnell hinterherlaufen und den Reifen aufnehmen, die Hand senkrecht über dem Reifen halten, ihn rückwärts in Bewegung setzen und mitlaufen.

   Vor dem Körper
   - den Reifen hin und herrollen,
   - den Reifen vor dem Körper rollen und ihn mit Seitgalopp begleiten,
   - wie oben, nur während des Seitgaloppes mit halber Drehung mal den Rükken und mal die Front zum Reifen wenden,

2. Werfen und Fangen mit dem Reifen.

   Wichtige Grifformen: Kammgriff = Handfläche nach oben,
   Ristgriff = Handfläche nach unten.

   - Anschwung des Reifens neben dem Körper nach unten - hinten als Ausholbewegung. Mit gestrecktem Körper den Reifen nach vorn in die Höhe abwerfen, fangen und rückschwingen,
   - üben im Stand, in der Vorwärtsbewegung,
   - abwerfen des Reifens aus dem Laufen heraus, rechts und links üben auch im Wechsel rechts wirft ab, links fängt und umgekehrt.

3. Schwingen und Kreisen mit dem Reifen
   - Pendelschwünge neben dem Körper mit einer Hand, mit beiden Händen, im Stand, in der Vorwärtsbewegung,
   - Seitschwung rechts und weit vorn Handwechsel rechts zu links,
   - Handwechsel jetzt beim Vor- und Rückschwung, der Reifen wandert um den Körper,

- während des Vorschwingens den Reifen einmal um die Hand kreisen lassen, dann Handwechsel weit vorn. Die gleiche Folge von der anderen Seite beginnen,
- Aufgabe erweitern durch Abwerfen und Fangen beim Vor- und Rückschwung

Vor dem Körper:
- Schwingen im Stand von Seite zu Seite,
- weiträumiges Schwingen mit Ausholbewegung, auch verbinden mit Seitschritten,
- weiter Schwung von außen beginnend über innen mit Handkreis, Handwechsel auf der anderen Seite und Rückführung des Schwunges hinter dem Rücken zum Ausgangspunkt,
- zu dieser Schwungform den Rhythmus finden, dann den Ablauf mit zusätzlichen Schritten variieren.

Kreisen:
- Reifen liegt auf der Hand (Kammgriff), den Reifen um die Hand laufen lassen und dabei die Höhe betonen,
- den Reifen in fortlaufenden Handkreisen hochsteigen lassen, wie in einem großen Kreis wieder zurückkommen und dann ausschwingen,
- den Reifen um den Körper kreisen lassen mit Handwechsel seitwärts und hinter dem Rücken,

4.

Seil – Kordel – Tuch

Theoretische Hinweise

Seil

Wie Ball und Reifen ist auch das Seil ein altes Spielgerät. Leider hat das kurze Sprungseil heute an Aktualität verloren, während das große Schwungseil noch häufiger verwendet wird. Die unbefangene Auseinandersetzung mit dem Gerät, das Ausprobieren seiner Anwendungsmöglichkeiten, und damit das Sammeln von Erfahrungen, geschieht nicht mehr in der Kinderzeit. So schwindet die Unbefangenheit gegenüber diesem Gerät immer mehr. Im späteren Alter macht man nicht selten die Erfahrung, daß die Beschäftigung mit dem Sprungseil in spielerischer Form kaum gelingt. Es wird eher als schwieriges Handgerät angesehen, das bewußt als Hilfsmittel für Ausdauerschulung in der Fitnessarbeit, im Circuittraining oder im Leistungssport eingesetzt wird. Daraus läßt sich ableiten, daß das Seil für Fertigkeitsschulung wenig motiviert. Wird es aber als Spielseil eingesetzt, so ist es sehr beliebt.

Die genormten Seile bestehen aus Jute. Sie sind weiß und fest, in der Mitte zur Unterstützung des Schwunges verstärkt. Ihre Länge beträgt durchschnittlich 250 cm. Als vorteilhaft haben sich farbige Seile erwiesen, die recht anregend wirken.

Das Seil fordert auf zum Springen, Schwingen, Kreisen, Werfen, Fangen, Ziehen und Legen. Es zählt nicht zu den leicht handhabbaren Geräten. Seine große Beweglichkeit und seine genormte Länge nötigen dazu, sich beim Springen und Schwingen mit ihm auseinanderzusetzen. Pendelt ein Seil über dem Boden hin und her, so wird die Aufmerksamkeit auf den Punkt gelenkt, wo man es überspringen kann. Dabei ist das Seil leicht gespannt und schlägt nicht auf den Boden auf. Dieser Vorgang läßt sich auf den Seildurchschlag übertragen. Der Schwung des Seiles wird von der Armbewegung auf die Körperbewegung übertragen und bestimmt die Höhe und Weite des Seildurchschlages. Kurze und schnelle Drehungen aus dem Handgelenk ergeben einen engen Seildurchschlag in schnellem Tempo. Gestreckte und ausholende Armbewegungen ergeben einen langsamen ausholenden Seildurchschlag. Zwischen diesen beiden Formen liegen Varianten, deren unterschiedliche Tempi bestimmt werden von der jeweiligen Bewegungsvorstellung.

Beim Werfen und Fangen mit dem Seil ergeben sich ebenso zwei Formen: Das Seil kann entspannt, in sich locker und ohne Schwung abgeworfen oder zugeworfen werden, und es kann in sehr schwieriger Form gespannt, aus dem Schwung heraus, mit straffer Seilschlinge abgeworfen und wieder aufgefangen werden.

Zwei Formen sind auch beim Schwingen mit dem Seil zu registrieren: Befinden sich die Seilenden in der rechten und linken Hand, so hängt das Seil in U-Form herab und sollte beim Schwingen in dieser Form bleiben. Dabei wird der Körper zur Unterstützung des Schwunges mit eingesetzt, so daß Seilschwung und Körperschwung eine Einheit bilden. Befinden sich aber beide Seilenden in einer Hand, so bleibt die Seilschlinge geschlossen. Der Körperschwung unterstützt auch hier den Seilschwung.

Das Seil dient in hervorragender Weise der Bewegungsbildung. Das Schwingen und Springen mit dem Seil führt zu einer fließenden rhythmischen Bewegung. Man kann diese auf der Stelle ausüben oder in den Raum hineintragen. Im regelmäßigen Intervall spannt und entspannt der Körper. Sprungformen wie Hüpfen, Federn

und Springen oder Schwungformen wie schnelles oder langsames Kreisen des Seiles zeigen die Vielfalt seiner Anwendungsmöglichkeiten auf.
Seilspringen ist übrigens ein ausgezeichnetes Mittel zur Kreislaufanregung und Ausdauerschulung. Allerdings muß die Belastungsintensität bedacht werden, um eine Überforderung zu vermeiden. Besondere Rücksicht ist auf die Sprunggelenke zu nehmen, weil sie beim Seilspringen äußerst stark beansprucht werden.

Kordel

Die Arbeit mit einer Kordel als Handgerät wird bestimmt von ihrer Materialbeschaffenheit. Im Gegensatz zum Seil, das als Hanfschnur mit verstärkter Mitte angeboten wird, ist die Kordel ein in der Regel selbst hergestelltes Gerät aus Jutegarn, Wolle, Baumwolle usw. Sie hat keine verstärkte Mitte und ist in sich weich und nachgiebig. So ergeben sich bei ihrer Handhabung auch andere Formen. Die Kordel folgt den Körperbewegungen, die durch Bewegungsvorstellungen ausgelöst werden, ziemlich genau, so daß eine Auseinandersetzung wie beim Seil nicht nötig ist. Dennoch bietet die Kordel genügend Anreize, um mit ihrer Hilfe eine vertiefende Spiel- und Gestaltungsform zu finden.

Die Arbeit mit ihr verlangt ein gutes Einfühlungsvermögen. Sie kann in Schlangenlinien oder Wellenbewegungen geschwungen werden, sie kann in engen und weiten Formen gespannt werden, sie kann am Boden gezogen oder bewegt werden. Sie vermag die Phantasie wirklich erstaunlich anzuregen.

Tuch

4.

Das Tuch besteht aus feinem Gewebe und hat fast immer eine quadratische oder rechteckige Form. Es hat leuchtende Farben und sollte so groß sein, daß es mitschwingen kann. Das Spielen mit dem Tuch kann sehr vielseitig sein: Man kann es als Kopfbedeckung, zur Verkleidung in Spielgeschichten, als Umhang usw. benutzen.

In der Bewegungserziehung wird das Tuch als Gerät sehr sensibel gehandhabt. Durch die Art seines Materials verlangt es ein gutes Einfühlungsvermögen. Es kann geschwungen, geführt, getragen, geworfen und aufgefangen werden. Über diese Grunderfahrungen entwickeln sich die differenzierten Zuordnungen wie Wellenbewegungen, Schlangenlinien und in Verbindung mit bewegungsbildenden Elementen, Erfahrungen in Raumebenen und Raumwegen. Damit das Tuch sich voll entfalten kann, bedarf es einer großen Bewegungsweite, die erzielt wird durch intensiven Körpereinsatz. Das Zusammenspiel von Tuchführung und Körperarbeit muß einfühlsam geübt werden, wenn ein harmonischer Bewegungsablauf erreicht werden soll.

Thema: Springen und Schwingen mit dem Seil

Zielsetzung: Über Spielformen wird das Seil als Gerät den Kindern nähergebracht und soll dabei Grunderfahrungen vermitteln.

Zielgruppe: Kinder.

Arbeitsmaterial: normale Springseile.

Übungsbeschreibung

1. Seilspiele im Raum
   - Seile gut verstreut auf den Boden legen und versuchen, über alle Seile herüberzulaufen, ohne sie zu berühren,
   - durch den Raum gehen und über jedes Seil einen kleinen Sprung machen,
   - laufen über alle Seile, zwei bis drei Kinder klatschen dazu. Wenn sie aufhören mit Klatschen, muß jeder sein Seil wiederfinden, das geht auch mit einer Melodie,
   - jedes Kind schiebt sein Seil mit den Füßen vorwärts durch den Raum. Auf ein Signal hin versuchen, das Seil mit den Füßen auf einen vorher bestimmten Platz zu tragen,
   - das Seil zusammenlegen, zweifach oder vierfach, je nach Größe des Kindes. Das Seil wie eine Peitsche über den Kopf schwingen. Dabei kann man auch durch den Raum galoppieren.
   - Eine Seilstraße wird aufgebaut: herüberlaufen, herüberspringen, Slalom laufen.
   - Zwei Gruppen: eine Gruppe läuft nacheinander über die Seile, die andere Gruppe klatscht das Metrum dazu.
   - Wer kann durch besondere Betonung im Metrum dem einzelnen das Signal zum Loslaufen geben?

2. Seilschwingen
   - Mehrere Seile zusammenknüpfen für ein großes Schwungseil,
   - durch das schwingende Seil von einer Seite auf die andere laufen,
   - einmal in das schwingende Seil einspringen und wieder herauslaufen,
   - mehrere Kinder können im Seil springen. Die anderen begleiten den Hüpfrhythmus mit Klatschen oder sagen einen Sprechvers dazu oder singen eine Melodie.
     Jedes Kind hat ein Seil.
   - Wir probieren: Das Seil soll hoch und weit über den Kopf geschwungen werden und weit vor den Füßen auf dem Boden aufschlagen,
   - das gleiche noch einmal, aber jetzt gleich über das Seil herüberspringen und neuen Schwung mit dem Seil holen,
   - wer kann dies mehrere Male hintereinander?

   Spiel:
   An einer Wand liegen Bälle mit einigem Abstand voneinander auf dem Boden. Jedes Kind hat ein Seil und stellt sich vor einem Ball etwa zwei Schritte entfernt auf.
   Auf Signal wird das Seil über den Kopf geschwungen vor den Ball und Seil mit Ball rückwärts durch den Raum bis an ein Ziel gebracht.
   Wer ist zuerst mit Seil und Ball am Ziel?

Thema: Springen und Schwingen mit dem Seil

Zielsetzung: einfache Übungsfolgen zur Bewegungsschulung; Anregungen für Bewegungsfolgen.

Zielgruppe: Erwachsene.

Arbeitsmaterial: Sprungseile.

Übungsbeschreibung

1. Springen und laufen mit dem Seil
   - Die Füße sind geschlossen. Schlußsprünge mit Nachfedern, dabei hoher weiter Seildurchschlag, weich und federnd den Sprung auffangen,
   - Sprung ohne Nachfedern, dabei schneller Seildurchschlag, nicht hart auf dem Boden aufkommen,
   - beide Sprungformen verbinden mit eigenen Rhythmen, z. B. Sprung und Sprung und Sprung Sprung Sprung Sprung ...
   - laufen mit Seildurchschlag am Platz,
   - laufen vorwärts, jeder zweite Schritt ein Seildurchschlag,
   - jeder Laufschritt ein Seildurchschlag,
   - jeder dritte Laufschritt ein Seildurchschlag, dabei den Rhythmus beachten und den Schrittwechsel,
   - Umkehr des Seildurchschlags, vor dem Körper beginnen. Alle oben angeführten Aufgaben mit Seildurchschlag rückwärts üben,
   - interessante Varianten bringen unterschiedliche Armführungen beim Seildurchschlag wie offener Seildurchschlag – Seildurchschlag mit gekreuzten Armen.

2. Schwingen mit geschlossenem Seil
   - Mit einer Hand: Seilschwung an der Seite von rechts nach links und zurück,
   - Seilschwung seitlich mit Handwechsel vorn,
   - Seilschwung seitlich mit Handwechsel vorn und hinten,
   - Seilschwünge mit doppelt zusammengelegtem Seil: mit beiden Händen Seil an der rechten und linken Körperseite schwingen,
   - Seilschwung mit doppelt zusammengelegtem Seil vor dem Körper schwingen,
   - steigern vom kleinen Schwung zum großen Kreisschwung,
   - Seilschwünge in verschiedenen Körperebenen ausprobieren: die Höhe betonen, die Weite betonen, Hoch–Tiefschwünge,
   - Seilschwünge kombinieren mit Raumwegen, Drehungen und Schrittrhythmen.

   Seilschwingen mit geöffnetem Seil.
   - Seil schwingt in U-Form von Seite zu Seite, über dem Kopf,
in Kreisen vor dem Körper,
in Spiralkreisen.

3. Das Seil ist vierfach zusammengelegt:
   - Aufgaben des Spannens und Lösens über den Körper, das Seil gibt den Impuls.

"Seil" siehe R 2.3/ Seite 107, 115

4.

Thema: Spiel mit der Kordel

Zielsetzung: mit neuem Material umgehen lernen, es erproben in vielen Bewegungsformen und mit ihm seine Bewegungsvorstellungen erweitern.

Zielgruppe: Kinder.

Arbeitsmaterial: längere Schnüre aus nicht zu weichem Material.

Übungsbeschreibung

1. Jedes Kind hat eine Kordel, legt diese vierfach zusammen und steckt ein Ende der Kordel unter den Gummizug der Sporthose. Das Spiel heißt Kordelfang. Auf ein Signal laufen alle Kinder durch den Raum und versuchen, so viele Kordeln wie möglich von anderen Kindern zu erreichen und seine eigene zugleich zu behalten. Wer hat die meisten Kordeln?

2. Raum ausmessen.
   Die Kordel ist unser Maßband. Wieviel mal kann man die Kordeln von einer Raummitte zur anderen legen? Jeder macht seine eigenen Erfahrungen.

3. Sternlauf.
   Alle legen ihre Kordeln in der Raummitte zu einem Stern zusammen.
   Zuerst laufen alle um den Stern außen herum.
   Dann in immer kürzeren Wegen bis zur Mitte kommend, über die ausgelegten Kordeln laufen. Jeder darf sich nun eine eigene Bewegungsform für diesen Weg suchen.

4. Alle setzen sich am Außenrand des Sterns vor eine Kordel und ziehen diese ganz langsam zu sich heran.

5. Die Kordel bewegt sich auf dem Boden wie eine Schlange.

6. Alle liegen auf dem Boden und versuchen, die Kordel um ihre Füße zu wickeln.

7. Auf dem Boden sitzen, die Kordel ist zweifach gespannt und wird in den Händen gehalten. Jetzt sich weit nach vorn beugen und ohne loszulassen die Kordel zuerst unter den Füßen, dann unter den Beinen und dem Gesäß durchziehen, von hinten über den Kopf wieder nach vorn bringen.

8. Zum Kreis zusammenkommen. Alle Kinder sind mit ihren Kordeln miteinander verbunden. Gemeinsames Schwingen. Nach einer bestimmten Anzahl von Schwüngen zur gleichen Zeit alle einen Platz nach rechts springen.

Thema: Bewegung mit Tüchern

Zielsetzung: durch spielerische Auseinandersetzung Bewegungsformen mit dem Tuch entdecken, daraus spezifische Grundformen ableiten und erproben.

Zielgruppe: Schulkinder.

Arbeitsmaterial: bunte Seidentücher, Größe 150 x 50 cm.

Übungsbeschreibung

1. Das Tuch als Begleiter
   - Jedes Kind wählt sich ein Tuch seiner Farbe und hält es an den Körper,
   - durch den Raum gehen, sich anderen Farben zuordnen, immer wieder neue Partner suchen,
   - so schnell sich bewegen, daß das Tuch auf dem Körper liegen bleibt, die Arme und Hände halten das Tuch nicht mehr,
   - das Tuch über den Kopf legen und sich am Platz drehen, einen Kreis laufen, durch den Raum schreiten.

2. Das aktive Tuch
   - Das Tuch flattern lassen beim Gehen,
   - das Tuch an der schmalen Seite mit beiden Händen festhalten und es wie einen Schleier beim Gehen fliegen lassen,
   - das Tuch an der langen Kante hochkant fassen und es wie ein Segel herumführen.
   - Tuch in die Luft werfen und auf verschiedenen Körperstellen auffangen,
   - Tuch hochwerfen, sich schnell auf den Boden legen und sich von dem Tuch bedecken lassen,
   - vor dem Körper das Tuch so schnell schwingen, daß Geräusche entstehen.

3. Das Tuch schwingt
   - An der Querseite das Tuch mit beiden Händen festhalten, Schwünge: vor dem Körper – seitlich rechts und links – über dem Kopf – von oben nach unten – in Wellenlinien – in schräger Ebene – Kreis- und Achterschwünge,
   - die Schwungformen auch mit einer Hand ausprobieren.

4.

"Tücher" siehe R 2.2/ Seite 91, 93

Unterschiedliche Bänder

Theoretische Hinweise

Kurze Bänder sind ein vielseitiges Spielgerät. Sie bieten Bewegungsanreize zum Schwingen, Kreisen und Ziehen. Sie können Partner oder Gruppen miteinander verbinden (z. B. in Form einer Kutsche), sie dienen zum Ziehen eines Gegenstandes, oder im Raum verteilt, als Objekt zum Überspringen oder auch nur als Platzmarkierung. So werden sie einmal als Hilfsmittel für Bewegungsaufgaben, zum anderen eigenständig als Handgeräte eingesetzt.

Die kurzen Bänder bestehen aus unterschiedlichen Materialien wie Baumwolle, Jute, Kunstseide oder Samt. Ihre Breite liegt zwischen 3 und 5 cm, ihre Länge zwischen 80 und 200 cm.

Sie sind weich und nachgiebig, und entsprechend liegt der Schwerpunkt in der Bewegungsarbeit im Schwingen und Kreisen, im Spannen und Lösen, in engen und weiten Bewegungen. Werden diese Bänder ausgesprochen farbenfroh angeboten, so ist der Anreiz zur Bewegungsarbeit viel größer. Bunte Bänder führen zu persönlichen Farbzuordnungen, unterstützen die visuelle Wahrnehmung und den Antrieb, zugleich mehrere Bänder in Bewegung zu setzen, die möglicherweise noch aus unterschiedlichen Materialien bestehen. Dadurch läßt sich erfahren, welche Materialien sich auf welche Weise bewegen. Mit Baumwollbändern kann man besser Figuren auf dem Boden legen, man kann sie auch leichter zusammenrollen; Seidenbänder eignen sich eher zum Schwingen und Fliegenlassen.

Gurtband

Eine interessante Variante für die Arbeit mit kurzen Bändern bringt uns das Gurtband oder Hosenträgerband, das aus dehnbarem, festgewebtem, mit Gummi durchzogenem Material besteht. Man erhält es in unterschiedlichen Breiten und Farben. Für die Bewegungsarbeit hat sich als vorteilhaft eine Länge von 100 cm und eine Breite von 3 - 5 cm erwiesen. Um den Dehnungseffekt zu unterstützen, näht man an beiden Endpunkten fest einen kleinen Gardinenring an.

Dieses feste Gummiband stimuliert zu ganz unterschiedlichen Bewegungserfahrungen. Wieviel Krafteinsatz etwa ist erforderlich, um den größten Dehnungseffekt zu erreichen? Welche Bewegungsmöglichkeit läßt dieses Gurtband zu?

Es kann um den Körper kreisen, man kann herübersteigen und es unschwer über den Kopf nach vorn ziehen. Man kann mit einem Partner zusammen sich unter dem Band durchdrehen auf die andere Seite und vieles mehr.

So dient dieses dehnbare Band der Erfahrung von Kraft und Zeit und fördert insbesondere die Gewandtheit und Geschicklichkeit. In Verbindung mit bewegungsbildenden Elementen ergeben sich Bewegungsfolgen, die weiter differenziert und intensiviert werden können durch verschiedenfarbige Gurtbänder. So erfährt etwa die Partner- und Gruppenarbeit durch den Farbkontrast schwarz-rot eine besondere gestalterische Note.

Langes Band

Es ist ein befreiendes Erlebnis, mit einem langen Band zu schwingen und zu kreisen. Dieses Gefühl stellt sich indes nur dann ein, wenn der einzelne das Band in seiner ganzen Länge beherrschen kann. Diese Fähigkeit ist abhängig von der Körpergröße, dem Alter und der Gewandtheit des Einzelnen. Kinder sollten mit einer Bandlänge von 2 - 4 m spielen. Auch Erwachsene sollten zunächst mit einem kürzeren Band beginnen, um später ein Band mit einer Länge von 5 - 6 m sicher beherrschen zu können.

Ein langes Band kann nur dann gut schwingen, wenn es aus Seide hergestellt ist und sich nicht an den Seiten einrollt. Es kann allein oder mit Hilfe eines Bandstockes geschwungen werden. Über einen drehbaren Haken ist das Band mit dem Bandstock verbunden.

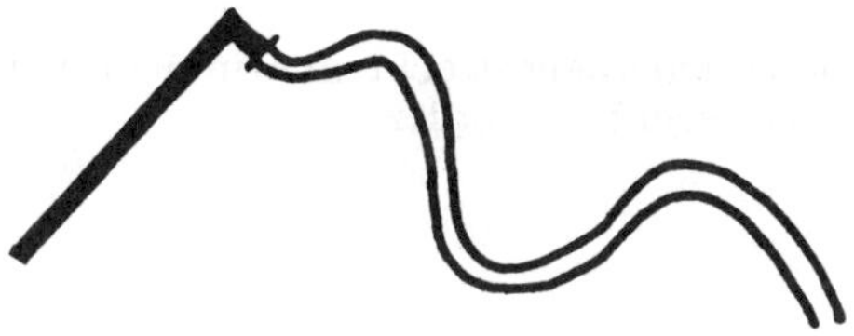

Das lange Schwungband fördert in starkem Maße visuelle Wahrnehmung und Kreativität. Das Fliegen und Schweben des Bandes zu beobachten, den Verlauf einer Bandzeichnung zu erkennen, in vielen Varianten neues zu entdecken und zu erproben, sind starke Motivierungen für die Arbeit. Auch Ungeübte fühlen sich in der Regel sofort angesprochen.

4.

Band und Körper bilden eine Einheit, d. h. das Band schwingt und fliegt nur so lange, wie der volle Körpereinsatz dahintersteht. Die Unterstützung des Schwunges mit dem Körper führt zu ausholenden und weiten Bewegungen. Deshalb benötigt man für diese Arbeit viel Platz. Auf die Gefahr der Überforderung sei auch hier hingewiesen. Der starke Körpereinsatz bei der Unterstützung des Schwunges führt zu Ermüdungserscheinungen im Handgelenk und im Arm. Wegen der spürbaren Ausdauerbelastung sind öfter Pausen angebracht.

Aus der freien Arbeit lassen sich spezifische Arten der Handhabung eines Schwungbandes entwickeln:

a) Schlangen (Wellenlinien),
b) Spiralen (Rundungen),
c) Schwünge (am Platz),
d) Schwünge (in der Bewegung).

Schlangen

Der Ansatz kommt hier aus dem Handgelenk. Wird der Bandstock vor dem Körper gehalten, so entsteht durch eine Auf- und Abbewegung eine auf- und absteigende Schlangenlinie in unterschiedlichen Höhen.

Wird der Bandstock vor dem Körper seitwärts hin- und hergeführt, so entsteht eine horizontale Schlangenlinie.

Beide Formen können auch mit gestrecktem Arm über dem Kopf – vor allem in der Vorwärtsbewegung – ausgeführt werden.

Spiralen

Ihr Ansatz erfolgt aus dem Hand- und Schultergelenk. Der Stock wird senkrecht nach unten gehalten. Durch schraubenförmige Bewegungen beschreibt das Band kleinere oder größere Kreise, die vor dem Körper von unten nach oben gezogen werden oder horizontal vor dem Körper durch kreisende Bewegung aus dem Handgelenk entstehen. Wichtig dabei ist, daß das Band bis zum Ende durchläuft.

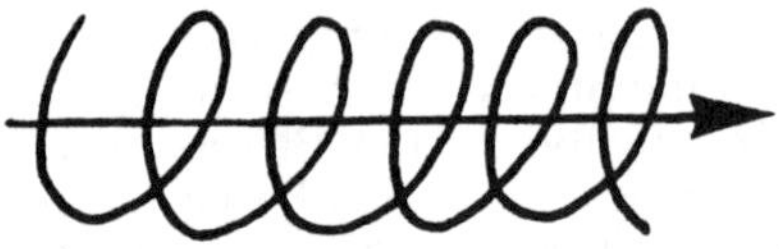

Schwünge

Der Ansatz zum Schwung kommt aus einem nachgebenden Handgelenk. Die Art des Schwunges bestimmt den Einsatz von Handgelenk und Arm. Ist der Schwung nur ein Durchschwingen vor dem Körper in horizontaler Ebene, so wird der Armeinsatz weniger stark gefordert als wenn ein Kreisschwung an der Seite versucht wird.

Das Band zeichnet hierbei eine runde Bahn mit ganzen oder halben Kreisen entweder an der Seite, vor dem Körper, hinter dem Körper oder über dem Kopf. Man unterscheidet Kreis- oder Achterschwünge, die in verschiedenen Raumebenen gestaltet werden.

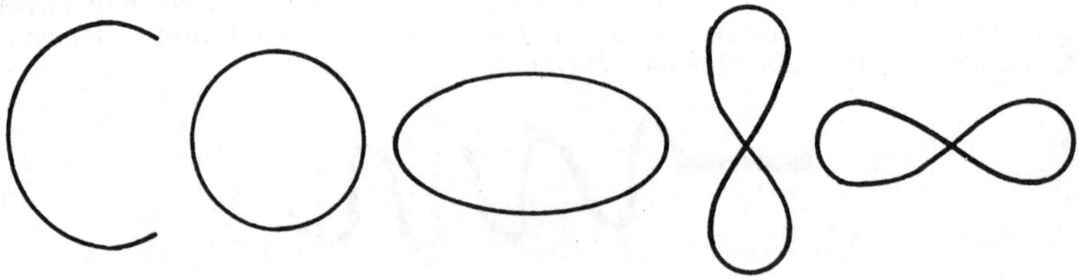

Thema: Bewegungsspiel mit dem Zugband

Zielsetzung: vertraut werden mit einem Material, das unterschiedlich reagiert; Anregen der Phantasie; Zuordnung zu Partner und Gruppe.

Zielgruppe: Schulkinder.

Arbeitsmaterial: dehnbare Zugbänder, 3 bis 5 cm breit, 1 m lang, an den Endpunkten je ein Ring.

Übungsbeschreibung

1. Grunderfahrung
   - Das Zugband an einem Ring halten, durch den Raum laufen, dabei das Band mitschwingen lassen,
   - im Raum umhergehen, dabei das Band auf dem Boden aufschlagen lassen, so daß der Ring einen Klang erzeugt,
   - alle sitzen im Raum verteilt, freie Bewegungsmöglichkeit nach allen Seiten, Dehnen und Ziehen des Bandes vor dem Körper, das Band an den Ringen halten, wie lang kann man das Band ziehen?
   - einen Ring auf dem Boden mit den Fingern festhalten, die andere Hand zieht das Band nach oben so weit wie es geht, langsam das Band in seine ursprüngliche Länge bringen und den Körper entspannen,
   - die gleiche Aufgabe, nur in verschiedenen Richtungen und Ebenen probieren,
   - mit beiden Händen das Band an den Ringen halten, es weit dehnen und strecken, dabei aus dem Sitz in die Rückenlage kippen, mit gespanntem Band sich auf dem Boden herumdrehen, sich zusammenkrümmen und wieder strecken, dann langsam mit gespanntem Band aus dem Liegen zum Stand hochkommen.

2. Bewegungsverbindungen
   - Laufen, Gehen, Drehen, Schwingen und Springen verbinden mit Spannen und Lösen des Zugbandes,
   beim freien Arbeiten im Raum auch Hoch-Tiefbewegungen dazunehmen.

3. Bewegungsspiel
   Zwei Reihen stehen sich im Abstand gegenüber: Jeder hat ein Zugband in der Hand.
   a) Platzwechsel auf die andere Seite mit 16 Schritten, das Band schwingt auf jeden zweiten Schritt an der rechten Seite vor und zurück. Wiederholung.

   b) Mit 8 Schritten aufeinander zugehen, dabei das Band in Kopfhöhe vor dem Körper weit gespannt tragen, um den Partner mit 8 Schritten rechtsschultrig herumgehen und mit 8 Schritten auf den eigenen Platz zurück, am Platz mit 8 Schritten einen Kreis gehen.

   c) Alle eine Vierteldrehung nach rechts, beide Reihen schließen zu einer Kreisform zusammen, mit 8 Schritten vorwärts im Kreis gehen, dabei das Band hochkant spannen vor dem Körper, halbe Drehung, 8 Schritte in Gegenrichtung bei Schritt 6 - 8 zurück in die Reihen zur Ausgangsform.

4.

Thema: Das lange Schwungband

Zielsetzung: Sammeln eigener Erfahrungen in der Auseinandersetzung mit dem Band; Kennenlernen seiner typischen Eigenschaften.

Zielgruppe: Erwachsene.

Arbeitsmaterial: langes Schwungband Länge 5 bis 6 m, Musik.

Übungsbeschreibung

1. Jeder Teilnehmer sollte die Möglichkeit bekommen, den ersten Einstieg in die Bandarbeit in freier Auseinandersetzung zu gewinnen. Dazu benötigt man viel Raum. Es empfiehlt sich, immer nur kleinere Gruppen arbeiten zu lassen und den anderen Teilnehmern die Möglichkeit zur Beobachtung zu geben.
   - Freies Ausprobieren des Materials,
   - das Band an der Seite von hinten nach vorn bis zum Ende durchziehen und zurückschwingen, üben rechts wie links mit voller Körperstreckung,
   - die gleiche Aufgabe vor dem Körper ausführen, dabei den Körper weit mitschwingen lassen,
   - Kreisschwung an der Seite und vor dem Körper von unten nach oben hochsteigend,
   - eine Acht zeichnen vor dem Körper von unten nach oben hochsteigend,
   - eine liegende Acht zeichnen, vor dem Körper horizontal,
   - eine Acht über die Seiten zeichnen, von rechts Band durchziehen nach vorn, über linke Seite zurückschwingen und wieder nach rechts herüberschwingen,
   - Kombination von Seit- und Kreisschwüngen im Stand und in der Bewegung.

2. Spiralen
   - Der Bandstock wird waagerecht gehalten, durch gleichmäßige Drehung aus dem Handgelenk das Band in Kreisen durchlaufen lassen,
   - die Bandzeichnung variieren durch kleinere und größere Kreise, beide Aufgaben im Rückwärtsgehen ausführen,
   - den Bandstock senkrecht vor dem Körper halten, das Band wird durch Kreisbewegung von unten nach oben hochgezogen und wieder abwärts geführt,
   - diese Aufgabe verbinden mit Drehungen, beide Aufgaben in der Vorwärtsbewegung üben.

3. Schlangen
   - Wir schreiben unseren Namen mit dem Band vor unserem Körper in den Raum hinein,
   - diese horizontale Schlangenlinie wird nun variiert durch Ansatz über dem Boden oder in der Höhe, sie läuft von rechts nach links und umgekehrt, mit Gewichtsverlagerung zur Seite, sie kann auch bei einiger Geschicklichkeit hinter dem Körper entlanglaufen,
   - der Bandstock wird vor den Körper gehalten, die Auf- und Abbewegung der Hand zeichnet die Schlangenlinie vor dem Körper, in der Rückwärtsbewegung wird diese Linie durch unterschiedliche Impulsgebung steigen und fallen, sehr hohe Wellenlinien erzeugen oder sehr flache.

4. Musik:
freies Arbeiten im Raum mit den Elementen Schwingen, Führen, Spiralen und Schlangen, am Platz, in Verbindung mit Gehen, Laufen, Hüpfen, Drehen, Raumebenen und Raumrichtungen.
Musik kann sein: improvisierte Musik des Lehrers, Band oder Schallplatte. Dabei ist die Anpassung an das Metrum, die verschiedenen Tempi und eventuelle Phrasen in der Musik zu beachten.

Folie und Stoffbahn

Theoretische Hinweise

Man kann bei den Materialien Folie und Stoffbahn nicht eigentlich von Handgeräten sprechen, obwohl sich bei beiden bestimmte Grundformen der Handhabung wie bei einem Gerät nachweisen lassen. Die Folie besteht aus Kunststoff. Sie ist transparent und wird als Abdeckplane von Handwerkern und im Haushalt benutzt. Sie ist relativ preiswert und in verschiedenen Größen lieferbar, z. B. in 20 m^2, 50 m^2 usw.

Die Stoffbahn wird einfach aus Stoffresten wie etwa Baumwolle oder Leinen zusammengenäht. Ihre Größe richtet sich nach der Bewegungsvorstellung, sollte indes 3 x 5 m nicht unterschreiten. Bunt gemustert, setzt sie farbige Akzente und wirkt besonders anregend. Die Folie ist federleicht, die Stoffbahn je nach Material schwerer, daher fülliger und in der Anwendung nicht so leicht zu handhaben.

Beide Materialien eignen sich gut zum Spielen. Sie fordern zum Probieren heraus, zum Beobachten und zum Erfahren der Bewegungsmöglichkeiten. In der Folge läßt sich das Wahrnehmungsvermögen besonders gut schulen: im taktilen Bereich durch Abtasten und Erspüren der Materialbeschaffenheit, im optischen Bereich durch Nachvollziehen der Bewegungslinien, im akustischen Bereich durch Geräusch und Klang infolge schnellen Bewegens der Materialien. Ähnlich wie beim langen Schwungband und beim Tuch vermittelt die Handhabung von Folie oder Stoffbahn spezifische Grunderfahrungen beim Tragen, Ziehen, Schwingen, Werfen und Fangen. Die Größe des Materials zwingt dazu, es mit beiden Händen zu halten. Erst der volle Körpereinsatz bringt die langen großen Bahnen in Schwung. Ausführbar sind Wellenlinien, Kreis- und Halbkreisschwünge sowie Achterschwünge.

Thema: Verschiedene Möglichkeiten in der Handhabung des Materials Plastikfolie

Zielsetzung: Experimentieren mit dem Material; Sensibilisieren der taktilen Wahrnehmung, Verfeinern der visuellen und akustischen Wahrnehmung im Umgang mit der Folie; Vertiefen sozialer Prozesse.

Zielgruppe: Kinder, Erwachsene.

Arbeitsmaterial: 5 Plastikfolien, 20 qm groß.

Übungsbeschreibung

1. Experimentieren
   - Je eine Plastikfolie für eine Gruppe von 4 Teilnehmern. Die Folie wird ausgepackt und der Länge nach auf den Boden gelegt, je einer steht an einem Ende der Folie, die beiden anderen verteilen sich zur Mitte zu. Die Folie anheben, im geschlossenen Zustand hin und her bewegen, dabei durch den Raum gehen und laufen,
   - die Folie wird geöffnet, jeder Teilnehmer faßt eine Ecke, die Folie durch den Raum tragen in verschiedenen Höhen,
   - auf die Erde legen und Folie zusammenschieben, welche Geräusche werden

erzeugt?
- alle vier Teilnehmer tragen die Folie und setzen sie dabei in Bewegung,
- die Folie über dem Boden schweben lassen und versuchen, sie ganz zur Ruhe zu bekommen,
- durch kleine Wellenbewegungen unterschiedliche Strukturen herstellen,
- die Folie in der Körpermitte halten, sie durch leichte Wellenbewegung in Schwingung versetzen, einige Teilnehmer schwingen die Folie, andere laufen unter der Folie durch, Wechsel der Gruppen,
- die Vierergruppe gibt Impulse, einzelne versuchen, die Folie von oben mit Armen und Körper herunterzudrücken.

2. Foliengebilde
   - Mit gemeinsamem Beginn versuchen, die Folie in die Luft hochzuwerfen, den Punkt des Loslassens gemeinsam finden,
   - alle Gruppenmitglieder versuchen, der Folie beim Hochwerfen eine möglichst große Weite zu geben, während die Folie wie eine Wolke herabfällt, bewegt sich die Gruppe unter dieser Wolke bis sie von ihr bedeckt wird.

3. Spiel mit der Folie
   Material: 1 Folie, 4 Chiffontücher, 4 Luftballons

   Gruppenarbeit.
   Die Folie wird von allen Teilnehmern in der Raummitte ausgebreitet und in Schulterhöhe festgehalten. Achten auf gute Verteilung. 4 Tücher und 4 Luftballons werden auf die Folienfläche gelegt.
   Durch Bewegung der Gruppe, die sich als Schwingung auf die Folie überträgt, sollen die Luftballons auf den Tüchern zur Ruhe kommen.

Thema: Spiele mit der Stoffbahn

Zielsetzung: spontanes Experimentieren mit den Möglichkeiten des Materials; Förderung der Gewandtheit und Geschicklichkeit durch Bewegungsaufgaben; Herausfordern von Spielideen.

Zielgruppe: Kinder.

Arbeitsmaterial: große Stoffbahn, 3 x 4 m.

Übungsbeschreibung

1. Die Stoffbahn liegt zusammengeschoben in der Mitte des Raumes:
   - die Bahn auseinanderschieben, wieder zusammendrücken,
   - sich auf sie legen, sich herumrollen auf ihr, sich einrollen, unter die Bahn kriechen, sich verstecken u. a. m.,
   - alle fassen das große Tuch an und tragen es durch den Raum,
   - Wellenbewegungen lassen das Tuch schwingen,
   - ganz gespannt wird das große Tuch wie eine Fahne getragen,
   - auf ein Signal werfen alle die Stoffbahn in die Luft und krabbeln unter sie, bevor sie auf dem Boden aufkommt.

2. Spielideen

- Die Stoffbahn liegt ausgebreitet in der Mitte des Raumes, alle Teilnehmer setzen sich um die Bahn herum auf die Knie.
  Mehrere Luftballone oder Papierbälle werden über das Tuch geblasen, keinBallon darf dieses verlassen.

- Das Urtier
  Alle Teilnehmer befinden sich unter der Stoffbahn. Nacheinander beginnt das Tier sich zu bewegen, wird groß und beginnt durch den Raum zu wandern.
  An einer anderen Stelle des Raumes legt es sich wieder zur Ruhe.

- Sonne, Wind und Sturm.
  Alle Kinder halten die Stoffbahn ganz gespannt in der Mitte des Raumes in Hüfthöhe fest, das Gesicht ist nach oben gerichtet, wir lassen uns von der Sonne bescheinen.
  Es wird windig, die Stoffbahn fängt an, sich zu bewegen, der Wind wird heftiger, ein Sturm zieht herauf, das Tuch schaukelt in Wellenbewegungen hin und her,
  es donnert,
  und schon scheint die Sonne wieder vom Himmel.

  Dieses kleine Spiel läßt sich sehr gut begleiten durch eine zweite Kindergruppe mit Orff-Instrumenten.

Zauberschnur – Papierschlangen – Heulschläuche

Theoretische Hinweise

Diese drei Materialien fordern spontan zum Bewegen auf. Der Anreiz entsteht durch die Länge und Art des Materials. In freier Arbeit entdeckt man viele Spielmöglichkeiten mit diesen Geräten, die sich in ihrer Struktur allerdings sehr unterscheiden.

Die **Zauberschnur** ist als Medium für die Bewegungserziehung in Kindergarten und Schule nicht mehr wegzudenken. Ihre Anwendungsmöglichkeiten sind dank des Materials besonders vielseitig, was durch mehrere neue Veröffentlichungen nachgewiesen wird.

Die Zauberschnur besteht aus einem Gummimaterial und läßt sich bis zur doppelten Länge ihrer Grundausdehnung spannen. Ein rot–weiß gestreiftes elastisches Gewebe umhüllt sie. Ihre Länge beträgt 6 - 8 m. An ihrem Ende befindet sich je eine Schlaufe, die es ermöglicht, daß sie auch in gespanntem Zustand sehr gut gehalten werden kann.

Je nach Aufgabenstellung dient die Zauberschnur als Linie, als Sprungseil, als Zauberkreis, der sich dehnt und zusammenzieht. Sie fordert auf zum Schwingen und Springen, zum Tragen, zum Durchkriechen, zum Überspringen, zum Balancieren, oder zum Hin- und Herspringen. Man kann sie mit geschlossenen Augen fühlen, sie verbindet alle in einem Kreis, sie ist nachgiebig und zugleich gespannt. In hohem Maße unterstützt sie die Bewegungserfahrungen und fördert die Bewegungsvorstellungen des einzelnen bei der Gruppenarbeit.

4.

Auf der anderen Seite läßt sich die Zauberschnur auch als Handgerät verwenden. Unter Ausnutzung ihrer spezifischen Zuordnung zu den Elementen Spannen und Lösen entstehen Bewegungsabfolgen, die zu ihrer Verwirklichung den vollen Körpereinsatz brauchen. Ob man die Schnur mehr oder weniger stark spannt, ob man sie schwingen und tanzen läßt oder als Springseil benutzt, Beobachtung und Kontrolle sind stets begleitende Merkmale der Bewegungsarbeit. Als Folge solcher spielerischen Auseinandersetzung wächst die Sicherheit bei der Handhabung dieses Gerätes, wodurch der Zugang zu gestaltenden Elementen mit der Zauberschnur geöffnet wird.

Papierschlangen

Zu Silvester oder zur Faschingszeit erwachen diese Luftschlangen jeweils zu neuem Leben. Farbenfrohe Papierluftschlangen dekorieren Räume und Tische, oder werden mit Vergnügen anderen Menschen zugeworfen. Wir alle kennen das lustige Spiel. Kann man diese Luftschlangen auch für die Bewegungsarbeit einsetzen?
Die Art des Materials verlangt ein sensibles Eingehen auf die Bewegungsmöglichkeiten. Papierschlangen sind sehr lange, schmale Streifen aus dünnem Papier. Sie sind schnell zerreißbar. Das fordert die taktile und visuelle Erfahrung heraus. Sicher kann man diese Papierschlangen schwingen, aber bereits beim Kreisen merkt man, daß das Material zu leicht ist; es erhält keinen Schwung. So lassen sich die Bewegungsmöglichkeiten eingrenzen auf Tragen, Führen und Schwingen. Hastige und heftige Bewegungen oder kräftiges Ziehen müssen unterbleiben. Die Erfahrungen mit diesem Material gewinnen an Bedeutung, wenn zwei oder mehrere Partner zusammenarbeiten. Da entstehen Aufgaben von Führen und Fol-

gen, von Zusammenspiel und Rücksichtnahme. Die Entscheidungen für eine Bewegungsmöglichkeit müssen gemeinsam getroffen werden. So kann ein kaum widerstandsfähiges Material zu behutsamen feinmotorischen Bewegungshandlungen anregen.

Zugleich steht als Ziel soziales Lernen im Vordergrund. Lernen, seine Entscheidungen in Zusammenarbeit mit anderen zu treffen, deren Bewegungen zu akzeptieren und seine eigenen zuordnen zu lernen. Die Empfindlichkeit dieses Materials unterstützt diesen Lern- und Erfahrungsbereich.

Heulschläuche

Der Heulschlauch besteht aus einer Röhre, die aus biegbarem Plastikmaterial hergestellt ist. Rillen unterteilen diese Röhre in gleichmäßigen Abständen. Angeboten wird sie als Arbeitsmaterial vorwiegend für den Telefonleitungs- und Kabelbau. Die Spielzeughersteller haben diese grauen oder schwarzen Röhren in viele bunte Farben eingefärbt und auf bestimmte Längen zugeschnitten. Verkauft werden sie in Kaufhäusern oder auf Jahrmärkten als sog. Heulschläuche. Durch Schwingen dieser leichten Röhren entstehen Töne, die entsprechend der schnellen oder langsamen Umdrehung im Klang einer Oktave erklingen. Für alle Kinder ist es ein stark motivierendes Moment, diese Schläuche zum Klingen zu bringen. Der Bewegungsansatz erfolgt aus dem Handgelenk und wird vom Arm unterstützt.

Durch die Art des Materials und seine Länge entstehen spezifische Grunderfahrungen im Schwingen, Kreisen, Tragen, Werfen und Fangen, Biegen und Strecken. In Verbindung mit bewegungsbildenden Elementen entstehen Bewegungsvorstellungen, die durch die vorangegangenen Klangerfahrungen bereichert, unglaublich variantenreiche Bewegungsabläufe in Gang zu setzen vermögen.

Unterschiedlichste Geräte und Materialien können so zum Medium für Bewegungserfahrung und Bewegungsvorstellung werden. Der Einsatz dieser gewonnenen Grunderfahrungen wird in erweiterter Form fortgeführt im Kapitel Improvisation und Gestaltung.

Thema: Bewegung an und mit der Zauberschnur

Zielsetzung: Konzentration und Geschicklichkeit werden herausgefordert durch die Bewegungsabläufe an und mit der Schnur; Kommunikations- und Kooperationsfähigkeit sollen gefördert werden.

Zielgruppe: Schulkinder.

Arbeitsmaterial: 3 - 4 Zauberschnüre.

Übungsbeschreibung

1. Bewegen an der Schnur
   - Die Schnur liegt als Linie auf dem Boden.
   Alle versuchen an dieser Linie folgende Bewegungsaufgaben zu lösen:
   Um die Schnur ganz herumlaufen, hin und her über die Schnur springen; mit beiden Füßen, mit rechtem oder linkem Fuß, auf der Schnur balancie-

ren: vorwärts und rückwärts, im Vierfüßlergang mit der Schnur in der Mitte entlang laufen ... selbst ausprobieren lassen!
- Alle stehen quer vor der Schnur und überspringen die Schnur in verschiedenen Sprungarten.

2. Schnur tragen und führen
   - Alle haben die Schnur angefaßt und gehen mit ihr durch den Raum hintereinander im Gänsemarsch,
   - die Schnur in gleichem Takt hin und her schwingen,
   - über die Schnur steigen und zurück,
   - 5 mal die Schnur hin und her schwingen, dann steigen alle über die Schnur, schnell mit der anderen Hand zufassen und wieder mit dem Schwingen beginnen,
   - die gleiche Aufgabe, nur anstelle des Übersteigens der Schnur unter ihr hin durchkriechen.

3. Schnur als Schwungseil
   - Unter der schwingenden Zauberschnur hindurchlaufen,
   - in das Seil hineinspringen, dabei sich auch einmal drehen,
   - die Schnur pendelt über dem Boden und alle springen hin und her, plötzlich großer Schwung und alle springen in der Schnur.

4. Bewegung mit der Schnur
   - Mehrere Teilnehmer bilden einen Kreis mit der Schnur, ein Teilnehmer schließt die Schnur an den beiden Endschlaufen um seine Handgelenke, alle halten die Schnur gespannt. Zurücklaufen mit der Schnur und sie dabei spannen, wieder vorwärtslaufen mit der Schnur und entspannen,
   - schneller Wechsel zwischen Spannung und Entspannung,
     Variante: mit 1/2 Drehung die Umkehrpunkte betonen,
   - die Schnur in immer neuen Ansätzen in allen Körperebenen spannen (Arbeit in Kleingruppen),
   - 4 bis 6 Teilnehmer versuchen mit ihren Händen mit der Schnur ein Spinnennetz zu weben,
   - das gleiche auch mit den Füßen versuchen.

Thema: Tragen, Schwingen - Führen und Folgen

Zielsetzung: Entdecken von Bewegungsform in Koordination von Raum, Material und Partner; Integration in die Gruppe fördern.

Zielgruppe: Kinder, Erwachsene.

Arbeitsmaterial: Papierschlangen.

Übungsbeschreibung

1. Raumerfahrung
   - Jeder erhält zwei geschlossene Luftschlangenrollen, farblich möglichst unterschiedlich.
     Schnelles Laufen im Raum und dabei die Luftschlangen fliegen lassen, eine Gruppe läuft, ihre Schlangen fliegen hoch über dem Kopf, die andere Gruppe schaut zu, spontaner Wechsel der Gruppen zwischen Bewegung und Ruhe.

2. Taktile Erfahrung
   - Ruhiges Bewegen im Raum, die Luftschlangen "ruhen auf meinem Körper und brauchen nicht mehr gehalten zu werden",
   - die Luftschlangen in die Höhe werfen und sie mit dem Körper auffangen,
   - einen Platz suchen, sich hinsetzen und mit den Händen die Luftschlangen zu verschiedenen Bildern zusammenführen,
   - jetzt sollen es die Füße ebenso versuchen.

3. Führen und Folgen
   - Paare stehen sich gegenüber und sind durch Luftschlangen miteinander verbunden,
   - gemeinsam durch den Raum wandern,
   - die Luftschlangenlinien bewegen sich parallel:
     den Abstand zwischen den Linien verengen und erweitern, die Linien übereinander führen, kreuzen, hoch-tief führen, selbst experimentieren lassen.

   Gasse: Vorsichtig wird der eine Partner von dem anderen zu sich gezogen, dann wieder zurückgehen lassen,
   - dieses Spiel wiederholt sich solange, bis die gleiche Folge auch mit geschlossenen Augen ausgeführt werden kann,
   - alle stehen in der Gasse eng verbunden nebeneinander mit Körperfühlung, die eine Reihe zieht gleichmäßig mit geschlossenen Augen die gegenüberliegende Reihe zu sich und umgekehrt, hat man das Gefühl, daß alle zusammen im gleichen Takt sind, kann Summton oder Laut dieses Schwingen begleiten.

Thema: Lang oder rund

Zielsetzung: der Schlauch als Mittel zum Spielen; als Hilfe zur Gewandtheitsschulung; als Anregung zur Selbsttätigkeit.

Zielgruppe: Kinder.

Arbeitsmaterial: bunte Plastikrohre, 100 cm lang.

Übungsbeschreibung

1. Spielen
   - Alle bilden mit sich und ihren Rohren eine lange Kette, der Anführer der Reihe darf bestimmen, wie er durch den Raum laufen will, z. B. Kreis, Schlangenlinie, Schnecke usw.,
   - auf ein Signal wechselt der Anführer an den Schluß der Reihe und ein neuer Anführer ist da,
   - es entstehen mehrere kleinere Reihen, sie gehen in den Raum hinein und je nachdem, welche Richtung sie einschlagen, hebt der erste in der Reihe sein Rohr hoch und zeigt damit, daß er die Richtung anführt,
   - Reihen stehen hintereinander, die linke Hand gibt das Rohr durch die gegrätschten Beine dem Hintermann in die rechte Hand, nun wandern wir im Wackelgang durch den Raum,
   - Elefantenherde:
     Zwei Kinder stehen zusammen, der Vordermann hält in der rechten Hand ein Rohr als Rüssel, mit der linken Hand gibt er durch die gegrätschten Beine ein Rohr seinem Hintermann, dieser faßt mit seiner linken Hand das Rohr, mit seiner rechten Hand hält er ein Rohr auf den Rücken als Schwanz. Trompetend und schwanzwackelnd zieht die Herde durch den Raum.

2. Bewegungsschulung
   - Mit Tönen schwingen: schnelles Kreisen der Arme mit dem Rohr, der Schlauch fängt an zu “heulen”, die Töne lassen sich verändern, je nach Schwunggeschwindigkeit,
   - den Heulschlauch in die Luft werfen, mit einer Hand auffangen, ihn in der Luft zum Drehen bringen, wieder auffangen,
   - aus dem langen Schlauch einen Kreis machen durch Zusammenstecken der beiden Enden,
   - den Kreis rollen: auf dem Boden, um die Hand, den Kreis hochwerfen, fangen und ihn über den Boden rollen,
   - auf den Boden setzen: den Kreis auf den Kopf legen und versuchen, mit ihm aufzustehen und sich wieder zu setzen,
   - den Kreis über einen Fuß hängen und zum Drehen bringen,
   - den Kreis mit dem Fuß hochwerfen und mit den Händen auffangen,
   - im Stehen den Kreis in die Luft werfen und auf verschiedenen Körperstellen auffangen,
   - Kreise verteilt in den Raum legen, sie umlaufen, überspringen, mit einem Fuß hinein- und herausspringen.

3. Gruppenarbeit
   - Die Schläuche zu langen Bahnen zusammenstecken (4 Schläuche), jedes Paar eine Bahn. Die Bahnen werden zu Bogen geformt und paarweise soll ein kleines Bewegungsspiel selbst erdacht werden. Musikbegleitung wirkt unterstützend.

4.4 Wechselbeziehung Klang und Bewegung

Bewegung und Klang als aufeinander bezogene Größen gestatten ganz unterschiedliche Handlungsabläufe. So kann der Schwerpunkt auf Bewegung oder auf Klang liegen; er kann ebenso geleitet werden von der Aussage: "Bewegung ist Klang – Klang ist Bewegung".

Zur näheren Erläuterung gehen wir davon aus, daß Bewegungen, wenn sie nicht reine Reflexe sind, in der Regel durch Situationen begründbar sind, die eine Bewegungshandlung hervorrufen. Man will etwas erproben, etwas Bestimmtes herstellen, etwas in Gang setzen. Darüber hinaus gibt es noch die Möglichkeit, Bewegungshandlungen imaginär an Vorstellungen zu binden, die als nicht hörbare Klangelemente die Bewegung strukturieren und damit eine *nur* auf den Ausführenden bezogene Gestaltung in Gang setzen.

Auf der anderen Seite entsteht das Phänomen Klang durch situatives Handeln, sofern es nicht mechanisch ausgelöst wird. Hier entstehen Klangbewegungen beispielsweise im Bereich solcher Kriterien wie hoch–tief oder hell–dunkel.

Der dritte Ansatz wäre dann gegeben, wenn ein Bewegungsvorgang den Klang auslöst, wenn etwa ein Gong angeschlagen wird. Der hier erzeugte Klang kommt von sich aus zur Ruhe, sofern er nicht durch eine erneute Bewegungshandlung wieder in Gang gebracht wird.

Auf diese Weise kann die akustische Wahrnehmung des Klanges als Antrieb für eine sich verstärkende Bewegungshandlung verstanden werden. Klang und Bewegung (oder Bewegung und Klang) integrieren sich in einem spezifischen Prozeß.

Eine Bewegungsabfolge im geraden oder ungeraden Takt benötigt übrigens keine hörbaren Klänge, um Ausübenden oder Zuschauenden spontan eine entsprechende Klangfolge in der Vorstellung zu vermitteln. Umgekehrt kann jeder Klang Ausgangspunkt zum direkten oder indirekten Bewegungshandeln werden.

Zusammenfassend läßt sich behaupten: *Bewegung kann Klang sein – Klang ist Bewegung*, strukturiert durch Dynamik, Klangfarbe, Tonhöhe, sowie in Beziehung zu anderen Klängen durch rhythmische Gestalt (Tonlänge).

Bewegung in Verbindung mit Rhythmen über Handtrommel und Pauke

Theoretische Hinweise

Bekannt ist uns die Handtrommel als Rhythmusinstrument oder als rhythmisches Begleitinstrument. Sie unterstützt Bewegungsabläufe, die metrisch stärker koordiniert werden sollen oder aber dient der rhythmischen Anregung, um Bewegungen leichter und freier gestalten zu können. Dabei kann allerdings die Gefahr entstehen, daß durch eine zu starke Gleichmäßigkeit des Trommelschlages die Bewegungsmotivation reduziert wird.

Das rhythmische Arbeiten mit der Handtrommel sollte so vorbereitet werden, daß die Technik nicht mehr zum Problem wird, wenn sich der Rhythmus des Schlagens auf die Körperarbeit überträgt oder diese anregen soll. Zur rhythmisch-metrischen Grundausbildung gehört neben dem Schlagen verschiedener Taktarten unter Einbeziehung verschiedener Schwerpunktbetonungen auch das Schlagen von Synkopenrhythmen.

Wichtig ist hier vor allem das freie improvisierende rhythmische Schlagen auf der Trommel, um durch unterschiedliche Akzentsetzung einen Anreiz zum Nachvollziehen über die Bewegung zu geben. Die gleichen Vorübungen gelten auch für das Schlagen auf der Pauke.

(Siehe auch IM 3.1 /Seite 188, 189)

Dauer, Intensität, Klangfarbe und stärkerer Körpereinsatz bestimmen die nächsten Ziele. Der Unterschied im Gebrauch dieser beiden Instrumente ist von ihrer Größe, ihrer Handhabung und ihrer Klangzuordnung abhängig. Die folgenden Stundenbilder wollen dies verdeutlichen.

Thema: Rhythmisch–metrisches Handtrommelspiel als Anreiz zur Bewegung.

Zielsetzung: Hören und Wiedergeben von Rhythmen und Metren auf der Handtrommel; Sammeln differenzierter Erfahrungen im Umgang mit dem Instrument; Übertragung des Klangerlebnisses auf die Bewegung.

Zielgruppe: Kinder/Erwachsene.

Arbeitsmaterial: Rahmentrommeln, weiche Schlegel.

Übungsbeschreibung:

1. Jeder Teilnehmer hat eine Handtrommel. Diese wird mit der Hand angeschlagen. Freies Bewegen im Raum, dabei sich selbst auf der Trommel begleiten.

2. Lehrkraft gibt verschiedene Grundbewegungsbegleitungen vor, Teilnehmer versuchen zu wiederholen und diese dann zu variieren.

3. Ein Teilnehmer improvisiert eine Bewegungsfolge im Raum. Die anderen schauen zu und versuchen, diese Bewegungen mit der Handtrommel zu interpretieren.

4. Das gleiche umgekehrt. Ein Teilnehmer gibt ein Metrum oder einen Rhythmus auf der Trommel vor, die anderen versuchen, das Gehörte in freier Bewegungsform umzusetzen.

5. Paare: Frage- und Antwortspiel mit Handtrommeln, dann in der Bewegung. Ebenso: Frage in der Bewegung, Antwort mit der Handtrommel.

6. Jeder Teilnehmer stellt eine eigene rhythmische Spielform mit unterschiedlicher Schlegelhandhabung zusammen. Einige Beispiele werden vorgespielt.

7. Die Gruppe unterscheidet sich für zwei Beispiele. Ausprobieren: Wie können diese rhythmischen Folgen von der Bewegung und dem Raum her interpretiert werden?

8. Kleine Gruppen setzen sich zusammen und erarbeiten ein Handtrommelspiel mit Bewegungsformen.

9. Jetzt ist die Bewegung im Vordergrund. Die Gruppen erarbeiten eine Bewegungsform ohne Handtrommelbegleitung und setzen als Akzente den Handtrommelschlag ein.

"Bewegungsbegleitung" siehe IM 3.1 / Seite 225, 234 ff.

Thema: Die Pauke als Medium für eine Bewegungsarbeit.

Zielsetzung: Einbeziehen des Instrumentes Pauke als Ruhepunkt in die eigene Bewegung.

Zielgruppe: Erwachsene.

Arbeitsmaterial: mehrere Pauken, weiche Schlegel.

Übungsbeschreibung:

1. Zwei bis drei Pauken werden im Raum in einiger Entfernung voneinander aufgestellt. Die Teilnehmer bewegen sich frei im Raum, die Pauken werden in diese Bewegungsfolgen mit einbezogen, sie werden umkreist, berührt, leicht mit der Hand angeschlagen.

2. In einer weiteren Aufgabe sind die Pauken negativ zugeordnet. Sie erzeugen Angst, man weicht ihnen bewußt aus und versucht, dies durch Gestik und Bewegung auszudrücken.

3. Es entfalten sich um die Pauken herum zugeordnete Bewegungen, d. h., es entsteht ein Bewegungsspiel um die Pauken, wobei zwischen den drei Pauken in weiten oder kurzen Wegen gewechselt wird.

4. Klangspiel an der Pauke:
   Jeder Teilnehmer hat einen weichen Schlegel in der Hand. Alle ordnen sich, möglichst gleichmäßig verteilt, einer der 3 Pauken zu.

4.1 Nacheinander gibt jeder einen Schlag auf die Pauke.

4.2 Dieses Nacheinander in einen rhythmischen Ablauf bringen.

4.3 Das gleiche wiederholen, nur in der Wartephase durch Bewegungseinsatz sich von der Pauke entfernen und wieder zurückkehren.

4.4 Bewegungsspiel um eine Pauke:
Kreisaufstellung: Gemeinsamer Schlag auf die Pauke. Dem Klang in der Bewegung nachgehen, z. B. durch einen kleinen Schwungkreis nach hinten.

Versuchen, eine Gleichmäßigkeit im Schlagen und Bewegen zu finden.

Gemeinsamer Schlag auf die Pauke. Zwei Teilnehmer bleiben an der Pauke und geben durch weitere Paukenschläge Impulse für die anderen Teilnehmer ihrer Gruppe, die sich entsprechend des Klanges im Raum bewegen.

Variante: Laufender Wechsel zwischen Teilnehmern; die an der Pauke arbeiten und den sich bewegenden im Raum.

5. Die einzelnen Gruppen zeigen ihre Bewegungsspiele.

"Handtrommel, Pauke" siehe IM 3.1/ Seite 188, 189

Raum – Bewegung – Klang

Theoretische Hinweise

Jeder Raum, den wir betreten, weckt in uns Vorstellungen, Zuordnungen, Erfahrungen, die entweder durch ähnliche Situationen bereits vorhanden sind oder nun neu gewonnen werden müssen.

Jeder wird den Raum auf seine Weise erschließen, vielleicht erobernd durchlaufen, zügig durchschreiten oder zögern und abwartend Pausen einlegen; stets wird der Raum zu individuellem Bewegungshandeln auffordern.

Jede Bewegung nun braucht einen Weg. Wird sie in bestimmter Absicht ausgeführt, so sind auch Raumweg, Raumebene und Richtung bestimmt. Ist keine Absicht vorhanden, so werden die Wege der Intuition folgen. Die Raumempfindung (positiv – negativ) bestimmt das Bewegungsverhalten im Raum.

Der Raum kann auch zu spontanem Bewegen auffordern. Anstelle vorgegebener Wege und Richtungen werden freie Bewegungsmöglichkeiten ausprobiert. Daß gerade diese Form vor allem Kindern entspricht, wissen wir aus ihrem Verhalten auf dem Pausenhof oder in der Turnhalle. Anstelle angewiesener Wege und Richtungen werden freie Bewegungsmöglichkeiten ausprobiert. Dabei stellen wir fest, daß gerade und runde Wege sich abwechseln können, daß am Platz oder im Raum eine große Vielfalt von Bewegungen zustandekommen kann. Dabei lernen wir zugleich, uns im Raum zu orientieren. Das heißt, den zur Verfügung stehenden Raum bis an seine Grenzen voll auszunutzen, ihn einteilen zu lernen, Wege zu planen, seine Erfahrungen im räumlichen Spannungsfeld und im dynamischen Ablauf zu gewinnen, ihn mit anderen zu teilen.

Um allen Möglichkeiten der Raumgestaltung nachkommen zu können, sollten nicht nur großmotorische Abläufe in Gang gesetzt werden, sondern feinmotorische Bewegungshandlungen zur Sensibilisierung des Raumempfindens sich zuordnen. So können z. B. unsere Hände durch kleine, zarte Bewegungen im Raum das Gefühl von Zärtlichkeit vermitteln oder den Flügelschlag eines Vogels nachempfinden. Bewegungen werden intensiver erlebt, wenn sie einem Klang folgen können, ihn ausdeuten, ihn gestalten können. Bewegung und Klang brauchen beide den Raum, wo sie sichtbar und hörbar werden. Der Klang der Sprache z. B. wirkt unterstützend auf das Bewegungshandeln. Kleine Verse oder Gedichte lassen, bestimmt durch Inhalt oder Sprachklang, eine Raumform finden. Volle Übereinstimmung ist gegeben, wenn die eigene Stimme die Bewegungen begleitet. Dabei ergänzen sich Tonlänge und Bewegungslänge durch den Atembogen. Unterstützender Klang für die Bewegung im Raum kann ferner durch "körpereigene Instrumente" gegeben werden wie Klatschen, Patschen, Schnalzen, Reiben usw.

Musik kann Bewegung auslösen, wenn der Angesprochene durch sie dazu inspiriert wird. Bewegung wiederum kann Auslöser von Klangfolgen sein, wenn z. B. Schellenbänder um Füße und/oder Handgelenke gebunden werden.

Die Aussagekraft von Bewegung im Raum ist nicht abhängig von musikalischen Elementen, sie kann allein aus sich heraus vollendeten Ausdruck bekommen. Aber sicher ist, daß Klänge jeglicher Art motivierend auf das Bewegungsgeschehen einwirken und zu intensiver Bewegungsaussage führen.

Thema: Rund und eckig – weich und hart.

Zielsetzung: Erarbeiten des Unterschiedes zwischen organischen und konstruierten Formen in der Bewegung und im Klangcharakter.

Zielgruppe: Kinder/Erwachsene.

Arbeitsmaterial: ein Becken, Schlaghölzer, Klavier.

Übungsbeschreibung:

1. Raumorientierung:
Freies Bewegen im Raum, Übersicht gewinnen über Form und Größe des Raumes, über mögliche Wege, über Teilnehmer und ihre Bewegungen.

1.2 Die Raumebenen unten, mitte, oben mit einbeziehen und zwischen Bewegungsarbeit am Platz und der im Raum wechseln.

1.3 Dynamische Abläufe zuordnen.

2. Alle Raumwege sollen *rund* sein:

2.1 Kreise – Bogen – Achten – Schlangenlinien – Schnecke.

2.2 Diese Wege in der Vor- und Rückwärtsbewegung sowie kombiniert erarbeiten.

2.3 Dem Begriff *rund* entsprechend, die Bewegungsausführung darauf hin überprüfen, ob sie fließend, schwingend, abgerundet dargeboten werden.

3. Den Begriff *rund* über den Körper erarbeiten:

3.1 Gerundete Hände – gerundete Arme – kreisender Kopf – gerundeter Rumpf.

3.2 Alle Bewegungsformen wieder Raumwegen und Raumebenen zuordnen sowie am Platz und in der Fortbewegung arbeiten.

3.3 Alle Teilnehmer sollten dabei die Erfahrung machen, daß das Runden nicht hastig und flüchtig angesetzt werden kann, sondern Zeit braucht und abhängig ist von der sensiblen, fließenden, in Verbindung mit emotionalen Vorstellungen entstehenden Gestaltung.

So könnte ein gemeinsames Gespräch im Anschluß an diese Bewegungsarbeit die dabei entstandenen Empfindungen konkretisieren helfen, sie an Begriffen festmachen. Begriffe wie Zärtlichkeit, Hingabe, Bitte, Einhüllendes usw. leiten über zu differenzierter Sensibilität.

4. Der Gegensatz zu rund ist *eckig*.
Um diesen Begriff sichtbar zu machen, sollte zuerst im Raum gearbeitet werden.

4.1 Gerade und Diagonale durch abrupten Richtungswechsel eckig betonen.

Dreieck, Viereck, Fünfeck, Zickzack im Raum nachbilden.

5. Der Begriff *eckig* wird über den Körper erarbeitet:

5.1 Hände führen eckige Bewegungen aus, ebenso wie Arme, Rumpf, Füße den eckigen Charakter betonen.

5.2 Alle Möglichkeiten zur eckigen Darstellung im Stehen, Sitzen, auf dem Boden liegend ausschöpfen.

6. *Klang* wird als Impuls gesetzt:
Weicher Klang = hängendes Becken = runde Bewegungen.
Harter Klang = Schlaghölzer = eckige Bewegungen.

6.1 Paare: Zwei Teilnehmer folgen dem Klangimpuls, sie wechseln sich spielend ab im langen Klang des Beckens und dem kurzen Klang der Schlaghölzer.

6.2 Je nach Klangimpuls gestalten die anderen Teilnehmer mit ihrem Partner eine Bewegungsfolge.

7. Gruppenarbeit:
Eine Gruppe stellt den Begriff rund in ihren Bewegungen dar, die anderen den Begriff eckig.
Klavierbegleitung setzt die Impulse für die Form, die sich entfalten soll.

So entstehen Gemeinsamkeiten von Raum–Bewegung–Klang im kommunikativen Spiel aller Gruppenteilnehmer.

"Bogen, Gerade" siehe RH Seite 2.1./Seite 31–41

Klang und tänzerische Bewegungen

Theoretische Hinweise

"Tanzen ist Spiel", ist Bewegung an sich und deshalb frei von Zwängen und Vorschriften.

Im ursprünglichen Sinn als Ausdruckmittel des Körpers gedacht, der sich nach außen mitteilen wollte, war Tanz das sichtbare Zeichen innerer Bewegung, Zeichen von Bedürfnissen und Interesse, Signal nonverbaler Auseinandersetzung mit den Problemen der Umwelt und Innenwelt.

Im rhythmischen Ablauf ganzkörperlicher wie isolierter teilkörperlicher Bewegung wird durch intensive Wiederholung eine Steigerung des Ausdrucks hervorgebracht. So genügt z. B. eine ruckartige Schubbewegung des Körpers verbunden mit einem Stampfschritt, um eine bestimmte Aussage zu machen. Im kontinuierlichen Verlauf solcher einfacher Bewegungsmitteilungen entstehen durch den rhythmischen Ablauf intensive Aussagen. Die Intensität der Darbietung läßt sich verstärken durch einfache Stampfrhythmen, durch Handklatschen oder durch Vokallaute.

Diese ursprüngliche, spontane, kreative Körpersprache zu wecken und zu fördern, sollte unsere erste pädagogische Aufgabe sein. Tanz in unserer Zeit ist beladen von Vorstellungen bestimmter Tanzformen. Es fällt Kindern wie auch Erwachsenen schwer, sich spontan nach Rhythmen zu bewegen. Hemmungen und Blockaden entstehen durch den Zwang, bestimmte Tanzschritte beherrschen zu müssen, um der aktuellen Vorstellung von Tanz gerecht zu werden. Gesellschaftstanz und Discotänze fördern mit ihren technischen Voraussetzungen nicht den kreativen Ansatz, die spontane Äußerung, sondern nur Imitation und Anpassung.

Tänzerische Bewegungsentwicklung bedarf der Freiheit des Spiels mit Balance, Gleichgewicht, der Kommunikation mit Raum und Gruppe und vor allem des Bewußtmachens eines eigenen Körper- und Bewegungsausdrucks. Dieses sind entscheidende Ansatzpunkte für eine produktive, tänzerische Entfaltung. Das Probieren und Wiederholen von Schritten und Figuren ordnet sich zu rhythmischen Abläufen, die das Koordinationsvermögen herausfordern und die Wahrnehmungsprozesse verstärken.

Wichtig ist die Begleitung. Jeder sollte lernen, durch "körpereigene Instrumente" wie Klatschen, Stampfen u. a. seine Bewegungen zu unterstützen oder zu akzentuieren. Auch die Stimme ist in der Lage, ganz besondere Akzente zu setzen, was in einer Gruppenarbeit sehr reizvoll sein kann.

Erst nach dieser Hinführung zu tänzerischem Bewegungserleben sollten feste musikalische Formen und Abläufe in Anwendung gebracht werden.

Thema: Kommunikative Spiele und kreative Aktionen als Hinführung zur tänzerischen Bewegung.

Zielsetzung: Herausfordern und Weiterentwickeln kommunikativer/kooperativer Verhaltensweisen und kreativer/produktiver Fähigkeiten; sich und andere in der Bewegung erleben, Reaktion und Verhalten anderer erfahren; Gestaltungs- und Handlungsfähigkeit entwickeln sind die weiteren Ziele.

Zielgruppe: Kinder/Erwachsene.

Arbeitsmaterial: Folie 50 m^2, bunte Kokosschalen mit Schlaufen, farbige Kreide.

Übungsbeschreibung:

1. Kommunikative Spiele:

1.1 Alle gehen durcheinander, alle gehen in einer Richtung (Orientierungsphase).

1.2 Alle gehen durcheinander, dabei begrüßen wir Vorübergehende mit Kopfnikken (Kontaktphase).

1.3 Aus dem freien Bewegen einen Partner suchen, mit ihm stehenbleiben und sich wieder lösen.
Diese Aufgaben mehrmals wiederholen.

4.

2. Partnerbezug:
freies Bewegen im Raum, Partner suchen und sich ihm mit einen Akzent wie Armheben, Klatschen, Stampfen u. a. zuordnen.
Wieder lösen und einen neuen Partner suchen.

2.1 Mit dem wie oben gewonnenen Partner eine Bewegungsform ausführen wie Paarkreise, in die Hände klatschen, umeinander drehen, umeinander springen etc.

3. Berührung:
Paare: Körperteile sollen sich berühren, z. B. Ellbogen und Knie; Fuß und Hand; Kopf und Fuß; Ellbogen und Hand.
Dabei entstehen Formen von Balance–Gleichgewicht.

4. Kontraste:
Entgegengesetzte Bewegungen wie: Jemand steht auf Zehenspitzen, ein anderer legt seine Hände auf den Boden; andere Wege des Kontrastes suchen wie Spannung–Entspannung; weit–eng; gerade–krumm.

5. Ein Partner entfernt sich in selbstgewählter Form von seinem anderen Partner. Auf diesem Weg begleitet er sich selbst mit körpereigenen Instrumenten. Dann kehrt er zum Partner zurück. Nun beginnt der andere in der gleichen Weise.

5.1 Der eine Partner gibt dem anderen einen Rhythmus vor, der andere bewegt sich danach und umgekehrt.

Kreative Aktionen

Eine große Folie wird quer durch den Raum wie eine Trennwand an den Raumwänden befestigt. Wir stellen uns zu beiden Seiten der Folie auf und suchen einen Partner.

1. Die Folie ist unser Spiegel:
   Wir versuchen, gemeinsam parallele Formen in der Bewegung zu finden. Dabei sind kleine Themenstellungen eine Hilfe wie Fensterputzer, Maler, Scheibenwischer u. ä.

2. "Der Maler und sein Modell":
   Das Modell steht fest auf der einen Seite der Folie und denkt sich eine Figur aus, die es in seiner Haltung ausdrückt.
   Der Maler malt auf der anderen Seite der Folie mit entsprechenden Bewegungen diese Figur nach. Dann erfolgt Wechsel.

3. "Der Maler und sein Schatten":
   Der Maler malt mit beiden Händen in großen Bewegungen und mit Körpereinsatz ein fiktives Bild auf die Folie. Der Partner als Schatten folgt allen seinen Bewegungen auf der anderen Seite der Folienwand.

3.1 *Variante:* Diese Aufgabe ist durch Malen auf der gespannten Folie mit farbiger Folie sehr reizvoll zu gestalten.

4. Förderung des Körperausdrucks:
   Wir stellen uns einen Luftballon in der Luft vor, wie er schwebt, wie er fällt, steigt und von uns in der Höhe gehalten wird.
   Wir drücken das alles mit unserem Körper aus.

5. "Der Malschüler und sein Modell":
   Auf einem Stuhl oder Tisch steht ein Modell, mitten im Raum. Alle anderen malen das Modell in der Luft nach und bewegen sich dabei entsprechend ihren Vorstellungen durch den Raum um das Modell herum.

5.1 Sie unterstützen ihre Arbeit durch verschiedene Vokallaute, die laut oder leise dabei gesungen werden.

5.2 Daraus kann sich ein Tanzspiel entwickeln, das das Malen zum Mittelpunkt hat, in dem Mimik, Gestik und Körperausdruck eine Einheit werden. Durch weitere Zuordnungen wie Malergruppen untereinander, Modell und Maler entstehen neue Akzente.

Alle Beispiele können noch intensiver erfahren werden, wenn durch Zuhilfenahme von Klangkörpern die rhythmischen Abläufe bewußter herausgearbeitet werden.

Mit Hilfe von Objekten lassen sich zusätzliche Gestaltungselemente finden. Ein kleines einfaches Beispiel mag dies verdeutlichen.

Tanzspiel mit Kokosschalen

1. Frei im Raum umhergehen, die Kokosschalen einmal aneinanderschlagen und sich dann einen Partner suchen.

2. Mit dem Partner eine eigene Bewegungsform finden und sich dabei mit den Kokosschalen begleiten.

3. Jeder dreht sich in den Raum hinein. Im Stand werden die Kokosschalen auf unterschiedliche Körperstellen gelegt. Zusammen oder getrennt, alles ist möglich.

4. Jetzt die Hände mit den Kokosschalen in schneller Folge nach oben, zur Seite, nach unten und durcheinander bewegen.

5. Frei im Raum umhergehen.

6. Diese kleine freie Form kann nun in einen rhythmischen Ablauf gebracht werden. Es können Vorschläge der Gesamtgruppe sein, es können auch kleinere Gruppen einen eigenen Ablauf finden.
   Die von allen akzeptierte Form wird dann noch einmal von allen Teilnehmern getanzt.

6.1 Als Erweiterung: Eine Musikbegleitung wird dazu gespielt.

4.5 Improvisieren und Gestalten in der Bewegung

Improvisation heißt “aus dem Stegreif etwas tun”. Als eine Aktion ohne Vorbereitung erfolgt sie spontan, aus dem Augenblick heraus. Dalcroze schrieb einmal: “Die frühe Kindheit ist das Alter der Improvisation, d. h. der spontanen Kreativität”. Dies entspricht auch heute noch der Auffassung, daß die Phase der Entwicklung sensomotorischer Fähigkeiten im frühen Bewußtwerden von Ich und Umwelt als Nicht-Ich.

Die Fähigkeit, sich zu bewegen, mit Objekten hantieren und umgehen zu können, die Verstärkung des Gefühlsbewußtseins sind Grundbedingungen für die Anregung schöpferischer Aktivitäten.

Gesten und Bewegungen drücken Stimmungen und innere Einstellungen aus; sie erwecken auch Reaktionen anderer Menschen. Kreative Aktionen sollen Schöpferisches, Gestaltendes verwirklichen. Dazu kann es dann kommen, wenn der Mensch befähigt wird, sich zu öffnen, sich selbst nach außen hin sichtbar zu machen, keine Ängste und Hemmungen mehr zu haben. Das Spiel mit den Ausdrucksmöglichkeiten des Körpers hat immer zugleich auch eine starke emotionale Seite. Es kann zur Ventilfunktion für emotionale Reaktionen werden. Um Impulse in Bewegungshandlungen umzusetzen, braucht der Mensch eine Reihe von Bewegungsvorstellungen, die er nach Bedarf einsetzen kann. Um dies zu erreichen, benötigt er weder ein hohes Maß an Technik oder Fertigkeiten, noch festgelegte Bewegungsabläufe. Wichtig ist es, Situationen zu schaffen, die zum Handeln provozieren, in denen spontane, originale und kommunikative Aufgaben abgefordert werden. Hier wird die Bewegungsaufgabe frei entfaltbar, werden Selbsttätigkeit und individuelle Sicherheit eher möglich.

Man könnte der Meinung sein, Improvisation brauche in ihrer Freiheit überhaupt keine Grenze. In der Praxis zeigt sich indes, daß ein derart unbegrenzter Freiraum den kreativen Ansatz schnell abblockt. Deshalb sollte ein Rahmengefüge vorhanden sein, um Orientierung und Regulierung spontaner Bewegung zu ermöglichen.

Kreative Aktionen sollten begrifflich faßbar sein, um sie weiterentwickeln zu können. Wohl ist Improvisation etwas Einmaliges, Nichtwiederkehrendes, doch bleibt ein flüchtiger Eindruck zurück, der in veränderter Form wieder erscheinen kann und damit faßbar und vorstellbar wird. Diese vielen Eindrücke und daraus erwachsenden Bewegungsvorstellungen bereichern unser Bewegungsgedächtnis, das für eine Bewegungsgestaltung große Bedeutung gewinnt. Das Bewegungsgedächtnis strukturiert vorhandene Elemente. Produktive wie reproduktive Bewegungsleistungen werden gleichermaßen wirksam. Mit Hilfe der Bewegungsphantasie und des Bewegungsgedächtnisses wird eine Gestaltung aufgebaut und in einer neuen Bewegungskomposition ausgedrückt. Dies ist wiederum ein kreativer Vorgang.

So schließt sich der Kreis. Um improvisieren zu können, benötige ich Bewegungsvorstellungen, Freiheit im Ausdruck über den Körper, Bereitschaft zur Kommunikation, die kreative Aktion. Jede Improvisation wiederum bereichert mein Bewegungsgedächtnis und motiviert mit Hilfe der Bewegungsphantasie zu neuen gestaltenden Bewegungskompositionen.

Freies und gebundenes Improvisieren

Theoretische Hinweise

In der Einführung wurde bereits auf das Erscheinungsbild der Improvisation eingegangen. Hier geht es nun um die Unterschiede in der Ausgangslage und ihre Bedeutung für den Improvisierenden.

Freie Improvisation:	Lust verspüren zur Bewegung; spontanes Experimentieren mit Körper und Raum; Inspirationen verwirklichen; ohne Bindung an Nachahmung oder Gewünschtes, entlastet von Forderung und Leistung.
Gebundene Improvisation:	folgend einer Vorstellung (Rolle, Deutung, Arbeit mit einem Objekt); folgend einer Musik; folgend einem Partner, einer Gruppe; gebunden durch Eigenheiten des Raumes; gebunden an bestimmte Aussage wie binnenkörperlich, außenkörperlich.

Thema: Hilfen zum Improvisieren in der Bewegung.

Zielsetzung: Mit einfachen Hilfen soll versucht werden, die Hemmschwelle zu überbrücken, um zum individuellen Körperausdruck fähig zu werden.

Zielgruppe: Kinder/Erwachsene.

Arbeitsmaterial: verschiedene Objekte.

Übungsbeschreibung:

Am Beginn der freien Improvisation steht die Erfahrung mit sich selbst. Um aber eine gewisse Leitlinie zu haben, werden einige Anregungen als Hilfe gegeben:

1. Probiere aus, wie man sich im Raum bewegen kann; (gehen, laufen, hüpfen, drehen, springen, u. ä.).

1.1 Welche Raumwege lassen sich damit besonders gut verbinden?

1.2 Versuche, Raumwege und Bewegungsgrundformen mit einer Bewegungsarbeit am Platz zu verbinden.

1.3 Auf welche Weise kann sich Körperarbeit ausdrücken?

1.4 Versuche, spontan eine längere Zeit in der freien Bewegungsarbeit zu bleiben und probiere immer neue Formen aus.

2. Vielfältige Eigenerlebnisse mit den Gesetzmäßigkeiten des Materials fördern die Geschicklichkeit.

2.1 Auswahl eines Materials, das einen Anreiz zum Experimentieren und Gestalten geben könnte.

2.2 Ausprobieren von Ideen, die durch die Eigenart des Materials entstehen.

3. Aktion und Reaktion bei der Zusammenarbeit mit einem Partner: Der eine führt – der andere folgt.

3.1 Beide entwickeln gemeinsame Bewegungen;

3.2 Miteinander und nacheinander arbeiten.

4. Bei der Improvisation in Gruppen sollte die Größe der Gruppe noch überschaubar sein, damit der Kontakt untereinander gewahrt bleibt. Im Reagieren und Agieren entstehen ganz unterschiedliche Ansätze, die über das spontane Entfalten hinaus zu bestimmten Vorstellungen führen.

4.1 Das Thema "Spinnennetz" könnte als Beispiel dienen: Ein Teilnehmer hockt wie eine Spinne auf dem Boden. Alle anderen Teilnehmer versuchen, mit Hilfe ihrer Arme und Beine ein fiktives Netz um diese "Spinne" zu legen.

4.

Bewegungsgestaltung ohne Gerät

Theoretische Hinweise

Mit dem Ziel einer Gestaltung erschließt sich für die Bewegungsimprovisation eine andere Dimension. Mit wachsender Bewegungserfahrung und größerer Kenntnis von Bewegungsmöglichkeiten wird der improvisatorische Ansatz sich konzentrierter strukturieren wollen. Der Handlung und Aussage über ein Thema oder über Ideen wird die Improvisation als flüchtiger Augenblick nicht mehr gerecht. Eine gestaltete Bewegungsaufgabe braucht die Wiederholbarkeit, die Möglichkeit der Veränderung, bis sie in der Form erscheint, die der persönlichen Aussage entspricht.

So kann sich ein Stundenbild nicht mit fertigen Anweisungen auseinandersetzen. Wichtig sind die einzelnen Stufen, die letztlich den Weg von der Idee zur Bewegung, von der Handlung zur Gestaltung ausweisen.

Thema: Überlegungen und Kriterien für eine Bewegungsgestaltung ohne Gerät

Zielsetzung: selbständiges Lösen von Bewegungsaufgaben als Anstoß zur schöpferischen Betätigung.

Zielgruppe: Kinder/Erwachsene.

Arbeitsmaterial: -

Übungsbeschreibung:

1. Ein Bewegungsthema oder eine Spielidee muß die Phantasie anregen, muß Möglichkeiten zu Assoziationen geben.

2. Besonders günstig sind die Aufgaben, denen man eine Bewegungsfülle zuordnen darf.
   Als Auslöser eignen sich bevorzugt:
   Imitation, Karikatur, Tanzelemente, Darstellung von Naturelementen (Feuer u. ä.), Nachformung von Ornamenten, Plastiken, Bildern, von Versen und Erzählungen, Rollenspiel, sensibles Darstellen von Gefühlen.

3. Es gibt verschiedene Wege zum Aufbau einer Bewegungsgestaltung:

I. *Die Bewegungsfolge:*
   Überlegungen zur Erarbeitung:
   Welche Grundformen des Bewegens beherrsche ich;
   welche Bewegungsformen liegen mir persönlich;
   Ausprobieren von Bewegungsverbindungen in vielfältigen Möglichkeiten am Platz, in verschiedenen Richtungen, in der Fortbewegung;
   Raumwege suchen und zusammenfügen;
   Wechsel zwischen Ruhe und Bewegung;
   Phasen verbinden, Dynamik und Ruhe zuordnen, Raumbewegung und Bewegungsarbeit am Platz koordinieren;
   nach der Grobform die Bewegungsform durch gestaltende Elemente verfeinern.

II. Impulse für eine Bewegungsgestaltung:

Körperausdruck:
Spannung – Entspannung als Kriterium;
binnenkörperliche Bewegungsarbeit am Platz, die ihren Schwerpunkt in der Isolationstechnik hat und nach innen gerichtet ist;
außerkörperliche Bewegungsarbeit, die ihren Schwerpunkt nach außen öffnend in der Isolationstechnik hat und die Raumarbeit mit einschließt.

Tänzerisches Element:
Rhythmen wecken die Vorstellung tänzerischer Ausdrucksform als Zusammenspiel von Bewegung und Rhythmus.

Körpersprache:
Imitieren oder Karikieren, Nachahmen einer Rolle; Mimik, Gestik und Körper als Mittel der Ausdrucksform.

Aufbau:
Ausgehen von einer Vorstellung, einem Inhalt;
Verbindungen, Wege, Ebenen in der Bewegung suchen;
mehrere kleine Folgen zusammenfügen;
Tempo und Dynamik hinzunehmen;
Bewegungsausdruck verstärken;
eine Form für den Gesamtablauf finden.

Ablauf:
Experimentieren, improvisieren,
festhalten von gelungenen Bewegungsabläufen;
diese als Grobform verfeinern, sie gestalten und sie einem Thema zuordnen;
während der Arbeit spontane Einfälle aufnehmen und einfügen;
klare Formen herausarbeiten und durch Gegensätze spielerisch gestalten;
wichtige Punkte: Zeit = schnell–langsam; kurz–lang;
Raum = weit–eng; kurz–lang; hoch–tief;
Kraft = gespannt–entspannt; hart–weich.

Bewegungsgestaltung mit Gerät

Theoretische Hinweise

Von Materialien und Geräten kann eine so starke Faszination ausgehen, daß sie als Anregung für eine Bewegungsgestaltung dienen kann. Der Reiz liegt nun im Experimentieren mit den Objekten. Ob geschwungen, geworfen oder geführt, das Gerät als Material sollte in spielerischer Form erfahren und in seiner Charakteristik erkannt werden. Als wichtige Grundlegung für eine Bewegungsgestaltung mit Gerät dient auch das Erkennen der Gesetzmäßigkeiten, mit dem dieses sich bewegt und in welcher Weise man sich dieser Bewegung anpassen muß.

Materialien wie Bälle, Tücher, Bänder, Folien u. a. geben durch die Möglichkeit, mit ihnen Geräusche zu erzeugen, für die Bewegung neue Impulse. Um eine Bewegungsfolge aufbauen zu können, bedarf es einiger Arbeitsprinzipien.

Thema: Hilfen zur Erarbeitung einer Bewegungsgestaltung mit Gerät

Zielsetzung: Durch Beobachten und Nachvollziehen von Bewegungsabläufen, mit Geräten oder Materialien fähig werden, diese fantasievoll einzusetzen und zu einer Gestaltung zu kommen.

Zielgruppe: Kinder/Erwachsene.

Arbeitsmaterial: Handgeräte, Spielgeräte, harte und weiche Materialien.

Übungsbeschreibung:

1. Spiel mit dem Material oder Gerät zum Vertrautwerden und zum Ausprobieren der Beschaffenheit des Gerätes.

2. Erkennen des dem Gerät oder Material zugeordneten Aufforderungscharakters, seiner materialspezifischen Eigenarten, seiner Bewegungsmöglichkeiten im Raum.

3. Koordinieren und Kombinieren der dem Gerät eigenen Möglichkeiten mit den eigenen Fähigkeiten und Fertigkeiten in der Bewegung.

4. Rhythmische Abläufe hinnehmen.

5. Für die Gestaltung ein Motiv erarbeiten, durch neue Bewegungsarten ein entgegengesetztes Motiv dazu erarbeiten.

6. Den gesamten Ablauf in eine Form bringen, die einen Rahmen setzt, der das weitere Arbeiten strukturiert.
   Der Ablauf läßt sich einbinden in eine dynamische Form, d. h. *ein* Motiv wird in einem Prozess bis zu seiner intensivsten Ausprägung gebracht.
   Denkbar ist auch eine Form, wo ein Motiv dadurch charakterisiert ist, daß der Bewegungsvorgang sehr differenziert und sensibel verebbt und schließlich zur Ruhe kommt.

Schließlich sind auch musikalische Formen in Betracht zu ziehen, wie etwa: A – B – A, A – B – C, Rondo, Thema mit Variationen, Kanon.

Folgende Kriterien können als Rahmenkonzept für die Erarbeitung einer Gestaltungsaufgabe wichtig sein:
Herausarbeiten des Bewegungsansatzes,
des Bewegungsimpulses,
des Bewegungstempos,
der Bewegungsdynamik,
des Bewegungsausklanges,
der Raumrichtung,
der Bewegungsübertragung.

Bewegungsgestaltung mit Musik

Theoretische Hinweise

Mit der Zuordnung der Musik zur Bewegung wird ein wichtiger Akzent gesetzt. Beiden gemeinsam ist der Rhythmus als formendes Element, wobei im Zusammenspiel der beiden Bereiche Handlungsperspektiven entstehen, die eine gewisse Anpassung aneinander verlangen.

Je nach Motivation wird das Interesse für den musikalischen Einsatz unterschiedlich sein. Vordergründig kann man davon ausgehen, daß durch eine musikalische Begleitung eine stärkere Motivation zur Bewegungsäußerung entsteht. Vor allem, wenn die Struktur der Musik einfache, klare Rhythmen und Phrasen erkennen läßt. Der spontane Bewegungsimpuls wird unterstützt und die Bewegungsfreude gesteigert. In dieser Phase wirkt die Musik auf den sich Bewegenden anregend und auch zugleich entlastend, möglicherweise entkrampfend.

Das entwickelbare Vermögen, Bewegungsimpulse aus der Musik aufnehmen und umsetzen zu können, läßt die Frage entstehen, wie Musik beschaffen sein muß, um die Gestaltung von Bewegungselementen zu begünstigen. Beinahe jede Musik kann Auslöser für motiviertes Bewegungshandeln sein. Soll aber das gestaltende Element in der Bewegungsaussage in den Vordergrund rücken, müssen einige pädagogische Erfahrungen beachtet werden:

1. Musik kann den Stil einer Bewegungsfolge von vornherein prägen. Die Musik führt, es erfolgt Bewegungsanpassung, man ordnet sich der Musik unter.

2. Die Bewegungsfolge dominiert. Die Musik wird Folgeelement und begleitet die Bewegungsgestaltung.

3. Musik ist der Auslöser für Bewegung. Im Interpretieren der Melodien und Rhythmen erweitert sich die Bewegungshandlung im Zusammenspiel beider zur gestaltenden Form.

4. Eine besondere musikalische Form wie Thema mit Variationen oder ein Rondo inspiriert zur Bewegungsgestaltung.

4.

Thema: Methodische Wege zur Erarbeitung einer Bewegungsgestaltung mit Musik.

Zielsetzung: Über Finden, Anwenden und Gestalten im Bewegungs- und musikalischen Bereich sollen sich Handlungsmöglichkeiten ergeben, die dem einzelnen die Fähigkeit vermitteln, zu einer Übereinstimmung von Musik und Bewegung zu gelangen.

Zielgruppe: Schulkinder/Erwachsene.

Arbeitsmaterial: Schallplatten, Tonbänder oder Musikkassetten.

Übungsbeschreibung:

1. Unterschiedliche musikalische Stücke werden über Tonträger vorgespielt. Jeder Teilnehmer entscheidet selbst, ob er sich spontan dazu bewegen will oder nicht.

2. Eine anschließende Analyse sollte sich mit der Fragestellung auseinandersetzen:
   a) Welche Musik konnte spontan in Bewegung umgesetzt werden?
   b) Welche Musik enthielt bewegungsanregende Elemente?
   c) Welches Musikstück war für eine Bewegungsarbeit nicht geeignet?

3. Es wird eine Musik mit einfachen Rhythmen und einer klaren Gliederung vorgespielt. Besonders gut eignen sich dafür Stücke im 4er oder 3er Takt. Dieses Stück ist mehrmals vorzuspielen und nach folgenden Kriterien zu untersuchen:
   a) Wie drückt sich der Wechsel von Spannung und Entspannung in der Musik aus?
   b) Welche Phrasen unterstützen den Bewegungsablauf besonders?
   c) Gibt es Akzentuierungen in der Musik, die durch einen Bewegungsauftakt oder für Bewegungseinsätze hervorgehoben werden können?
   d) Ist das Tempo gleichmäßig oder gibt es abweichende Tempi, die besondere Bewegungsformen verlangen?

4. Nun werden Musikstücke je nach eigenen Interessen ausgesucht und über Finden und Anwenden ausprobiert, ob und wie sie sich für eine Bewegungsgestaltung eignen.

5. Die Interpretation eines Musikstückes, deren Folge die Gestaltung der Bewegung ist, bedarf einiger Vorbereitungen:
   - Die Struktur der Musik erkennen,
   - die Klangwirkung über die Wahrnehmung bewußt machen,
   - Bewegungsrhythmen dazu differenzieren,
   - Wechsel in Dynamik und Tempo beachten,
   - Akzente setzen,
   - Schwerpunkte herausarbeiten,
   - fließende Übergänge schaffen,
   - Bewegungsweite differenzieren,
   - bestimmte Abschnitte ausprägen.

6. Wenn Finden und Gestalten von Bewegungen schwerpunktmäßig von der Musik ausgeht, dann wird diese Musik interpretiert. Wenn aber die Gestaltung schwerpunktmäßig von der Bewegung ausgeht, ordnet die Musik sich dieser zu.

   Es erweist sich für den Übungsprozeß als vorteilhaft, einen Schwerpunkt vertiefend anzustreben und ihn zunächst allein zu bearbeiten. Dadurch wird erreicht, daß musikalische oder bewegungsmäßige Abläufe intensiver erprobt und Übergänge gefestigt werden können.

7. Die eigene Auseinandersetzung mit der Musik durch die Bewegung als Problemlösungsprozeß wird dann zur Übereinstimmung von Musik und Bewegung führen, wenn der Bewegungsablauf beherrscht wird und ihm sich die Aussagekraft der Empfindungen als gestaltendes Element zuordnet.

4.6 Interaktionsformen mit den Medien Musik und Bewegung

Miteinander – nacheinander

Thema: Das große Schwungtuch

Zielsetzung: Gemeinsame Aktionen mit dem Tuch sollen die Gruppen dazu anregen, differenzierte Bewegungsgestaltungen zu verwirklichen.

Zielgruppe: Schulkinder/Erwachsene.

Arbeitsmaterial: 10 x 10 m großes Baumwolltuch, aus Bahnen zusammengenäht (nicht zu schwere Stoffe verwenden),
Stäbe und Reifen.

Übungsbeschreibung:

1. Alle Teilnehmer breiten das Tuch auf dem Boden aus, fassen es rundherum an und bringen das große Tuch in schwingende Bewegung.

2. Allerlei Formen entstehen: Eine Welle läuft über das Tuch; eine Glocke bildet sich; eine Wolke entsteht und schwebt davon.

3. Einige Teilnehmer stehen bereit, um unter dem hochgeschwungenen Tuch hindurchzulaufen. Nun unter das Tuch laufen, dies senkt sich auf sie und umhüllt sie.

4. Das Tuch kann weit ausgebreitet über der Gruppe liegen, sie aber auch sehr eng umhüllen. Durch Veränderung der Körperhaltung, durch Armbewegungen entstehen immer wieder neue Ausdrucksformen. Dabei müssen die Agierenden sich untereinander verständigen, ob und was sie darstellen wollen.

5. Es bilden sich mehrere Gruppen, die einen bestimmten Ausdrucksstil mit Hilfe des großen Tuches darstellen wollen. Als Hilfsmittel stehen Stäbe und Reifen zur Verfügung.

6. Durch intensive nonverbale Kommunikation untereinander kommt es zu gruppenpantomimischen Aktivitäten.
   Das Ergebnis: gemeinsame oder aufeinander folgende Bewegungsstudien.

Bewegungskomposition für die Bewegung mehrerer Gruppen nach vorgegebener Musik

Thema: Interpretation einer vorgegebenen Musik in Gruppen durch die Bewegung

Zielsetzung: In der Auseinandersetzung mit den Bereichen Musik und Bewegung soll in interaktiver Form eine Übereinstimmung zustandekommen, die das Erlebnis der Zusammenarbeit fördert und die Gruppe befähigt, sensibel aufeinander einzugehen.

Zielgruppe: Jugendliche/Erwachsene.

Arbeitsmaterial: zwei Flöten, Klavier.

Übungsbeschreibung:

Ausgangsbasis ist ein Menuett von Johann Philipp Krieger.

1. Zu Beginn ist eine freie Bewegungsarbeit notwendig, um die Teilnehmer in aktives Handeln zu bringen.
   Bewegungsbegleitung: Klavierspiel.

2. Es bilden sich mehrere Kleingruppen.
   (Bei geringer Teilnehmerzahl kann auch ein einzelner die Aufgaben übernehmen.)

2.1 Einige Gruppen bewegen sich im Raum unter besonderer Beachtung von

Raumwegen und Richtungswechsel. Durch Akzentsetzung in der Klaviermusik oder andere Signale Wechsel der Gruppen aus der Bewegung in die Ruhe, aus der Ruhe in die Bewegung. Die Ablösung zwischen den Gruppen sollte fließend geschehen.

3. Der Wechsel innerhalb der Gruppen wird nun durch eine vorher festgelegte Taktanzahl bestimmt.

4. Alle Teilnehmer setzen sich auf den Boden und hören dem Vortrag des Musikstückes zu.
Das Menuett wird durch zwei Teilnehmer auf der Flöte vorgespielt und auf dem Klavier begleitet.

5.1 Je ein Flötenspieler ordnet sich einer Bewegungsgruppe zu. In gemeinsamer Arbeit wird versucht, die Melodiestimme in der Bewegung zu interpretieren und für die Bewegungsfolge und die Raumwege eine Übereinstimmung innerhalb der Gruppe zu erzielen.

6. Beide Gruppen stellen ihr Ergebnis vor.
Nun werden von beiden Gruppen Raumwege gesucht, die es möglich machen, die gefundenen Bewegungsfolgen aufeinander abzustimmen und sie gemeinsam zu gestalten.

7. Darstellung der Bewegungskomposition gemeinsam mit der Musik.
Der Ablauf könnte sein:
a) Die beiden Flöten spielen das Menuett.
b) Zusammen mit den Flöten Darbieten der Bewegungskomposition.
c) Die beiden Flöten spielen das Menuett zusammen mit Klavier.

Elementare Musiklehre

Annelise Seifert

5.1 Akustik

Tonhöhe / Tondauer / Tonstärke / Klangfarbe / Notenschrift / Vorzeichen

5.2 Intervalle

(Konsonanz / Dissonanz)

5.3 Tonsysteme

Temperierte Stimmung / Chromatik / Pentatonik / Ganztonleiter / Diatonik (Dur, Moll, Kirchentonarten) / Quintenzirkel

5.4 Metrum/Tempo/Takt/Rhythmus

5.5 Musikalische Formenlehre

Motiv / Thema / Phrasierung / Liedformen / Rondo / Variation

5.6 Mehrstimmigkeit

Ostinatoformen (Bordun / Orgelpunkt) /
Akkorde: Dreiklänge / Vierklänge / Kadenz / harmoniefremde Töne (Verzierungen) /
die Mehrstimmigkeit in der Anwendung

5.7 Anhang: Aufgabenblätter

Einführung

Sprache und musikalisches Geschehen haben gemeinsam, daß sie sich in der Zeit vollziehen.

> "Zum Unterschied von der Sprache aber, die nicht nur um der dichterischen Gestaltung willen da ist, haben Töne überhaupt keinen anderen Daseinsgrund, als Stoff für Tongestalten zu sein.
> Es gäbe Worte, auch wenn es keine Dichtkunst gäbe; Töne aber ohne Musik gibt es nicht. Die Weisen des alten China wußten es: 'Die Töne kommen aus der Musik, nicht umgekehrt.'"
>
> (Viktor Zuckerkandl, 1896)

Jeder Klang hat seine Beziehung zu dem vorhergehenden und folgenden. Während des Hörens ist somit ein stetes Inbeziehungsetzen vonnöten, ein Sicherinnern, ein Verfolgen der Spur, welche die Linie hinterlassen hat, und ein Voraushören des zu erwartenden Klanges. Wenn nun über das Hören hinaus die aktive Beschäftigung mit der Materie auch bei bescheidenem Können angestrebt wird, ergibt sich die Forderung, die Elemente eingehend zu betrachten und ihre Anwendung zu erlernen, um ohne eine Voraussetzung von Wissen und Können die angestrebten Ziele zu erreichen:

Kenntnis und Beherrschung von

Noten,
Vorzeichen,
Taktarten,
Grundrhythmen,
Intervallen,
Tonarten,
Grundlagen der musikalischen Formenlehre,
Ostinato-Begleitungen,
Dreiklang und Kadenz,
Instrumental-Improvisation.

Diese Vielfalt der für das vorliegende Werk als notwendig erachteten Themen innerhalb des vorgegebenen Umfanges erfordert den Verzicht sowohl auf die Beschäftigung mit primären Hörerfahrungen wie auch auf neue Experimente. Dennoch gilt es, den Ausblick auf die Möglichkeiten der zukünftigen Entwicklung nicht durch Barrieren der Tradition zu verbauen, sondern vielmehr das Urteilsvermögen gegenüber neuen Hörerlebnissen zu schulen.

> "Die wahre Tradition ist nicht Zeuge einer abgeschlossenen Vergangenheit, sie ist eine lebendige Kraft, welche die Gegenwart anregt und belehrt."
>
> (Igor Strawinsky, 1882 - 1971)

Um das Erkennen und Verstehen der Elemente, die der musikalischen Gestaltung zugrundeliegen, zu erleichtern, bietet sich eine analytische Betrachtungsweise an. Trotzdem wurde hier nur mit einigem Bedenken die Aufteilung in einzelne Fachgebiete vorgenommen, denn das musikalische Geschehen, als ein zutiefst Unteilbares, erfährt hierbei zunächst die Auflösung seiner Einheit von Rhythmus, Melodie und Harmonie; doch auf diese Weise eröffnet die notwendig folgende Synthese, die wiederum das Ganze in seiner letztlichen Unteilbarkeit erscheinen läßt, Ausblicke auf Varianten, welche zu eigenem schöpferischen Tun anregen. So wird die Klärung der Phänomene es möglich machen, zu dem wesentlichen Kern, nämlich der musikalischen Aussage, vorzustoßen.

"Der Klang, Produkt der Materialgestaltung durch den künstlerischen Geist, ist letztlich das entscheidende Moment der Musik, jenes Prinzip, welches das rein Akustische vom Emotionalen ins Transzendentale erhebt." (Bernd Alois Zimmermann, 1918 - 1970).

Der "Vorschlag für eine methodische Lehrfolge" stellt einen Leitfaden dar, der den Erwerb eines soliden handwerklichen Wissens verspricht.

Der Lehrstoff ist nach Themen geordnet, die in den Lehrblättern (L) erklärt und durch die jeweils dazugehörenden Beispielblätter (B) ergänzt werden.

Als Material für die Beispiele bot sich das Volkslied und hier vornehmlich das Kinderlied an. Die relative Kürze, die eine Überschaubarkeit der grundlegenden Formelemente leicht ermöglicht, die rhythmische Prägnanz der Volkslieder, in der sämtliche rhythmischen Elemente zu finden sind, die eingängige Melodieführung und vor allem die ursprüngliche Kraft und Frische, welche auch einer analytischen Betrachtungsweise standhalten, machen das Volkslied zu einem unübertrefflichen Studienobjekt. Zudem wird damit dem Leser eine Liedersammlung in die Hand gegeben, die für die praktische Arbeit mannigfaltige Anregungen bietet.

Weitere Beispiele sind in dem Liederheft "Gar fröhlich zu singen", Kernlieder für die Schule (im Text "K"), Möseler Verlag Wolfenbüttel zu finden. Außerdem wird zur Vertiefung ein Fachwörterbuch gebraucht. Wird diese Elementarlehre im Selbststudium erarbeitet, so wird wegen der gedrängten Kürze der Themenbehandlung die Hinzuziehung weiterer Fachbücher* sowie Schallplatten erforderlich sein.

Obwohl im Verlauf des Lehrgangs immer wieder auf bereits erarbeitete Themen zurückgegriffen wird, so empfiehlt sich doch nach jeweils etwa fünf Lehrblättern (oder entsprechenden Themen) die Ausarbeitung der Aufgabenblätter (A).

Wenn auch anfänglich die Grenzen für Eigenschöpfungen eng gesteckt wurden, so umfassen sie doch den Raum, der erforderlich schien und den man nach einiger Übung beherrschen kann. Zusätzliche Analysen von Liedsätzen und Begleitungen sowie die schriftliche Fixierung eigener Entwürfe werden das geistige und handwerkliche Rüstzeug zur Erreichung des in diesem Rahmen gesteckten Zieles geben: Umgehen mit den musikalischen Bausteinen bis zur freien Improvisation.

"Erkenntnis und Gehör müssen gleichzeitig erfassen, da sonst zwischen theoretischem Wissen und 'musikalischer Anschauung' eine Lücke klafft, und somit jenem Wissen der fruchtbare Boden entzogen ist." (Wilhelm Klatte, 1870 - 1930)

Das erarbeitete Wissen muß fortlaufend durch eigenes Instrumentalspiel und Singen lebendig gemacht werden; so wird auf ein gewisses Maß an technischem Können auf dem jeweiligen Instrument – es sind geeignet Klavier, chromatische Stabspiele und Blockflöte – nicht verzichtet werden können. Je besser man die Technik beherrscht, je geringer die Aufmerksamkeit sein kann, die der Vollzug der

* dtv-Atlas zur Musik. Bd. 1 Bärenreiter/Dt. Taschenbuchverlag. Band 1 des zweibändigen Werkes enthält einen "Systematischen Teil", der u. a. die Gebiete Akustik, Musiklehre, Formenlehre enthält. Der "Historische Teil" dieses Bandes umfaßt die Zeit "Von den Anfängen bis zur Renaissance". Der Band ist übersichtlich aufgebaut und eignet sich zur raschen Information, wozu die anschaulichen Graphiken und Notenbeispiele beitragen.
Hans Joachim Moser, Allgemeine Musiklehre. Sammlung Göschen. Dieses kleine Standardwerk verhilft anhand des Sachverzeichnisses zu schneller Information über ein Sachgebiet.

Handlung erfordert, desto leichter läßt sich der Akzent von außen nach innen verlegen. Erst die Beherrschung der elementaren Mittel wird zu der Freiheit führen, die es ermöglicht, alle Regeln zu vergessen, um sich allein dem Klangerlebnis hingeben zu können.

Man verwende also die Elemente in dem Sinn, den Mozart gemeint hat:

> "Die Regeln sind ja ganz schön, solange einem nichts Besseres einfällt!"

5.

5.1 Akustik

Lehrblatt: Akustik = Lehre vom Schall.

Alles Hörbare nennt man Schall.
Durch einen Schallerzeuger wird ein Medium (fester, flüssiger oder gasförmiger Körper) in *Schwingungen* versetzt, die vom Ohr aufgenommen und als *Geräusch* oder *Klang* aufgefaßt werden. In einem luftleeren Raum gibt es keinen Schall.

Terminologie:	physikalisch		in der Musik
	Geräusch	=	Geräusch
	Klang	=	Ton
	Ton	=	Sinuston (ohne Obertöne) Klang = Zusammenklang wenigstens zweier Töne

Geräusch entsteht durch ein Gemisch von unregelmäßigen und wechselnden Schwingungen. (Schwebung, Interferenz)
Geräuschinstrumente z. B.: Becken, Ratsche, Rassel u. a.
Ton entsteht durch gleichmäßige Schwingungen.
Jeder musikalisch verwendbare Ton ist eine Kombination von der Schwingung des Basistones und denen seiner Obertöne sowie einem Geräuschanteil. (Ausnahme: Sinustöne, z. B. in elektronischer Musik)

Die Töne unterscheiden sich nach:
Tonhöhe / Tondauer / Tonstärke / Klangfarbe

	physikalische Bezeichnung	Notenbild
Tonhöhe	abhängig von der Schwingungszahl pro Sekunde, gemessen in *Hertz* (Hz) = Doppelschwingung. Anzahl der Schwingungen pro Sekunde = *Frequenz*. *Je größer die Frequenz desto höher der Ton.* Umfang des menschlichen Gehörs etwa 16 - 16.000 Hz (= 16 kHz) (Unterhalb dieser Frequenzen liegt der Infraschall, oberhalb der Ultraschall) Musikalisch verwendbar etwa 16 - 4200 Hz, (zuzüglich dazugehörige Obertöne und Geräuschanteil). *Kammerton* = 440 Hz bei 20° C (seit 1938).	Liniensystem Schlüssel Noten Vorzeichen alte Notation Neumen neue Notation
Tondauer	Ein Ton dauert solange, wie Schallerreger und Medium schwingen. Für die Hörbarkeit spielt die Schallgeschwindigkeit eine Rolle, die etwa 330 m/Sek. beträgt. (Raumakustik/Nachhall/Echo)	Notenwerte Pausen Tempo
Tonstärke	abhängig von der Amplitude der Schwingung (größter Schwingungsausschlag). Je größer die Amplitude, desto lauter der Ton *Dezibel* = Maß für Lautstärke (früher Phon) (Schalldruck/Resonanz).	dynamische Angaben *Dynamik* (gr.: Kräftelehre) i.d. Musik = Abstufung der Tonstärke

	physikalische Bezeichnung	Notenbild
Klangfarbe (Timbre)	abhängig von der Schwingungsform der Welle (Material, Form des Schallerzeugers), sowie der Anzahl, Stärke und Verteilung der *Obertöne*, die zum Basiston erklingen. Die Frequenz der Obertöne ist stets größer als die des Basistones.	Singstimmen Instrumente Artikulation

Tonhöhe

Lehrblatt: Die Notenschrift / Frequenzen

Die **Tonhöhe** wird in der gebräuchlichen Notenschrift durch Noten auf den Linien und im Zwischenraum des 5-Linien-Systems angegeben.
Die Noten auf der mittleren Linie und darüber werden mit Notenhälsen links nach unten, die tieferen Noten mit Hälsen rechts nach oben geschrieben.
Bei Bedarf werden Hilfslinien eingesetzt sowie das Octava-Zeichen (8 Töne höher bzw. tiefer).

Für Instrumente mit großem Tonumfang (Orgel, Klavier, Harfe) werden zwei 5-Linien-Systeme verwendet.

Schlüssel und *Vorzeichen* bestimmen die absolute Tonhöhe. Tondauer.

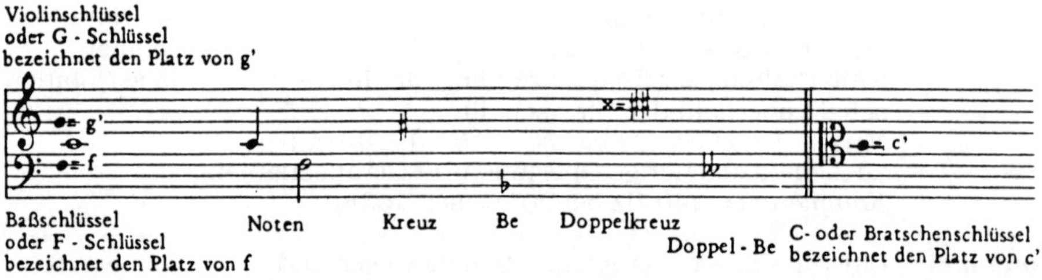

Der Frequenzbereich im Fernsprechverkehr liegt heute etwa zwischen 300 bis 3400 Hz.

Umfang des menschlichen Gehörs

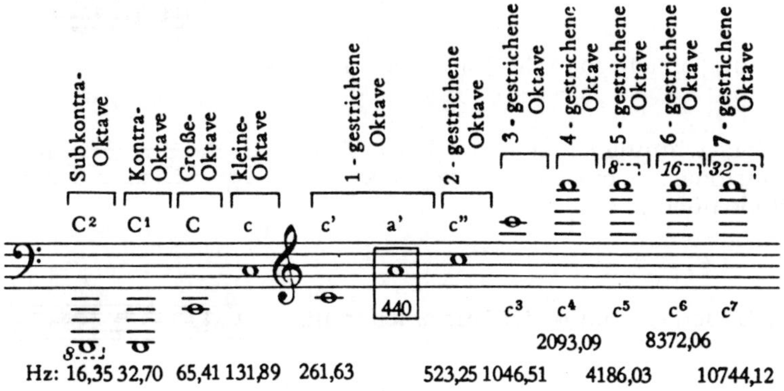

8 = Octavazeichen: 8 '16/32 Töne höher bzw. tiefer

Kammerton „a“
440 Hz

Lehrblatt: Vorzeichen – Alterierte Töne – Enharmonik

Die **Vorzeichen** verändern (alterieren) die Stammtöne;
sie stehen am Anfang jedes Notensystems und gelten für jeden gleichnamigen Ton.

Die **Versetzungszeichen** werden für Tonalterationen außerhalb der Vorzeichnung eingesetzt; sie stehen direkt vor dem betreffenden Ton und gelten nur für die gleichnamigen nachfolgenden und gleich hohen Noten dieses Taktes.

5.

Ein ♯ erhöht eine Note um eine kleine Sekunde,
ein × = ♯♯ (Doppelkreuz) um eine große Sekunde;
an den Notennamen wird die Silbe “is” bzw. “isis” gehängt.

Ein ♭ erniedrigt eine Note um eine kleine Sekunde;
ein ♭♭ (Doppel-B) um eine große Sekunde;
an den Notennamen wird die Silbe “es” bzw. “eses” gehängt.

(Ausnahmen “as” und “es” und “b”, statt “aes”, “ees”, “hes”; “hes” wird auch statt “b” verwendet.)

Der Platz im Notensystem bleibt der gleiche, obwohl es sich um andere Töne handelt!

Das Auflösungszeichen ♮ löst jedes andere Vorzeichen auf. Es gilt jeweils für einen Takt.

Den Wechsel eines Tonnamens für die gleiche Tonhöhe nennt man **Enharmonische Umdeutung** (Verwechslung).

Die Höhe der enharmonisch umgedeuteten Töne bleibt die gleiche, obwohl die Noten verschieden sind! Ihre Funktion ist jedoch eine andere.

Der Betriff der Enharmonik gilt für das temperierte System.

Aus der Vorzeichnung ersieht man die Tonart des Stückes.

Merke:
Das letzte ♯ der Vorzeichnung gilt stets für den 7. Ton (Leiteton) einer Durtonart – der Grundton liegt als eine kleine Sekunde höher;

Das vorletzte ♭ gibt den Grundton der Durtonleiter an;

Das letzte ♯ gilt für den 2. Ton einer Molltonart – der Grundton liegt eine große Sekunde tiefer;

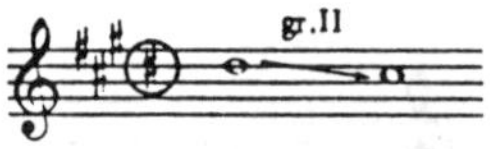

Das letzte ♭ ist der 6. Ton einer Molltonleiter, der Grundton liegt eine große Terz höher

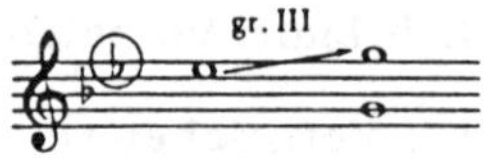

Tondauer

Lehrblatt: Notenwerte / Pausen

Die unterschiedliche Tondauer des rhythmischen Verlaufs wird in der Notenschrift durch entsprechende
Notenwerte ausgedrückt. (Jeder Notenwert ist relativ, stellt also keinen absoluten Zeitwert dar.)
Die Notenwerte werden prinzipiell nach dem System der Zweiteilung unterteilt.

Gebräuchliche Notenwerte

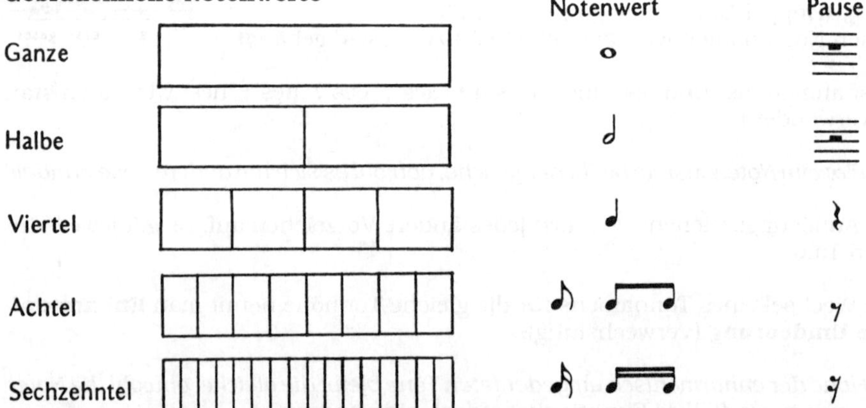

Seltener verwendete Notenwerte:

Zweiunddreißigstel

Vierundsechzigstel

Hundertachtundzwanzigstel

Statt mit Fähnchen können die Noten auch mit Balken geschrieben werden.

Noten ohne bestimmten Zeitwert (Verzierungen, Arpeggio = harfenartig u. a.) werden mit kleineren Köpfen und meist als 1/16-Noten geschrieben.

Verlängerung der Notenwerte

Die Notenwerte können verlängert werden durch:

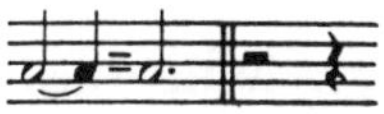

Noten gleicher Tonhöhe, verbunden mit einem *Haltebogen*

durch einen hinter die Note gesetzten Punkt: *punktierte Note.*
"Ein Punkt verlängert die Note um die Hälfte ihres Zeitwertes".
Zwei Punkte hinter einer Note verlängern diese um die Hälfte ihres Wertes und nochmals um die Hälfte ihres Zusatzwertes, also um 3/4. (Eine Note mit Punkt hat stets ungeraden Zeitwert).

Die **Fermate** über einer Note verlängert diese um etwa ihren halben Zeitwert, ohne daß die Taktordnung geändert wird; der Takt wird gewissermaßen gedehnt. 𝄐
(Die Fermate wird auch als Zeichen für den jeweiligen Schlußton im Kanon verwendet.)

Das eigentliche musikalische Geschehen vollzieht sich zwischen zwei Notenwerten. Eine Note bedeutet nur den Eintritt eines Tones auf dem ihm bestimmten Stellenwert des Taktes; der Notenwert bestimmt die Dauer des Klingens, das durch eine neue Note oder eine Pause beendet wird.
Menschliche Stimmen und die meisten Instrumente können dieses Klingen durch gleichbleibende Tonstärke oder dynamische Steigerung oder Minderung ausfüllen. Instrumenten mit verklingenden Tönen (Klavier, Harfe, Cembalo, Laute, Gitarre, Pauke u. a.) ist ein Crescendo eines Einzeltones nicht möglich – beim Klavier kann es durch synkopiertes Pedal vorgetäuscht werden.

Die für die Neue Musik entstandene graphische Darstellung verdeutlicht besser das Fortdauern eines Klanges.

Tonstärke

Lehrblatt: Dezibel / Dynamik / Agogik

Dezibel (dB) = Maßeinheit (für verschiedene physikalische Bereiche) in der Akustik: Wert des Lautstärkeempfindens. (Bell: englischer Physiker); früher wurde in Phon (phn) gemessen. dB und phn entsprechen einander ungefähr in der Skala.

Dezibel-Skala

175 dB Weltraumrakete (Start)
160 dB Windkanal
150 dB Überschallflugzeug
130 dB Maschinengewehrfeuer
130 dB S c h m e r z s c h w e l l e
100 dB U-Bahn/Motorrad
90 dB Wasserfall
80 dB Staubsauger
70 dB Pauke
40 dB Wohngegend bei Nacht
40 dB Redner
20 dB Flüstern
10 dB normales Atmen
0 dB H ö r s c h w e l l e

Dynamik Die dynamischen Abstufungen werden in der Musik durch Vortragszeichen angegeben.

leise	mittel	laut
p piano	mp mezzopiano	f forte
pp pianissimo	mf mezzoforte	ff fortissimo

Dynamische Veränderungen:

crescendo = lauter werden = 

decrescendo }
diminuendo } = leiser werden = 

Häufig beinhalten dynamische Angaben ebenso wie die Tempoangaben eine Charakterisierung des Musikstückes, vor allem dann, wenn durch Zusätze, wie z. B. "giocoso" oder "con fuoco", die geforderte Interpretation stärker verdeutlicht werden soll.

Akzente für einen besonders hervorzuhebenden Ton oder Zusammenklang werden durch Zeichen: > –
oder sf = sforzato = sforzando angegeben.

Agogik: ein Begriff, der kleine oder größere Änderungen sowohl in der Laufstärke wie auch im Tempo umfaßt. Im allgemeinen geht mit einer Steigerung der Lautstärke auch eine Steigerung des Tempos einher und ebenso umgekehrt eine Minderung.
Der Begriff "Agogische Stauung" (Hugo Riemann[1849 - 1919]) umreißt Änderungen in gegensätzlichem Sinn:

crescendo - allargando = lauter und langsamer werden
oder decrescendo - stringendo = leiser und schneller werden

"Dynamik" und "Agogik" siehe R 2.4/ Seite 141, 144

Klangfarbe

Lehrblatt: Die Obertöne

Die mit x bezeichneten Obertöne klingen tiefer als die gleichnamigen temperierten Töne.

Diagramm eines Basistones mit Obertönen

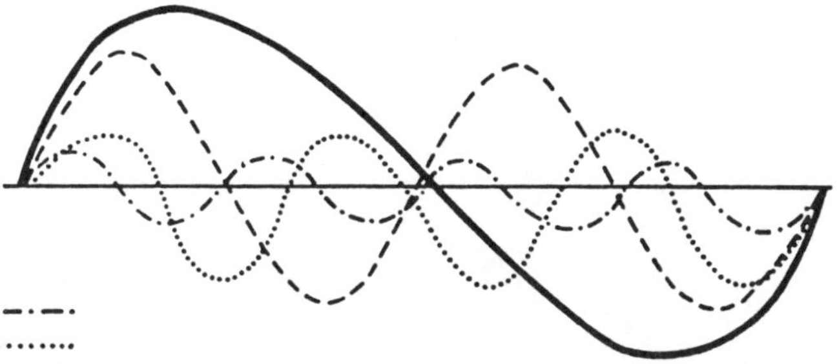

4. = 2. Oktave =
3. = Quinte =
2. = Oktave =
1. = Basiston =

Jeder "Grundton" erzeugt eine Reihe von für jedes Instrument charakteristischen "Obertönen", die weit über die Grenze von 5000 Hz hinausgehen. Auch Instrumente mit undefinierter Tonhöhe, wie z. B. der Triangel und das Becken, wären ohne sie kaum wahrnehmbar. Die folgende Skizze zeigt das gesamte "Klangspektrum" des Orchesters, wobei auch der Geräuschanteil der beim Anstreichen, Anblasen oder Anschlagen eines Instrumentes entsteht, berücksichtigt ist.

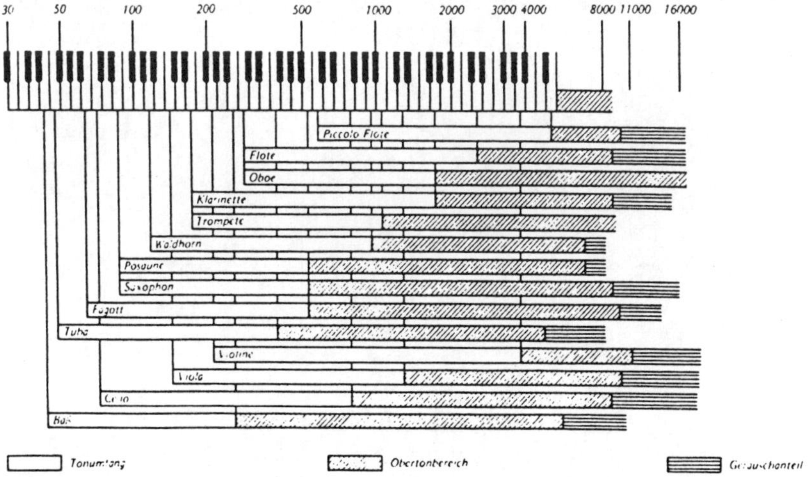

5.2 Die Intervalle

Lehrblatt: Intervalle

Unter musikalischem **Intervall** (lat.: Zwischenraum) versteht man das Tonhöhenverhältnis zweier Töne.
Die **Namen** der Intervalle stammen aus dem Lateinischen. Man notiert die Intervalle mit römischen Ziffern, (im "bezifferten" Baß mit arabischen).

Die Intervalle werden zunächst nach dem Notenbild bestimmt ohne Berücksichtigung von Vorzeichen.

 ist stets eine Terz: auch  sind Terzen

Merke: Steht die Prime auf einer Linie, so stehen auch auf einer Linie: III/V/VII/IX/ und im Zwischenraum: II/IV/VI/VII/X.
Steht die Prime im Zwischenraum, so stehen auch im Zwischenraum: II/V/VII/IX/ und auf einer Linie: II/IV/VI/VIII/X.

Erscheinungsformen der Intervalle

Ein Intervall kann erscheinen:
als Zusammenklang (Mehrstimmigkeit),
nacheinander (Melodiebildung) auf- oder abwärts.
Der Abstand zwischen den beiden Tönen kann verschieden groß sein:
ein Verharren auf derselben Stufe,
ein Schritt auf- oder abwärts,
ein Sprung auf- oder abwärts (kleiner oder großer Abstand).

Stammintervalle oder **Diatonische Intervalle**
sind Intervalle, die sich zwischen Tönen einer Durtonalität ergeben.

Es gibt zwei Hauptgruppen:

reine Intervalle:	I			IV	V			VIII		
große oder kleine Intervalle:		II	III			VI	VII		IX	X

Merke: Der Grundton und ein Ton seiner Durtonleiter ergeben in:

*Aufwärts*bewegung nur *reine* und *große* Intervalle, 

*Abwärts*bewegung nur *reine* und *kleine* Intervalle. 

Erst Schlüssel und Vorzeichen geben die genaue Größe des Intervalles an.

Lehrblatt: Das Klangbild der Intervalle

Konsonanz (it. consonare = zusammenklingen) ist der Zusammenklang zweier Töne, die einen hohen Verschmelzungsgrad haben.
Dissonanz (lat.: dissonantia = Auseinanderklang) ist ein Spannungsklang zweier Töne, der eine Auflösung in eine Konsonanz verlangt.

(Die beiden Begriffe sind einem Wandel unterworfen: die heute als konsonant angesehene Terz galt früher als dissonant.
Zudem ist in der heutigen Zeit das "Auflösungsbedürfnis" einer Dissonanz im Schwinden.)

Sowohl die Melodiebildung als auch der Charakter der Mehrklänge: Dreiklang, Vierklang u. a. werden durch die Konsonanz bzw. Dissonanz der in ihnen enthaltenen Intervalle bestimmt.

Tritonus Unter den dissonanten Stammintervallen nimmt der Tritonus eine Sonderstellung ein; (lat.: Dreiton) er ist ein Intervall aus drei Ganztonschritten. Im tonalen Bereich erscheint er auf der 4. Stufe als übermäßige Quarte, auf der 7. Stufe als verminderte Quinte.

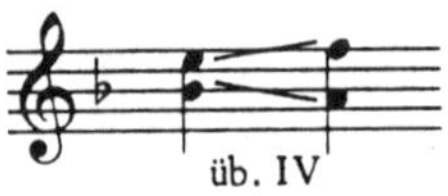

Die "Auflösung" erfolgt in der jeweiligen Richtung des Leite- bzw. Strebetones.

(Der Tritonus teilt die Oktave in zwei gleiche Hälften, die je aus 6 Halbtonschritten bestehen:

In der Neuen Musik wird er als neutraler, nicht tonal festlegbarer Klang verwendet; Hindemith teilt die Akkorde in 2 Gruppen, solche, die den Tritonus enthalten und solche ohne ihn.)

Alterierte Intervalle

Reine und große Stammintervalle werden durch Erweitern zu übermäßigen, kleine zu großen;

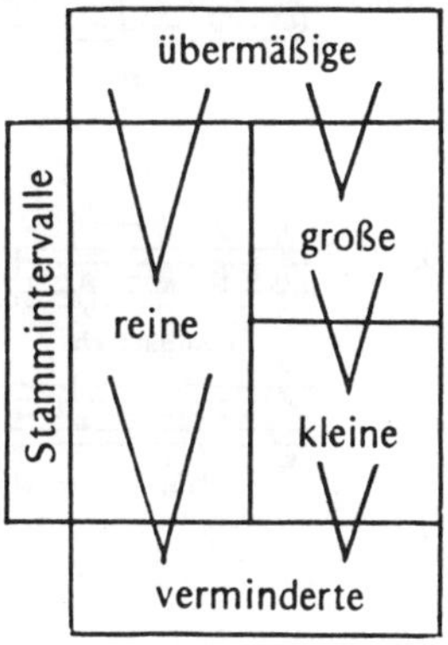

Reine und kleine Stammintervalle werden durch Verengen zu verminderten, große zu kleinen.

Alterierte Intervalle gelten als dissonant.

(Nach Herkunft und Orthographie behält im temperierten System ein Intervall auch dann seine Identität, wenn die begrenzenden Töne de facto sein diatonisch-temperiertes Maß über- oder unterschreiten: c-fisis bleibt eine Quarte, his-deses eine Terz, obwohl das eine als Quinte, das andere gar als Prim erscheint.)

Beispielblatt: Liedbeispiele für Intervall – Merkmotive

zu Aufgabenblatt Seite 530

Volkslied

Prime

Volkslied

kl.II

Volkslied

gr. II

Volkslied

kl. III

„Maria" aus West Side Story L. Bernstein

üb. IV

Thüringer Wald

V

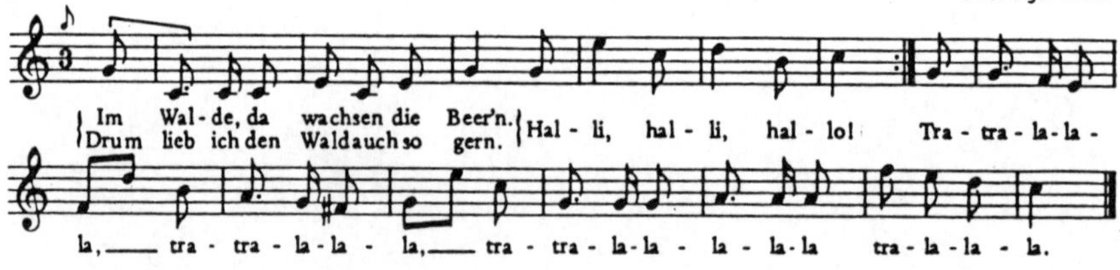

Text: vor 1855 / Weise W. Sommer 1857

kl. VI

Volkslied

kl. VI

aus Nordböhmen

gr. VI

aus Schwaben

gr. X

Zur Übung:
Reine und große Intervalle auf- und abwärts

Eusebius Mandyczewski (1857 - 1929)

Zur Übung:
Reine und kleine Intervalle auf- und abwärts

Joseph Haydn

5.3 Tonsysteme

Lehrblatt: Das 12-stufige Tonsystem / Temperierte Stimmung
Chromatik / Pentatonik / Ganztonreihe / Diatonik

Temperierte Stimmung
Eine Kette von 7 Oktaven ergibt vom Ausgangston C das c^5.
Eine Kette von 12 Quinten ergibt vom Ausgangston C das $his^4 = c^5$.
Die 12. Quinte his (=c) ist um das "pythagoreische Komma" größer als die 7. Oktave.
Durch Verkleinerung jeder Quinte um ein Zwölftel pythagoreisches Komma entsteht die Temperierte Stimmung (Temperatur).

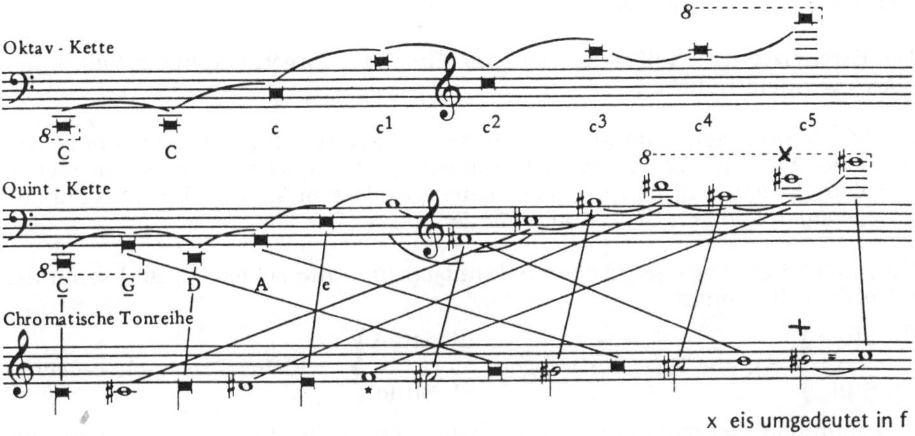

x eis umgedeutet in f
+ his umgedeutet in c

Chromatik (Fortschreiten in Halbtonschritten)
Wenn man die 12 Quinten durch Oktavversetzung auf den Tonraum innerhalb einer Oktave projiziert, so erhält man die 12-stufige chromatische Tonleiter, bei der der Oktavraum durch 12 kleine Stufen ausgefüllt wird. *Merkmal: nur kleine Sekunden.*

Pentatonik Die ersten 5 Quinten der Kette ergeben auf den Tonraum innerhalb 1 Oktave projiziert die pentatonische Tonreihe, die aus großen Sekunden und kleinen Terzen besteht: (gr. II – gr. II – kl. III – gr. II – kl. III). *Merkmal: nur große Sekunden und kleine Terzen. (s. 1.3)*

Ganztonleiter Fortschreiten in Ganztonschritten (große Sekunden)
Die jeweils zweiten Quinten der Kette (= None) ergeben auf den Tonraum einer Oktave projiziert mitsamt dem Ausgangston die Ganztonleiter:
Merkmal: nur große Sekunden.

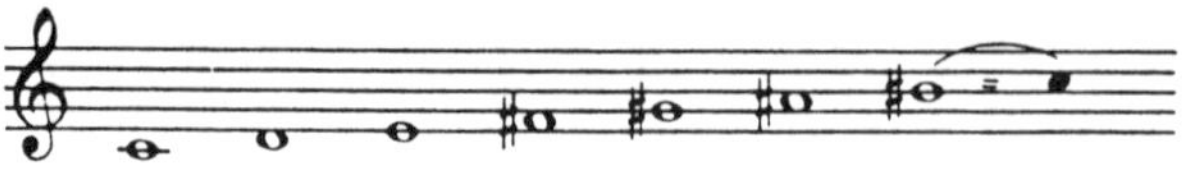

Diatonik = Folge von großen und kleinen Sekunden: Dur, Moll und Kirchentonarten. Die Lage der kleinen Sekunden bestimmt die verschiedenen Tetrachorde und somit den Charakter der jeweiligen Tonalität. (s. Seite 5.7./2)

Merkmal: große und kleine Sekunden.
Lehrblatt: Die Kirchentonarten

Die **Kirchentonarten** (Kirchentöne), im Mittelalter vorwiegend in der Sakralmusik verwendete Tonarten.

Die Kirchentonarten umfassen verschiedene Oktavausschnitte einer diatonischen Reihe: (es wurden vorwiegend solche mit wenig Vorzeichen verwendet). Sie stehen auf den einzelnen Stufen der dazu gehörigen Durtonart und haben demnach jeweils einen anderen Grundton = *Finalis.*

Dadurch ist die Lage der kleinen Sekundschritte unterschiedlich und somit der Charakter der Tonart.

III. Stufe / I. Stufe } = große Terz: durbezogen   III. Stufe / I. Stufe } = kleine Terz: mollbezogen

Der Tonumfang = *Ambitus* (meist innerhalb 1 Oktave) bestimmt, ob es sich um eine *authentische* oder eine *plagale* (hypo-) Kirchentonart handelt. Bei der authentischen begrenzt die Finalis den Ambitus; bei der plagalen wird die Finalis umspielt, sie liegt in der Mitte.

Tonleiterstufe:		I.	II.	III.	IV.	V.	VI.	VII.	VIII.	II.	III.	IV.	V.	VI.	VII.	VIII.
Stammtonleiter G - Dur 1♯		G	A	H	C	D	E	Fis	G	A	H	C	D	E	Fis	G
C - Dur		C	D	E	F	G	A	H	C	D	E	F	G	A	H	C
F - Dur 1♭		F	G	A	B	C	D	E	F	G	A	B	C	D	E	F
Kirchentonarten authentische	plagale															
dorisch			•	0	0	0	0	0	0	•						
	hypodorisch						0	0	0	•	0	0	0	0		
phrygisch				•	0	0	0	0	0	0	•					
	hypophrygisch							0	0	0	•	0	0	0	0	
lydisch					•	0	0	0	0	0	0	•	1. Tetrachord = Tritonus			
	hypolydisch	0	0	0	•	0	0	0	0							
mixolydisch						•	0	0	0	0	0	0	•			
	hypomixolydisch		0	0	0	•	0	0	0	0						
jonisch		•	0	0	0	0	0	0	•							
	hypojonisch					0	0	0	•	0	0	0	0			
äolisch							•	0	0	0	0	0	0	•		
	hypoäolisch			0	0	0	•	0	0	0	0					

eckige Klammer = Tetrachord / • = Finalis / runde Klammer = Durterz / spitze Klammer = Mollterz

Lehrblatt: Diatonische Reihen

Dur-Tonalität und Quintenzirkel

Die **Tonleiter** ist die Folge von 7 verschiedenen Tönen im Abstand von großen und kleinen Sekunden. Der 8. Ton ist die Oktave.
Tonalität umfaßt Tonleiter, Haupt- und Neben-Dreiklänge und deren Funktionen. Seit etwa 1750 nehmen in der abendländischen Musik die diatonischen Reihen *Dur* und *Moll* eine beherrschende Stellung ein.

Durtonleiter. Man teilt die 8 Töne in zwei gleiche Viertonreihen = *Tetrachorde*, die aus großer – großer – kleiner Sekunde bestehen; zwischen beiden Tetrachorden ist eine große Sekunde (dadurch entsteht eine Folge von 3 großen Sekunden; Tritonen).
Merkmal: III. Stufe = große = Dur-Terz
Da beide Tetrachorde gleich sind, kann man das zweite der Ausgangstonart zum ersten einer neuen Tonreihe machen und durch ein zweites ergänzen. Damit zwischen 6. und 7. Stufe eine große Sekunde erscheint, muß der 7. Ton = *Leiteton* durch ein ♯ erhöht werden.

Die neu gefundene Tonreihe steht auf der Quinte der Ausgangstonart. Fährt man so fort, so erhält man jeweils auf der Quinte eine neue Tonreihe, jedesmal mit einem Kreuz mehr. Diese Tonarten werden in den Quintenzirkel (im Uhrzeigersinn) eingetragen. *Kreuztonarten* bis 7 ♯ (s. S. 454)

Be-Tonarten Macht man das erste Tetrachord zum zweiten einer neuen Tonreihe, der nun das erste Tetrachord hinzugefügt werden muß, so wird der 4. Ton der Ausgangstonart zum Grundton der neuen Tonreihe. Man steigt die Skala abwärts. Damit zwischen 5. und 4. Stufe eine große Sekunde erscheint, muß man den 4. Ton = *Strebeton* der neuen Tonreihe durch ein ♭ erniedrigen. Fährt man so fort, so erhält man jeweils auf der Quarte der Ausgangstonart die neue Be-Tonreihe, jedesmal mit einem ♭ mehr.

Römische Zahlen = Tonleiterstufe

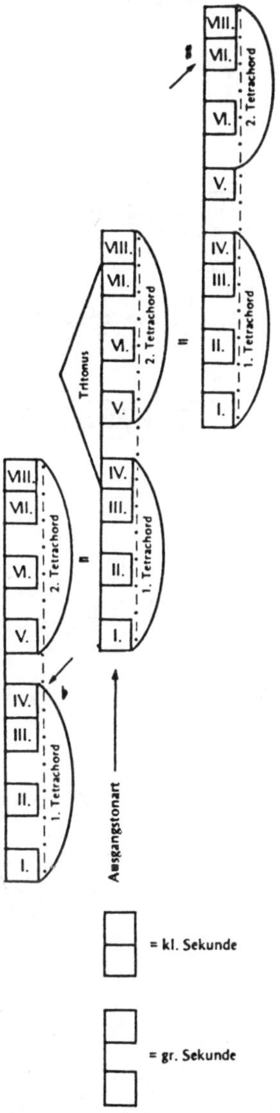

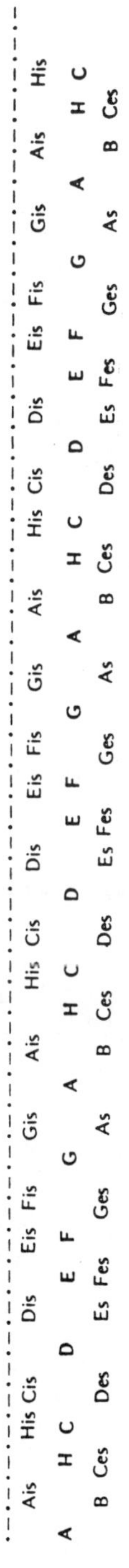

Tonnamen - Leiste abschneiden, • — • — • an Linie • — • — anlegen,
Kreuz-Tonarten ablesen in: mittlerer Spalte: Stammtöne und oberer: Töne mit ♯
Be-Tonarten ablesen in: mittlerer Spalte: Stammtöne und unterer: Töne mit ♭

5.

Diese Tonarten werden in den Quintenzirkel (im umgekehrten Uhrzeigersinn) eingetragen. (Man spricht hier auch vom Quartenzirkel, da die neue Tonreihe auf der Quarte der vorherigen steht.) bis 7 ♭

mit künstlichem Leiteton. Dieser erscheint nicht in der Vorzeichnung, die stets dieselbe ist wie die der parallelen Durtonart. Das ♯ für den Leiteton wird stets erneut gesetzt.

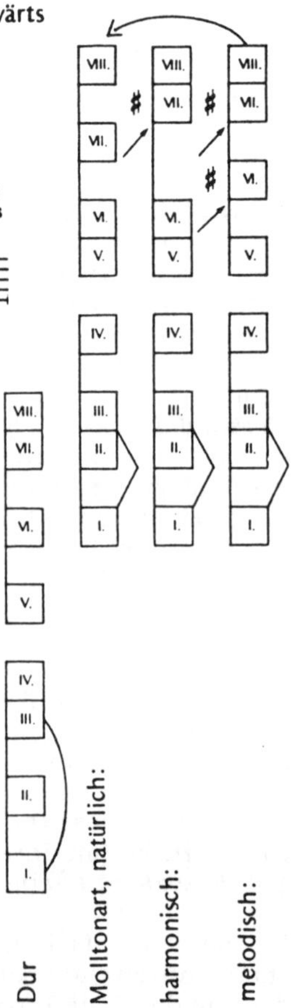

V = kleine Sekunde

⌣ = große Sekunde

⊔ = übermäßige Sekunde

⌒ = kleine Terz

Lehrblatt: Die Moll-Tonalität

Die **Moll-Tonalität.** Während die Jonische Kirchentonart als Ausgang für die Dur-Tonalität angesehen werden kann, entwickelte sich aus der äolischen die Molltonart. Auf der 6. Stufe (1 kl. Terz abwärts) jeder Durtonart steht die parallele Molltonart: *Merkmal 3. Stufe = kl. Terz.*
Die Molltonart erscheint in drei Formen:

natürlich oder äolisch Moll = gleicher Tonbestand wie die parallele Durtonart,

harmonisch Moll mit künstlichem Leiteton: 7. Stufe erhöht,

melodisch Moll: 6. und 7. Stufe erhöht, abwärts natürlich.

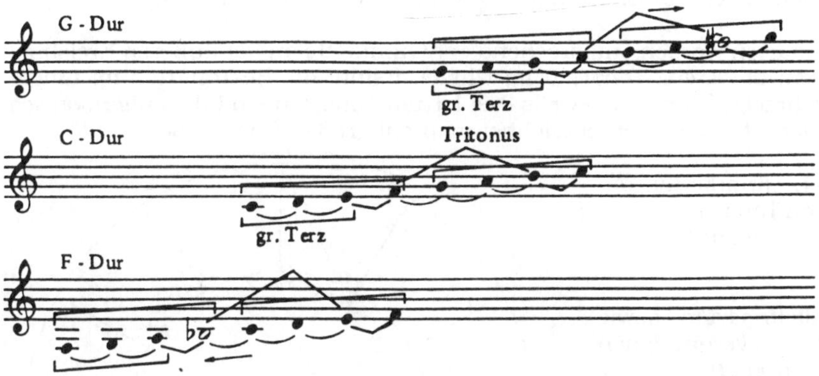

5.

Lehrblatt: Dur- und Moll-Tonarten im Quinten- (Quarten) Zirkel

Dur-Tonarten ● = tonischer Grundton (eintragen)

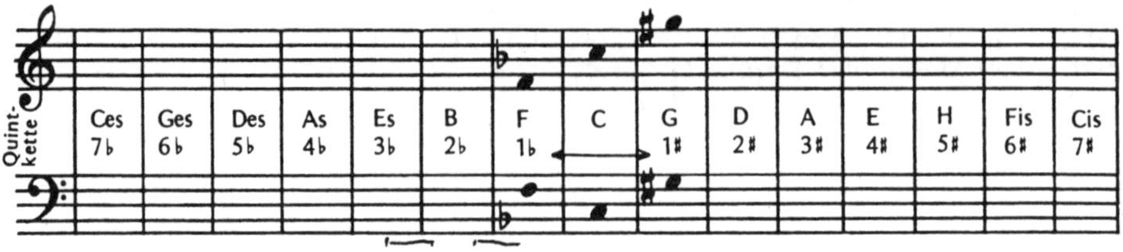

Die Vorzeichen der Durtonarten im 𝄞 und 𝄢 Schlüssel eintragen.

Die Durtonarten werden entsprechend der Quintkette an der äußeren Kreislinie eingetragen: die Kreuz-Tonarten im Uhrzeigersinn, die Be-Tonarten im umgekehrten Uhrzeigersinn. Die jeweils drei letzten Tonarten sind die *enharmonisch umdeutbaren.* Durtonarten bezeichnet man mit großen Buchstaben.

Die in den Quintketten benachbarten Tonarten - - - - sind *quintverwandt;*

die Paralleltonarten sowie die durch .... verbundenen sind *terzverwandt*

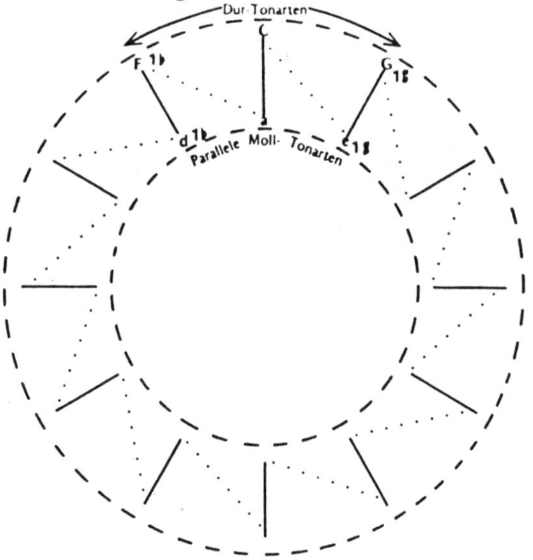

Moll-Tonarten ○ = tonischer Grundton (eintragen)

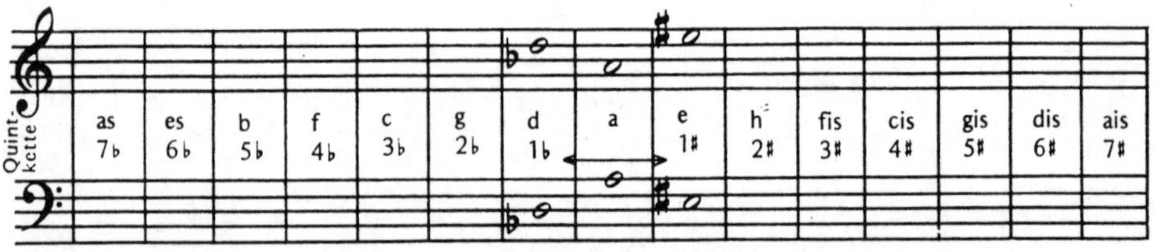

Die Vorzeichen der Molltonarten im 𝄞 und 𝄢 Schlüssel eintragen. Die Molltonarten werden entsprechend der Quintenkette an der inneren Kreislinie eingetragen. Man bezeichnet sie - wie auch die Kirchentonarten - mit kleinen Buchstaben.

Beispielblatt: Dur- und Moll-Tonarten

Tonnamen-Skala

In der mittleren Reihe erscheinen die **Stammtöne.**
In der oberen Reihe erscheinen die erhöhten Tonnamen: ♯-Skala.
In der unteren Reihe erscheinen die erniedrigten Tonnamen: ♭ -Skala.
Oberhalb der Linie ~~~ erscheinen einige doppelt erhöhte Tonnamen: 𝄪 -Skala.

𝄪					Gisis				Cisis			Fisis	Gisis		
♯	Cis	Dis	Eis	Fis	Gis	Ais	His	Cis	Dis	Eis	Fis	Gis	Ais	His	
	D	E	F	G	A	H	C	D	E	F	G	A	H	C	
♭	Des	Es	Fes	Ges	As	B	Ces	Des	Es	Fes	Ges	As	B	Ces	

Ablesen der Tonleitern

Dur

Kreuztonarten und C-Dur
Tonleiterleiste unter die Linie —— legen, dabei die I. *unter* den Grundton.

Tonnamen zwischen ~~~~~~ / —— ablesen.

Ausnahmen: Fis- und Cis-Dur in der ♯ -Skala ablesen.

Be-Tonarten:
Tonleiterleiste unter die Linie — — legen, dabei die I. *unter* den Grundton.

Tonnamen zwischen ········· / — — — — ablesen.

Ausnahmen: Ces-Dur in der ♭ -Skala lesen; Ges-Dur IV. Stufe = Ces.

Moll

Kreuztonarten und a-Moll:
Tonleiterleiste über die Linie ~~~~ legen, dabei die I. *über* den Grundton.

Tonnamen zwischen ~~~~~~ / —— ablesen.

Ausnahmen: dis- und ais-Moll in ♯ - und 𝄪 -Skala ablesen.

Be-Tonarten
Tonleiterleiste über die Linie ···· legen, dabei die I. *über* den Grundton.

Tonnamen zwischen ········ / — — — ablesen.

Ausnahmen: as-Moll in der ♭ -Skala ablesen; es-Moll VI. = ces

5.

Tonleiter-Leiste

abschneiden auf der Linie . _ . _ . _ . _ . _ . _ . _ .

schraffierte Teile und das Kästchen VII.↗ für harmonisch Moll ausschneiden, Tonleitern in den Ausschnitten ablesen.

Erscheinen zwei Tonnamen, so gilt der in der Stammtonreihe. Ausnahmen beachten!

Die *römischen Ziffern* bezeichnen die T*onleiterstufe.*

Eine Reihe der Leiste gilt für Dur, die andere für Moll.

_ . _ .

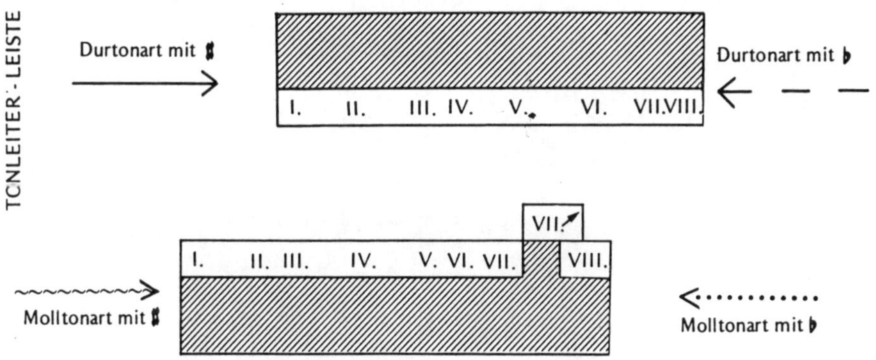

5.

Die Kirchentonarten und parallele Molltonarten

DIE KIRCHENTONARTEN UND PARALLELE MOLLTONARTEN

der Stammtonarten G-dur, C-dur, F-dur

jonisch = Dur-Tonart auf I. Stufe
äolisch = Moll-Tonart, natürliche, auf VI. Stufe

harmonische Moll-Tonart:
7. Stufe erhöhen

melodische Moll-Tonart:
aufwärts 6. und 7. Stufe erhöhen, abwärts natürlich

Um die plagalen Kirchentonarten abzulesen, legt man den Pfeil „plagale Finalis" an den Tonnamen der Skala: der Ausschnitt gibt den Ambitus der plagalen Tonarten an.

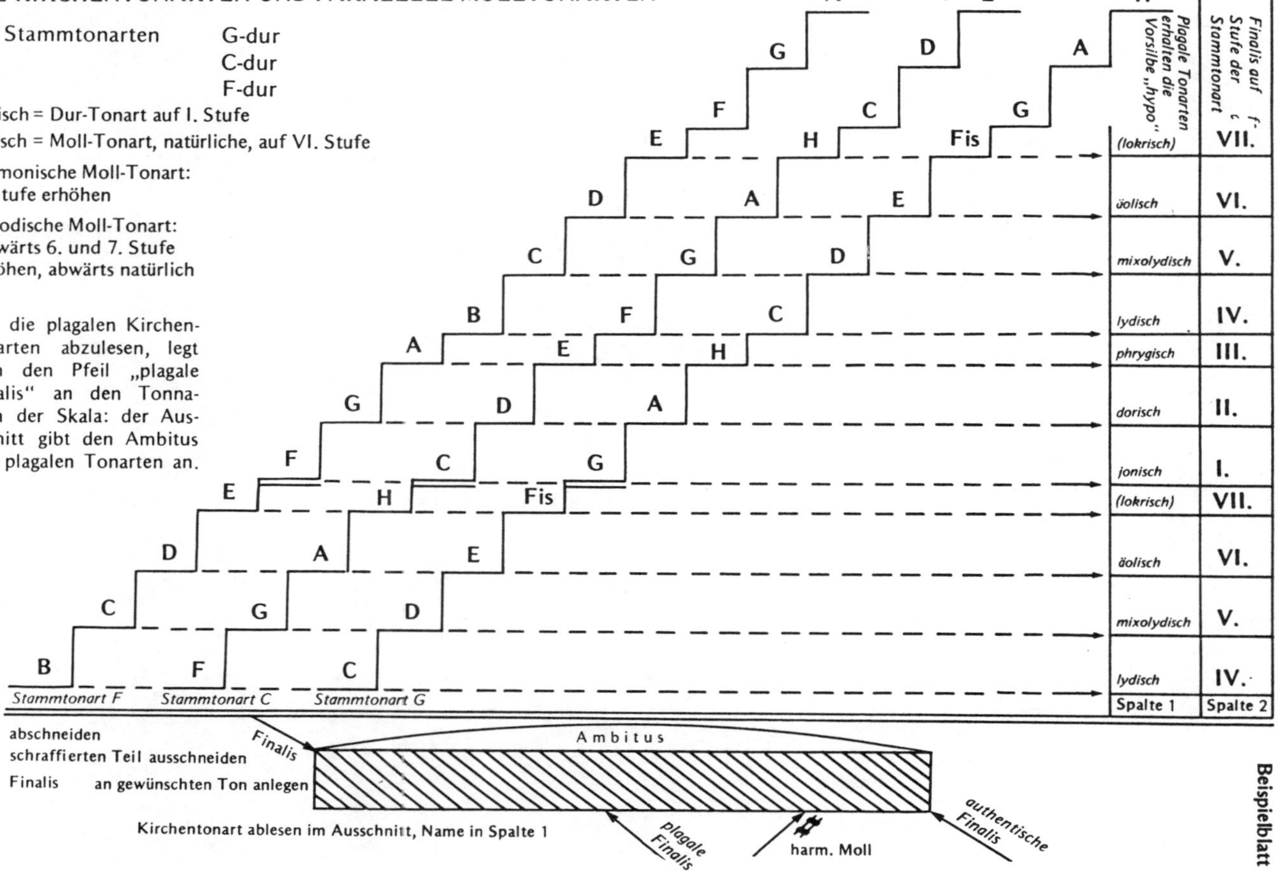

5.

Lehrblatt: Erkennen der Tonart (Diatonische Reihen)

Die Vorzeichen geben an, welche Stammtonart (Dur) vorliegt. (s. Seite 437)

(Entwicklungsgeschichtlich hatte die jonische Tonart (Dur) keine gesonderte Stellung; jedoch gibt ihr Tonbestand den Gesamtkomplex der Tonarten mit gleichen Vorzeichen an. Sie bildet mit diesen gewissermaßen eine "Tonarten-Familie".)

Bezeichnen Sie den Dur-Grundton mit einem Zeichen, z. B.: ╠ (Do-Schlüssel)

Der Tonbestand dieser Stammtonart liegt vor, auch wenn außerdem Versetzungszeichen vorkommen. (siehe Seite 437)

(s. K. 4

Bezeichnen Sie sodann den Schlußton (Finalis) mit einer Note: ▬
bei mehrstimmigen Sätzen den letzten tiefsten Ton (meist Finalis).

	Grundton der Stammtonart	Finalis = Stufe der Stammtonart	Tonart
(s. K. 57) 	F	F = I.	Jonisch Dur
(s. K 65) 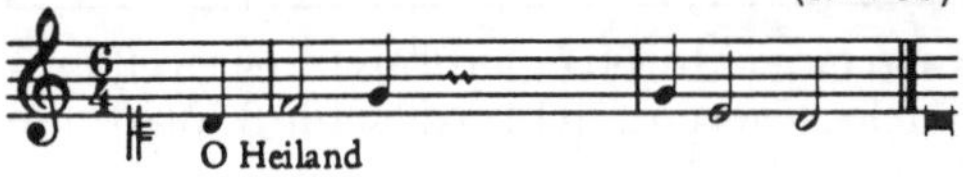	C	D = II.	dorisch
(s. K. 57) 	C	E = III.	phrygisch
(siehe Seite 5.3. /14). 	C	F = IV.	lydisch

5.

	Grundton der Stammtonart	Finalis = Stufe der Stammtonart	Tonart
(siehe Seite 5.3./14). 	D	A = V.	mixo-lydisch
(s. K. 58) 	B	G = VI.	äolisch = natürlich Moll
(s. K. 25) 	B	G = VI. mit künstlichem Leiteton = K.L	harmonisch Moll
(siehe Seite 5.3./16). 	B	G = VI. mit erhöhter Sexte u. künstl. Leiteton	melodisch Moll

Gelegentlich wird die Finalis – besonders in Dur – durch einen Ton ihres Dreiklanges (häufig die Terz) vertreten; der Melodieverlauf gibt Aufschluß über die Tonalität.

(s. K. 40) 	F	Schlußton: A = F-Dur-Dreiklangs-Terz	F-dur

Lehrblatt: Übersicht über die verschiedenen Tonsysteme

Diatonik Hierunter versteht man Tonreihen, die aus großen und kleinen Sekunden bestehen. Dazu gehören auch die

Kirchentonarten:

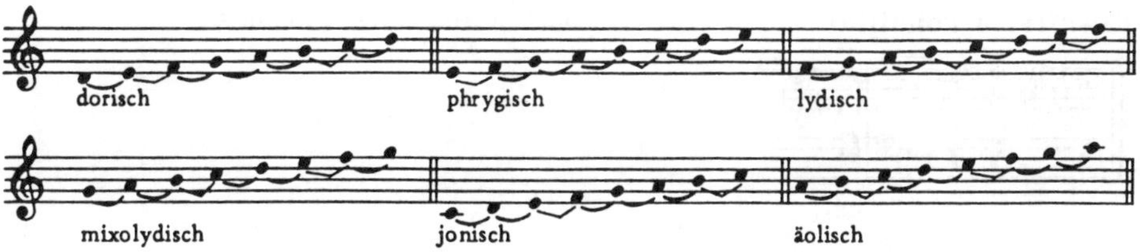

⌣ = gr.Sekunde

V = kl.Sekunde

⊔ = üb.Sekunde

Diese bis ins 17. Jahrhundert in der europäischen Musik vorwiegend gebräuchlichen Tonarten wurden in Notierungen mit nur wenig Vorzeichen verwendet. Erst nach Aufkommen der "temperierten Stimmung" um 1700 konnten auch Tonarten mit vielen Vorzeichen verwendet werden. Etwa ab 1400 entwickelten sich aus der Jonischen Kirchentonart die

Dur-Tonart

genannt nach der großen(harten) Terz des Tonika-Dreiklanges, und aus der äolischen Kirchentonart die

Moll-Tonart

genannt nach der kleinen(weichen) Terz des Tonikaklanges. Dur und natürliches (äolisches) Moll sind die einzigen Tonarten, deren Hauptfunktionen Tonika, Subdominante und Dominante nur Dur- bzw. Molldreiklänge sind.

Neben diesen diatonischen Reihen hatte die

Pentatonik

(Tonreihen aus großen Sekunden und kleinen Terzen) stets ihren Platz, vor allem im Kinderlied.

Die

Chromatik

wurde bereits in der Zeit der griechischen Klassik verwendet; in der abendländischen Musik taucht sie um 1300 auf. Sie hat ihre Blütezeit in der Romantik, Spätromantik und im Impressionismus.

Neben diesen Tonalitäten wurde vor allem in der exotischen Musik schon im Altägyptischen um 3000 v. Ch. die

Ganztonleiter

(5 große Sekunden innerhalb der Oktave) verwendet (auch im Impressionismus).

5.

Zigeunertonart

Die
(Tetrachorde mit übermäßigen Sekunden) findet man vor allem in der Folkloristik. In der neuen Zeit begann eine Loslösung von der funktionellen Tonalität. Es entsteht eine

Erweiterte Tonalität

Bartók aus "Mikrokosmos".

Atonalität und
Bitonalität
Polytonalität

Serielle Musik

Zwölftontechnik

Sie führt weiter zur

(zwei Tonarten zu gleicher Zeit) und (gleichzeitige Verwendung mehrerer Tonalitäten).
Es entwickelt sich nun die
(Musik in Reihen), deren wichtigster Vertreter Arnold Schönberg mit seiner (Dodekaphonie) ist,
wobei die 12 Töne der chromatischen Tonleiter in bestimmter Reihenfolge gleichberechtigt und funktionslos nach bestimmten Regeln verwendet werden.

Elektronische Musik

Die physikalisch-technische Entwicklung ermöglicht die Musik bei der Klänge und Geräusche durch Elektronen (Elektronenröhre) erzeugt und durch Lautsprecher wiedergegeben werden. Die Möglichkeit eines stufenlosen Gleitens durch alle Tonhöhen (wie beim Glissando) erfordert eine völlig neuartige Notierungsweise.

Beispielblatt: Liedbeispiele in Kirchen- und anderen Tonarten

Liedbeispiele in Kirchentonarten (zu Seite 463 und 464).

d-dorisch

Rostocker Liederbuch (um 1465)

e-phrygisch

Martin Luther 1524

f-lydisch

Weise aus Island

g-mixolydisch (transponiert)

(Zeile 2 könnte durch das auftretende "b" als g-dorisch aufgefaßt werden)

Michael Prätorius

5.

c-jonisch

Martin Luther

a-äolisch

Altes flämisches Lied

zum Vergleich: a-Moll harmonisch mit künstlichem Leiteton (siehe Seite 5.3./453).

aus Siebenbürgen

Liedbeispiele in verschiedenen Tonarten

D-Dur

Walter Pudelko

g-Moll (zu Seite 462).

Adam Krieger (1634-1666)

pentatonisch (zu Seite 465).

Walther Pudelko

e-äolisch, wahlweise als e-Moll harmonisch (zu Seite 466).

16. Jh.

Beispiel für Chromatik aus "Die Jahreszeiten" Anfang von Nr. 12 Terzett und Chor Solosopran (Stimme der Hanne) .

Joseph Haydn

Zigeunertonart (auch mit Dudelsackquinte).

aus der Slowakei

5.

5.4 Metrum – Tempo – Takt – Rhythmus

Lehrblatt: Metrum – Tempo – Takt – Rhythmus

Die Begriffe sind untereinander verflochten.
Metrum, Tempo und Takt dienen der Darstellung des rhythmischen Geschehens. Im Notenbild erscheinen sie in Tempoangaben, Taktangaben, Notenwerten, Pausenzeichen und agogischen Termini (Tempoänderungen).

Metrum (lat. Maß) stellt gewissermaßen den Pulsschlag dar. Es ist eine Orientierungshilfe im zeitlichen Ablauf.
(In der Notierung stimmt es mit dem Grundschlag überein.)

Tempo Jeder Grundschlag (Puls) kann eine bestimmte Zeit dauern. Er kann relativ schnell oder langsam ablaufen. (Im allgemeinen entspricht das Tempo des Grundschlages dem Pulsschlag des Menschen [etwa 70 - 80 Schläge in der Minute], also weder als schnell noch als langsam empfunden.)

Metronom Man kann das Tempo genau bestimmen durch das Metronom (Zeitmesser). Dieses von Mälzel (1815) erfundene Gerät hat ein Pendel mit einem verschiebbaren Gewicht über einer Zahlenskala. Das Ticken (durch eine Feder) kann beschleunigt oder verlangsamt werden - immer bezogen auf eine Minute.

So bedeutet: MM = 60 : 60 Viertelnoten beanspruchen die Zeit einer Minute;
= 108 :108 halbe Noten auf eine Minute.
(Metronom-Angaben werden nur in der Kunstmusik verwendet.)

Tempo-Angaben mit nicht genau festgelegtem Zeitmaß stehen am Anfang eines Stückes, meist in italienisch, oft auch in deutsch. (Z. B.: "Andante" oder "sehr lebhaft".)

Takt Der gleichmäßig fortlaufende Puls, das Metrum, wird geordnet durch den Takt (lat. = tactus = Schlag).
Es entstehen so Abläufe von Zweier- oder Dreier-Gruppen = Takte.

Schwerpunkt Der erste Schlag eines jeden Taktes ist schwer, die andern sind leichter. Somit ist der Takt auch Betonungsordnung, durch die jeder einzelne Schlag das für ihn gültige Gewicht erhält.
Zusammengesetzte Takte, 4-Schlag und 6-Schlag sowie andere (seltene) Taktarten haben neben den Hauptschwerpunkten auch Nebenschwerpunkte.

Rhythmus (gr.: Fluß) bedeutet in der Musik geregelte Bewegung, das Nacheinander von Tönen gleicher oder unterschiedlicher Tondauer mit dem jeweiligen Schwerpunkt des betreffenden Stellenwertes. Pausen sind in den rhythmischen Phrasen den Tönen gleichgestellt. Im musikalischen Geschehen ist von dem Komplex der Zeitverteilung nur der Rhythmus an sich hörbar. Durch seine Schwerpunkte wird die ihm zugrundeliegende Taktart bestimmt. Metrum und Takt sind nur Ordnungshilfen und nicht hörbar. Auch das Tempo ist nicht hörbar: es wird durch die treibende Kraft des Rhythmus bestimmt.

Das rhythmische Geschehen ist stets dem Takt übergeordnet,
es überlagert sowohl Metrum wie auch Takt als ein musikalischer Ablauf, dem die sog. **Phrasierung** (Sinngliederung) – gewissermaßen der "Atem" der Musik – entspricht. Die vom rhythmischen Geschehen nicht trennbare Phrasierung ist zugleich ein Merkmal des formalen Aufbaues.

Synkope Die Synkope ist eine rhythmische Besonderheit - sie ist gewissermaßen eine Stauung des rhythmischen Verlaufs und verlagert den Schwerpunkt auf einen sonst leichten Taktteil.

Beispielblatt: Phrasierung

Tempo ♩ = 64
Metrum: Zählzeiten im 2-Schlag = gerader Takt
Schwerpunkt = –
leicht = ◡

Volksweise

Rhythmus

Phrasierung: Der Phrasierungsbogen umfaßt jeweils eine Sinneinheit, ein Motiv a, das unter dem zweiten Bogen leicht abgewandelt auf einem höheren Ton erscheint (Sequenz).

2-teilige Liedform A (a a^s) B (a b)
8-taktige Periode, die mit dem Thema übereinstimmt. Der Rhythmus kann wie in diesem Lied mit dem Metrum zusammenfallen; fast immer erscheint dann am Ende einer Periode ein Ruhepunkt durch einen langen Ton oder eine Zäsur (siehe Seite 483).

Tempo 𝅗𝅥. = 52
Takt: ungerade
Rhythmus: Auftakt und punktierter Rhythmus

Volksweise

Metrum

zählen:

Phrasierung

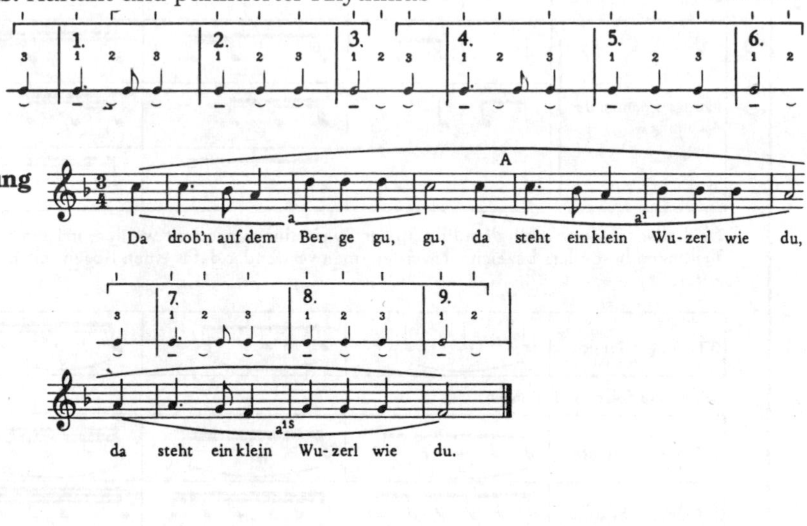

Motiv: Das Lied besteht aus nur einem Motiv, das zweimal wiederholt wird, das letzte Mal als Sequenz zwei Töne tiefer. Es entsteht so eine *einteilige Liedform* A, die hier in der seltenen Form einer *Dreier-Periode* auftritt.

5.

Metrum

Lehrblatt: Der Grundschlag und seine Veränderungen

Die verschiedenen Rhythmen entstehen durch Verlängerung oder Verkürzung des Grundschlagwertes bzw. der Pausen; es ergeben sich dabei verschiedeneNotenwerte, entsprechend dem jeweiligen Grundschlag. An sich kann jeder Notenwert als Grundschlagnote verwendet werden (untere Ziffer der Taktvorzeichnung.)

Verlängerung
Dehnung auf das

Gebräuchlich sind:
Selten verwendet:

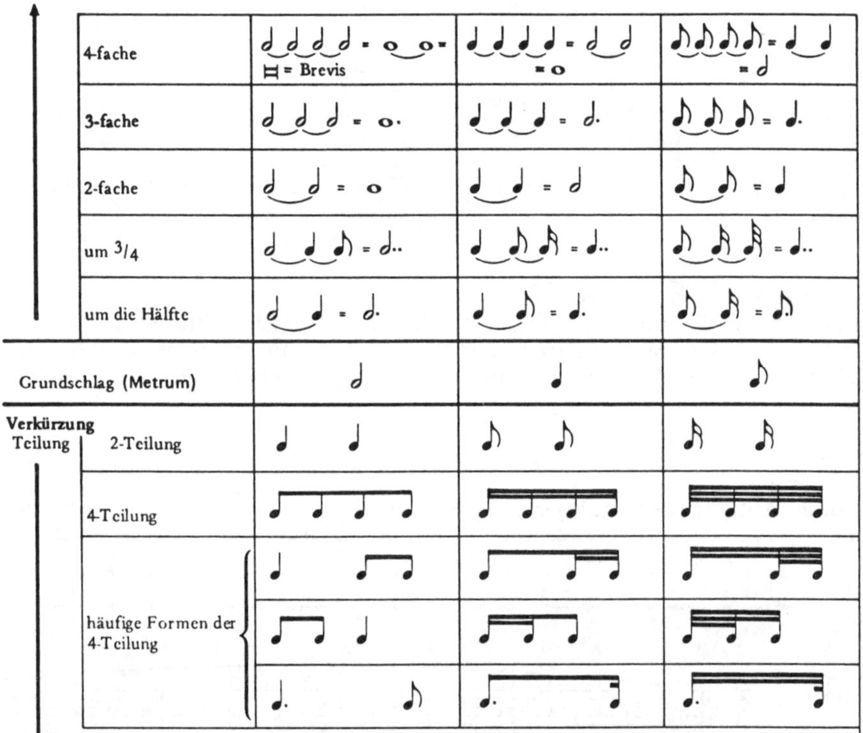

Da die Notenwerte nach dem Prinzip der Zweiteilung unterteilt werden, müssen andere Teilungen besonders bezeichnet werden; man verwendet dafür einen Bogen mit Kursivziffer.

Takt

Lehrblatt: Einordnung des Grundschlags in verschiedene Taktarten

Der **Takt** ordnet die Zählzeiten zu Gruppen – *gerade oder ungerade.*

Taktstrich Die Takte werden durch Taktstriche begrenzt. Am Ende steht ein doppelter Taktstrich.

Wiederholungszeichen Doppelte Taktstriche mit zwei Pünktchen geben an, daß der zwischen den Doppelpunkten stehende Teil wiederholt werden soll. Die Bezeichnung d.c.a.f. bedeutet: da capo al fine = von Anfang bis Ende.

Am Anfang steht die **Taktbezeichnung**, die üblicherweise aus zwei übereinanderstehenden Zahlen besteht. Die obere Zahl gibt an, wieviele Grundschläge ein Takt hat: 2-, 3-, 4-, 6-Schlag, selten 5-, 7-, 9-, 12-Schlag.

Die untere Zahl gibt den Notenwert des Grundschlags an.

Nur eine Zahl als Taktangabe bezieht sich auf den Zähler; oft wird der Wert des Grundschlags durch eine Note angegeben.

Jeder Schlag hat den gleichen Zeitwert, jedoch ist das Gewicht der einzelnen Zählzeiten unterschiedlich: 1. Schlag = betont, schwer —
2. Schlag = leicht ◡

gerader Takt				ungerader Takt	
Grundschlag	einfache	zusammengesetzte Taktarten			
taktiert	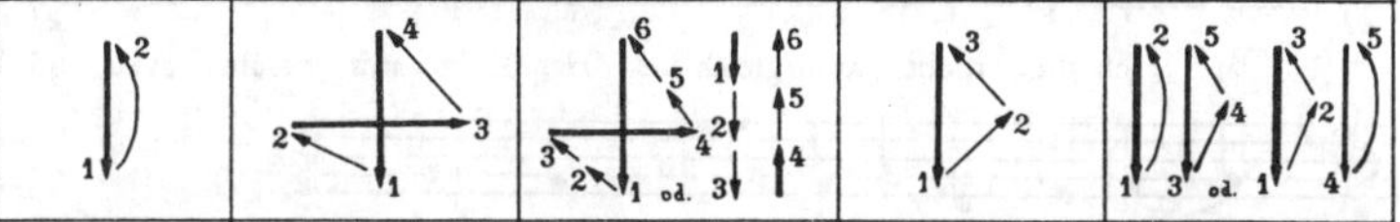				
	2-Schlag	4-Schlag	6-Schlag	3-Schlag	5-Schlag
𝅗𝅥	2/2 = 𝄵 = alla breve 𝅗𝅥 𝅗𝅥	4/2 𝅗𝅥 𝅗𝅥 𝅗𝅥 𝅗𝅥	6/2 𝅗𝅥 𝅗𝅥 𝅗𝅥 𝅗𝅥 𝅗𝅥 𝅗𝅥	3/2 𝅗𝅥 𝅗𝅥 𝅗𝅥	
♩	2/4 ♩ ♩	4/4 = C ♩ ♩ ♩ ♩	6/4 ♩ ♩ ♩ ♩ ♩ ♩	3/4 ♩ ♩ ♩	5/4 od. ♩ ♩ ♩ ♩ ♩
♪		4/8 ♪ ♪ ♪ ♪	6/8 ♪ ♪ ♪ ♪ ♪ ♪	3/8 ♪ ♪ ♪	5/8 ♪ ♪ ♪ ♪ ♪
selten 𝅝 𝅘𝅥𝅯				3/16 𝅘𝅥𝅯 𝅘𝅥𝅯 𝅘𝅥𝅯	

Besonderheiten

Taktwechsel: Der Takt kann innerhalt eines Stückes wechseln, sowohl im Grundschlag als auch in der Zählzeit. Dieser Wechsel wird nach einem Doppelstrich angegeben.

keine Taktstriche: In alter und auch neuerer Musik fehlen oft die Taktstriche. Gliederung und Betonung ergeben sich aus dem Verlauf oder richten sich nach dem Text.

Auftakt: Am Anfang kann ein unvollständiger Takt stehen, der mit dem Schlußtakt zusammen einen vollen Takt ergibt. Er kann aus einem oder mehreren Tönen bestehen, aus einer oder mehreren Zählzeiten oder aus einer geteilten Zählzeit.

Beispielblatt: Beispiele seltener Taktarten

15. Jh.

Bulgarisch

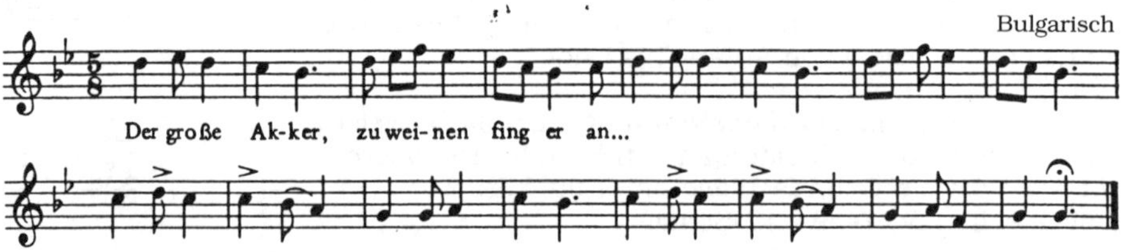

Zweifacher = regelmäßiger Wechsel von geradem und ungeradem Takt

Volkslied

Worte und Weise: Jens Rohwer

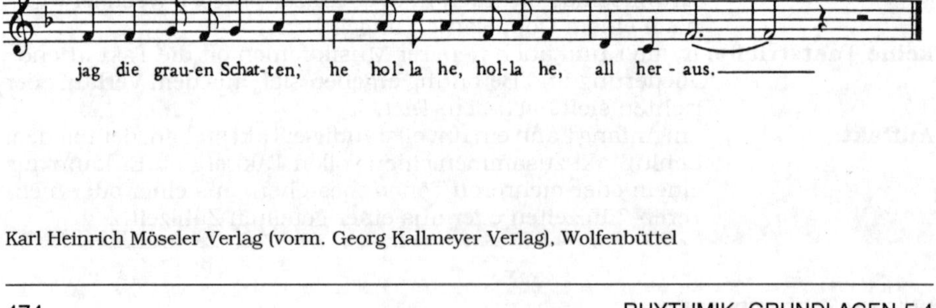

Karl Heinrich Möseler Verlag (vorm. Georg Kallmeyer Verlag), Wolfenbüttel

Rhythmus

Lehrblatt: Die rhythmischen Elemente in einigen Liedbeispielen

Die Vielzahl der rhythmischen Erscheinungsformen läßt sich auf einige rhythmische Elemente zurückführen (Grundrhythmen).
Kombinationen von Dehnungen, Teilungen des Grundschlags sowie Pausen ergeben ein vielfältiges Bild. (Die Pause ist ein wichtiger Bestandteil im rhythmischen Verlauf, vor allem als Zeichen einer Zäsur, eines Innehaltens. Pausen wie z. B.
 ändern am Grundrhythmus nichts.)
Diese "rhythmischen Elemente" erhalten erst ihren Sinn im musikalischen Verlauf; sie sind somit stets im Zusammenhang mit den benachbarten Tönen zu betrachten und ergeben so einen Rhythmus. Das gleiche rhythmische Element hat unterschiedliche Aussagen, je nachdem welche Taktart vorliegt und auf welchem Taktteil (Schwerpunkt oder leichterer Taktteil) es erscheint.
Entsprechend dem akzentuierten Stellenwert des ersten Schlages im Takt ist der erste Ton eines geteilten rhythmischen Elementes schwerer als die folgenden. (So sind die rhythmischen Elemente, bei denen die erste Note der Unterteilung kürzer als die anderen ist, seltener anzutreffen. s. Nr. 6)
Im "punktierten Rhythmus" (2. und 7.) zielt die kurze Note immer auf die folgende.

Liedbeispiele:

Grundschlag

1. Grundschlag und Dehnung des Grundschlags (Zäsur und Schluß): Nun wollen wir singen das Abendlied
2. Dehnung auf das eineinhalbfache (punktierter Rhythmus) Widele, wedele
3. Zweiteilung eines Schlages Kommet ihr Hirten
4. Vierteilung eines Schlages Cantate Domino

Bei der 4-Teilung entstehen durch Dehnung eines Tones noch folgende Rhythmen:

5. Dehnung der ersten Note auf das Doppelte Schäfer, sag, wo tust du weiden
6. Dehnung der letzten Note auf das Doppelte Mudder Witsch (siehe Seite 477).
7. Dehnung der ersten Note auf das Dreifache (punktierter Rhythmus) Winde wehn
8. Dreiteilung eines Schlages = Triole (in Liedern selten) Mädele ruck, ruck, ruck (siehe Seite 476).
9. Synkope O Heiland reiß die Himmel auf

"Entwicklung eines Rhythmus" siehe R 2.4./ Seite 140

Beispielblatt: Die Grundrhythmen in Beispielen (zu Seite 478).

Volkslied

Fassung G. Wolter

Augsburger Tafelkonfekt

Volkslied

Wort und Weise Köln 1599

Worte 1623, Weise 1666

(Dieses Thema hat Franz Liszt in seiner 14. Rhapsodie verwendet)

5.

Lehrblatt: Rhythmische Elemente mit unterschiedlicher Aussage
(zu Seite 475)

Gleiche Notenbilder können unterschiedliche rhythmische Bedeutung haben. Verschiedene Notenbilder können den gleichen Rhythmus bedeuten,wennTakt- art (gerade oder ungerade), Schwerpunkt und rhythmische Elemente gleich sind.

– = *Schwerpunkt*
◡ = *leichter Taktteil*

Grundschlag: gleich
Taktart: *unterschiedlich*
Schwerpunkt: gleich
Notenbild: gleich
Rhythm. Element: gleich
= *unterschiedliche musikalische Aussage*

Grundschlag: gleich
Taktart: gleich
Schwerpunkt: *unterschiedlich*
Notenbild: gleich
Rhythm. Element: gleich
= *unterschiedliche musikalische Aussage*

Grundschlag: gleich
Taktart: *unterschiedlich*
Schwerpunkt: *unterschiedlich*
Notenbild: gleich
Rhythm. Element: gleich
= *unterschiedliche musikalische Aussage*

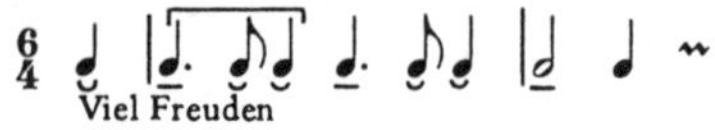

Grundschlag: gleich
Taktart: *unterschiedlich*
Schwerpunkt: gleich
Notenbild: gleich
Rhythm. Element: gleich
= *unterschiedliche musikalische Aussage*

---

dazu im Gegensatz

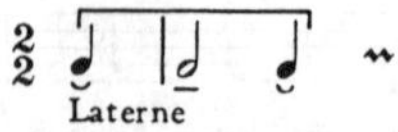

Grundschlag: *unterschiedlich*
Taktart: gleicher Dreier-Takt
Schwerpunkt: gleich
Notenbild: *unterschiedlich*
Rhythm. Element: gleich
= *gleiche musikalische Aussage*

Grundschlag: *unterschiedlich*
Taktart: gleicher Zweier-Takt
Schwerpunkt: gleich
Notenbild: *unterschiedlich*
Rhythm. Element: gleich
= *gleiche musikalische Aussage*

Beispielblatt: Rhythmische Leseübungen

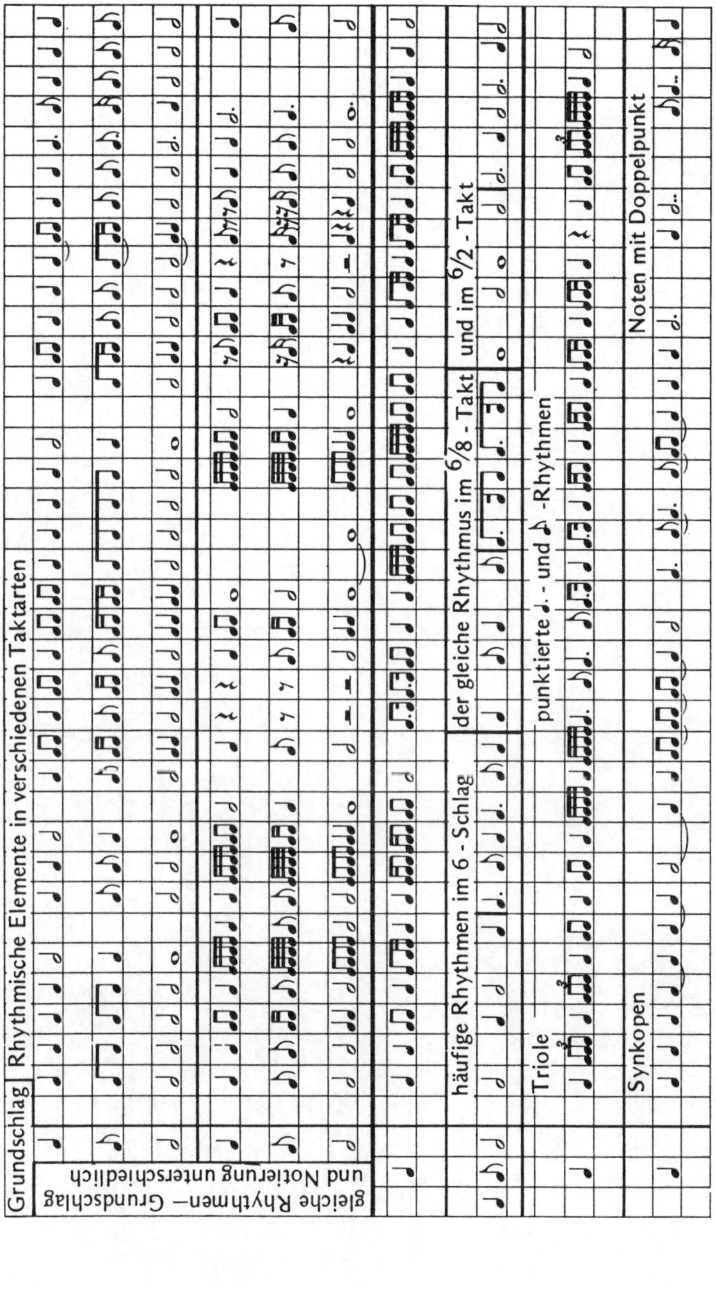

Abschneiden / schraffierte Teile ausschneiden / Auftakt einschneiden / Leiste seitlich verschieben / Taktschwerpunkte beachten.

Jedes Kästchen gilt für einen Grundschlag;
die 2-Schlag-Note beansprucht 2 Kästchen,
die 3-Schlag-Note 3 und die 4-Schlag-Note
4 Kästchen

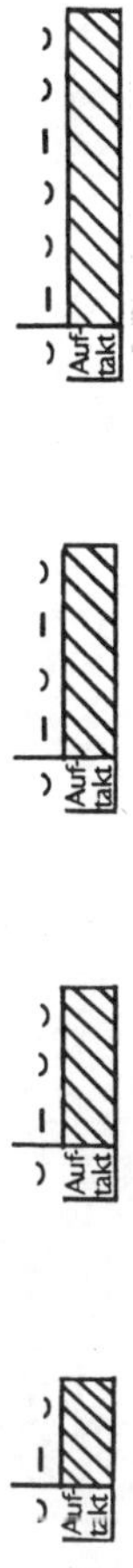

5.

5.5 Musikalische Formenlehre

Lehrblatt: Die formbildenden Elemente

Das **Motiv** (lat. Beweggrund, Antrieb) ist in der Musik vor allem "Gestalt"; es ist der kleinste musikalisch sinnvolle Zusammenhang mit einem Schwerpunkt. Seine Charakteristik kann auf rhythmischem oder melodischem Gebiet liegen:

Bezeichnung: kleine Buchstaben: a, Teile eines Motivs = Teilmotiv

Leitmotiv: Motiv mit symbolischem Charakter (Berlioz, Wagner)

"Schwert-Motiv" aus "Der Ring der Nibelungen" von Richard Wagner (1809-1883)

Figur: (lat. Gestalt) ist ein zum Selbstzweck entwickeltes Motiv, häufig in der Etüde. (Im Barock hatte die Figur einen festen Bedeutungsgehalt.)

Frederic Chopin (1809 - 1849) Klavier - Etüde op. 2, 1

Veränderungen des Motivs:

Steigerung durch größere Intervallschritte a‘

Sequenz = Wiederholung auf anderer Tonstufe a^s

Spiegelbild = Umkehrung des Motivs a^u

Krebsform (von rückwärts)

Taktwechsel

Rhythmische Varianten

Wechsel des Tongeschlechts

verschiedene Tonhöhen

Wiederholung

Diminution (rhythmische Verkleinerung)

Augmentation (rhythmische Vergrößerung) 

"Sequenz" siehe IM 3.2/Seite 301

Ur-Motive

Die Ruf-Terz (Kuckuck) 

Tonschritte 

Aufschwung – Abschwung 

Dreiklang, zerlegt 

sogenannte "Leiermelodie" 

Durch Aneinanderreihen desselben oder eines anderen Motivs entsteht der nächst größere sinnvolle Zusammenhang, das
Thema (gr. das Gesetzte, Grundgedanke; gelegentlich auch benannt als: Phrase, Satz, Halbsatz). Das Thema kann wie das Motiv variiert werden, wobei in größeren Formen das Gegenthema in einer anderen Tonart – Dominante oder parallele Tonart (Moll oder Dur) - stehen kann.

Bezeichnung: Große Buchstaben

Sonaten-Thema: Der Bau des Sonatensatzes erfordert einen Grundgedanken, der sich in der thematischen Arbeit verwenden läßt.

Wolfg. Amad. Mozart (1756-1791)
Klaviersonate (Köchelverzeichnis 545)

Fugen-Thema: Das Thema muß so gebaut sein, daß die Beantwortung durch ein gleichartiges möglich ist.

J. K. F. Fischer (1650-1737) Instrumente ad lib.

Melodie (gr. das Singen) ist ein singbares Thema.

Schwedisches Volkslied, mündlich überliefert

Lehrblatt: Die Ordnung der formbildenden Elemente

Sowohl kleine als auch große Formen entwickeln sich aus der ästhetischen Forderung nach Gegensätzlichkeit: einem Ton tritt ein zweiter als Gegensatz entgegen, einem Motiv ein anderes, einem Thema ein neues, einem Satz ein zweiter.
Führt das gegensätzliche Moment zu keinem die Spannung lösenden Abschluß, so wird ein drittes einen solchen bringen.

Phrase (gr.: Satz) faßt eine Gruppe von Motiven zu einer Einheit zusammen; sie ist an den *musikalischen Ablauf* gebunden und in der Länge von dessen Aussage abhängig; sie wird durch einen *Phrasierungsbogen* zusammengefaßt, der die *Sinngliederung* deutlich macht (s. S. 5.4./471).

Periode (gr.: Umlauf) ist ein in sich geschlossener Abschnitt mit sich entsprechenden Taktgruppen: 4- oder 8-taktige Perioden (oder ihr Vielfaches); sie ist immer an den Taktablauf gebunden: *Vordersatz – Nachsatz*. Phrase und Perioden fallen häufig zusammen (siehe Seite 5.4./471).
Der Vordersatz endet häufig auf der Dominante, der Nachsatz führt zur Tonika zurück.
Perioden, die aus Dreier-Gruppen bestehen (6- oder 9- oder 12-taktige) sind selten.
(siehe Seite 5.4 /471)

Die Primär-Formen = Liedformen

Die 1-teilige Liedform A kann aus einem oder mehreren Motiven bestehen. Sie entspricht somit einem abgeschlossenen Thema, das meist mit der Phrase übereinstimmt. Häufig dient sie als Grundlage für die Variation.

A a b c d, zusammengefaßt durch einen Phrasierungsbogen *Volkslied*

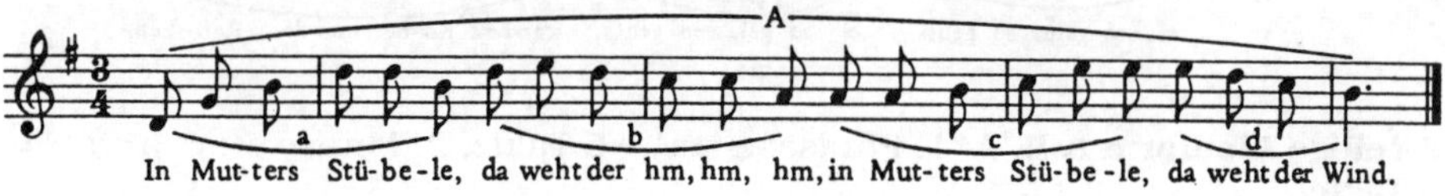

Die 2-teilige Liedform A B kann ebenfalls aus einem oder mehreren Motiven bestehen.

5.

2-teilige Liedform A B. A a a^s a^{1s} a^s a^s a^{1s} B a^{2u} a^{1u} a^{us} a^{us} a^{1us}
Das Lied ist aus einem kleinen Motiv a aufgebaut. Dieses erscheint mehrmals als Sequenz, sodann verlängert und in der Umkehrung. Trotzdem wird die Form A B deutlich: der aufsteigenden Linie von A wird die absteigende in Teil B entgegengesetzt. Die Einzelmotive a werden durch die Phrasierung zu A und B zusammengefaßt, die hier als Vorder- und Nachsatz einer 4-taktigen Periode erscheinen, wobei die 𝄽 -Pause eine deutliche Zäsur setzt.

Joh.Fr.Reichardt(1752-1814)

2-teilige Liedform A B. A a a^1 b, B c, 4-taktige Periode

Johann Jakob Wachsmann (1792-1853)

2-teilige Liedform A B B^1. A a a^u in Umkehrung (Spiegel), B b b^s b^{15} c, B^1 b^2 b^{25} b^{35}.
Periode: 3 x 4 Takte

Schlesien

2-teilige Liedform A B. A: 1. Phrase: a a a^1 = 5 Takte, 2. Phrase a^1:a^u a^u a^{1u} = 5 Takte.
(5-taktige Periode)

B 3. Phrase a^2: a^u a^1 = 4 Takte, 4. Phrase a^3: a^{Au} a^{1u} = 5 Takte, (ungleichtaktige Periode)

a = Teilmotiv   Au = Augmentation = Vergrößerung

Béla Bartók, 1881-1945

Die 2-teilige Liedform A A B, die sogenannte Bar-Form (Stollen-Stollen-Abgesang) ist in kleinen wie auch großen Formen zu finden. (Thesis-Antithesis Synthesis)

Die 3-teilige Liedform A B A, die sogenannte Da-capo-Form, ist die häufigste Motiv- und Themenordnung. Der Mittelteil wird von den A-Teilen umklammert, wobei häufig der Schlußteil A variiert wird.

3-teilige Liedform A B A

aus Mähren

5.

Das Lied besteht im Grunde aus nur einem Motiv, das auf verschiedene Weise gewandelt wird: Umkehrung, Veränderung der Intervallsprünge. Teil B bringt den Gegensatz zu A durch viermalige Motivwiederholung in der Umkehrung und sequenzartiger Veränderung der Intervallsprünge. Die 4-taktigen Perioden, hier zusammenfallend mit Thema und Phrasierung, erhalten ihre Zäsur durch den Ruhepunkt der 𝅗𝅥 -Note.
Diese Ordnung findet sich auch häufig in den großen Formen, wo das Grundprinzip: These - Antithese - These als Spannungsmoment des Gegensatzes durch Wechsel von Tonart, Rhythmus, Taktart, Melodieführung, Dynamik verwendet wird.

Die 3-teilige Liedform A B C ist demgegenüber seltener .

Form A B C Schwerpunktverlagerung im Text

Kanon *Franz Lachner (1803-1890)*

3-teilige Liedform A B C A a b = 4 Takte B c = 3 Takte C d b = 5 Takte

Das **Rondo** entwickelt sich aus der A B A-Form, die durch weitere Themen C, D usw. erweitert wird, wobei zwischen den Themen immer wieder Teil A in der Grundtonart erscheint, gelegentlich auch variiert. Es entstehen Rondoformen wie A B A C A D A oder A B A C A D A C A B A. Das Rondo ist häufig als Schlußsatz einer Sonatenform zu finden.

Rondino (kl. Rondo) pentatonisch mit Ostinato Rondothema A = 5-taktige Periode, B = 4-taktige Periode, C = 4 + 5 Takte.

Willy Schneider

5.

Die **Variation** hat als Grundgedanken ein prägnantes, leicht faßliches Thema, meist ruhigen Charakters, gelegentlich auch kurze 2- oder 3-teilige Liedformen. Das Thema wird auf mannigfache Weise variiert, wobei die einzelnen Variationen meist in gleicher Länge erscheinen. Mögliche Veränderungen: melodisch/harmonisch/rhythmisch/Wechsel des Tongeschlechts/Figuration/Verzierungen. (s. Seite 510)

Kuckucks-Variationen

Hermann Erpf

Die Passacaglia (Chaconne) ist eine Sonderform der Variation (s. Seite 496). Die großen Formen: Fuge, Sonate u. a. übersteigen den Elementarbereich.

"Variation" siehe IM 3.2/ Seite 308

5.6 Die Mehrstimmigkeit

Lehrblatt: Mehrstimmigkeit
(Gliederung)

Nimm einen Ton aus einer Harmonie,
nimm eine Farbe aus dem Regenbogen,
und alles, was dir bleibt, ist nichts,
solang´ das schöne All der Töne fehlt
und Farben.

Friedrich Schiller

Die Begriffe

POLYPHONIE — HOMOPHONIE

Kanon
Fuge
Invention

↘ ↙

MISCHFORMEN

Während kontrapunktische Satzweisen (Polyphonie) wie auch die Mischformen langjährige Studien erfordern, können einfache homophone Sätze - Ostinato-Begleitungen / Akkordbegleitungen / einfache Zweistimmigkeit - auch im Elementarbereich geübt werden.
Sie erfahren somit eine besondere Betrachtung.

Homophone Mehrstimmigkeit

Ostinato

- Einfacher Bordun (liegende Stimme)
- Orgelpunkt
- Bewegter Orgelpunkt
- Doppelbordun
- Einfacher schweifender Bordun
- Basso ostinato
- Passacaglia / Chaconne
- Schweifender Doppelbordun

Akkorde

Dreiklang

- Dreiklangarten
- Klangcharakter
- Stellung innerhalb der Tonalität
- Umkehrung der Dreiklänge
- Merkmotive
- Liedbeispiele zu Merkmotiven
- Funktionen der Hauptdreiklänge
- Zuordnung des Einzeltons zu einem Dreiklang

Vierklänge

- Dominantseptakkord
- Subdominantvierklang (S-Quintensextakkord)

Quint- und Terzverwandtschaft

Kadenz
Authentische Kadenz
Plagale Kadenz
Zusammengesetzte Kadenz

Harmoniefremde Töne

Schmucktöne / Verzierungen

Die Mehrstimmigkeit in der Anwendung

Vorbereitung / Satzregeln
Ostinato-Begleitungen
Akkord-Begleitungen
4- und 3-stimmiger Satz
Homophone Zweistimmigkeit

Lehrblatt: Polyphonie / Homophonie

Die beiden Dimensionen der Musik sind

die **Horizontale** = das Nebeneinander des Tongeschehens in Melodie und Rhythmus, die Spannung der melodisch durchlaufenen Intervalle,
die **Vertikale** = die Gleichzeitigkeit des Tongeschehens, bei dem die Verschmelzung der Töne untereinander den Zusammenklang und die Spannung bestimmen.

Zu den einstimmigen, gesungenen oder gespielten Melodien des frühen Mittelalters traten allmählich Begleitstimmen, die unter oder über dem *Cantus firmus* = C.f. (lat.: fester Gesang), auch *Tenor* (Haltestimme) genannt, verlaufen konnten, entweder als selbständige Stützung durch einen oder mehrere Töne oder als Akkorde.

Polyphonie (gr.: Vielklang) ist eine *kontrapunktische* Satzweise (lat.: punctus (auch punctum) contra punctum = *Note gegen Note)*, bei der die Stimmen melodisch und rhythmisch selbständig geführt werden, sich dabei jedoch in den Schwerpunkten einer gemeinsamen Harmonie fügen.
Betonung der Waagerechten.

Die wichtigsten polyphonen Formen:

Kanon (gr.: Richtschnur) ist die strengste Form der kontrapunktischen *Imitation* (lat.: Nachahmung), bei der die gleiche Melodie von den Stimmen nacheinander gebracht wird. Es gibt Kanons von zwei bis achtundvierzig Stimmen.

Fuge (lat.: Flucht), die höchste Form der kontrapunktischen Satzkunst, ist vor allem in der großen Literatur zu finden (Bach "Kunst der Fuge").
Hat die erste Stimme das Thema "Dux" (lat.: Führer) in der Tonika vollendet, so

setzt die zweite Stimme mit dem Thema "Comes" (lat.: Gefährte) in der Dominante ein, während die erste Stimme dazu den Kontrapunkt bringt. Es gibt zwei- bis vielstimmige Fugen. Bei der "Engführung", meist am Schluß der Fuge, setzen die folgenden Stimmen mit dem Thema ein, bevor die vorige das ihre beendet hat.

Invention (lat.: Erfindung) ist eine freie polyphone Form mit bestimmter Stimmenzahl.

Homophonie (gr.: Gleichstimmigkeit) ist eine Satzweise, bei der die Hauptstimme von einer oder mehreren Nebenstimmen begleitet wird; diese Zusammenklänge *betonen die Senkrechte*: es ordnet sich *Note zu Note*.
Aus den Akkorden können sich einzelne Stimmen zeitweise lösen und kleine melodische Linien bilden, die wiederum in Akkorde zurückfließen, ohne daß die Homophonie verlassen wird.

Die homophone Satztechnik wird vorwiegend verwendet in:

Lied, Arie, Choral, Sonate, Rondo, Tanz u. a.

Die Homophonie entwickelte sich zur Zeit des Ars nova um 1300 aus der Monodie = Sologesang mit instrumentaler Begleitung.

Mischformen

Zu einem homophon begleiteten Hauptthema tritt ein selbständig geführtes Gegenthema – oder mehrere – , häufig polyrhythmisch, jedoch komplementär, "polyphon bewegte Homophonie".

5.

Beispielblatt: Polyphone Zweistimmigkeit

Liebeslied

Aus dem Lustgarten von Hans Leo Hassler (1564-1612)
Satz: Annelise Seifert

Blattbeispiel: Homophonie

Choral (dieselbe Weise wie Liebeslied in geradem Takt.
Dazu etwa 12 verschiedene Liedtexte).

J. S. Bach (1685-1750)

Beispielblatt: Mischformen

Vorspiel zu "Die Meistersinger" (Klavierauszug) *Richard Wagner (1813 - 1883)*

"polyphon bewegte Homophonie": Außenstimmen (in Quadratnoten) bringen Thema und Gegenthema.

aus: "Ein Deutsches Requiem" 2. Teil (Klavierauszug)

zu Thema A (Orchester) in homophonem Satz tritt Thema B (Chor)

Johannes Brahms (1839-1897)

5.

Ostinato

Lehrblatt: Ostinatoformen (Bordun, Orgelpunkt)
(siehe Beispielblatt EM 5.6/ Seite 495 und 496)

Ostinato (lat.: hartnäckig) ist der Oberbegriff für Satztechniken, bei denen eine oder mehrere Stimmen als ruhender, bisweilen auch bewegter Klang den Cantus firmus stützen. Typisch ist die Gleichförmigkeit des Klanges oder der stets wiederkehrenden Ostinato-Figur.
Der Ostinato tritt meistens im Baß auf; er kann jedoch auch in Oberstimmen als *liegende Stimme* erscheinen.
Tonwiederholungen oder rhythmische Varianten ändern nichts am Charakter des Ostinato; sie sind meist durch die Wahl des Instruments bestimmt, je nachdem ob der Ton verhallt oder lange andauert.

Der **einfache Bordun** (frz.: Hummel), ursprünglich mitschwingender Ton in gleichbleibender Höhe, erklingt als Stütze unter oder über dem Cantus firmus; es wird vorwiegend der tonische Grundton sein, der im Verlauf auch zur Quinte wechseln kann.

Orgelpunkt. In der Orgelpraxis entwickelt sich aus dem einfachen Bordun der Orgelpunkt = O. P., ein lang ausgehaltener Baßton, über dem in freiem Spiel und mit wechselnden Harmonien und Tonarten die Oberstimmen erklingen. Der Orgelpunkt ist nur in der Orgelliteratur zu finden; er findet vor allem in großen Werken seine Anwendung (siehe Bach, Matthäus-Passion).

Der **bewegte Orgelpunkt** ist eine Umspielung des Orgelpunkttones, insbesondere bei Instrumenten mit schnell verhallendem Ton.

Doppelbordun. Aus dem einfachen Bordun entwickelt sich der Doppelbordun, meist aus Grundton und Quinte bestehend; jedoch sind auch andere Zusammenklänge möglich. Die dafür typischen Instrumente sind die Drehleier = Bettelleier und der Dudelsack, weshalb man vom **Dudelsackbaß** spricht.
Zwei Saiten bzw. Pfeifen im Quintabstand werden zu dauerndem Tönen gebracht, während auf einigen anderen Saiten bzw. einer dritten Pfeife eine Melodie gespielt werden kann. Sowohl der einfache als auch der Doppelbordun können durch "Pendeln" melodisch bewegt werden, vor allem auf leichtem Taktteil.

Einfacher schweifender Bordun: sowohl das Ausweichen nach oben wie auch nach unten – hier häufig in den erniedrigten Leiteton - ist möglich. Der Bordun auf dem Quintton wird meist nach oben pendeln, häufig auch im Sinn der "Leiermelodie".

Aus dem einfachen schweifenden Bordun entwickelte sich der
Basso ostinato, der ein kurzes, prägnantes Motiv oder Thema darstellt, meist 4- oder 8-taktig, und der sich durch das ganze Stück wiederholt. In Variationenformen tritt er gelegentlich auch in den Oberstimmen auf.

Aus dem 8-taktigen Basso ostinato entstanden die Variationsformen der **Chaconne** und **Passacaglia**, meist in ungeradem Takt. Häufig sind diese Formen in polyphoner Satzweise zu finden.

Schweifender Doppelbordun: Hier können sich sowohl beide als auch nur eine Stimme bewegen; sie kehren jedoch immer wieder, meist auf dem Taktschwerpunkt, zum Ausgangsklang zurück.

"Ostinato" siehe IM 3.1/Seite 249 und IM 3.2/ Seite 304

Beispielblatt: Ostinato

Einfacher Bordun mit Ausweichung zur Quinte
pentatonisch

*Carl Orff (*1895)*

aus Orff - Schulwerk, Verlag Schott's Söhne, Mainz

Liegende Stimme mit Tonwiederholung

*Wort u. Weise: C. Bresgen (*1913)*
Satz: Herbert Langhans

„Das Schlagwerk", Pelikan Verlag, Zürich / Bärenreiter Verlag, Kassel

Doppelbordun: Dudelsackbaß

aus Norwegen

5.

Einfacher schweifender Bordun

Cantilene pentatonisch

Willy Schneider

aus "Der Fünfton", Verlag Schott's Söhne, Mainz

Basso ostinato

(In der Variation beabsichtigte Quintparallelen!)

Passacaglia für Orgel in c-Moll

Anfang der Passacaglia 20 Variationen mit abschließender Doppelfuge. Das Thema basiert auf einer erweiterten Kadenz mit durchaus harmonischen Bezügen, ein typisches Beispiel für "polyphone Homophonie".

Joh. Seb. Bach (1685-1750)

Schweifender Doppelbordun (Ostinato in Quarten!) pentatonisch

Kleiner Vogelruf

Alfred v. Beckerath

Einfacher Bordun
Kuhreigen

*aus Schweden / Satz und deutsche Fassung: Gottfried Wolters (*1910)*

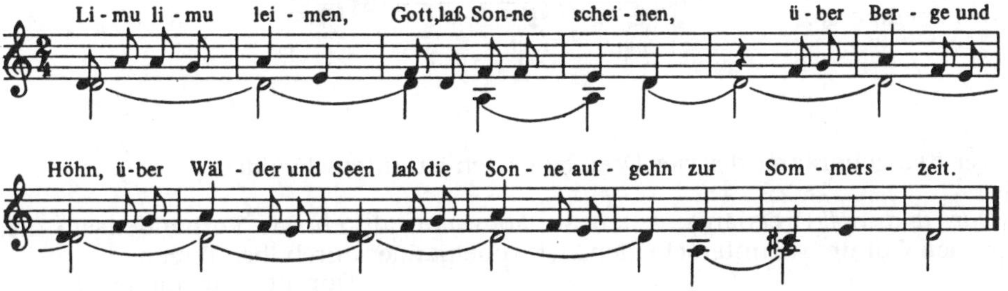

aus "ars musica" Möseler

Orgelpunkt

Anfang der Matthäuspassion (Klavierauszug)

Joh. Seb. Bach (1685-1750)

Akkorde

Lehrblatt: Dreiklänge

Ein Akkord (frz. Übereinkunft) entsteht durch das Zusammentreten mehrerer Stimmen. Die sinnvolle Aneinanderreihung verschiedener Klänge erfordert eine bestimmte Stimmführung, z. B. durch Beachten der Strebeeigenschaften des Leitetones und des Strebetones (s. 5.3/Seite 451 und 5.6/504).

Als Grundlage dient der
Dreiklang, ein Zusammenklang, der aus Grundton, Terz und Quinte besteht. (Die Obertonreihe bringt als ersten differenten Ton die reine Quinte, als zweiten die große Terz; sie liefert also den Dur-Dreiklang, der immanent in jedem Ton mitschwingt.)

Es gibt vier Arten des Dreiklangs:

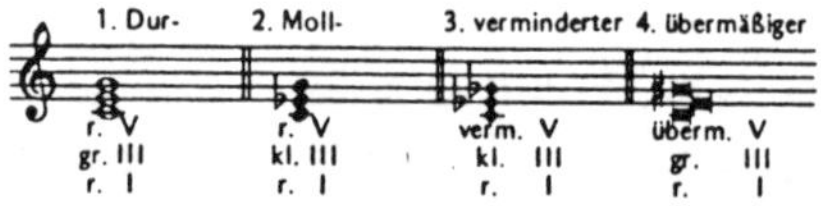

Der Klangcharakter der vier Dreiklangarten ist unterschiedlich:

Dur- und Moll-Dreiklänge gelten als *konsonant* durch das Vorhandensein der reinen Quinte; sie unterscheiden sich voneinander durch ihre Terzen:

Dur (it.=hart)mit gr.III
Moll (it.=weich)mit kl.III

Man bezeichnet Durklänge mit großen, Mollklänge mit kleinen Buchstaben.

Verminderte und übermäßige Dreiklänge gelten als *dissonant* durch ihre alterierten Quinten; sie bedürfen (im allgemeinen) der Auflösung (s.EM 5.2/ Seite 444).

Die Stellung der Dreiklangarten innerhalb einer Tonalität.
Auf jeder Tonleiterstufe kann ein Dreiklang stehen. Durch die Lage der kleinen Sekundschritte ergeben sich verschiedene Dreiklangarten auf den einzelnen Stufen.

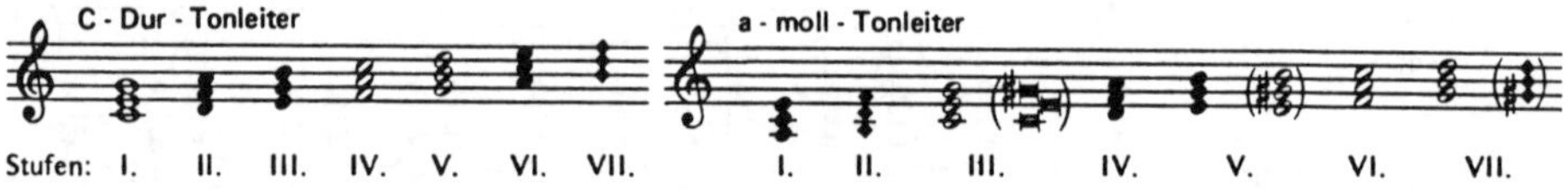

Die Dreiklänge auf der I., IV. und V. Stufe bestimmen die Tonalität: sie gelten als Hauptdreiklänge. Die Hauptdreiklänge in Dur sind Dur-Klänge, die in äolisch Moll sind Moll-Klänge. (Die eingeklammerten Klänge = harmonisch Moll.)
Die Dreiklänge auf der II., III. und VI. Stufe der Durtonart gelten als Nebendreiklänge; sie werden als Parallelen bezeichnet. (Der Dreiklang der VII. Stufe ist als gekürzter D-7- Akkord anzusehen (s.EM 5.6/ Seite 507).

(Die entsprechenden Dreiklänge in Moll bleiben zunächst unberücksichtigt.)
Umkehrung eines Dreiklangs

Jeder Dreiklang kann durch Umkehrung (Verlegung des tiefsten Tones über die beiden anderen) *in drei Formen* auftreten:

1.) Grundform =
Dreiklang

2.) erste Umkehrung
(Terz)-Sextakkord

3.) zweite Umkehrung
Quartsextakkord

(Zur Kennzeichnung wird der "bezifferte Baß" verwendet: unter den Noten der Baßstimme = Basso continuo (lat.: ununterbrochen) erscheinen Ziffern, die die darüber zu spielenden Intervalle angeben. Diese "Generalbaß"-Schreibweise war im "Generalbaßzeitalter" [1600-1750] allgemein üblich.)
Ein Mehrklang behält sowohl in der Grundform wie in den Umkehrungen auch dann seine Identität, wenn er nicht als Zusammenklang erscheint sondern figuriert.)

Beispielblatt: Merkmotive für Dreiklänge und Vierklänge

aufwärts — abwärts

Dur-Dreiklang

Sextakkord

Quartsextakkord

Moll-Dreiklang

Sextakkord

Quartsextakkord

Verminderter Dreiklang

Dominant-septakkord

Beispielblatt: Liedbeispiele zu Merkmotiven (Seite 500)

Kanon

K. G. Hering (1766-1853)

Schwäbische Volksweise

Worte: Gottlieb Weigle, 1835.

aus Litauen

2. Memel, ach Memel, was bist du so breit!: Mädchen, mein Mädchen, so nah doch so weit.:
3. Wär ich herüber, ich küßte zur Stund: wieder und wieder den taufrischen Mund.:
Strophe 4 wie 1.

aus „Deutschland im Volkslied" Peters

5.

Liedbeispiele zu Seite 500

Weise: W. Hensel

T + W: Wilhelm von Zuccalmaglio, 1803-1869
nach Volkslied

2. „Schwesterlein, Schwesterlein, wohl ist es Zeit!" „Mein Liebster tanzt mit mir, geh ich, tanzt er mit ihr; Brüderlein, Brüderlein, laß du mich heut!"
3. „Schwesterlein, Schwesterlein, du bist ja so blaß?" „Das ist der Morgenschein auf meinen Wängelein, Brüderlein, Brüderlein, die von Taue naß."
4. „Schwesterlein, Schwesterlein, du wankest so matt?" „Suche die Kammertür, suche mein Bettlein mir, Brüderlein, es wird fein unterm Rasen sein."

Erk-Böhme: Deutscher Liederhort

2. War ein Heidenprinz Taftas, hatt´ die Tochter gefangen von dem Könige Barkas; ach, wie ist ihr so bange! In dem stockdunklen Turme mit den Wächtern da vorne saß die Maid ganz verloren.
3. "Nun wohlan, stolzer Roland, Gotelind nun befreie," also sprach Kaiser Karolus, "ich will auch sein dabei. Auf ein Gottesurteil baue und mit Christus, dem Herren, schlag den Riesen du nieder!"
4. Riese Taftas zu Pferde, seinen Sarras zu handen, mit dem Schwerte Herr Roland und dem Horn Oliphanten. Sie begannen zu stürmen, Gotelind rief zum Herren : Wolle Roland beschirmen!
5. Ein´ gewaltigen Schwertschlag Roland tat mit zwei Händen, und der Prinz lag erschlagen ohne Haupt auf dem Sande.
Kaiser Karolus winket; auf die Knie Roland sinket: Ihm gehört Gotelinde.

Liedbeispiele zu Seite 500

Text: Hölderlin — *aus Mecklenburg*

Tanzlied zur Fastnacht aus Ostpreussen

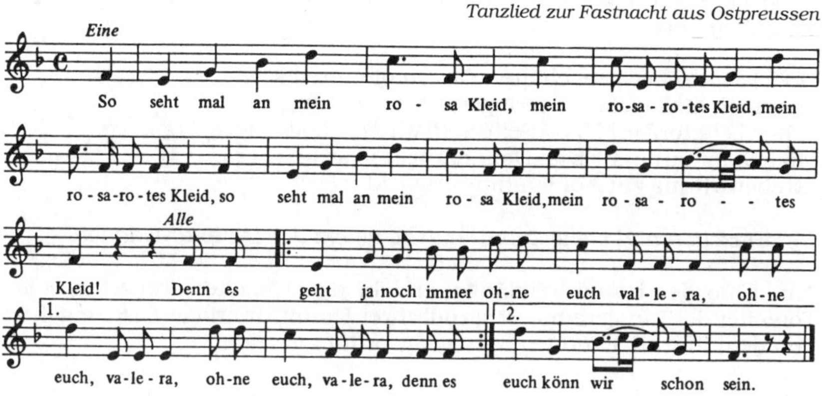

aus: DVA Ostpreussen

2. So seht mal an mein schönes Haar, : mein blondgelocktes Haar!:
   So seht mal an mein schönes Haar, mein blondgelocktes Haar!
   Denn es geht ja noch immer ohne euch, vallera, usw.
3. Und dieser in dem blauen Rock, :der fällt mir in mein Aug:
   und dieser in dem blauen Rock, das ist gewiß mein Schatz.
   Denn es geht ja noch immer ohne euch, vallera, usw.
4. Ihr lieben Herrn, das sag ich euch, :verliebt euch nicht in mich!:
   Ihr lieben Herrn, das sag ich euch, verliebt euch nicht in mich!
   Denn es geht ja noch immer ohne euch, vallera, usw.

Worte: Christoph v. Schmidt
Weise: J. P. A. Schulz (1747-1800)

5.

Lehrblatt: Die Funktionen der Hauptdreiklänge

Die Dreiklänge haben innerhalb ihrer Tonalität bestimmte Funktionen.
Die Hauptdreiklänge sind

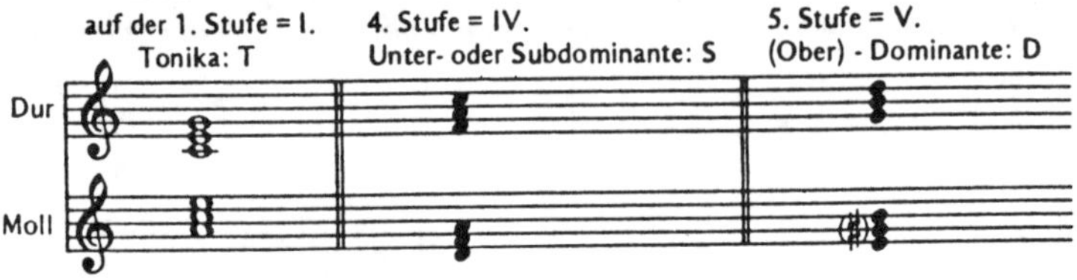

Die *Tonika* bestimmt die Tonalität; ihr Basiston ist der Tonartgrundton. Die beiden Dominanten stellen die Pole zur Tonika dar; ihnen ist eine Strebeeigenschaft eigen:

Dur: Die Terz der Dominante=Leiteton verstärkt das Streben zur Tonika; der Basiston der Subdominante strebt – wenn auch in vermindertem Maße zur tonischen Terz.

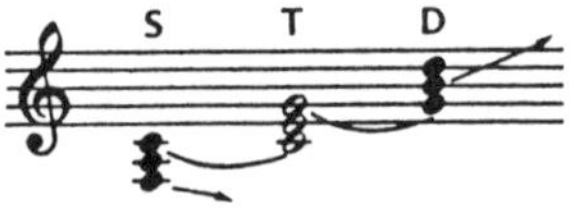

Moll: Die Strebeeigenschaften der Dominanten sind im reinen Moll (äolisch) geringer; durch den "künstlichen Leiteton" (EM 5.3/ Seite 453) wird die äolische Moll-Dominante zur Dur-Dominante und so in ihrer Strebewirkung zur Tonika hin verstärkt.

Der Einzelton und seine Zuordnung zu einem der Hauptdreiklänge

Alle Töne der Hauptdreiklänge sind in der Tonleiter enthalten: somit ist die Tonleiter der "aufgereihte Bestand" ihrer Hauptfunktionen. Demnach kann jeder Ton dem ihm zugehörigen Klang zugeordnet werden.

Dur-Tonalität:

Die 2. Tonleiter-Stufe kann die Subdominantquinte vertreten, es entsteht der Subdominantsextakkord (scheinbare Umkehrung der sp) (s. EM 5.6/ Seite 507)

Die 4. Tonleiter-Stufe kann als Gastton zur Dominant treten = Dominantseptakkord

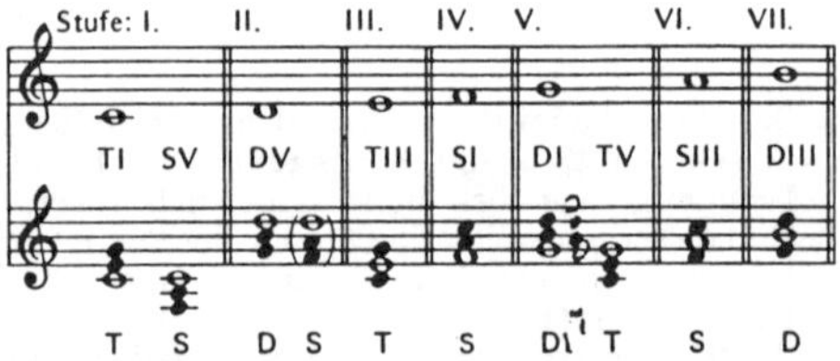

Moll-Tonalität:

Es zeigt sich dabei, daß der tonische Grundton sowohl in der Tonika als auch in der Subdominante beheimatet ist und die 5. Stufe sowohl in der Dominante wie in der Tonika.
Das Ohr wird entscheiden müssen, welcher Dreiklang besser paßt.

Lehrblatt: QUINT- UND TERZVERWANDTSCHAFT

Dreiklangsketten / Hauptdreiklänge in Dur und Moll
Hauptdreiklänge in Dur mit ihren parallelen Molldreiklängen.

Quintverwandtschaft: Die benachbarten Tonarten der waagerechten Reihen sind quintverwandt

oder

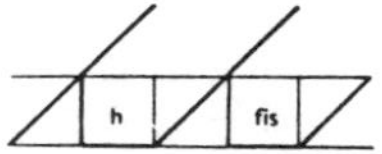

Terzverwandtschaft: Die Dur- und Moll-Quintketten zeigen in oberer und unterer Reihe, abwechselnd gelesen, die terzverwandten Tonarten (regelmäßiger Wechsel von Dur und Moll).

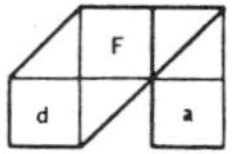

Paralleltonarten

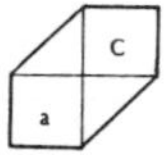

Quintkette der Dur-Tonarten (große Buchstaben)

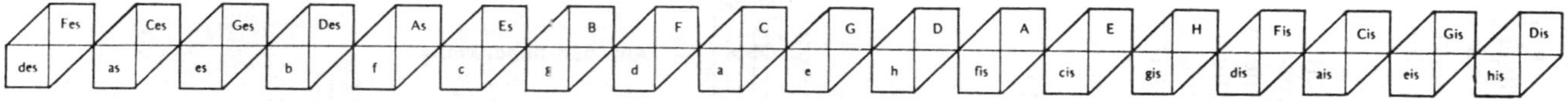

Quintkette der parallelen Molltonarten (kleine Buchstaben)

Ablesen der Hauptdreiklänge mittels Auschnitt 1

Dur: Das x der Tonika-Klammer *über* den Durgrundton legen:
die drei Kästchen darunter geben den Tonika-Dreiklang an,
die drei Kästchen unter der Dominant-Klammer die Dominante,
die drei Kästchen unter der Subdominant-Klammer die Subdominante.

Moll: Das x der Tonika-Klammer *unter* den Mollgrundton legen:
die drei Kästchen darüber geben den Tonika-Dreiklang an,
die drei Kästchen über der Dominant-Klammer die Dominante,
die drei Kästchen über der Subdominant-Klammer die Subdominante.

Bei harmonisch Moll wird die Dominantterz erhöht durch ♯ oder ♮.

Ausschnitte an den Linien —·—·—·—· abschneiden
Ausschnitt 2: Schraffierten Teil ausschneiden

Ablesen der Hauptdreiklänge in Dur und ihrer parallelen Molldreiklänge mittels Ausschnitt 2: Die Prime x des Durdreiklanges über den Durgrundton legen, den parallelen Molldreiklang darunter ablesen.

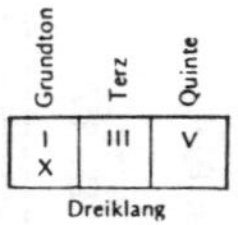

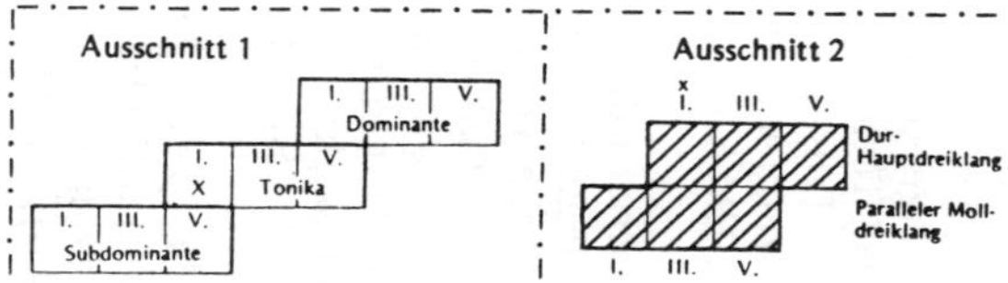

5.

Nebenfunktionen

Bisher wurde die Anwendung der Hauptdreiklänge behandelt. Die Aufstellung auf EM 5.6/ Seite 498 zeigt auf der II., III. und VI. Stufe der Durtonart die Nebendreiklänge, die als Parallelen ihres jeweiligen Hauptdreiklangs gelten, mit denen sie zwei Töne gemeinsam haben. Der verminderte Dreiklang der VII. Stufe ist durch den Tritonus dissonant und gilt als Nebenform der Dominante: als verkürzter Dominantseptakkord. (Die Parallelen der Moll-Tonart bleiben hier unberücksichtigt.) (s. EM 5.6/ Seite 505, Ausschnitt 2)

Vornehmlich die sp und dp können gelegentlich ihre parallelen Hauptdreiklänge vertreten, während die tp die Ausgangstonalität ändern würde. Die sp ist am besten geeignet, da sie eine Mischung von dominantischen Tönen darstellt:
D V. - S I. - S. III.;

die dp dagegen enthält außer dem dominantischen Leiteton zwei Töne der Tonika:
T III. - T V. - D III. und wird somit häufig als Vorhaltakkord zur Tonika aufgefaßt.

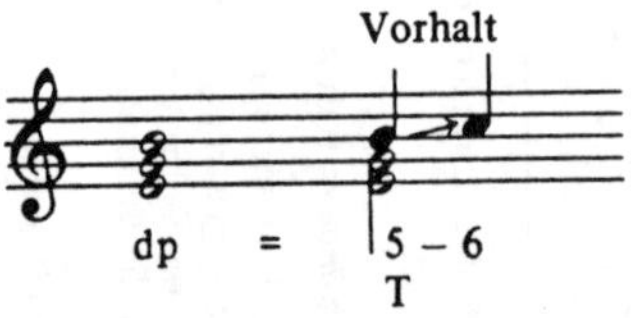

Lehrblatt: Vierklänge

Dominantseptimenakkord auf V. Stufe
(Dominantnonenakkord) auf V. Stufe
Dominantmischakkord = Septakkord auf VII. Stufe
(Dominantnebenform = Dreiklang der VII. Stufe = um den Dominantgrundton gekürzter D 7-Akkord).
Subdominantquintsextakkord = auf IV. Stufe (scheinbare Umkehrung des 7-Akkordes der II. Stufe)

Die nur den Dominanten zugehörigen Töne – außer Leiteton – können auch als Gasttöne in anderen Funktionen auftreten, während die Töne der Tonika dem widerstreben.

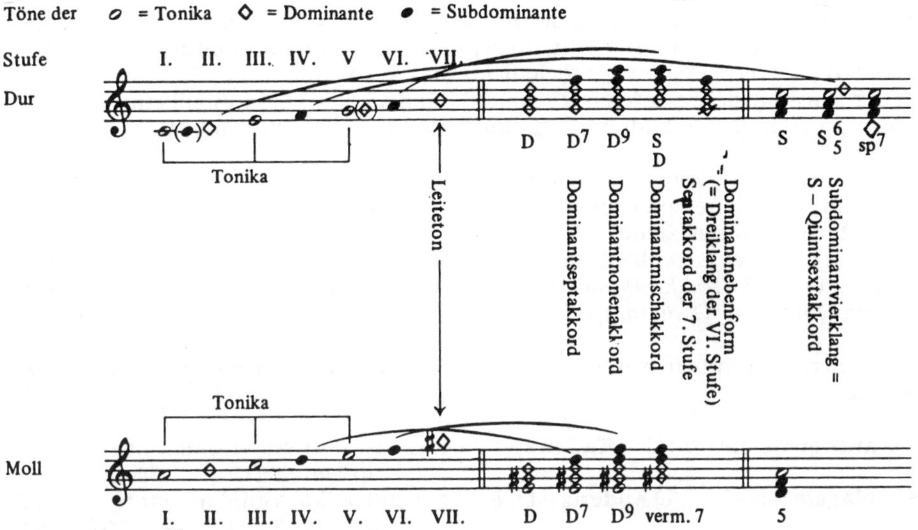

Dominantseptakkord
Vernehmlich die S-Prime kann der Dur-Dominante zugefügt werden, wobei durch den Zusammenklang mit dem Leiteton ein Tritonus entsteht, durch den das Auflösungsbestreben in die Tonika verstärkt wird. Zum Grundton der Dominante bildet dieser Gastton eine Septime: man spricht vom *Dominantsept(imen)akkord.*

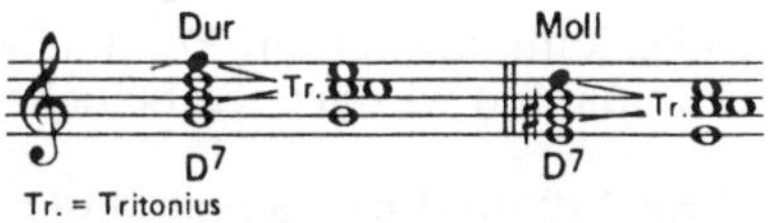

Entsprechend den Umkehrungen der Dreiklänge (s.EM 5.6/Seite 498) erhalten die Septakkorde durch Umkehrungen eine andere Gestalt, ohne ihre Funktionen zu ändern. Der „bezifferte Baß" (s.EM 5.6/ Seite 498) gibt hier das zum tiefsten Ton erscheinende Intervallverhältnis von Grundton und Septime an.

Subdominantquintsextakkord
Die Dominant-Quinte kann als "sixte ajoutée" (franz.: hinzugefügte Sexte) zur Subdominante hinzutreten (oder deren Quinte vertreten) (s. EM 5.6/Seite 504).

Dieser Klang hat eindeutig subdominantischen Charakter, obwohl er scheinbar die Umkehrung der 2. Stufe (sp) darstellt. Seine Verwendung in Moll erfordert besondere Stimmführung, damit der darin enthaltene Tritonus nicht die Molltonalität sprengt und zur parallelen Dur-Tonika führt.

Lehrblatt: Kadenz

Jeder Zusammenklang entsteht durch das Zusammentreffen von mehreren Stimmen. Bei der Verbindung mehrerer Klänge soll die Stimmführung so verlaufen, daß jede dieser Stimmen melodisch und selbständig ist.
In der Harmonielehre bezeichnet man als Kadenz (lat.: Schlußfall) eine Folge der Hauptdreiklänge; sie bilden die **Grundkadenz**, welche die Tonart eindeutig bestimmt.
Zwei Regeln ermöglichen eine einwandfreie Stimmführung:
Die Stimme, welche den gemeinsamen Ton beider Klänge innehat, behält diesen bei: **"Harmonisches Band"**; (H. Grabner).
(dabei erfährt der liegenbleibende Ton einen Bedeutungswechsel: in der plagalen Kadenz wird die Tonika-Prime zur Subdominant-Quinte, in der authentischen die Tonika-Quinte zur Dominantprime (s. EM 5.6/ Seite 504 und 508),

die anderen Stimmen wählen den benachbarten Ton: **"Gesetz des nächsten Weges"**.

Die **authentische** (gr.: Ur-) **Kadenz** ist die Folge von Tonika – Dominante – Tonika;
in Dur: T D T Moll: t d (D) t
Die **plagale** (abgeleitete) **Kadenz** ist die Folge von Tonika – Subdominante – Tonika:
in Dur: T S T Moll: t s t
Die **zusammengesetzte Kadenz** ist (meist) die Folge von: T S (T) D T,
in Moll: t s (t) d (D) t.

Dabei kann die mittlere Tonika fortfallen, die Stimmführung zwischen den beiden Dominanten wird jedoch beibehalten:

Diese Stimmführungen sind die **"Stammbewegungen"**, die der Funktion der einzelnen Töne entsprechen.

Die im Schema aufgeführten Bewegungen bleiben dieselben, auch wenn die Kadenz in einer anderen Lage – Sextakkord oder Quartsextakkord beginnend – ausgeführt wird.

Da die Strebeeigenschaft der dominantischen Terz (Leiteton) zur Tonika stärker ist als die der subdominantischen Prime (Strebeton), hat die Folge T–S–D–T die stärkere Schlußwirkung.

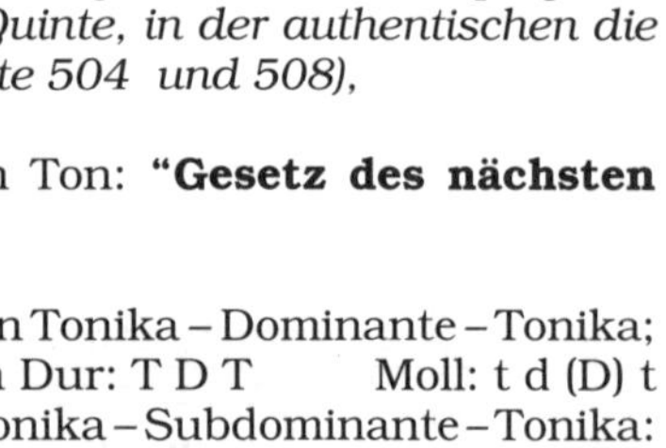

(Folgt der Dominante statt der Tonika die VI. Stufe = Tonikaparallele, so nennt man diese Fortschreibung: V.→VI. Stufe einen Trugschluß.) (s. EM 5.6/Seite 509)

Die Funktion eines Dreiklangs bleibt erhalten, auch wenn die Töne in anderer **Lage** erscheinen, solange die tiefste Stimme den Grundton beibehält. (Da das Ohr geneigt ist, jeweils den tiefsten Ton eines Klanges als Grundton aufzufassen, wird die tiefste Stimme vorerst nicht in eine Umlagerung miteinbezogen.) Auch die **Figuration** eines Klangs ändert nicht seine Aufgaben.

Merke: **Der tiefste Ton** eines Dreiklangs gibt seine Gestalt an: Dreiklang oder Sextakkord oder Quartsextakkord (s. EM 5.6/Seite 498).

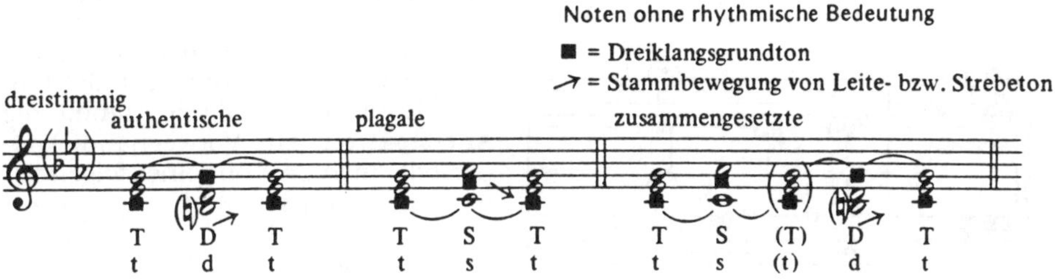

Lehrblatt: Harmoniefremde Töne

Eine Molodie erhält ihren Charakter aus dem Spannungsverhältnis der durchlaufenen Intervalle. Sie schwingt sich von Beginn an wie ein Bogen zum Ende hin, gestützt von **Pfeilertönen** auf ihren Schwerpunkten. Die Abstände dazwischen werden durch **Haupttöne** (der Harmonie der Pfeilertöne angehörend) und **Nebentöne** auf leichtem Taktteil ausgefüllt (nach Hans Mersmann). Während die Pfeilertöne und Haupttöne den ihnen zugehörigen Akkord bereits beinhalten, bedürfen die Nebentöne keiner eigenen Harmonie (Ausnahme: der Choral).

Zu diesen harmoniefremden dissonanten Schmucktönen, denen ein Notenwert auf leichtem Taktteil zusteht, gehören:

Durchgangstöne: die Spanne zwischen Pfeilerton und Haupttönen wird schrittweise ausgefüllt.

Wechseltöne: die Melodie weicht in einen benachbarten Ton aus und kehrt wieder zurück (s. IM 3.1 /Seite 214f).

Im Gegensatz zu Durchgangs- und Wechseltönen steht der **Vorhalt** auf betontem Taktteil; die zu ihm erklingende Harmonie, zu der er eine Dissonanz bildet, ist die seines Zieltones, durch den der Vorhalt aufgelöst wird.

Volkslied aus dem Odenwald

aus Choral Nr. 71 Takt 8 "Ich ruf zu dir, Herr Jesu Christ" von J.S.Bach (1685-1750)

Während der Vorhalt den gemeinten Ton gewissermaßen vor-ent-hält, d. h. sein Erklingen verzögert, nimmt die **Antizipation** (lat. Vorwegnahme) einen oder mehrere Töne eines folgenden Akkordes voraus.

Tonart: e-Moll
1. Achtel: im Alt Vorhalt "e",
2. Achtel: im Tenor nachschlagende Septime,
3. Achtel: im Alt Auflösung des Vorhaltes nach "dis",
4. Achtel: im Tenor Antizipation der Quinte "g" der Tonikaparallele C-DUR.

Zu diesen bewegten Mittelstimmen halten die Außenstimmen ihre Töne einen halben Takt aus.

Die Bedeutung von Pfeiler- und Haupttönen kann noch durch Verzierungen hervorgehoben werden: ein oder mehrere Töne, die diesen Ton auf unterschiedliche Art umspielen. Diese Ornamente beanspruchen ebenfalls keine eigene Harmonie, noch steht ihnen ein eigener Zeitwert zu; der vorhergehende oder folgende Ton wird um die Zeit verkürzt, die zur Ausführung der Verzierung benötigt wird. (Ausnahme: der Triller).

(Die Kunst der Verzierung [Manieren/Auszierungen] wurde vom Zeitalter der Gotik an bis vornehmlich in das des Barock gepflegt; meist wurden die Verzierungen improvisatorisch eingesetzt. Seit dem Zeitalter der Klassik werden sie stets durch bestimmte Zeichen oder kleingedruckte Noten angegeben.)

Die Ausführung der Verzierungen wechselte in den einzelnen Epochen; so wurden sie bis in die Zeit der Vorklassik meist dissonant und taktbetont ausgeführt, während sie danach auftaktig und konsonant erscheinen, so daß auf dem Taktschwerpunkt der Hauptton erklingt.

In der virtuosen Musik werden die Pfeilertöne häufig durch Läufe verbunden, Zu diesen Schmucktönen ohne Zeitwert gehören:

Einfacher kurzer Vorschlag – von oben oder unten

Langer Vorschlag

Mehrfacher kurzer Vorschlag

Schleifer: wie mehrfacher Vorschlag, jedoch in Sekunden, meist in kleinen Noten ausgeschrieben

Pralltriller (Praller/Schneller): Wechsel von Hauptton–oberer Nebenton-Hauptton

Mordent Wechsel von Hauptton – unterer Nebenton – Hauptton
Doppelschlag: Wechsel von Hauptton – oberer Nebenton – Hauptton – unterer Nebenton - Hauptton oder umgekehrt

Für den **Triller** gibt es verschiedene Zeichen; er ist ein Wechsel von Hauptton mit dem oberen Nebenton, dem meist ein Vorschlag von unten (oder oben) vorangeht, und der mit einem Nachschlag von unten beendet wird. Er hat die Dauer des für ihn geltenden Notenwertes. Wird ein Nebenton alteriert, so wird das durch entsprechende Vorzeichen angegeben.
Weiterhin können Einzeltöne durch Auflösung in kleinere Notenwerte verziert werden, wobei – wie auch bei den anderen Verzierungen – die Kernmelodie erkennbar bleiben soll

Kreuzfahrerlied

Melodie und Text: Walther von der Vogelweide (um 1170-um 1230)
Übersetzung: Gudrun Burggrat

Das blaue Kleid

Ein Abschnitt aus einem koreanischen Lied (in Korea tragen die Häftlinge ein blaues Kleid).

Original-Gitarrenbegleitung
Text: Schi-ha Kim
*Musik: Byong-ok Kong (*1935)*

5.

Die Mehrstimmigkeit in der Anwendung

Lehrblatt: Vorbereitung

Jede Art der Mehrstimmigkeit hat ihre Gesetze. Wenn auch die heutigen Hörgewohnheiten, sowie die Musik ohne Tonalitätsbezug das Ohr unempfindlicher gemacht haben gegenüber früher "verbotenen" Stimmführungen und Klängen, so müssen doch einige grundsätzliche Regeln beachtet werden, die sich für die betreffende Satztechnik entwickelt haben.
Nicht jede Melodie kann mit jeder Begleitform versehen werden; während sich einige für eine Ostinato-Begleitung eignen, wird sich für andere eine akkordische Satzweise als günstig erweisen.

Cantus firmus und Begleitung können für bestimmte = *obligate* Stimmen oder Instrumente vorgeschrieben werden; jedoch kann die Wahl - entsprechend früherer Musizierpraxis – auch freigestellt werden: *ad libitum* = *ad. lib.* (lat.: nach Belieben).

Sätze für Melodieinstrumente oder Stimmen müssen in gleichbleibender Stimmenzahl durchgeführt werden. Der Klaviersatz hingegen ist demgegenüber unempfindlicher; auch kann hier die Stimmführung großzügiger gehandhabt werden.

Vorbereitung

Anfänglich wird es ratsam sein, beim Ausarbeiten eigener Sätze die nachstehenden Anregungen zu beachten. Werkanalysen im Hinblick auf Melodieführung, Rhythmus, Begleitungsform, gegebenenfalls harmonische Analysen, sollten anhand der Lied- und Instrumentalliteratur die eigene Arbeit unterstützen.

Taktart und Rhythmen feststellen – vielleicht läßt sich eine rhythmische Imitation in der Begleitung anbringen (s. EM 5.4/Seite 475 und 476).

Tonart bestimmen (s. EM 5.3/Seite 461).

Formanalyse der Melodie – Motive und Themen bezeichnen – gleiche oder ähnliche erhalten entsprechende Begleitungen (s. EM 5.5/Seite 481- 483).

Tonleiter notieren – dabei die Zugehörigkeit eines jeden Tones zu einem der Hauptdreiklänge feststellen (s. EM 5.6/Seite 504).

Hauptdreiklänge notieren/**Kadenz** notieren.

Funktionsbezeichnungen auf den Taktschwerpunkten angeben (s.EM 5.6/504).

Kleinere Notenwerte auf leichtem Taktteil erhalten keinen eigenen Klang; sie können häufig als Verbindung zwischen den Schwerpunkten aufgefaßt werden (s. EM 5.6/Seite 509). Es können jedoch auch mehrere Funktionen innerhalb eines Taktes wechseln.
Hier bildet der Choral eine Ausnahme, bei dem jedem Ton ein ihm zugehöriger Klang unterlegt wird.
Ein Auftakt bleibt am besten unbegleitet, auch im weiteren Verlauf.
Alle Begleitungsarten können durch **Varianten** belegt werden.
Rhythmisch: z. B. Synkopen (s. EM 5.4/Seite 475).

Ton- oder Akkordwiederholungen (s. EM 5.6/Seite 495).
Motive aus der Melodie einfügen.
Verzierungen, Vorhalte, Durchgangstöne, Wechseltöne (s.EM 5.6 /Seite 509/510).
Tonhöhenwechsel (oktavieren).
Instrumenten- oder Stimmwechsel.
Figuration = Zerlegen der Klänge.
Die Figuration wird sich nach der Taktart richten. Auch Melodieinstrumente können im Solospiel durch figurierte Klänge eine Akkordbegleitung darstellen.
Gewählte Variante ausschreiben.
Teile der Begleitung oder ihrer Varianten eignen sich gut als Vor-, Zwischen- oder Nachspiel (Präludium, Interludium, Postludium), gegebenenfalls unter Verwendung von melodischen oder rhythmischen Motiven der Melodie. Die Länge entspreche dem Periodenaufbau.

Lehrblatt: Ostinato-Begleitungen

Für Bordunbegleitungen, die vorwiegend improvisiert werden sollten, eignen sich vor allem Schlaginstrumente, Stabspiele, Singstimmen, (gesummt oder auf Text), Zupf- und Streichinstrumente, Blasinstrumente u. a. Eine Fülle von Anregungen hierzu bietet das Orff-Schulwerk.
Nicht jede Melodie ist für eine Ostinatobegleitung geeignet.

"Melodien heben sich auf ihm ab wie äußerste Bewegung gegen äußerste Ruhe. So zeigt der Bordun den Urfall von Polyrhythmus und Kontrapunkt. Seine Festigkeit erweckt bewegliche Gegenstimmen." (Georg Götsch 1895-1956)

Der *einfache Bordun* wird sich vor allem für Melodien eignen, die nicht ausgesprochen dominantische Wendungen haben, also für solche, die auf den Taktschwerpunkten Töne der Tonika bringen. Auch pentatonische Weisen sind geeignet.

Auch der *"Dudelsackbaß"* = Quintklang läßt sich gut solchen Melodien unterlegen. Er ist für Melodien geeignet, die in der Tonika "kreisen".

Erklingen auf den Schwerpunkten Töne der *Dominante*, so kann zur Quinte ausgewichen werden.

Erklingt der *vierte Ton der Tonart*, so wird dazu meist der Bordun passen, selten auf der Quarte.

Erklingt auf den Schwerpunkten die *Tonart-Sexte* (= S III), so können der einfache Bordun (selten Doppelbordun) auf dem Grundton oder der Bordun auf der Quarte verwendet werden.

Der Doppelbordun muß nicht auf die Dudelsackquinte beschränkt bleiben; auch andere Intervalle sind möglich (s. EM 5.6/Seite 496 "Kleiner Vogelruf").
Unzählig sind die Variationsmöglichkeiten bei Ostinatobegleitungen. Schon durch Wechsel der Schlagtechnik entsteht eine andere Wirkung (s. EM 3.1./Seite 199-203).Eine einmal gewählte Variante sollte ihren "Ostinato-Charakter" mindestens bis zu einer Zäsur beibehalten; ein folgender B-Teil kann mit einer anderen Variante, gegebenenfalls auf einem andern Ton, gestaltet werden (s.EM 5.6/S.495).

Einige Beispiele:

"Pentatonik" siehe IM 3.1/ Seite 239

Lehrblatt: Akkordbegleitungen

Diese Begleitungen werden meist unter der Melodie liegen und können vokal oder instrumental ausgeführt werden.

Während der reine vierstimmige Satz eines längeren Studiums bedarf, können im freien Satz schon mit geringen Mitteln befriedigende Lösungen gefunden werden. Akkorde verbinde man zunächst unter Beachtung der Regeln.
"Harmonisches Band" und "Gesetz des nächsten Weges" (s. EM 5.6/Seite 507), soweit dadurch nicht zu den Melodietönen parallele Oktav- oder Quintfortschreitungen entstehen (s. EM 5.6/Seite 519). Im allgemeinen wird der Stimmführung der Melodie der Vorrang einzuräumen sein gegenüber jener der Begleitstimmen. Im freien Satz können die Regeln etwas gelockert werden; man beachte jedoch auch hier die angegebenen. Während der Klaviersatz Oktavparallelen häufig verwendet, sind Parallelen in Quinten nur in besonderen Fällen angebracht.
Für die verschiedenen Instrumente haben sich typische Begleitformen entwickelt. Eine einmal gewählte Form sollte wenigstens bis zu einer Zäsur beibehalten werden; danach kann ein Wechsel das musikalische Geschehen beleben.
Um die Liedbegleitung nicht schwerfällig durch zu volle Akkorde zu machen, kann man sie durch allerlei Varianten auflockern. Die Tonhöhe und die Klangfarbe spielen hier eine Rolle: tiefe Akkorde klingen "dicker" als solche in hohen Lagen. Auch das Auslassen des Melodietones im Begleitakkord wird meist von Vorteil sein, insbesondere wenn es sich um die Dreiklangterz handelt. Eine weitere Möglichkeit ist die **Figuration** (Zerlegung) der Klänge (s. EM 5.6/Seite 499, 519).

Ausführung:

Anfertigen einer harmonischen Skizze. Eintragen der Funktionen für die Melodieschwerpunkte.

Dreiklanggrundton in der Begleitstimme notieren. (Hierbei wird es sich zeigen, daß schon dieser Ton als Begleitung empfunden wird: das Ohr ergänzt die beiden Töne zu einem vollen Klang. Man beachte bei Einzeichnung der Funktionen, daß der 4. Skalaton oft der Dominante als Septime zugeordnet werden muß: Dominantseptakkord. In manchen Fällen wird die Verwendung der zweiten Skalenstufe, die der Dominante zugehörig ist, auch in der Subdominante als Gastton eine interessante Klangwirkung erzielen (s. EM 5.6/Seite 521).
Nebentöne: Durchgangstöne und Wechselnoten auf leichtem Taktteil erhalten keine eigene Harmonie. Auch der betonte Vorhalt auf dem Taktschwerpunkt erfordert keine, er fügt sich der Funktion des folgenden Tones (s. 5.6/Seite 509). Die meisten Kinderlieder und viele Volkslieder erfordern nur die Klänge der Grundkadenz, oftmals nur die Tonika und Dominante. Häufig reicht eine Funktion für einen vollen Takt (s. EM 5.6/Seite 521).

Satzregeln: Aus der Fülle von Regeln, Geboten und Verboten seien einige grundsätzliche genannt, die bei den ersten Satzübungen beachtet werden sollten und zunächst nur für diese gelten.

Dreiklanggrundton oder Terz als tiefsten Ton verwenden (außer im 2-stimmigen Satz) (s. EM 5.6/Seite 508).

Quartklang – als Zusammenklang von I. und IV. Stufe, von IV. und VII. Stufe, von V. und I. Stufe – vermeiden auf: *Taktschwerpunkt, Beginn* und *Schluß* (s. EM 5.6/Seite 519).

Verdopplungen der Terz, insbesondere die der Dominante (Leiteton) vermeiden.

Stimmkreuzungen vermeiden, durch Höher- oder Tieferlegen einer Stimme (s. EM 5.6/Seite 519).

Oktav- und Quintenparallelen, d. h. Fortschreiten zweier Stimmen im Oktav- oder Quintabstand vermeiden, insbesondere im Gleichklang zur Melodie, indem man den fraglichen Ton ausläßt oder durch einen anderen ersetzt (s. EM 5.6/Seite 519). Begründung: Oktave und – in geringem Maße – die Quinte haben als erste differente Obertöne (s. EM 5.1/Seite 519) einen hohen Verschmelzungsgrad mit dem ihnen zugehörigen Basiston; die in solchem Intervallverhältnis fortschreitenden Stimmen sind nicht selbständig: **Gegenbewegung** in den Stimmen vermindert die Gefahr unerwünschter Parallelfortschreitungen (s. EM 5.6/Seite 519). Sind sie jedoch beabsichtigt und konsequent durchgeführt, so sind sie gleichwohl möglich.

Beispielblatt: Liedbegleitung

in drei Ausführungen: Ostinato
Akkordbegleitung
Zweite Stimme

Form: 3-teilige Liedform ABA

A a b
 a b'
B b b' Der Mittelteil wiederholt zweimal das Motiv "b"aus Thema A
A a b'

4-taktige Perioden, zusammenfallend mit dem Thema

Takt: ungerade / Motiv a:  Motiv b: übereinstimmend mit Metrum

Tonart: F-Dur 

Hauptdreiklänge: 

Funktionsbezeichnungen: nur Tonika und Dominante,
in Motiv a Wechselton und Durchgangston (W u.D).

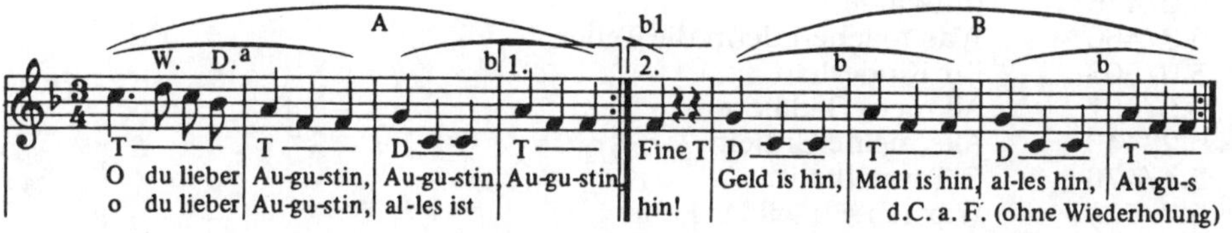

Bordun: Die Dominante in Motiv b erfordert ein Ausweichen des Baßtones zur Quinte, so daß hier kein echter Ostinato vorliegt. Dieser wäre jedoch als "liegende Stimme"* auf dem Ton "C" möglich, ausgeführt von einem hell klingenden und oktavierenden Instrument, ähnlich "Pink, ponk, pank" auf Seite 495.

* (Hier könnte trotz der ruhenden Einstimmigkeit der Begleitstimme eine Harmoniebegleitung herausgehört werden.)

5.

Beispielblatt: Lieder, die mit der Grundkadenz begleitet werden können:

1. nur Tonika und Dominante

5.6/519	O du lieber Augustin
5.2/446	Kuckuck
5.5/485	Im Märzen der Bauer (2. Takt kann auch mit der Subdominante begleitet werden)
5.5/484	Wachet auf
3.1/267	Heißa, Kathreinerle
5.4/471	Müller hast du
5.2/447	Rosestock
5.3/464	Es saß
5.7/532	Der Maien ist kommen
5.5/483	In Mutters Stübele
5.5/485	Kindlein mein
5.6/503	Und wenn du meinst

2. Tonika - Subdominante - Dominante

5.6/501	Drunten im Unterland
5.4/471	Da drobn auf dem Berge
5.2/446	Im Walde
5.3/466	Was machen denn die Teller
5.6/503	Ihr Kinderlein
5.5/487	All mein Gedanken
5.2/446	Alle meine Entlein
5.4/476	O Tannebaum
5.7/529	Wär ich ein wilder Falke

Lieder, die sich für eine Bordunbegleitung eignen:

3.1/274	Ist ein Mann
5.7/540	Diddel daddel
3.2/305	Sonne, Sonne scheine
5.7/535	Maienzeit
5.7/532	Der Maien ist kommen
5.2/446	Zizibe

Lehrblatt: Homophone Zweistimmigkeit

Während die polyphone Zweistimmigkeit fast unbegrenzte Möglichkeiten bietet, beschränkt sich die homophone auf Stützung der Melodie, vornehmlich der Melodieschwerpunkte. Meist erscheint hier eine Konsonanz, deren beide Töne die gemeinte Funktion eindeutig ausweisen.

Grundton und Terz eines gedachten Dreiklangs bestimmen dessen Tongeschlecht genau, während der Zusammenklang von Grundton und Quinte die Frage danach offen läßt. Auch Terz und Quinte weisen einen gemeinten Dreiklang klar aus.

Erscheint der Dreiklanggrundton in der Melodie, so wird als Unterstimme vornehmlich die Dreiklangterz passen (Die Quinte ergäbe einen Quartklang, (s. EM 5.6/Seite 517); als Oberstimme sind sowohl Terz wie auch Quinte geeignet.

Zur **Dreiklangterz** werden Grundton wie auch Quinte die Funktion deutlich machen sowohl als Unter- wie als Oberstimme.
Zur **Dreiklangquinte** passen als Unterstimme Grundton oder Terz, als Oberstimme jedoch nur die Terz.

Oberstimme
Unterstimme

Die Zuordnung jeder Tonleiterstufe zu einer möglichen Hauptfunktion:

5.

Viele einfache Melodien können durch "Austerzen" = Unterlegen mit einer zweiten Stimme im Terzabstand, begleitet werden.

Auch Gänge im Sextabstand sind geeignet.

Um einer Eintönigkeit der beiden vorgenannten Begleitformen zu entgehen ist ein Wechsel angebracht.

Eine Sonderform bilden die sogenannten "Hornquinten". Die Melodie bewegt sich nach einem Quartsprung in den Grundton stufenweise auf- oder abwärts, die Unterstimme folgt mit dem gebrochenen Dreiklang; es sind die dem Horneigenen Naturtöne.

Die Unterstimme kann sich auch in Gegenbewegung zur oberen bewegen.

Wechsel von ausgehaltenen Tönen zu bewegter Gegenstimme beugt einer Eintönigkeit vor.

Beispielblatt: Homophone Zweistimmigkeit

Terzen- und Sextengänge sowie Hornquinten

aus: Klavierkonzert Es-Dur op. 73 Seitenthema (zuerst in es-Moll)

Ludwig van Beethoven (1770-1826)

Hornquinten mit Ostinato

Hochzeitsfanfare

aus Schweidnitz

Zweite Stimme als Oberstimme

Worte und Weise: Walther Pudelko
Satz: Christian Lahusen

dasselbe Lied mit Unterstimme

Satz: AnneliseSeifert

aus: "Schneewittchen", Bärenreiter Verlag, Kassel

"austerzen" durch 2. Stimme – Schluß: Hornquinten
Motiv a: 5-taktige Perioden/Motiv b: 2 Takte – verkürzt in Motiv a übergehend

Spielstück für zwei Flöten oder Stabspiel oder Klavier

Renate Seifert (8 Jahre)

Lied ohne deutliche Tonalität (dorisch oder hypoäolisch?) - erst eine zweite Stimme bestimmt sie genau; in diesem Tonsatz wird sie durch den Ostinato - und die zweite Stimme als Durtonalität erkannt - trotz des fehlenden Leitetons.

Volksweise
Ostinato: Jürgen Bendis

5.

aus "Musik im Leben" Diesterweg, Frankfurt

5.7 Anhang

Aufgabenblätter

Klaviertasten
Akustik / Taktarten
Notenwerte / Tempo / Dynamik
Übung im Notenschreiben
Rhythmische Übung / Transponieren
Verschiedene Fragen

Durtonleiter / Intervalle / Rhythmische Motive
Vers melodisieren / Formanalyse
Intervall-Merkmotive
Rhythmische Merkmotive
Dur- und Molltonleitern mit ♯ in Noten
Dur- und Molltonleitern mit ♭ in Noten

Liedbeispiele in Dur, Moll und Kirchentonarten
Rhythmische und melodische Aufgaben / Transponieren / Intervalle bestimmen
Rhythmische Übungen
Ostinato-Begleitungen

Singendes Improvisieren eines Kinderliedes

DIE KLAVIERTASTEN

DIATONISCHE REIHE: Die weißen Tasten sind die Stammtöne: **C D E F G A H C** (E–F: klein; H–C: klein)

Merke: Zwischen den weißen Tasten **E** u. **F**, sowie **H** u. **C** liegen kleine Stufen (= kleine Sekunden) = Halbtonschritte
Zwischen den anderen weißen Tasten liegen große Stufen (= große Sekunden) = Ganztonschritte

CHROMATISCHE REIHE: Der Abstand zwischen 2 Tasten (weiß oder schwarz) ist stets eine kleine Stufe

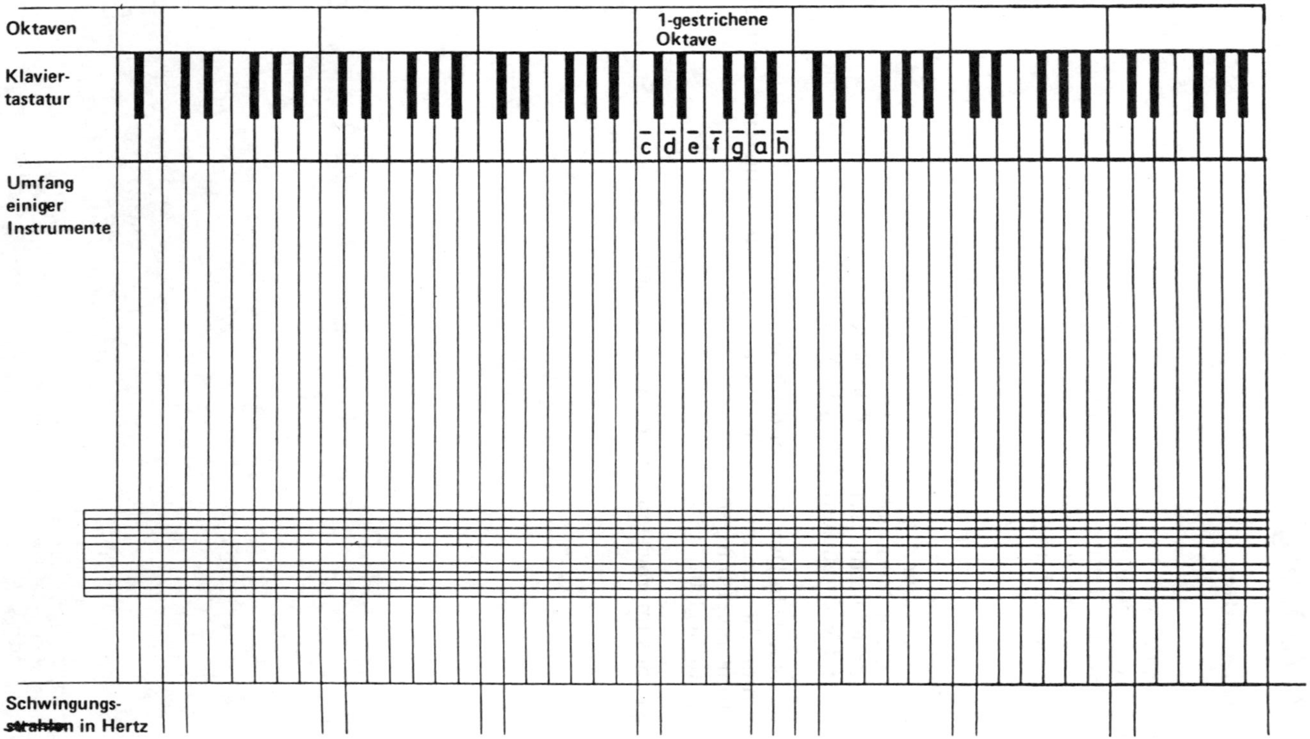

Arbeitsmaterial:
ein Fachwörterbuch,
Lehr- und Beispielblätter.
Liedersammlung “Gar fröhlich zu singen”, Möseler Verlag, Wolfenbüttel.

1. Ergänzen Sie das Aufgabenblatt EM 5.7/Seite 526 Oktavbezeichnungen eintragen, Noten bis c ''' und großes C eintragen.

2. Wodurch unterscheiden sich die verschiedenen Töne voneinander?

3. Wie wird die Tonhöhe gemessen?

4. Nennen Sie Wörter, die einen Schall beschreiben.

5. Nennen Sie einige Lieder in verschiedenen Taktarten.

6. Schreiben Sie Bezeichnungen für Tempo auf, geordnet nach:

   langsam mittleres Tempo schnell

7. Schreiben Sie die gebräuchlichen dynamischen Bezeichnungen auf, geordnet nach:

   leise mittelstark laut

8. Dynamische Veränderungen:

9. Tempoänderungen:

10. Zeichen und Bezeichnungen für Akzente:

11. Wie heißen die Noten? (genaue Bezeichnung!)

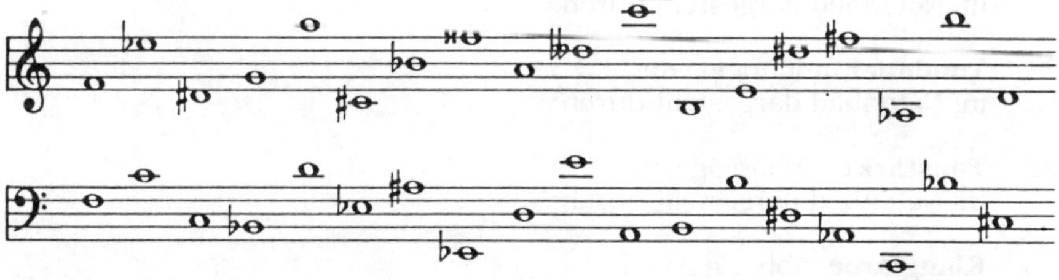

12. Schreiben Sie folgende Noten (Schlüssel!):

c'' b' fis'' as'' g' fisis' es'' c''' des'' ais' C b Des Es

13. Notieren Sie nachstehende Melodie im Baß-Schlüssel:

(Anfang auf kleinem c)

14. Notieren Sie nachstehende Melodie im Violin-Schlüssel:

15. Versuchen Sie, nachstehende Melodie rhythmisch zu gliedern:

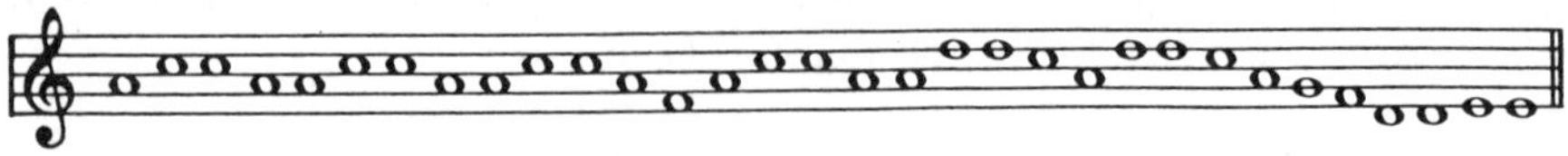

16. Suchen Sie zu nachstehendem Vers einen Rhythmus (Textschwerpunkte eintragen und mit Taktschwerpunkten koordinieren):

Mäusekätzchen miese, warum bist du so griese? Ich bin so griese, ich bin so grau, ich bin das Kätzchen griesegrau.

17. Schreiben Sie Teil A und B (bis "Musizieren") des Liedes "Alle Vögel sind schon da"

in verschiedenen Tonarten:

in verschiedenen Taktarten (4-Schlag beibehalten):

in verschiedenen Schlüsseln:

18. Was bedeuten die Vorzeichen?

19. Welche Vorzeichen kennen Sie?
Grundbegriffe der Akustik

20. **Tonhöhe**, abhängig von:
im Notenbild dargestellt durch:

21. **Tondauer**, abhängig von:
im Notenbild dargestellt durch:

22. **Tonstärke**, abhängig von:
im Notenbild dargestellt durch:

23. **Klangfarbe**, abhängig von:

24. Nennen Sie die Bedeutung des **Kammertones**.

Sein Platz im Notensystem:

25. Schreiben Sie die Stammtöne (weiße Tasten) auf und bezeichnen Sie die einzelnen Stufen (große oder kleine Sekunden).

26. Was ist ein Intervall?

Schreiben Sie die Durtonleitern mit bis zu 3 Vorzeichen auf.

27. Ergänzen Sie auf Seite 530 die Intervalle Sekunde, Terz und Quinte durch einen entsprechenden Liedanfang und ändern Sie die vorgegebenen ganzen Notenwerte in die richtigen des Liedes. Setzen Sie die Taktangabe ein und den Textanfang. (Verwenden Sie einfache und Ihnen gut geläufige Lieder.) (siehe EM 5.2/Seite 443)

28. Suchen Sie einige Lieder in folgenden Tonarten:

C-Dur:	F-Dur:
G-Dur:	B-Dur:
D-Dur:	Es-Dur:
A-Dur:	

29. Tragen Sie in die nachstehende Tonfolge die Intervalle ein. (Römische Ziffern z. B.: kl. II oder r. V, siehe EM 5.2/Seite 443)

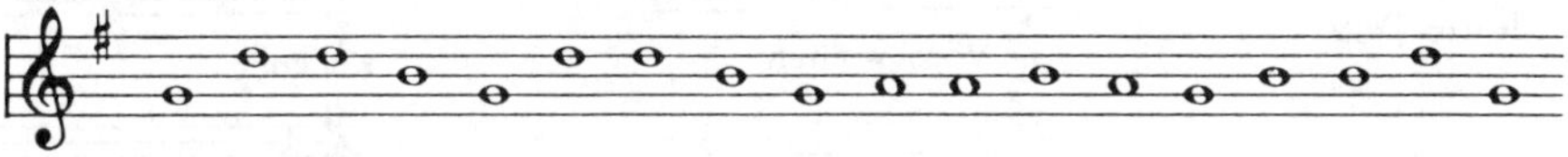

30. Suchen Sie dazu einen passenden Rhythmus und Taktart, nach Belieben auch einen Text:

31. Beantworten Sie das nachstehende rhythmische Motiv durch ein entsprechendes (nach Belieben mit Text):

32. Suchen Sie dazu eine einfache Melodie:

33. Setzen Sie den folgenden Vers in Musik:

Schacke, schacke, Reiterpferd, das Pferd ist keinen Taler wert,
woll´n das Pferd verkaufen, woll´n das Geld versaufen.

(Bezeichnen Sie zuerst die Text-Schwerpunkte und ordnen Sie danach Taktschwerpunkte.)

34. Analysieren Sie dieses Lied nach

Tonart: Takt:

Rhythmus: Form:

35. Analysieren Sie nachstehendes Lied:

Weise: Joh.Fr.Reichardt1752-1814)
Worte: Ph.Nicolais Almanach (1777)

5.

Intervall-Merkmotive siehe EM 5.2/Seite 445

36. Suchen Sie für jede Tonalität ein Liedbeispiel (s. EM 5.3/Seite 451). Pentatonisch / Jonisch / Dur / Äolisch / Moll / Dorisch / Phrygisch. Da es für die ausgefallenen nachstehenden Tonarten kaum Beispiele gibt, sind sie hier notiert.

Lydisch

aus Island

aus "Musik im Leben", Diesterweg-Verlag, Frankfurt

Altkirchlicher Hymnus

Mixolydisch

Zigeunertonart

5.

37. Ergänzen Sie folgenden Rhythmus durch eine gleich lange Antwort:

38. dann durch eine sinnvolle kürzere oder längere Antwort:

39. Bringen Sie diesen Rhythmus in eine Tonfolge in F-Dur (nach Belieben mit Text) unter Verwendung eines Quartsprunges aufwärts in den Grundton (C–F).
Achten Sie auf eine sinnvolle Antwort, Motive bezeichnen.

40. Die gleiche Aufgabe, jedoch mit einem Sextsprung aufwärts (Weiterführung kann ähnlich oder anders sein)

41. Ändern Sie den Rhythmus Ihrer Melodie (andere Taktart, Tonlänge):

42. Bringen Sie nachstehendes Lied in den richtigen Rhythmus und Takt: (Sie kennen das Lied!) (Motive eintragen - Bögen!)

43. Ordnen Sie folgende Rhythmen durch Einfügen von Taktstrichen, bestimmen Sie die Taktart (Schwerpunkte beachten!):

1. Lösung: 

2. Lösung:

1. Lösung: 

2. Lösung:

44. Füllen Sie folgende Takte mit verschiedenen Rhythmen aus:

Rhythmus:

Takt:

Rhythmus:

Takt:

45. Suchen Sie zu dem Lied eine Ostinato-Begleitung. Formanalyse eintragen.

46. Suchen Sie zu dem nachstehenden Ostinato (beliebig verlängern) eine Melodie (Ostinato kann variiert werden-Taktart bestimmen).

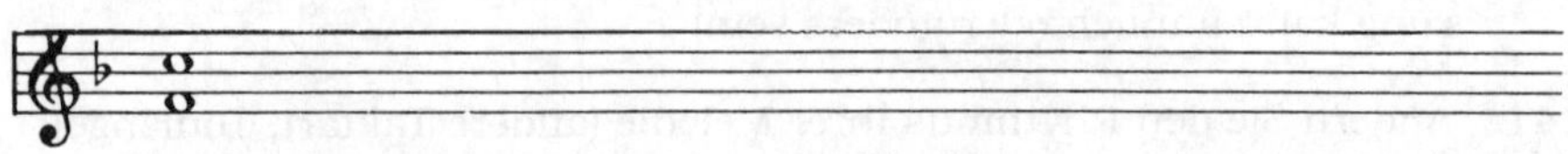

47. Kurzreferat über ein Wahlthema (schriftlich oder in freiem Vortrag).

48. Üben Sie die Ihnen unbekannten Lieder von Seite 465 bis 467.
49. Üben Sie die Intervalle Seite 530 mit der Stimmgabel.

50. Tragen Sie auf Seite 526 den Umfang der wichtigsten Instrumente ein (siehe EM 5.1/Seite 526).

51. Vorschläge zum singenden **Improvisieren eines Kinderverses** (siehe EM 5.5/Seite 481 und 483, sowie EM 5.4/Seite 471).

Nehmen Sie eine Sammlung von einfachen Kinderversen. (Wählen Sie einen kurzen Vers.)

Lesen Sie laut einen Ihnen unbekannten Vers. (Klopfen Sie dazu den Sprachrhythmus.)

Versuchen Sie dann, einfach die Verse zu singen (oder auch erst zu summen), ohne viel nachzudenken – so wie es kleine Kinder tun.

Gelingt Ihnen das nicht, so bezeichnen Sie zunächst die zusammengehörigen Teile mit entsprechenden Bogen und Motivbuchstaben. Sie erkennen dann schon die Form, die Sie singen werden.

z. B. Hans sitzt auf der Wiese — und putzt sich seine Schuh',

da kommt des Nachbars Liese — und setzt sich auch dazu.

Hans, was machst du? — Weinst du oder lachst du?

Ich weine nicht, — ich lache nicht,

ich putz nur meine Schuh .

Dabei beachten: Zeilen– Wiederholungen oder gleicher Sprachrhythmus =
gleicher Rhythmus und gleiche Melodie oder
ähnlicher Rhythmus und ähnliche Melodie.

Singen Sie nun die erste Zeile, die zunächst aus Motiv a + a^1 oder a + b bestehen wird. (Wenn Ihnen diese Melodie gefällt, wiederholen Sie sie mehrmals - am besten schreiben Sie sie auf. Wenn Ihnen das schwerfällt, nehmen Sie ein Instrument zu Hilfe.)

Stellen Sie nun erst einmal den Takt fest, in dem Sie Ihre Melodie sangen (Schwerpunkte im Text bezeichnen).

Takt:

Text: Hans sitzt auf der Wiese — und putzt sich seine Schuh',

Rhythmus:

Melodie:

Verfahren Sie so mit den übrigen Zeilen. Steht Zeile 2 im gleichen Sprechrhythmus? Wollen Sie die gleiche Tonfolge wählen, vielleicht unter Änderung der letzten Töne dieser Zeile?

Stehen Zeile 3 und 4 im gleichen Sprechrhythmus? Wollen Sie Dehnungen oder Teilungen Ihres Motives "a" bringen? Oder vielleicht Taktwechsel? Oder ein ganz neues Motiv? Welches Motiv bietet sich für Zeile 5 an?

Zur Melodiebildung:
Fangen Sie mit einem zerlegten Dreiklang auf- oder abwärts an.

od.

oder: mit einer auf- oder absteigenden diatonischen Folge

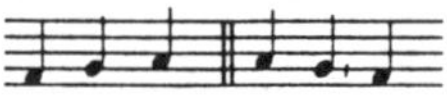

od.

oder nehmen Sie die Wellenbewegung des Leiermotivs auf

od.

oder springen Sie von der Quinte in den Grundton, wenn es sich um einen auftaktigen Vers handelt (oder auftaktiges Motiv [Zeile 1 bis "und"; Zeile 2 Anfang]).

"Melodiebildung" siehe auch IM 3.1/Seite 219.

Übungen zur musikalischen Improvisation

52. Ein rhythmisches Motiv ergänzen.

53. Ein melodisches Motiv weiterführen.

54. Diesem Motiv ein Gegenmotiv zufügen.

55. Zu einem gegebenen Rhythmus eine Melodie schreiben.

56. Eine gegebene Tonfolge rhythmisieren.

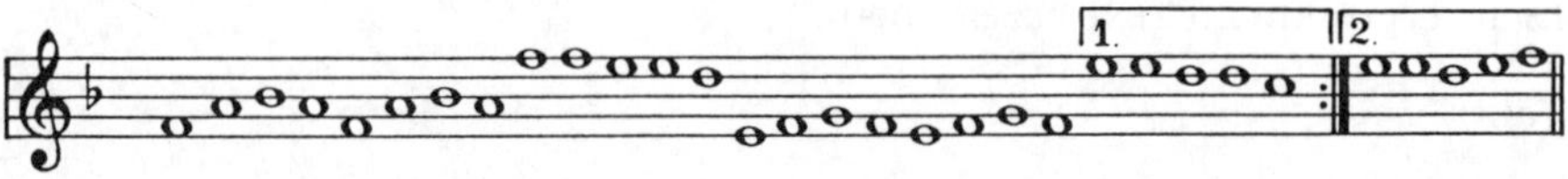

57. Ergänzung eines kleinen Themas A (a+b) (Vordersatz) durch ein Thema B (Nebensatz) zu einer 2- oder 3-teiligen Form.
A B oder A B A (*da-capo-Form*) oder A A B oder A B C (Gleichtaktige Perioden erleichtern den Anfang).

58. Erweiterung zur *Rondo-Form* durch weitere Nebensätze: A B A C A B A

Versehen Sie die folgenden Lieder mit Begleitungen: Ostinato, zweite Stimme oder Kadenzbegleitung. Welches Lied eignet sich für welche Begleitung? (Motive eintragen)

mündlich überliefert

59.

mündlich überliefert

60.

Schreiben Sie zu nachstehenden Liedern eine oder mehrere Begleitungen.

Tonart:

Reigen

13. Jahrhundert *Worte und Weise von einem Nachahmer Neidharts von Reuenthal*

61.

5.

62. Dat du min Leewsten büst

aus Schleswig-Holstein

63. Kanon

Johannes Brahms (1833-1897)

64. Entwicklung einer kleinen Melodie aus einem Rhythmus

Ergänzen Sie das gegebene rhythmische Motiv a – bestehend aus den Teilmotiven a – a – a' zu einem *Thema* A, entweder durch: Wiederholung ohne oder mit Veränderung von a'

oder neues Motiv b
oder Verarbeitung von Motiv a oder eines Teilmotivs
(oder Sequenzbildung, erst bei Melodiegestaltung).

(Wenn Ihnen die Sprache dabei besser helfen kann, führen Sie die angegebenen Worte sinngemäß weiter.)

Ergänzen Sie das so gefundene kurze Thema A durch ein Thema B
entweder durch: ein neues Motiv c
oder motivische Verarbeitung von a.

Entscheiden Sie sich hierbei für eine einteilige Form: A A'
oder eine zweiteilige Form: A B
oder eine dreiteilige Form: A B A oder A B C.

Schreiben Sie nachstehend die Notenwerte der endgültigen rhythmischen Gestaltung über die Notenlinien.
(Ordnen Sie die Motive durch Eintragen von Klammern unten, die Themen durch Klammern oberhalb, die Phrasen (meist mit Thema übereinstimmend) durch Bogen oberhalb.)

Suchen Sie nun zu Ihrem Rhythmus eine einfache Melodie. Am besten singen oder summen Sie bei gleichzeitigem Klopfen des Rhythmus. (Verwenden Sie anfangs Dreiklangfolgen oder diatonische Folgen auf- oder abwärts oder Melodien mit Wechseltönen (Wellenbewegung der Leiermelodie) oder Quart- oder Quintsprünge [bei Auftakt, auch im Verlauf der Melodie] in einen Dreiklangton.)
Beachten Sie: Gleiche rhythmische Motive sollten sich in der Melodie entsprechen - entweder gleiche Tonfolge oder Sequenz oder Umkehrung (s.EM 5.5/ Seite 481).

Takt:
Rhythmus:

Formanalyse:

Schreiben Sie eine einfache Begleitung zu Ihrer Melodie. Ist sie für einen Ostinato geeignet oder für eine zweite Stimme oder Kadenzbegleitung?

65. Rhythmisieren Sie nachstehend Ihren Namen:

66. Wollen Sie ihn melodisieren? (ein kleines Motiv!)

67. Oder können Sie aus ihm ein musikalisches Rätsel machen? (Nicht jeder Name ist dafür geeignet.)

68. Analysieren Sie nachstehendes Lied (Worte und Weise von Jens Rohwer):

aus "Das Wunschlied" Möseler

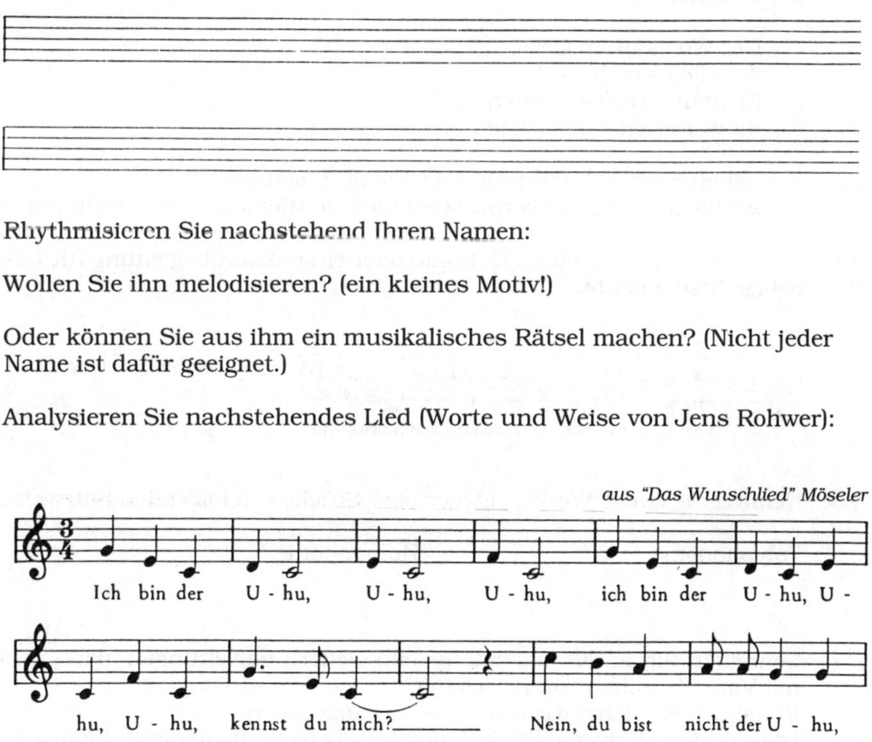

Form: Motive:

Was ist auffallend an diesem Lied?

69. Rhythmisieren Sie nachstehende Melodie auf mehrere verschiedene Weisen. Verwenden Sie verschiedene Taktarten, verschiedene Rhythmen.

70. Erkennen Sie dieses bekannte Thema?

Melodie: 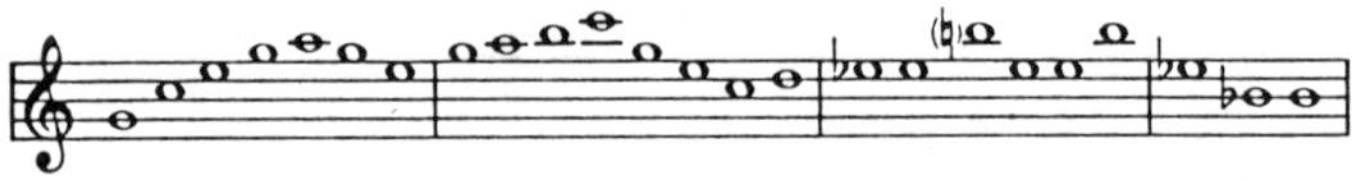

71. Suchen Sie zu dem Vers eine pentatonische Melodie (s. EM 5.3/Seite 449).

72. Schreiben Sie dazu eine Begleitung - zweite Stimme oder Bordun oder Akkordbegleitung.

Der Wolf saß im Gras,
sein Fell wurde naß.
Er nahm frische Socken,
da war er gleich trocken.

73. Schreiben Sie den Kanon für einzelne Stimmen aus.
Setzen Sie auf den Schwerpunkten die Funktionsbezeichnungen ein.

74. Schreiben Sie dazu einen Ostinato oder eine Akkordbegleitung für beliebige Instrumente.

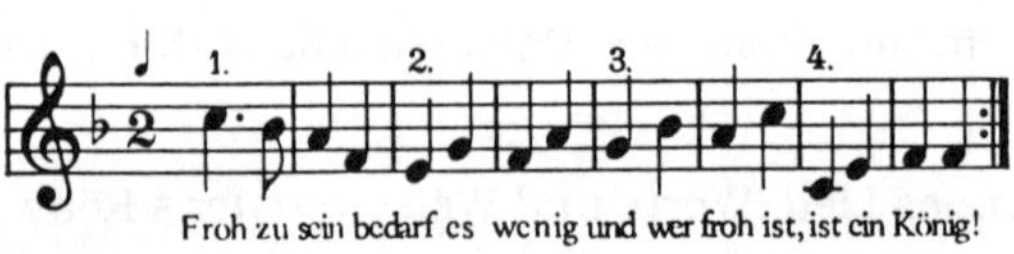

mündlich überliefert

75. Nennen Sie einige Werke - Lieder oder Stücke - in folgenden Satzweisen:

Polyphonie: Homophonie:

Schreiben Sie zu den nachstehenden Liedern Begleitungen, nach Belieben mit Vor-, Zwischen- und Nachspiel!
Verfahren Sie dabei wie auf Seite 515 angegeben.
Lassen Sie sich durch die Variationsmöglichkeiten auf dieser Seite anregen.

Beispiel
Tonart: F-Dur

Tonleiter:

Stufe:

Takt: ungerade / 3-Schlag Grundschlag: ♪

Melodieschwerpunkte: 𝅗𝅥

Dreiklanggrundton: ■

Motive durch Phrasierungsbogen bezeichnen.

aus Schleswig-Holstein

76.

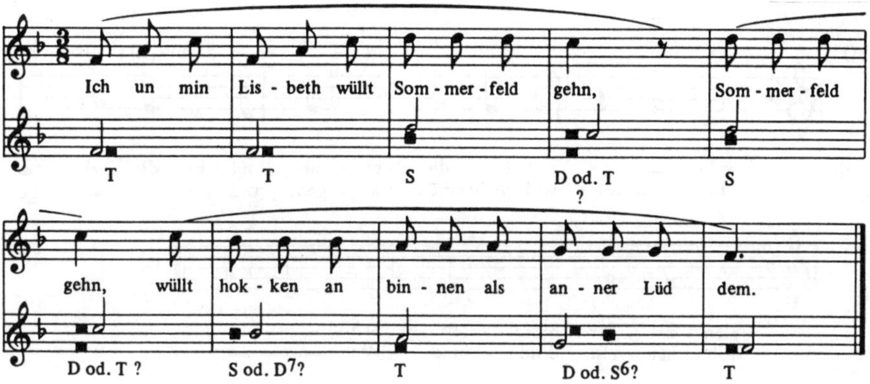

Volkslied aus Mecklenburg

77.

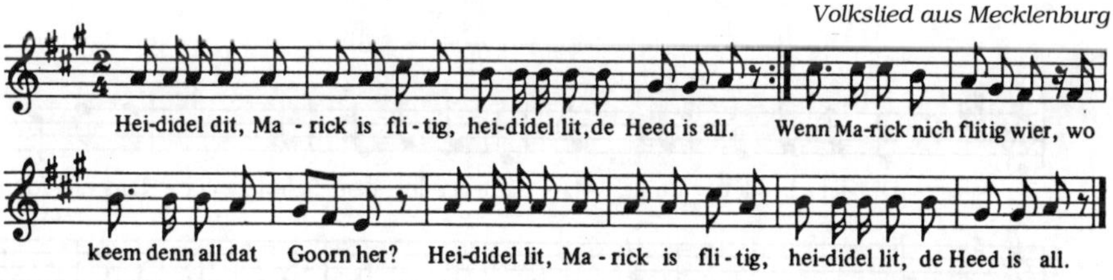

Weise: Bernhard Kothe (1821-1897)
Text: Friedrich Güll (1812-1879)

78.

5.

79.

80.

aus "Ars musica" Möseler

81.

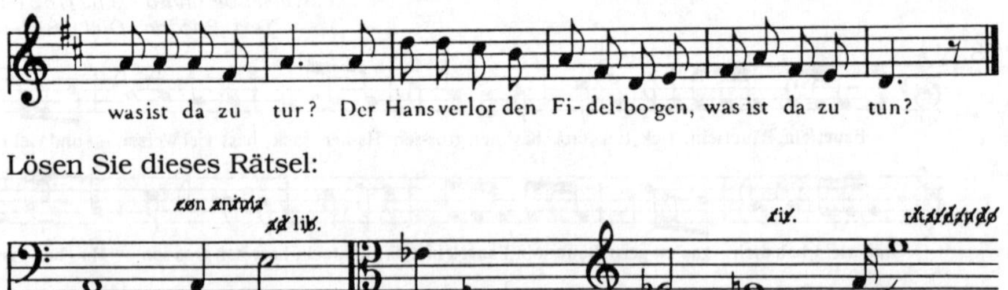

Lösen Sie dieses Rätsel:

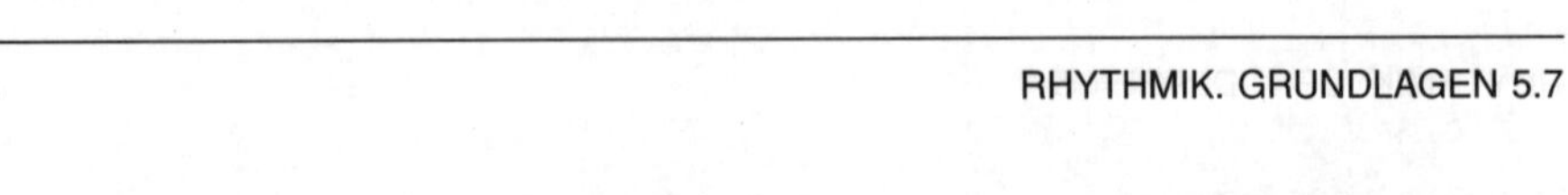

Abschluß der elementaren Musiklehre

Wenn es auch möglich ist, sich ein Grundwissen der Elementarlehre anhand der gegebenen Lehr-, Beispiel- und Aufgabenblätter im Selbststudium zu erwerben, wobei auf ergänzende Literatur sowie Musikbeispiele von Platte und Band nicht verzichtet werden kann, so wird das angestrebte Ziel leichter zu erreichen sein, wenn das Material unter Anleitung erarbeitet wird. Der "Vorschlag für eine methodische Lehrfolge" zeigt einen Weg, wie die nach Themen geordneten musikalischen Parameter durchgenommen werden können, um vom Leichten zum Schweren zu gelangen. Es ergibt sich dabei, daß immer wieder auf bereits durchgearbeitete Lehr- und Beispielblätter zurückgegriffen werden muß, wie sich auch Vorgriffe auf spätere Themenblätter ergeben.

5.

Lied-Analyse

Die Analyse des bekannten, so einfach erscheinenden Liedes "Guten Abend, gut Nacht" von Johannes Brahms ergibt die kunstvolle Anwendung der im Verlauf des Lehrganges durchgenommenen musikalischen Parameter:

1. **Tonalität:** (s. EM 5.3/Seite 454)
2. **Rhythmus:** Metrum/Tempo/Takt/Rhythmus/Synkope (s.EM 5.1/S. 470f)
3. **Melodik:** Melodiebildung/Intervalle/Durchgangstöne/Vorhalt/Fremdton/Verzierungen (s. EM 5.2/Seite 443, EM 5.7 /Seite 533, EM 5.6/Seite 509)
4. **Form:** Motiv/Motivveränderung/Motiv als Sequenz/Thema/Liedform/Periode/Phrasierung (s. EM 5.5/Seite 481 und 483)
5. **Harmonik:** Hauptdreiklänge Tonika, Subdominante, Dominante, Dominantseptakkord, dominantisierte Tonika, Nonenakkord (s. EM 5.6/Seite 504, 507 bis 509)
6. **Klaviersatz und Figuration**
7. **Ostinato:** Orgelpunkt auf tonischem Grundton (s. EM 5.6/Seite 494)

1. D-Dur

2. Das Lied steht im wiegenden Dreier-Takt, wobei die Begleitung in der linken Hand durchgehend in metrischen Schlägen verläuft. Das Wiegende wird noch durch die in Teil A synkopische Begleitung der rechten Hand verstärkt, die sich nur im Vorspiel und in Teil B auf dem zweiten Taktteil dem Metrum einfügt.

3. Die Melodie wird durch die Intervallsprünge bestimmt, gelegentlich durch Durchgangstöne verbunden und durch Vorschläge verziert.

4. Zweiteilige Liedform mit 2 Takten Vorspiel, dann in 4-taktigen Perioden verlaufend. Obwohl aus kurzen 2-taktigen Motiven bestehend fließt die Melodie ruhig dahin. Die Phrasierung in Teil A fällt mit dem 2-taktigen Motiv zusammen; in Teil B erstreckt sich der Phrasierungsbogen über jeweils 4 Takte.

Teil A:					**B**			
Takte: 2 Vorspiel	2	2	2	2	2	2	2	2
Motiv:	a	b	a^1 sequ.	c	d	e	d	f
Phrasierung:								
Perioden:								

5. und 7. Die Harmonisierung beschränkt sich auf die drei Hauptfunktionen, wobei die Dominante auch als Septimenakkord auftritt. Dieser dissonantische Reiz in den Takten 6 - 9 wird durch den Orgelpunkt auf dem tonischen Grundton gemildert, zumal er zu diesem synkopiert erscheint. Die Subdominante in Takt 11 und 15 - der melodische Höhepunkt eine halbe Note! - wird vorbereitet durch die dominantisierte Tonika mit Septime, die als Achtel-Auftakt in Takt 10 und 14 erscheint.

6. Der Klaviersatz verläuft vorwiegend dreistimmig. Im vorletzten Takt erscheint auf dem 2. Taktteil ein Sextakkord der Tonikaparallele, der hier keine funktionelle Bedeutung hat, sondern als Durchgangsakkord erscheint.

Johannes Brahms, 1868 Op. 49 Nr. 4
1833 – 1897

5.

Quellenverzeichnis der urheberrechtlich geschützten Lieder in "Elementare Musiklehre"

"Jetzt fahrn wir übern See". Aus: "Bruder Singer", Bärenreiter-Verlag Kassel+Basel.
"Unter einer grünen Linde". Aus: "Deutschland im Volkslied". C.F.Peters Musikverlag, Frankfurt/ Main
Mit freundlicher Genehmigung von Gustav Kneip, Hamburg.
"Licht kommt wieder". Freie Textübertragung von Josef Heer,Weise aus Irland, Aus: "Musik im Leben" Band 1. Verlag Moritz Diesterweg, Frankfurt a.M.
"Was machen denn die Teller".Text, Melodie: Walter Pudelko, Aus:"Mutter Sonne". Bärenreiter-Verlag Kassel+Basel.
"Und die Sonne machte den weiten Ritt". Text, Melodie: Walter Pudelko. Aus: "Mutter Sonne", Bärenreiter-Verlag Kassel+Basel.
"Fließe, Wasser, fließe". Volkslied aus der Slowakei; deutsche Textübertragung von Heinrich Möller. Aus: "Lied der Völker" III, 45. Verlag B. Schott´s Söhne, Mainz. Mit Genehmigung des Verlages B. Schott´s Söhne, Mainz.
"Im Walde, da wachsen die Beer´n". Volkslied aus Thüringen. Satz von Hans Lang.
"Regen in das grüne Gras". Worte und Weise: Jens Rohwer. Aus: Jens Rohwer "Das Wunschlied", Möseler Verlag, Wolfenbüttel und Zürich, Voggenreiter Verlag, Bonn-Bad Godesberg.
"Es wollte sich einschleichen". Aus:"Deutschland im Volkslied", C.F.Peters Musikverlag, Frankfurt/M. Mit freundlicher Genehmigung von Gustav Kneip, Hamburg.
"Zwiesprache". Von Béla Bartók. Aus:"Mikrokosmos" Bd.II Copyright 1940 in USA by Hawkes & Son (London) Ltd. Mit freundlicher Genehmigung von Boosey & Hawkes, Bonn.
"Im Märzen der Bauer". Fassung: Walther Hensel. Aus: "Der singende Quell". Bärenreiter-Verlag Kassel+Basel.
"Rondino". Von Willy Schneider. Aus: "Bausteine - Der Fünfton" (B 123). Verlag B. Schott´s Söhne, Mainz. Mit Genehmigung des Verlages B. Schott´s Söhne, Mainz.
"Kuckucks-Variationen". Von Hermann Erpf. Aus: "Bausteine - Der Fünfton" ((B 123). Verlag B. Schott´s Söhne, Mainz. Mit Genehmigung des Verlages B. Schott´s Söhne, Mainz.
"Duett". Von Carl Orff. Aus: "Orff-Schulwerk". Mit Genehmigung des Verlages B. Schott´s Söhne, Mainz.
"Pink, ponk, pank". Cesar Bresgen. Eigentum des Komponisten.
"Cantilene". Von Willy Schneider. Aus:"Bausteine-Der Fünfton"(B 123). Verlag B. Schott´s Söhne, Mainz. Mit Genehmigung des Verlages B. Schott´s Söhne, Mainz.
"Kleiner Vogelruf". Von Alfred von Beckerath. Aus:"Bausteine-Der Fünfton" (B 123). Verlag B. Schott´s Söhne, Mainz. Mit Genehmigung des Verlages B. Schott´s Söhne, Mainz.
"Kuhreigen" ("Limu limu leimen"). Textübertragung: Gottfried Wolters, Weise: Aus Schweden. Aus:Gottfried Wolters "Das singende Jahr", Möseler Verlag, Wolfenbüttel und Zürich.
"Ach, wie ist´s möglich dann". Aus:"Deutschland im Volkslied". C.F.Peters Musikverlag, Frankfurt/M. Mit Genehmigung von Gustav Kneip, Hamburg.
"O heilig Herz der Völker". Satz: Walther Hensel. Aus: "Finkensteiner Liederbuch", Bärenreiter-Verlag Kassel+Basel.
"Rinke ranke Rosenschein". Text und Melodie: Walter Pudelko;Satz:Christian Lahusen, Aus:"Neues Sing- und Spielbuch", BA 1800. Bärenreiter-Verlag Kassel+Basel.
"Der Sommer, der Sommer, ach Gott, was fang ich an?" Volksweise aus dem Rheinland, aufgezeichnet 1934 von Wilhelm Heinrichs; 2. Strophe hinzugefügt von Josef Heer. Ostinato: Jürgen Bendig, aus: Musik im Leben, Band 1. Verlag Moritz Diesterweg, Frankfurt am Main.
"Ich sang im armen Kleid".Weise aus Island,Textübertragung von Josef Heer, Aus: Musik im Leben, Band 1. Verlag Moritz Diesterweg, Frankfurt am Main.
"Der Maien ist kommen". Fassung: Walther Hensel. Eigentum des Bärenreiter-Verlags Kassel+Basel.
"Ich bin der Uhu". Worte und Weise: Jens Rohwer. Aus: Jens Rohwer "Das Wunschlied". Möseler Verlag, Wolfenbüttel und Zürich/Voggenreiter Verlag, Bad Godesberg.
"Herbst ist da". Worte und Weise: Aus England; Textübertragung: Hannes Kraft. Aus: Wolters/ Krokisius "ars musica" 1. Möseler Verlag, Wolfenbüttel und Zürich.
"Didel, dadeldu". (Textübertragung: Paul Nitsche). Aus:"Spielt zum Lied". Verlag B. Schott´s Söhne, Mainz. Mit freundlicher Genehmigung des Verlages B. Schott´s Söhne,Mainz.

Bewegungs-
spiel

Brita Glathe
Barbara Holzapfel
Hannelore Krause-Wichert

6.1 Singspiele/Singspielentwicklung

6.2 Sprechspiele

6.3 Spiele mit Geräten, Tanzspiel, Tanzlied

6.1 Singspiele

Singspielentwicklung . Anregung und Veränderungen

Hannelore Krause-Wichert

Lehrblatt

Singspiele wurden zu allen Zeiten mit Kindern - vor allem mit kleinen - gemacht. Einige von ihnen sind offensichtlich auf kultische Reigen zurückzuführen. So z. B. die vielen Formen von "Ringel-Rangel-Rosen"-Spielen, an deren Ende man sich niederhockt, und bei denen von einem "Holderbusch" die Rede ist, der umtanzt wird.

Zu diesen traditionellen Singspielen kamen dann später noch solche hinzu, die von Erwachsenen für Kinder erdacht wurden und deren Qualität unterschiedlich ist. Schulkinder spielen bestimmte Formen, die ebenfalls schon zur Tradition geworden sind (beispielsweise das Spiel von der "schwarzen Köchin"). Leider verliert sich diese Ausübung von Singspielen mehr und mehr.

In Kindergärten werden Singspiele aber noch gepflegt. Allerdings ist es hier üblich, das Lied mit der Bewegung zu lernen und zu wiederholen. Selten werden die Lied- oder Bewegungsformen für Kinder variabel gehalten und als Anstöße für kreativen Umgang mit Text und Melodie verwandt. Bei traditionellen Singspielen ist das noch verständlich, doch bei den vielen erzählenden Liedern, die gespielt werden (Beispiel: "Kommt ein Reitersmann daher"), könnte mit Elementen des Textes bereits spielerisch frei umgegangen werden.

Nun gibt es aber bereits schon Kategorien von Singspielen, die heute herauskommen und nur Spielideen bringen wollen, mit denen Erzieher und Kinder frei umgehen können. Hier sind Text und Melodie sozusagen auf Variation "programmiert", und die Bewegungsausführungen sind weitgehend offen gelassen. Auch Begleitmöglichkeiten mit Körper- und Schlaginstrumenten oder Stabspielen sind nur angedeutet. Überall ist Spielraum für Improvisation und Variation gelassen.

Es ist aber auch möglich, mit eigenen Spielideen, Liedern oder Gedichten in dieser Weise kreativ umzugehen. Man kann auch eine vorgegebene Singspielform für eigene Zwecke umwandeln oder mit Kindern Varianten erfinden, wenn sie der bekannten Form überdrüssig sind.

Solche Umwandlungen sollten aber wirklich erst dann angeboten werden, wenn die Lust an der Wiederholung bei Kindern erloschen ist, und auch dann sollte man nicht gleich alles, sondern lieber einzelnes nacheinander ändern, bereichern oder ausbauen.

Sind Kinder und Erzieher erst einmal hinter den Reiz dieser Möglichkeiten gekommen, finden sie leicht selbst neue Varianten.

Dazu sollen im folgenden einige Anregungen gegeben werden.

Singspielentwicklung und -veränderung

Für drei- bis fünfjährige oder auch etwas ältere geistig behinderte Kinder sind rhythmisch-musikalische Signale von besonderem Reiz. Sie schaffen Ordnung und Regel auf vergnügliche Weise und können als akustisches und optisches Verständigungsmittel benutzt werden.

Die Kinder benötigen dabei einen bestimmten, aber selbst gewählten Platz im Raum. Der Ausgangspunkt kann sein: Stühle - an der Wand oder im Raum verteilt. Seile - auf dem Boden, selbst in Formen gelegt. Zeichen - auf den Boden gemalt. Reifen - in denen die Kinder sitzen, hocken oder stehen usw.

1. Signale

Zuerst werden zwei Signale vorgestellt: Der Erzieher stellt sich irgendwo in den Raum, winkt mit den Händen und singt:

dann, mit entsprechender Geste:

Ist dieses Spiel von vielen Stellen des Raumes her ausprobiert worden, kann auch der Text entfallen, später sogar die Melodie. Hier könnten jetzt auch schon Kinder mit den einfachen Gesten umgehen.

Allmählich werden die Signale erweitert, etwa auf:

1. Takt A Entsprechende Geste: Hand mit Handteller nach unten senken
2. Takt B Geste: Hand mit Handteller nach oben heben.
3. Takt C Geste: Arme waagerecht kreisen.

Nun können die Signale beliebig gemischt werden, denn man kann sich ja auch unterwegs hinhocken und aufstehen und auch von dort auf seinen Platz zurückgehen. Außerdem kann man auf den Platz zurückspringen, -hüpfen, -schleichen, -kriechen usw. - je nach Aufforderung.

Veränderungsvorschläge

1.1 Der Text kann, wie gesagt, weggelassen werden, d. h., man singt die Melodien auf Silben oder summt sie. Auch die Gesten können allmählich wegfallen, dann wird nur die akustische Merkfähigkeit angesprochen.

1.2 Noch anspruchsvoller wird es, wenn die bekannten Melodien auf der Flöte, einem Stabspiel oder dem Klavier produziert werden. Vielleicht können auch einzelne Kinder allmählich die Melodien (mit oder ohne Text und mit oder ohne Gesten) singen und so die Solorolle spielen.

1.3 Es kann aber auch grundsätzlich nur die entsprechende Geste ausgeführt werden. Man kann den Kindern die fünf Gesten vorher bewußt machen. Es sind Bewegungen, die sich sehr klar voneinander abgrenzen lassen. Die Möglichkeit, andere Kinder durch Gesten in Bewegung zu bringen, ist auch für gehemmte oder sprachlich behinderte Kinder durchführbar.

1.4 Eine weitere Variation wäre die, daß einzelne Kinder diese Gesten noch beliebig erweitern. Das heißt z. B., daß sie verschiedene Kinder von ihren Plätzen heranwinken, sie auf Stühle steigen und herunterspringen oder unter Stühlen durchkriechen lassen. Die aufgeforderten Kinder können sich auch anfassen und nach Zeichen im Kreis herumlaufen, springen, sie können Plätze tauschen oder abwechselnd durch gegrätschte Beine krabbeln und vieles andere mehr.

Als Spielregel sollte hier allerdings für den Zeigenden vereinbart werden:

a) nicht sprechen,

b) nichts vormachen,

c) nicht die Ausführenden berühren.

Die Aufgabe macht auch Schulkindern noch Freude. Ein Wechsel der Führung kann dann ebenfalls mitgezeigt werden.

2. Singspiel: Komm mit

Sind die Signale bekannt, könnte ein kleines Singspiel angehängt werden, das Kontaktaufnahme und Gehen in der Reihe (möglichst ohne Anfassen) übt.

Margot Pötschke

Aus: "Zeige was du hörst" Teil I Edition Wilhelm Hansen/Frankfurt/M.

Die Spielweise ergibt sich aus dem Text. Das vordere Kind kann also zwei Kindern winken, sich ihm anzuschließen.

Veränderungsvorschläge

2.1 Sind viele Kinder in der Gruppe, kann der Anfang genau doppelt so schnell gesungen werden, dann können sich jeweils vier Kinder anschließen. Will man drei Kinder haben, singt man dreimal schnell und legt dann eine kleine Pause ein.
So kann – bei geübten Kindern – sich jeder die Zahl zwei bis vier aussuchen und entsprechend singen.

2.2 Bei dieser Spielvariante kommen nun zwar die Kinder schneller ins Spiel, jedoch bleibt immer das gleiche Kind vorn. Dies kann man nun ändern, wenn man nach jeder Strophe folgende Phrase anhängt:

Das jeweils letzte Kind wird nun erstes, und die Schlange bewegt sich in Gegenrichtung. Auch hier kann ein gehemmtes Kind unversehens in eine Führungsrolle geraten, die es dann vielleicht eher bewältigt, als wenn es sich dazu melden müßte.

2.3 Bewegen sich schließlich alle Kinder in der Schlange, kann man sie mit dem bekannten Signal: "Geht zurück auf euren Platz!" mühelos wieder in die Anfangs-position bringen.

3. Singspiel: Waldgang

Dieses Beispiel eignet sich gut für Vorklassen und Kinder in den ersten beiden Schuljahren:

Aus: "Zeige was du hörst" Teil I Edition Wilhelm Hansen/Frankfurt/M.

Bewegungsbeschreibung:

Die Hälfte der Kinder steht als “Bäume” im Raum verteilt. Jeder kann eine andere Baumart darstellen. Die andere Hälfte geht dazwischen umher und gestaltet das Lied völlig frei. Am Ende läuft jeder “Spaziergänger” zu einem Baum und hockt sich unter dessen schützende “Äste”.

Veränderungsvorschläge

3.1 Damit nun ein kontinuierlicher Wechsel vor sich gehen kann, wird folgender “Verwandlungsspruch” an das Lied angehängt:

“Hokuspokus, glaubt es kaum,
Baum wird Kind, und Kind wird Baum!”

Während dieses Spruches “wachsen” die hockenden Kinder allmählich zu Bäumen, während die Bäume ihre Äste (Arme) sinken lassen und zu Kindern werden. Hiernach kann das Spiel mit den neuen Rollen nahtlos wiederholt werden.

3.2 Dieses Spiel eignet sich auch gut dazu, drei verschiedene Tempi und die dreiteilige A–B–C–Form bewußt zu machen.
Zunächst könnten die Kinder den ersten Teil (A) des Liedes mitklatschen. Er endet ganz natürlich mit dem ersten langen Ton. Für den zweiten Teil könnte dann eine andere Begleitart mit Körperinstrumenten (Klatschen, Patschen, Stampfen oder Fingerschnalzen) gefunden werden. Auch hier ergibt sich die Länge des zweiten Teils (B) von selbst durch die Pause, in die das “Huiii” gesprochen wird. Mit dem dritten Teil (C) wird nun entsprechend umgegangen.

3.3 Den dritten Teil werden die Kinder von selbst schneller begleiten. Man könnte darauf hinweisen, daß der zweite Teil aber auch langsamer als der erste gespielt und gegangen werden könnte, weil man sich überlegen muß, wie man sich angesichts der “dunklen Wolke” verhält.

3.4 Man könnte den drei Teilen noch drei verschiedenartige Schlaginstrumente beigeben. Daraus kann sich folgendes ergeben:

Teil A = mittelschnell (♩) = Tamburin,
Teil B = langsam (𝅗𝅥) = Cymbeln,
Teil C = schnell (♪) = Rassel oder Klanghölzer.

Der Verwandlungsspruch könnte dann von allen Instrumenten gleichzeitig in einer langen Steigerung der Lautstärke (Crescendo) gespielt und mit einem kräftigen Beckenschlag beendet werden.

4. Singspiel: Der Apfeldieb

Ein Beispiel für Grundschulkinder:

Apfeldieb

Thilde Lorenz
Aus: "Der Zippel-Zappelmann"

Aufstellung: Großer Kreis ohne Handfassung, zu zweien abgezählt, ein Kind in der Mitte

Teil A: Das Kind in der Mitte geht herum und singt allein.
Teil B: Takt 1-2: Die Paare wenden sich einander zu. Kind eins droht, Kind zwei duckt sich.
Takt 3-4: Dasselbe umgekehrt.
Takt 5-8: Wie Takt 1-4.
Teil C: Alle hüpfen mit Handfassung im Kreis herum.

Veränderungsvorschläge

4.1 Kinder stehen als "Apfelbäume" verteilt. Ein Kind geht dazwischen umher. Alle singen, jedoch muß das Einzelkind allein eine Zahl singen oder sagen (fehlende Äpfel).
Im Teil B laufen je zwei Kinder aufeinander zu und drohen bzw. ducken sich im schnell vereinbarten Wechsel. Auch das Einzelkind sucht sich einen Partner.
Im Teil C haken sich die Paare gleicharmig ein und hüpfen herum, bei der Wiederholung Arm- und Richtungswechsel.
Am Ende lassen sie sich jäh los und bringen sich wieder in eine neue "Apfelbaum-Stellung".

4.2 Das Kind, das keinen Partner findet, begleitet die anderen klatschend beim Hüpfen und ist dann das Solokind, das erneut zwischen den Bäumen umhergeht.
Auch hier ist jetzt eine kontinuierliche Wiederholung möglich. Die einzelnen werden, – und sicher kann man auch noch ganz andere Varianten finden.

5. Singspiel: Die Ziege und der Schneider

Brita Glathe

Zielgruppe: Kinder im Vorschulalter und jüngere Kinder

Kinder aller Altersstufen haben Freude daran, Inhalte von Liedern darzustellen. Je mehr Handlung in einem Lied ist, desto lebhafter werden die Aktionen der Kinder sein. Die folgende Geschichte von dem Schneider und der Ziege zeigt, wie man auf die Nase fallen kann, wenn man nicht aufpaßt!

mündlich überliefert

Einführung:
Der Lehrer erzählt die Geschichte von dem Schneider, der gerne reiten wollte, der dann aber ein falsches "Pferdchen" erwischte und promt herunterfiel.
Bei der Erzählung sollen die Kinder zu einem Gespräch über Ziegen und Schneider angeregt werden. Die typischen Bewegungen (laufen, springen, mit dem Kopf stoßen, ausschlagen) und Laute (meckern, schnauben, blöken) einer Ziege werden nachgeahmt. (Wobei diese "Ziegen" wirklich auf allen Vieren laufen müssen, sonst kann der "Schneider" später auf ihnen nicht reiten!). Wenn nun jeder weiß, was in dieser Geschichte passiert, singt der Lehrer das Lied vor.
Das Lied kann auf verschiedene Weise gespielt werden.

Spielform 1:
Wir sitzen im Kreis im Kniesitz auf dem Boden. Unsere Hände spielen die Geschichte: die eine Hand ist der Schneider, die andere die Ziege, die Oberschenkel sind der Berg.
Wir singen das Lied und lassen dazu im gestischen Spiel unsere Hände die Ziege und den Schneider den Berg hinauf- und hinabspazieren.
Haben wir das einige Male gesungen und gespielt, "singen" wir das Lied einmal stumm, das heißt, wir stellen es uns nur in Gedanken vor. Das "meck meck meck" aber rufen alle laut und passen auf, daß es alle zur gleichen Zeit tun. Die Hände spielen nach wie vor den Schneider und die Ziege.

Spielform 2:
Kreis aus Kindern. Ein Kind ist die Ziege innerhalb, ein anderes Kind der Schneider außerhalb des Kreises. (Die spielenden Kinder singen erfahrungsgemäß meist nicht mit, da sie von dem Bewegungsspiel zu sehr abgelenkt sind. Dafür singen die anderen um so besser und mit deutlicher Aussprache!)
Die "Ziege" läuft im Kreis herum, der "Schneider" sucht sich außerhalb des Kreises ein "Pferd". Dem Text entsprechend läuft der "Schneider" zur "Ziege", setzt sich auf sie und reitet einige Runden. Auf dem "Berg" angelangt, wirft die "Ziege" den Reiter

mit Schwung herunter und verabschiedet sich mit einem frechen "meck meck meck".

Spielform 3:
Bei dieser Spielform wird vermutlich der Lehrer der einzige sein, der am Ende noch das Lied singt. Denn vor lauter Aktion kommen die Kinder meist nicht dazu!
Die Hälfte der Kinder verwandelt sich in "Ziegen", die andere Hälfte in "Schneider".
Die "Schneider" versammeln sich in einer Ecke des Raumes, während die "Ziegen" dem "Berg" (einem Halbkreis aus Stühlen) zustreben. Bei "da sprang ..." laufen alle "Schneider" los und versuchen, eine "Ziege" zu erwischen.
Der zweite Teil des Liedes wird wie bei Spielform 2 gespielt.

6. Singspiel: Das wilde Tier

Brita Glathe

Zielgruppe: Kinder im Vorschulalter und ältere Kinder

Das Spiel von dem wilden Tier ist außerordentlich lebhaft und aufregend. Es eignet sich daher gut für Kinder, die sich nach langem Stillsitzen tüchtig bewegen wollen, die vielleicht müde und lustlos sind und die etwas zum "munter Werden" brauchen!

mündlich überliefert

Einführung:

Alle sitzen auf dem Boden. Das Lied wird vorgesungen und von den Kindern gleich mit Klatschen, Patschen oder Fußschlägen auf den Boden begleitet. Dann wird einmal nur der Text des Liedes gesprochen, dann die Melodie nur gesummt und der Text dazu gedacht.

Spielform 1:
Ein Kind versteckt sich als "wildes Tier" im Raum. Die Gruppe geht zum Singen des Liedes im Kreis herum (bis 𝄐). Die Zahlen (um 1... um 2.....) werden durch Klatschen betont. Bei "11" klopft das "wilde Tier" an die Wand, bei "12" löst sich der Kreis auf und das "wilde Tier" versucht, eines der fortlaufenden Kinder zu fangen.

6.

Spielform 2:
Ein Kind ist das "wilde Tier" und hat sich versteckt. Die übrigen Kinder gehen frei im Raum spazieren (bis𝄐). Bei den nun folgenden 10 Zahlen versucht jedes Kind, jede Zahl mit einer neuen Bewegung zu markieren (z. B. ein Sprung, in die Hocke gehen, auf den Boden schlagen, die Arme ausbreiten usw.). Von "um 11, da klopft´s" bis " um 12, da kommt´s" bleibt jeder wie versteinert in der letzten Stellung stehen. Erst wenn das "wilde Tier" losläuft, darf man wegrennen.

Spielform 3:
Es gibt zwei oder mehr "wilde Tiere", die sich in allen Ecken des Raumes versteckt haben. Einige Kinder bilden angefaßt einen kleinen Kreis, die übrigen Kinder gehen zum Singen darin (im "Garten") spazieren (bis 𝄐). Werden die Zahlen gesungen, verlassen die Kinder den "Garten" und bewegen sich außerhalb des Kreises. Klopfen die "wilden Tiere" bei "11", bleiben alle still stehen. Bei "12" stürzen die "wilden Tiere" hervor und versuchen, sich ein Kind zu fangen. Gelingt es einem Kind aber, in den "Garten" zu laufen, so ist es in Sicherheit! Hier dürfen die "wilden Tiere" nicht hinein.

Spielform 4:
Das Spiel kann auch mit "Räubern" gespielt werden: es beginnt mit einem "wilden Tier". Hat sich dieses ein Kind gefangen, wird der "Gefangene" beim folgenden Spiel ebenfalls zum "wilden Tier". Das geht so weiter, bis es schließlich mehr "wilde Tiere" als "Spaziergänger" gibt. Damit diese dann überhaupt noch eine Chance haben, wird ein Platz ausgemacht (z. B. an der Tür, in einem Stuhlkreis, in einer Ecke), an dem sie nicht gefangen werden dürfen.

Spielform 5:
Das Spiel wird mit mehreren "wilden Tieren" gespielt, die sich nur auf allen Vieren bewegen dürfen! Dafür haben aber die "Spaziergänger" keinen Platz, an dem sie sich in Sicherheit bringen können.

Spielform 6:
Kreisstellung, ein "wildes Tier" ist im Raum versteckt. Zum ersten Teil des Liedes geht jeder frei spazieren, findet sich aber bei 𝄐 wieder auf seinem alten Platz im Kreis ein. Zur Betonung der 10 gesungenen Zahlen zeigt jeder im Kreis nacheinander eine neue Bewegung (z. B. stampfen, eine Drehung am Platz, einmal hüpfen) oder die Zahlen werden von allen mit den Fingern angezeigt. Das Weglaufen und Fangen kann auf verschiedene Weise (s.o.) gespielt werden.

7. Singspiel: Der lustige Springer

Barbara Holzapfel

Zielgruppe: Vorschulalter und 1. Schuljahr

aus Ostpreußen

A

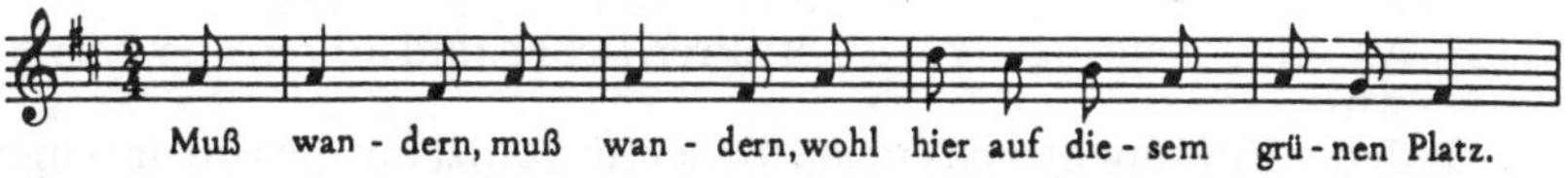

B

C

Text und Melodie aus "Klare klare Seide", Bärenreiterverlag.

Die bekannte Spielanweisung:

A - Die Kinder gehen angefaßt singend im Kreis herum. Ein Kind, der Springer, steht außerhalb des Kreises in einiger Entfernung.

B - Der Kreis bleibt stehen und alle Kinder halten die angefaßten Hände hoch. Durch eines dieser Tore kommt der Springer in die Kreismitte hereingesprungen und führt aus, was im Lied gesungen wird.

C - Der Springer sucht sich aus dem Kreis ein Kind aus und tanzt mit diesem, während die andern Kinder stehen und klatschen.

Bei der Wiederholung des Spiels ist das ausgesuchte Kind der Springer. Es können aber auch nach jedem Spielablauf immer mehr Springer werden, zuerst 1, dann 2, dann 4 usw. Im B-Teil wird dann z. B. gesungen: "Kommen vier lustige Springer herein".

Spielvarianten

Spielformen in freier Raumaufteilung:

Spielanweisung:
Die Reifen liegen gut verteilt auf dem Boden im Raum. Jedes Kind steht in einem Reifen.

A - Die Kinder gehen um ihren eigenen Reifen spazieren.
B - Sie springen in ihren Reifen und führen aus, was im Lied gesungen wird.
C - Die Kinder stehen im Reifen und klatschen.

6.

Oder:
Sie tanzen um beliebige Reifen herum und sind am Ende des Liedes wieder im eigenen (oder auch in einem fremden) Reifen angekommen.

Spielanweisung:
Ausgangsstellung wie 7.1
A - Alle Kinder bewegen sich von ihrem Reifenplatz weg.
B - Alle Kinder springen zurück in ihren Reifen und führen aus, was gesungen wird.
C - Jedes Kind sucht sich einen Partner und tanzt mit diesem um einen Reifen herum oder zwischen den Reifen hindurch.

Spielform im Kreis:

Spielanweisung:
Die Kinder stehen im Kreis, jedes in einem Reifen. Die Reifen liegen nicht zu dicht aneinander. In jeder Raumecke steht ein "lustiger Springer".
A - Die Kinder gehen auf der Kreisfläche spazieren.
B - Sobald die lustigen Springer in den Kreis hereinspringen, laufen die Kinder schnell in ihren Reifen zurück. Die lustigen Springer führen aus, was gesungen wird.
C - Die vier Springer holen sich vier Kinder aus dem Kreis und tanzen mit ihnen, während die anderen klatschen.

Spielform mit Schlaginstrumenten:

Die Auswahl der Instrumente für den B-Teil:

schüttelt mit dem Kopf	- Büchsenrassel,
rüttelt mit dem Rock	- Schellenkranz,
stampft mit dem Fuß	- Handtrommel,
klatscht in die Hand	- Schlaghölzchen oder Cymbeln.

Die Instrumente werden in das Bewegungsspiel miteinbezogen. Das Beispiel der Anwendung wird allgemein gehalten, weil die Instrumente in allen Spielanweisungen benutzt werden können. Es können einfache und schwierigere Formen daraus entwickelt werden.

A - In jedem Reifen liegt eines der vier ausgesuchten Instrumente. Von jeder Art sollten etwa gleich viele vorhanden sein.
B - Die Instrumente werden entsprechend der Zuordnung (s.o.) gespielt. Jedes Kind muß sich die Zuordnung seines Instrumentes merken. Das ist nicht leicht, wenn man am Ende des A-Teils auch noch in einem anderen Reifen angekommen ist.
C - Hier können alle Instrumente gespielt werden. Entweder werden die tan zenden begleitet oder man tanzt und spielt gleichzeitig.

Bemerkungen zur Bewegung:

Der Erzieher sollte darauf Wert legen, daß die Bewegungen im B-Teil gut ausgeführt werden. Dieser Teil kann als besonderes Spiel herausgegriffen werden. Wird im C-Teil paarweise getanzt, so können die Kinder verschiedene Tanzfassungen kennen lernen: z. B. Kreuzhandfassung, Einhandfassung, Einhaken (Armen).

8. Singspiel: Das Murmeltier

Barbara Holzapfel

Zielgruppe: Vorschulalter und 1. Schuljahr

I.

II. Anweisungen

III.

Text und Melodie aus "Klare klare Seide" Bärenreiterverlag.

Die bekannte Spielanweisung:

I. Die Kinder gehen singend im Kreis herum. Ein einzelnes Kind, das "Murmeltier", hockt in der Mitte.

II. Ein Kind aus dem Kreis ruft folgende Anweisungen, dic von dem Murmeltier ausgeführt werden müssen:

Aufstehen!
Schildwach stehen! (gerade stehen)
Nach der Wiese gehen! (aus dem Kreis herausgehen)
Wiederkommen! (in den Kreis zurückgehen)
Schüttelt den Kopf!
Schüttelt den Rock!
Nimm dir eins!
(Nun wählt sich das Murmeltier einen Partner aus.)

III. Beide tanzen im Kreis herum, während die anderen Kinder singen und klatschen. Bei der Wiederholung des Spiels ist das ausgewählte Kind nun das Murmeltier.

Bemerkung zum Spiellied: Dieses Murmeltier-Lied stammt aus der Zeit vor und um 1800, als noch Savoyardenknaben mit ihrer Drehleier und mit abgerichteten Murmeltieren Frankreich und Deutschland durchzogen. (siehe Böhme, Deutsches Kinderlied S. 504)

8.1 Spielvarianten zum gesprochenen Teil II:

Die Anweisungen können erweitert werden. Die Kinder im Kreis überlegen sich, was sie dem Murmeltier noch sagen können.

Zum Beispiel: Dreh dich um!
Steh auf einem Bein!
Stampfe dreimal mit dem Fuß!
Lauf einmal um den Kreis!
Lege dich auf den Boden!
Mach einen Purzelbaum!

8.2 Wer gibt die Anweisung? Zunächst wird sie vom Erzieher gegeben, dann können das auch einzelne Kinder tun.
- Der Reihe nach im Kreis gibt jeder eine Anweisung.
- Der Erzieher, später auch einzelne Kinder, geht in entgegengesetzter Richtung um den singenden Kreis herum und schlägt am Ende des I. Teils ein Kind an, das dann drei Anweisungen geben darf. Die 3. Anweisung heißt dann immer: "Such dir jemanden aus!"

8.3 Die Anweisungen werden über die Gesten gegeben. Jetzt wird nicht mehr gesprochen, sondern wer die Anweisung gibt, zeigt mit der Hand, was er meint.

Zum Beispiel: Aufstehen!
Hinsetzen!
Sich herumdrehen!
Einen bestimmten Weg gehen!

- Die Anweisungen können auch von dem betreffenden vorgemacht werden und das Murmeltier muß mitmachen.

Zum Beispiel: Klatschen, Stampfen,
Hüpfen,
Auf einem Bein stehen,
Sitzarten,
Armhaltungen oder -bewegungen

8.4 Die Rollen werden vertauscht.
Die Anweisungen kommen nicht mehr von den Kindern aus dem Kreis, sondern das Murmeltier (Kind) in der Mitte gibt einzelnen Kindern im Kreis oder dem ganzen Kreis eine Anweisung über das Wort, über die Geste oder über die vorgemachte Bewegung.
Wenn das Murmeltier tanzen will – das kann es auch allein tun – sagt es:"Nun will ich tanzen" und die Kinder begleiten klatschend seinen Tanz.

8.5 Schlaginstrumente liegen im Kreis um das Murmeltier herum. Eine Anweisung kann z. B. heißen:
Spiel auf einem Instrument!
genauer: Spiel auf der Handtrommel!
noch genauer: Schlage dreimal das Triangel an!

- Das Murmeltier kann sich auch mehrere Kinder an die Instrumente heranholen. Sie spielen dann alle zusammen, wenn das Murmeltier tanzt.

Geräte liegen im Kreis.
Die Kinder können das Murmeltier auffordern, etwas mit einem Gerät zu tun.

Zum Beispiel: Über den Stab steigen!
Durch einen Reifen kriechen!
Den Ball prellen und auffangen!
Mit dem Seil eine Schnecke legen!
Einen Ring drehen!

Die Spielregeln sind so variabel gehalten und in ihrem Anspruch so verschieden, daß man den Kindern im Vorschulalter in jeder Weise gerecht werden kann.

9. Singspiel: Komm, wir wollen wandern

Barbara Holzapfel

Zielgruppe: Vorschulkinder

(Text und Melodie volkstümlich)

gesprochen: Die Kutsche hat ein L o c h,
wir fahren aber d o c h !

Nachspiel der Flöte zur Bewegung der Kinder:

Spielbeschreibung.

A - Alle gehen kreuz und quer im Raum herum.
B - Dreimal klatschen und sich dann einen Partner suchen.
Kreuzhandfassung: Ein Kind kreuzt die Arme und faßt die Hände eines ihm gegenüberstehenden Kindes an, beide drehen sich so, daß sie nebeneinander stehen.
C - Paarweise in seitlicher Kreuzhandfassung bewegen sich die Kinder im ersten Teil laufend, im zweiten galoppierend durch den Raum.

6.

D - Fassung lösen, 3 mal klatschen, sich voreinander verbeugen und dann voneinander abwenden.
E - Auf "Loch" einmal stampfen, auf "doch" einmal klatschen.

Übergang zu einer neuen Spielvariante.

Reifen liegen auf dem Boden verteilt.
Zum Beispiel: Für jedes Kind einen Reifen.
Für zwei oder drei Kinder einen Reifen.

A - Jeder geht einen beliebigen Weg um die Reifen herum.
B - 3 x klatschen und sich dann in oder an einen Reifen stellen.
C - Die Kinder nehmen den Reifen als Kutsche mit.
D - Nachdem der Reifen abgelegt worden ist dreimal klatschen und "aussteigen".
E - Auf "Loch" mit dem Fuß in den Reifen stampfen, dann den Reifen wieder als Kutsche bereit halten.
Zum *Nachspiel* der Flöte "fahren" oder "reiten" die Kinder noch einmal.

Übergang zu einer neuen Spielvariante.

Die Reifen werden an die Seite gestellt oder in der Mitte aufeinander getürmt. Das folgende Spiel kann frei im Raum oder *auf der Kreisbahn* gespielt werden.

A - Paarweise mit Kreuzfassung spazieren gehen.
B - Bei "ri-ra-rutsch" an den Armen hin und her ziehen, so daß die Paare am Ende in die Gegenrichtung schauen und in dieser Richtung dann weitergehen.
C - Das Tempo wird beschleunigt und geht in Galopp über. Aus dem Galopp schnell zum Stehen kommen.
D - Dreimal klatschen und dreimal stampfen.
E - Das "Loch" mit den Armen zeigen oder als großen Kreis darstellen und sich dann zur Wiederholung in die alte Ausgangsstellung oder eine neue Aus gangsstellung für die nächste Spielvariante begeben.

Spielvariante mit kleinen Trommeln: *Musikalisches Spiel.*

Jeder hat eine kleine Trommel vor sich auf dem Boden liegen.

A - Komm, wir wollen wandern von einem Ort zum andern,	r. und l. Hand wechseln sich ab und *tippen* mit den Fingerspitzen auf das Fell.
B - ri-ra-rutsch,	r. und l. Hand wechseln sich ab und *streichen* mit den Fingerrücken über das Fell,
wir fahren mit der Kutsch	mit einem Fingerknöchel an den Holzrahmen *klopfen*
C - Mit der Kutsche fahren wir,	mit einer Faust Kreisbewegung auf dem Fell - *wischen*- ,
auf dem Esel reiten wir,	mit allen Fingern auf dem Fell *tremolieren*
D - ri-ra-rutsch,	*streichen* s.o.,
wir fahren mit der Kutsch	*klopfen* s.o.,
gesprochen:	
E - Die Kutsche hat ein *Loch*	mit einem Finger in die Mitte *tupfen*,
wir fahren aber *doch* !	mit einem Finger in Kreisbewegung auf dem Fell *wischen* und dann einmal *tupfen*.

Bewegungsspiel.

Je zwei Kinder haben eine Trommel.
Die Kinder mit der Trommel stehen verteilt im Raum (eventuell in einem Reifen), die anderen stehen außerhalb. Jeder weiß, wer sein Partner ist.

A - Die Kinder ohne Trommel gehen auf ihren Partner zu, der den Weg auf der Trommel spielend begleitet.
B - Das stehende Kind hält dem andern die Trommel so hin, daß es darauf das "ri-ra-rutsch" spielen kann.
Dann bilden beide Kinder mit der Trommel, zusammen eine Kutsche. (Beide sind durch die Trommel miteinander verbunden, hintereinander oder neben - einander.)
C - Die Kutschenpaare bewegen sich zuerst im Laufschritt und dann im Galopp durch den Raum.
D - Beide stehen wieder. Eines hält die Trommel, das andere spielt darauf das "ri-ra-rutsch". Nun wird die Trommel auf den Boden gelegt.
E - Beide Kinder fassen sich an. Die Arme bilden dabei einen Kreis (Loch) über der liegenden Trommel. Bei "doch" wird die Fassung gelöst und einmal in die Hände geklatscht.

Zum *Nachspiel* auf der Flöte begleitet ein Kind auf der Trommel den Laufschritt bzw. den Galopp, den das andere Kind ausführt. Bei der Wiederholung werden die Rollen getauscht.

Taktile Übung zu zweit.
Das Lied wird gesungen und in seinen verschiedenen Phrasen auf den Rücken des Partners "geschrieben". Wichtig ist dabei, daß die Grundphänomene des musikalischen Ablaufs über den Tastsinn erfahrbar gemacht werden und auf dem Rücken des Partners "gestaltet" werden.
(Vergleiche damit das Spiel auf den kleinen Trommeln und das Bewegungsspiel im Raum.)

Zum Beispiel:

Komm wir wollen wandern von einem Ort zum andern,

ri-ra-rutsch,

wir fahren mit der Kutsch.

Mit der Kutsche fahren wir, auf dem Esel reiten wir,

ri-ra-rutsch,

wir fahren mit der Kutsch.

6.2 Sprechspiele

Lehrblatt

Hannelore Krause-Wichert

Im Fach "Improvisation" wird in diesem Buch u. a. das Thema "Umgang mit Laut, Sprache und Singstimme" angeboten.
Die dort angeführten Beispiele könnte man ebenfalls "Sprechspiele" nennen, doch geht es bei ihnen vorwiegend um eine improvisatorische Schulung des Sprechers und improvisierenden Umgang mit der Sprache, bei der die räumliche Bewegung keine oder eine völlig untergeordnete Rolle spielt.
Bei den hier folgenden Beispielen geht es primär um eine Koppelung von Sprache und Bewegung, wobei beide Gebiete sich wechselseitig fördern können.
Dadurch, daß Sprache und Bewegung - gleichzeitig ausgeführt - eine gewisse Koordinationsfähigkeit bedingen, sind diese Beispiele in mancher Hinsicht anspruchsvoller.
Andererseits kann bei gehemmten Typen die Ablenkung von der Sprache durch die Bewegung oder die Ablenkung von der Bewegung durch die Sprache einen aktivierenden Einfluß haben.
Das spielerische Element soll bei den hier folgenden Beispielen absolut im Vordergrund stehen. Deshalb sind alle Vorschläge vor allem als abwandelbare Anregungen gedacht.

1. Sprechspiel: Ballspiel mit Doppelwörtern

Hannelore Krause-Wichert

Im Kreis stehend wird ein Ball von einem Spieler zu einem beliebigen anderen geworfen. Der abwerfende ruft dazu laut und deutlich ein Doppelwort, beispielsweise "Ball-spiel".
Der Fänger muß nun ein neues Doppelwort suchen, das mit dem zweiten Teil des vorigen Doppelwortes beginnt, also mit "Spiel- ...".
Wieder wirft er dabei seinen Ball irgend einem anderen Mitspieler zu, der nun seinerseits das Spiel in der vorher beschriebenen Weise fortsetzt.

6.

Veränderungsvorschläge

1.1 Man kann auch sprachverwandte Wortumwandlungen gestalten, z. B. "Feder-halter" und "Haltungs-sport". Das kann einerseits mehr Originalität ins Spiel bringen, andererseits auch in schwierigen Wortsituationen hilfreich sein.

1.2 Wenn ein Spieler sehr lange um ein neues Doppelwort ringt, kann er vom Kreis "ausgezählt" werden , etwa mit dem Satz:"Eins, zwei, drei, ins faule Ei". Das "faule Ei" ist der Kreis, in dem der Betreffende nun sitzen muß, bis ihn ein neuer Säumiger ablöst.

Die in diesem Spiel angestrebten Lernziele sind: Koordination von Sprache und Bewegung (angemessener Krafteinsatz für Sprechen und Ballwerfen), gute Reaktion beim Auffangen des Doppelwortes und des Balles, Wortschatzübung, Phantasie, Kooperation mit Partnern und Gruppe.

2. Sprechspiel: Alphabet

Hannelore Krause-Wichert

Zwei Reihen stehen sich in Linien gegenüber. Jeder hat einen Partner auf der Gegenseite, faßt aber seine Nachbarn an.
Eine Reihe geht nun einen Schritt vorwärts auf die andere zu und spricht dabei den Buchstaben "A". Danach weicht sie den einen Schritt wieder zurück.
Die Gegenseite geht nun ihrerseits vor mit "B" und weicht dann wieder zurück. Jetzt kommt die erste Reihe wieder mit "C" vor, und so geht es weiter bis zum "Z". Allerdings nehmen sich die Reihen vor, sich bis zum letzten Buchstaben endgültig zu zerstreiten.
So werden Bewegung und Buchstabenformulierungen von selbst immer heftiger, lauter und eiliger. Entsprechende Mimik kann dazukommen.
Das ganze kann dann wiederholt werden, doch beginnt die andere Seite, und es wird auf das Anfassen der Nachbarn verzichtet, um die Möglichkeit zu geben, auch noch Gesten mit einzubeziehen.

Veränderungsvorschläge

2.1 Der "Streit" soll nun in der Mitte des Alphabets (um "M" herum) seinen Höhepunkt haben. Danach lenkt man stimmlich wieder ein und liegt sich bei "Z" (bildlich oder tatsächlich) wieder in den Armen.

2.2 Bei jüngeren Kindern, die das ganze Alphabet noch nicht beherrschen, kann man auch nur einen Teil davon benutzen.

2.3 Das Spiel kann auch paarweise gespielt werden. In diesem Falle spricht der erste Spieler seinen Buchstaben zum gegenüberstehenden, dieser zum schräg gegenüberstehenden der anderen Reihe. So kann es dann nachher auch umgekehrt wieder zurücklaufen und beliebig lange weitergespielt werden. Das Alphabet sollte allerdings immer wieder von vorn begonnen werden. - Hierbei sollte man jedem überlassen, wie er seinen Buchstaben artikuliert und wie er den des Vorgängers pariert.

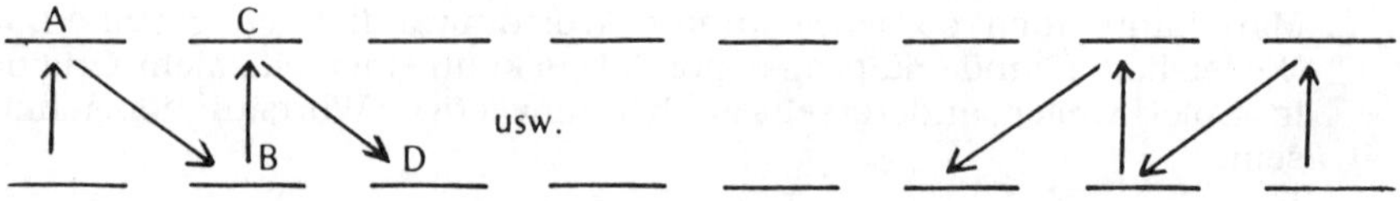

Hinweg Rückweg

Lernziele: Sicherheit in Alphabet (vorwiegend für Kinder), stimmlicher Ausdruck ohne Wortformulierungen, Überwinden von Sprechhemmungen, Steigerung von Lautstärke und Tempo im Stimmgebrauch, Aufsuchen verschiedener Sprech- und Resonanzräume, Bewußtmachen der Artikulationsmöglichkeiten der Konsonanten und lautmalenden Färbung der Vokale.

3. Sprechspiel: Schlagzeug

Hannelore Krause-Wichert

Jeder bewegt sich frei im Raum in einem gemeinsamen, langsamen Tempo. Dazu sprechen alle deutlich und lang-klingend das Wort "Gong" (𝅗𝅥).
Diese Bewegung wird abgelöst durch das Wort "Trommel", das auch ein anderes Fortbewegungstempo bedingt (♩ ♩).
Die Gruppe bleibt dabei, doch der Übungsleiter geht und spricht "Gong" und versucht sich mit dem einen oder anderen Entgegenkommenden deutlich in Gegensatz zu bringen.
Das gleiche mit vertauschten Rollen (alle wieder "Gong", Übungsleiter "Trommel").
Die Gruppe wechselt nun in kleine Laufschritte zum Wort "Klapperhölzchen" über (♪♪♪♪).
Der Übungsleiter wechselt zwischen "Gong" und "Trommel" oder "Klapperhölzchen" und spricht auch entsprechend.
Jeder sucht sich nun aus, ob er "Gong", "Trommel" oder "Klapperhölzchen" gehen und sprechend möchte und versucht, Entgegenkommende von sich zu überzeugen.

Veränderungsvorschläge

3.1 Jeder kann beliebig seine Rolle wechseln, sucht aber immer Begegnungen mit anderen Sprechenden, zu denen er sich in Tempo und Lautstärke in Beziehung setzt.

3.2 Jeder bleibt bei seiner Rolle und nimmt noch das entsprechende Instrument dazu, das er beim Gehen allerdings mit der Sprache übertönen soll.

3.3 Wie 3.2, doch werden die Instrumente auf ein Zeichen hin auf den Boden gelegt. Jeder holt sich ein anderes und agiert mit diesem neu auf die entsprechende Weise.

3.4 Im Kreis stehend wird gesprochen:

𝅗𝅥	♩ ♩	♪ ♪ ♪ ♪
"Gong,	Trommel,	Klapperhölzchen"

3.5 Die einzelnen Wörter werden mit Körperinstrumenten begleitet, z. B.:

Gong	= auf beide Oberschenkel patschen;
Trommel	= wechselfüßig stampfen;
Klapperhölzchen	= klatschen.

3.6 Statt des Wortes "Klapperhölzchen" muß nun reihum jeder ein anderes viersilbiges Wort sagen und dazu klatschen (z. B. "Silbenwörtchen"). Die anderen Teile werden gemeinsam absolviert.

Anmerkung: Es ist darauf zu achten, daß das Wort lauter gesprochen als geklatscht wird, damit es alle verstehen, denn es soll sich möglichst nichts wiederholen. Auch muß das Wort genau im richtigen Zeitmaß kommen.

Lernziele: Rhythmisch exaktes Sprechen, Koordination von Sprech- und Gehtempi, Überwindung von Sprechhemmungen, Entwickeln von Lautstärke, Verbindung von Schlag- und Körperinstrumenten mit Stimme und Bewegung, Wortschatzübung, Phantasie.

4. Sprechspiel: Rondo

Hannelore Krause-Wichert

Übungsmaterial ist der bekannte Reim:
"Gretel, Pastetel, was machen die Gäns´?
Sie sitzen im Wasser und waschen die Schwänz."

Mehrere Gruppen werden gebildet. Jede erfindet eine kleine, möglichst einfache Tanzform im Kreis oder in Reihen zum Reim.
Alle Formen werden vorgeführt. Die Gruppen einigen sich, welche Form alle übernehmen wollen. Es wird nun darauf hingewiesen, daß es zu dem Gänsereim mehrere Varianten gibt.

So gibt es Verse von Kuh, Schwein und allerlei Tieren. Man könnte aber auch selbst beliebige Reime erfinden, die mit den Wörtern "Gretel, Pastetel" anfangen, in der ersten Zeile eine Frage und in der zweiten eine Antwort darstellen. Von Tieren muß dabei nicht unbedingt die Rede sein.
Jede Gruppe erfindet nun einen solchen Vers und probiert auch gleich - den Text leise flüsternd - eine passende Bewegungsform dazu aus. Hat jede Gruppe etwas Passendes gefunden, erfolgt die Vorführung in Rondoform, d. h. *alle* tanzen die vereinbarte Form zur ersten Strophe. Danach tanzt und spricht *eine* Gruppe ihre Form vor. (Sie muß dabei deutlich und akzentuiert sprechen, damit der neue Reim von allen verstanden wird.)
Anschließend kommt wieder der von allen getanzte Rondoteil der Strophe 1. Danach tanzt und spricht die nächste Gruppe das nächste Solo. So geht es weiter, bis alle Gruppen an der Reihe waren und die Bewegungsform der ersten Strophe zum letztenmal von allen als abschließender Rondoteil getanzt wird.

Lernziele: Entwickeln von Sprechphantasie, Bilden von Reimen, Bewegungsausgestaltung von Sprache, Kreativität, Toleranz, Kooperation, Umgang mit der Rondoform in der Sprache, deutliches Sprechen zur Bewegung.

5. Sprechspiel: Kanon

Hannelore Krause-Wichert

Als Material dient folgender Vers:
Meine Mu-, meine Mu-, meine Mutter schickt mich her.
Ob der Ku-, ob der Ku-, ob der Kuchen fertig wär´.
Wenn er no-, wenn er no-, wenn er noch nicht fertig wär´.
Käm´ ich mo-, käm´ ich mo-, käm´ ich morgen wieder her.

Vier Gruppen stehen in vier Ecken. Alle gehen zu den ersten beiden Zeilen des Verses mit acht langsamen Schritten in einer lockeren Gruppe zur Mitte.
Zur dritten Zeile treten sie vom einen Fuß auf den anderen am Platz, wie Kinder, die verlegen sind, wenn sie etwas ausrichten sollen.
Zur vierten Zeile drehen sie erleichtert den Rücken zur Mitte und gehen mit acht doppelt so schnellen Schritten wie am Anfang zum Ausgangsplatz zurück.
Während der ganzen Bewegungsfolge wird der entsprechende Text von allen gesprochen.

Nun gehen die "Familien" der Ecken A und C gemeinsam los. Die Ecken B und D folgen im Kanon nach der ersten Zeile.
Wird dies beherrscht, wird der Kanon in der Reihenfolge A, C, B, D zweimal durchgespielt, und zwar auslaufend, d. h., jede Gruppe bleibt stumm stehen, wenn sie zweimal durchgespielt hat.

Veränderungsvorschläge

In der Mitte kann der Rhythmiklehrer als "Bäcker" stehen und das ganze Spiel durch Gesten, Mimik und Sprache ankurbeln bzw. in Gang halten. Er kann bei Anfängergruppen oder Kindern hier auch die Einsätze geben. Um ein Auseinanderfallen der einzelnen Gruppen im Tempo zu vermeiden, kann er auch Textfolgen improvisieren, wie:
"Mein Geselle ist so krank"
"Unser Ofen ist kaputt"
"Morgen aber ganz bestimmt" u.ä.

Der stimmliche Einsatz der Gruppen wird in der Regel auch intensiver, wenn gezielt auf ein "Opfer" mit dem Vers geschimpft werden darf.

Lernziele: Rhythmisch exaktes Sprechen, Koordination von Sprech- und Gehtempi, Umgang mit der Kanonform in der Sprache, Hören auf anderen Text bei gleichzeitigem Sprechen von eigenem.

6. Sprechspiel: "Hänschen heiß ich"

Barbara Holzapfel

Zielsetzung: Im rhythmischen Umgang mit der Sprache geschieht Spracherziehung auf phantasievolle Weise. Artikulation, Dynamik und Modulationsfähigkeit des Sprechens und der Bewegung werden geübt. Geschicklichkeit in der Groß- und Kleinmotorik können dabei gefördert werden und eine wichtige Hilfe sein, um den Mut zum Sprechen zu fördern.

Zielgruppe: Kinder im Grundschulalter.

Arbeitsmaterial: für jedes Kind ein Paar Schlaghölzchen, verschiedene Rhythmusinstrumente. Für den Lehrer: Flöte.

Übungsbeschreibung:

Die Kinder sitzen oder stehen im Kreis.

6.1 Einstimmung.
Alle patschen ein gemeinsames Metrum, wer einen Namen weiß, spricht ihn rhythmisch dazu. Möglichst originelle Namen sollen gefunden werden.

Methodische Hinweise: a) Zuerst alle durcheinander sprechen lassen.
b) Immer nur einer, der Reihe nach oder in beliebiger Reihenfolge.
c) Der Lehrer spricht vor, die Gruppe wiederholt.

6.2 Einführung eines Sprechverses: Hänschen heiß ich,
gar viel weiß ich,
Hänschen heiß ich
und schweig still!

Der Vers wird vom Lehrer gesprochen und von allen mit Körperinstrumenten begleitet!

Text: Hänschen heiß ich, gar viel weiß ich, Hänschen heiß ich und schweig still!

Unterschiedliche Sprechweisen werden geübt.

langsam oder schnell sprechen	(Tempo),
laut oder leise sprechen	(Dynamik),
in tiefer oder hoher Stimme sprechen	(Modulationsfähigkeit),
die Silben kurz oder lang sprechen	(Artikulation, staccato, legato),

6.3 Groß- und Kleinmotorik.
Der Vers wird vom Lehrer auf unterschiedliche Art (siehe 6.2.1) gesprochen. Die Bewegung wird davon beeinflußt, z. B. tief sprechen = bodennahe Bewegung, laut sprechen = kraftvolle Bewegung etc.

6.3.1 Der Fußrhythmus wird zuerst am Platz vorbereitet.
Später tanzt das "Hänschen" auf der Kreisfläche oder um seinen Platz.

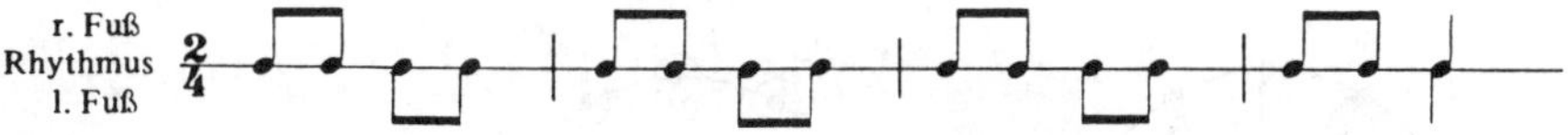

6.3.2 Der Sprechrhythmus wird nun durch rhythmische Bewegung der Finger, Hände und Arme dargestellt: "Tanzende Finger, tanzende Hände"!

6.3.3 Der Sprechrhythmus wird getanzt (siehe 6.3.1). Die Arme, Hände und Finger tanzen mit. Wenn nur die Füße tanzen, bleiben die Arme dicht am Körper. Wichtig ist der Schluß: Rechtzeitig anhalten können! Eine originelle Schlußhaltung soll von jedem immer wieder neu erfunden und eine Weile fixiert durchgehalten werden.
Dabei ist der Kontakt zu einem Partner und zur Gruppe nicht unwichtig und soll zu plastischem Gestalten anregen.
Methodische Hinweise: a) Hände und Füße tanzen im Wechsel,
b) einer tanzt - alle tanzen,
c) Solist tanzt - Solist spricht,
Gruppe spricht - Gruppe tanzt.

6.3.4 Einsatz von Instrumenten.
Jedes Kind erhält 2 Schlaghölzchen, es spielt den Sprechrhythmus oder einen selbstgefundenen Begleitrhythmus zum eigenen Tanz oder es spielt, wenn andere tanzen.

6.4 Eine Rondoform wird erarbeitet:
A - B - A - C - A - D - A - E - A
Der bereits bekannte Vers bildet den A-Teil und wird von allen gespielt, gesprochen oder/und getanzt.

6.4.1 Die Zwischenteile: Ein Satz mit drei Phrasen wird von den Kindern erfunden.
Es können verschiedene Modelle zur Spielregel gemacht werden, z. B.:
B - Ich heiße Hans, ich heiße Franz, und ich bin der Fridolin!
C - Ich heiße Max, ich heiße Moritz, und ich bin der Florix!
D - Ich heiß Maria, ich heiß Sofia, und ich heiß Maria-Sofia!
E - Ich heiße Fritz, ich heiße Fratz, und ich bin der Friederich!

Jeder Zwischenteil wird von drei Kindern ausgeführt: Nacheinander spricht jedes seine Phrase, springt dabei in die Kreismitte und bleibt fixiert stehen Die drei Kinder bilden eine gemeinsame plastische Form, z. B.:
der 1. dicht am Boden, der 2. lang gestreckt und der 3. dazwischen,
oder mit den Hölzchen ein Gebilde halten,
oder so ankommen, daß alle drei mit dem Rücken zueinander gewendet sind, usw.

6.4.2 Skizze für eine Bewegungsform im Raum:

A - Alle tanzen auf der Kreisfläche oder um den eigenen Platz.

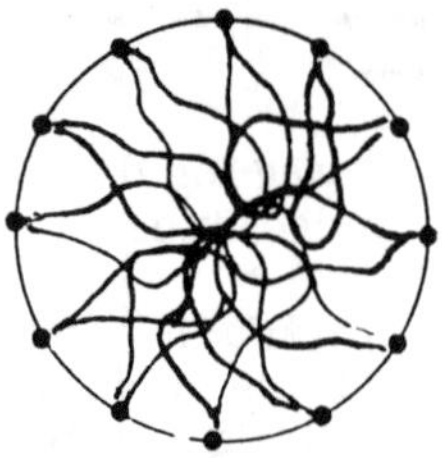

oder

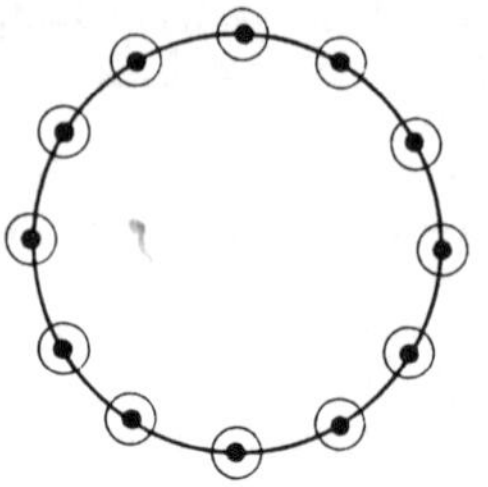

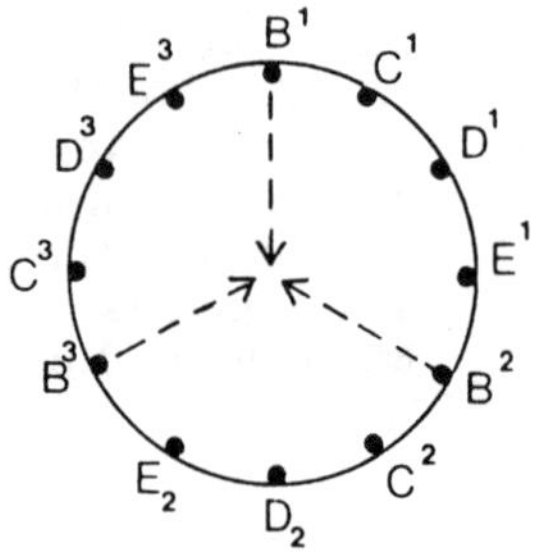

B - C - D - E - jeweils drei Kinder springen nacheinander zur Mitte und ordnen sich dann wieder beim A-Teil in die Gruppe ein.

6.4.3 Einsatz von Instrumenten.

Es können zwei Gruppen gebildet werden, eine Bewegungsgruppe und eine Instrumentengruppe. Instrumente können aber auch so in die Bewegungsform eingebaut werden, daß die Kinder, die sich nicht bewegen, die Instrumente spielen.

Der Sprechvers des A-Teils kann auch statt gesprochen nur musikalisch mit Schlagzeug und Flöte improvisiert werden. In den Zwischenteilen B - C - D - und E werden nur Akzente auf die Namen gespielt, in jedem Teil von einem anderen Instrument.

6.4.4 Ein Beispiel für eine Bewegungsform mit Instrumenten.
Die Kinder sind in Gruppe 1 und Gruppe 2 eingeteilt und stehen im Kreis. Jeder hat ein Instrument vor sich liegen:
Gruppe 1
Trommeln und Hölzchen
Gruppe 2
Triangel und Cymbeln.

A-Teil:
Gruppe 1 spielt und kann dazu sprechen, während sichGruppe 2 bewegt.

A

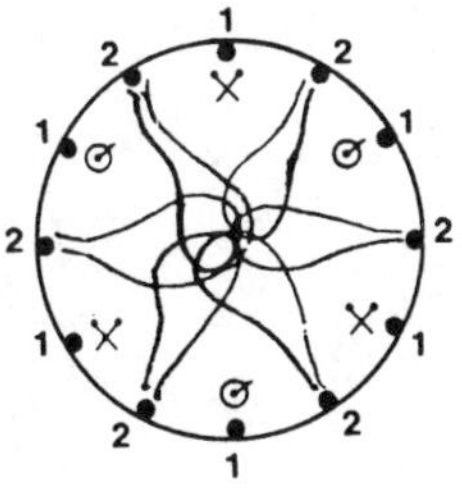

B-Teil:
Drei Kinder aus Gruppe 1 bewegen sich und sprechen, sie werden aus Gruppe 2 mit Triangeln begleitet.
C-Teil wie B-Teil, aber mit Cymbeln begleiten.

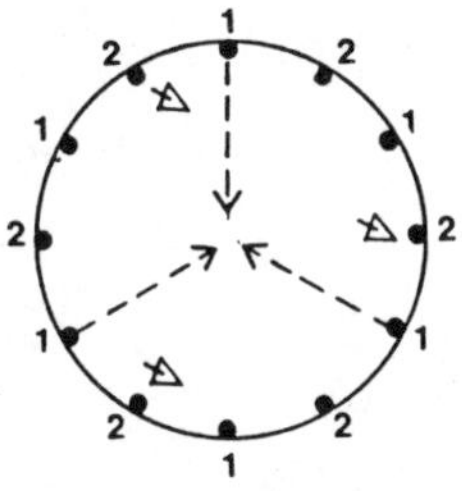

B + D

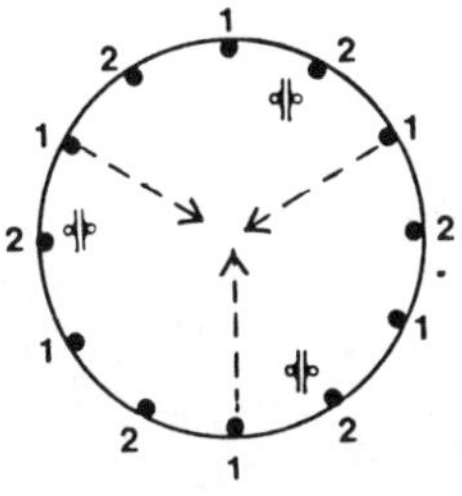

C + E

"Rondo" siehe IM 3.1./Seite 259
EM 5.5./Seite 487

6.3 Spiele mit Geräten

Lehrblatt

Hannelore Krause-Wichert

In fast jeder Rhythmikstunde gibt es spielerische Elemente. Besonders Kinder empfinden dies stark und bemerken meist gar nicht das darin "verpackte" und vom Erzieher zielgerichtet geplante Lernen. Spielideen sind starke Motivationsfaktoren, und zwar sowohl für Kinder als auch Erwachsene.
Doch während Kinder im Vorschulalter im Spiel an sich Genüge finden, drängen Schulkinder, Jugendliche und Erwachsene mehr zum spielerischen Leistungsvergleich. Bewegungswettspiele sind bei ihnen sehr beliebt und können sowohl in Rhythmikstunden - da, wo es sich thematisch anbietet - eingeschoben als auch - losgelöst von Übungen - in beliebiger Reihenfolge gespielt werden.
Aus manchen Rhythmikübungen bieten sich solche Wettspiele geradezu an. Während jedoch die bekannten Bewegungswettspiele in der Regel die Schnelligkeit, damit verbunden allerdings oft auch die Geschicklichkeit auf die Probe stellen, können Rhythmikwettspiele auch ganz andere Leistungen fordern. Beispielsweise: Wer ist am erfindungsreichsten, am leisesten, am reaktionsfähigsten, am umsichtigsten u.ä.? Damit rücken dann neue Typen in den Vordergrund, nicht nur die schnellsten. Die Schnelligkeit ist nur *ein* Kriterium des Bewegungsvermögens, und unter Umständen noch nicht einmal das beste.
Besonders reizvolle Spiele lassen sich aus Geräteübungen entwickeln. Hierfür sollen nun einige Beispiele folgen. Um verständlich zu machen, woher sie ihren Ursprung haben, werden die Übungen, aus denen sie entwickelt wurden, kurz mit skizziert. Auch Variationsmöglichkeiten werden angeboten, damit der kreativen Um- oder Neugestaltung nichts im Wege steht.

1. Gerätespiel: Hölzchenabräumen

Hannelore Krause-Wichert

Übung.
Kleine Rundhölzer (auch Klanghölzer mit flachen Enden) werden so aufgestellt, daß sich jedes gut umkreisen läßt. Jeder hockt bei einem Hölzchen und legt einen Zeigefinger darauf.
Nach Musik (singen, flöten, Klavier spielen) gehen alle zwischen den bzw. um die Hölzchen. Am Ende einer musikalischen Phrase (eines halben Liedablaufes oder einer ohne Text gesungenen, kurzen Liedstrophe) soll jeder an irgendeinem Hölzchen hocken und seinen Zeigefinger darauf legen.

Wettspiel.
Die Übung wird wiederholt. Fällt dabei ein Hölzchen um, muß der Betreffende mit seinem Hölzchen ausscheiden. Nun wird vereinbart, mit welchem Körperteil beim nächstenmal auf dem stehenden Hölzchen "gelandet" werden soll, z. B. Ellenbogen, Nase, Fuß usw. (Hierbei müssen gelegentlich mehrere Spieler gleichzeitig ausscheiden.)

6.

Veränderungsvorschläge

1.1 Statt des Gehens kann auch gelaufen, geschritten oder gehüpft werden.

1.2 Es können wechselnde Bewegungsarten vorkommen. Wer sie nicht beachtet, scheidet ebenfalls aus.

1.3 Ein Hölzchen fehlt jeweils. Wer am Ende keines zum "Landen" findet, scheidet aus und nimmt noch irgend ein anderes mit fort.

1.4 Auch hierbei können wieder verschiedene Bewegungsarten einzeln oder im Wechsel verlangt werden.

Die Phrasen werden unterschiedlich lang gestaltet, wechseln in den Taktarten und im Tongeschlecht.

Anmerkung: Die Veränderungsvorschläge sind hier in ihrer Reihenfolge gleichzeitig jeweils Erschwerungen des Spiels. Man kann als Spielleiter da ansetzen, wo die Gruppe geringe Bewältigungsschwierigkeiten hat, und diese bei Wiederholungen allmählich steigern. Das Spiel ist deshalb für alle Altersstufen und Geübtheitsgrade durchführbar, wenn man es entsprechend einrichtet.

2. Gerätespiel: Prellwandern

Hannelore Krause-Wichert

Übung.
Mit einem gut springenden Gymnastikball im Kreis stehen, Gesicht zur Mitte. Jeder prellt den Ball viermal vor dem eigenen Körper und fängt ihn dann ab. Wartet man einen Moment lang mit dem Neuprellen, entsteht folgender Rhythmus:

Wenn alle sich in diesem Rhythmus eingespielt haben, wird nach dem vierten Prellen ein Seitwärtsschritt nach links vollzogen und statt des eigenen Balles der Ball des linken Partners abgefangen.

Anmerkung: Das vierte Aufprellen soll genau mit dem gleichen Kraftmaß und in derselben Richtung vollzogen werden, wie die vorherigen drei Male, weil sich der ankommende dann besser auf die Gleichmäßigkeit der Bewegungen einstellen kann.
Auch ist darauf zu achten, daß der Ball weiterhin *vor* dem Körper und der Schritt *seitlich* ausgeführt wird, damit der Ball für den nächsten jederzeit gut zu sehen ist.

Variationsmöglichkeiten.
- Der Ball kann auch nur drei-, zwei- oder einmal geprellt werden, und dann erfolgt schon das Weiterrücken des Kreises.

- Es kann auch nach rechts weitergerückt werden. Das muß aber vorher genau vereinbart sein.

Anmerkung: Bevor eine andere Prellzahl zum Weiterrücken benutzt wird, sollte die Gruppe sich mit Prellen vor sich selbst und Abfangen des eigenen Balles an den jeweils neuen Rhythmus gewöhnen.

- Der Rhythmiklehrer kann auch eine Prellfolge vorsingen, die dann aus dem Gedächtnis nachgeprellt wird, z. B.:

- Bei geübten Gruppen kann auch mit Taktwechseln operiert werden, z. B.:

Spiel.
Es wird nur noch einmal geprellt, dann nach links gerückt und der Ball des linken Nachbarn abgefangen. Auch hier folgt je einem Prellgeräusch eine Viertelpause:

Wer den Ball nicht fängt, muß ausscheiden, auch wenn der Nachbar nicht geschickt geprellt hat.

Anmerkung: Wenn einer ausscheidet oder auch mehrere den Kreis verlassen müssen, muß das Spiel unterbrochen werden, damit die Abstände wieder neu ausgeglichen werden können.

Veränderungsvorschläge.

2.1 Nach jedem Ausscheiden erfolgt ein Richtungswechsel, d. h., der Kreis rückt jeweils zur anderen Seite weiter.

2.2 Dieser Wechsel wird zunächst immer noch angesagt, muß aber im Verlauf des Spiels von den noch Spielenden selbst nachgehalten und richtig vollzogen werden.

3. Gerätespiel: Stabwandern

Hannelore Krause-Wichert

Übung.
Dieses Spiel ist mit dem Prellwandern verwandt. Auch hier steht man im Kreis mit dem Gesicht zur Mitte.
Der Stab wird senkrecht vor sich hingestellt, nur mit einem Finger gehalten und in seiner Länge ausbalanciert.
Hat jemand das Gefühl, daß der Stab einen Moment lang allein stehen kann, läßt er ihn los und fängt ihn erst sehr kurz vor dem Boden wieder ab (mit der rechten, aber auch mit der linken Hand).

Variationsmöglichkeiten.
- Paare stehen sich gegenüber, jedes Paar weitmöglichst vom anderen entfernt. Beide stellen ihre Stäbe vor sich hin, lassen auf Zuruf ihren Stab los und laufen zum gegenüber stehenden Stab, den sie auffangen.
- das gleiche ohne Zuruf, nur mit Blickkontakt.
- wie oben, doch werden die Abstände bis zur Grenze der äußersten Möglichkeit vergrößert.

Spiel.
Wieder stehen alle im Kreis und stellen ihre Stäbe vor sich hin. Auf Zuruf des Spielleiters lassen sie ihren Stab los, rücken mit einem Seitschritt nach links und fangen den Stab dieses Partners ab.

Anmerkung: Der Stab muß hier einfach nur losgelassen werden. Man darf ihm keine Fallrichtung geben. Ebenfalls muß die Körperhaltung genau zur Mitte gerichtet sein und soll der Schritt seitwärts vollzogen werden, damit der ankommende Partner die Fallrichtung des Stabes genau sieht und sich mit dem Abfangen darauf einstellen kann.
Der Übungsleiter spricht zweckmäßigerweise zwei Wörter wie "und weg", wobei das erste Wort zur Bewegungsvorbereitung notwendig ist.
Wer den Stab nicht fängt, scheidet aus, auch wenn der Nachbar den Stab nicht gut ausbalanciert hatte.

Anmerkung: Wenn einer ausscheidet oder auch mehrere den Kreis verlassen müssen, muß das Spiel unterbrochen werden, damit die Abstände (die übrigens niemals zu eng sein sollten) wieder neu ausgeglichen werden können.

Veränderungsvorschläge.

3.1 Nach jedem Ausscheiden erfolgt ein Richtungswechsel, d. h., der Kreis rückt jeweils zur anderen Seite weiter.

3.2 Dieser Wechsel wird zunächst immer noch angesagt, muß aber im Verlauf des Spiels von den Spielenden selbst nachgehalten und richtig vollzogen werden.

3.3 Bleibt der Kreis eine Weile lang konstant, wird der Zuruf des Spielleiters immer leiser und kann schließlich ganz unterbleiben, wenn sich der Kreis in einen Rhythmus eingespielt hat. Bei Spielunterbrechung durch ausscheidende muß der Spielleiter das Spiel jedoch zunächst wieder durch Zurufe zum Wechseln in Gang bringen.

4. Gerätespiel: Trommelsuchen

Hannelore Krause-Wichert

Übung.
Jeder sitzt mit einer Trommel im Kreis. Alle finden ein gemeinsames Gehtempo, das auf die Trommel geschlagen wird. Dieses Tempo wird in der Lautstärke ganz allmählich bis zur äußersten Möglichkeit gesteigert und ebbt ebenso allmählich ab, bis man fast nichts mehr hört.

Variationsmöglichkeiten.
- Das Lauter- und Leiserwerden wird nun in unterschiedlichen Tempi nach Dirigieren eines Übungsleiters gespielt,
- Der Dirigent läßt es nicht bis zu den äußersten Möglichkeiten von laut und leise kommen, sondern zeigt beliebig lange und intensive Strecken des sich Steigerns bzw. Zurücknehmens in der Lautstärke.

Spiel.
Ein Gegenstand (beispielsweise ein Ring) soll gesucht werden. Ein Spieler verläßt den Raum, in dem nun der ihm bekannte Gegenstand versteckt wird. Kommt der Einzelspieler wieder herein, wird jeder seiner Schritte mit den Trommeln begleitet. Als Prinzip gilt dabei: je näher er dem versteckten Gegenstand kommt, um so lauter wird das Trommelspiel, und umgekehrt.
Ist der Spieler an dem Platz angelangt, an dem sich der versteckte Gegenstand befindet, wird nun mit schnellen Trommelschlägen (Tremoloanschlag) sein Suchen am Platz im gleichen Prinzip wie vorher begleitet. D. h.: hebt er z. B. den Blick, Kopf oder die Hände über bzw. unter die Höhe des Verstecks, wird das Tremolotrommeln leiser, und umgekehrt. Dies wird fortgesetzt, bis der Gegenstand gefunden ist.

Veränderungsvorschläge.

4.1 Der Gegenstand, der nun gefunden werden soll, ist dem Sucher nicht bekannt. Er kann ihn daran erkennen, daß er sich an einem unpassenden Ort befindet (beispielsweise eine Haarklammer am Schuhband, eine Blockflöte in der leeren Blumenvase o.ä.).
Wieder wird der Einzelspieler durch dynamisches Trommeln an den Ort geleitet, wo sich dieser von der Gruppe verabredete Gegenstand befindet. An diesem Platz muß er herausfinden, was dort nicht hingehört. Auch hier kann ihm wieder durch Tremoloanschlag geholfen werden.

4.2 Noch schwerer wird es, wenn der Einzelspieler durch Handtrommeln an einen Ort geleitet wird, an dem er etwas tun soll, was ein allgemein bekanntes Lied ihm befiehlt, das ihm ohne Text von allen gesungen wird.
Beispiel: Von der Gruppe wird ein Spieler bestimmt, mit dem der ratende tanzen soll.
Die Gruppe leitet nun den ratenden - wie bisher - durch dynamisches Trommeln an den Platz des Tanzpartners. Hier bricht das Trommelspiel plötzlich ab, zum Zeichen, daß der ratende am richtigen Platz angelangt ist. Die Gruppe singt nun das bekannte Lied: "Brüderchen, komm tanz mit mir!" Allerdings wird der Text weggelassen. Der Ratende muß sich nun an den Text erinnern und den Spieler zum Tanz auffordern.
Anmerkung: Für dieses Spiel ist es notwendig zu wissen, welche Lieder die Gruppe kennt.

5. Tanzspiel: Die Klapperschlange

Hannelore Krause-Wichert

Zielgruppe: Kinder im Vor- und Grundschulalter.

Vorbemerkung:

Zu diesem Tanz können alle Musiken benutzt werden, die eine - auch für Kinder - deutliche Zweiteilung haben, also A-B-Form.

Empfehlenswert wäre z. B. die Schallplatte Fidulafon 1196, und zwar mit den Musiken:"Klapper-Klatsch" oder auch "Hasensprung" (bei letzterem müssen für die Schlange allerdings Viertelnoten als Metrum genommen werden).
Möglich sind aber auch zweiteilige Lieder zur Begleitung, z. B.:
"Ein Vogel wollte Hochzeit machen" oder
"Jakob hat kein Geld im Haus" o.ä.

Tanzform

Teil A
Schlangen von nicht mehr als acht Kindern werden gebildet. Jeder bückt sich und hält die linke ausgestreckte Hand zwischen den gegrätschten Beinen nach hinten. Mit der rechten vorgestreckten Hand klatscht er auf die linke Hand des Vordermannes. Der erste Tänzer klatscht mit der rechten Hand auf seinen linken Oberschenkel.
Die "Wackelschlange" bewegt sich dabei langsam und schwerfällig vorwärts. Man läßt sich jeweils auf das gegrätscht ausgestreckte Bein fallen und pendelt entsprechend mit dem Oberkörper hin und her.
Jeder Schritt auf dem linken Bein bekommt einen Klatscher.

Teil B
Die Schlangen richten sich auf. Die erste findet schnell eine beliebige, aber bleibende Bewegungsart am Platz, die alle sofort übernehmen.

Beispiele:
Auf bestimmte Art springen, Arme wechselnd in zwei Richtungen bewegen, sich hocken und aufrichten, Beine abwechselnd in zwei Richtungen strecken, Füße auf bestimmte Art aufsetzen, auf festgelegte Weise klatschen (z. B. auf den Rücken des Vordermanns, auf eigene Körperteile, auf den Boden, in die Hände, doch hier in bestimmten Rhythmen usw.).
Am Ende des Teils B läuft der erste an den Schluß, so daß er beim neuen A-Teil schon wieder hinten an der Schlange anhängt.
Anmerkung: Die Ablösung muß so zeitig erfolgen, daß die Haltung für den Teil A zur rechten Zeit wieder eingenommen werden kann.

Veränderungsvorschläge

5.1 Der Tanz kann auch genau umgekehrt gestaltet werden, d. h. im A-Teil bewegt sich die Schlange auf eine beliebige Art, die der jeweils Erste bestimmt, durch den Raum. Der B-Teil wird dagegen nach Verabredung klappernd (d. h. klatschend) festgelegt; z. B.:
mit linker Hand auf den Rücken des Vordermannes klatschen,
mit rechter Hand auf den Rücken des Vordermannes klatschen,

mit beiden Händen auf den Rücken des Vordermannes klatschen, in die eigenen Hände klatschen o.ä.

5.2 Bei älteren oder geübten Kindern oder bei solchen, die den Tanz schon gut kennen, können auch beide Teile variiert werden. Allerdings sollte das Prinzip bestehen bleiben:
A-Teil in der Schlange im Raum
B-Teil am Platz mit Wechsel des ersten an den Schluß der Schlange. Außerdem sollte in einem der beiden Teile "geklappert" (geklatscht) werden.

"Liedformen" siehe IM 3.1/259
EM 5.5/Seite 483

6. Tanzlied: Scherenschleifer

Barbara Holzapfel

Zielsetzung: Klatschtänze fördern rhythmische Bewegungsgeschicklichkeit und Koordination der eigenen Hände bzw. Arme mit denen eines Partners. Der Wechsel von Klein- und Großmotorik findet durch die Teile A und B statt. Ein methodischer Weg wird aufgezeigt.

Zielgruppe: Kinder 6 - 10 Jahre.

Arbeitsmaterial: Hocker
Schlaginstrumente: Trommel, Hölzchen, Triangel, Rassel.

aus Rumänien
Aufzeichnung von Felix Hoerburger

Aus: "Klare, klare Seide", Bärenreiter Verlag Kassel und Basel

6.

Die bekannte Tanzform

Je zwei Kinder stehen einander ohne Handfassung gegenüber: In den Takten 1 - 4 wird die "Schere geschliffen" , d. h. auf jedes erste Viertel wird die senkrecht gehaltene flache rechte Hand vor dem Körper nach oben, die linke nach unten geführt, wobei sie aneinander wetzen. Auf jedes dritte Viertel umgekehrt. In den nun folgenden Takten 5, 7, 9 und 11 klatscht auf das erste Viertel die rechte Hand in die rechte des Partners, in den Takten 6, 8 und 10 die linke Hand in die linke. Auf jedes dritte Viertel wird in die eigenen Hände geklatscht, und im 12. Takt zweimal mit beiden Händen in die beiden Hände des Partners.
Der B-Teil wurde von der Verfasserin hinzugefügt.

Einführung des Tanzes

Die Kinder sitzen mit dem Lehrer im Kreis, jedes auf einem Hocker. Der Lehrer singt das Lied und führt die Bewegungen mit den Händen aus. Die Kinder machen mit.

Teil A	Die Hände tanzen.
Takt 1-4	Scherenschleifer-Bewegung mit den Händen wie in 1. beschrieben.
Takt 5-11	Zwei 2/4-Takte werden beschrieben und wiederholt:

♩ - Mit der rechten Hand auf das linke Knie patschen.
♩ - Einmal klatschen.
♩ - Mit der linken Hand auf das rechte Knie patschen.
♩ - Einmal klatschen.

Takt 12 Mit beiden Händen auf die Knie patschen.

Teil B Die Füße tanzen.
Jeder tanzt um seinen Hocker herum, zuerst rechts, dann links herum.
Oder:
Alle tanzen im Seitgalopp um den Hockerkreis.
Oder:
Alle tanzen im Innenkreis (ohne anzustoßen).

Der Partner beim Tanzen

Die Kinder sitzen auf ihrem Hocker, immer zwei Kinder wenden sich zueinander.
Teil A
Der Klatschtanz wird mit dem Partner geübt.
Lehrer und Kinder singen das Lied dazu.
Teil B
Das eine Kind läuft oder hüpft hinter dem anderen Kind her um beide Hocker herum, einen Kreis oder eine Acht.
Bei der Wiederholung wechselt die Führung und die Bewegungsrichtung, das vorher führende Kind folgt nun dem anderen.

Die Gruppe beim Tanzen

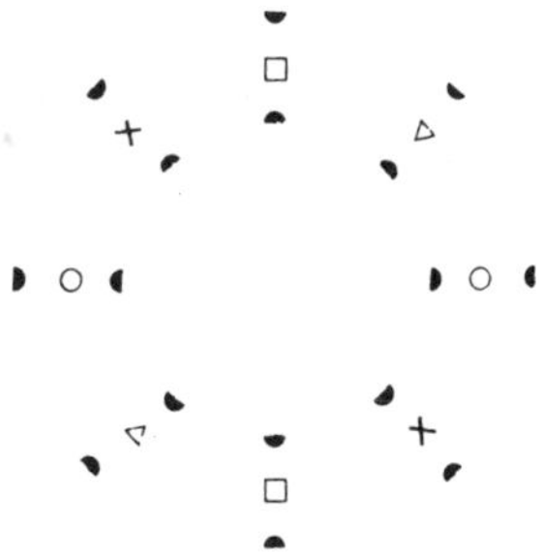

Die Kinder stehen in zwei konzentrischen Kreisen. Jedes Kind im Außenkreis steht einem Kind im Innenkreis gegenüber.
Teil A
Die Paare führen den Klatschtanz aus.
Teil B
Der Außenkreis dreht sich im Seitgalopp nach rechts und der Innenkreis nach links.
Bei der Wiederholung Richtungswechsel
Oder :
Jedes Paar hat ein Instrument
(Trommel, Hölzchen, Triangel oder Rassel, O, X, Δ, □) zwischen sich auf dem Boden liegen.

Während der Außenkreis tanzt, spielt der Innenkreis die Instrumente und umgekehrt.

6.

"Liedformen" siehe IM 3.1/Seite 259
EM 5.5/Seite 483